westermann

D
Eins

Deutsch

D
Eins

Deutsch

Herausgegeben von
Claus Gigl und Klaus-Michael Guse

Erarbeitet von
Klaus Ackermann, Luise Esser, Katharina Fischer, Maria Fuhs, Claus Gigl,
Jens Göttert, Lucia Haldorn, Franziska Happ, Christian Kass, Christina Knott,
Markus Alexander Kopp, Thomas Petri, Andreas Seidler, Dorothee Wielenberg

westermann GRUPPE

© 2022 Westermann Bildungsmedien Verlag GmbH, Georg-Westermann-Allee 66, 38104 Braunschweig
www.westermann.de

Druck A[1] / Jahr 2022
Alle Drucke der Serie A sind im Unterricht parallel verwendbar.

Redaktion: Melanie Horn, Christina Kauschke, Lena Röseler
Illustrationen: Hannah Brückner, Matthias Berghahn, Yaroslav Schwarzstein
Umschlaggestaltung und Layout: Janssen Kahlert Design & Kommunikation, Hannover
© iStockphoto.com / Valeriy_G
Satz: CO typomedia GmbH
Druck und Bindung: Westermann Druck GmbH, Georg-Westermann-Allee 66, 38104 Braunschweig

ISBN 978-3-507-**69004**-2

Schwerpunkt: *Sprache*

Anhang

D Eins ist euer persönliches Deutschbuch. Es begleitet euch durch das ganze Schuljahr und ihr lernt damit alles, was in diesem Jahr im Fach Deutsch Thema ist. Im Inhaltsverzeichnis (S. 3–7) könnt ihr nachschauen, worum es in den einzelnen Kapiteln geht.

Wie die Kapitel aufgebaut sind

Alle Kapitel sind gleich aufgebaut. So findet ihr euch leicht zurecht:

Hier erfahrt ihr, womit ihr euch in diesem Kapitel beschäftigt. Fotos, Bilder und erste Aufgaben führen euch in das Thema und die Arbeitsschwerpunkte ein.

Das ist der wichtigste und deshalb auch der umfangreichste Teil eines Kapitels. Ihr lernt Schritt für Schritt alles, was ihr am Ende der Einheit können sollt. Manchmal könnt ihr bei Aufgaben zwischen verschiedenen Möglichkeiten (Ⓐ und Ⓑ) auswählen. Und oft gibt es auch noch **rote** Aufgaben zum Weiterarbeiten.

Beim Lernen ist es wichtig, immer mal wieder zu prüfen, was man schon weiß und kann – und was vielleicht noch nicht so gut klappt. Im Zwischencheck findet ihr Aufgaben, mit denen ihr euren Lernstand einschätzen könnt:
🙂 Kein Problem, das kann ich gut.
😐 Das kann ich schon ganz gut, brauche aber noch etwas Übung.
🙁 Das habe ich noch nicht richtig verstanden, das muss ich noch mal wiederholen.
Hinter den Smileys steht immer, wo ihr passend zu eurem Lernstand wiederholen oder weiterarbeiten könnt.

Hier könnt ihr nach dem Zwischencheck weiterarbeiten:
• Seiten und Aufgaben mit grauen Aufgabenziffern sind für alle, die noch ein wenig Übung und Anwendung des Gelernten brauchen, damit sie es sicher beherrschen. Sie passen zu diesem Smiley: 😐.
• Seiten und Aufgaben mit roten Aufgabenziffern sind für alle, die das Gelernte vertiefen wollen. Sie passen zu diesem Smiley: 🙂.
• In manchen Kapiteln findet ihr auch Ideen zur kreativen Weiterarbeit.

Hier zeigt ihr, was ihr gelernt habt, oder bereitet euch auf eine Klassenarbeit vor.

Wie man im Buch schreiben und markieren kann

Direkt ins Buch dürft ihr nichts hineinschreiben oder auf den Seiten markieren. Wenn ihr eine durchsichtige Folie über die Seite legt, könnt ihr darauf mit wasserlöslichem Folienstift schreiben.

Was man im Buch alles nachschlagen kann

Manchmal braucht man einen kleinen Anstoß, um mit einer Aufgabe besser klar zu kommen. Wenn ihr die Rakete seht, findet ihr hinten im Buch eine Starthilfe.

Der Pfeil zeigt an, an welcher anderen Stelle im Buch ihr noch einmal nachlesen könnt, was euch bei der Lösung der Aufgabenstellung nützlich sein kann. Er zeigt euch auch, wie einzelne Kapitel verknüpft sind und wo ihr euch mit einem bestimmten Thema vielleicht schon einmal beschäftigt habt.

Im Anhang des Buchs (ab Seite 330) findet ihr im Nachschlageteil **Wissen und Können** weitere interessante Informationen: Hier steht noch einmal übersichtlich gegliedert und zusammengefasst, was ihr in D Eins seit Klasse 5 nach und nach erarbeitet habt, z. B. zum Vorlesen und Vortragen, zum Beschreiben und Berichten, zu Kurzgeschichten und anderen Textsorten, zu den Satzgliedern oder zum Rechtschreiben.

Was zum Buch noch dazugehört

Wenn ihr eines dieser Piktogramme seht, könnt ihr euch im **Medienpool**
- einen kleinen Film ansehen,
- eine Hördatei anhören
- oder zusätzliche Texte lesen / ausdrucken.

Über die Internetadresse **www.westermann.de/69004-medienpool** könnt ihr diese Medien abrufen.

Wann immer das Computersymbol neben einer Aufgabe auftaucht, wisst ihr, dass ihr diese, in Absprache mit eurem Lehrer oder eurer Lehrerin, auch mit einem **Textverarbeitungsprogramm** bearbeiten könnt.

Immer wenn ihr dieses Piktogramm im Buch seht, bekommt ihr einen Hinweis, welche Seiten aus dem **Arbeitsheft D Eins** zu der Seite im Buch passen.

In einer digitalen Welt wird **Medienbildung** immer wichtiger – auch im Fach Deutsch. Sobald dieses Symbol neben einer Kapitelüberschrift oder Aufgabe auftaucht, zeigt es an, dass ihr hier eure Medienkompetenz besonders trainieren könnt.

Sich in Bewerbungssituationen angemessen ausdrücken

Bereit für die Arbeitswelt – viele Wege, viele Chancen?

„Was willst du eigentlich mal werden?" – Dieser Frage zu entkommen, ist praktisch unmöglich, egal ob beim Abendessen mit der Familie, bei Oma am Kaffeetisch oder eben im Deutschunterricht. Dabei stellen die zahlreichen Möglichkeiten, die sich einem bieten, immer auch ein Problem dar. Wie soll man schließlich wissen, welcher der richtige Weg für einen selbst ist? Ein Praktikum kann euch bei der Orientierung im Dschungel dieser Möglichkeiten helfen. Wie ihr eine geeignete Praktikumsstelle findet, euch auf einen Praktikumsplatz bewerbt und in einem Bewerbungsgespräch von euch überzeugt – das lernt ihr in diesem Kapitel.

In diesem Kapitel lernt ihr, ...
› wie man Sachtexte erschließt,
› ein Persönlichkeitsprofil anzulegen,
› euch über ein Berufsbild zu informieren,
› eine vollständige Bewerbung zu schreiben und ein Bewerbungsgespräch zu führen.

1 a) Betrachtet die Bilder und beschreibt, in welchen Berufen die Schülerinnen und Schüler ihr Praktikum absolvieren.

    b) Überlegt, welche Interessen und Fähigkeiten man mitbringen muss, um in diesen Berufen arbeiten zu können. Macht euch dazu Notizen.

    c) Welcher dieser Berufe könnte auch für dich interessant sein? Begründe deine Antwort, indem du dich auf die für den Beruf benötigten Fähigkeiten beziehst.

2 Erstellt in Vierergruppen eine Liste mit Kriterien, die ihr bei der Wahl des Praktikumsplatzes für besonders wichtig haltet. Nutzt dazu die Placemat-Methode.

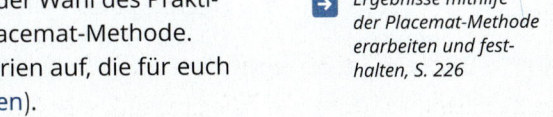

→ Ergebnisse mithilfe der Placemat-Methode erarbeiten und festhalten, S. 226

    a) Schreibt zunächst in Einzelarbeit in eurem Feld fünf Kriterien auf, die für euch selbst bei einem Beruf wichtig sind (z. B. im Freien arbeiten).

    b) Dreht das Placemat eine Position nach rechts und lest, was die Person neben euch aufgeschrieben hat. Wenn alle mit dem Lesen fertig sind, dreht ihr das Blatt um eine weitere Position, bis am Schluss alle die Notizen der übrigen Gruppenmitglieder gelesen haben.

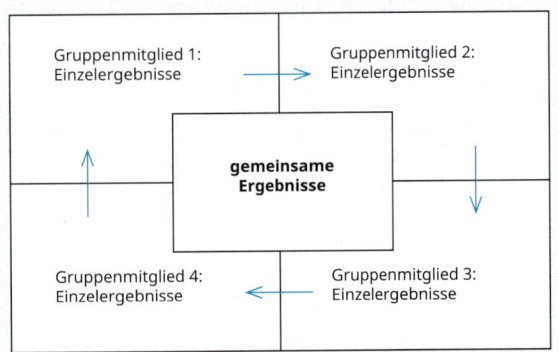

    c) Entscheidet euch dann für fünf Kriterien, auf die ihr euch gemeinsam einigen könnt und die ihr in die Mitte schreibt.

    d) Stellt eure Ergebnisse in der Klasse vor. Berichtet auch, ob und aus welchen Gründen eine Einigung für euch schwierig gewesen ist.

3 In folgenden Berufen haben die meisten jungen Männer und Frauen im Jahr 2019 eine Ausbildung absolviert:

	Männer	Frauen
1	Kraftfahrzeugmechatroniker/-in	Kauffrau/Kaufmann für Büromanagement
2	Elektroniker/-in	Medizinische/-r Fachangestellte/-r
3	Industriemechaniker/-in	Zahnmedizinische/-r Fachangestellte/-r
4	Fachinformatiker/-in	Industriekauffrau/-kaufmann
5	Anlagenmechaniker/-in für Sanitär-, Heizungs- und Klimatechnik	Kauffrau/Kaufmann im Einzelhandel

    a) Vergleicht die beliebtesten Ausbildungsberufe von Männern und Frauen miteinander: Was fällt euch auf? Inwiefern überrascht euch die Tabelle?

    b) Wähle einen vorläufigen Beruf für dein Praktikum aus. Du kannst dich an den auf dieser Doppelseite vorgestellten Berufen orientieren oder einen eigenen auswählen. Begründe deine Entscheidung mithilfe der Ergebnisse aus eurem Placemat.

    c) Sammelt eure gewählten Berufe in der Klasse in Form eines Blitzlichts. Wertet eure Überlegungen anschließend aus: Stellt ihr Unterschiede zwischen Jungen und Mädchen fest? Passen eure Ergebnisse zu denen aus der Tabelle?

Ein Persönlichkeitsprofil anlegen

Allein in Industrie und Handwerk gibt es 325 anerkannte Ausbildungsberufe. Diese riesige Auswahl macht die Entscheidung für einen Beruf nicht gerade einfacher. Um herauszufinden, für welchen Beruf man besonders geeignet ist, muss man sich zunächst selbst besser „kennenlernen". Hierfür bietet sich beispielsweise ein Persönlichkeitsprofil an.

1 Überfliege die Selbstdarstellungen der beiden Jugendlichen. Beschreibe danach die Stärken und Schwächen von Levin und Sarah.

Hey, ich bin Levin Kellert, 15 Jahre alt und komme aus dem schönen Sauerland. Derzeit gehe ich in die 9. Klasse des Adalbert-Stifter-Gymnasiums in Arnsberg. An der Schule gefallen mir vor allem der Sportunterricht und die Pausen. Ich mache auch in meiner Freizeit unheimlich gerne Sport, spiele Fußball und Handball und bin in unserer Fußballmannschaft sogar der Kapitän. Schwierigkeiten habe in der Schule insbesondere mit Sprachen, wie man unter anderem an meiner Rechtschreibung sieht. Ich lerne leider nur ungern Vokabeln, sodass ich mich in Englisch und Französisch auch echt schwertue. Wenn man meine Freunde fragt, was mich auszeichnet, sagen sie, dass ich sehr hilfsbereit und einsatzfreudig bin. Ich bin zum Beispiel nicht nur der Erste, der beim Vorbereiten der Sporthalle oder des Fußballplatzes hilft, sondern auch beim Abbau bis zum Ende dabei. Das gilt aber nicht nur für den Sport, sondern auch wenn ich ansonsten um Hilfe gebeten werden. Ich weiß nicht, wie oft ich meinen Freunden, meinen Eltern und insbesondere meiner Oma mit ihren Smartphones geholfen habe, weil ich sehr geduldig bin und so lange dranbleibe, bis das Problem auch wirklich gelöst ist. Das kann manchmal aber etwas länger dauern, weil Erklärungen nicht unbedingt meine Stärke sind.

Hallo, ich bin Sarah Leineweber, 15 Jahre alt, komme aus Dortmund und bin Schülerin der 9. Klasse der Gesamtschule Mitte. Ich bin ein sehr offener Mensch und liebe es, mit möglichst vielen Menschen in Kontakt zu kommen. Deshalb lerne ich in der Schule mit Englisch, Französisch und Spanisch gleich drei Fremdsprachen, wobei ich in meiner Freizeit zusätzlich noch einen Türkisch-Kurs besuche. Fremde Kulturen kennenzulernen macht mir viel Freude. Dementsprechend verreise ich sehr gerne. Da für mich aber ein reiner Strandurlaub eher langweilig ist, kümmere ich mich um die Planung unseres Familienurlaubs, damit wir ein abwechslungsreiches Programm haben, auch wenn meine Eltern sagen, dass ich manchmal doch ein bisschen viel plane. Viel Freude habe ich auch am Kochen. Ich experimentiere gerne mit verschiedensten Gewürzen. Dafür lasse ich mich von meinen Freunden aus unterschiedlichen Ländern inspirieren. Mein Lieblingsfach in der Schule ist Englisch. Zudem engagiere ich mich bei unserer Schülerfirma Pencilcase, bei der es darum geht, unseren Mitschülerinnen und Mitschülern Schulmaterialien wie Hefte oder Stifte zu verkaufen. Mit dem Gewinn unterstützen wir dann gemeinnützige Projekte. Das ist viel Arbeit, macht aber auch viel Spaß! Eine meiner Schwächen ist definitiv mein Ehrgeiz, da ich manchmal einfach zu viel will.

2 Die von Levin und Sarah beschriebenen Stärken lassen sich in unterschiedliche Kompetenzbereiche einteilen. Erarbeitet ihre Profile im Partnerpuzzle:

a) Informiert euch mithilfe des Wissen-und-Können-Kastens über die unterschiedlichen Kompetenzbereiche, die bei einer Jobsuche wichtig sein können.

b) Erkläre einer Partnerin oder einem Partner die drei Kompetenzbereiche in eigenen Worten. Tauscht dann die Rollen.

c) Teilt die Texte von Levin und Sarah untereinander auf. Lest die Selbstdarstellung eurer Person und markiert die Kompetenzen, die darin deutlich werden.

d) Übernehmt folgende Tabelle in euer Heft und notiert darin die Kompetenzen, die ihr aus der Selbstdarstellung eurer Person entnehmen könnt.

→ Gruppen- oder Partnerpuzzle durchführen, S. 334

✎ Folie

✦ Starthilfe, S. 392

Kompetenzen	Levin	Sarah
fachliche Kompetenzen		
soziale Kompetenzen		
personale Kompetenzen		

e) Vergleiche deine Einträge anschließend mit einer Partnerin oder einem Partner eines anderen Teams, die oder der dieselbe Selbstdarstellung bearbeitet hat. Ergänze oder korrigiere deine Stichworte, falls nötig.

f) Präsentiere deiner ersten Partnerin bzw. deinem ersten Partner das erarbeitete Profil. Sie oder er ergänzt ihre oder seine Tabelle mit den Angaben zur anderen Person. Danach tauscht ihr die Rollen.

g) Zieht gemeinsam begründet Schlussfolgerungen, welche Praktikumsberufe am besten zu Levin und Sarah passen würden. Nutzt dazu auch die Beispiele auf den Seiten 10 und 11.

❗ Wissen und Können

Ein Kompetenzprofil anlegen

Um einen passenden Praktikumsberuf zu finden, muss man sich seine Kompetenzen bewusst machen. Das sind Fähigkeiten und Eigenschaften, die eine Bewerberin bzw. ein Bewerber mitbringen muss. Diese Kompetenzen lassen sich in drei Bereiche einteilen:

1. **Fachliche Kompetenzen:** Dazu gehören Fachwissen, Kenntnisse, Fähig- oder Fertigkeiten wie Fremdsprachen- oder Computerkenntnisse, ein Trainerschein, Geschicklichkeit …

2. **Soziale Kompetenzen:** Das sind Eigenschaften oder Fähigkeiten, die für die Zusammenarbeit nützlich sind, z. B. Teamfähigkeit, Hilfsbereitschaft, Kritikfähigkeit, Konfliktfähigkeit, Kompromissbereitschaft …

3. **Personale Kompetenzen:** Diese umfassen persönliche Einstellungen und Verhaltensweisen, z. B. Pünktlichkeit, Zuverlässigkeit, Verantwortungsbewusstsein, Pflichtbewusstsein, Kreativität, Selbstständigkeit …

Starthilfe, S. 392

Mit **Schwächen** sind hier Bereiche gemeint, in denen du dich noch verbessern kannst.

3 Um ein Profil für dich zu erstellen, ist es hilfreich, eine zweite Meinung zu deinen Stärken und Schwächen einzuholen, die deine eigene Wahrnehmung ergänzt. Um ein möglichst objektives Bild zu bekommen, gehe so vor:

a) Übernimm die folgende Tabelle auf ein Blatt Papier. Trage in den Spalten vier und fünf deine eigene Einschätzung zu deinen Stärken, aber auch zu den Eigenschaften ein, an denen du noch arbeiten möchtest.

b) Falte das Blatt so, dass du die beiden rechten Spalten wegknickst, damit deine eigene Einschätzung nicht mehr zu sehen ist. Tausche das Blatt dann mit einer Partnerin oder einem Partner und fülle die Spalten über sie bzw. ihn aus. Achte darauf, dass du deine Kritik konstruktiv und nicht verletzend formulierst.

c) Lies die Einschätzung deiner Partnerin bzw. deines Partners und stelle Rückfragen, falls dir etwas unklar ist. Vergleiche sie dann mit deiner Selbsteinschätzung: Welche Einschätzungen stimmen überein, welche unterscheiden sich?

Kompetenzen	Deine Stärken	Daran musst du noch arbeiten…	Meine Stärken	Daran muss ich noch arbeiten…
fachliche Kompetenzen			*Trainerschein: Ich habe den Trainerschein im Volleyball gemacht.*	
soziale Kompetenzen				*Kritikfähigkeit: Kritik anzunehmen, fällt mir oft noch sehr schwer, da ich schnell das Gefühl habe, angegriffen zu werden.*
personale Kompetenzen			*Zuverlässigkeit: Wenn ich etwas zusage, setze ich das auch pünktlich und gewissenhaft um.*	

4 Fasse dein Kompetenzprofil in einem Text zusammen. Berücksichtige die Einschätzung deiner Lernpartnerin oder deines Lernpartners in den Punkten, bei denen du denkst, dass sie auf dich zutreffen.

Sich über ein Berufsbild informieren

Neben einem Persönlichkeitsprofil können euch auch Informationen zu den einzelnen Berufen bei eurer Berufsentscheidung helfen. Eine Praktikumsmesse, die ihr mit eurer Klasse selbst durchführt, kann dabei eine wichtige Hilfe sein.

1 a) Das Bild rechts zeigt eine Praktikumsmesse. Seht euch das Bild genau an und beschreibt, was ihr darauf erkennen könnt.

  b) Stellt Vermutungen an, was die Besucherinnen und Besucher einer solchen Messe besonders interessieren könnte. Sammelt eure Ideen in Form von möglichen Fragen der Besucherinnen und Besucher, die durch den Besuch der Praktikumsmesse beantwortet werden könnten.

Starthilfe, S. 392

2 Organisiert in eurer Klasse eine eigene kleine Praktikumsmesse, auf der ihr mithilfe von Plakaten Berufsbilder in einem Vortrag präsentieren sollt. Bereitet euch jeweils zu zweit auf die Präsentation vor:

  a) Entscheidet euch zunächst für einen Beruf, der euch interessiert und den ihr gerne bei eurer Praktikumsmesse vorstellen möchtet. Wichtig: Achtet in der Klasse darauf, dass jeder Beruf nur einmal vorkommt.

  b) Was sollten die Besucherinnen und Besucher über euren Beruf unbedingt erfahren? Erstellt dazu eine Mindmap mit verschiedenen Aspekten, die für eure Besucherinnen und Besucher am wichtigsten sein könnten. Nutzt dazu auch eure Fragen aus Aufgabe 1 b). Formuliert Stichworte, die ihr auf die Äste eurer Mindmap schreibt, z. B.: Voraussetzungen, Tätigkeiten, Arbeitsplatz, Gehalt…

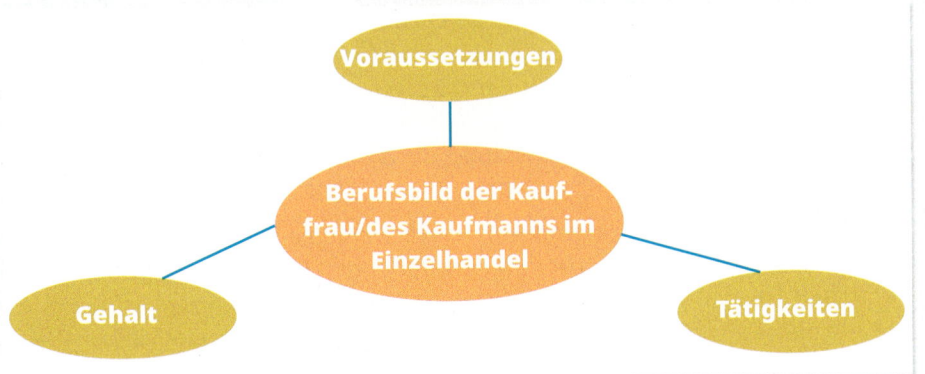

  c) Recherchiert alle notwendigen Informationen zu eurem Berufsbild. Nutzt dazu z. B. Internetsuchmaschinen, das Lexikon „Beruf aktuell", das ihr auf den Seiten der Bundesagentur für Arbeit finden könnt, oder Seiten wie www.planet-beruf.de. Achtet dabei auf Textstellen, die Informationen zu den Oberbegriffen in eurer Mindmap enthalten, und macht euch Notizen.

Im Internet recherchieren, S. 342/343

  d) Tauscht euch zu zweit über eure Ergebnisse aus: Besprecht, was ihr zu den einzelnen Ästen der Mindmap herausgefunden habt, und haltet die wichtigsten Informationen in eigenen Worten stichpunktartig fest.

3 Entwerft ein Präsentationsplakat für euren Stand, auf dem ihr die wichtigsten Informationen zu eurem Berufsbild anschaulich und informativ zusammenfasst:

a) Überlegt zunächst, wie ihr euer Plakat aufbauen wollt: Wo sollen welche Informationen und Bilder platziert werden? Achtet darauf, dass euer Plakat nur zur Unterstützung eurer Präsentation gedacht ist.

b) Formuliert die wichtigsten Informationen zu eurem Beruf in Stichpunkten und schreibt sie auf euer Plakat. Achtet auf eine angemessene Verteilung des Textes.

c) Verwendet Bilder und Diagramme, um euer Plakat für eure Besucherinnen und Besucher ansprechend zu gestalten. Überlegt dazu, welche Informationen zu eurem Beruf ihr damit besonders veranschaulichen könnt. Achtet dabei darauf, dass alle Details gut erkennbar sind.

> ⊙ **Tipp**
>
> Ihr könnt die Informationen auch auf Karteikarten schreiben, die ihr dann auf das Plakat klebt.

4 Informiert euch mithilfe des Methoden-Kastens darüber, wie eine Praktikumsmesse durchgeführt wird.

✦ Methode

Eine Praktikumsmesse durchführen

1. Schritt: Bereitet euren Stand vor
Verteilt euch in der Klasse so, dass jede Expertengruppe einen eigenen Stand besitzt, an dem sie ihr Berufsbild präsentieren kann. Hängt euer Plakat gut sichtbar für eure Besucherinnen und Besucher auf. Gestaltet euren Stand zudem so, dass er einerseits einladend wirkt, aber auch sofort deutlich macht, welchen Beruf ihr vorstellen wollt. Nutzt dazu beispielsweise Gegenstände, die typisch für den Beruf sind.

2. Schritt: Teilt euch auf
Teilt euch in eurer Expertengruppe in zwei Schichten ein: Expertin bzw. Experte 1 bleibt zunächst am Stand. Hier präsentiert sie oder er den Besucherinnen und Besuchern euer Berufsbild in einem kurzen Vortrag und steht für Fragen zur Verfügung. Expertin bzw. Experte 2 informiert sich währenddessen über einen anderen Beruf. Wechselt euch dann ab.

3. Schritt: Hört euch die Vorträge an
Hört euch einen Vortrag zu einem Berufsbild, das euch besonders interessiert, an, und stellt der Expertin oder dem Experten Fragen, falls diese im Vortrag offen geblieben sind.

4. Schritt: Gebt eine Rückmeldung
Füllt einen Rückmeldebogen aus, nachdem ihr euch den Vortrag angehört habt, um eure Eindrücke festzuhalten. Vergebt dazu Punkte von 1 bis 5, wobei die 5 die Höchstbewertung darstellt. Notiert im freien Feld zudem Dinge, die euch besonders aufgefallen sind.

5 Damit die Expertinnen und Experten von eurer Rückmeldung besonders profitieren, ist es wichtig, passende Kriterien zu wählen.

a) Betrachtet die Kriterien im Rückmeldebogen unten: Was soll jeweils beurteilt werden? Worauf kommt es bei den einzelnen Kriterien genau an?

Rückmeldebogen zur Praktikumsmesse			
Präsentationsplakat von …		**Expertenvortrag …**	
Kriterien	Punkte (1–5)	Kriterien	Punkte (1–5)
Auswahl der Informationen		*freier Vortrag in ganzen Sätzen*	
Verständlichkeit		*gelungene Einbindung des Plakats*	
Übersichtlichkeit		*angemessenes Sprechtempo*	
treffende Bildauswahl		*angemessene Mimik und Gestik*	
…		…	
…		…	
weitere Anmerkungen			

b) Sammelt weitere Kriterien. Übertragt dazu den Rückmeldebogen oben in euer Heft und ergänzt eure Ideen.

6 Führt eure Praktikumsmesse durch. Jeder von euch sollte mindestens drei Stände besuchen.

7 a) Sprecht eure Rückmeldungen, die ihr zu eurem Präsentationsplakat und eurem Vortrag erhalten habt, genau durch. Stellt gegebenenfalls Rückfragen.

b) Zieht Rückschlüsse aus euren Rückmeldungen und überlegt, was ihr bei der nächsten Präsentation besser machen könntet.

8 Wertet eure Praktikumsmesse aus: Überlegt, was euch gut gefallen hat und was ihr ändern würdet. Ist eine solche Praktikumsmesse hilfreich für die eigene Berufswahl?

Stellenanzeigen erschließen

Bei der Suche nach einem passenden Praktikumsberuf können auch Stellenanzeigen sehr nützlich sein. Wenn man sein Persönlichkeitsprofil nämlich mit den Informationen in Stellenanzeigen abgleicht, kann man herausfinden, ob man für ein Praktikum in diesem Beruf geeignet ist.

 Gruppen- oder Partnerpuzzle durchführen, S. 334

1 Erschließt die Stellenanzeigen auf den S. 19/20 im Gruppenpuzzle. Geht dazu so vor:
   a) Findet euch zu dritt zusammen (= Stammgruppe) und teilt die Stellenanzeigen unter euch auf.
   b) Informiere dich mithilfe des Wissen-und-Können-Kastens, wie man Informationen aus Stellenanzeigen entnimmt.

Folie

   c) Lies deinen Text und markiere anschließend mithilfe einer Folie die Informationen aus den Bereichen 1–7 in unterschiedlichen Farben.
   d) Übernimm die Tabelle in dein Heft und ergänze in der linken Spalte die Bereiche 1–7. Halte dann die Informationen aus deiner Anzeige darin fest.

Angaben zur Stellenanzeige	Senioren-zentrum	Urban Streetlove	Landbäckerei
Stellentitel			
...			

   e) Vergleiche die Ergebnisse mit einer Partnerin oder einem Partner, die oder der dieselbe Anzeige bearbeitet hat. Ergänze deine Notizen, falls nötig.
   f) Stellt eure Ergebnisse in euren Stammgruppen vor. Ergänzt dabei die übrigen Spalten der Tabelle.

❗ Wissen und Können

Informationen aus Stellenanzeigen entnehmen

Stellenanzeigen dienen Unternehmen dazu, geeignete Mitarbeiterinnen und Mitarbeiter für einen bestimmten Aufgabenbereich zu finden. Dementsprechend liefern die Stellenanzeigen einerseits **Informationen über das Unternehmen**, andererseits **über die Tätigkeit**, die im Unternehmen ausgeübt werden soll, sodass die Bewerberinnen und Bewerber ihre eigenen Stärken mit den Erwartungen des Unternehmens abgleichen können. Anhand der Formulierungen lässt sich zudem erkennen, ob es sich um unverzichtbare **„Muss-Kriterien"** oder um optionale **„Kann-Kriterien"** handelt. Anzeigen enthalten meist Informationen aus folgenden Bereichen:
1. **Stellentitel** (Branche, Einsatzort, Anstellungsart, z. B. Praktikum, Ausbildung ...),
2. **Tätigkeitsprofil** (Aufgaben, Verantwortungsbereich),
3. **Angaben zum Unternehmen** (z. B. Größe, Art des Betriebs, z. B. Familienbetrieb ...),
4. **Anforderungen, benötigte Qualifikationen und Kompetenzen** (Schulabschluss, Noten in einzelnen Fächern, persönliche Stärken und Eigenschaften),
5. **Arbeitsbedingungen** (z. B. Arbeit am Wochenende, Nachtschicht ...),
6. **Leistungen des Unternehmens** (Vergütung, Weiterbildungsmöglichkeiten ...),
7. **Informationen zum Bewerbungsverfahren** (Kontaktadresse, Ansprechpartner, per E-Mail, Online-Formular ...).

Ausbildung zum Pflegefachmann (m/w/d)

Alltagsheld sein – Ausbildung machen: Ausbildung in der Pflege – eine Ausbildung mit Zukunft! Pflegefachleute betreuen und versorgen Menschen in allen Bereichen der Pflege wie Kranken-, Kinderkranken- und Altenpflege. Sie führen ärztlich veranlasste Maßnahmen aus, assistieren bei Untersuchungen und dokumentieren Patientendaten. In unserer Seniorenresidenz kümmern wir uns derzeit um 143 Bewohnerinnen und Bewohner von 63 bis 101 Jahren. Pflegefachmann/-frau ist eine bundesweit einheitlich geregelte schulische Ausbildung an Pflegeschulen. Sie dauert 3 Jahre und führt zu einer staatlichen Abschlussprüfung. Ist im Ausbildungsvertrag ein Vertiefungseinsatz vereinbart, können die Auszubildenden für das letzte Drittel der Ausbildung entscheiden, ob sie die Ausbildung als Pflegefachmann/-frau fortsetzen oder ob sie die Ausbildung auf einen Abschluss als Gesundheits- und Kinderkrankenpfleger/-in oder Altenpfleger/-in ausrichten.

Die Anforderungen: Vorausgesetzt wird ein Realschulabschluss oder gleichwertig, wobei die Noten in den Fächern Deutsch und Mathematik mindestens befriedigend sein müssen.

Wir erwarten Teamfähigkeit, Einfühlungsvermögen, Belastbarkeit und hohe Flexibilität.

Was wir bieten:

Neben einem spannenden Arbeitsalltag stehen Ihnen bei uns viele Entwicklungs- und Karrieremöglichkeiten offen, damit Sie sich stetig weiterentwickeln können. Zudem erhalten Sie eine angemessene Vergütung und erleben die Vorteile einer angenehmen Arbeitsatmosphäre in einem tollen Team.

Wenn Sie Interesse an einer Ausbildung haben, bewerben Sie sich mit Ihren aussagekräftigen Bewerbungsunterlagen per E-Mail unter: schuette@seniorenzentrum-st-josef.de.

Ausbildung Bäcker (m/w/d)

Backen macht Freude! Das ist das Leitmotto unserer Handwerksbäckerei, die unsere Kunden schon seit 1957 mit täglich frischem Brot und Brötchen aus eigenem Getreide versorgt. Unsere Auszubildenden profitieren dabei vom umfangreichen Fachwissen unserer Bäckermeister, denn unser Brot ist noch echtes Handwerk. Die Arbeitsabläufe sind vielseitig: Getreide mahlen, Sauerteig zubereiten, Teig aufarbeiten, am Ofen arbeiten. Damit alle Arbeitsabläufe funktionieren, spielt Teamwork bei uns eine große Rolle. Und nach acht Stunden echter Handarbeit sieht man, was man geschafft hat, wenn die frischen Brote, Brötchen und Teilchen in der Theke liegen. Wir erwarten neben einem guten Hauptschulabschluss Interesse am Backhandwerk, Leistungsbereitschaft und Motivation. Frühaufsteher willkommen: Auszubildende in der Bäckerei beginnen mit der Arbeit zunächst ab 5 Uhr morgens (also keine Nachtschicht). Im Laufe der Zeit kann der Arbeitsbeginn stufenweise früher erfolgen. Interesse ab dem kommenden Ausbildungsjahr dabei zu sein? Wir freuen uns auf eine vollständige Bewerbung an: Landbäckerei Kruse, Laurien Kruse, Theobalder Straße 15-17, 82362 Weilheim.

Ausbildung Kauffrau/-mann für Büromanagement

Wir über uns: Urban Streetlove ist ein international tätiges Unternehmen mit Sitz in Berlin. Wir sind der größte Anbieter für angesagte Styles aus den Bereichen Streetwear und Urban. Zur Verstärkung unseres jungen, engagierten Teams suchen wir zum 01.08. drei Auszubildende zur Kauffrau/zum Kaufmann für Büromanagement an unserem Hauptsitz.

Das sind deine Stärken: Chaos auf deinem Schreibtisch kannst du nicht aushalten? Dann bist du bei uns genau richtig – wir bringen dir bei, wie Organisation und Ordnung in großen Dimensionen funktioniert. Du hast Hummeln im Hintern, bist der Sonnenschein der Familie und immer da, wenn deine Freunde dich brauchen? Du hast auch noch gute Deutschkenntnisse und great English skills? Dann warte nicht länger, denn auf dich haben wir gewartet!

Darauf darfst du dich freuen: Gute Arbeit braucht auch eine gute Belohnung: Zusätzlich zu deinem Gehalt erhältst du nicht nur Urlaubs- und Weihnachtsgeld, sondern profitierst auch von unseren Zusatzleistungen wie z.B. Jobrad, kostenlose Fitnessstudiomitgliedschaft und vielen mehr. Zudem unterstützen wir dich durch eine persönliche Betreuung auf Augenhöhe und eine Förderung deiner individuellen Talente. Versprochen! Damit du deine Prüfungen, Projekt- oder Abschlussarbeiten rockst, bekommst du von uns zur Vorbereitung Bonusurlaubstage. Und wenn du richtig zeigst, was in dir steckt, hast du die besten Chancen auf eine Übernahme.

Vor Ausbildungsbeginn kann ein Praktikum absolviert werden. Wir freuen uns auf deine Bewerbung (inkl. Anschreiben, Lebenslauf und Zeugnis). Bewirb dich über unser Bewerbungstool unter urbanstreetlove.de/karriere.

Starthilfe, S. 392

2 Schlussfolgert, welche Stellenbeschreibungen am ehesten zu Sarah und zu Levin (Seite 12) passen. Entscheidet euch dazu für je eine Anzeige, auf die sich die beiden bewerben könnten. Begründet anhand von Belegen.

3 Überlege anhand deines eigenen Persönlichkeitsprofils, inwiefern du für die einzelnen Stellen geeignet bist. Vergleiche dazu die Informationen in deiner Tabelle aus Aufgabe 1 mit deinen eigenen Stärken.

Bestandteile einer Bewerbung ermitteln

Da es für Arbeitgeberinnen und Arbeitgeber nicht möglich ist, jede Bewerberin und jeden Bewerber persönlich kennenzulernen, ist deine schriftliche Bewerbung deine Eintrittskarte. Gelingt es dir, mit deiner Bewerbung Interesse zu wecken, bekommst du die Chance, bei einem Bewerbungsgespräch zu überzeugen.

1 Das Anschreiben ist der Schlüssel der Bewerbung. In diesem Text machst du deutlich, warum du für die Stelle, auf die du dich bewirbst, besonders geeignet bist.
   a) Lies Finjas Anschreiben auf Seite 22 und finde passende Bezeichnungen für die Abschnitte A – L.
   b) Vergleiche deine Ergebnisse mit dem Wissen-und-Können-Kasten.

2 Untersuche Finjas Anschreiben genauer:
   a) Markiere mit einer Folie die Stellen, an denen Finja Angaben über sich macht.
   b) Überprüfe, ob Finja in ihrem Anschreiben auf die Fähigkeiten und Stärken Bezug nimmt, die du in Aufgabe 1 auf Seite 18 herausgearbeitet hast, und ob sie sie glaubhaft mit ihrer Person verbindet.
   c) Vergleiche deine Ergebnisse mit einer Lernpartnerin oder einem Lernpartner.

Folie

→ *Sprachgebrauch in Bewerbungsschreiben untersuchen, S. 266–268*

3 Verfasse mithilfe des Wissen-und-Können-Kastens eine eigene Praktikumsbewerbung. Du kannst dich bei einem der Unternehmen, deren Stellenanzeigen du auf den Seiten 19 und 20 erschlossen hast, bewerben oder auch ein anderes Unternehmen aussuchen. Berücksichtige dabei dein Persönlichkeitsprofil und nutze gelungene Formulierungen aus Finjas Anschreiben.

✈ *Starthilfe, S. 392*

▢ *Textverarbeitungsprogramm*

4 Überprüft eure Texte, indem ihr eine Schreibkonferenz durchführt. Lest und kommentiert dazu die Bewerbungsanschreiben. Achtet auf folgende Punkte: Ist die Form eines offiziellen Briefs eingehalten worden? Passt das Anschreiben zu der Stelle? Sind die eigenen Stärken passgenau und nachvollziehbar begründet worden? Ist durchgehend höflich formuliert worden?

→ *Texte überarbeiten – Bewerbungen, S. 271*

❗ Wissen und Können

Ein Bewerbungsanschreiben formulieren

Bei einem Bewerbungsanschreiben handelt es sich um einen offiziellen Brief mit folgenden Textelementen: Absender, Empfänger, Datum, Betreff, Anrede, Brieftext, Grußformel, Unterschrift, Anlage.
Der Brieftext wird dabei üblicherweise so gegliedert:

- Erläutere zunächst kurz den **Grund** des Schreibens. Mache dabei z.B. genaue Angaben zum Praktikumszeitraum.
- Stelle deine **aktuelle Situation** dar. Gib an, welche Schule du besuchst und in welcher Klasse du gerade bist. Du kannst auch auf deine Lieblingsfächer eingehen, wenn diese für die Stelle relevant sind.
- Präsentiere **Fähigkeiten, Stärken und Interessen**, die dich für diesen Beruf besonders qualifizieren. Dafür solltest du glaubhafte Belege anführen.
- Abschließend bittest du um **Rückmeldung** bzw. um ein persönliches Gespräch.

(A) Finja Landwehr
Am Auersee 23
82405 Wessobrunn
Tel.: 08809 / 55 000 405
E-Mail: finja.landwehr@mail.de

(B) Landbäckerei Kruse
Laurien Kruse
Theobalder Straße 15-17
82362 Weilheim

(C)   Wessobrunn, 08.01.2022

(D) Bewerbung um einen Praktikumsplatz

(E) Sehr geehrte Frau Kruse,
(F) wie mit Ihnen am Mittwoch telefonisch besprochen, möchte ich mich um ein Praktikum vom 16.05. – 20.05.2022 in Ihrer Bäckerei bewerben.
(G) Zurzeit besuche ich die 9. Klasse des Gymnasiums Weilheim. Meine Lieblingsfächer sind Englisch und Chemie.

(H) Schon seit ich denken kann, kaufe ich mit meinen Eltern Ihr leckeres Brot und Ihre Brötchen bei Ihnen. Nun würde ich Ihre Bäckerei gerne einmal aus einem anderen Blickwinkel kennenlernen. Da ich häufig backe, bin ich bereits mit vielen Waren Ihres Sortiments nicht nur durch den Verzehr vertraut. Gerne würde ich aber noch mehr über die Vielfalt an Produkten und die Abläufe hinter den Kulissen erfahren, da ich es beispielsweise besonders spannend finde, dass Ihr Mehl aus eigenem Getreide stammt.

(I) Ich bin stets freundlich und sehr belastbar. Als Klassensprecherin übernehme ich gerne Verantwortung für die Klasse, wobei ich alle meine Aufgaben pünktlich und zuverlässig erledige, wie mir auch von meinen Lehrerinnen und Lehrern immer wieder gesagt wird. In meiner Freizeit helfe ich meinem Vater dabei, die E-Jugend unserer Handballmannschaft zu betreuen. Das zeigt, dass ich gerne mit Menschen umgehe und gut im Team arbeiten kann. Und da ich ein Frühaufsteher bin, ist es für mich ein besonderes Plus, früh mit der Arbeit beginnen zu können.

(J) Über eine Einladung zu einem persönlichen Gespräch freue ich mich.

(K) Mit freundlichen Grüßen
Finja Landwehr

(L) Anlage: Lebenslauf

Zur vollständigen Bewerbung gehört neben dem Anschreiben auch der Lebenslauf. Mit diesem kann sich die Arbeitgeberin oder der Arbeitgeber einen Überblick über die wichtigsten Informationen zur Bewerberin bzw. zum Bewerber verschaffen.

5 a) Beschreibt, wie Finja ihren Lebenslauf auf S. 24 formal aufgebaut hat.

b) Untersucht Finjas Lebenslauf genauer: Welche Informationen hat sie in ihren Lebenslauf aufgenommen?

6 a) Der Abschnitt „Besondere Kenntnisse und Interessen" kann verschiedene Informationen enthalten. Erläutere, welche Angaben von Finja für Frau Kruse von der Landbäckerei Kruse besonders wichtig sind. Begründe deine Antwort.

b) Nenne begründet weitere Angaben, die Finja zum Beispiel noch hätte machen können.

c) Beurteilt, welche Vorteile der Lebenslauf einer Arbeitgeberin oder einem Arbeitgeber bietet, um mehrere Bewerberinnen und Bewerber schnell miteinander vergleichen zu können.

7 Bestimmte Informationen, die früher in Lebensläufen üblich waren, werden heute nicht mehr in den Lebenslauf aufgenommen. Dazu gehören zum Beispiel die Staatsangehörigkeit, aber auch die Religionszugehörigkeit und Angaben zur Familie (Berufe der Eltern, Alter der Geschwister etc.). Erklärt, warum diese Informationen nicht mehr in einen Lebenslauf gehören.

8 a) Entwirf mithilfe von Finjas Beispiel deinen eigenen Lebenslauf und nutze dazu ein Textverarbeitungsprogramm. Denke dabei daran, welche Informationen für das Unternehmen, bei dem du dich bewirbst, relevant sein können.

b) Stelle deine vollständigen Bewerbungsunterlagen zusammen. Nutze dazu das von dir erstellte Anschreiben und den Lebenslauf. Berücksichtige auch den Wissen-und-Können-Kasten.

Textverarbeitungs-programm

❗ Wissen und Können

Vollständige Bewerbungsunterlagen zusammenstellen

Bei einer Bewerbung müssen die Unterlagen in einer bestimmten Reihenfolge angeordnet und als Bewerbungsmappe zusammengefasst werden.

1. **Deckblatt**: Damit gibst du einen ersten Überblick zu deiner Person. Es enthält dein Anliegen (Bewerbung um einen Praktikumsplatz als ...), deine Kontaktdaten, den Namen des Unternehmens sowie ein professionelles Bewerbungsfoto.

2. **Lebenslauf**: Falls du kein Deckblatt gestaltet hast, positionierst du dein Foto in der rechten oberen Ecke. Denke daran, den Lebenslauf zu unterschreiben.

3. **Anlagen**, wie dein aktuelles Schulzeugnis oder Bescheinigungen, beispielsweise über Praktika oder Nebenjobs, werden chronologisch sortiert.

4. **Bewerbungsanschreiben**: Diese Seite liegt obenauf und ist das zentrale Dokument. Viele Unternehmen verlangen Online-Bewerbungen. Für diese gelten die gleichen Regeln wie für die Bewerbung in Papierform. Fasse deine Unterlagen in einer Datei zusammen und schicke sie mit einer kurzen E-Mail an das Unternehmen.

Lebenslauf

<u>Persönliche Daten</u>

Name:	Finja Landwehr
Adresse:	Am Auersee 23
	82405 Wessobrunn
Telefon:	0150 / 73 35 82 46 02
E-Mail:	finja.landwehr@mail.de
Geburtsdatum:	12.03.2007
Geburtsort:	Tutzing

<u>Schulbildung</u>

2013 – 2017	Grundschule Wessobrunn
seit 2017	Städtisches Gymnasium, Weilheim

<u>Praktische Erfahrungen</u>

seit August 2019	Co-Betreuerin der E-Jugend des HSV Weilheim
seit März 2020	Teilnahme an der AG „Gesunde Ernährung"
09.06.2021	Tagespraktikum im Supermarkt „Lindemann" in Tutzing
seit August 2021	Klassensprecherin

<u>Kenntnisse, Qualifikationen und Interessen</u>

Sprachkenntnisse:	Englisch (sehr gute Kenntnisse in Wort und Schrift)
	Französisch (gute Kenntnisse in Wort und Schrift)
	Latein (gute Kenntnisse)
Interessen:	Mitarbeit bei Greenpeace
	Kochen und Backen
	Lesen
	Freunde treffen

Wessobrunn, den 08.01.2022

Finja Landwehr

■ ■ ■ ■ ■

Sich angemessen im Bewerbungsgespräch ausdrücken

1 Lest den Auszug aus einem Bewerbungsgespräch mit verteilten Rollen.

Finja: Guten Tag, Frau Kruse. Schön, dass ich Sie persönlich kennenlerne.

Frau Kruse: Guten Tag, Finja. Ich freue mich, dass du gekommen bist. Du hattest hoffentlich eine gute Anfahrt. Stell dich doch zunächst einmal kurz vor.

Finja: Mein Name ist Finja Landwehr, ich bin 15 Jahre alt und besuche derzeit das Gymnasium Weilheim.

Frau Kruse: Warum hast du dich denn überhaupt bei uns beworben?

Finja: Das Bäckerhandwerk hat mich schon immer interessiert und da ich Ihre Backwaren besonders gerne mag, ist es natürlich mein Wunsch, bei Ihnen einen genaueren Einblick erhalten zu dürfen.

Frau Kruse: Sehr schön. Was interessiert dich bei uns denn besonders?

Finja: Ich finde es vor allem spannend zu sehen, wie viel Arbeit hinter den einzelnen Produkten steht. Wenn ich eines ihrer leckeren Puddingteilchen esse, denke ich oft darüber nach, wie sich die Arbeit in der Backstube vom Backen zuhause unterscheidet, da Ihre Produkte ja eine gleichbleibend hohe Qualität haben müssen. Zudem würde es mich interessieren, welche Unterschiede es zwischen den einzelnen Brotsorten gibt und welche Rolle die Tatsache spielt, dass Sie Ihr Getreide ja sogar selbst mahlen.

Frau Kruse: Das sind schon eine ganze Menge Dinge, die dich interessieren. Du hast ja auch selbst schon Backerfahrung gesammelt, oder?

Finja: Das stimmt. Ich backe unheimlich gerne, worüber sich meine beiden Brüder auch jedes Mal freuen. Ich finde es einfach schön, wenn man mit dem, was man gemacht hat, anderen eine Freude machen kann.

Frau Kruse: Warum meinst du denn, dass du für den Job einer Bäckerin gut geeignet wärst?

Finja: Erstmal habe ich viel Freude am Backen, möchte immer ein tolles Ergebnis erzielen und finde es interessant, Neues zu lernen. Andererseits ist es mit Sicherheit auch von Vorteil, dass ich ein Frühaufsteher und sehr diszipliniert bin.

Frau Kruse: Da hast du natürlich recht. Wie macht es sich bei dir denn bemerkbar, dass du so diszipliniert bist?

Finja: Das merkt man eigentlich schon an meinem festen Tagesablauf. Ich stehe morgens gerne früh auf und bereite beispielsweise für meine Eltern und meine Geschwister in Ruhe das Frühstück vor. Und nach dem Mittagessen arbeite ich erstmal konzentriert an meinen Schulaufgaben, bevor ich Freizeit habe oder meinen Vater beim Handballverein unterstütze.

Frau Kruse: Was machst du in deiner Freizeit gerne?

Finja: …

2 Besprecht nach dem ersten Lesen, ob Finja bei dem Gespräch wohl einen guten Eindruck hinterlassen hat. Belegt eure Einschätzung: Markiert dazu Stellen, die inhaltlich und sprachlich angemessen formuliert sind. Notiert eine Erläuterung dazu am Rand, zum Beispiel: höflicher Einstieg, präzise und sachlich formuliert … *Folie*

3 Stelle mit einer Lernpartnerin oder einem Lernpartner Finjas Bewerbungsgespräch nach und setze es fort:

a) Legt zunächst die Rollen fest. Notiert dann auf Rollenkarten jeweils für Finja und Frau Kruse die Informationen, die sie ihrer Gesprächspartnerin geben bzw. erfragen wollen.

Rollenkarte Finja

Einsatzbereiche im Praktikum?
Arbeitszeiten im Praktikum?
...

Rollenkarte Frau Leineweber

Grund für die Bewerbung?
Vorwissen über das Unternehmen?
...

b) Sammelt Kriterien, die bei einem guten Bewerbungsgespräch erfüllt sein sollten. Übernehmt dazu den Beobachtungsbogen in euer Heft und ergänzt weitere Kriterien. Lest dazu auch den Wissen-und-Können-Kasten.

Beobachtungskriterien: Die Bewerberin/Der Bewerber ...	☺	😐	☹
begrüßt die Gesprächspartnerin/den Gesprächspartner höflich.			
spricht in ganzen Sätzen.			
geht auf Fragen ein und antwortet präzise.			
...			

c) Präsentiert euer Bewerbungsgespräch einem zweiten Team. Das andere Team macht sich mithilfe des Beobachtungsbogens Notizen.

d) Wertet das Bewerbungsgespräch anschließend aus: Was war an dem Auftreten der Bewerberin bzw. des Bewerbers gelungen, was würdet ihr verbessern? Klärt dann, ob ihr der Bewerberin bzw. dem Bewerber eine Zusage für die ausgeschriebene Stelle gegeben hättet.

❗ Wissen und Können

Ein Bewerbungsgespräch um einen Praktikumsplatz führen

1. **Begrüße** deine Gesprächspartnerin oder deinen Gesprächspartner **höflich**. Warte, bis man dir einen Platz anbietet. Danach werden dir oft alltägliche Fragen, z. B. zur Anreise, gestellt, um die Atmosphäre aufzulockern und einen ersten Eindruck von dir zu gewinnen.

2. Beantworte die dir gestellten Fragen **glaubhaft** und möglichst **genau**. Beachte, dass du auf Nachfragen weitere Erläuterungen geben musst. Frage auch selbst nach, wenn du etwas nicht verstanden hast.

3. Sprich in **ganzen Sätzen**, vermeide **Umgangssprache** und halte **Blickkontakt**.

4. Stelle deine Fragen, wenn du dazu aufgefordert wirst. Falls sich zu einem früheren Zeitpunkt eine Frage ergibt, erkundige dich, ob du bereits jetzt eine Frage stellen darfst.

5. **Bedanke** dich abschließend für das Gespräch und erkundige dich höflich nach dem weiteren Vorgehen, damit du weißt, wann du mit einer Zu- oder Absage rechnen kannst. **Verabschiede** dich freundlich.

Schätze deinen Lernstand ein

Bei den folgenden Texten handelt es sich um Auszüge aus zwei Bewerbungsgesprächen.

Patricia: Hallo.
Herr Schneider: Guten Tag, Patricia. Schön, dich kennenzulernen. Bist du gut hierhergekommen?
Patricia: Ja.
Herr Schneider: Das freut mich. Wie bist du denn dazu gekommen, dass du dein Praktikum gerne bei Urban Streetlove machen möchtest?
Patricia: Arbeiten im Büro finde ich cool. Und Sie bieten ihren Mitarbeitern so viel an.
Herr Schneider: Ja, uns ist es ganz wichtig, dass unsere Mitarbeiterinnen und Mitarbeiter sich wohl fühlen, denn man soll ja gerne zur Arbeit kommen. Hast du ein Lieblingsfach in der Schule?

Patricia: Kunst. Da machen wir ganz kreative Sachen.
Herr Schneider: Zum Beispiel?
Patricia: Neulich mussten wir Kleidungsstücke in verschiedenen Stilen designen. Das hat echt Spaß gemacht.
Herr Schneider: Das passt ja schon ganz gut zu unserem Unternehmen. Warum denkst du denn, dass du für eine Arbeit hier besonders geeignet bist?
Patricia: Ich bin sehr zuverlässig und hilfsbereit. Deswegen bin ich zum Beispiel auch die Kapitänin meiner Fußballmannschaft. Und ich bin immer gut drauf. [...]

Ben: Guten Tag, Frau Schütte, ich freue mich sehr, dass Sie mich eingeladen haben.
Frau Schütte: Hallo Ben, schön, dass du Zeit gehabt hast, heute hier vorbeizukommen. Hast du dich gleich gut zurechtgefunden?
Ben: Das ging zum Glück alles ganz problemlos. Es ist ja auch alles gut ausgeschildert. Aber ich war schon überrascht, wie groß Ihr Seniorenzentrum ist, denn ich hatte das gar nicht mehr so in Erinnerung.
Frau Schütte: Das klingt so, als ob du schon öfter hier gewesen wärst?

Ben: Das stimmt. Meine Urgroßmutter hat bei Ihnen gelebt. Und da bin ich natürlich jedes Mal dabei gewesen, wenn meine Eltern sie hier besucht haben. Aber das ist doch schon ein paar Jahre her ...
Frau Schütte: War für dich schnell klar, dass du gerne bei uns ein Praktikum machen möchtest?
Ben: Ja, auf jeden Fall. Ich habe zwar einige Berufsbilder im Deutschunterricht kennengelernt, die mich sehr interessieren, aber für mich war schnell klar, dass es mich besonders interessieren würde, mich bei Ihnen einbringen zu dürfen. [...]

1 Lies dir die Auszüge aus den beiden Bewerbungsgesprächen durch. Welche Bewerberin oder welcher Bewerber hat aus deiner Sicht den besseren Eindruck hinterlassen? Woran liegt das?

2 Belege deine Einschätzung, indem du die Bewerbungsgespräche mithilfe der Beobachtungskriterien aus Aufgabe 3 auf Seite 26 untersuchst: Was ist der Bewerberin und dem Bewerber bereits gut gelungen? Woran müssen sie noch arbeiten?

😊 → Seite 29–32, Ⓑ
😐 → Seite 29–32, Ⓐ
😕 ← Seite 25/26

Ein Bewerbungsvideo gestalten

Gerade in kreativen Berufen erwarten Unternehmen oft auch eine kreative Bewerbung anstelle oder als Ergänzung zu einer klassischen Bewerbung. Eine Möglichkeit stellt ein Bewerbungsvideo dar, in dem sich die Bewerberin bzw. der Bewerber selbst präsentiert und die mögliche Arbeitgeberin bzw. den möglichen Arbeitgeber von sich zu überzeugen versucht.

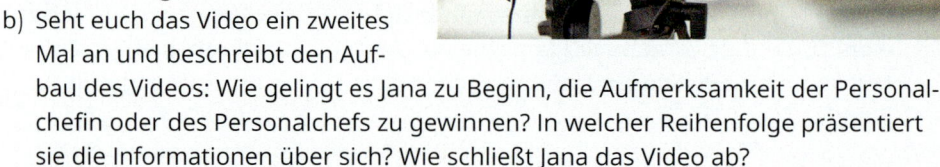

▶ *„Bewerbungs-video Jana"*

1 a) Schaut euch zunächst das Bewerbungsvideo von Jana an und beantwortet die folgenden Fragen: Auf welchen Beruf bewirbt sich Jana? Welche Informationen über sich verrät Jana im Video? Welche ihrer Stärken stellt sie in den Vordergrund?

b) Seht euch das Video ein zweites Mal an und beschreibt den Aufbau des Videos: Wie gelingt es Jana zu Beginn, die Aufmerksamkeit der Personalchefin oder des Personalchefs zu gewinnen? In welcher Reihenfolge präsentiert sie die Informationen über sich? Wie schließt Jana das Video ab?

c) Vergleicht eure Ergebnisse mit einer Partnerin oder einem Partner und ergänzt eure Notizen, falls nötig.

2 Die meisten Bewerbungsvideos haben eine Länge von maximal zwei Minuten, sodass es wichtig ist, die wesentlichen Informationen über dich komprimiert und professionell zu präsentieren. Bereite ein eigenes Bewerbungsvideo vor:

a) Überlege, was die Arbeitgeberin oder der Arbeitgeber unbedingt über dich wissen sollte. Halte diese Informationen in Stichpunkten fest.

⤢ *Starthilfe, S. 392*

b) Sortiere den Informationen Oberbegriffe zu, um dein Video zu strukturieren.

c) Bringe die Informationen in eine sinnvolle Reihenfolge, in der du sie in deinem Video präsentieren möchtest.

3 Neben dem Inhalt spielt auch die Präsentation bei deinem Video eine entscheidende Rolle, wobei diese möglichst zum Beruf passen sollte:

a) Überlege, welcher Hintergrund sich für deinen Auftritt eignet. Er sollte nicht von deinen Worten ablenken, kann aber dein Gesagtes dezent unterstreichen. Zeige zudem nicht zu viel Privates, wenn du das Video bei dir zu Hause drehst, um nicht unprofessionell zu wirken.

b) Wähle die Kleidung, die du in deinem Video tragen möchtest. Sie sollte wie bei einem Vorstellungsgespräch sein.

◉ Tipp zu 4

Aus rechtlichen Gründen braucht ihr für Aufnahmen, auf denen die Gesichter von Schüler/-innen zu erkennen sind, eine Einverständniserklärung der Eltern.

4 Verwende deine Notizen, um dein Video zu drehen. Versuche natürlich zu sein, denn es geht bei dem Video darum, dich kennenzulernen. Halte zudem Blickkontakt zur Kamera und sprich langsam und deutlich.

Ein Bewerbungsgespräch vorbereiten und durchführen

Wenn deine Bewerbung das Interesse des Unternehmens geweckt hat, bekommst du die Chance, dich auch persönlich bei einem Bewerbungsgespräch vorzustellen.

1 a) Betrachte die beiden Abbildungen und erläutere begründet, inwiefern sich die Bewerberin aus deiner Sicht jeweils für ein Bewerbungsgespräch angemessen präsentiert. Berücksichtige dabei Kleidung, Gestik und Mimik.

b) Vergleicht eure Einschätzungen in einer Gruppe und ergänzt eure Notizen, falls nötig.

c) Formuliert gemeinsam allgemeine Regeln zur Kleidung und Körperhaltung in einem Bewerbungsgespräch.

2 Seht euch die beiden Auszüge aus Bewerbungsgesprächen an: Bei welchem Gespräch hat die Bewerberin aus eurer Sicht einen besseren Eindruck hinterlassen? Begründet eure Einschätzung.

▶ *„Bewerbungsgespräch 1"*

▶ *„Bewerbungsgespräch 2"*

3 Untersucht die beiden Bewerbungsgespräche genauer. Geht dazu so vor:

a) Seht euch die beiden Bewerbungsgespräche erneut an. Haltet eure positiven und negativen Eindrücke zu folgenden Fragen fest:
- Wie hat sich die Bewerberin bei ihrer Ankunft präsentiert?
- Wie war die Körpersprache der Bewerberin?
- Wie hat sie sich im Gespräch verhalten?
- Wie höflich und angemessen hat sie sich ausgedrückt?

b) Vergleiche deine Beobachtungen mit denen einer Partnerin oder eines Partners und ergänze deine Notizen wenn nötig.

4 Haltet in einer Checkliste fest, auf welche Aspekte Bewerberinnen und Bewerber in einem Bewerbungsgespräch achten sollten. Legt dazu eine Tabelle nach dem folgenden Muster an und füllt sie aus.

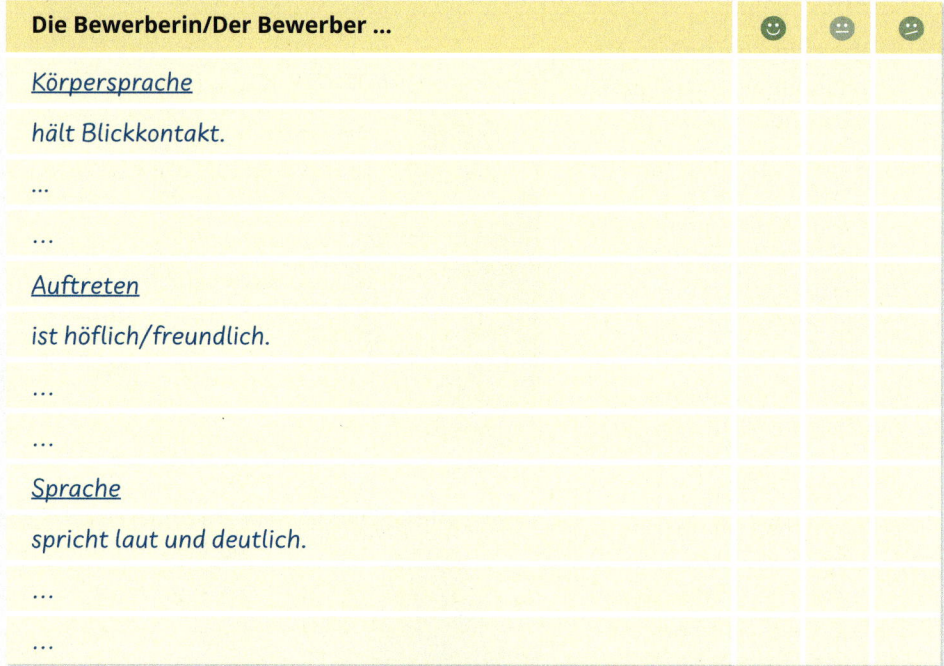

Die Bewerberin/Der Bewerber ...	☺	😐	☹
Körpersprache			
hält Blickkontakt.			
...			
...			
Auftreten			
ist höflich/freundlich.			
...			
...			
Sprache			
spricht laut und deutlich.			
...			
...			

Ⓐ Ein Bewerbungsgespräch vorbereiten und durchführen

Aufgabe: Bereitet ein Bewerbungsgespräch bei Urban Streetlove vor und führt es durch.

5 a) Sammelt zunächst die Themenbereiche, in denen in einem Vorstellungsgespräch üblicherweise Fragen gestellt werden.
b) Bildet zwei Gruppen. Die eine Gruppe bereitet die Rolle der Bewerberin bzw. des Bewerbers vor, die andere Gruppe die Rolle der Unternehmensvertreterin bzw. des Unternehmensvertreters.

6 Bereitet euch auf eure Rolle als Bewerber/-in oder Unternehmensvertreter/-in vor.
Die Bewerberin bzw. der Bewerber:
a) Überlegt euch Fragen, die euch im Bewerbungsgespräch gestellt werden könnten. Welche Antworten würdet ihr auf diese Fragen geben?
b) Die Bewerberin bzw. der Bewerber erhält meist auch die Gelegenheit, Fragen zu stellen. Sie sollten dabei das Interesse am Unternehmen und dem Berufsfeld signalisieren. Erstellt eine Liste mit Fragen, die ihr stellen könntet.
Die Unternehmensvertreterin bzw. der Unternehmensvertreter:
a) Überlegt euch Fragen, die ihr im Bewerbungsgespräch stellen wollt. Beachtet, was eure Bewerberin bzw. euer Bewerber für Kompetenzen besitzen sollte.
b) Die Bewerberin bzw. der Bewerber erhält meist auch die Gelegenheit, Fragen zu stellen. Denkt darüber nach, welche Fragen euch gestellt werden könnten und welche Antworten ihr darauf geben wollt.

7 Führt das Bewerbungsgespräch als Kugellager-Diskussion durch. Bildet dazu zwei Stuhlkreise, wobei der innere Kreis die Rolle der Unternehmensvertreterin bzw. des Unternehmensvertreters und der äußere Kreis die Rolle der Bewerberin bzw. des Bewerbers übernimmt.

→ Diskutieren: Kugellager-Diskussion, S. 333

a) Die Unternehmensvertreterin bzw. der Unternehmensvertreter beginnt das Gespräch. Führt dann das Bewerbungsgespräch durch, bis eure Lehrkraft euch nach drei Minuten ein Zeichen gibt.

b) Wenn eure Lehrkraft euch ein Zeichen gibt, rückt der innere Kreis zwei Sitze nach links. Führt dann das Bewerbungsgespräch mit eurer neuen Partnerin oder eurem neuen Partner.

B Ein Bewerbungsgespräch mithilfe einer Internetrecherche vorbereiten

Aufgabe: Bereitet ein Bewerbungsgespräch bei TV Energy vor und führt es durch.

5 Erschließt die Stellenanzeige von TV Energy auf Seite 32. Arbeitet insbesondere heraus, was ihr über das Tätigkeitsprofil der ausgeschriebenen Stelle, das Unternehmen und die gestellten Anforderungen sowie die benötigten Qualifikationen und Kompetenzen erfahrt.

6 Recherchiert weitere Informationen zum Berufsbild der Mediengestalterin bzw. des Mediengestalters Bild und Ton. Nutzt dazu unter anderem das Lexikon der Ausbildungsberufe der Bundesagentur für Arbeit.

→ Im Internet recherchieren, S. 342/343

7 a) Bildet zwei Gruppen. Die eine Gruppe bereitet die Rolle der Bewerberin bzw. des Bewerbers vor, die andere Gruppe die Rolle der Unternehmensvertreterin bzw. des Unternehmensvertreters.

b) Bereitet euch auf eure jeweilige Rolle vor und führt das Bewerbungsgespräch durch: Geht dazu so vor, wie in den Aufgaben **A 6–7** beschrieben.

Ausbildung Mediengestalter (M/W/D) Bild und Ton

Hätte, wäre, machen! Wir sind die Mediengruppe TV Energy Deutschland und unterhalten mit unseren starken Sendern – in TV und Stream – und zahlreichen eigenproduzierten Inhalten, die begeistern.

Bei uns zählt das Team: Rund 1.000 Mitarbeiter*innen an 7 Standorten im In- und Ausland arbeiten gemeinsam daran, Träume zu verwirklichen und beste Unterhaltung zu bieten. Starte mit uns durch: Die Aufgaben bei uns sind so vielfältig wie unsere Mitarbeiter*innen selbst. Wir haben ab August 2022 eine Ausbildungsstelle als Mediengestalter (M/W/D) Bild und Ton an unserem Standort in Hannover zu besetzen.

Du begeisterst dich für die Bearbeitung von Video und Audio? Du möchtest in einem der führenden Medienunternehmen Deutschlands deine Kreativität unter Beweis stellen? Dann bist du bei uns genau richtig!

Diese Aufgaben warten auf dich:
- Du planst selbstständig oder im Team mit der Redaktion Medienproduktionen und führst diese mit modernster Technik durch.
- Du lernst die vielfältigen Arbeitsschritte der Bild- und Tonnachbearbeitung.
- Du schneidest und vertonst Beiträge für Nachrichten-, Magazin- und Unterhaltungssendungen.
- Du arbeitest bei Sportübertragungen, Livesendungen, Studio- und Außenproduktionen mit.
- Du bist für den Aufbau und die Verkabelung von Produktionssystemen im Bereich der Audio- und Videotechnik zuständig.

Das solltest du mitbringen:
- Einen guten Schulabschluss (Fachhochschulreife oder Abitur) sowie gute Noten in Mathematik, Physik, Kunst, Englisch und Deutsch
- Praktische Erfahrungen im Medienbereich durch Engagement in Schul-AGs, Praktika, Hobbies o. ä.
- Eine gute Allgemeinbildung und die Bereitschaft zu überdurchschnittlichen Leistungen
- Kommunikationsstärke und Kritikfähigkeit
- Organisationstalent, Flexibilität und eine selbstständige, strukturierte Arbeitsweise – du verlierst auch in Stresssituationen nicht den Überblick

Haben wir dein Interesse geweckt?
Dann freuen wir uns auf deine vollständigen Bewerbungsunterlagen per Online-Bewerbung. Weitere Informationen und mehr über uns und unsere Benefits findest du hier: www.tv-energy.de

Ich freue mich auf deine Bewerbung!
Deine Lena

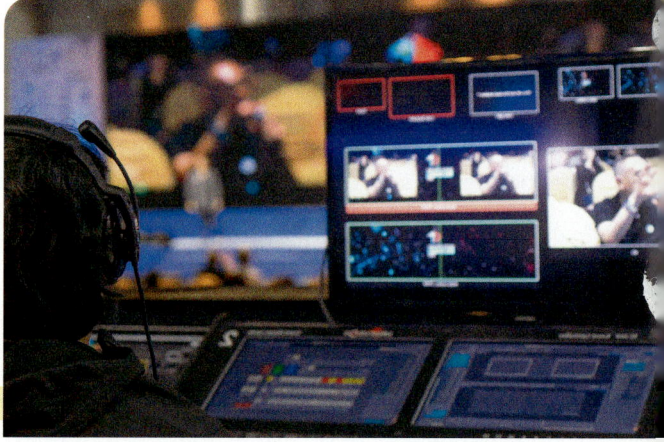

→ *Feedback geben, S. 333* **8** a) Spielt jeweils ein Bewerbungsgespräch aus jeder Gruppe in der Klasse vor und gebt den Darstellerinnen und Darstellern ein Feedback.

b) Wertet anschließend gemeinsam aus, was euch in den Bewerbungsgesprächen bereits gut gelungen ist und womit ihr noch Schwierigkeiten hattet.

Zeige, was du kannst

Ein Bewerbungsgespräch überarbeiten

Aufgabe: Lies dir den Auszug aus einem Bewerbungsgespräch durch. Plane deine Überarbeitung, indem du am Rand notierst, welche Stellen inhaltlich und sprachlich nicht angemessen sind. Schreibe das Bewerbungsgespräch anschließend in überarbeiteter Form auf.

 Folie

Textverarbeitungsprogramm

Frau Hollmann: Hallo Alina, schön, dass du da bist.

Alina: Tag.

Frau Hollmann: Hast du einen stressigen Schultag hinter dir?

5 **Alina**: Geht. Mathe nervt etwas.

Frau Hollmann: Das höre ich nicht zum ersten Mal. Erzähle doch mal, wieso du gerne dein Praktikum hier bei Radio Warendorf machen möchtest.

10 **Alina**: Ich höre sehr gerne Radio und Musik könnte ich den ganzen Tag hören.

Frau Hollmann: Gibt es etwas, das dir an unserem Sender besonders gut gefällt?

15 **Alina**: Ihre Moderatorinnen und Moderatoren sind echt sympathisch. Vor allem die Angie Hölscher ist super lustig.

Frau Hollmann: Das freut mich sehr, dass sie bei dir so gut ankommt. In deiner Bewerbung hast

20 du geschrieben, dass du an deiner Schule bei der Schülerzeitung aktiv bist. Worüber hast du denn zuletzt einen Artikel geschrieben?

Alina: Das weiß ich gar nicht mehr so genau. Ich glaube, es ging um das neue Angebot der Mensa.

25 **Frau Hollmann**: Das klingt doch nach einem spannenden Thema. Was hast du denn ansonsten für Hobbys?

Alina: In meiner Freizeit mache ich ganz viel

35 mit Tieren. Ich habe ein eigenes Pflegepferd, um das ich mich jeden Tag kümmere. Das ist eine ganz liebe Holsteiner Stute, die auch erst sieben Jahre alt ist. Und dann helfe ich noch zweimal die Woche im Tierheim.

Frau Hollmann: Und was übernimmst du im Tierheim für Aufgaben? 40

Alina: Ich bin im Katzenhaus und kümmere mich da um die Katzen, die schon lange im Tierheim sind. Sind wir eigentlich gleich fertig? Mein Bus fährt nämlich nur einmal pro 45 Stunde.

Frau Hollmann: Natürlich. Eine Frage habe ich aber noch: Ich habe gesehen, dass du in Geschichte eine 5 auf dem Zeugnis hast. Fällt dir Geschichte schwer? 50

Alina: Eigentlich nicht, aber der Lehrer ist doof.

Frau Hollmann: Na gut. Hast du denn noch eine Frage an mich, auf die ich dir vielleicht eine Antwort geben kann?

Alina: Nein, nicht wirklich. 55

Frau Hollmann: Dann bedanke ich mich bei dir, dass du gekommen bist. Ich melde mich bei dir, wenn ich weiß, ob wir dir einen Praktikumsplatz anbieten können.

Alina: Danke. Haben Sie noch einen schönen 60 Tag.

Frau Hollmann: Den wünsche ich dir auch, Alina.

Miteinander sprechen – Debattieren

Über aktuelle Themen streiten – konstruktiv und fair

Es gibt Streitfragen, bei denen prallen unterschiedliche Meinungen und Überzeugungen auf-einander. In einer Debatte werdet ihr zu Anwälten eines Standpunkts und setzt euch mit den Argumenten der Gegenseite auseinander. Dabei geht es nicht um Besiegen und Rechthaben. Es geht auch nicht um die voreilige Suche nach einem Kompromiss. Das Ziel der Debatte ist der umfassende und geschärfte Blick auf das Problem und die beste Lösung.

1 Betrachtet die Bilder, auf denen unterschiedliche Debatten zu sehen sind.
Sprecht darüber in der Klasse:
- Wo fanden diese Debatten statt?
- Wer waren die Teilnehmerinnen und Teilnehmer?
- Um welche Themen ging es vermutlich in diesen Debatten?
- Wer waren die Zuschauerinnen und Zuschauer? Welche Bedeutung hat das
  Publikum für die Debatte und umgekehrt?

2 Wie „Jugend trainiert für Olympia", „Jugend forscht" und „Jugend musiziert" gibt es
auch einen bundesweiten Wettbewerb „Jugend debattiert".
- a) Stellt Vermutungen zu diesem Wettbewerb an: Wie könnte er ablaufen? Wie kann
  man beurteilen, ob eine Debatte gut gelungen ist?
- b) Recherchiert im Internet nach dem Wettbewerb „Jugend debattiert" und tragt
  eure Ergebnisse zusammen.

Jugend debattiert

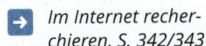

➜ *Im Internet recherchieren, S. 342/343*

3 Stellt euch folgende Situation vor:

Die 15-jährige Jana hat sich endlich getraut und sich ein
Nasen-Piercing stechen lassen. Obwohl sie ein gutes Ver-
hältnis zu ihren Eltern hat, hat sie ihnen nichts von ihrem
geheimen Plan erzählt. Und auch der Mann im Piercing-
Studio hat sie bestärkt. Immerhin hat sie ja schon drei
Ohrlöcher. Zu Hause präsentiert sie ihrer Mutter stolz das
Ergebnis. Aber die Mutter reagiert ganz anders, als Jana
sich das vorgestellt hat.

- a) Arbeitet zu zweit. Überlegt euch, wie die Mutter reagieren könnte. Was könnte
  sie zu dem Nasen-Piercing sagen? Wie könnte sich das Gespräch entwickeln?
- b) Spielt die Szene in der Klasse.
- c) Sprecht über die Lösungen und beurteilt das Verhalten von Jana und der Mutter.

4 Was wisst ihr über das Thema „Piercen"? Beantwortet die folgende Frage:

Du möchtest dir ein Piercing stechen lassen. Ab wann darfst du das ohne Erlaubnis
deiner Eltern tun?
- a. Da es mein Körper ist, kann ich auch ganz ohne meine Eltern entscheiden.
- b. Es gibt keine Altersgrenze, es kommt darauf an, ob ich verstehe, was ich tue.
- c. Mit 15. Ich brauche nur eine Bescheinigung von meinem Hausarzt, ob ich
  allergisch reagiere.
- d. Wenn ich mein Taschengeld dafür einsetze, muss ich niemand um Erlaubnis
  fragen.

In diesem Kapitel lernt ihr ...
- › die Form der Debatte des Wettbewerbs „Jugend debattiert" kennen,
- › eure Position in der Debatte klar und überzeugend zu entwickeln,
- › auf die Argumente der Gegenseite wertschätzend einzugehen und sie trotzdem zu entkräften,
- › durch ein gutes Feedback eure rhetorischen und argumentativen Fertigkeiten zu verbessern.

Zwischen Diskussion und Debatte unterscheiden

Die Klasse 9a diskutiert über das Thema „Piercing". Als Diskussionsleiterin eröffnet Nicole die Diskussion.

Nicole: Wir haben uns für das Thema „Piercing" entschieden, weil es ein Streitpunkt in vielen Familien ist. Die Meinungen von Eltern und Jugendlichen sind dabei oft sehr unterschied-
5 lich. Und wir wollen heute darüber diskutieren, was die Gründe für diesen Streit sind. Unsere Diskussionsfrage lautet: „Zoff wegen Piercing – Was führt zum Streit zwischen Eltern und ihren Kindern?" Ich bitte um eure Meldungen.

10 **Mihail**: Meiner Meinung nach kommt es immer dann zum Streit, wenn Eltern nicht gemerkt haben, dass ihre Kinder älter geworden sind und selbst entscheiden wollen.

Katharina: Stimmt. Jugendliche entwickeln ihren
15 eigenen Geschmack und wollen diesen ausleben. Und wenn Eltern das nicht gemerkt haben, sind sie völlig überrascht, wenn sich ihr kleines Kind plötzlich ein Piercing stechen lassen will.

Mia: Das ist ein völlig normaler Vorgang in der Pubertät.
20 **Johannes**: Genau. Jugendliche wollen sich von ihren Eltern abgrenzen. So entwickeln sie so etwas wie eine eigene Persönlichkeit.

Nicole: Die ersten Meldungen sind jetzt sehr stark auf die Gründe der Jugendlichen einge-
25 gangen. Wie sieht es denn aus mit den Gründen der Eltern?

---

1 Welche Meinungen habt ihr zur Diskussionsfrage? Diskutiert in der Klasse weiter. Bestimmt dazu jemanden, der die Rolle der Diskussionsleiterin bzw. des Diskussionsleiters übernimmt.

2 Zu den Aufgaben der Diskussionsleitung gehört es, am Ende einer Diskussion die Standpunkte und Meinungen der Diskussion zusammenzufassen. Fasst den Inhalt eurer Klassendiskussion zusammen.

3 Die Fragestellung bei einer Debatte zum Thema „Piercing" unterscheidet sich von der Fragestellung bei einer Diskussion:

Diskussion	Debatte
Zoff wegen Piercing – Was führt zum Streit zwischen Eltern und ihren Kindern?	Sollen Jugendliche unter 16 Jahren sich auch ohne Einwilligung der Eltern piercen lassen dürfen?

Erklärt, wie sich die Fragen in einer Diskussion und in einer Debatte unterscheiden. Berücksichtigt dabei die sprachliche Form der Fragestellung.

Das folgende Schaubild über den Verlauf einer Debatte im „Jugend debattiert"-Wettbewerb hilft euch, die Unterschiede zum Ablauf einer Klassendiskussion besser zu verstehen.

Vorbereitungszeit: 10 Tage	Vier Teilnehmer/-innen werden bestimmt. Sie bereiten sich auf die Streitfrage der Debatte vor und übernehmen festgelegte Rollen in der Debatte.

Debatte: 24 Minuten	**Rederecht**	**Zeit**
	Eröffnungsrunde 1. Pro 1 2. Kontra 1 3. Pro 2 4. Kontra 2	je 2 Minuten
	Freie Aussprache Kontra 1 Pro 1 Kontra 2 Pro 2	12 Minuten
	Schlussrunde 1. Pro 1 2. Kontra 1 3. Pro 2 4. Kontra 2	je 1 Minute

Feedback-Phase: ca. 10 Minuten	Das Publikum oder die Jury geben den Teilnehmer/-innen eine Rückmeldung zur Debatte.

4 Erkläre in eigenen Worten die wichtigsten Unterschiede zwischen Diskussion und Debatte. Berücksichtige dabei,
- wie der zeitliche Ablauf gestaltet ist,
- wie das Rederecht verteilt wird,
- welche Rollen die Teilnehmerinnen und Teilnehmer einnehmen.

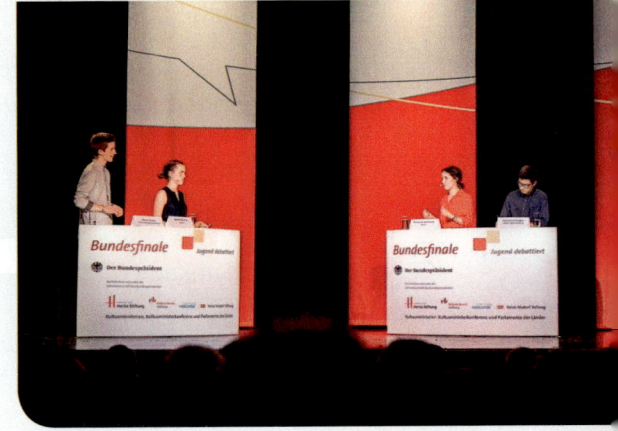

5 Bei einer Debatte bleiben die Teilnehmerinnen und Teilnehmer bei ihrer Position und suchen keinen Kompromiss. Überlegt, warum das so ist. Denkt dabei auch an das Publikum.

Die Maßnahme in einer Eröffnungsrede darstellen

Anna und Vigo aus der Klasse 9a werden für die Pro-Seite an der Debatte teilnehmen. Vigo wird als Pro 1 die Debatte eröffnen und muss dazu darstellen, welchen Vorschlag die beiden unterbreiten wollen.

„Ich brauche mehr mobile Daten." „Ja, ich möchte mit dieser zerrissenen Jeans in die Schule gehen." Aussagen wie diese sind oft der Anfang von Auseinandersetzungen zwischen Jugendlichen und ihren Eltern. Gerade in der Pubertät kommt es daher oft zu heftigem Streit. Und das ist richtig so! Denn wie uns die Entwicklungspsychologie sagt: Die wichtigste Aufgabe für Jugendliche ab 14 Jahren ist die Identitätsfindung. Das heißt zu erkennen, wer man ist und was man will. Und dazu kann auch gehören, sich einen Stecker in die Nase oder durch die Lippe stechen zu lassen. Und deshalb stellen wir uns heute die Frage: Sollen Jugendliche unter 16 Jahren sich auch ohne Einwilligung der Eltern piercen lassen dürfen? Im Moment ist es so, dass Piercing-Studios in der Regel die schriftliche Zustimmung oder die Begleitung von Eltern verlangen, bevor sie piercen. Dies ist so, weil das Stechen eines Piercings laut §223 des Strafgesetzbuchs als Körperverletzung anzusehen ist. Die gesetzliche Regelung ist aber im Moment nicht eindeutig, da im Sinne von § 228 StGB auch Jugendliche eine Einwilligung fürs Piercen erteilen können, wenn sie die „Reife" dafür erreicht haben. Wir von der Pro-Seite haben uns Folgendes überlegt: Da Jugendliche mit 14 strafmündig sind, sollte man ihnen im Jugendschutzgesetz das Recht zusprechen, sich ein Piercing in Ohren, Nase, Lippen und/oder Augenbrauen stechen zu lassen. Damit die Jugendlichen nicht spontan und unüberlegt handeln, werden Piercerinnen und Piercer verpflichtet, bei einem ersten Termin umfassend über das Piercen und seine Gefahren zu informieren. Frühestens drei Tage später darf dann gepiert werden. Die Einwilligung der Eltern muss dafür nicht vorliegen. Dafür spricht, dass sich Jugendliche auf diese Weise erproben und entdecken, was sie wollen und was sie gut und schön finden. Deshalb sollen sich Jugendliche schon mit 14 auch ohne Einwilligung der Eltern piercen lassen dürfen.

1 a) Lies Vigos Eröffnungsrede und überlege, an welchen Stellen Vigo beim Vortragen eine kurze Pause machen müsste, da ein neuer Gedanke beginnt.
b) Tausche dich mit einer Partnerin oder einem Partner aus. Vergleicht eure Überlegungen: An welchen Formulierungen habt ihr erkannt, dass ihr eine Pause machen müsst? Schreibt diese aus dem Text heraus.
c) Vigos Eröffnungsrede folgt einem klaren Aufbau. Ordnet jedem Abschnitt eine Funktion zu. Benutzt dafür die folgenden Begriffe:

Begründung   Problem   Position (These) der Pro-Seite   Debattenfrage
Vorschlag zur Problemlösung (=Maßnahme)   Hinführung zum Thema

2 Damit erfolgreich debattiert werden kann, muss Pro 1 sorgfältig erklären, welches Problem besteht und welche Maßnahme zur Lösung des Problems vorgeschlagen wird. Lest euch Vigos Maßnahme in seiner Eröffnungsrede noch einmal durch und beantwortet die Fragen, indem ihr die folgende Tabelle in euer Heft übernehmt und sie ausfüllt.

Fragen zur Klärung der Maßnahme	Maßnahme von Anna und Vigo	Eure Maßnahme
Wer ist von der Maßnahme betroffen?		
Wann soll die Maßnahme durchgeführt werden?		
Wo soll die Maßnahme durchgeführt werden?		
Was genau umfasst die Maßnahme?		
Wie wird die Maßnahme durchgeführt?		
Wie ist die Maßnahme genau gestaltet?		
Wozu dient die Maßnahme?		

3 Während der Eröffnungsrede von Pro 1 muss die Kontra-Seite genau zuhören und dabei auf Schwachpunkte der vorgeschlagenen Maßnahme achten. In der eigenen Eröffnungsrede muss die Kontra-Seite kritisch auf Schwachstellen der Maßnahme hinweisen und auf diese Weise zur Klärung der Maßnahme beitragen.
  a) Welche kritischen Rückfragen könnte die Kontra-Seite an die Maßnahme von Vigo und Anna stellen?
  b) Welche Maßnahme würdet ihr vorschlagen, damit sich Jugendliche unter 16 Jahren ohne Einwilligung der Eltern piercen lassen dürfen? Formuliert eine eigene Maßnahme zur Streitfrage. Nutzt dazu die rechte Spalte der Tabelle.

4 Bereitet zur Übung selbst eine Eröffnungsrede für folgendes Debattenthema vor: Soll der Unterricht an unserer Schule immer um 9 Uhr beginnen? Geht dazu so vor:
  a) Was schlagt ihr für eure Schule vor? Entwickelt eure Maßnahme, indem ihr die Fragen in der linken Spalte der Tabelle für das Thema beantwortet.
  b) Schreibt eure Eröffnungsrede. Nutzt dabei die Rhetorik-Tipps im Infokasten unten und die Formulierungen aus Aufgabe 1.

➡ *Eine freie Rede halten, S. 322/323*

✈ *Starthilfe, S. 392*

◎ Tipp

Rhetorik-Tipps für den Anfang einer Rede

Mit den ersten Sätzen stellt ihr eine Verbindung zwischen dem Thema und dem Publikum her. Ihr könnt ...
• eine direkte Frage an die Zuhörerinnen und Zuhörer richten,
• von einem persönlichen oder gemeinsamen Erlebnis erzählen,
• erstaunliche oder beeindruckende Fakten präsentieren,
• eine passende Aussage einer bekannten Persönlichkeit zitieren und damit auf ein Problem hinweisen, das es anzupacken gilt.

◎ Tipp

Diese Tipps helfen dir auch bei der Einleitung einer schriftlichen Argumentation.

➡ *Eine Einleitung für die Argumentation schreiben, S. 108*

📄 *Arbeitsheft, S. 11/12*

Argumente finden und entwickeln

Die Klasse 9a sammelt in einer Stafette Pro- und Kontra-Argumente zum Vorschlag, dass sich Jugendliche unter 16 piercen lassen dürfen.

Pedro: Jugendliche unter 16 sollten sich ohne Einwilligung der Eltern piercen lassen dürfen, weil auch schon 15-Jährige die Gefahren verstehen können.

Mia: Dagegen spricht, dass es eher zum Streit zwischen Eltern und Jugendlichen kommt, wenn Eltern sich übergangen fühlen.

5 **Anna**: Dafür spricht, dass es meine freie Entscheidung ist, wie ich aussehe.

Sophie: Dagegen spricht, dass Eltern mehr über die Gefahren für die Gesundheit wissen.

◎ **Tipp**

Wenn euch kein neues Argument einfällt, könnt ihr ein schon genanntes Argument wiederholen.

1 Setzt die Stafette fort. Nennt jeweils ein Argument für euren Standpunkt. Euer Beitrag muss **kurz** sein.

Fangt an mit: Dafür spricht … / Dagegen spricht …

⚙ Methode

Eine Rede-Stafette durchführen

Stellt euch im Kreis im Klassenraum auf. Ihr benötigt ein Mäppchen oder einen weichen Ball. Die erste Sprecherin oder der erste Sprecher nennt ein Argument und wirft der nächsten Schülerin oder dem nächsten Schüler den Ball und damit das Rederecht zu. Die Schülerin oder der Schüler trägt ein Argument vor und wirft den Ball weiter. Sobald sich die Wiederholungen häufen, ist die Stafette fertig.

➔ *Eine Stoffsammlung anlegen und ordnen, S. 100–103*

2 Sammelt und notiert in Stichworten alle Argumente, die genannt wurden.

3 Anna und Vigo haben bei der Vorbereitung der Debatte festgestellt, dass die Debatte über das Piercen viele gesellschaftliche Bereiche betrifft. Überprüft, inwiefern sich aus den folgenden Ergebnissen ihrer Internetrecherche Argumente für die Pro- oder Kontra-Seite ableiten lassen.

M 1

Polizeivollzugsbeamtinnen und -beamte müssen in ihrer Funktion stets Neutralität wahren und als Einzelperson in der Öffentlichkeit immer auch die gesamte Polizei als Institution repräsentieren. Deshalb ist Körperschmuck als Zeichen der Individualität bei der Polizei NRW weiterhin grundsätzlich nicht erwünscht. Trotzdem ist eine Einstellung in den Polizeivollzugsdienst unter Umständen auch mit vorhandenem Körperschmuck möglich. Entscheidend hierfür sind Lage, Art und Umfang. Körperschmuck sind insbesondere: Tätowierungen, Piercings, Skarifikationen[1], Implantate und Vergleichbares. Unterschieden wird zwischen dem sichtbaren und dem nicht sichtbaren Bereichen des Körpers, wobei als Maßstab die Sommeruniform (kurzärmliges Diensthemd) der Polizei des Landes NRW gilt.

[1] Skarifikation: Ziernarben

www.karrierebibel.de/tattoos-piercings

M 2

Aus zivilrechtlicher Sicht ist der sogenannte **„Taschengeldparagraf"** aus § 110 BGB zu beachten. Danach können auch beschränkt geschäftsfähige Jugendliche ohne die Zustimmung eines gesetzlichen Vertreters einen Vertrag schließen, wenn ihnen ihr Taschengeld zu diesem Zweck oder generell zur freien Verfügung überlassen wurde. Letzteres ist allerdings insoweit beschränkt, dass nicht jede Verwendung davon umfasst wird, sondern nur solche, die sich im Rahmen des „Vernünftigen" halten. Fraglich ist hierbei, ob Piercings oder Tattoos dazu gezählt werden können.

www.juraforum.de/ratgeber/strafrecht/piercen-und-taetowieren-lassen-ab-wann-duerfen-jugendliche-das#

4 Ordnet in Partnerarbeit alle bisherigen Argumente. Nutzt dafür die Informationen im Wissen-und-Können-Kasten. Übertragt die Tabelle ins Heft. Achtet darauf, die Quelle anzugeben, und fasst das jeweilige Argument in Stichworten zusammen.

Machbarkeit	Nützlichkeit	Sittlichkeit bzw. Werte-Ebene
…	…	*persönliche Freiheit (Anna)*

❗ Wissen und Können

Argumente für eine Debatte ordnen

Die Argumente in einer Debatte lassen sich danach ordnen, ob …

- sie auf ein Problem bei der praktischen Durchführung bzw. Einführung der Maßnahme hinweisen (**Machbarkeit**),
- die genannten Gründe einen Vorteil oder einen Nachteil für eine betroffene Gruppe beschreiben (**Nützlichkeit**),
- sie einen allgemeinen Wert berühren, z. B. Freiheit, Selbstbestimmung, Sicherheit usw. (**Sittlichkeit bzw. Werte-Ebene**).

Arbeitsheft, S. 13/14

Mit anderen in der Freien Aussprache debattieren

Es ist gar nicht so einfach, in einer Freien Aussprache zu debattieren. Man muss zum Beispiel den eigenen Standpunkt gut vertreten können, aber inhaltlich und kommunikativ auch auf andere reagieren können.

1 Lies den Ausschnitt aus der zweiten Phase der Debatte. Achte darauf,
- worum es inhaltlich geht,
- welche Sprecherin oder welcher Sprecher dich am meisten überzeugt.

Anna: Philipp, du hast darauf hingewiesen, dass man den Beruf „Piercer" auch ohne Ausbildung ausüben kann. Das stimmt. Wir sehen es aber so, dass Piercerinnen und Piercer auch ohne Ausbildung darauf achten werden, gut zu beraten, weil es in ihrem Interesse liegt, dass man ihnen später nichts vorwerfen kann.

Sophie: Ich stimme dir zu, dass sich Piercerinnen und Piercer durch gute Beratung absichern können. Aber sie werden sich immer für das Piercing aussprechen, weil sie es ja verkaufen wollen.

Vigo: In dieser Hinsicht unterscheidet sich der Beruf nicht von anderen. Das ist wahr. Aber es wäre doch sehr kurzsichtig, jemand zu überreden und anschließend die Kosten und den Ärger für einen Prozess wegen Körperverletzung zu haben.

Philipp: Wir haben jetzt sehr ausführlich über die Probleme bei der Durchführung des Beratungsgesprächs gesprochen. Ich finde, wir sollten uns noch einmal die Nachteile für das Zusammenleben in der Familie klarmachen. Eltern werden durch eure Maßnahme übergangen, weshalb es zum Streit kommen muss.

Anna: Philipp, du hast gesagt, dass es zu Streit kommt, wenn Eltern sich übergangen fühlen. Aber deshalb müssen sich Kinder nicht unterordnen, nur weil die Eltern einen anderen Geschmack beim Aussehen haben.

Philipp: Eltern haben einen anderen Geschmack. Klar. Und Jugendliche müssen ihren eigenen Geschmack entwickeln können. Aber durch eure Maßnahme entfällt die Notwendigkeit, dass sie sich mit den Ansichten der Eltern auseinandersetzen müssen. Das ist auch wichtig für die Identitätsbildung.

2 Untersuche die Anfänge der Redebeiträge genauer. Was fällt dir auf? Wie trägt diese Gestaltung der Redeanfänge zum Gelingen der Debatte bei?

3 Untersucht den weiteren Verlauf der Debatte. Verändert sie nach dem Muster des vorherigen Teils der Debatte.

Vigo: Das heißt ja nicht, dass nicht doch darüber gesprochen wird. Ich denke, es liegt auch im Interesse der Eltern, dass ihre Kinder selbstständig in Geschmacksfragen werden.

Achtung Fehler!

Sophie: Wir reden hier aber von einer Veränderung des Körpers, die zu langfristigen gesundheitlichen Problemen führen kann. Laut einem Stern-Artikel gibt es bei fast 30 Prozent der Fälle Probleme. Da müssen Eltern mitsprechen.

Vigo: Der Stern-Artikel nennt dafür aber andere Ursachen. Du sprichst aber einen wichtigen Punkt an, Sophie. Nämlich die Verantwortung der Eltern. Wir sehen es so, dass Eltern verantwortungsvoll handeln, wenn sie ihren Kindern diese Entscheidung zutrauen.

Arbeitsheft, S. 13/14

Eine Schlussrede gestalten

Vigo hat als Pro 1-Sprecher die Aufgabe, die Schlussrunde zu eröffnen.

Es ging in unserer Debatte um die Streitfrage „Sollen Jugendliche unter 16 Jahren sich auch ohne Einwilligung der Eltern piercen lassen dürfen?". Die Kontra-Seite hat ein wichtiges Argument genannt, nämlich dass Jugendliche natürlich nicht wissen können, ob das Piercing im Erwachsenen-Alter nicht negative Folgen, z. B. bei der Berufswahl haben wird. Für die Pro-Seite haben wir dagegen betont, dass Jugendliche durch diese Entscheidung einen wichtigen Schritt bei der Entwicklung ihrer eigenen Persönlichkeit gehen. Sie entwickeln einen eigenen Stil und lernen mit den Folgen ihrer Entscheidungen umzugehen. Und deshalb bin ich dafür, dass sich Jugendliche unter 16 auch ohne Einwilligung der Eltern piercen lassen dürfen.

1 Beschreibt den Aufbau von Vigos Schlussrede. Welche Formulierungen könnte man unabhängig vom Thema auch für andere Debattenthemen verwenden?

2 Philipp, der während der ersten Debatte (S. 42) für die Kontra-Seite gesprochen hat, hat sich Satzanfänge für seine Schlussrede überlegt und diese auswendig gelernt. Nutze die Satzanfänge und formuliere Philipps Rede. Beachte dabei die Informationen aus dem Wissen-und-Können-Kasten.

- In dieser Debatte haben wir über die Frage ... gesprochen.
- Die Pro-Seite hat betont, dass ...
- Für mich ist aber immer noch entscheidend, dass ...
- Deshalb spreche ich mir immer noch dafür aus, dass ...

❗ Wissen und Können

Rollen und Aufgaben im Verlauf einer Debatte

Während einer Debatte bleiben alle Teilnehmerinnen und Teilnehmer **bis zum Schluss in den zugeteilten Rollen**, unabhängig von ihrer persönlichen Überzeugung. Sie werden für die Zeit der Debatte zu Anwältinnen oder Anwälten dieser Position und vertreten sie mit vollem Einsatz.

Alle Teilnehmerinnen und Teilnehmer der Debatte sprechen **frei**, d. h. **ohne vorgefertigte Notizen und Formulierungen**. Während eine Teilnehmerin oder ein Teilnehmer spricht, dürfen die anderen **Notizen** anfertigen. In der Schlussrunde bekräftigen alle ihren Standpunkt und heben das wichtigste Argument aus der Debatte hervor. Dabei dürfen **keine neuen Argumente** genannt werden.

Einer Debatte aktiv folgen und eine kriteriengeleitete Rückmeldung geben

Als Zuhörerin oder Zuhörer ist es gar nicht so leicht, den Überblick über den Verlauf einer Debatte und über die Leistungen jedes Einzelnen zu behalten. Es kann helfen, sich beim Zuhören Notizen zu machen, um später eine Rückmeldung zur Debatte geben zu können.

1 Einigt euch auf ein Thema aus dem Bereich „Schule", bei dem möglichst alle schnell mitreden können, zum Beispiel: Soll man im Fach Sport auf das Geben von Noten verzichten?
   a) Teilt die Klasse in eine Pro- und eine Kontra-Seite ein und sammelt Argumente.
   b) Ändert die Sitzordnung (siehe Skizze).

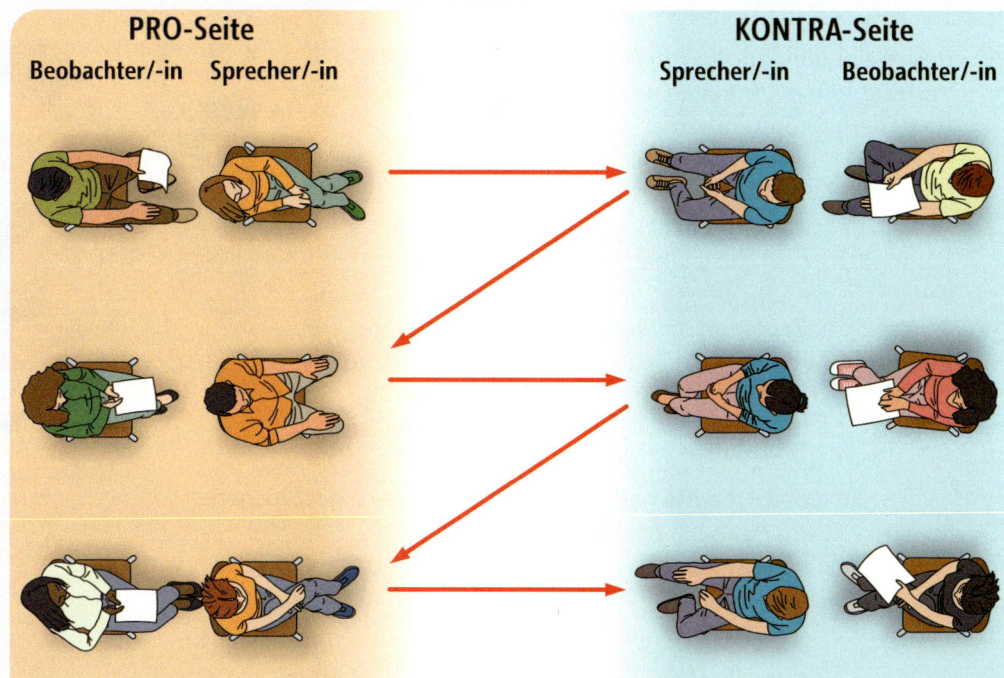

> ◉ **Tipp**
>
> Während der Debatte machen sich alle Zuschauer Notizen. Damit ihr bei euren eigenen Debatten nicht auf alle Teilnehmer achten müsst, solltet ihr vor Beginn der Debatte festlegen, wer wem eine Rückmeldung gibt.

2 a) Für die Pro-Seite beginnt Pro 1 und stellt genau ein Pro-Argument vor. Kontra 1 gibt das Argument von Pro 1 in eigenen Worten wieder und schließt mit einem eigenen Argument an, das inhaltlich möglichst zum vorherigen Argument passt.
Wiedergabe: „Du sagst ..."
Anschluss: „Ich bin für / gegen ..., weil ..."
   b) Die Beobachterinnen und Beobachter achten darauf, ob und wie die Sprecherinnen und Sprecher sprachlich und inhaltlich anschließen.
   c) Nach dem Durchlauf geben die Beobachterinnen und Beobachter eine Rückmeldung und übernehmen in der zweiten Runde die Rolle der Sprecherinnen und Sprecher.

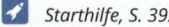 *Starthilfe, S. 392*

Nach der Debatte erhalten Anna, Sophie, Vigo und Philipp von der Klasse Rückmeldungen zu ihrer Leistung in der Debatte.

Tim: Ich gebe eine Rückmeldung zur gesamten Debatte. Ihr habt alle sehr gut an eure Vorredner angeknüpft. Inhaltlich haben mich die Argumente zur Nützlichkeit der Maßnahme überzeugt. Die Durchführung der Maßnahme kam aus meiner Sicht etwas zu kurz. Mein Tipp ist, dass alle bei der Eröffnung darauf achten, die Maßnahme genau zu erklären.

Angelos: Ich gebe dir, Philipp, eine Rückmeldung. Du hast einen guten Überblick gezeigt, als du die Debatte dahin gelenkt hast, dass über Vor- und Nachteile geredet wurde. Achte darauf, dass du deine Redezeit bei der Schlussrede noch besser ausnutzt.

Carmen: Sophie, du hast dich sprachlich sehr gut ausgedrückt. Ich konnte dir gut folgen. Du könntest darauf achten, dich häufiger in der Freien Aussprache zu beteiligen.

Dorota: Meine Rückmeldung geht an dich, Vigo. Du hast dich gut vorbereitet und durch dein Wissen die Argumente der Gegenseite entkräftet. Achte dabei aber darauf, dass deine Beiträge in der Freien Aussprache nicht zu lang werden.

Johannes: Anna, du hast genau zugehört und gut an die Argumente der Vorredner angeknüpft. Mein Tipp ist, dass du noch mehr Ergebnisse aus der Vorbereitung in die Debatte einbringst, zum Beispiel Aussagen von Experten oder aus Statistiken.

3 Nutze die Informationen aus dem Wissen-und-Können-Kasten. Welche Kriterien benutzen die Schülerinnen und Schüler bei ihrer Rückmeldung?

4 Untersuche die Rückmeldungen oben in sprachlicher Hinsicht. Formuliere in eigenen Worten Tipps, wie eine gute Rückmeldung gestaltet sein sollte.

❗ Wissen und Können

Eine Debatte beurteilen

Bei „Jugend debattiert" gibt es folgende Kriterien für die Beurteilung einer Debatte:
- **Sachkenntnis**: Wie gut wurde die Maßnahme bestimmt? Wurden aktuelle Zahlen, Daten und Fakten einbezogen?
- **Ausdrucksvermögen**: Waren Wortwahl und Satzlänge gut verständlich? Wurden Fachbegriffe benutzt und ggfs. erklärt? Gab es besonders gelungene Formulierungen?
- **Überzeugungskraft**: Waren die Beiträge klar und verständlich aufgebaut? Wurden gute Argumente vorgetragen? Wurde klar, warum die Maßnahme zur Problemlösung (nicht) beiträgt?
- **Gesprächsfähigkeit**: Wurden die vorherigen Beiträge aufgegriffen und richtig daran angeknüpft? Hat die Teilnehmerin bzw. der Teilnehmer gut zugehört und einen guten Überblick über den Verlauf der Debatte gezeigt?

Schätze deinen Lernstand ein

In der Debatte geht es um die Streitfrage „Sollen Lehrerinnen und Lehrer an unserer Schule anonym von ihren Schülerinnen und Schülern bewertet werden?".
Du liest die Rede von Mia, die für die Pro-Seite die Debatte eröffnet.

Ihr erinnert euch bestimmt noch alle an die Situation in der 8. Klasse mit unserem damaligen Deutschlehrer. Wir haben in Gruppen Präsentationen zu „Anne Frank" gehalten. Direkt
5 nach dem Referat war Herr G. total begeistert und hat uns gelobt. Eine Woche später haben wir dann die Noten bekommen und die meisten waren ziemlich enttäuscht, weil diese Noten überhaupt nicht zur ersten Reaktion von Herrn
10 G. gepasst haben. Aber nur eine Schülerin hat ihn direkt auf dieses Problem angesprochen. Er hat ihr dann zwar ihre Note erklärt, aber die Sache war damit für ihn erledigt. Es war ja nur ein Einzelfall. Aber Fakt ist: Viele haben damals
15 nichts gesagt, obwohl sie auch das Gefühl hatten, dass etwas nicht gut gelaufen ist. Und genau für solche Fälle müsste es die Möglichkeit geben, Lehrerinnen und Lehrern anonym eine Rückmeldung zu geben.
20 Wir stellen uns das so vor: Alle Schülerinnen und Schüler ab Klasse 8 füllen einen Fragebogen aus, auf dem sie anonym den Unterricht ihrer Lehrerinnen und Lehrer mit Schulnoten bewerten können, und zwar
25   • wie fair eine Lehrerin oder ein Lehrer ist,
      • wie gut sie oder er erklären kann und
      • wie interessant der Unterricht ist.

Die Lehrerinnen und Lehrer erhalten eine schriftliche Rückmeldung und sollen im Unterricht die Ergebnisse mit den Klassen besprechen.
30
Dafür spricht: Lehrerinnen und Lehrer geben sich mehr Mühe, guten Unterricht zu machen, wenn sie wissen, dass sie bewertet werden.
35
Deshalb sollen Lehrerinnen und Lehrer von ihren Schülerinnen und Schülern bewertet werden.

1 Beschreibe den gedanklichen Aufbau der Rede von Mia. Berücksichtige dabei, welche Aufgabe die Eröffnungsrede für die Debatte hat.

2 Überprüfe, ob Mia alle Fragen zur Klärung der Maßnahme beachtet hat. Nenne gegebenenfalls die Aspekte, die fehlen oder genauer geklärt werden müssten.

😊 → Seite 47–49, Ⓑ
😐 → Seite 47–49, Ⓐ
🙁 ← Seite 38/39

3 Stelle dir vor, dass du für die Kontra-Seite sprichst. Formuliere eine Rede, in der du direkt an Mias Eröffnungsrede anschließt.

Eine Debatte in der Klasse vorbereiten und durchführen

Der Wettbewerb „Jugend debattiert" findet bundesweit seit 2002 statt. Ausgehend vom Schulfinale werden auf mehreren Ebenen die Besten in einem Bundesland ermittelt. Zum Abschluss findet eine große Veranstaltung in Berlin statt, bei der Teilnehmerinnen und Teilnehmer aus allen 16 Bundesländern antreten.
Beim Wettbewerb „Jugend debattiert" werden die Themen vorgegeben, auf die sich die Teilnehmerinnen und Teilnehmer selbstständig vorbereiten müssen. Erst am Wettbewerbstag wird bekannt gegeben, wer die Pro- bzw. Kontra-Seite vertritt.

A **Eine Debattenfrage erarbeiten**

1 Anders als im Wettbewerb könnt ihr bei Debatten in der Klasse über die Themen sprechen, die für eure Klasse besonders aktuell und relevant sind. So könnt ihr vorgehen, um eure Themen zu finden:

a) Formuliere in Einzelarbeit aus deiner persönlichen Sicht drei Probleme, über die du dich in der letzten Zeit geärgert hast. Hierbei reichen Schlagwörter oder Überschriften, z. B. „Hausordnung und Smartphone", „Ärger im ÖPNV", „Diskussion über E-Sport" …

b) Sprecht in Partnerarbeit über die sechs Probleme und Ärgernisse und überlegt gemeinsam, wie man sie lösen könnte. Einigt euch anschließend auf drei Probleme und mögliche Lösungen.

c) Bildet aus jeweils zwei Zweiergruppen eine Vierergruppe. Stellt euch gegenseitig die Probleme und die Lösungsmöglichkeiten vor und einigt euch in der Gruppe auf die drei interessantesten Themen für Debatten.

d) Jede Gruppe stellt allen, die Aufgabenangebot **A** bearbeiten, ihre drei Themen vor. Diese werden mit einer passenden Überschrift an der Tafel gesammelt.

e) Bildet Gruppen mit jeweils vier Teilnehmerinnen und Teilnehmern zu einem Thema.

2 Formuliert im Plenum die Themen in passende Debattenfragen um. Orientiert euch bei der Formulierung an den folgenden Fragestellungen aus dem Wettbewerb. Achtet bei euren Streitfragen darauf, dass aus ihnen konkrete Maßnahmen abgeleitet werden können.

> • Soll in der Schule das Fach „Ökologisches Verhalten" eingeführt werden?
> • Sollen Vereine eine „E-Sport"-Sparte ihrer Sportart einführen?
> • Sollen sich Schülerinnen und Schüler für die Teilnahme an Demonstrationen während der Schulzeit selbst entschuldigen dürfen?

❸ Mit komplexeren Fragestellungen umgehen

Im Wettbewerb „Jugend debattiert" kommt es vor, dass ihr mit Streitfragen konfrontiert werdet, die euch noch nicht persönlich betroffen haben. Im Folgenden erarbeitet ihr am Beispiel „Mindestalter für Smartphones", wie mit solchen komplexeren Themen umgegangen wird.

🔊 *„Bundesfinale 2016"*

1 a) Inwiefern unterscheiden sich die folgenden Themen von den bisherigen Streitfragen?
- Soll für den Besitz von Smartphones ein Mindestalter vorgeschrieben werden?
- Sollen unsere Museen Kulturgüter aus der Kolonialzeit an die Ursprungsländer zurückgeben?
- Soll das vorsätzliche Verbreiten von Verschwörungserzählungen verboten werden?
- Sollen die Olympischen Spiele nur an Staaten vergeben werden, die die Menschenrechte einhalten?

b) Im Bundesfinale von „Jugend debattiert" ging es 2016 um die Frage nach einem Mindestalter für Smartphones. Untersucht den Ausschnitt aus der Eröffnungsrede unten dahingehend, wie die Pro-Seite bei der Bestimmung und Begründung des Vorschlags vorgeht.

c) Hört euch die Schlussrunde der Debatte an. Arbeitet heraus, auf welche allgemeinen Grundsätze sich beide Seiten beziehen, um für bzw. gegen Nutzen und Eignung der Maßnahme zu argumentieren.

2 Bildet Vierergruppen und entscheidet euch in der Gruppe für eine der übrigen Debattenfragen aus Aufgabe 1 a) (Kulturgüter, Verschwörungserzählungen, Olympische Spiele).

[...] Aus diesem Grund wollen wir uns heute die Debattenfrage stellen, ob für den Besitz eines Smartphones ein Mindestalter vorgeschrieben werden soll, welche wir eindeutig bejahen. Zur
5 Umsetzung unserer Maßnahme muss ein neuer Paragraf im Jugendschutzgesetz aufgenommen werden, der Folgendes beinhaltet: Der Besitz eines Smartphones ist nach Vollendung des 12. Lebensjahres erlaubt. Smartphones im
10 Sinne dieses Gesetzes sind Mobiltelefone, die voll internetfähig sind, und Kinder dürfen ein Mobiltelefon besitzen, das nur das Telefonieren ermöglicht. Hierfür stellt das Bundesfamilienministerium eine kostenlose, zertifizierte Software bereit, die alle anderen nötigen Funk-
15 tionsbeschränkungen passwortgeschützt ausführt. Des Weiteren muss noch der sogenannte „Taschengeldparagraf", § 110 Bürgerliches Gesetzbuch, dahingehend ergänzt werden, dass der Erwerb von Smartphones ausgeschlossen ist. Wir wollen Kindern mit unserer Maßnahme
20 einen altersgerechten Einstieg in die Nutzung von Smartphones ermöglichen.

Bereitet die Debatte in der Gruppe vor und führt sie durch.

3 a) Formuliert in der Vierergruppe die Maßnahme, über die ihr sprechen wollt. Arbeitet auf einem gemeinsamen Konzeptblatt und nutzt dabei die Tabelle auf Seite 39.

  b) Bestimmt die Rollen in der Debatte, d. h. wer für die Pro- und Kontra-Seite sprechen wird.

4 a) Formuliert in Partnerarbeit Argumente für die Seite, die ihr gemeinsam in der Klassendebatte vertreten werdet.

  b) Recherchiert im Internet und sucht nach Belegen (Zahlen, Daten und Fakten) und Beispielen, die eure Argumente stützen.

  c) Ordnet die Argumente den drei Bereichen Durchführung, Nützlichkeit und Sittlichkeit zu.

→ Eine Stoffsammlung anlegen und ordnen, S. 100–103

5 Bereitet euch auf die Argumente der Gegenseite vor, indem ihr überlegt, wie ihr sie entkräften könnt. Nutzt dafür folgende Übung:

  a) Schreibt eure Streitfrage oben auf ein DIN A4-Blatt.

  b) Faltet das Blatt längs in der Mitte und schreibt auf die linke Hälfte drei bis vier Argumente in Stichworten auf. Lasst Abstände zwischen den Argumenten, sodass das ganze Blatt gleichmäßig gefüllt ist.

  c) Sucht Mitschülerinnen und Mitschüler, die nicht zu eurer Vierergruppe gehören. Tauscht mit ihnen das Blatt mit den Argumenten.

  d) Faltet das Blatt eurer Mitschülerinnen und Mitschüler auf und schreibt in die rechte (unbeschriebene) Hälfte auf: Was kann man gegen das genannte Argument einwenden? Wo sind die Schwachstellen des Arguments? Welche kritischen Rückfragen könnte man stellen?

  e) Nutzt die Einwände, Fragen und Kritik eurer Mitschülerinnen und Mitschüler, um eure eigenen Argumente zu verbessern und euch auf die Argumente der Gegenseite vorzubereiten.

Dafür/Dagegen spricht ...	Soll ...?
Durchführung	
Nützlichkeit	
Sittlichkeit/Werte	

6 Führt eure Debatten jetzt durch. Orientiert euch dabei am Methodenkasten auf der folgenden Seite. Gebt euch anschließend gegenseitig Rückmeldungen zu den Debatten.

⚙ Methode

Eine Debatte in der Klasse durchführen

1. **Vorbereitung der Debatte**
   - Verändert die Sitzordnung in der Klasse so, dass alle der Debatte gut folgen können.
   - Schreibt die Streitfrage an die Tafel.
   - Bestimmt zwei Zeitwächterinnen oder Zeitwächter. Diese benötigen eine Stoppuhr, um die Redezeit zu messen und die Debatte durch ein akustisches Signal nach jeder Phase zu strukturieren.
   - Bestimmt vor Beginn der Debatte, wer aus dem Publikum welcher Teilnehmerin bzw. welchem Teilnehmer eine Rückmeldung geben wird bzw. wer auf die ganze Debatte achtet.

2. **Durchführung der Debatte**
   - Nutzt die Fragen auf der Checkliste (unten), um während der Debatte zu notieren, wie gut die Debatte ist und mit welchen Beiträgen sich die Teilnehmerinnen und Teilnehmer an der Debatte beteiligen.
   - Die Zeitwächterinnen und Zeitwächter achten darauf, dass die Redebeiträge in der Eröffnungs- und Schlussrunde nicht länger als die vorgegebene Zeit dauern. Durch akustische Signale weisen sie behutsam darauf hin, dass ein Beitrag abgeschlossen werden sollte.

3. **Rückmeldung zur Debatte**
   - Die Zeitwächterinnen und Zeitwächter stellen dar, wie die Teilnehmerinnen und Teilnehmer ihre Zeit genutzt haben.
   - Die Teilnehmerinnen und Teilnehmer erhalten eine Rückmeldung durch das Publikum; sowohl für die Gruppenleistung als auch individuell.

☑ Checkliste

Eine Rückmeldung zu einer Debatte geben

Mein Eindruck von der ganzen Debatte:
- ☑ Bleibt die Debatte beim Thema?
- ☑ Ist mir klar, über welche Maßnahme debattiert wird?
- ☑ Werden während der Debatte viele Aspekte vorgestellt und vertieft?
- ☑ Ist die Debatte lebendig oder gibt es viele Pausen und Wiederholungen?
- ☑ Ist das sprachliche Niveau der Debatte insgesamt angemessen?
- ☑ Verläuft die Debatte sachlich und fair?

Mein Eindruck von ... auf der Position ... (Pro 1, Kontra 1 ...):
- ☑ Hast du gesagt/geprüft, welches Problem mit der Maßnahme gelöst werden soll?
- ☑ Hast du die Maßnahme konsequent genau beschrieben/befragt?
- ☑ Hast du gute Argumente in die Debatte eingebracht?
- ☑ Hast du deine Argumente überzeugend begründet und/oder durch Beispiele veranschaulicht?
- ☑ Hast du verständlich, flüssig und angemessen gesprochen?
- ☑ Hast du gut zugehört und bist du erkennbar auf die Argumente der Gegenseite eingegangen?

Zeige, was du kannst

Im Bundesfinale des Wettbewerbs „Jugend debattiert" ging es im Jahr 2017 in der Altersgruppe I um folgende Frage: Soll für Minderjährige der Besuch von Laser-Tag-Arenen verboten werden? In der Eröffnungsrunde wurde von einer Teilnehmerin folgende Rede gehalten.

Fast monatlich eröffnet in Deutschland momentan eine neue Laser-Tag-Arena. Fast monatlich unterstützen wir also, dass Jugendliche durch dunkle vernebelte Arenen mit Waffennachstellungen rennen und sich gegenseitig abschießen. Krieg spielen. Laser-Tag war ursprünglich ein Trainingsprogramm des US-Militärs und wir unterstützen quasi, dass Laser-Tag aktiv von Jugendlichen gespielt wird. Denn natürlich gibt es einen kleinen Adrenalin-Rausch, es macht vielleicht vielen Spaß, doch wir müssen uns hier auf den Jugendschutz beziehen, den Jugendschutz bedenken. Wir müssen bedenken, was es für Auswirkungen hat, wenn wir Jugendlichen damit zeigen, Krieg könnte theoretisch doch eine lustige Sache sein. Denn so ist es nicht.

Nikita, du sprachst eben an, dass es keine Beweise dafür gebe, dass gewisse Computerspiele oder Laser-Tag jugendgefährdend seien. Jedoch gab es ein Gerichtsverfahren in Würzburg, im letzten Jahr, bei dem ein psychologisches Gutachten erstellt wurde, welches besagt hat, dass Laser-Tag jugendgefährdend ist. Des Weiteren hat sich auf der Kontra-Seite eben die Frage gestellt, ob nicht Räuber und Gendarm, leichte Kinderspiele, die Spaß machen oder auch das Spielen mit Wasserpistolen nicht eigentlich ein ganz normaler Zeitvertreib ist, der doch durch unsere Maßnahme als jugendgefährdend dargestellt wird. Und hier kann ich nicht zustimmen. Denn das Ganze findet oft in einem anderen Umfeld statt. Das findet in einem Umfeld der Eltern statt, die einen darüber aufklären, was es bedeutet, wirklich sich einen richtigen, realen Krieg anzugucken und was bedeutet es, mit Wasserpistolen aufeinander zu schießen oder sich beim Fangen anzutippen. Und da ich denke, dass Laser-Tag eine sehr explizite Darstellung von Gewalt und von Krieg ist, spreche ich mich am Anfang der Debatte ganz klar dafür aus, dass für Minderjährige der Besuch von Laser-Tag-Arenen verboten wird.

Text leicht verändert

1 Bestimme die Position der Teilnehmerin in der Debatte. Begründe deine Antwort.

2 Fasse den inhaltlichen Aufbau der Rede in eigenen Worten zusammen.

3 a) Gib der Teilnehmerin eine Rückmeldung zu ihrem Beitrag in der Eröffnungsrunde der Debatte.
    b) Gestalte eine eigene Eröffnungsrede für eine andere Position deiner Wahl.

4 a) Schau dir das Video an. Welche Teilnehmerin hat dich am meisten überzeugt?   ▶ *„Bundesfinale 2017"*
       Begründe deine Einschätzung.
    b) Gib einer Teilnehmerin deiner Wahl eine Rückmeldung für die gesamte Debatte.

Engagiert euch – inter@ktiv

Bewegt oder Beweger/-innen?

Jugendliche von heute sind zumeist Digital Natives, also Menschen, die in und mit der digitalen Welt groß geworden sind und sich bestens in ihr auskennen. Wie ist es mit euch? Wie nutzt ihr zum Beispiel das Internet? Folgt ihr lediglich anderen oder habt ihr einen eigenen Auftritt im Internet, mit dem ihr etwas bewirken wollt? Wie ihr selbst im Internet aktiv werden, andere erreichen und etwas bewegen könnt und worauf ihr dabei achten müsst, erfahrt ihr in diesem Kapitel.

Rezo

Alex Hirschi

Greta Thunberg

Fynn Kliemann

In diesem Kapitel lernt ihr, ...

› welche Möglichkeiten und Chancen die weltweite Interaktion im Internet bietet,

› welchen Gefahren und Risiken ihr durch euer Auftreten in der digitalen Welt ausgesetzt seid,

› welche Grundregeln ihr bei den verschiedensten Aktivitäten im Internet einhalten müsst,

› wie ihr einen informativen und regelgerechten Auftritt in der digitalen Welt gestalten und präsentieren könnt.

1 Schaut euch die Bilder auf der linken Seite an.
- Welche der abgebildeten Personen kennt ihr?
- Was verbindet ihr mit diesen Personen?

2 Informiert euch nun im Internet auch über die euch unbekannten Personen auf den Bildern. Sammelt in einer Tabelle die entsprechenden Angaben zu den jeweiligen Personen.

→ Im Internet recherchieren, S. 342/343

Name	ist online zu finden auf…	Thema/Gegen-stand ihrer/sei-ner Beiträge	Einflussweite in Followern/Abon-nenten/Clicks
Rezo			
Alex Hirschi			
Greta Thunberg			
Fynn Kliemann			

Man kann im Internet mit verschiedenen Arten von Auftritten und Absichten in Erscheinung treten. Die beiden momentan populärsten Erscheinungsformen davon sind Posts und Auftritte von Blogger/-innen und Influencer/-innen.

Blogger/-in

Blogger/-in ist, wer auf einer eigenen digitalen Plattform Inhalte veröffentlicht. Blogger/-innen haben also eine Online-Möglichkeit, auf der sie Gedanken, Erfahrungen und/oder Kreationen veröffentlichen. Ursprünglich haben Blogs als eine Art digitales Tagebuch begonnen, in dem chronologisch die neuesten Beiträge ihrer Verfasser/-innen (Blogger/-innen) aufgelistet wurden. Mittlerweile sind Blogs komplexer geworden und eher mit „Online Magazinen" vergleichbar als mit Tagebüchern.

Influencer/-in

Influencer/-innen sind Personen, die durch ihre Berühmt- oder Beliebtheit einen großen Einfluss auf ihre Fans, Follower und Freunde bei den sozialen Netzwerken haben. Influencer/-innen können sich über Posts, Kommentare, Auftritte oder Vorträge präsentieren. Mit ihren Beiträgen verbreiten sie sowohl Informationen als auch Meinungen, die nicht immer klar voneinander zu unterscheiden sind. Häufig nutzen Influencer/-innen ihren Einfluss auch, um ihre Follower dazu zu bewegen, bestimmte Produkte zu kaufen.

3 a) Lest euch die beiden Texte durch und klärt im Gespräch, worin die zentralen Unterschiede zwischen Blogger/-innen und Influencer/-innen bestehen.
    b) Zu welcher Gruppe von Personen, die im Internet eine eigene Präsenz haben, lassen sich die abgebildeten Personen zuteilen? Begründet eure Meinung.

4 a) Erstellt in eurer Klasse eine Liste von Blogs und Kanälen, denen ihr in den sozialen Netzwerken folgt. Erläutert, warum ihr diesen Personen folgt.
    b) Hat evtl. sogar jemand in eurer Klasse einen eigenen Blog oder Kanal? Stellt euren Internetauftritt kurz vor und berichtet von euren Erfahrungen damit.

Interaktive Kommunikation im Internet – die Möglichkeiten kennenlernen und nutzen

In vielen sozialen Medien hat man als User die Möglichkeit, die eigene Meinung zum Präsentierten durch ein Symbol schnell und einfach auszudrücken. Man kann Zustimmung ausdrücken oder sogar Begeisterung, andererseits aber auch Ablehnung oder Empörung.

1   a) Erstellt aus den unten aufgeführten Begriffen eine Übersichtsgrafik. Stellt dabei spontan Bezüge zwischen den Aspekten her und verdeutlicht diese in der Grafik.

Likes/Clicks		*Posts*	*User*	*Finanzierung*	*Inhalte*
Produktionskosten			*Popularität*	*Influencer/-innen*	*Werbung*

Starthilfe, S. 392

b) Erläutert die Bezüge, die ihr in der Grafik hergestellt habt. Achtet dabei besonders auf den Zusammenhang zwischen Likes und Clicks einerseits und den Inhalten andererseits. Was sagt das über das Verhältnis von Usern, Präsentierenden und Inhalten aus?

Im Vergleich zu anderen Medienformen bietet das Internet eine neue Möglichkeit der Kommunikation: Konsumierende (=Leser/-innen) können mit den Produzierenden (=Autor/-innen) in einen unmittelbaren wechselseitigen Austausch treten. Die Kommunikation ist also nicht einseitig, sondern wechselseitig. Dadurch erhält das Internet eine ganz eigene Dynamik und Lebendigkeit.

2   a) Lest euch die nachfolgende Definition durch und erklärt euch gegenseitig, was Interaktivität bedeutet. Macht euch dazu beim Lesen Notizen.

b) Besprecht in der Klasse, wie gelingende Interaktion im Internet eurer Meinung nach aussehen sollte und welche möglichen Formen diese Interaktion annehmen könnte.

In-ter-ak-ti-vi-tät (Nomen)

Interaktivität bezeichnet das wechselseitige aufeinander einwirkende Handeln zweier oder mehr Personen oder Größen.
Bei dieser Wechselbeziehung geht es um den Austausch von Informationen.
Bei einer gelungenen Interaktion zwischen Personen nehmen die Gesprächspartnerinnen und Gesprächspartner sich gegenseitig wahr, gehen aufeinander ein und richten ihr Verhalten und Handeln aneinander aus.

3 Wendet euch nun den auf der Auftaktseite abgebildeten Personen zu und arbeitet heraus, wie sie jeweils mit ihrem Publikum interagieren.
Geht dabei folgendermaßen vor:
  a) Bildet vier Gruppen in der Klasse. Jede Gruppe untersucht eine der Personen.
  b) Klärt in der Gruppe zunächst, worin das zentrale Anliegen der von euch untersuchten Person liegt. Greift dazu auf die Ergebnisse von Aufgabe 2 auf S. 53 zurück.
  c) Stellt Vermutungen darüber an, wie die von euch untersuchte Person mit dem Publikum in Interaktion tritt. Folgende Aspekte helfen euch bei den Vermutungen:
    • Wie wird das Publikum angesprochen?
    • In welcher Form kann das Publikum reagieren?
    • Kann das Publikum die Inhalte der Seite beeinflussen?
    • Reagiert die von euch untersuchte Person auf das Publikum?
    • Findet ein echter Austausch (zwischen Publikum und untersuchter Person) auf der Internetseite statt? Falls ja: was trägt dazu bei? Falls nein: was verhindert das?
  d) Fasst die Ergebnisse eurer Vermutungen und Recherche für eine kurze Präsentation zusammen.

4 Stellt euch die Ergebnisse eurer Untersuchung in der Klasse vor und erstellt eine Rangliste. Auf wessen Seite findet die meiste Interaktion statt? Wo ist sie am geringsten? Begründet eure Rangliste.

Im weiteren Verlauf dieses Kapitels wirst du immer wieder am Seitenrand die Abbildung eines Tablets finden. Auf dem Tablet siehst du, welche Schritte und Aufgaben für die Erstellung eines eigenen Blogs du schon bearbeitet und erledigt hast. Das Tablet hilft dir, den Überblick über das bereits Gelernte zu behalten.

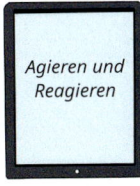

Agieren und Reagieren

Aktiv werden – einen „Auftritt" im Internet planen

In den sozialen Netzwerken im Internet kann sich jeder präsentieren. Dort findet man eine Bühne, um sich und seine Hobbies, seine Ideen und seinen Alltag zu präsentieren. Allerdings ist der Raum recht begrenzt, sodass man seine Meinung nicht ausführlich darstellen oder gar andere von seinen Ideen begeistern kann. Dafür ist das Medium des Blogs aber hervorragend geeignet.

Simon Birr (betreibt selbst einen Blog aus Überzeugung)

Warum es sich lohnt einen Blog zu führen

- Für mich ist aber der größte Grund, die unterschiedlichen Blogs zu betreiben, einer: Es macht Spaß! Ja, es macht mir Spaß, Texte zu schreiben, Grafiken zu erstellen, Videos zu drehen. Es macht mir Spaß, (zwischendurch) ganz und gar digital unterwegs zu sein. [...] Da ich als Digital Native in dieser Welt ein Stück weit zuhause bin, kann ich anderen aus meiner Erfahrung berichten und sie über meinen Blog an meinen Gedanken teilhaben lassen.

- Ein Blog [...] ist unglaublich flexibel. [...] Es gibt quasi keine Einschränkungen für Inhalte. Man kann Bilder mit Texten und Videos mischen. Man kann Skripte und Formulare verbinden. Schier grenzenlose Möglichkeiten bieten alles, was in der Vorbereitung auf eine digitale Zukunft benötigt wird.

- Während Social-Media-Inhalte mit der Zeit veralten und nicht mehr in eine Fresh-Content-Strategie passen, finden Besucher meiner Seite auch ältere Beiträge.

- Aus der Vergangenheit wissen wir, dass Services auch eingestellt werden können. [...] Mit einem Blog bist du auf der sicheren Seite. Inhalte, die auf deinem Server liegen, gehören dir.

- Habe ich aber einen Blogbeitrag, kann ich ihn frei für [verschiedene soziale Netzwerke] freigeben – in der Regel ohne viele Einstellungen vornehmen zu müssen.

- Die Inhalte bleiben in deiner Hand. Wenn du ein Bild hochlädst, behältst du selbstverständlich die vollen Rechte daran. Bloggen lohnt sich also, weil die volle Kontrolle bei dir bleibt!

- Ein Blog ist barrierefrei erreichbar. [Die großen sozialen Medien] zeigen die meisten meiner Inhalte nur registrierten Benutzern an.

Text leicht verändert

1 Lies die Argumente für das Führen eines Blogs von Simon Birr und finde Überschriften für die einzelnen Argumente.

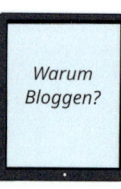

Warum Bloggen?

2 Welches der Argumente von Simon Birr überzeugt dich am meisten? Begründe deine Auswahl für deine Mitschülerinnen und Mitschüler.

Bevor man einen Blog beginnt, muss man ein paar zentrale Fragen klären. Die erste Frage, die man sich stellen muss, ist: „Worum soll es in meinem Blog eigentlich gehen?"

3 a) Lies dir die Checkliste unten durch und notiere dir ein Thema, für das du einen Blog schreiben könntest.

b) Stellt euch eure Themen gegenseitig in der Klasse vor und erstellt eine gemeinsame Themenliste.

c) Diskutiert darüber, welche Themen sich eurer Meinung nach besonders gut für einen Blog eignen.
Berücksichtigt dabei folgende Fragen:
   • An wen soll sich der Blog richten?
   • Was soll mit dem Blog bei der Leserin oder dem Leser erreicht werden?

☑ Checkliste

Themenfindung für einen guten Bloginhalt

☑ Für welches Thema begeistere ich mich ganz besonders?
☑ Kenne ich mich mit dem Thema aus?
☑ Erzähle ich oft und gerne anderen von diesem Thema?
☑ Ist dieses Thema auch für die Zuhörerinnen und Zuhörer bedeutsam?
☑ Habe ich eine klare Position zu dem Thema?
☑ Kann ich meine Meinung zu dem Thema gut argumentativ vertreten?
☑ Können andere von meinem Wissen zu dem Thema profitieren?

4 Suche dir eines der gewählten Blogthemen aus und verfasse dazu schriftlich einen Elevator Pitch. Orientiere dich dabei an dem Wissen-und-Können-Kasten.

🚀 *Starthilfe, S. 392*

◉ Tipp

Dein Elevator Pitch kann dir später helfen zu überprüfen, ob deine Beiträge, die du schreibst, den Absichten deines Blogs entsprechen.

❗ Wissen und Können

Einen Elevator Pitch formulieren

Der Elevator Pitch (dt. Aufzugsgespräch) ist entstanden aus der Idee, dass man im Aufzug auf eine wichtige Gesprächspartnerin oder einen wichtigen Gesprächspartner trifft, der oder dem man während der Aufzugfahrt eine **kurze, aber treffende Zusammenfassung** einer Idee vorträgt, sodass sie oder er genau weiß, worum es bei dieser Idee geht. Ein Elevator Pitch sollte die zentralen Eckpunkte einer Idee in **drei bis vier kurzen Sätzen** zusammenfassen.

5 Erstellt zu dem Thema, das ihr gefunden habt, eine Cognitive Map. Diese geistige Landkarte bietet euch einen perfekten Überblick über mögliche Aspekte und eine inhaltliche Struktur für euren Blog. Der Methoden-Kasten hilft euch dabei.

➡ *Eine Stoffsammlung anlegen und ordnen, S. 100–103*

✿ Methode

Eine Cognitive Map erstellen

1. Notiere zunächst in der Mitte des Blattes den zentralen **Schlüsselbegriff** bzw. das **Thema**, der/das im Zentrum der Map stehen soll.
2. Notiere in einer Art **Brainstorming** auf einem weiteren Blatt Begriffe und Themenbereiche, die dir zu dem Thema in der Mitte des ersten Blattes einfallen.
3. Ordne nun die Begriffe, die du gesammelt hast, zu **Begriffsgruppen**, die inhaltlich zusammengehören, und schreibe sie um das zentrale Thema in der Mitte des ersten Blattes herum.
4. Sammle zu den Begriffsgruppen, die für Themenbereiche stehen, weitere **Unterbegriffe**, gruppiere sie und ergänze sie auf dem ersten Blatt. Wichtig ist, dass alle neuen Begriffe noch eine Verbindung zum Thema in der Mitte haben müssen.
   Tipp: Nicht zu allen Begriffsgruppen kann man weitere Unterbegriffe finden.
5. Diese Verbindungen signalisierst du nun durch **Verbindungslinien**. Wichtig ist, dass du nicht nur diese Linien einträgst, sondern dass du auch die **Art der Beziehung** zwischen Schlüsselbegriff und hinzugekommenem Begriff an die Linie schreibst.
6. Nachdem nun alle neuen Begriffe mit dem Schlüsselbegriff in der Mitte verbunden und die Verbindungen beschriftet sind, verbindest du nun auch alle Begriffe, bei denen sich untereinander eine logische Verknüpfung herstellen lässt.
7. Du kannst diese Cognitive Map beliebig erweitern, z.B. durch die Ergebnisse weiterer Recherche. Auch bei späteren Erweiterungen ist es wichtig, dass du stets den Bezug zum zentralen Ausgangsthema deutlich vor Augen hast, da es sonst nicht mehr im Mittelpunkt deiner Arbeit steht.

6 a) Stellt euch in der Klasse die Cognitive Maps vor.
   b) Einigt euch anschließend auf einen Begriff, zu dem jede und jeder von euch einen kurzen Blogbeitrag verfasst.
   c) Stellt euch die Blogeinträge gegenseitig vor und diskutiert, ob sie gelungen sind.

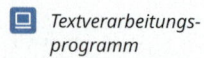
Textverarbeitungsprogramm

So kann man mit der Cognitive Map weiterarbeiten:

Der ausgesuchte Begriff bezeichnet den Gegenstand des ersten Blogbeitrags. Die Vernetzungen, in die der Begriff eingebunden ist, zeigen dir an, worum es in den nächsten Beiträgen gehen könnte. Die Verknüpfungen sind auch für deine Leserinnen und Leser wichtig. Sie können so den Zusammenhang der Blogs gut nachvollziehen und verlieren nicht die Orientierung.

Themenfindung

Einen Blog optisch ausgestalten und grafisch ansprechend aufbereiten

Wenn man einmal ein Thema gefunden hat, über das man schreiben will, ist es verhältnismäßig leicht, einen Text zu verfassen und diesen in analoger Form oder auch digital im Internet zu veröffentlichen. Jedoch solltet ihr dabei darauf achten, dass die äußere Form eurer Texte die inhaltliche Qualität nicht mindert.

Mithilfe der folgenden Checkliste könnt ihr, wenn ihr einen Text geschrieben habt, diesen noch einmal auf seine formale Richtigkeit überprüfen.

☑ Checkliste

Formale Aspekte für gutes Textdesign

☑ Überprüft euren Text stets auf korrekte Rechtschreibung und Zeichensetzung.

☑ Verwendet eine richtige Groß- und Kleinschreibung und verzichtet darauf, Worte durch durchgängige GROẞSCHREIBUNG im Text hervorzuheben.

☑ Vermeidet Abkürzungen zugunsten einer besseren Lesbarkeit eures Textes.

☑ Verwendet **fett** und *kursiv* gestellte Schrift sparsam und nur im richtigen Kontext.

☑ Vermeidet Unterstreichungen im Text, um bestimmte Passagen hervorzuheben.

☑ Verzichtet weitgehend auf eine Formatierung im Blocksatz, da sonst zu große Lücken im Text entstehen können.

☑ Verwendet nie mehr als zwei verschiedene Schriftarten in einem Text.

☑ Lasst um euren Text herum genug freien Raum, damit der Text wirken kann. (Das gilt auch für Abstände vor und nach Absätzen.)

☑ Wählt Farbgebung, Bilder und weitere grafische Elemente so aus, dass sie zu einem Markenzeichen eurer Blogs werden.

☑ Achtet bei der Auswahl der grafischen Gestaltung darauf, dass sie zum Inhalt passt.

☑ Beachtet, dass die grafische Gestaltung eures Blogs zum Lesen animieren und nicht vom Text ablenken soll.

⊙ Tipp

In den Textverarbeitungsprogrammen gibt es grafische Beispiele für die optische Gestaltung von Texten, die euch helfen.

1 Gestaltet einen Blog formal und grafisch und stellt euch die Ergebnisse in einem Museumsgang vor. Geht dabei folgendermaßen vor:

a) Nehmt den Text, den ihr bei der Aufgabe 6 b) auf S. 58 verfasst habt, und bearbeitet ihn mit einem Textverarbeitungsprogramm am PC, Notebook oder Tablet.

b) Orientiert euch bei der Bearbeitung an der Checkliste.

c) Druckt die Ergebnisse aus, hängt sie im Klassenraum aus und macht dann einen Museumsgang.

d) Notiert euch während des Rundgangs, welche vier Blogseiten ihr für besonders gelungen haltet. Begründet anschließend eure Auswahl in der Klasse. Benutzt für die Auswahl und Begründung erneut die Checkliste.

→ *Einen Museumsgang durchführen, S. 354*

✏ *Starthilfe, S. 392*

🖵 *Textverarbeitungsprogramm*

Grafische Gestaltung

Material zusammenstellen und rechtliche Fragen klären

Im Internet lassen sich zahlreiche Bilder, Texte und Musikstücke finden, mit denen der eigene Blog attraktiver gestaltet werden kann. Jedoch sind nicht alle Materialien, die es im Internet gibt, frei verfügbar. Und die Tatsache, dass man sie einfach und schnell mit *copy and paste* auf der eigenen Blogseite einbauen kann, bedeutet noch lange nicht, dass das auch erlaubt ist. Mitunter kann man sich dabei schnell strafbar machen.

Copy and paste ist der englische Ausdruck für „kopieren und einfügen"

Das Urheberrecht

Das Urheberrecht ist das Recht eines Urhebers. Urheber ist man, wenn man ein Werk erschafft. Das Werk kann ein Bild sein, oder ein Text, oder ein Musikstück. Wer zum Beispiel ein Foto macht, ist der Urheber des Fotos.

5 Menschen haben Rechte, die in der Verfassung stehen. Zu den Rechten gehört das Recht eines Menschen auf sein Eigentum. Das, was man er-

schafft, ist auch Eigentum. Darum gibt es ein Urheberrecht. 10

Wenn man Urheber ist, dann darf man bestimmen, was mit dem Werk passieren soll. Andere Leute dürfen das Werk nicht ohne Erlaubnis verwenden. Wenn sie es trotzdem tun, können sie bestraft werden. Für manche Menschen ist 15 es sehr wichtig, dass nicht jeder das Werk verwenden darf: Sie wollen Geld damit verdienen. Nach dem Tod eines Urhebers bleibt das Urheberrecht bestehen und geht an seine Familie über. Manchmal wurden die Nutzungsrechte an 20 ein Unternehmen verkauft. Wenn schon 70 Jahre seit dem Tod vergangen sind, ist ein Werk in Deutschland und seinen Nachbarländern jedoch nicht mehr geschützt und wird als gemeinfrei bezeichnet. Dann darf jeder das Werk nutzen, 25 verbreiten oder verändern.

1 Gestaltet in Kleingruppen ein Plakat zum Thema „Umgang mit dem Urheberrecht im Internet" und präsentiert es in der Klasse. Geht folgendermaßen vor:

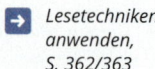 Lesetechniken anwenden, S. 362/363

a) Lest den Informationstext über das Urheberrecht gründlich durch und notiert euch die wichtigsten Aspekte in Stichworten (Einzelarbeit).

b) Erklärt euch in der Gruppe mithilfe der Stichpunkte gegenseitig, was das Urheberrecht ist und was es schützt.

c) Diskutiert in der Gruppe über folgende Aspekte:
- Was war für euch neu?
- Welche Punkte haltet ihr für besonders wichtig?
- Worauf sollten Anfängerinnen und Anfänger im Internet besonders achten?

d) Haltet die Ergebnisse eurer Diskussion fest und fertigt daraus das Plakat an.

Creative Commons und lizenzfreie Plattformen

Viele Künstlerinnen und Künstler waren unzu-
frieden damit, dass das Urheberrecht auch die
Verbreitung ihrer Werke eingeschränkt hat. Daher haben sie vor einigen Jahren Initiativen wie
5   z. B. Creative Commons gegründet. Ziel dieser
Initiativen ist es, jedem User die Nutzung ihrer
Werke mehr oder weniger zu erlauben. So gibt
es Bild-, Text-, Musik- und Videoplattformen, auf
denen man Werke mit freien oder öffentlichen
10 Lizenzen findet.

2 a) Lest den obigen Text zu lizenzfreien Plattformen.
   b) Recherchiert zusätzlich, um genau herauszufinden, worin die Vorteile dieser
      Plattformen liegen.
   c) Stellt euch in Partnerarbeit eure Ergebnisse gegenseitig vor. Erläutert dabei auch,
      wie lizenzfreie Plattformen für die Gestaltung von Blogs sinnvoll genutzt werden
      können.

3 Untersucht nun die folgenden vier Beispiele. Entscheidet darüber, ob die Handlun-
      gen erlaubt sind oder nicht und begründet eure Entscheidung.
   • Celine ist ein großer Fan japanischer Manga Comics. Sie findet auf Google ein
     Bild, das sie kopiert und als ihr Profilbild in einem sozialen Netzwerk postet.
   • Simon kocht gerne. Er erstellt einen Kochblog im Internet. Dazu lädt er als Hin-
     tergrundbild ein Foto hoch, das er in seiner eigenen Küche gemacht hat.
   • Darias Lieblingsband hat ein neues Album herausgebracht. Sie erstellt davon
     eine Kopie und verschenkt diese an die Mädchen ihrer Klasse.
   • Semir hat einen Film zuhause, von dem er seinen Freunden erzählt. Auf Bitten
     seiner Freunde, lädt er ihn auf einem Videoportal hoch, damit sie ihn auch sehen
     können.

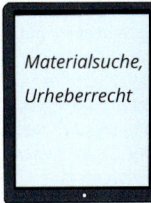

Materialsuche,
Urheberrecht

Mit Werbung im Internet angemessen umgehen und die Risiken erkennen

Wie beim „normalen" Einkaufsbummel in der Innenstadt, bei dem man von Schaufenster zu Schaufenster schlendert, ist es auch beim digitalen Shopping. Doch im Internet bekommt man plötzlich die Waren noch einmal in ganz anderen Zusammenhängen angeboten. Man spielt z. B. ein Spiel auf dem Smartphone und plötzlich wird eine Werbung für genau die Jacke eingeblendet, die man sich eben noch in einem Onlineshop angesehen hat.

1 a) Lest euch den folgenden Informationstext durch und fasst ihn in eigenen Worten zusammen.
   b) Erklärt euch gegenseitig mithilfe eurer Zusammenfassungen, wie Werbung im Internet funktioniert.

Woher wissen die, was ich will?

Mithilfe der beim Surfen im Internet hinterlassenen Spuren (Cookies), sowie Browser- und Geräteidentifizierung, wird das Surfverhalten des Nutzers analysiert, um so eine möglichst personalisierte Werbung anzuzeigen, die den persönlichen Interessen entspricht. Dies hat zur Folge, dass Ihnen auf beliebigen Webseiten, Apps und auf Facebook Produkte angezeigt werden, die Sie zuvor in den unterschiedlichsten Onlineshops gesucht haben. Diese Online-Spionage wird gern als „Ad Tracking" bezeichnet, welches sich in den letzten Jahren zu einem hochrentablen Geschäftsfeld entwickelt hat. Onlineunternehmen bezahlen stolze Summen, um in den Besitz solcher Datensätze zu kommen und um den potentiellen Kunden Produkte und Dienstleistungen möglichst personalisiert anzubieten. Dazu wenden sich die Unternehmen an Werbenetzwerke wie Facebook Ads oder Google Ads, die schon aus ihrer Grundfunktion heraus über viele persönliche Daten der Nutzer verfügen. Kleine Code-Bausteine [...] sammeln auf den unterschiedlichsten Webseiten Daten über den jeweiligen Nutzer, etwa wenn jemand einen Onlineshop nach bestimmten Schuhen durchsucht. Verwenden auch andere Webseiten das entsprechende Werbenetzwerk, wird letztlich ein Querverweis hergestellt und die Schuhe erscheinen als Werbeeinblendung.

Cookie-Monster (dt. Krümelmonster)

Cookies *sind Daten, die verschiedene Computerprogramme untereinander austauschen. Mit ihrer Hilfe speichern Websites Nutzerdaten, um einzelne Funktionen und Webanwendungen genau auf die jeweiligen Nutzer/-innen zuzuschneiden.*

2 Verfasst eine Anweisung für Internet-Anfängerinnen und -Anfänger zum Umgang mit Cookies. Nutzt dazu eure Zusammenfassung und recherchiert eigenständig zum Thema „Gebrauch von Cookies zur personenorientierten Werbung".

3 Stellt eigene Nachforschungen in sozialen Netzwerken an und erstellt eine Liste zu den Werbeformaten, auf die ihr gestoßen seid. Notiert dabei jeweils, was das Besondere der Werbeformate ist.

Die häufigsten Formen von Werbung im Internet

- **Banner** sind Werbeanzeigen, die als Grafiken an verschiedenen Stellen in Apps und Webseiten eingebunden sind. Entweder erscheinen sie als statisches Bild oder als animierte Grafik, die die Aufmerksamkeit durch bewegte oder interaktive Objekte auf sich zieht.
- **Pop-ups** erscheinen beim Öffnen einer App oder Webseite in einem gesonderten Fenster und können dabei die eigentlichen Inhalte überdecken.
- **Overlays** überlagern die angesteuerten Inhalte in Teilen oder komplett. Sie schließen sich nach einer gewissen Zeit entweder automatisch oder müssen mit Klick auf X geschlossen werden.
- **Gesponserte Meldungen** sind Werbeanzeigen, die unter anderem bei Facebook oder Instagram zwischen den allgemeinen Inhalten angezeigt werden und häufig mit dem Vermerk „gesponsert" versehen sind.
- **Suchmaschinenwerbung** wird in Suchmaschinen nach Eingabe einer Suchanfrage oberhalb oder am Rand der Trefferliste platziert – versehen mit Hinweisen wie „Anzeige", oder ähnlich.
- **Unterbrecherwerbung** macht, was ihr Name verspricht: Das Surfen auf einer Webseite oder die Nutzung einer App wird durch eine Werbeeinblendung unterbrochen, die sich über das gesamte Bild legt.

- **Videowerbung** wird unter anderem auf kommerziellen Spiele- oder Videoplattformen eingebunden. Die Werbeeinblendungen können auch vor Videos oder Spielen zu finden sein (sog. Pre-Rolls) oder unterbrechen die Inhalte.
- **In-Game-Werbung** umfasst verschiedene Werbeformen, bei denen Anzeigen in die Handlung oder Welt von digitalen Spielen integriert werden, beispielsweise in Form von Bandenwerbung in einem Sportspiel. Ad-Games werden sogar eigens zu Werbezwecken entwickelt; hier steht eine Marke oder ein Produkt im Mittelpunkt des Spiels.
- **Gewinnspiele und Verlosungen** werden meist von Werbetreibenden initiiert und auf Webseiten platziert. Sie fordern zu aktiver Beteiligung auf („Klick hier!", Mach mit!") und verleiten dazu, persönliche Daten einzugeben.
- **Influencer-Marketing** bezeichnet Werbung innerhalb von Sozialen Medien, wie beispielsweise YouTube, WhatsApp, Instagram, Snapchat, Facebook und Musical.ly, die bei Kindern und Jugendlichen beliebt sind. Die „Stars" der Branche, auch Influencer genannt, inszenieren sich selbst innerhalb von persönlichen Profilen, meist medienübergreifend. [...] Daher wirken (gesponserte) Produktempfehlungen und Produktplatzierungen wie Empfehlungen einer Freundin oder des „großen Bruders".

4 a) Ordnet eure Funde aus den sozialen Netzwerken den oben genannten Kategorien zu.
Ermittelt dabei, welche Werbeformate sich am häufigsten finden. Stellt Vermutungen an, warum dieses Format so häufig in Erscheinung tritt.
b) Begründet in einem kurzen Statement, welche der oben aufgelisteten Erscheinungsformen von Werbung ihr für am effektivsten haltet.

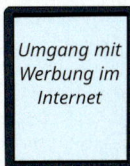

Umgang mit
Werbung im
Internet

Gewaltfrei im Internet kommunizieren

Die damals 16-jährige Umweltaktivistin Greta Thunberg postete im Herbst 2019 nach ihrer Reise zum Klimagipfel nach New York und wieder zurück mit umweltfreundlichen Verkehrsmitteln wie Segelboot und Zug ein Bild in den sozialen Medien.

Traveling on overcrowded trains through Germany. And I'm finally on my way home! (14.12.2019)

1 Beschreibt, was ihr auf dem Bild seht und wie das Bild auf euch wirkt.

2 Stellt Vermutungen darüber an, was Greta Thunberg mit diesem Bild und dem Eintrag erreichen wollte.

Das Bild hat neben Zustimmung und Lob für Thunbergs Einsatz für die Umwelt auch jede Menge Kritik erfahren. Hier findet ihr eine Auswahl von kritischen Kommentaren zu dem Bild.

Kommentare zu Greta Thunbergs Bild in den sozialen Medien

machuisla armes kleines reiches Mädchen

onebridgetooclose überfüllt ... ganz sicher ... mit Zurschaustellung von Tugend, Opfer-Spielen und Aufmerksamkeit-Suchen

robertbeliczayphoto dann hattest du also keine Reservierung in der ersten Klasse? ... so was nennt man Verlogenheit

stefanothereal2 und wieso fährst du nicht mit dem Fahrrad durch Deutschland?

jungundgutgelaunt Deutsch Bahn sagt: Du hast einen First Class Seat. Scheiß lügnerin!

barneywaterhouse sieht gar nicht überfüllt aus. wenn ihr auf diese Inszenierung reinfallt, seid ihr genauso mies, wie diese miese Inszenierung und alles an dem Mädchen. ... absoluter Witz

sehrprivateszeug ist das „Essen zum Mitnehmen" da in der Box? Wie kannst du nur?

yg.ev.du6.5f 🤮 nerviges Kind

3 Lest diese Kommentare zu dem Instagram-Beitrag von Greta Thunberg und erörtert, welche Kommentare eurer Meinung nach eine Beleidigung darstellen.

Manchmal kommt es vor, dass Aggressionen und Beleidigungen in der digitalen Welt ganz bewusst eingesetzt werden. Oft lassen die Verfasserinnen und Verfasser ihrer Wut freien Lauf. Solche Beiträge werden als Hatespeech bezeichnet.

❗ Wissen und Können

Hatespeech erkennen

Mit dem Begriff Hatespeech (*engl.* Hasskommentar oder Hassrede) werden zunächst einmal sämtliche Äußerungen in der digitalen Welt bezeichnet, die bewusst getätigt werden, um Menschen zu **beleidigen**, zu **verunglimpfen**, zu **bedrohen** oder um **zu Gewalt gegen Menschen bzw. Menschengruppen aufzurufen**. Dabei richtet sich Hatespeech gegen die Einstellungen und Überzeugungen der Angesprochenen, gegen ihre soziale oder ethnische Herkunft oder sogar lediglich gegen ihr Aussehen. Manchmal entsteht dadurch eine regelrechte **Spirale von verbaler Gewalt**, weil andere auf die Hassbotschaften reagieren und diese noch verstärken. Dadurch kann der Eindruck entstehen, dass das Beleidigen von Personen oder Personengruppen völlig normal sei. Da jedoch der Begriff Hatespeech noch nicht klar definiert ist, ist die Grenze zwischen **legal erlaubter Kritik** und **illegaler Hassrede**, die einen Strafbestand darstellt, fließend.

4 Fasst mit eigenen Worten zusammen, was Hatespeech ist.
Achtet dabei auf folgende Aspekte:
- In welchem Verhältnis stehen Hater und angesprochene Person?
- Was begünstigt im Internet die Entstehung von Hatespeech?
- Was bedeutet Hatespeech für die Betroffenen?

Auf Seiten im Internet, bei denen es eine Kommentarfunktion gibt, benutzen viele Kommentierende nicht ihren eigenen Namen oder ihr eigenes Bild. Stattdessen verwenden sie einen Nickname (*engl.* Spitzname) und/oder einen sogenannten Avatar, also einen austauschbaren Platzhalter für ihr Bild.

5 Führt in der Klasse eine Diskussion über die Frage durch, ob Anonymität im Internet zu verbaler Gewalt und Hatespeech beiträgt und daher verboten werden sollte.
a) Teilt dazu die Klasse in zwei Gruppen, die das anonyme Auftreten im Internet befürworten (Gruppe A) oder ablehnen (Gruppe B).
b) Sammelt in den beiden Gruppen Argumente für die jeweilige Position.
c) Führt die Diskussion in der Klasse durch und überlegt anschließend gemeinsam, welche Argumente besonders stichhaltig waren.

➡ *Zwischen Diskussion und Debatte unterscheiden, S. 36/37*

6 Stellt für eure Klasse eine Sammlung mit Regeln und hilfreichen Tipps zusammen, wie man damit umgehen sollte, wenn man zum Opfer von Hasskommentaren werden sollte. Recherchiert dazu auch im Internet, welche Hilfsangebote es von professioneller Seite gibt.

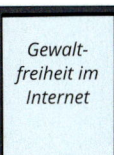

Gewaltfreiheit im Internet

Im Internet gut miteinander umgehen

Das Internet ermöglicht eine größtmögliche Interaktion zwischen verschiedenen Teilnehmerinnen und Teilnehmern. Doch überall da, wo es große Freiheit gibt, muss es auch Regeln für den gelingenden Umgang miteinander geben. Neben den Regeln zum Urheberrecht gibt es auch Regeln für ein gutes Miteinander und störungsfreie Kommunikation im Internet.

1 a) Informiert euch im Wissen-und-Können-Kasten über den Begriff der Netiquette.
b) Diskutiert, welche Auswirkungen die Aussage „Hinter jedem Bildschirm sitzt ein Mensch" auf die Regeln der Netiquette haben sollte.
c) Erläutert, warum es aus eurer Sicht notwendig ist, dass Netiquette-Regeln in den verschiedenen Formen der digitalen Kommunikation eingeführt und beachtet werden müssen.

 *Sprachliche Darstellungsstrategien reflektieren, S. 292/293*

2 Erstellt in der Klasse eine Liste mit den wichtigsten Regeln für eine faire und konfliktfreie Kommunikation im Internet. Geht dabei folgendermaßen vor:
a) Stellt in Einzelarbeit eine Liste von fünf Regeln zusammen.
b) Stellt euch eure Regeln gegenseitig vor und vergleicht sie miteinander.
c) Entscheidet in der Klasse, welche dieser Regeln für euch die wichtigsten sind. Begründet eure Auswahl.

❗ Wissen und Können

Die Netiquette beachten

Netiquette ist ein Kunstbegriff, der sich zusammensetzt aus den Wörtern net (*engl.* Netz; gemeint ist hier das Internet) und etiquette (*franz.* Anstands- oder Benimmregeln). Der Begriff Netiquette bezieht sich auf ein **Regelwerk von Benimmregeln**, die das Miteinander in der digitalen Kommunikation bestimmen sollen. Da diese Regeln jedoch **keine rechtliche Verbindlichkeit** haben, können sie von den jeweiligen Betreibern individuell festgelegt werden und unterscheiden sich in den verschiedenen sozialen Netzwerken zum Teil stark voneinander. Ein **Missachten der jeweiligen Netiquette-Regeln** innerhalb eines sozialen Netzwerkes kann vom Betreiber der entsprechenden Plattform je nach Schwere des Verstoßes mit unterschiedlichen Maßnahmen geahndet werden, die bis zum **Ausschluss aus dem sozialen Netzwerk** führen können.

Regeln für den Umgang im Internet – Netiquette

Auch wenn die Regeln der Netiquette nicht generell festgelegt sind, so gibt es doch eine Schnittmenge von Regeln, die eine mehr oder weniger universale Gültigkeit haben. Die hier aufgeführten sieben Aspekte lassen sich daher so oder so ähnlich in den Netiquette-Angaben der meisten sozialen Medien im Internet wiederfinden.

1. Bedenkt, dass ihr es auch in der digitalen Welt meistens mit Menschen zu tun habt, deren Emotionen man durch unbedachtes Verhalten schnell verletzen kann. Durch die Anonymität des Internets (zum Beispiel durch den Gebrauch von „nicknames" in Chatgruppen oder sozialen Medien) sagt man schneller Dinge, die man vielleicht nicht sagen würde, wenn einem das Gegenüber namentlich bekannt ist.

2. Geht höflich und respektvoll miteinander um. Ein respektvoller Umgang schließt jegliche Form der Beleidigung, Bedrohung, Verunglimpfung oder Vorverurteilung aus. Da die Kommunikation im Internet in einem „öffentlichen Raum" stattfindet, können Beleidigungen, Verunglimpfungen und Bedrohungen strafrechtliche Folgen haben.

3. Der respektvolle Umgang mit der Meinung anderer trägt dazu bei, dass es in Gesprächsforen und in kommunikativen Situationen zu einem lebendigen Austausch kommt. Behandelt die anderen User und deren Meinung so, wie ihr wollt, dass sie euch und eure Meinung behandeln.

4. Passt den Inhalt eurer Beiträge der entsprechenden inhaltlichen und sprachlichen Form der Internet-Plattform an, auf der ihr euch bewegt.

5. Um inhaltliche Missverständnisse zu vermeiden, solltet ihr euch darüber klar sein, was ihr in eurem Beitrag aussagen wollt. Beschränkt euch darin auf das Wesentliche und drückt euch eindeutig aus. Benutzt ggf. zur optischen Unterstützung eurer Aussagen noch Emojis, die eure Absicht verdeutlichen können.

6. Dabei hat das Internet seine eigene Sprache, die es zu erlernen und richtig anzuwenden gilt. So bedeutet zum Beispiel die durchgängige VERWENDUNG VON GROSSBUCHSTABEN, dass die Aussage extrem laut vorgetragen bzw. geschrien wird. Um Unklarheiten zu vermeiden, macht euch mit den Regeln dieser Sprache, mit entsprechenden Abkürzungen und mit der Bedeutung von Emojis vertraut, um nicht durch die Verwendung von unangemessenen Ausdrucksformen Missverständnisse zu erzeugen.

7. Auch durch Bilder und Videos kann man Menschen beleidigen oder verletzen. Achtet also bei der Wahl der optischen Mittel, die ihr nutzen wollt, darauf, dass nicht durch diese Bilder und Videos die dargestellten Menschen oder andere User verunglimpft oder entwürdigt werden.

3 a) Überarbeitet mithilfe der obigen Liste die von euch erarbeiteten Regeln.
    b) Habt ihr in eure Netiquette Regeln aufgenommen, die oben nicht aufgeführt wurden? Dann begründet, warum diese Regeln mit hinzugenommen werden müssen.

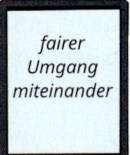

fairer
Umgang
miteinander

Einen Blogtext kriteriengeleitet untersuchen

Aufgabe: Stellt euch vor, ihr arbeitet als Redaktion für eine Internetseite, die sich ausschließlich mit der Qualität von Blogs befasst. Euch liegt der unten abgedruckte Text vor. Eure Aufgabe ist es, eine Rezension (d. h. eine begründete, bewertende Kritik zu den Stärken und Schwächen) dieses Blogs zu schreiben. Die folgenden Aufgaben zeigen euch, wie ihr dazu vorgeht.

1 Lest den Blogtext „Warum blogge ich eigentlich noch?" und fasst in eigenen Worten das zentrale Anliegen zusammen.
- Welche Absicht hat der Autor?
- Woran lässt sich seine Absicht erkennen?

Warum blogge ich eigentlich noch?

Meine Bilder erhalten auf verschiedenen sozialen Netzwerken innerhalb von kürzester Zeit 50 und mehr Likes. Einer meiner Blog-Artikel kassiert in einem deutlich längeren Zeitraum vielleicht 20 Views. Die Mühe, einen Blog zu betreiben, lohnt sich doch eigentlich gar nicht. Und es gibt noch zahlreiche andere Gründe, um nicht zu bloggen.

Wenn man erzählt: „Ich bin Blogger", dann schauen einen die Zuhörer irritiert an und die übliche Frage ist dann meist: „Ach, und was macht man da so?". Das liegt daran, dass tatsächlich kaum jemand außerhalb der Blogger-Szene eine Ahnung davon hat, was man als Blogger so macht.

„Aber reich kann man damit doch nicht werden, oder?" Das ist dann sofort immer die nächste Frage, wenn man erklärt hat, was Blogger so machen. Und das stimmt tatsächlich. Blogger sind Idealisten. Der finanzielle Erfolg kann sich nach langer harter Arbeit einstellen. Aber der Gedanke an das große Geld spielt beim Bloggen tatsächlich eine sehr kleine Rolle.

Auch berühmt wird man durch das Bloggen nicht unbedingt. Es gibt zwar Techniken und Strategien, mit denen man nach und nach eine größere Leserschaft ansprechen kann, aber zum Rockstar der Bloggerszene ist es eben ein sehr langer, steiniger Weg.

Und wenn man mal einen Text geschrieben hat, der nicht den Geschmack der Massen getroffen hat, hagelt es sofort jede Menge negativer Kommentare und Kritiken. Selbst an scheinbar so harmlosen Blogs wie z. B. Kochrezepten haben manche Menschen etwas auszusetzen, weil es ihnen nicht vegetarisch genug ist, zu vegetarisch ist oder generell von den Zutaten her nicht passt. Außerdem musst du ständig versuchen, deine Blogbeiträge mit aktuellen Bildern, Videos, Musikuntermalungen oder anderem Zeug attraktiv zu gestalten. Du bist ständig auf der Suche nach Bildmaterial, hast die Kamera dauernd griffbereit und versuchst immer alles sofort blogtauglich zu sehen. „Genieß doch einfach mal die schöne Aussicht! – Das fällt echt schwer.

45 Und dann die sozialen Medien. Natürlich musst du dich informieren. Morgens klingelt der Wecker, du greifst zum Smartphone und durchsuchst erst mal das Netz nach Reaktionen auf deine letzten Beiträge oder aber bist schon wie-
50 der auf der Suche nach neuem Material für den nächsten Beitrag. Der Blick auf die Seiten der sozialen Medien wird fast so selbstverständlich wie das Atmen. Dabei gibt es doch noch ein Leben außerhalb der Internets.
Eigentlich sollte man das Bloggen doch lieber sein lassen ... 55

2 Untersucht die sprachliche Gestaltung des Blogtextes. Haltet die Besonderheiten der sprachlichen Gestaltung fest und notiert euch, welche Funktion sie in Bezug auf die zentrale Aussage haben.

3 Lest euch den Blogtext nun erneut durch und fertigt eine Liste mit Argumenten an, die der Autor hier gegen das Bloggen anführt.

→ *Lesetechniken anwenden, S. 362/363*

4 Wählt das Argument aus, das eurer Meinung nach am überzeugendsten ist, und begründet eure Auswahl. Stellt eure Wahl und eure Begründung euren Mitschülerinnen und Mitschülern vor und legt gemeinsam eine Rangordnung für die verschiedenen Argumente nach ihrer Überzeugungskraft fest.

→ *Die Qualität von Argumenten erkennen, S. 107*

5 Entwickelt gemeinsam Gegenargumente, also Argumente, die für das Bloggen sprechen. Recherchiert dazu auch im Internet und tragt alle Argumente, die ihr findet, und auch die, die ihr selbst entwickelt habt, in einer Liste zusammen.

→ *Eine Stoffsammlung anlegen und ordnen, S. 100–103*

◉ **Tipp**

Vergleicht auch die Argumente zum Führen eines Blogs von Seite 56.

Argumente für das Führen und Pflegen eines eigenen Blogs:

1. ...

2. ...

3. ...

...

6 Beginnt nun mit dem Schreiben der Rezension.

▭ *Textverarbeitungsprogramm*

Textgestaltung untersuchen: formal & inhaltlich

▭ *Arbeitsheft, S. 15–18*

Schätze deinen Lernstand ein

Im Folgenden findet ihr ein Beispiel für einen Text und die dazugehörigen Kommentare aus einem Kochblog.

BEEF-EATER'S DELIGHT

23. Februar, 2021

LIEBE BBQ FREUNDE...

...heute gibt es, auf mehrfachen Wunsch hin, mal wieder was Leckeres mit richtig viel FLEISCH!!!

HACKBRATEN VOM BLECH (REICHT LOCKER FÜR 8 PERSONEN)

ZEIT: 40 min   **ANSPRUCH:** leicht - mittel

500 gr Schweinemett
1500 gr gemischtes Hackfleisch
4 trockene Brötchen
500 gr Zwiebeln
6 kl. Eier
2 Bund Petersilie
Knoblauch, Salz, Pfeffer, Muskat
Ca. 30 Streifen Bacon
Optional: Scheibletten

 Aus den Zutaten eine kräftig gewürzte Hackfleischmasse herstellen.

 Ein Backblech einfetten, die Hackfleischmasse darauf geben und den Bacon oben drauf zu einer mehr oder weniger geschlossenen Decke „verweben". Den Hackbraten für 30 min bei 225 Grad in den vorgeheizten Ofen geben. Ca. 10 min vor Ablauf der Zeit noch die Scheibletten auf den Braten legen (wenn man mag).

 Schmeckt hervorragend mit frischem Baguette und etwas frischem Salat (gerne auch etwas Obst im Salat - wie z. B. Lauch Ananas Sellerie Salat). Und eine leicht rauchige BBQ Sauce passt auch toll dazu.

BEWERTUNG:  5/5

Der Hackbraten ist eine super Sache. Er schmeckt hervorragend, macht richtig satt und lässt sich auch prima einfrieren, sodass man davon tatsächlich mehrmals hat. Oder auch in kleine Stücke geschnitten ist er für ein Party-Buffet eine tolle Ergänzung.

Schreibt mir gerne in die Kommentare eure Erfahrungen mit dem Hackbraten. Und wenn ihr mögt, postet auch Bilder von euren Ergebnissen.

Bis zum nächsten Mal.

Der Beef-Eater

---

1 Verfasst einen Elevator Pitch für diesen Blog, in dem ihr Inhalt, Zielsetzung und Adressat/-innen erfasst.

2 Überprüft, ob der vorliegende Blogtext die Kriterien und Anforderungen an einen gelungenen Blog erfüllt.
- Untersucht dazu den Inhalt, die Adressatenorientierung, die grafische Aufbereitung und die sprachliche Gestaltung des Blogtextes.
- Haltet eure Ergebnisse schriftlich fest.

3 Beschreibt, was für eine Form der Interaktivität durch diesen Blog angebahnt wird.
a) Welche Möglichkeiten bieten sich hier der Leserschaft, interaktiv mit dem Blogverfasser in einen Austausch zu kommen?
b) Können sich Leserschaft und Autor gegenseitig beeinflussen? Auf welchen Wegen kann das geschehen?

4 Sicherlich habt ihr auch eine eigene Meinung zu dem Thema und zum Anliegen des Blogs. Notiert diese Meinung und vergleicht sie anschließend mit den folgenden Kommentaren zum Blog.

Kommentare zu „Beef-Eater's Delight" vom 23.02.2021

grillfee73 sieht sehr lecker aus. muss ich unbedingt mal ausprobieren. danke für das rezept …

kai.m1990 gibt es das auch in vegetarisch?

kleinerbrudernervt ich hoffe mal ganz stark, dass nicht …

karotte17 schon mal überlegt, wieviel Tiere für das fiese Zeug getötet werden müssen … IHR MÖRDER

earthprotector42 nicht nur, dass ihr euch mit so 'nem Fraß selber schadet. Denkt ihr gar nicht an die ökologische Katastrophe, die die ganze Fleischfresserei verursacht? ☹️☹️☹️

fleischistmeingemuese können jetzt mal alle Vegetarier hier die Fr…e halten. Wenn's euch nicht passt, geht euch doch eine Zucchini schlachten.

mellyreichts wie bekloppt muss man sein, wenn man sich so'n Schei… freiwillig reinzieht. Hoffentlich verreckt ihr an dem Zeug.

grillfee73 ey, ihr Veggies, chillt mal. Das ist schließlich nur ein Rezept…

christian.k89 wenn's auf der Welt kein Fleisch mehr gibt, fresse ich Vegetarier…

kleinSammy01 iiiiiiiiihhhhhh wie fies, da könnt ich kotzen

5 Bewertet die Kommentare.
a) Worauf beziehen sich die Kommentare? Was haben die Kommentare noch mit dem Anliegen des Blogs zu tun?
b) Bei welchen dieser Kommentare wird die Netiquette verletzt und bei welchen der Kommentare handelt es sich eurer Meinung nach bereits um Hatespeech?

6 Beratet den Verfasser des Blogs, wie er mit den Kommentaren umgehen sollte.

😊 → Seite 72–74, Ⓑ
😐 → Seite 72–74, Ⓐ
🙁 ← Seite 65, 68/69

Einen eigenen Blogtext verfassen und gestalten

Das Thema Homeschooling ist seit der Coronakrise allen ein Begriff. Viele von euch haben bereits Erfahrungen mit dieser Form des Distanzunterrichts gesammelt. Daher wird es euch sicherlich nicht schwerfallen, dazu einen eigenen Blogtext zu verfassen.

1 a) Überlege zunächst in Einzelarbeit, welche Position du selbst zum Thema „Homeschooling" vertrittst. Halte diese Position in Stichpunkten fest.

b) Tauscht euch anschließend dazu mit euren Mitschülerinnen und Mitschülern in Kleingruppen aus. Tragt alle Ideen und Positionen zusammen und fertigt anschließend eine Cognitive Map zum Thema an.

2 a) Lest euch nun den Artikel „Abiturientin im Homeschooling" durch.

b) Ergänzt eure Liste mit den Aspekten, die im Text zusätzlich noch angesprochen werden.

wa.de, 16.01.2021

Abiturientin im Homeschooling: „In der Schule war das Lernen leichter"

Die Weihnachtsferien liegen hinter den Schülern. Die Zielgerade zum Abitur ist in Sichtweite. Die Hoffnung, wieder in der Schule lernen zu können, hat sich nicht erfüllt. Gesamtschülerin Angelika Boriskin sitzt daheim am Schreibtisch, um sich den Lernstoff zu erarbeiten.
Bergkamen – Seit Mittwoch läuft der Distanzunterricht an der Willy-Brandt-Gesamtschule wieder. Wirklich anfreunden mit dem Büffeln daheim können sich allerdings längst nicht alle Schüler. „Ich habe auch von Freunden gehört, dass sie lieber ganz normal in die Schule gehen würden", erzählt die 19-Jährige. Ihr selbst geht es ähnlich. Video-Konferenzen würden zwar helfen. „Aber es ist eben nicht dasselbe wie mit dem direkten Kontakt zueinander und dem Lehrer." Immerhin etwas Kontakt gab es am Freitag: Da waren die Abiturienten in ihren Leistungskur-

sen in der Schule, um mit dem jeweiligen LK-Lehrer die Noten zu besprechen. Im Gegensatz zu den Jahrgängen, die sich vor der Corona-Pandemie auf ihr Abitur vorbereitet haben, gibt es einen gravierenden Unterschied: Statt wie gewohnt weiterhin in allen Fächern Unterricht zu haben, konzentrieren die Abiturienten sich nur auf vier Prüfungsfächer. „Wir haben nur noch Konferenzen und Aufgaben in unseren Abifächern", erzählt die 19-Jährige.

Für Angelika Boriskin bringt dieses Vorgehen Vor- und Nachteile mit sich. „Natürlich erleichtert es die Abiturvorbereitungen", sagt sie. Andererseits seien auch andere Fächer einfach wichtig. Philosophie zum Beispiel. „Das ist gerade in dieser Zeit ein wichtiges Fach", betont sie. „Wir sollten alle etwas über Ethik lernen und uns die Frage stellen, ob man sich jetzt wirklich mit anderen treffen sollte oder nicht."

Viele Schüler seien einfach frustriert und traurig. „Freunde von mir befürchten schon, dass der ganze Jahrgang sitzen bleiben wird. Manche sagen auch, dass das vielleicht besser so wäre", erzählt sie. „Natürlich wollen wir alle weiterkommen. Aber wir wissen auch, dass es schwierig ist, sich so auf die Prüfungen vorzubereiten." Die Konzentration am heimischen Schreibtisch nehme zwischendurch einfach stärker ab als in der Schule. „In der Schule war das Lernen leichter." Etwas Positives kann Boriskin dem Distanzunterricht dann aber doch abgewinnen. Er sei durchaus eine gute Vorbereitung auf ein späteres Studium, das sie anstrebt. „Man lernt schon etwas mehr Selbstständigkeit", findet die 19-Jährige. „Aber erst einmal musste im Kopf ankommen: Du gehst aufs Abi zu, jetzt tu was dafür."

Ⓐ Ausgehend von einem Text einen eigenen Blogtext verfassen

Aufgabe: Verfasst und gestaltet einen Blogtext zum Thema „Homeschooling", in dem ihr eure Leserschaft über die verschiedenen Aspekte zum Thema informiert.

➡ Das Schreiben eines informierenden Textes vorbereiten, S. 122/123

3 a) Sammle weitere Aspekte zum Thema „Homeschooling" mithilfe einer Recherche im Internet und ergänze sie in deiner Cognitive Map.

b) Mache dir anschließend einen Schreibplan und überlege dir eine Struktur und einen sinnvollen Aufbau für deinen Text. Beachte dabei, für wen du den Text schreibst und was du mit dem Text bei deiner Leserschaft erreichen willst.

4 Fasse deine Überlegungen in einem Elevator Pitch zusammen.

5 Verfasse mithilfe deines Schreibplans nun deinen Blogtext.

🖥 Textverarbeitungsprogramm

6 a) Tragt euch eure Texte gegenseitig vor und gebt euch Rückmeldung dazu, ob aus dem Text euer zentrales Anliegen deutlich wird.

b) Macht euch gegenseitig Verbesserungsvorschläge zur Überarbeitung der vorliegenden Texte.

c) Bringt anschließend euren Blogtext in seine endgültige Form und schreibt ihn auf.

➡ Den Text feedbackgeleitet überarbeiten, S. 135

7 Sucht im Internet nach frei verfügbaren, legalen Bildern, Grafiken und Illustrationen, die eure Absicht, mit der ihr den Blogtext verfasst habt, noch unterstützen und visuell angemessen in Szene setzen. Gestaltet nun den Text und die gefundenen grafischen Elemente so, dass das Interesse der Leserschaft geweckt wird.

8 Überlegt, in welcher Form ihr mit eurer Leserschaft in Interaktion treten wollt. Ermöglicht den Leserinnen und Lesern nach der Lektüre eures Textes ihn zu bewerten und einen Kommentar dazu zu hinterlassen.

> **⊙ Tipp**
>
> Diese Kommentare könnt ihr dann zum Ausgangspunkt und als Anregung für weitere Texte verwenden und somit unmittelbar auf die Reaktionen eurer Leserinnen und Leser eingehen.

Ⓑ Auf der Grundlage eines Textes die ersten Beiträge eines analogen Blogs entwerfen und gestalten

Aufgabe: Entwerft und gestaltet die ersten Texte eines Blogs zum Thema „Homeschooling". Euer Ergebnis soll nicht im Internet erscheinen, sondern der Klasse analog (=ausgedruckt) vorliegen.

3 Nutze deine Cognitive Map für einen Schreibplan. Fasse anschließend deine Überlegungen in einem Elevator Pitch zusammen.

🖥 *Textverarbeitungs-programm*

4 Erarbeite zunächst einen Ausgangstext und gestalte ihn ansprechend wie in Aufgabe **A 7** beschrieben.

5 Bildet anschließend Vierergruppen und nehmt euren ausgedruckten Text sowie Haftnotizzettel mit in die Gruppe.

6 Gebt die Texte und Zettel im Uhrzeigersinn weiter. Lest den Text eurer Nachbarin bzw. eures Nachbarn, schreibt einen oder mehrere Kommentare auf jeweils einen Zettel und klebt die Zettel an das Textblatt. Wiederholt das Verfahren, bis jeder alle Texte kommentiert hat.

> **⊙ Tipp**
>
> Ihr könnt zum Beispiel kommentieren, was ihr besonders interessant fandet, worüber ihr gerne noch mehr wissen würdet oder was euch gefehlt hat.

7 Lest euch die Kommentare zu eurem Text durch und reagiert auf die Kommentare eurer Leserinnen und Leser mit weiteren Blogtexten. Wenn ihr wollt, könnt ihr die Aufgabe 5 nun noch einmal wiederholen und auf weitere Kommentare reagieren.

8 Klebt eure Blogtexte und die dazugehörigen Kommentare auf ein Flipchart oder eine Tapete und hängt das Ergebnis im Klassenraum aus.

9 Berichtet im Plenum von eurer Arbeit an den Blogtexten.
- Was ist euch bereits gut gelungen?
- Womit habt ihr Schwierigkeiten gehabt?
- Welche Fragen sind aufgetreten? Versucht offene Fragen gemeinsam zu klären.

Zeigt, was ihr könnt

Einen eigenen Blog entwerfen, bearbeiten und ausgestalten

Aufgabe: Erstellt in Kleingruppen einen Blog nach euren Interessen mit verschiedenen Texten, in dem ihr auch die Kommentare und Rückmeldungen eurer Leserschaft mit einbezieht und so eine interaktive Kommunikation mit ihnen ermöglicht.

1 a) Wende die Checkliste für einen guten Bloginhalt von Seite 57 an und entwickle ein Thema für dich. Du kannst auch das Thema aufgreifen, das du bei der Bearbeitung der Seiten 57/58 für dich ausgewählt hast.
 b) Schreibe einen neuen Elevator Pitch oder überarbeite deinen alten.

2 a) Nennt eure Themen in der Klasse und bildet Gruppen mit ähnlichen Themen.
 b) Versucht in den Gruppen die Mitglieder mit dem Elevator Pitch von eurem Thema zu überzeugen. Einigt euch anschließend auf ein gemeinsames Thema.

3 Fertigt nun gemeinsam eine Cognitive Map zu eurem Thema an.

4 Entwerft gemeinsam einen ersten Blogtext.   🖥 *Textverarbeitungsprogramm*

5 Erstellt ein grafisches Layout für eure Seiten.

6 a) Veröffentlicht die ersten Blogseiten analog, indem ihr sie im Klassenraum aushängt und Haftnotizzettel für Kommentare eurer Mitschüler/-innen dazugebt.
 b) Macht anschließend einen Museumsgang. Schaut euch die Blogs der anderen Gruppen an und schreibt Kommentare dazu auf die Haftnotizzettel.

7 Arbeitet in den Gruppen weiter, indem ihr weitere Blogeinträge verfasst, in denen ihr auf die Kommentare reagiert.

So könnt ihr weiterarbeiten:

Wenn ihr mit eurem analogen Blog genügend Erfahrungen im Hinblick auf euer Thema und im Umgang mit Kommentaren und konstruktiver Kritik hinsichtlich der Inhalte gesammelt habt, traut euch einmal, auf einer digitalen Plattform eurer Wahl, die euch den entsprechenden Rahmen bietet, mit eurem Blog online zu gehen.

◎ Tipp zu 4

Euren Text könnt ihr gemeinsam auf einem Etherpad verfassen.

➡ *Mit dem Etherpad arbeiten, S. 324*

◎ Tipp zu 7

Das Layout sollte sich in euren einzelnen Blogtexten nicht verändern, um den Wiedererkennungswert zu steigern.

Einen Jugendfilm untersuchen und verstehen

„Mein Herz tanzt" – Eine Jugend in Israel

Freunde finden, die erste Liebe, große Zukunftspläne, den eigenen Weg im Leben suchen – das sind zentrale Themen aller Jugendlichen. Und das sind natürlich auch die Themen von Filmen, die über das Leben Jugendlicher erzählen. Insofern ist der Film „Mein Herz tanzt" ein typischer Film über das Erwachsenwerden. Und doch erzählt der israelische Regisseur Eran Riklis ganz außergewöhnliche und berührende Schicksale.

„Riklis' stärkster Film seit Jahren, ein Plädoyer für die friedliche Koexistenz."

(Variety, wöchentlich erscheinende Zeitschrift für Film- und Unterhaltungsindustrie)

„Nachdem ich diesen Film gesehen habe, bin ich voller Hoffnung, dass dieses Land noch schöner werden kann, wenn es ein Recht auf Vielfalt gibt und wenn wir die Verschiedenartigkeit jedes einzelnen Menschen anerkennen."

(Schimon Peres, israelischer Staatspräsident von 2007 bis 2014 und Friedensnobelpreisträger)

In diesem Kapitel lernt ihr, ...

› wie Filme eine eigene Geschichte vor einem historischen und politischen Hintergrund erzählen,
› typische Themen eines Filmes über Heranwachsende zu identifizieren,
› welche Wirkung durch das Zusammenspiel von filmischen Gestaltungselementen erzielt werden kann,
› welche Unterschiede es zwischen filmischem und literarischem Erzählen gibt.

1 Betrachtet die Standbilder aus Eran Riklis' Film „Mein Herz tanzt" und beschreibt genau, was ihr auf den Bildern seht.

- Stellt Vermutungen an, worum es in dem Film gehen könnte.
- Bezieht den Titel des Films in eure Vermutungen ein. Gibt der Titel Hinweise auf die Handlung?
- Zu welchem der Bilder passt der Titel am besten? Begründet eure Meinung.

Eran Riklis mit seinen beiden Hauptdarstellern, Daniel Kitsis und Tawfeek Barhom

2 Informiert euch im unten stehenden Informationstext über die politische Situation in Israel.

a) Erweitert eure Vermutungen zur Handlung des Films, indem ihr die Situation einbezieht. Achtet dabei auch auf den englischen Titel des Films.

b) Worauf könnten Schimon Peres und die Zeitschrift Variety mit ihren Filmkritiken anspielen?

Der Spielfilm „Mein Herz tanzt" (Originaltitel: „Dancing Arabs") entstand im Jahr 2014. Der Ort der Handlung ist Israel.

Historischer Hintergrund

Das Gebiet Palästina stand seit dem Ende des 1. Weltkriegs unter britischer Verwaltung und wurde von Muslimen, Christen und Juden bewohnt. Seit Beginn des 20. Jahrhunderts kamen vermehrt
5 jüdische Einwanderer aus Europa, um der Verfolgung dort zu entgehen und eine sichere Heimat zu finden. Die Einwanderungen führten bereits in den 20er- und 30er-Jahren zu Konflikten zwischen den Palästinensern und den Juden; beide
10 beanspruchten ganz Palästina für sich.
Nach dem 2. Weltkrieg beschloss daher die UNO eine Teilung des Gebietes. Als die Briten dann am 14. Mai 1948 ihr Mandat für das Gebiet abgaben, gründeten die jüdischen Einwanderer am glei-
15 chen Tag auf ihrem Teilgebiet den Staat Israel. Die Konflikte aber blieben bestehen und führten zu zahlreichen Kriegen. 1967 besetzte Israel infolge eines Krieges auch die den Palästinensern zugewiesenen Gebiete, den Gazastreifen und das
20 Westjordanland.
Aber auch in Israel leben nach wie vor nicht nur Juden; sie machen heute ca. 74% der Bevölkerung aus. 21% der Bevölkerung sind Muslime und 5% Christen und Angehörige anderer Religionen.

dpa·29346

Die Handlung des Films über die Figurenkonstellation erschließen

1 Schaut euch den Film „Mein Herz tanzt" zunächst bis Min. 0:22:30 an.

2 Tauscht euch über eure ersten Eindrücke aus.
- Worum geht es in den ersten Minuten des Films?
- Wo spielt die Handlung?
- Welche Personen kommen vor?
- Was hat euch irritiert? Was habt ihr nicht verstanden?

Die Handlung des Films „Mein Herz tanzt" beginnt im Jahr 1982 in der israelischen Kleinstadt Tira, die hauptsächlich von Arabern bewohnt wird. Den historischen Hintergrund der Ereignisse bildet der im Libanon ausgetragene Krieg zwischen der israelischen Armee und der arabischen PLO (Palestine Liberation Organization).

3 Ermittelt, in welchem gesellschaftlichen und politischen Kontext die ersten Minuten des Films spielen.

a) Recherchiert, wer die im Film genannten Politiker und Organisationen waren: Ariel Scharon, Jassir Arafat, Schimon Peres, Jitzchak Rabin, die PLO. Berücksichtigt vor allem die Zeit, in der der Film spielt. Teilt die Recherche unter euch auf, sodass jeder ein Element recherchiert.

b) Stellt euch die Rechercheergebnisse gegenseitig vor und diskutiert, welche Bedeutung die politische und gesellschaftliche Situation für die Personen im Film hat.

4 Diskutiert, welche Bedeutung der Anfang des Films für die weitere Handlung haben könnte, und stellt Vermutungen an, wie nun der Film weitergehen könnte.
- Welche Probleme werden im ersten Teil gezeigt, die im weiteren Verlauf wichtig sein könnten?
- Was könnte Eyad erleben?
- Welche Konflikte zeichnen sich ab?

5 Schaut euch nun den gesamten Film an. Macht euch beim Betrachten Notizen zu den Personen und wichtigen Ereignissen. Zur Unterstützung könnt ihr auch den Beobachtungsbogen aus dem Medienpool verwenden.

📋 *Beobachtungs-
bogen zum Film*

> ◉ **Tipp**
>
> Wenn zum Anfang noch einiges unklar geblieben ist, beginnt noch einmal von vorn. Ansonsten schaut ab Min. 0:22:30.

6 Tauscht euch über eure ersten Eindrücke zum gesamten Film aus.
- Was hat euch gefallen? Was hat euch bewegt?
- Was hat euch nicht gefallen?
- Fasst die Handlung grob zusammen.
- Was habt ihr nicht verstanden? Benennt Unklarheiten und versucht sie gemeinsam zu klären. Schaut euch ggf. einzelne Passagen dazu erneut an.

7 Fertigt in Partnerarbeit eine Figurenkonstellation zu den wichtigen Personen des Films an.
- Stellt euch die Figurenkonstellationen gegenseitig vor. Erläutert dabei sowohl die Beziehungen der Personen untereinander als auch die gesellschaftlichen Konflikte, die in der Beziehung deutlich werden.
- Hängt die besten Darstellungen der Figurenkonstellation in der Klasse aus. Vergrößert sie dazu wenn nötig.

➡ *Figuren: Personen-
konstellation, S. 360*

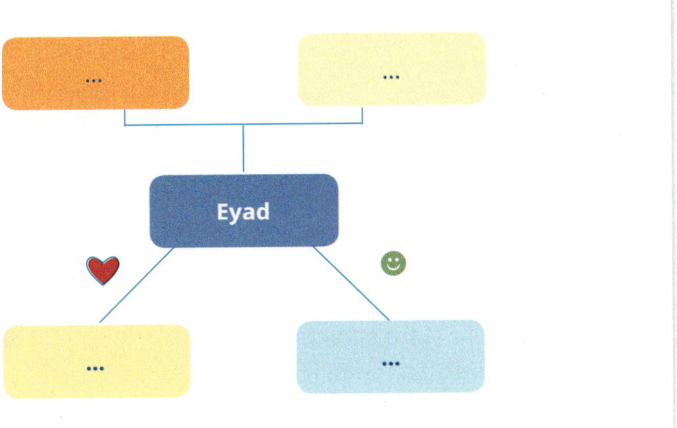

Die Hauptfigur im Kreise ihrer Freunde verstehen

Zwei zentrale Personen im Leben von Eyad sind seine Freundin Naomi und sein Freund Yonatan. Welche Bedeutung die beiden für Eyad haben und wie die Freundschaft zwischen ihnen filmisch umgesetzt wird, sollt ihr im Folgenden genauer untersuchen.

▶ *„Eyad und Naomi in der Bibliothek"*

1 Betrachtet die Szene, die das erste Gespräch zwischen Eyad und Naomi zeigt (0:24:50 bis 0:25:37), und analysiert sie inhaltlich.

- Beschreibt dazu, was vor der Szene passiert ist.
- Arbeit heraus, wie sich Eyad in seiner neuen Umgebung fühlt.
- Erläutert, welche Bedeutung in diesem Kontext die falsche Verwendung seines Namens hat. Warum korrigiert Eyad die anderen nicht?
- Erklärt, wie Naomi auf Eyad reagiert und was sich für Eyad in der Szene verändert.

2 Schaut euch nun die Szene erneut an und macht euch Notizen zur filmischen Umsetzung.

a) Zählt dazu, wie viele Schnitte es in der Szene gibt.

b) Teilt die unten aufgeführten Aspekte untereinander auf und konzentriert euch jeweils auf einen davon. Tragt sie anschließend zusammen.

- Fertigt eine Skizze an und zeichnet ein, an welchen Stellen die Kamera im Raum in den einzelnen Einstellungen jeweils positioniert ist. Überprüft dann mithilfe des Wissen-und-Können-Kastens, ob die 180-Grad-Regel in der Szene eingehalten wurde.
- Es gibt eine Einstellung in der Szene, die sich von den anderen deutlich unterscheidet. Beschreibt die Einstellung und erläutert, welche Funktion die Einstellung für die Zuschauerinnen und Zuschauer hat.

🚀 *Starthilfe, S. 392*

- Achtet auf das Verhältnis von Bild und Ton in der Szene. Ist immer die sprechende Figur im Bild zu sehen? Erläutert die Funktion dieser Darstellung.

❗ Wissen und Können

Die 180-Grad-Regel verstehen

Die 180-Grad-Regel besagt, dass die **Handlungsachse** zwischen zwei sich gegenüberstehenden oder -sitzenden Figuren mit der Kamera **nicht übersprungen werden darf**. Gesprächsszenen werden oft aus mehreren verschiedenen Kameraperspektiven gezeigt. Würde die Kamera dabei jedoch die Handlungsachse überspringen, wären die Zuschauerinnen und Zuschauer irritiert, weil dann die Figuren ihre **Links-Rechts-Position** im Bild tauschen würden. Dieser Effekt soll beim Filmen in der Regel vermieden werden, um den **Realitätseindruck** bei den Zuschauenden nicht zu stören.

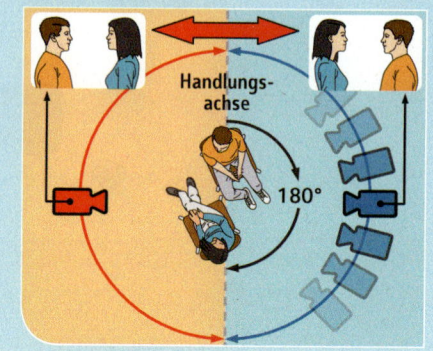

Eyads zweite wichtige Bezugsperson ist Yonatan. Die beiden lernen sich über ein Sozialprojekt von Eyads Schule kennen.

3 Betrachtet die Szene, in der sich Eyad und Yonatan kennenlernen (0:25:38 bis 0:28:12).

▶ *„Eyad und Yonatan lernen sich kennen"*

4 Analysiert die Szene inhaltlich und formal, d. h. wie sie filmisch umgesetzt wurde.
a) Geht dabei so vor wie in den Aufgaben 1 und 2.
b) Beschreibt, welche Musik eingesetzt wird, und beurteilt, welche Rolle die Musik in der Szene spielt.

5 Bildet Dreiergruppen und fertigt jeweils zwei Standbilder an: eins, das Eyad **zu Beginn** der Begegnung mit Naomi oder Yonatan zeigt, und eins, das ihn **am Ende** der Begegnung zeigt.
a) Entscheidet euch für eine der beiden Szenen.
b) Diskutiert, was genau ihr darstellen wollt.
c) Legt fest, wer die Baumeisterin oder der Baumeister ist und wer die beiden Personen (=Baumaterial) sind.
d) Übt anschließend die fertigen Standbilder.

→ *Standbilder bauen, S. 337/338*

6 Stellt eure Standbilder in der Klasse vor.
a) Lasst die Zuschauerinnen und Zuschauer zunächst Vermutungen äußern, was ihr darstellen wolltet und warum ihr die Standbilder auf diese Weise gebaut habt.
b) Die Baumeisterin oder der Baumeister klärt am Schluss auf, ob die Vermutungen richtig waren, und gibt weitere Erläuterungen.
c) Diskutiert anschließend, welche Bedeutung die Begegnungen mit Naomi und Yonatan für Eyad haben und wie er sich dadurch wandelt.

7 Diskutiert, was für euch eine Freundschaft ausmacht. Trifft das auch bei Eyad und Yonatan zu?

> ◎ **Tipp zu 6**
>
> Ihr könnt auch Fotos von euren Standbildern machen und diese später mit einem Beamer in der Klasse zeigen. Das erleichtert den Vergleich zwischen den zwei Standbildern. Aus rechtlichen Gründen braucht ihr für diese Aufnahmen eine Einverständniserklärung der Eltern.

Den Umgang mit der unterschiedlichen Herkunft untersuchen

Gleich beim Kennenlernen spricht Yonatan an, dass er Jude und Eyad Araber ist. Im Folgenden kommen die beiden immer wieder auf ihre unterschiedliche Herkunft zurück.

„Eyad und Yonatan in der Altstadt"

1 Betrachtet die Szene, die Eyad und Yonatan gemeinsam in der Altstadt von Jerusalem zeigt (0:33:15 bis 0:35:10).

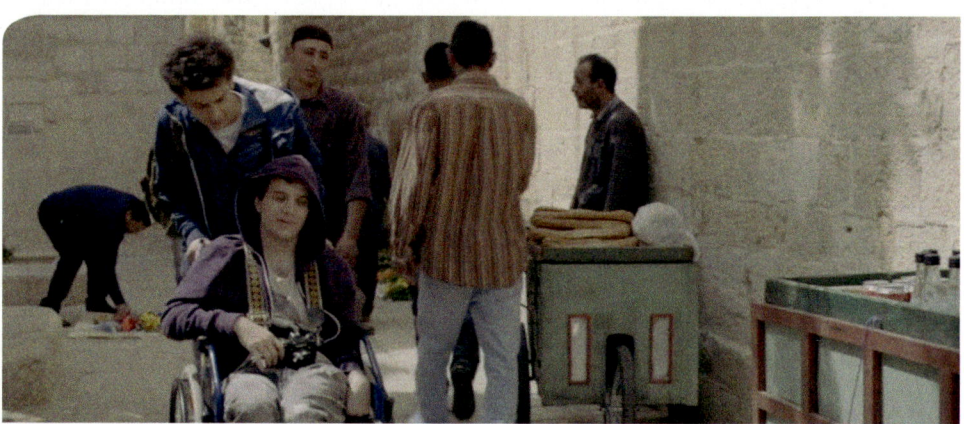

2 Untersucht, wie die beiden Jungen mit ihrer unterschiedlichen Herkunft umgehen.
   a) Fasst zunächst in eigenen Worten zusammen, was in der Szene passiert und worüber Yonatan und Eyad sprechen.
   b) Verdeutlicht, wie sich die Beziehung zwischen den beiden Jungen seit dem Kennenlernen entwickelt hat.
   c) Erläutert die einzelnen Beispiele, in denen die unterschiedliche Herkunft der beiden eine Rolle spielt.
   d) Erläutert auch, warum Eyad den Gastwirt kritisiert, als der eine Bemerkung über Yonatan macht. Was unterscheidet diese Bemerkungen von denen, die die Jungen über sich machen?

3 a) Wendet euch noch einmal dem Zitat von Schimon Peres (S. 76) zu und erläutert mithilfe der Szene, wie er es gemeint haben könnte.
   b) Diskutiert anhand dieser Szene, ob der Film eurer Meinung nach tatsächlich „ein Plädoyer für die friedliche Koexistenz" (s. S. 76) ist.

Textverarbeitungsprogramm

4 Stellt euch vor, dass Eyad seiner Großmutter in einem Brief von seiner Freundschaft zu Yonatan schreibt.
   a) Verfasst den Brief in Einzelarbeit.
   • Erzählt zunächst von den anfänglichen Schwierigkeiten und wie die beiden sich nähergekommen sind.
   • Berichtet auch, wie sie mit ihrer unterschiedlichen Herkunft umgehen.
   b) Stellt euch in Partnerarbeit eure Briefe vor und verbessert sie falls nötig.
   c) Stellt ausgewählte Briefe in der Klasse vor. Diskutiert, ob sie realistisch sind.

Den gesellschaftlichen Konflikt des Films erfassen

Eyad und Yonatan gehen zwar humorvoll mit ihrer unterschiedlichen Herkunft um, aber ihre lockeren Sprüche können nicht darüber hinwegtäuschen, dass die Beziehungen zwischen Eyad, Naomi und Yonatan durch die gesellschaftlichen Konflikte in Israel stark belastet sind.

1 Betrachtet die Szene, die sich während eines gemeinsamen Besuchs der drei bei einem Rockkonzert abspielt (0:40:06 bis 0:40:56) und die anschließende Aussprache zwischen Eyad und Naomi in der Schulaula (0:42:09 bis 0:43:48).

 *„Das Rockkonzert"*

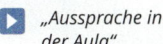 *„Aussprache in der Aula"*

2 Analysiert gemeinsam die erste Szene (Rockkonzert) inhaltlich.
- Warum verweigert Naomi Eyad den Kuss?
- Wie reagiert Yonatan auf die Situation?
- Warum reagiert Naomi darauf so gekränkt?

 *Starthilfe, S. 393*

3 Erläutert anschließend die zweite Szene (Aussprache in der Aula).
- Was meint Naomi, als sie sagt, dass Yonatan recht habe?
- Was sagt die Reaktion der Mutter aus, als Naomi versucht, ihr von ihrer Liebe zu erzählen?
- Warum erzählt Naomi Eyad in dieser Situation von ihrem Gespräch mit ihrer Mutter?

Textverarbeitungs-programm

Aus der Prespek-tive einer Figur schreiben, S. 354

4 Verfasst einen Tagebucheintrag aus Naomis oder Eyads Sicht am Abend nach den beiden Szenen.

a) Fasst dazu kurz die Ereignisse zusammen und erklärt das Verhalten eurer Person.

b) Legt die Gefühle zum jeweils anderen dar, geht aber auch auf die Schwierigkeiten ein, die die gesellschaftliche Situation Israels den beiden in ihrer Liebe bereitet.

c) Formuliert dabei auch Gedanken, wie es weitergehen kann: Glaubt eure Person, dass es eine Lösung geben kann oder dass die Beziehung zum Scheitern verurteilt ist?

Der gesellschaftliche Konflikt spiegelt sich auch in dem Verhalten der Familien von Eyad und Naomi wider. Während Naomis Mutter sich nicht vorstellen kann und will, dass ihre Tochter einen Araber liebt, erlebt Eyad wenig später, wie seine eigene Familie jubelt, als der Staat Israel, dessen Einwohner auch sie sind, mit Raketen beschossen wird.

„Luftangriff auf Israel"

5 Schaut euch die Szene an, in der Eyad den Luftangriff auf Israel erlebt (0:46:47 bis 0:48:49).

6 a) Fasst das Verhalten der einzelnen Personen in dieser Szene zusammen und erklärt es. Berücksichtigt dabei die Informationen aus dem Text auf S. 85.

b) Erklärt, warum sich Eyad anders verhält und sich am Ende von seiner Familie abwendet.

7 Erläutert, wie es dem Regisseur gelingt, den Zuschauerinnen und Zuschauern den historischen Kontext zu vermitteln.

Starthilfe, S. 393

• Welche filmischen Mittel setzt er dazu ein?

• Benennt Szenen, in denen er ähnlich arbeitet.

Mein Herz tanzt

Zeit und politischer Hintergrund der Handlung

Der Hauptteil des Films spielt 1990/91. Im Film spielt der erste Irakkrieg (= 2. Golfkrieg) eine Rolle. Im Januar 1991 hat eine Koalition unter Führung der USA den Irak aus der Luft ange-
5 griffen. Hintergrund war die Besetzung des ölreichen Kuweits durch den Irak. Der Diktator Iraks, Saddam Hussein, hatte damit gedroht, Israel anzugreifen, sollte sein Land attackiert werden. Diese Drohung hat er mit einigen Ra-
10 ketenangriffen auf Israel auch umgesetzt.

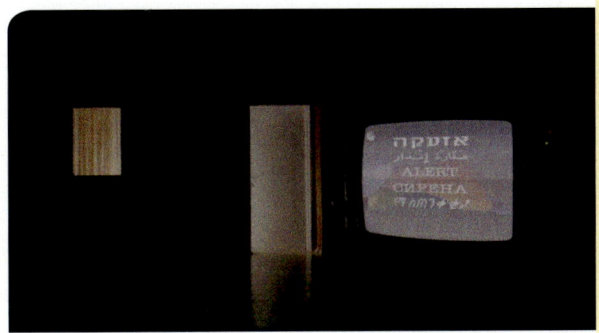

Der Film heißt im Original „Dancing Arabs", also „Tanzende Araber". So heißt auch das Buch von Sayed Kashua, auf dem der Film teilweise beruht. In einem Interview erläutert der Regisseur Eran Riklis den Filmtitel:

Es gibt eine Redewendung: „Man kann nicht auf zwei Hochzeiten gleichzeitig tanzen." Der Film bezieht diesen Satz auf die kulturelle Identität eines Menschen beziehungsweise einer gesellschaftlichen Minderheit.

8 Erläutert anhand der drei in diesem Kapitel untersuchten Szenen die Bedeutung des originalen Filmtitels und dessen Erklärung durch den Regisseur.

9 Stellt euch vor, Eyad und Naomi treffen sich erneut in der Aula, kurz nach den Ereignissen um den Luftangriff. Dieses Mal erzählt Eyad von dem, was er erlebt hat. Schreibt in Partnerarbeit einen kurzen Dialog zu dieser „Filmszene".

Eine Schlüsselszene des Films deuten

Eine der Schlüsselstellen des Films ist die Szene, in der Naomi Eyad vor der gesamten Klasse küsst. Eyad hat zuvor ausführlich die Darstellung der Araber in der israelischen Literatur kritisiert. Ausgangspunkt seiner Ausführungen ist die Besprechung des Romans „Mein Michael" von Amos Oz.

1 Lest euch die Auszüge aus „Mein Michael" von Amos Oz durch und fasst die Passagen mit eigenen Worten zusammen.

Amos Oz

Mein Michael

Der Roman „Mein Michael" des israelischen Schriftstellers Amos Oz erschien 1968 in hebräischer Sprache und wurde in mehr als 30 andere Sprachen übersetzt. Die weibliche Hauptfigur und Ich-Erzählerin Hanna erinnert sich in dem Roman als erwachsene Frau an ihre Kindheit und Jugend zurück.

Als Kind spielte ich lieber mit Jungen und las nur Jungenbücher. Ich balgte mich herum, teilte Fußtritte aus und machte Klettertouren. Wir lebten in Qiryat Shemuel, am Rande eines
5 Vororts, der Katamon hieß. Dort gab es ein herrenloses Stück Land an einer Böschung, das von Felsbrocken, Disteln und Schrott bedeckt war, und am Fuße der Böschung stand das Haus der Zwillinge. Die Zwillinge waren Araber, Halil und
10 Aziz, Rashid Shahadas Söhne. Ich war eine Prinzessin und sie meine Leibwächter, ich war ein Eroberer und sie meine Gefolgsleute, ich war ein Entdecker und sie meine Eingeborenenträger, ein Kapitän und sie meine Mannschaft, ein Meis-
15 terspion und sie meine Zuträger. [...]
Später, als ich zwölf war, verliebte ich mich in beide. Ich nannte sie Halziz – Halil und Aziz. Sie waren bildschön. Zwei starke, gehorsame Seeleute aus Kapitän Nemos Besatzung. Sie redeten
20 kaum etwas. Sie schwiegen oder gaben kehlige Laute von sich. Sie liebten die Wörter nicht. Zwei graubraune Wölfe. Wachsam mit weißen Reißzähnen. Wild und düster.

In einem Traum der erwachsenen Ich-Erzählerin:

Die Prinzessin sah Mitleid, Verlangen und Spott in ihren Augen. Sie waren beide so jung. Dunkel-
25 häutig und gefährlich schön. Stolz und stumm versuchte ich, ihnen aufrecht ins Gesicht zu sehen, aber auch mein Körper ließ mich im Stich. In ihrem dünnen Nachthemd lag die Prinzessin auf den eisigen Fliesen. Sie war ihren heißen
30 Blicken ausgesetzt. Zwilling lachte Zwilling zu. Ihre Zähne leuchteten weiß. Ein Schauder, der nichts Gutes verhieß, rann durch ihre Körper. Wie das gequälte Lächeln Halbwüchsiger, die beobachteten, wie der Wind sich im Rock einer
35 Frau verfängt.

Amos Oz

2 Beschreibt die Darstellung des Verhältnisses zwischen der Ich-Erzählerin (= Hanna) und den arabischen Zwillingen (= Halil und Aziz).
- Wie sind die Rollen zwischen den Personen verteilt?
- Wie werden die Zwillinge beschrieben?
Belegt eure Beschreibung mit Textzitaten.

→ *Richtig zitieren, S. 328/329*

3 Schaut euch nun die Szene an, in der Eyad im Literaturunterricht die Darstellung arabischer Figuren in israelischen Romanen kritisiert (0:51:11 bis 0:53:47).
Macht euch beim Betrachten Notizen zu der Kritik Eyads.

▶ *„Literaturunterricht"*

4 Fasst in eigenen Worten zusammen, was Eyad an der Darstellung Oz' kritisiert.
- a) Stellt zunächst die Deutung dar, die Eyads Lehrerin erwartet.
- b) Erläutert dann, wie Eyad die Passage im Roman deutet.

→ *Sprachliche Darstellungsstrategien reflektieren, S. 292/293*

5 In der Mitte seiner Kritik verallgemeinert Eyad: „Es ist doch so, wie tief könnte Hanna denn noch sinken? Kann eine Frau in Israel tiefer sinken, als wenn sie mit einem Araber schläft?"
- a) Diskutiert, warum Eyad so argumentiert.
- b) Erläutert, was das Thema des Literaturunterrichts mit der Filmhandlung zu tun hat.

6 Schaut euch die Szene erneut an und achtet auf die filmische Umsetzung. Wie werden die Reaktionen der anderen Personen eingefangen?
- Fertigt nach dem Muster unten ein Szenenprotokoll an und haltet die einzelnen Einstellungen darin fest.
- Erläutert, was in den einzelnen Einstellungen gezeigt wird.
- Achtet darauf, wie Bild und Ton zusammenspielen. Warum werden die Klasse und die Lehrerin manchmal gezeigt, während Eyad spricht? Was spiegeln die Gesichter wider?
- Zweimal gibt es eine Kamerabewegung. Was wird damit erreicht?

*Ein **Szenenprotokoll** ist ähnlich wie ein Storyboard, allerdings wird hierbei auf die Skizzen zu den einzelnen Einstellungen verzichtet.*

🚀 *Starthilfe, S. 393*

Nr.	Handlung	Kamera	Sprache	Geräusche/ Musik	Zeit
1	*Lehrerin spricht*	*Halbnahe, Lehrerin*	*Frage an Eyad*	*keine*	*0:00:00 – 0:00:09*
2	*Eyad nervös*	*Klasse, Totale*	*L. spricht weiter*		*0:00:09 – 0:00:14*
3	...	...	...	...	...

7 Am Ende der Szene küsst Naomi Eyad – zum ersten Mal öffentlich. Erläutert, warum sie das tut. Bezieht auch die Reaktion der Klasse ein.

 *Arbeitsheft, S. 19–22*

Tod und Neuanfang. Das Ende des Films diskutieren

Am Ende des Films nimmt Eyad die Identität seines verstorbenen Freundes Yonatan an. In einigen Rezensionen zum Film ist der Regisseur für diese Wendung kritisiert worden: Es könne doch nicht die Lösung für eine an den Rand gedrängte Minderheit sein, die eigene Identität zu verleugnen, lautet der Vorwurf. Wie versteht ihr das Ende des Films?

Tipp

Wenn ihr euch unsicher seid, schaut euch einzelne Szenen noch einmal an und entscheidet, ob sie dazuzuzählen sind.

1 Der Identitätswechsel Eyads geschieht nicht spontan; er hat eine längere Vorgeschichte. Tragt zusammen, in welchen Situationen sich der Identitätswechsel bereits andeutet.

▶ *„Die Beerdigung"*

✈ *Starthilfe, S. 393*

✈ *Starthilfe, S. 393*

2 Betrachtet nun die Beerdigungs- und die Schlussszene (1:31:42 bis 1:32:52). Achtet dabei auf den Inhalt, die Kamerabewegung und den Ton.
  a) Schildert, was im Bild zu sehen ist.
  b) Beschreibt die Kamerabewegung. Wie wirkt die Kamerabewegung auf euch?
  c) Beschreibt, was in der Szene zu hören ist. Wie verhalten sich Ton und Bild zueinander?

3 Zu Beginn des Films wird ein Zitat des palästinensischen Dichters Mahmud Darwisch eingeblendet. Es lautet: „Identität ist unser Vermächtnis und nicht unser Erbe, unsere Erfindung und nicht unser Gedächtnis."

a) Verständigt euch mithilfe der kurzen Definitionen über die Bedeutung der vier Begriffe des Zitats.

> **Vermächtnis:** *Zuwendung durch Testament; etwas, das jmdm. vermacht wird; letzter Wille, Auftrag (des Verstorbenen) an die Zurückgebliebenen*

> **Erbe:** *Erbschaft, Hinterlassenschaft; die Gesamtheit dessen, was auf uns überkommen ist, was vor uns geschaffen worden ist*

> **Erfindung:** *Einfall des schöpferischen Denkens, erfundene Sache; Erdichtung, Ausgedachtes, Lüge*

> **Gedächtnis:** *Fähigkeit, sich Gesehenes, Gehörtes, Gelesenes, Erlebtes zu merken u. sich später daran zu erinnern, Erinnerungsvermögen; Andenken, Erinnerung*

b) Erläutert, wie ihr das Zitat versteht.
- Welcher Zusammenhang besteht eurer Meinung nach zwischen Zitat und Filmhandlung?
- Könnt ihr andere Beispiele finden, die verdeutlichen, was ein Vermächtnis sein kann?

4 Diskutiert über das Ende des Films.
- Wie bewertet ihr die Entscheidung Eyads?
- Stimmt ihr der oben genannten Kritik am Film zu oder deutet ihr das Ende anders? Beziеht in eure Argumentation die Ergebnisse der Analyse (Aufg. 2) ein.

5 Eyad entscheidet sich, seine Identität aufzugeben und eine andere anzunehmen. Erörtert, ob es eurer Meinung nach in Deutschland gesellschaftliche Situationen gibt, die Menschen veranlassen könnte, ähnlich zu handeln.

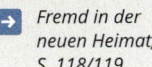 *Fremd in der neuen Heimat, S. 118/119*

Die Merkmale des Filmgenres „Coming of Age" erkunden

1 Bei dem Film „Mein Herz tanzt" handelt es sich um einen sogenannten Coming-of-Age-Film.

　a) Recherchiert im Internet nach anderen Coming-of-Age-Filmen und schaut euch einige Trailer dazu an.

　b) Stellt zusammen, was ihr unter einem Coming-of-Age-Film versteht.

2 Lest zusätzlich den Wissen-und-Können-Kasten und erörtert, welche Aspekte des Genres Coming-of-Age auf „Mein Herz tanzt" zutreffen.

❗ Wissen und Können

Das Genre Coming-of-Age kennenlernen

Der Begriff **Genre** bezeichnet eine Gruppe von Filmen oder Büchern, die durch gemeinsame Themen und Handlungsstrukturen verbunden sind. Solche Genres sind z. B. Krimi, Liebesfilm, Horrorfilm etc.

Auch der englische Ausdruck Coming-of-Age steht für ein solches Genre. Er bezeichnet Filme oder Romane mit jugendlichen Hauptfiguren, die mit **Fragen und Problemen des Heranwachsens** konfrontiert werden und dabei eine **persönliche Entwicklung** durchlaufen. Dieser Weg der Figuren zum Erwachsenwerden ist oft geprägt durch Konflikte und starke Emotionen. Er findet statt in der Auseinandersetzung mit den eigenen Eltern, der Schule oder der Gesellschaft im Allgemeinen. Dabei kommt es zu Auflehnung und zur Emanzipation von der eigenen Herkunft, die zur **Selbstfindung** und **Identitätsbildung** führen. Oft ist die Handlung solcher Filme in bestimmten **Übergangssituationen** zwischen verschiedenen Lebensphasen oder Institutionen (z. B. Schule) angesiedelt. Neben den Konflikten mit der Erwachsenenwelt sind typische Themen dabei (erste) Liebe, Sexualität, Freundschaft, Außenseitertum, moralische Entscheidungen und die Erfahrung von Verlust und Tod. Häufig wird in Coming-of-Age-Filmen **Popmusik** verwendet, um die Stimmung der Zeit und die Emotionen der Figuren zum Ausdruck zu bringen.

3 Legt eine Mindmap zum Thema Coming-of-Age-Film an, in der ihr alle Aspekte des Genres auflistet und mit Beispielen aus dem Film „Mein Herz tanzt" belegt.

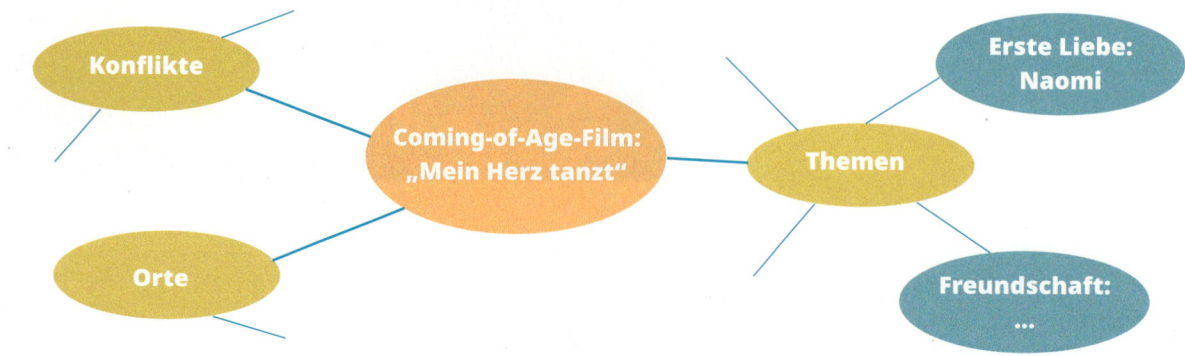

Schätze deinen Lernstand ein

Das Zusammenspiel von Bild und Ton in einer Schlüsselszene untersuchen und deuten

| **Aufgabe:** | Analysiere die Szene, in der sich Naomi und Eyad trennen. |

▶ *„Die Trennung"*

1 a) Betrachte dazu die Szene (1:23:37 bis 1:25:10).
   b) Ordne die Szene in die Handlung des Films ein.
   c) Erläutere, warum es zum Bruch zwischen den beiden kommt. Unterscheide dabei den unmittelbaren Anlass und die grundlegenden Ursachen.

2 a) Sieh dir die Szene noch mehrmals an und fertige nach dem Muster unten ein Protokoll der Szene an. Halte darin für jede Einstellung möglichst genau fest, was im Bild zu sehen ist und was zu hören ist.
   b) Beschreibe, wie die Trennung im Film dargestellt wird.
   • Welche Wirkung erzeugt die Musik in der Szene?
   • Wie ist das Verhältnis von Bild und Ton angeordnet?
   • Welche Besonderheiten (in Schnitt, Einstellung, Bild oder Ton) sind dir darüber hinaus aufgefallen?
   c) Deute die filmische Gestaltung, indem du die Wirkung der Szene genau beschreibst.

Nr.	Handlung	Kamera	Sprache	Geräusche/ Musik	Zeit
1	Naomi spricht	Großaufnahme Naomi	Naomi: „Du denkst wohl, es fällt mir leicht. Tut es nicht, überhaupt nicht."	Die ruhigen E-Gitarrenklänge noch aus der Vorszene klingen aus (Filmmusik). Nur noch leichtes Regenprasseln ist zu hören.	0:00:00 – 0:00:06
2	...	...	...	...	...
...					

😊 → Seite 92–94, **B**
😐 → Seite 92–94, **A**
😕 ← Seite 87

Filmisches und literarisches Erzählen vergleichen

Der Film „Mein Herz tanzt" beruht in Teilen auf dem Roman „Tanzende Araber" von Sayed Kashua. Es handelt sich aber nicht um eine Romanverfilmung. Die inhaltlichen Ähnlichkeiten eignen sich aber dennoch, um filmisches und literarisches Erzählen miteinander zu vergleichen.

1 Lest den Auszug aus dem Roman „Tanzender Araber" von Sayed Kashua und fasst ihn mit eigenen Worten zusammen.

2 Sucht die Szenen im Film heraus, die sich auf diesen Ausschnitt beziehen könnten.

3 Diskutiert, welche Passagen sich filmisch leicht und welche sich schwierig umsetzen lassen. Begründet eure Meinung.

Sayed Kashua

Tanzende Araber (Kapitel 7)

In der neuen Schule schlagen die Lehrer nicht, es gibt auch keine Suche nach Läusen. Die Lehrer kontrollieren die Hausaufgaben nicht. Man sagt nicht „Herr Lehrer" zu ihnen, und wenn
5 man eine Frage beantworten will, muss man sich nicht melden. Man muss den Lehrer nicht um Erlaubnis fragen, wenn man zur Toilette gehen will. Man darf einfach hingehen, wann immer man will. [...]
10 Man stellt sich nicht in einer Reihe auf, bevor man in die Klasse geht. [...] Und Jungen dürfen neben Mädchen sitzen.
Einmal saß Noemi[1] neben mir, und ich verliebte mich in sie. Bis über die Ohren. Ich zerbrach. Ich
15 legte den Kopf aufs Bett, machte die Augen auf, starrte an die Decke und fühlte mich verwandelt. Etwas, das ich nicht kannte. Ein völlig neuer Schmerz. Im Speisesaal, in der Bibliothek, in der Klasse, in der Lobby, überall lauschte ich mit
20 offenen Ohren auf ihre Schritte. Ich erkannte sie immer, ich irrte mich nie, ich hörte sie von weitem: Wenn sie barfuß war, wenn sie ihre schwarzen Sandalen trug, wenn sie ihre Turnschuhe anhatte.

Wir waren oft zusammen. Einmal haben wir in
25 ihrem Zimmer zusammen für Chemie gelernt. Ich saß auf ihrem Bett, mit dem schönen Bettbezug und der Daunendecke. Sie hatte lange Haare. Nicht schwarz, nicht blond, eine Farbe in der Mitte. Ihre Hände waren weiß. Ihr Gesicht voller
30 Sommersprossen. Ich liebte die Sommersprossen. Wenn sie Küchendienst hatte, half ich ihr. Bei der Aufführung am Ende der zehnten Klasse tanzte ich mit ihr. Im ersten Monat der elften Klasse sagte ich ihr, dass ich sie liebte. Eine Wo-
35 che später hatte sie einen Freund.
Ich sah, wie sie sich im Schnee umarmten. Es war der erste Schnee, den ich erlebte. Er war still, er machte die Nacht heller, klatschte nicht an die Fensterscheiben wie Regen. Ich stand am
40 Fenster unseres Zimmers und schaute hinaus auf den weißen Rasen. Ich lag im Bett, mit of-

fenem Mund und schmerzendem Kopf, bis sie sich trennten.

Am Tag der Schoah[2] stand sie in ihrem weißen Hemd da und las laut aus einem schwarzen Ordner die Geschichte eines Mädchens vor, das zusieht, wie sein Vater im Wald verbrennt. Am Ende der Zeremonie sagte ich ihr, dass ich sie liebte, und sie lächelte.

Am Tag der Erinnerung[3] kochte sie vor Zorn, weil ich beim Klang der Sirene nicht aufstand. Wir saßen zusammen in der Biologieklasse. Sie stellte sich hin, und ich blieb sitzen. Schließlich waren mein Großvater und ein Onkel im Krieg umgekommen. Nach der Sirene setzte sie sich nicht wieder hin, sie nahm die Tasche und verließ das Klassenzimmer.

Zum Mittagessen erschien sie nicht. Sie war nicht in ihrem Zimmer und nicht in der Bibliothek. Was für ein Idiot war ich doch, was war mir bloß eingefallen? Hätte ich mich nicht hinstellen können? Sie war schließlich eine Kriegswaise. Man hatte ihr eine Reise nach Kanada geschenkt, man wird ihr das Studium an der Universität bezahlen. Ihr Vater starb, als sie noch sehr klein war. Sie war vielleicht drei und erinnerte sich kaum an ihn. Er war Offizier bei der Armee gewesen [...].

Ich saß am Schultor, mit meinem Walkman[4], und hörte mir traurige Musik an, vielleicht die Cranes oder die Swans[5], und wartete auf sie.

Sie stieg aus dem Mitsubishi ihrer Mutter, mit Tränen in den Augen. Das war das erste Mal, dass ich ihre Mutter sah. Sie warf mir einen Blick zu und fuhr weg. Die beiden waren bei der Zeremonie auf dem Herzlberg[6] gewesen, aber das war nicht der Grund für Noemis Traurigkeit.

„Warum bist du bei der Sirene nicht aufgestanden?"

Ich bin kein Jude.

„Ich liebe dich. Ich liebe dich schon lange. Ich habe meiner Mutter gesagt, ich kann nicht mehr. Jedes Mal, wenn du zu mir gesagt hast, ‚Ich liebe dich', habe ich insgeheim gesagt, ‚Ich dich auch, ich dich auch'." Sie lächelte.

Da verstand ich erst, was wirklich Freude ist. Ich trug ihr die Tasche ins Zimmer. Ich war glücklich. Das war der glücklichste Vorabend des Unabhängigkeitstages[7] in meinem Leben.

[1] Naomi heißt im Buch Noemi
[2] Tag der Schoah: 27. Januar, internationaler Tag der Erinnerung an die Opfer des Holocaust (=Schoah)
[3] Tag der Erinnerung: Feiertag Ende April/Anfang Mai, an dem jüdische Israelis den Opfern der Kriege gedenken (Yom Ha Sikaron)
[4] Walkman: mobiler Kassettenrecorder, Erfindung der 80er-Jahre und früher Vorläufer des MP3-Players
[5] Cranes: britische Independent-Band, 1985 gegründet; Swans: US-amerikanische Band des experimentellen Rock, 1982 gegründet
[6] Herzlberg: Hügel in Jerusalem, auf dem sich der Nationalfriedhof befindet; benannt nach Theodor Herzl, der im 19. Jahrhundert die Idee eines jüdischen Staates in Palästina entwickelt hat. Auf dem Friedhof befindet sich auch das Denkmal für die Opfer des Terrors gegen Israel.
[7] Unabhängigkeitstag: Feiertag Anfang Mai, an dem der Unabhängigkeitserklärung Israels am 14. Mai 1948 gedacht wird

4 Untersucht die unten benannten Textstellen genauer. Übernehmt die Tabelle in euer Heft und tragt ein, welche Sätze oder Satzteile eine äußere oder eine innere Handlung beschreiben.

→ *Äußere und innere Handlung, S. 357*

Textstelle	Äußere Handlung	Innere Handlung
Z. 13 – 14	*Einmal saß Noemi neben mir*	*und ich verliebte mich in sie*
Z. 14 – 18	…	…
Z. 18 – 24		
Z. 51 – 58		
Z. 61 – 64		

Ⓐ Zwei Textpassagen mithilfe eines Skripts szenisch umsetzen und spielen

5   Findet euch in Dreiergruppen zusammen und entscheidet euch für zwei der obigen fünf Textpassagen.

6   Schreibt zu den von euch gewählten Textstellen jeweils ein Filmskript. Verwendet dazu eine Tabelle wie auf S. 87. Lasst dabei die Spalte mit der Kameraeinstellung weg.
Diskutiert, welche Möglichkeiten es gibt, die innere Handlung sichtbar zu machen, und entscheidet euch für eine der Möglichkeiten.

> **◎ Tipp**
>
> Probiert bei den beiden Szenen zwei unterschiedliche Möglichkeiten aus.

7   Bereitet euch darauf vor, euer Skript in der Klasse zu spielen.
   • Teilt euch in der Gruppe in Schauspieler/-innen und Regisseur/-in auf.
   • Spielt die kurzen Filmszenen mehrfach.

Ⓑ Drei Textpassagen mithilfe eines Skripts in Szene setzen und Kameraeinstellung und -perspektive festhalten

5   Findet euch in Vierergruppen zusammen und entscheidet euch für drei der fünf Textpassagen (Aufg. 4).

6   Schreibt zu den von euch gewählten Textstellen jeweils ein Filmskript. Verwendet dazu eine Tabelle, wie sie auf S. 87 vorgestellt worden ist.
   • Erweitert das Skript um eine Spalte, in der ihr neben der Kameraeinstellung auch die Kameraperspektive festhaltet.
   • Diskutiert, welche Möglichkeiten es gibt, die innere Handlung sichtbar zu machen, und entscheidet euch für eine der Möglichkeiten.

> **◎ Tipp**
>
> Probiert bei den drei Passagen unterschiedliche Möglichkeiten aus.

7   Bereitet euch darauf vor, euer Skript in der Klasse mit Fotos vorzustellen.
   • Teilt euch in der Gruppe in Schauspieler/-innen, Regisseur/-in und Kamerafrau oder -mann auf.
   • Macht von den Szenen jeweils Standbilder und fotografiert aus der Kameraeinstellung und -perspektive, die ihr festgelegt habt.
   • Diskutiert, ob im Foto deutlich wird, wie ihr die inneren Vorgänge sichtbar machen wollt. Macht am besten viele unterschiedliche Fotos und wählt anschließend für jede Szene drei aus.

> **◎ Tipp**
>
> Aus rechtlichen Gründen braucht ihr für Aufnahmen, auf denen die Gesichter von Schüler/-innen zu erkennen sind, eine Einverständniserklärung der Eltern.

8   Stellt euch die Ergebnisse der Gruppenarbeit im Plenum vor und gebt euch gegenseitig ein Feedback.

> **◎ Tipp zu 9**
>
> Oft spricht man in der Literaturwissenschaft davon, dass beim Lesen im Kopf ein Film entsteht. Arbeit bei eurer Erörterung mit dieser Einschätzung.

9   Vergleicht abschließend filmisches und literarisches Erzählen.
   • Worin liegen die Stärken des jeweiligen Mediums?
   • Was lässt sich in welchem Medium besser darstellen? Begründet eure Auffassung.
   • Wie unterscheidet sich die Rezeption (= die Aufnahme durch Leserin und Leser oder Zuschauerin und Zuschauer)?

Zeigt, was ihr könnt

Ein Szenenprotokoll zu einem selbstgeschriebenen Dialog erstellen

Stellt euch vor, Naomi fasst doch den Mut und spricht mit ihrer Mutter über ihre Liebe zu Eyad. Das Gespräch soll nach der Aussprache zwischen Eyad und Naomi und nach dem Raketenangriff auf Israel stattfinden (siehe S. 84).

1   Schreibt in Partnerarbeit zunächst einen Dialog für das Gespräch zwischen Naomi und ihrer Mutter. Entscheidet vor der Niederschrift einige grundsätzliche Fragen:
- Wie eröffnet Naomi das Gespräch und wie fällt die Reaktion der Mutter aus? Verwendet sie gängige Klischees über Araber?
- Wie versucht Naomi, ihre Mutter von ihrer Liebe zu Eyad und der Richtigkeit der Beziehung zu ihm zu überzeugen?
- Gelingt es Naomi, ihre Mutter zu überzeugen, oder gehen die beiden in einem Streit auseinander?

2   Erstellt danach ein Szenenprotokoll für die Szene zu eurem Dialog.
- a) Entscheidet zunächst, wo der Dialog stattfinden soll.
- b) Legt fest, was in welcher Einstellung gezeigt werden soll.
- c) Bestimmt, wie die Kamera geführt werden soll und wie die jeweilige Person im Bild gezeigt werden soll (= Einstellungsgröße). Soll darüber hinaus noch etwas zu sehen sein?
- d) Diskutiert, ob die Szene mit Geräuschen und/oder Musik unterlegt werden soll. Sucht ggf. passende Musik aus und notiert, wann die Musik einsetzt und wann sie endet.
- e) Notiert eure Entscheidungen in einem Szenenprotokoll. Orientiert euch dabei an dem Beispiel unten.

Einstel-lung	Handlung	Kamera	Sprache/ Dialog	Geräusche/ Musik	Zeit (ca.)	Kommen-tar
1	Wohn-zimmer der Eltern Naomis. Der Fern-seher läuft, Naomi beginnt das Gespräch	Totale des Wohnzim-mers mit Naomi und ihrer Mutter	„Mama, ich muss mit dir reden!"	Im Fern-sehen laufen Nach-richten über den Luftan-griff auf Tel Aviv	...	...
2	...	...	...	...	...	...

Eine materialgestützte Argumentation schreiben

Ein veganer Schulkiosk – eine gute Idee?

Seit einigen Jahren gibt es am Hildegard-von-Bingen-Gymnasium die AG „Gesunde Schule", die es sich zum Ziel gesetzt hat, das alltägliche Leben in der Schule gesundheitsförderlich und nachhaltig zu gestalten. Dafür stellt die AG „Gesunde Schule" der Schulgemeinschaft unter anderem jedes Jahr eine längerfristige Maßnahme vor, mit der das Schulleben verändert werden könnte. Alle Schülerinnen und Schüler können darüber abstimmen, ob diese Maßnahme in der Schule eingeführt werden soll oder nicht. Der diesjährige Vorschlag sieht vor, das Angebot des Schulkiosks auf ausschließlich vegane Produkte umzustellen.

1 Schaut euch die Bilder auf der linken Seite an und tauscht euch aus: Für welche Formen von Ernährung könnten diese Bilder stehen? Welche weiteren Ernährungsformen kennt ihr?

2 a) Diskutiert, welche Ernährungsform ihr als besonders gesundheitsförderlich einschätzt. Warum?

b) Überlegt, welche zusätzlichen Informationen ihr bräuchtet, um eure Einschätzung überzeugend zu begründen.

➡ *Zwischen Diskussion und Debatte unterscheiden, S. 36/37*

🚀 *Starthilfe, S. 393*

3 a) Erkläre mithilfe des folgenden Textes, auf welche Lebensbereiche neben der eigenen Gesundheit sich die Art, wie wir uns ernähren, noch auswirkt.

b) Gib an, welche unterschiedlichen Positionen zum Thema *Gesunde Ernährung* im Text genannt werden.

c) Diskutiert, welche Position euch am überzeugendsten erscheint.

d) Überlegt, warum beim Thema Ernährung so viel Diskussionsbedarf und Streitpotenzial besteht.

Mein Essen, die Umwelt und das Klima

Essen gehört zu den wichtigsten Bedürfnissen des Menschen: Wir müssen essen, um zu überleben. Aber Essen bedeutet noch viel mehr. Viele Menschen achten sehr bewusst darauf, was sie essen. Sie möchten sich gesund ernähren und ihr Essen genießen.

Viele achten auch darauf, welche Folgen ihre Ernährung für die Umwelt hat. Bei Tierprodukten zum Beispiel findet es die große Mehrheit wichtig, dass sie umweltverträglich erzeugt wurden. Das ergab unter anderem eine **Studie** des Bundesministeriums für Landwirtschaft und Ernährung.

Darüber wird viel diskutiert, und immer wieder wird darüber auch gestritten. Denn während die einen finden, dass wir beim Essen mehr auf Umwelt- und Klimaschutz achten sollten, sehen andere das kritisch. Viele sagen zum Beispiel, dass sie sich nicht vorschreiben lassen möchten, wie viel Fleisch sie essen.

4 a) Um strittige Themen zu diskutieren, gibt es verschiedene Formen und Formate. Überlegt gemeinsam: Welche kennt ihr bereits? Wo liegen Unterschiede und Gemeinsamkeiten?

b) Diskutiert, welche Vor- und Nachteile die jeweiligen Formen/Formate haben.

In diesem Kapitel lernt ihr, …

› zwischen linearer und antithetischer Argumentation zu unterscheiden,

› mithilfe von Materialien Argumente zu verschiedenen Positionen zu sammeln,

› die Qualität von Argumenten zu bewerten,

› eine Argumentation nach dem Ping-Pong-Prinzip zu gliedern,

› eine Argumentation adressaten- und situationsgerecht zu schreiben,

› eine Argumentation feedbackgestützt zu überarbeiten.

Die Problemstellung klären – zwischen linearer und antithetischer Argumentation unterscheiden

Die Mitglieder der AG „Gesunde Schule" sind sich sicher, dass ein veganer Schulkiosk eine gute Idee ist, und wollen die Schülerschaft davon überzeugen. Gleichzeitig wollen sie aber auch, dass ihre Mitschülerinnen und Mitschüler eine überlegte Entscheidung treffen. Daher möchten die Mitglieder der AG „Gesunde Schule" die wesentlichen Argumente, die für beziehungsweise gegen einen veganen Schulkiosk sprechen, vor der Abstimmung auf ihrer Schulwebsite vorstellen.

→ Aktiv werden – einen „Auftritt" im Internet planen, S. 56–58

→ Zwischen Diskussion und Debatte unterscheiden, S. 36/37

1 a) Diskutiert, warum sich die AG „Gesunde Schule" wohl dafür entschieden hat, auf ihrer Website auch auf die Nachteile eines veganen Schulkiosks einzugehen.

b) Überlegt, in welchen Situationen es sinnvoll sein könnte, nur einen Standpunkt zu einem Thema darzustellen.

◉ Tipp

Bei einer Argumentation ist es wichtig, zunächst zentrale Begriffe der Problemstellung inhaltlich genau zu definieren.

2 In der AG „Gesunde Schule" wird diskutiert, was unter einem „veganen Schulkiosk" genau zu verstehen ist.

a) Überlegt euch, warum diese Diskussion aufgekommen ist.

b) Legt auf der Basis eures eigenen Wissens fest, was ihr unter einem „veganen Schulkiosk" versteht. Warum ist es notwendig, diesen Begriff zu klären?

3 Auf der Schulwebsite des Hildegard-von-Bingen-Gymnasiums werden in den Diskussionsspalten der verschiedenen Arbeitsgemeinschaften noch andere Problemstellungen behandelt:

- *Welche Vorteile bringt es uns Schülerinnen und Schülern, ein Schuljahr im Ausland zu verbringen?*
- *Sollte eine Führerscheinprüfung für Fahrradfahrerinnen und Fahrradfahrer eingeführt werden?*
- *Wäre es sinnvoll, wenn Schülerinnen und Schüler des Hildegard-von-Bingen-Gymnasiums während ihrer Schulzeit ein Betriebspraktikum machen?*
- *Ist es richtig, dass Schulfahrten aller Klassen unserer Schule nur noch innerhalb Deutschlands stattfinden?*
- *Warum sollten sich Personen in unserem Alter für den Umweltschutz einsetzen?*
- *Warum sollten wir Mitglied in einem Sportverein sein?*
- *Wie ist es zu erklären, dass immer mehr Menschen Bioprodukte kaufen?*

a) Stelle mithilfe des Wissen-und-Können-Kastens auf der folgenden Seite fest, ob bei den aufgelisteten Problemstellungen linear oder antithetisch argumentiert werden muss. Begründe deine Entscheidung.

✈ Starthilfe, S. 393

b) Überlege dir, welche Begriffe in den Problemstellungen genauer geklärt werden müssen, damit eine sinnvolle Diskussion möglich ist.

❗ Wissen und Können

Zwischen linearer und antithetischer Argumentation unterscheiden

In einer schriftlichen Argumentation wird zu einem bestimmten Thema oder einer bestimmten Fragestellung Stellung genommen. Die Position, die man zu einem Thema vertritt, wird dabei als **These**, die Gegenposition als **Gegenthese** bezeichnet.

Je nach Anlass kann in einer Argumentation nur eine These zu einem Thema erörtert werden. Dies bezeichnet man als **lineare Argumentation**. Es können aber auch Gründe, die für (pro) einen Standpunkt sprechen, und Gründe, die dagegensprechen (kontra), dargestellt werden. Dies wird als **antithetische Argumentation** bezeichnet. Wie der Aufbau einer Argumentation aussieht, richtet sich nach der Themenstellung.

1. Bei der linearen Argumentation liegt eine **Sach- oder Ergänzungsfrage** zugrunde. Der Standpunkt zum Thema wird in der Themenstellung vorgegeben und der Sachverhalt ist unstrittig. Hier legst du deine These begründet dar, indem du verschiedene Aspekte, Ursachen und Folgen des Themas aufzeigst. Gegenargumente werden nur am Rande eingebracht, um mögliche Bedenken zu entkräften. Ein lineares Argumentationsthema erkennst du an der Aufgabenstellung: W-Fragen (Warum? Was? ...); Begründe ..., Lege dar ..., Erkläre ..., usw.

2. Bei der antithetischen Argumentation liegt eine **Entscheidungsfrage** zugrunde. Der Standpunkt zu einem Thema muss selbst gefunden werden, da der Sachverhalt strittig ist. Hier legst du das **Für und Wider** eines Themas dar, um am Ende eine begründete Entscheidung zu treffen. Es werden sowohl die Argumente, die für den Standpunkt sprechen, als auch die Gegenargumente ausführlich dargestellt. Schlüsselbegriffe, an denen du ein antithetisches Argumentationsthema erkennen kannst, sind: Vor- und Nachteile, für und wider, positive und negative Aspekte.

4 a) Formuliert zum Thema *Gesundheit* eigene Problemstellungen und ordnet sie den Sach- oder Entscheidungsfragen zu.

 b) Überprüft gegenseitig eure Ergebnisse. Orientiert euch dabei am Wissen-und-Können-Kasten.

5 a) Überlege dir zu zwei der in Aufgabe 3 formulierten Problemstellungen, welcher Meinung du bist. Formuliere dazu jeweils eine passende These.

 b) Wie könnte jeweils die Gegenthese lauten? Formuliere diese.

📄 *Arbeitsheft, S. 23*

Eine Stoffsammlung anlegen und ordnen

Bevor die Mitglieder der AG „Gesunde Schule" ihren Text für die Schulwebsite schreiben, verschaffen sie sich in ihrer AG-Sitzung einen Überblick über die Vor- und Nachteile eines veganen Schulkiosks. Dafür sammeln die Schülerinnen und Schüler zum einen eigene Ideen, zum anderen aber auch Informationen aus Materialien, die sie im Internet recherchiert haben.

1 Arbeitet zu zweit und probiert verschiedene Möglichkeiten aus, eine Stoffsammlung mit eigenen Ideen anzulegen.

Ⓐ Partner A: Lege eine Tabelle in deinem Heft an, in der du deine eigenen Ideen sammelst, die für bzw. gegen einen veganen Schulkiosk sprechen.

Pro veganer Schulkiosk	Kontra veganer Schulkiosk
• *gesündere Produkte*	• *weniger Abwechslung*
•...	•...

Ⓑ Partner B: Übertrage das Schaubild in dein Heft und ergänze es mit deinen eigenen Ideen, die für bzw. gegen einen veganen Schulkiosk sprechen.

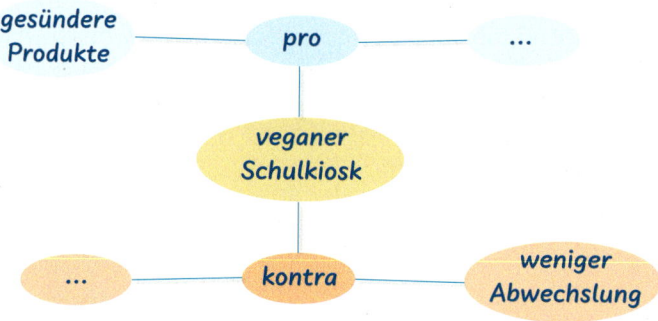

2 Legt dar, welche Variante der Stoffsammlung ihr besser findet, und begründet eure Entscheidung.

3 Um weitere Argumente zu finden, helfen dir die Materialien M 1 – M 3 auf den folgenden Seiten.
a) Verschaffe dir einen Überblick über die Materialien und suche weitere Behauptungen, die für bzw. gegen einen veganen Schulkiosk sprechen. Ergänze diese in deiner Stoffsammlung aus Aufgabe 1.
b) Sammle nun aus den Materialien Begründungen, Belege und Beispiele zu den Behauptungen. Verwende dazu entweder die Tabelle von der folgenden Seite, indem du diese in dein Heft überträgst, oder integriere die Materialauswertung in deinem Schaubild aus Aufgabe 1 Ⓑ.

Behauptung (pro/ kontra)	M 1 (Begründungen/ Belege/ Beispiele)	M 2 (Begründungen/ Belege/ Beispiele)	M 3 (Begründungen/ Belege/ Beispiele)	M 4 (Begründungen/ Belege/ Beispiele)	eigene Begründungen/ Beispiele/ Belege
vegane Ernährung wird immer beliebter	Anstieg der Anzahl von Veganern von 840.000 (2017): 950.000 (2019)	–	–		

c) Ergänze deine Tabelle bzw. dein Schaubild um eigene Begründungen, Belege und Beispiele.

4 Beschreibe die Grafik in M 4.
   a) Benenne die Aspekte, zu denen in der Grafik Aussagen getroffen werden.
   b) Ergänze deine Stoffsammlung aus Aufgabe 3 um die Aussagen der Grafik.

5 Überarbeite deine Stoffsammlung, um die Stoffmenge übersichtlich zu gestalten. Der Methoden-Kasten auf S. 103 hilft dir dabei.

Vegane Ernährung

M 1

Sich vegan zu ernähren, bedeutet, auf alle Lebensmittel tierischen Ursprungs zu verzichten. Dazu gehören abgesehen von Fleisch und Fisch alle anderen Tierprodukte wie Eier, Milch, sämtliche Milchprodukte wie Joghurt oder Käse sowie Honig. Damit gehen Veganer einen Schritt weiter als Vegetarier.

Viele Veganer lehnen, abgesehen von der Ernährung, Gebrauchsgegenstände und Bekleidung aus Leder, tierischer Wolle oder Seide ab. Der Grund hierfür ist, dass diese Materialien von Tieren abstammen oder von ihnen produziert werden. Die meisten Veganer handeln aus ethischen und moralischen Gründen, doch Vorteile für die Umwelt und gesundheitliche Gründe können bei der Wahl der veganen Ernährungsform ebenfalls eine Rolle spielen. In Deutschland gab es im Jahr 2017 ca. 840.000 Personen, die sich vegan ernährten. Diese Zahl stieg in den vergangenen Jahren deutlich an. Im Jahr 2019 lag sie bei ca. 950.000. Des Weiteren wird die vegane Ernährung in den Vereinigten Staaten immer beliebter. Im Jahr 2018 gaben 3 % der amerikanischen Befragten an, sich pflanzlich zu ernähren.

Warum leben viele Menschen vegan?

Die meisten Menschen, die auf tierische Produkte komplett verzichten, haben dafür einen triftigen Grund. Manche gleich mehrere. Doch welche können das sein?

Eine Vielzahl der Veganer wählt diesen Lebensstil, weil sie Tierleid vermeiden möchte. Dieses entsteht bei der Schlachtung der Tiere, um Fleisch zu produzieren, jedoch auch schon bei der Haltung. Nicht nur die Tiere, die am Ende auf dem Teller landen, leiden unter uns Menschen. Deshalb vermeiden Veganer auch alle anderen Produkte, die tierische Bestandteile enthalten. Dazu zählen die Kleidung sowie Kosmetikartikel und unzählige weitere Alltags- und Gebrauchsgegenstände.

Wer sich für den Erhalt unserer Natur und den Schutz unserer Umwelt einsetzt, muss auch bei seiner Ernährung genau hinschauen. Fast ein Drittel der weltweiten Anbauflächen werden für den Fleischkonsum verwendet. Dabei werden nicht nur die Weideflächen einbezogen, sondern alle Flächen, die für den Anbau von Tierfutter benötigt werden. Für den Anbau von genmanipuliertem Mais oder Soya werden unvorstellbar große Flächen des Regenwaldes gerodet. Die Fleischproduktion ist der weltweit größte Verursacher von Treibhausgasen. Der Wasserverbrauch bei der Produktion von Fleisch ist enorm. Für ein Kilogramm Rindfleisch werden 15.000 Liter Wasser benötigt. Davon könnte man ein Jahr lang täglich duschen.

Nahrungsmittel sind weltweit sehr ungleich verteilt. Während eine Milliarde Menschen Hunger leiden müssen, sind auf dem gleichen Planeten über 1,5 Milliarden Menschen (krankhaft) fettleibig. Zum Entschärfen dieses Ungleichgewichts kann eine vegane Ernährung einen großen Teil beitragen. Denn die weltweiten Anbauflächen würden ausreichen, um die gesamte Weltbevölkerung ausreichend zu ernähren. Jedoch nur, wenn die Nahrungsgewinnung mit dem Umweg über die Tiere vermieden wird. Um ein Kilogramm Rindfleisch zu produzieren, werden 16 Kilogramm Getreide als Futter für das Tier benötigt. Würde man das Getreide direkt essen, könnten wesentlich mehr Menschen davon satt werden.

Das sogenannte „Metabolische Syndrom", gleichzeitiges Auftreten von Fettleibigkeit, Bluthochdruck, erhöhter Cholesterinspiegel und Diabetes Typ 2, wird heutzutage als entscheidender Risikofaktor für eine Erkrankung der Herzkranzgefäße angesehen. Diese wiederum ist in den Industrienationen die häufigste Todesursache. Der Anstieg dieser Krankheiten kann direkt mit dem immensen Konsum tierischer Produkte in Zusammenhang gebracht werden. So ist ein übermäßiger Verzehr von tierischen Produkten in vielen Fällen auch Auslöser für einen erhöhten Cholesterinspiegel. Deshalb rät die Amerikanische Gesellschaft für Ernährung (American Dietetic Association, ADA): „Gut geplante vegane und andere Formen der veganen Ernährung sind für alle Phasen des Lebenszyklus geeignet, einschließlich Schwangerschaft, Stillzeit, frühe und spätere Kindheit und Adoleszenz."

Ist eine vegane Ernährung gefährlich?

Menschen, die sich vegan ernähren, müssen sich einigen Herausforderungen stellen. Anfangs ist es für sie in vielen Fällen schwer, die passenden gesunden Lebensmittel auszuwählen. Es dauert eine gewisse Zeit, bis man einen Überblick über die richtigen Lebensmittel und passenden Zubereitungsmöglichkeiten gefunden hat.

Auch in Restaurants hat man es als Veganer nicht immer leicht. Die veganen Optionen vieler Restaurants sind in vielen Fällen überschaubar.

Des Weiteren sind gemeinsame Mahlzeiten mit Freuden und Familie schwerer zu gestalten, und gehen mit detaillierter Planung einher.

Der Fokus der Ernährung sollte für Veganer auf der Aufnahme dieser Vitalstoffe liegen. Da bestimmte Nährstoffe in pflanzlichen Lebens- mitteln in geringeren Konzentrationen oder gar nicht vorkommen, ist es erforderlich, dass Vega- ner sich intensiv mit ihrer Ernährung auseinan- dersetzen. Der Speiseplan muss bewusst zusam- mengestellt werden. Auf diese Weise vermeiden sie Defizite bei der Nährstoffzufuhr weitgehend.

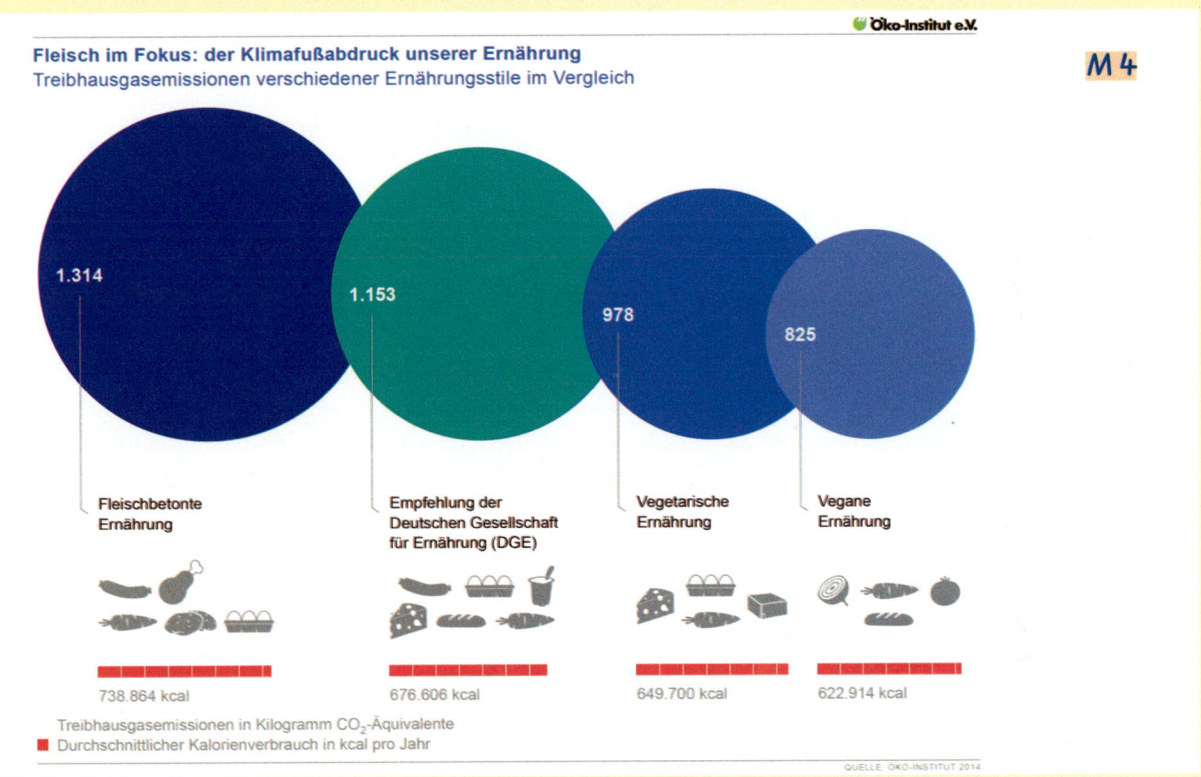

Öko-Institut e.V.

Fleisch im Fokus: der Klimafußabdruck unserer Ernährung
Treibhausgasemissionen verschiedener Ernährungsstile im Vergleich

M 4

1.314 — Fleischbetonte Ernährung — 738.864 kcal

1.153 — Empfehlung der Deutschen Gesellschaft für Ernährung (DGE) — 676.606 kcal

978 — Vegetarische Ernährung — 649.700 kcal

825 — Vegane Ernährung — 622.914 kcal

Treibhausgasemissionen in Kilogramm CO_2-Äquivalente
■ Durchschnittlicher Kalorienverbrauch in kcal pro Jahr

QUELLE: ÖKO-INSTITUT 2014

⚙ Methode

Eine Stoffsammlung anlegen und ordnen

In einer Stoffsammlung werden zunächst möglichst viele Stichpunkte (eigene Ideen, Aspekte aus Materialien) zu einer Problemstellung **gesammelt**. Anschließend ist es notwendig, die Stichpunkte nach inhaltlich zusammengehörenden Gesichtspunkten zu **ordnen**, um mit der Stoffsammlung sinnvoll weiterzuarbeiten.
Diese Tipps helfen euch dabei:

- Streiche, was nicht zum Thema gehört.
- Streiche Aspekte, zu denen du nicht genügend Informationen hast und zu denen du dich daher nicht sinnvoll äußern kannst.
- Fasse die Punkte, die sich inhaltlich überschneiden, zusammen.
- Überprüfe, ob die Belege und Beispiele zu den Begründungen passen.
  Stelle gegebenenfalls die Zuordnung um, ergänze oder streiche bestimmte Aspekte.

→ *Das Schreiben vorbereiten, S. 355/356*

📄 *Arbeitsheft, S. 24–27*

Die Argumente gliedern

Auf der Grundlage ihrer Stoffsammlung diskutieren die Mitglieder der AG „Gesunde Schule" nun verschiedene Möglichkeiten, ihre Argumentation stimmig aufzubauen. Am Ende halten sie ihr Ergebnis in Form einer Gliederung fest.

1 a) Suche dir aus deiner Stoffsammlung die vier überzeugendsten Pro- und Kontra-Argumente heraus und schreibe sie als Stichpunkt jeweils auf eine Karte, sodass du acht Karten erhältst.

b) Schau dir alle deine Argumente im Überblick an und entscheide für dich, ob du für oder gegen einen veganen Schulkiosk bist. Wähle das am wenigsten überzeugende Argument der These, die du persönlich nicht vertrittst, aus, und lege die Karte beiseite.

c) Ordne deine Argument-Karten nun nach dem Sanduhr-Prinzip.

→ *Eine Argumentation verfassen nach dem Sanduhr-Prinzip, S. 348*

❗ Wissen und Können

Das Ping-Pong-Prinzip verwenden

Neben dem Sanduhr-Prinzip gibt es auch das sogenannte Ping-Pong-Prinzip (auch Reißverschlussprinzip) zur **Ordnung der Argumente**. Hier werden die Pro- und Kontra-Argumente **abwechselnd** genannt. Es wird mit dem schwächsten Argument begonnen und mit dem stärksten Argument geschlossen. Zudem ist es sinnvoll, Argumente, die thematisch gut zusammenpassen, einander gegenüberzustellen.

→ *Eine Gliederung erstellen, S. 325–327*

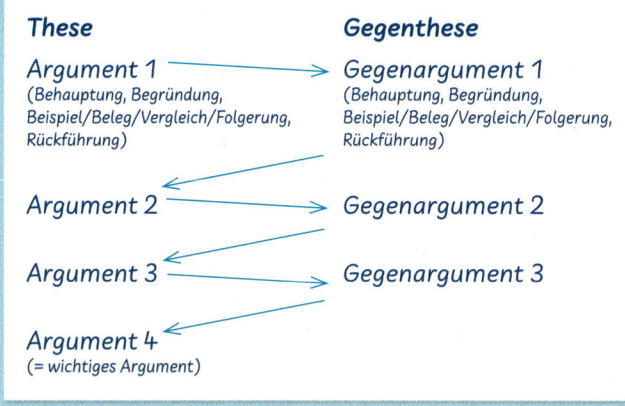

2 a) Versuche deine Argumente-Karten aus Aufgabe 1 nach dem Ping-Pong-Prinzip anzuordnen. Spiele verschiedene Reihenfolgen durch und entscheide dich dann für die Anordnung, die dich am meisten überzeugt.

b) Übertrage deine Anordnung der Argumente nun mithilfe der Grafik im Wissen-und-Können-Kasten als Gliederung in dein Heft.

→ *Starthilfe, S. 393* **3** Vergleiche das Sanduhr-Prinzip mit dem Ping-Pong-Prinzip. Welches Prinzip sagt dir mehr zu? Begründe.

📄 *Arbeitsheft, S. 24–27*

Die Argumentation schreiben

Als Nächstes beginnen die Mitglieder der AG „Gesunde Schule" damit, die verschiedenen Argumente auszuformulieren. Dabei wollen sie ihre Argumente sinnvoll strukturieren und die Inhalte überzeugend darstellen. Dafür ist es unerlässlich, sprachlich flüssig und gedanklich zusammenhängend zu formulieren.

1 a) Zergliedere das folgende Argument in seine einzelnen Argumentationsteile und benenne diese.

b) Notiere die Formulierungen, die den Zusammenhang der Argumentationsschritte herstellen.

> Ein weiteres wichtiges Argument, das für einen veganen Schulkiosk spricht, ist, dass durch den Verzicht auf tierische Produkte die Tiere geschützt werden. So ist zum einen keine Nutztierhaltung mehr notwendig, um Fleisch oder andere tierische Produkte wie Eier oder Milch zu erzeugen, und zum anderen müssen keine Tiere mehr geschlachtet werden, um Fleischerzeugnisse herzustellen. Das bedeutet, dass die Tiere zum Beispiel nicht mehr unter Massentierhaltung leiden müssen, bei der sie oft unter Bedingungen leben, die überhaupt nicht ihrer natürlichen Lebensweise entsprechen. Andererseits sei aber angemerkt, dass …

◉ Tipp

Argumentationsschritte:

Behauptung
↓
Begründung
↓
Beispiel/Beleg/Vergleich/Folgerung
↓
Rückführung

2 Übertrage die folgende Tabelle für Formulierungshilfen in dein Heft und ordne die Formulierungen aus dem Wortspeicher unten in die Tabelle ein.

einleitend	überleitend	gegenüberstellend	folgernd	begründend	abschließend
Auf der einen Seite …; Dafür spricht, dass …	Als weiteren Grund für/gegen … könnte man anführen …	Aber andererseits sei angemerkt, dass …	Folglich …; Daraus ergibt sich …	Das liegt daran, dass …; da …	Schließlich …

> Schließlich muss verdeutlicht werden …; deshalb; Verantwortlich dafür ist …; Außerdem darf man nicht aus den Augen verlieren, dass …; aus diesem Grund; Dies zeigt …; obwohl; Zunächst einmal …; sodass; Bleibt noch der Einwand …; dagegen; infolgedessen; Dem kann man entgegenhalten, dass …; im Übrigen; Allerdings sollte auch bedacht werden …; deswegen; An erster Stelle …; daher; Im Gegensatz dazu muss …; demzufolge; Auch ist zu bedenken, dass …; zwar; Ferner ist zu erwähnen, dass …; andererseits; Nicht unerwähnt bleiben darf …; Abschließend sei erwähnt …; auf der anderen Seite; Trotzdem darf nicht …

Starthilfe, S. 393 **3** Setze die folgenden Textbausteine so zusammen, dass eine überzeugende Gegenüberstellung von einem Pro- und einem Kontra-Argument entsteht. Achte zudem darauf, dass die Zusammenhänge zwischen den einzelnen Bestandteilen des Arguments nachvollziehbar sind. Nimm dazu die Formulierungshilfen aus Aufgabe 2 zu Hilfe.

> *Viele Zivilisationskrankheiten in den Industriestaaten sind auf übermäßigen Fleischkonsum zurückzuführen.*

> *Veganer müssen sich intensiv mit ihrer Ernährung auseinandersetzen.*

> *Vegane Ernährung dient dem Gesundheitsschutz.*

> *Bestimmte Nährstoffe sind in pflanzlichen Lebensmitteln nur in geringer Konzentration oder gar nicht enthalten.*

> *Vegane Ernährung ist gesundheitsschädlich.*

> *Ein übermäßiger Verzehr von tierischen Produkten ist in vielen Fällen Auslöser für einen erhöhten Cholesterinspiegel.*

> *Im Fokus stehen hierbei oft chronische Krankheiten wie Fettleibigkeit, Bluthochdruck, erhöhter Cholesterinspiegel und Diabetes.*

> *Laut zahlreicher Ernährungsstudien sind die meisten Veganer bis ins hohe Alter gesund und körperlich und geistig leistungsfähiger als ihre Mitmenschen.*

Starthilfe, S. 393 **4** a) Die folgenden Argumente weisen typische Argumentationsfehler auf. Stelle mithilfe des Wissen-und-Können-Kastens auf der folgenden Seite fest, welche Kriterien für qualitätsvolle Argumente jeweils nicht erfüllt worden sind.
  b) Überarbeite die fehlerhaften Argumente und schreibe eine verbesserte Version in dein Heft.

Argument 1:

> *Ein weiterer Nachteil, der gegen einen veganen Schulkiosk spricht, ist, dass vegane Ernährung nicht für alle Bevölkerungsgruppen gleich gut geeignet ist. So sind beispielsweise alte Menschen, Säuglinge, Schwangere und stillende Mütter bei einer veganen Ernährung anfällig für körperliche Mangelerscheinungen.*

Argument 2:

> *Gegen einen veganen Schulkiosk spricht auch, dass die Vielfalt an unterschiedlichen Auswahlmöglichkeiten eingeschränkt ist. Nur vegetarisches Essen ist doch ziemlich langweilig. Einer meiner Freunde ist zum Beispiel Vegetarier und bei ihm zuhause gibt es immer nur Gemüse. Wie der das aushält, verstehe ich auch nicht. Fleisch schmeckt doch so gut.*

☑ Checkliste

Die Qualität von Argumenten erkennen

Die gute Qualität von Argumenten erkennst du an folgenden Kriterien:
- ☑ Das Argument ist stichhaltig, da es mit überprüfbaren Fakten belegt ist.
- ☑ Das Argument passt exakt zur Problemstellung.
- ☑ Das Argument wird durch eine passende Begründung gestützt und durch anschauliche Belege und Beispiele weiter ausgeführt.
- ☑ Die Behauptung, Begründung und das Beispiel/der Beleg ergeben ein stimmiges Argument.
- ☑ In den Argumenten wird nicht verallgemeinert oder übertrieben.
- ☑ Die Sprache ist sachlich und es werden gedankliche Zusammenhänge hergestellt.

5 Um Argumente möglichst überzeugend zu gestalten, ist es sinnvoll, diese mit mehreren Begründungen, Belegen, Beispielen oder Vergleichen zu stützen.

a) Ergänze das Pro-Argument aus Aufgabe 3 mithilfe der folgenden Textbausteine, sodass eine noch umfassendere Argumentationskette entsteht.

> *So weisen Hülsenfrüchte und Vollkornprodukte eine Vielzahl an Vitaminen, Mineralstoffen und eine hohe Menge an Ballaststoffen auf.*

> *Auch mit veganer Ernährung können alle lebensnotwendigen Nährstoffe abgedeckt werden.*

> *Bei Veganern stehen grundsätzlich viele Nahrungsmittel auf dem Speiseplan, die positive Auswirkungen auf die Gesundheit haben.*

> *Es müssen also keine Tiere getötet werden, um bestimmte Nährstoffe aufzunehmen.*

> *Pflanzliche Nahrungsmittel haben einen niedrigen Kaloriengehalt.*

> *Obst und Gemüse enthält viele Vitamine.*

b) Ergänze das Kontra-Argument aus Aufgabe 3 um eine eigene weitere Begründung mit Beleg/Beispiel/Vergleich. Nimm dazu gegebenenfalls die Materialien M 1 – M 4 zu Hilfe.

6 Schreibe nun den Hauptteil der Argumentation mit einem Textverarbeitungsprogramm und nimm dafür deine Gliederung von S. 104 als Grundlage. Denke an den vollständigen Aufbau deiner Argumente und achte auf eine zusammenhängende Darstellung. Berücksichtige außerdem den Adressatenkreis, an den sich die Argumentation richtet.

Textverarbeitungsprogramm

Arbeitsheft, S. 28/29

Die Argumentation einleiten

Die Schülerinnen und Schüler der AG „Gesunde Schule" möchten in ihrem Text auf der Schulwebsite nicht direkt in das Thema *Veganer Schulkiosk – ja oder nein?* einsteigen und überlegen, wie sie am geschicktesten zum Thema hinführen können. Einige AG-Mitglieder machen Vorschläge, wie eine mögliche Einleitung aussehen könnte.

1 Vergleiche die vorliegenden Einleitungen und bestimme jeweils mithilfe des Wissen-und-Können-Kastens die Art der Einleitung.

Einleitung 1:
Neulich haben wir bei einem unserer Treffen der AG „Gesunde Schule" darüber diskutiert, wie wir uns zuhause in den Familien ernähren. Dabei haben wir festgestellt, dass sich sehr viele von
5 *uns vegetarisch oder sogar vegan ernähren. Und wir haben uns gefragt, ob es nicht sinnvoll wäre, auch unseren Schulkiosk auf vegane Produkte umzustellen. Daher stellen wir euch als diesjährige Maßnahme zur nachhaltigen Veränderung*
10 *unseres Schullebens die Frage, ob ihr einen veganen Schulkiosk wollt oder nicht.*

Einleitung 2:
Wir – die Mitglieder der AG „Gesunde Schule" – haben uns als diesjährige Maßnahme zur nachhaltigen Veränderung unseres Schullebens überlegt, ob es nicht sinnvoll wäre, unseren Schulkiosk auf vegane Produkte umzustellen. 5
Das bedeutet, dass auf alle Lebensmittel tierischen Ursprungs verzichtet werden würde. Dazu zählen Fleisch, Fisch, Eier und alle Milchprodukte wie zum Beispiel Joghurt oder Käse, aber auch Honig. 10

→ Zwischen Diskussion und Debatte unterscheiden, S. 36/37

2 Diskutiert, welche Einleitung am besten zum vorliegenden Thema passt. Bezieht in eure Überlegungen auch das mögliche Vorwissen der Adressaten der AG „Gesunde Schule" mit ein.

💻 Textverarbeitungsprogramm

3 a) Schreibe eine eigene Einleitung zum Thema *Veganer Schulkiosk – ja oder nein?* Nimm als Grundlage eine Art von Einleitung, die noch nicht verwendet wurde.
b) Formuliere für deine Einleitung einen möglichen Gliederungspunkt.

🖸 Tipp

Die Hinweise zur Einleitung helfen dir auch bei der Eröffnungsrede einer Debatte.

→ Rhetorik-Tipps für den Anfang einer Rede, S. 39

❗ Wissen und Können

Eine Einleitung für die Argumentation schreiben

Mit der Einleitung soll zum einen das **Interesse** der Leserinnen und Leser geweckt werden und zum anderen soll die Leserin oder der Leser gezielt zum Thema **hingeführt** werden. Außerdem muss bereits hier der **Kontext** berücksichtigt werden, in dem die Argumentation geschrieben wird. Die Einleitung besteht aus einem **Einleitungsgedanken**, von dem aus zur Problemstellung übergeleitet wird. Dabei dürfen keine Argumente aus dem Hauptteil vorweggenommen werden.
Es gibt **verschiedene Möglichkeiten** für die Einleitung, zum Beispiel:
- ein aktuelles Ereignis,
- ein historischer Rückblick,
- ein Zitat einer Expertin/ eines Experten,
- die Annäherung über das Gegenteil,
- die Definition des Themas oder des zentralen Schlüsselbegriffs.

Die Argumentation abschließen

Zum Schluss ihres Textes für die Schulwebsite wollen die Mitglieder der AG „Gesunde Schule" ihre Argumentation abrunden und sich in einem Appell noch einmal direkt an ihre Mitschülerinnen und Mitschüler wenden. Neben dem Appell gibt es auch weitere Möglichkeiten, den Schluss einer Argumentation zu gestalten.

1 Bewerte den folgenden Schlussgedanken. Hältst du ihn für gelungen oder nicht? Begründe deine Meinung mithilfe des Wissen-und-Können-Kastens.

> *Ein veganer Schulkiosk ist doch eine tolle Sache. Wenn ihr nicht dumm sein wollt, dann stimmt unbedingt dafür. Denn leider gibt es immer noch viel zu wenige Veganer in Deutschland. Daher werdet auch ihr einer!*

2 a) Schreibe einen eigenen Schluss an deine Mitschülerinnen und Mitschüler zum Thema *Veganer Schulkiosk – ja oder nein?* und verweise darin auf einen der folgenden weiterführenden Gedanken:

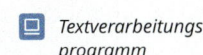 *Textverarbeitungsprogramm*

vegane Kleidung

Bekämpfung des Hungers

Gesundheitswahn

b) Formuliere für deinen Schluss einen möglichen Gliederungspunkt.

❗ Wissen und Können

Einen Schluss für die Argumentation schreiben

Der Schluss soll sich sinnvoll an den Hauptteil anschließen und die Argumentation abrunden. Wichtig ist, dass er keine neuen Argumente enthält. Diese gehören ausschließlich in den Hauptteil.
Es gibt verschiedene **Möglichkeiten** zur Gestaltung des Schlusses, zum Beispiel:
- ein persönlicher Wunsch, eine Forderung, ein Appell,
- ein weiterführender Gedanke,
- Aufgreifen des Einleitungsgedankens,
- eine eigene Stellungnahme zum Thema.

➡ *Appellieren, S. 347*

Die Argumentation überarbeiten

Die AG „Gesunde Schule" hat ihre Argumentation zur Einführung eines veganen Schulkiosks vollständig verfasst. Bevor sie diese auf der Schulwebsite einstellen, überprüfen die AG-Mitglieder noch einmal, ob die verschiedenen Kriterien für eine gelungene Argumentation eingehalten werden.

*Textlupe:
Argumentation*

1 a) Tauscht mit einer Partnerin oder einem Partner eure Argumentation aus und überprüft sie gegenseitig mithilfe der Checkliste unten. Ihr könnt auch die Textlupe aus dem Medienpool nutzen.
   b) Formuliert anschließend drei Tipps, die eure Partnerin oder euer Partner in Zukunft beim Schreiben einer Argumentation beachten sollte.

*Textverarbeitungs-
programm*

2 Überarbeite deine Argumentation im Textverarbeitungsprogramm mithilfe der Rückmeldung deiner Partnerin oder deines Partners aus Aufgabe 1 b) und der Checkliste.

☑ Checkliste

Eine Argumentation schreiben

☑ Einleitung
- Wird das Interesse der Leserinnen und Leser geweckt?
- Wird gezielt zum Thema hingeführt?
- Wird die Problemstellung formuliert?
- Werden keine Argumente vorweggenommen?
- Wird der zentrale Begriff geklärt?

☑ Hauptteil
- Passen die Argumente genau zur Themafrage?
- Sind die Argumente vollständig und anschaulich aufgebaut (Behauptung, Begründung, Beleg/Beispiel, Rückführung)?
- Ergeben Behauptung, Begründung und Beispiel/Beleg sowie Rückführung ein stimmiges Argument?
- Sind die Argumente stichhaltig, da sie mit überprüfbaren Fakten belegt werden?
- Wird in den Argumenten nicht übertrieben und verallgemeinert?
- Sind die Argumente nach Gewichtigkeit angeordnet?

☑ Schluss
- Rundet der Schluss die Argumentation sinnvoll ab?
- Werden keine neuen Argumente genannt?

☑ Sprache
- Ist die Sprache sachlich?
- Werden gedankliche Zusammenhänge durch sprachlich passende Formulierung hergestellt?
- Ist der Stil der Argumentation adressatengerecht?

Schätze deinen Lernstand ein

1 Bringe die folgenden Arbeitsschritte beim Erstellen einer schriftlichen Argumentation in die richtige Reihenfolge.

a. den Stoff ordnen
c. die Argumentation überarbeiten
e. den Hauptteil schreiben
g. eine Stoffsammlung anlegen

b. den Schluss schreiben
d. die Problemstellung erschließen
f. die Einleitung schreiben
h. die Gliederung erstellen

2 a) Markiere im folgenden Argument einer Argumentation zum Thema *Veganer Schulkiosk – ja oder nein?* die verschiedenen Argumentationsschritte mit unterschiedlichen Farben und benenne sie. Nutze dafür eine Folie.   ✏ *Folie*

b) Überlege gemeinsam mit einer Partnerin oder einem Partner, was in den einzelnen Argumentationsschritten gut gelungen und was weniger gut gelungen ist.

c) Markiere die sprachlichen Fehler im Text und schreibe unter Berücksichtigung der Überlegungen aus Aufgabe 2 b) eine verbesserte Version in dein Heft.   ✏ *Folie*

> *Für einen veganen Schulkiosk spricht die Tatsache, dass vegane Ernährung immer beliebter wird. So stieg die Anzahl von Veganern in den vergangenen Jahren sehr an. Sicher habt auch ihr festgestellt, dass das Angebot an veganen Produkten in den Supermärkten in den vergangenen Jahren aufgrund der immer größer werdenden Nachfrage stark angestiegen ist. Auch in den Restaurants findet man auf der Speisekarte immer öfter vegane Gerichte. Früher war das nicht so. Da hat man fast immer nur Fleischgerichte auf der Karte gefunden. Um den Trend zur veganen Ernährung nicht zu verpassen, sollten wir an unserer Schule unbedingt einen veganen Schulkiosk einführen.*

3 Auch im folgenden Pro-Argument der Argumentation zum Thema *Veganer Schulkiosk – ja oder nein?* haben sich einige Fehler eingeschlichen.

a) Markiere die fehlerhaften Stellen im Text und benenne den Fehler.   ✏ *Folie*

b) Schreibe eine überarbeitete Version in dein Heft.

> *Der wichtigste Aspekt, der für einen veganen Schulkiosk spricht, ist, dass sich durch vegane Ernährung der ökologische Fußabdruck deutlich verringert. Wenn man die Treibhausgasemissionen verschiedener Ernährungsstile miteinander vergleicht, stellt man fest, dass die Treibhausgasemissionen bei einer veganen Ernährung um die Hälfte niedriger liegen als bei einer fleischbetonten Ernährung. Um die Treibhausgasemissionen zu verringern könnten Sie, sehr verehrte Schulleiterin, außerdem auch auf Flugreisen und unnötige Fahrten mit dem Auto verzichten.*

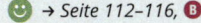 → Seite 112–116, **B**
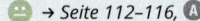 → Seite 112–116, **A**
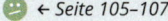 ← Seite 105–107

Schriftlich argumentieren

Einige Schülerinnen und Schüler des Hildegard-von-Bingen-Gymnasiums nutzen den Schulkiosk und auch die Mensa in ihrer Mittagspause grundsätzlich nicht. Sie versorgen sich lieber mit Fast Food bei den umliegenden Imbissständen und Fast-Food-Ketten. Wie beim veganen Schulkiosk gibt es auch hier Gründe, die sowohl für als auch gegen den Fast-Food-Konsum in der Mittagspause sprechen.

Ella Walker **M 1**

Ich weiß, ich sollte Fast Food hassen. Aber ich kann nicht!

Ich weiß nicht, ob ich Fast Food noch mehr lieben könnte, als ich es ohnehin schon tue.
Ein Burger mit aufgeweichten Zwiebeln in einer fettigen, braunen Papiertüte; knusprige, würzige Hühnerschenkel; in Butter gebadete Maiskolben; Brötchen, aus denen die Mayonnaise und die Barbecue-Sauce tropft. Mmhhhh, ich will sie alle. Ich liebe Fast Food. [...]

Wenn man Burger isst, geht es nicht darum, gebrochene Herzen zu heilen: Sie sind einfach pure, kohlenhydratige, transfettige Freude. [...]

Verurteile mich nicht. Aber das tun die Leute, oder? Nichts stachelt die kalorienzählende, säftetrinkende, glutenfreie, fruitarische, sadomasochistische Fraktion so sehr an, wie wenn jemand fröhlich Kurs auf ein Fast Food-Restaurant nimmt und mit Fett, das von den Ellenbogen tropft, Essiggurken am Kinn und einer Portion Chicken Nuggets für später (sie schmecken auch kalt wunderbar – solltest du mal probieren) wieder herauskommt. Die rechtschaffenen Quinoa-Esser murmeln vernichtend: „Das ist eklig", als ob sie etwas Besseres wären. Sie werfen ihr mit Weizengras und Vitaminen revitalisiertes Haar zurück und sagen herablassend: „Ich habe da schon seit Jahren nicht mehr gegessen!" Dann stehen sie entweder beschämt ein Pommes und nehmen mir einen Teil meines frittierten Kartoffelgenusses weg (ich teile nicht!), malen sich reuevoll schon ihre schuldbeladene Sühne aus, die entweder etwas mit dem Fitnessstudio oder mit Fasten zu tun hat. Dann rennen sie schnell auf die Toilette, um sich die Hände zu waschen und eilen nach Hause, um dort gedünsteten Brokkoli und ungesalzene Pistazien zu essen. Ihr Snobismus lässt in mir das Bedürfnis hochkommen, ihnen ein Chicken Wing und ein paar Zwiebelringe in ihre Rachen zu stopfen.

Ich mag Grünkohl und zerdrückte Avocado auf Toast genauso gerne wie jeder andere Gen Y-er, aber manchmal reichen Grünzeug in Zitronensaft und ein paar Samen einfach nicht aus. Manchmal möchte man – nein, braucht man – einen Burger, egal wie „eklig" das für manche sein mag.
Klar, ich finde es natürlich auch nicht super, dass jeder Bissen ein Schlag ins Gesicht für meine Arterien ist. Zugegeben finde ich es schade. Ich gebe zu, dass es Wochenenden gibt, an denen ich mir ernsthaft Sorgen mache, dass, wenn man mich aufschneiden würde, ich aus einem Arm Ketchup und aus dem anderen Senf bluten würde.
Aber ich kann nicht damit aufhören. Ich will es gar nicht. Und du kannst mich nicht dazu zwingen.
Also halt den Mund und iss noch ein Pommes.

Fast Food

Wie Fast Food wirkt

Die Deutschen lieben Fast Food. Laut einer Studie isst ungefähr ein Viertel der 14- bis 30-Jährigen mindestens einmal die Woche bei
5 Fast-Food-Restaurants. Klar, es klingt ja auch so verlockend. Fast Food geht schnell, man weiß, was man bekommt und es schmeckt! Das Problem ist aber, dass dieses Essen einen sehr hohen Anteil an Fett, Zucker, Salz und Geschmacksver-
10 stärkern enthält.

Fett als Geschmacksträger macht, dass uns das Essen gut schmeckt. Genauso die Geschmacksverstärker, auch Glutamate genannt. Sie sind allerdings keine Gewürze, sondern chemische
15 Substanzen. Glutamate lösen in unserem Gehirn ein künstliches Hungergefühl aus. Wir kriegen also während des Essens noch mehr Appetit und essen weiter. Der hohe Zuckeranteil führt dazu, dass unser Blutzuckerspiegel steigt und
20 der Körper Insulin ausschüttet. Insulin ist das Hormon, das den Blutzuckerspiegel regelt – der darf nämlich nicht zu hoch und nicht zu niedrig sein. Durch die Riesenmenge an Insulin, die ausgeschüttet wurde, haben wir oft nach dem
25 Fast-Food-Essen einen geringeren Blutzuckerspiegel als davor. Die Folge: Wir kriegen eine Heißhungerattacke und essen weiter! Dazu kommt: Dadurch, dass viele Fast Food Läden an Bahnhöfen oder in Einkaufsmeilen stehen,
30 schlingen wir das Essen häufig unterwegs oder sogar im Laufen runter. Oft essen wir so schnell, dass unser Gehirn gar nicht hinterherkommt. Das braucht nämlich 20 Minuten um zu merken, dass wir satt sind. So isst man schnell weit über
35 den Hunger hinaus.

„Fast Food ist ungesund und macht dick!"

Diesen Satz hat wohl jeder schon mal von seinen Eltern gehört. Aber wie viel ist da eigentlich dran?

„Fast Food macht dick": Also, wir wissen ja be-   40
reits, dass Fast Food dazu führt, dass wir Appetit auf noch mehr kriegen. Da Burger und Pizza aber so viel Fett und Zucker enthalten, decken sie sehr schnell unseren täglichen Energiebedarf. Das heißt: Kinder zwischen 10 und 13   45
Jahren brauchen ungefähr 2.000 bis 2.300 Kilokalorien pro Tag. Das ist ihr Energiebedarf. Ein Hamburger von McDonalds, ein Schoko-Milchshake und 6 Chicken-Nuggets enthalten aber zusammen schon fast 1.000 Kilokalorien.   50
Genauso viel wie eine Tiefkühl-Salamipizza. [...]

„Fast Food ist ungesund": Da ist tatsächlich eine ganze Menge dran. Denn wenn man hauptsächlich Fast Food isst, bleiben wichtige Nährstoffe oft auf der Strecke. Das Salatblatt und die   55
Tomate in einem Döner reichen nämlich noch lang nicht aus, um unseren täglichen Bedarf an Vitaminen und Mineralstoffen (z.B. Eisen und Kalzium) zu decken. Die Folge sind Müdigkeit, Schlappheit, Konzentrationsschwäche und   60
Kopfschmerzen. Der viele Zucker im Fast Food greift unsere Zähne an und auch die mögliche Gewichtszunahme ist ab einem bestimmten Punkt (Übergewicht) schlecht für unsere Gesundheit. Außerdem enthält Fast Food wenige   65
Ballaststoffe. Die sind aber wichtig für unsere Verdauung. [...]

Warum ist Fast Food oft so billig?

[...] Das liegt unter anderem daran, dass die Läden sehr große Mengen an Zutaten bestellen,   70
das macht den Einkaufspreis günstiger. Ein anderer Grund ist aber, dass die Fast Food Läden sich oft nicht darum scheren, wo die Zutaten ihrer Gerichte herkommen. Das Fleisch für Burger und die Salami auf der Tiefkühlpizza stammt   75
häufig aus Massentierhaltung. [...]

Text leicht verändert

Fast Food macht süchtig

Kann eine Tüte Chips ein Suchtverhalten wie Kokain auslösen? Wissenschaftliche Studien der letzten Jahre untersuchten die Sucht nach Junk Food im Vergleich zur Drogenabhängigkeit und brachten dabei erschreckende Ergebnisse zum Vorschein. Die Sucht nach Junk Food verläuft in unserem Gehirn nach denselben Mechanismen, wie beispielsweise eine Kokainsucht.

Ist Fast Food eine Droge?

Erschreckenderweise gibt es zahlreiche Daten, die eine Sucht nach Fast Food als genauso ernst zu nehmend erscheinen lassen, wie eine Drogensucht. Diesen Daten zufolge haben hochkonzentrierter Fruktosesirup, Mononatriumglutamat, hydrierte Öle, raffiniertes Salz und verschiedene andere chemische Zusatzstoffe, die sich in industriell verarbeitetem Junk Food auffinden lassen, dieselben Auswirkungen auf das Gehirn wie Kokain.

Eine Untersuchung aus dem Jahr 2010, die von Wissenschaftlern des Scripps Research Institute (SRI) in Florida durchgeführt wurde, brachte zum Vorschein, dass Ratten, die freien Zugang zu verschiedenen Fast Food Produkten hatten, einen erheblichen Wandel ihrer Hirnaktivität und -funktion aufwiesen, und dass diese Veränderungen jenen stark ähnelten, die auch bei den Gehirnen von Drogensüchtigen zu beobachten sind.

Fast Food Sucht steigert sich

Eine weitere Studie – dieses Mal von Forschern der Universität in Austin, Texas, und des Oregon Research Institute – fand heraus, dass anhaltender Konsum von Junk Food zu einer Reduzierung der Aktivität im Striatum (einem Bereich des Großhirns, der für Emotionen, und das Gefühl von Belohnung zuständig ist) führt. Mit anderen Worten: Wie auch im Fall illegaler Drogen nimmt die Menge an Junk Food kontinuierlich zu, die der Abhängige benötigt, um ein „High", also eine Art Belohnung für sein Tun, zu verspüren.

So viel Fast Food konsumieren Jugendliche am Tag

Fast jeder vierte Jugendliche in Deutschland hat einen hohen Konsum an Fastfood. Insgesamt 23 Prozent der Zwölf- bis 17-Jährigen nehmen nach eigenen Angaben täglich mindestens zehn Prozent ihrer Gesamtenergie durch Fastfood wie Pizza, Döner oder Currywurst auf, wie neue, am Mittwoch veröffentlichte Daten des Robert-Koch-Instituts (RKI) zeigen.
Die Angaben stammen aus der sogenannten Eskimo-Studie, für die zwischen 2015 und 2017 zum zweiten Mal nach 2006 Kinder nach ihrem Ernährungsverhalten befragt wurden. Im Vergleich zur Studie von 2006 veränderte sich die tägliche Energiezufuhr durch Fastfood bei Mädchen kaum, bei Jungen sank sie hingegen deutlich.

Unterschiede zeigen sich bei Jugendlichen mit hohem Konsum auch hinsichtlich Alter, sozioökonomischem Status, Schultyp, Gemeindegröße und Medienkonsum. So steigt zum Beispiel der Energieanteil aus Fastfood mit dem Alter, nimmt aber mit einem höheren sozioökonomischen Status der Familie ab. [...]

Fastfoodprodukte gelten als nicht gesundheitsförderlich, weil sie meist fettreich sind und in der Regel größere Mengen hochverarbeiteter Kohlenhydrate, viel Salz und versteckten Zucker enthalten. Ein hoher Konsum kann starkes Übergewicht begünstigen. Adipositas erhöht wiederum unter anderem das Risiko für Diabetes und Herzkreislauferkrankungen.

Argumente sammeln

1 a) Lege eine Stoffsammlung zum Thema *Fast Food in der Mittagspause – ja oder nein?* an. Notiere eigene Behauptungen und ergänze diese mithilfe der Materialien M 1 – M 5.

   b) Tauscht eure Stoffsammlung mit einer Lernpartnerin oder einem Lernpartner aus. Ergänzt weitere Behauptungen oder markiert Stichpunkte, die eurer Meinung nach nicht zur Problemstellung passen.

Argumentation gliedern

2 Wähle Aufgabe Ⓐ oder Ⓑ.

Ⓐ Übertrage die Tabelle in dein Heft. Gewichte dann die Pro- und Kontra-Behauptungen, indem du ihnen Zahlen zuordnest (1 = wichtigste Behauptung).

Pro-Behauptung	Kontra-Behauptung
größere Auswahl	nicht gesund
Fast Food schmeckt gut	Fast Food macht dick
günstiger Preis	Fast Food macht abhängig

Ⓑ Gewichte deine Behauptungen aus der Stoffsammlung aus Aufgabe 1, indem du ihnen Zahlen zuordnest (1 = wichtigste Behauptung).

Argumentation einleiten

3   Wähle Aufgabe Ⓐ oder Ⓑ.

Ⓐ   Übertrage die Einleitung in dein Heft und vervollständige sie. Greife dabei auf Informationen aus den Materialien M 1–M 5 zurück.

> *Fast jeder ▁ Jugendliche in Deutschland hat einen hohen Fastfoodkonsum. Zu diesem Ergebnis kam die ▁, bei der Kinder zwischen den Jahren ▁ zu ihrem Essverhalten befragt wurden. Auch an unserer Schule gehen viele Jugendliche in der Mittagspause zu den umliegenden ▁ und ▁, um sich dort einen Döner, ▁ oder ▁ zu holen. Die Mitglieder der AG „Gesunde Schule" finden dieses Verhalten ▁. Wir möchten euch im Folgenden nun darlegen, was denn nun eigentlich für und gegen den Konsum von Fast Food in der Mittagspause spricht.*

Ⓑ   Sammle in einem Brainstorming eigene Ideen für eine Einleitung zur Problemstellung *Fast Food in der Mittagspause – ja oder nein?* Notiere deine Ergebnisse in Form eines Clusters oder einer Tabelle.

Argumentation schreiben

4   Wähle Aufgabe Ⓐ oder Ⓑ.

Ⓐ   a) In diesem Argument fehlen die Verknüpfungen zwischen den einzelnen Bestandteilen. Schreibe das komplette Argument in dein Heft, indem du die Lücken mit passenden Verknüpfungen füllst.

> *▁, dass regelmäßiger Fastfoodkonsum zu Abhängigkeit führt. ▁ zeigen verschiedene Studien, dass sich die Hirnaktivitäten und -funktionen von Fastfoodkonsumenten auf ähnliche Art verändern wie bei Drogensüchtigen. ▁, dass hochkonzentrierter Fruktosesirup, Mononatriumglutamat, hydrierte Öle , raffiniertes Salz und verschiedene andere chemische Zusatzstoffe, die sich in industriell verarbeitetem Junk Food auffinden lassen, dieselben Auswirkungen auf das Gehirn wie Kokain haben. Außerdem …*

Starthilfe, S. 393

     b) Ergänze das Argument um ein weiteres Beispiel.

     c) Markiere Behauptung, Begründung und Belege/Beispiele in unterschiedlichen Farben.

Ⓑ   a) Schau dir die beiden Behauptungen an. Erkläre, was der zweite Text mehr leistet.

Ein wichtiger Grund, der für den Fastfoodkonsum in der Mittagspause spricht, ist die damit verbundene Zeitersparnis.	*Ein wichtiger Grund, der für den Fastfoodkonsum in der Mittagspause spricht, ist die damit verbundene Zeitersparnis im zeitlich eng getakteten Schulalltag, der nur wenig Raum für Pausen zulässt.*

     b) Schreibe zu beiden Behauptungen eine Begründung. Was stellst du fest?

     c) Suche dir eine Begründung aus Aufgabe b) aus und vervollständige sie mit einem Beispiel.

Sich auf eine Klassenarbeit vorbereiten

Eine Argumentation nach dem Ping-Pong-Prinzip verfassen

In der Diskussionsspalte auf der Schulwebsite der AG „Gesunde Schule" hat sich eine Diskussion um die Frage nach dem Fast-Food-Konsum in der Mittagspause entsponnen. Auch du möchtest dich beteiligen, indem du die Vor- und Nachteile des Fast-Food-Konsum in der Mittagspause argumentativ darstellst.

Aufgabe: Verfasse unter Einbeziehung von M 1 – M 5 (S. 112 – 115) eine Argumentation nach dem Ping-Pong-Prinzip für die Schulwebsite (Einleitung, Hauptteil, Schluss). Achte dabei auf einen vollständigen und gedanklich zusammenhängenden Aufbau deiner Argumente und orientiere dich an der Adressatengruppe.

Informierende Texte materialgestützt schreiben

Fremd in der neuen Heimat?

Um das Jahr 2020 sind etwa 80 Millionen Menschen weltweit auf der Flucht: vor Krieg, Hunger, Arbeitslosigkeit oder vor Umweltschäden. Auch in deiner Stadt bzw. deinem Landkreis gibt es viele Menschen, die nicht von dort stammen, sondern die selbst bzw. deren Eltern oder Großeltern zugezogen sind. Andererseits gibt es auch einige, die vor Generationen z. B. aus politischen Gründen aus Deutschland weggegangen sind und sich in der neuen Heimat integrieren mussten.

Zu den *Interkulturellen Wochen* soll eine Wanderausstellung erarbeitet werden. Deine Klasse 9a hat die Aufgabe übernommen zu beschreiben, was unter einer gelungenen Integration verstanden werden kann. Dieser Informationstext soll auf ein Roll-Up-Banner gedruckt und Teil der Ausstellung werden.

1 Schaut euch die Bilder und die Grafik auf der linken Seite an.
  a) Tragt im Gespräch zusammen, was ihr erkennt. Was bringt ihr damit in Verbindung?
  b) Besprecht, welche Informationen zum Thema *Migration* ihr den Abbildungen entnehmen könnt.

2 Der Begriff *Migration* hat mehrere Bedeutungen. Erklärt sie mithilfe des folgenden Auszugs aus einem Wörterbuch:

→ Wörterbücher, S. 390

Mi·g·ra·ti·on
/Migratión/

Substantiv, feminin [die]
  1a. Biologie·Soziologie: Wanderung oder Bewegung bestimmter Gruppen von Tieren oder Menschen
  1b. Soziologie: Abwanderung in ein anderes Land, in eine andere Gegend, an einen anderen Ort, „illegale Migration"
  2. EDV: das Migrieren von Daten, z. B. in ein anderes Betriebssystem

3 Die Begriffe im Wortspeicher unten stehen mit dem Thema *Migration* in Verbindung. Übertragt sie geordnet in eine Mindmap und erklärt sie im Plenum.

> Auswanderung   Ausländer   Geflüchtete   Immigration
> Lager   Ablehnung   Zuwanderung   Heimat   Camp
> Asyl   Exil   Identität   Migranten   Integration   Vorurteile
> Einwanderungsland   Flucht   Wanderungsbewegungen
> Ausgrenzung   Fremde   Zielland   Migrationshintergrund

4 a) Besprecht mit einer Lernpartnerin oder einem Lernpartner, inwiefern Migration in euren Familiengeschichten eine Rolle spielt.
  b) Tauscht euch dann in der Klasse dazu aus.

5 Fremde – Heimat. Ein Widerspruch oder miteinander vereinbar? Diskutiert.

→ Zwischen Diskussion und Debatte unterscheiden, S. 36/37

In diesem Kapitel lernt ihr, …
  › Texten und Schaubildern wichtige Informationen zu entnehmen, sie auszuwerten und zu beschreiben,
  › unterschiedliche Informationen aus verschiedenen Materialien zusammenzuführen,
  › wichtige Textstellen zu zitieren,
  › materialgestützt einen informierenden Text zu planen, zu gliedern und adressatengerecht zu schreiben,
  › den Text feedbackgeleitet zu überarbeiten und eine Endfassung zu erstellen.

Einen informierenden Text untersuchen

Bei der Auseinandersetzung mit dem Thema *Migration* hat eine Mitschülerin einen Text zur Flüchtlingsbewegung von 2015 gefunden. Dieser Text kann dir als Vorlage für einen gelungenen informierenden Text dienen.

1 Was wisst ihr über die Flüchtlingsbewegung im Jahr 2015? Führe zusammen mit einer Lernpartnerin oder einem Lernpartner ein Brainstorming durch und erstellt eine Stichwortliste.

2 Welche Fragen haben sich euch beim Nachdenken gestellt, die ihr nicht beantworten konntet? Notiert diese.

Geflüchtete Menschen in Deutschland

Im Sommer 2015 flohen mehr als eine Million Menschen nach Europa. Viele von ihnen flohen aus Syrien vor dem Bürgerkrieg in diesem Land. Sie hatten die Hoffnung auf eine Besserung der
⁵ Lage verloren. Die Menschen flohen über das Meer oder waren zu Fuß viele Wochen unterwegs. Viele tausend Flüchtlinge kamen auch aus dem Irak, aus Afghanistan, Eritrea und Nigeria. Viele flohen auch vor Armut und wirt-
¹⁰ schaftlicher Not insbesondere aus dem Kosovo, Albanien und aus Serbien. Viele kamen auch aus Flüchtlingslagern im Libanon oder der Türkei. Sie hatten die Hoffnung aufgegeben, bald in ihre Heimatländer zurückkehren zu können. In Euro-
¹⁵ pa hofften sie auf ein Leben in Sicherheit ohne Krieg und Angst. Viele geflüchtete Menschen hatten bereits Angehörige, die in europäischen Ländern wohnten. Sie wollten diese schwierigen Zeiten mit Verwandten durchstehen.

Willkommenskultur
²⁰ Nach Deutschland kamen 2015 etwa 900.000 Flüchtlinge. Sehr viele Menschen haben den Flüchtlingen geholfen. Dafür gab es viele Gründe, wir nennen vier.
²⁵ 1. In unserer Verfassung steht: Politisch Verfolgte genießen Asylrecht (Artikel 16a Grundgesetz). Deswegen ist es eine Verpflichtung, Menschen, die aus politischen Gründen verfolgt werden, in Deutschland aufzunehmen.

2. Die Flüchtlinge waren in einer sehr schwie-³⁰ rigen Situation, sie brauchten Hilfe und Unterstützung, um menschenwürdig leben zu können. Deutschland ist ein reiches Land. So war es für sehr viele Menschen eine Selbstverständlichkeit, Mitmenschen in Not zu helfen.³⁵

3. Nach dem Zweiten Weltkrieg hat Deutschland selbst von vielen Seiten sehr viel Unterstützung erhalten. Die Menschen haben sich daran erinnert. Hilfe für die Flüchtlinge war eine Möglichkeit, etwas wiederzugeben von dem,⁴⁰ was sie selbst in Zeiten der Not erhalten haben.

4. Viele Deutsche waren nach dem Zweiten Weltkrieg selbst auf der Flucht. Sie haben erlebt und ihren Kindern erzählt, dass man in der Not die Hilfe anderer Menschen braucht.⁴⁵

Kritische Stimmen

Es gab und gibt aber auch kritische Stimmen. Manche Menschen sagten, dass die hohe Zahl der Flüchtlinge in Deutschland das Land überfordere. Sie beklagten die Schwierigkeiten bei der Registrierung der Flüchtlinge und befürchteten Probleme bei der Integration der neu hinzugekommenen Menschen. Manche forderten, die Landesgrenzen für Geflüchtete gänzlich zu schließen. Andere wiederum forderten mehr Entschlossenheit bei der Rückführung von abgewiesenen Flüchtlingen in ihre Heimatländer. Kritisiert wurde zudem, dass es keine Abstimmung mit anderen Staaten der EU gab, um eine faire Verteilung der geflüchteten Menschen auf die Mitgliedsstaaten der EU sicherzustellen. [...]

Integration

In den letzten Jahren wurde viel unternommen, damit das Zusammenleben von geflüchteten und nicht geflüchteten Menschen in Deutschland gelingt. Die Verwaltungen in Bund, Ländern und Gemeinden haben dafür gesorgt, dass die Versorgung der Flüchtlinge sichergestellt ist. Viele Flüchtlinge haben in Sprachkursen Deutsch gelernt, sie haben eine Ausbildung angefangen oder eine Arbeitsstelle angenommen. Die Kinder, die als Flüchtlinge zu uns gekommen sind, gehen in die Schule und lernen andere Kinder kennen. In der Politik wurden die Abläufe von Asylverfahren beschleunigt. Neue gesetzliche Regelungen wurden beschlossen, damit die Integration noch besser gelingen kann.

3 a) Lies den Text und markiere Textstellen, die Antwort auf die gesammelten Fragen aus Aufgabe 2 geben.

b) Sind noch Fragen offen, die der Text nicht beantwortet? Besprecht diese im Plenum.

Folie

Text „Geflüchtete Menschen in Deutschland"

4 Untersuche den Aufbau des Textes und beschreibe diesen.

Starthilfe, S. 393

5 Markiere Eigennamen, Zahlen und Fachbegriffe. Welche Funktion haben sie in einem informierenden Text?

Folie

Starthilfe, S. 393

6 Besprecht im Plenum:

a) Wie war die Situation im Jahr 2015? Fasst sie anhand des Textes zusammen.

b) Erklärt, was im Hinblick auf die Integration der Flüchtlinge unternommen wurde.

c) Entwickelt gemeinsam Ideen, welche Maßnahmen noch ergriffen werden könnten, um die Integration zu verbessern.

❗ Wissen und Können

Die Kennzeichen eines informierenden Textes kennen

Informierende Texte sind sachlich und neutral formuliert. Passende Fachbegriffe und wichtige Fakten (z. B. Eigennamen, Jahreszahlen) stützen die Aussagen. Die Informationen sind gedanklich und sprachlich zusammenhängend präsentiert, Spannung wird vermieden. Informierende Texte weisen oft folgende Strukturierung auf:

- **Einleitung:** Hier wird das Thema deutlich. Schreibanlass sowie Adressaten können genannt werden.
- **Hauptteil:** Der Hauptteil umfasst die wichtigsten Sachinformationen.
- **Schluss:** Der Text schließt ab mit einem Fazit, einem Ausblick oder je nach Situation und Adressat/-in auch mit einem Appell.

Inhalt und Aufbau von Sachtexten erfassen und wiedergeben, S. 214–219

Appellieren, S. 347

Das Schreiben eines informierenden Textes vorbereiten

Für die Wanderausstellung zu den *Interkulturellen Wochen* hat deine Klasse die Aufgabe übernommen, einen informierenden Text mit dem Titel „Was versteht man unter gelungener Integration?" zu schreiben. Jede Schülerin, jeder Schüler hat den Auftrag, einen eigenen Text zu verfassen. Am Ende wird der gelungenste Text für den Druck auf das Roll-Up-Banner ausgewählt.

Textverarbeitungs-programm

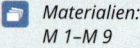
*Materialien:
M 1–M 9*

Aufgabe: Schreibe auch du den informierenden Text in Form einer Beschrei-bung. Gehe dabei so vor, wie im Methodenkasten unten aufgeführt. Der Text soll etwa 300 Wörter umfassen. Materialien (M 1 – M 9), auf die du dich beziehen kannst, haben deine Mitschülerinnen und Mit-schüler schon organisiert. Du findest sie auf den folgenden Seiten.

⚙ Methode

Das Schreiben eines informierenden Textes vorbereiten

Schritt 1: Vorarbeiten leisten

Bevor du mit dem Schreiben beginnst, schaue dir die Aufgaben-stellung genau an und kläre folgende Fragen:

1. Worüber will ich schreiben? Was ist das Thema?
2. Was möchte ich mit meinem Text erreichen? Will ich z. B. infor-mieren, argumentieren, unterhalten oder appellieren?
3. An wen ist mein Text gerichtet, wer ist mein Adressat? Welches Vorwissen kann ich voraussetzen?
4. Wo wird mein Text erscheinen? Wo kann man ihn lesen?
5. Welchen Kriterien muss mein Text entsprechen? Wie umfang-reich darf er sein?

Schritt 2: Sich einen Überblick über das Thema verschaffen

➡ *Lesetechniken anwenden, S. 362/363*

1. Überlege zuerst, was du bereits über das Thema weißt. Notie-re es stichpunktartig.
2. Überfliege dann die vorliegenden Materialien. Lies dazu die Überschriften und Textanfänge, nicht die gesamten Texte.
3. Schau dir das Schaubild oder die Schaubilder an. Lies Titel und die Bildunterschriften.
4. Mache dir stichpunktartige Notizen zu den verschiedenen Themen der Text- und Bildmaterialien.
5. Welche Aspekte des Themas erscheinen dir wichtig? Notiere dir passende Beispiele.

Schritt 3: Materialien durch intensives Lesen erschließen

1. Lies die Texte noch einmal genau und schau dir die Schaubilder gründlich an.
2. Kläre unbekannte Wörter und unverständliche Textstellen.

→ *Lesetechniken anwenden, S. 362/363*

Schritt 4: Die Ergebnisse sichern

1. Halte die Informationen aus den einzelnen Materialien, die dir für deinen Schreibauftrag wichtig erscheinen, in deinem Heft fest, z. B. in Form eines Clusters (siehe unten). Beziehe dabei auch deine Ergebnisse und Aufzeichnungen aus Schritt 2 und Schritt 3 ein.

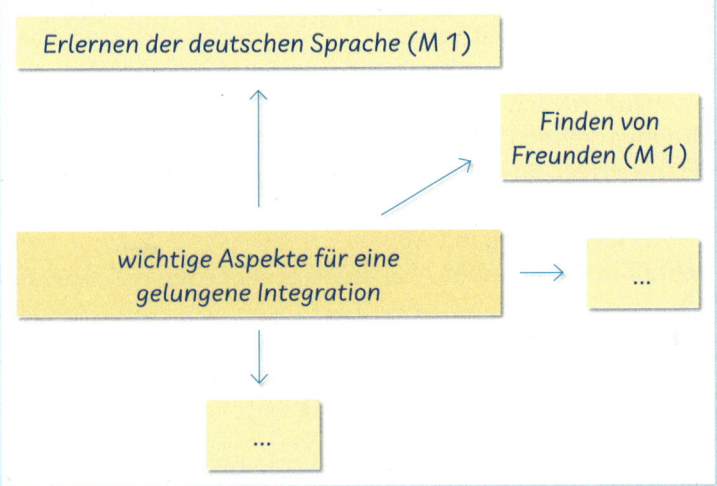

2. Notiere dir, woher du die Informationen hast und was deine Quellen sind. Auf diese musst du später zurückgreifen und sie auch nennen. Du kannst auch einzelne Sätze, die dir wichtig erscheinen, im Wortlaut festhalten, um sie später als wörtliches Zitat wiederzugeben.

Schritt 5: Materialien vergleichen und offene Fragen klären

1. Vergleiche die Materialien und markiere dann, z. B. in deinem Cluster, von welchen Aspekten es Doppelungen oder Mehrfachnennungen gibt. Möglicherweise handelt es sich dabei um wichtige Aspekte zu deinem Thema, auf die du besonders intensiv eingehen solltest.
2. Gibt es noch Fragen, die du mithilfe der Materialien nicht beantworten kannst? Recherchiere selbstständig z. B. im Internet und kläre offene Fragen.

Aghiad H., 27 aus Damaskus, Syrien

M 1

„Ich bin froh, dass ich in eine kleine Stadt wie Bergen gekommen bin und nicht in eine Großstadt. Hier sind wir nur fünf Syrer. Da trifft man leicht Menschen mit anderer Nationalität und die Bewohner des Ortes. Es gibt organisierte Abende mit der Bevölkerung, wir kochen zusammen, unterhalten uns. Das hilft, schnell besser Deutsch zu sprechen, sich einzuleben. Durch den Kontakt mit Deutschen lerne ich das Land, die Kultur und Traditionen kennen. In einer Großstadt ist das viel schwieriger. Da lernt man kaum Deutsche kennen. Die Flüchtlinge bleiben unter sich, Syrer mit Syrern, Afghanen mit Afghanen. Das ist schlecht für die Integration.“

Fuada, 22 aus Aleppo, Syrien

M 2

„Vor drei Jahren bin ich mit meiner Familie nach Deutschland gekommen. Wir sind so froh, endlich sicher vor dem Krieg zu sein! Es ist nicht einfach, sich in einem neuen Land zurechtzufinden, besonders, wenn Sprache und Kultur so unterschiedlich sind. Aber ich bin ehrgeizig und möchte viel erreichen. Seit einem Jahr studiere ich Wirtschaftsinformatik. Ich vermisse meine Heimatstadt und Familie und Freunde, dennoch bin ich glücklich und dankbar, mir hier in Frieden ein neues Leben aufbauen zu können.“

Mario B. aus Banja Luka, Bosnien

M 3

Mario kam nach Beginn des Jugoslawienkriegs 1993 mit seiner Familie nach Deutschland. Die Familie lebte in einem Asylheim, was Mario sich in der Schule nicht zu sagen traute.

„Ich bin sicher, dass ich ausgegrenzt worden wäre, wenn meine Klassenkameraden das gewusst hätten, denn Kinder können sehr fies sein. Deshalb habe ich all die Jahre auch keinen Freund nach Hause eingeladen. Ich wollte nicht, dass jemand sieht, wie ich lebe. Ich konnte mit meinen Freunden nur zusammen sein, wenn ich nach der Schule mit ihnen Fußball spielte. Ganz schlimm waren für mich auch die Kindergeburtstage. Wenn ich eingeladen war, habe ich eine Ausrede benutzt und bin nicht hingegangen. Denn sonst hätte ich sie auch zu meinem Geburtstag einladen müssen. Und das konnte ich nicht. Ich habe meine Geburtstage im Heim mit meinen Brüdern und den Heimkindern gefeiert. [...] Für mich war der erste Tag nach den Sommerferien immer ein Albtraum.

Denn dann fragte der Lehrer nach unseren Telefonnummern. Um nicht vor der ganzen Klasse erklären zu müssen, dass ich im Asylheim lebte und deshalb kein Telefon hatte, sagte ich immer, es gäbe bei uns Probleme mit der Telekom.“

Mesut Ergün, geb. 1949 in Özkonak, Türkei M 4

Mesut Ergün kam 1970 nach Deutschland, um zu studieren. Er wurde aber Taxiunternehmer und eröffnete eine Autowerkstatt. 2007 kehrte er in die Türkei zurück, wo er zusammen mit seiner Ehefrau am Bosporus ein Gästehaus betreibt.

„Wenn ich sage, dass ich mich deutsch fühle, meine ich damit, dass ich die Deutschen kennen und verstehen gelernt habe; ich verstand ihre Sprache und war ihnen wohl auch kulturell nähergekommen. Jedenfalls erschien mir der Umgang der Deutschen untereinander nicht mehr fremd. Wenn mich jemand gefragt hätte, ob ich mich deutsch oder türkisch fühle, hätte ich zwar immer noch gesagt: ‚Ich fühle mich türkisch.' Aber ich würde auch sagen, ich war gut in die Gesellschaft integriert: Ich hatte deutsche Freunde, deutsche Kundinnen und Kunden, ich kannte mich in Frankfurt sehr gut aus, die Gesetze, Regeln und die Bürokratie waren mir vertraut."

Kussay Chi Chakly, geboren in Syrien M 5

Einer, der bereits gegründet hat, ist Kussay Chi Chakly, geboren in Syrien. Der Modeschöpfer hatte lange Jahre in Dubai und im Libanon Haute Couture kreiert – hauptsächlich luxuriöse Braut- und Abendmode –, bevor er nach Berlin kam. Jetzt designt er vor allem T-Shirts, handgemacht, inspiriert von seiner neuen Heimat Berlin, und vertreibt diese in seinem Online-Shop. In Deutschland musste sich Kussay ein neues Standbein aufbauen, was ihm zuerst schwerfiel. „Vorher hatte ich noch kein eigenes Unternehmen, sondern habe immer für große Marken gearbeitet. Aber in Berlin konnte ich keine Jobs finden." Da half es ihm sehr, dass er auf SINGA[1] und das Projekt zur Unternehmensgründung aufmerksam wurde. Trotzdem war die Bürokratie in Deutschland noch eine Herausforderung für ihn. „Es war so hart, erst einmal zu verstehen, wie man so etwas beginnt, und dann auch noch der ganze Papierkram", erinnert sich Kussay. Aber letztendlich habe er doch sehr viel Hilfe erhalten – von Ämtern und von SINGA. Das habe ihn wirklich berührt. […] Ist Kussay stolz

auf das, was er bisher mit seinem Unternehmen geleistet hat? „Nun", sagt er, „wirklich stolz auf mich werde ich erst sein, wenn ich finanziell wieder komplett unabhängig bin. Ich fühle mich unwohl dabei, so viel Hilfe anzunehmen, aber wenigstens sitze ich nicht nur tatenlos rum, sondern kann produktiv sein. Das macht mich sehr glücklich."

[1] SINGA: Unternehmen, das Geflüchteten dabei behilflich ist, sich beruflich selbstständig zu machen.

Zafer Şenocak: Die andere Sprache leben

Zafer Senocak wurde 1961 in Ankara, Türkei, geboren. 1970 siedelte seine Familie nach München über. Er legte 1981 die Abiturprüfung ab, studierte dann Germanistik, Politikwissenschaften und Philosophie. Seit vielen Jahren arbeitet er als Übersetzer (aus dem Türkischen) und Schriftsteller.

„In dem bayerischen Städtchen, in dem ich vor einunddreißig Jahren ankam, erschien mir die deutsche Sprache in der Gestalt einer alten Dame, die unsere Wirtin war. Wir wohnten ein halbes Jahr bei ihr unterm Dach. Ich erinnere mich an eine freundliche, vitale Frau, die gerne Auto fuhr und fernschaute. Ich durfte manchmal mitsitzen beim Fernsehen. Vor allem wenn meine Lieblingssendung »Spiel ohne Grenzen« kam. Oder die unvergesslichen Spiele der Fußballweltmeisterschaft 1970. Eine Schule besuchte ich nicht, obwohl ich mit meinen acht Jahren dazu verpflichtet gewesen wäre. Aber meine Eltern teilten meine Angst vor der fremden Umgebung. Ein Großstadtkind aus Istanbul unter bayerischen Lederhosenkids, das wäre schon eine Erfahrung gewesen. Die Nachbarskinder beobachtete ich aus sicherer Distanz. Ich bekam eine deutsche Fibel geschenkt. In diesem Buch warfen sich fröhliche, rotbackige, buntangezogene Kinder Bälle zu und sagten »Das ist ein Ball«. Das ist der erste komplette deutsche Satz, an den ich mich erinnere.

Bald schon begann ich für meine Mutter zu übersetzen. Unsere Wirtin rief mich herbei, wenn sie in der Konversation mit meiner Mutter nicht weiterkam. Unsere Wirtin war verwitwet. An ihren Mann, den ich bei unserem ersten Aufenthalt fünf Jahre zuvor auch gesehen haben muss, erinnere ich mich nicht mehr. Damals hatten wir einen Sommer bei ihnen verbracht. Mein Vater hatte in dem Goethe-Institut des kleinen Städtchens Deutsch gelernt. Ich erinnere mich an schöne Ausflüge ins Gebirge: Besonders aufregende Unternehmungen für einen Jungen, der am Meer aufgewachsen ist.

Ein halbes Jahr später besuchte ich eine Volksschule in München. In meiner Klasse gab es

keinen, der Türkisch sprach. So war das Erlernen der deutschen Sprache mehr ein Spiel als Lerninhalt. Man lernt am besten beim Spielen. Wie unter Narkose wird der Lernprozess, der oft einer schmerzhaften Operation gleicht, vollzogen. Man macht schnelle Fortschritte, ohne den langen Weg mitzubekommen, den man dafür zurücklegen muss. Das kann nur einem Kind gelingen. Das Kind kennt noch keine Unterscheidung zwischen Mutter- und Fremdsprache. Es kennt lediglich vertraute und fremde Laute. Es kategorisiert noch nicht. Es ist noch kein entfremdetes Wesen, wie später der ausgebildete Erwachsene. So bin ich einfach in die deutsche Sprache hineingefallen und habe sofort zu schwimmen begonnen.

Ich schwimme heute noch. Manchmal ruhe ich mich auf Inseln aus, die ich von meinen Lektüren her kenne. Es sind Sprachinseln, die Dichtern gehören, denen ich die Vertiefung meines Sprachgefühls im Deutschen verdanke. Einige Namen will ich hier nennen: Kleist, Hölderlin, Rilke, Bachmann, Celan. Sprachen sind Kinder, die von Autoren großgezogen werden.

Wenn ich mein Verhältnis zur deutschen Sprache skizziere, dann nicht als Verhältnis zu einer Fremdsprache, sondern zu einer Literatursprache, in der ich denke, die Welt deute, träumen und das Angedachte und Erträumte schreiben kann. Das ist ein kompliziertes, aber immer warmes, vertrautes Verhältnis. Zuweilen geht es zu wie in einer glücklichen Ehe. Ich und mein Deutsch haben eine Liebesbeziehung. Nur durch die entrückende Kraft der Liebe kann man das Leben einer anderen Person leben, die auf diese Weise ihre Fremdheit ablegt und zu einer Ver- trauten wird. So lebe und erlebe ich die andere Sprache. Von dieser Warte aus gesehen bin ich immer ratlos, wenn ich aufgrund meiner Her- kunft Stellung beziehen muss, zu einer wie auch immer vermuteten Fremdheit. Ich glaube nicht, dass ich und mein Deutsch fremdeln und uns auseinanderleben werden. Aber wie sicher kann man sich in einer Ehe schon sein.“

Integration Geflüchteter in vielen Bereichen gelungen M 7

Berlin (dpa) – Das Deutsche Institut für Wirt- schaftsforschung (DIW) zieht eine weitgehend positive Zwischenbilanz zur frühen Phase der Integration von Geflüchteten.

Mit Blick auf vier wissenschaftliche Untersu- chungen sagte Katharina Spieß, Ökonomin und Leiterin der Abteilung Bildung und Familie am DIW Berlin: «Die Studien zeigen, dass in vielen Bereichen die Integration von Geflüchteten be- reits gelungen ist.» Auch in den nächsten Jahren würden aber weitere Anstrengungen notwendig sein.

Die vier Studien basieren auf einer gemeinsa- men repräsentativen Befragung von Geflüch- teten durch das Sozio-ökonomische Panel am DIW, das Institut für Arbeitsmarkt- und Be- rufsforschung und das Forschungszentrum des Bundesamtes für Migration und Flüchtlin- ge. Insgesamt wurden dabei knapp 8000 Men- schen befragt, die zwischen 2013 und 2016 nach Deutschland geflohen waren.

Eine der Untersuchungen zeigt, dass 43 Pro- zent der von 2016 bis 2018 befragten Geflüch- teten erwerbstätig sind. Dies sei durchaus ein Erfolg, sagte Studienautorin Felicitas Schikora. Immerhin müsse berücksichtigt werden, dass die Befragten im Schnitt erst drei bis fünf Jahre in Deutschland seien. Außerdem fehlten teils Sprachkenntnisse und die Anerkennung von Abschlüssen dauere mitunter lange.

Trotz positiver Trends brauchten bestimmte Gruppen gezielte Unterstützung bei der Arbeits- marktintegration – etwa Frauen, Eltern junger Kinder oder Menschen mit geringer psychi- scher Gesundheit. Die Integration von Frauen mit Fluchthintergrund auf dem Arbeitsmarkt ist laut Spieß aber auch deshalb vergleich- bar schlechter, weil sie seltener alleine nach Deutschland kommen als Männer.

Die soziale Integration, also die Beziehungen zwischen Zugewanderten und Deutschen, dau- ere laut der Soziologin Cornelia Kristen aber länger. Laut einer der Studien haben nahezu 50 Prozent der Geflüchteten Kontakt zu Deut- schen, vor allem im Freundeskreis und in der Nachbarschaft. Frauen und Geflüchtete in Ge- meinschaftsunterkünften haben demnach aber weniger Kontakte.

Menschen mit Migrationshintergrund M 8

Im Jahr 2019 lebten in Deutschland rund 81,8 Mio. Menschen.
Davan …

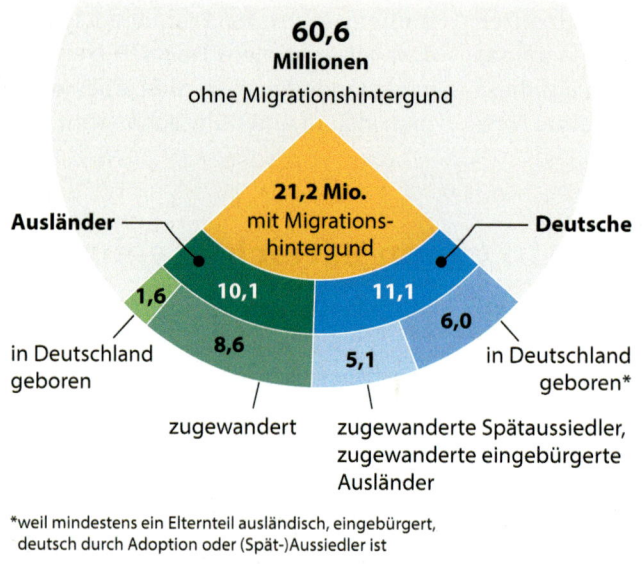

60,6 Millionen
ohne Migrationshintergund

21,2 Mio. mit Migrationshintergund

Ausländer

Deutsche

1,6 — 10,1 — 11,1 — 6,0

in Deutschland geboren

8,6 — 5,1

in Deutschland geboren*

zugewandert — zugewanderte Spätaussiedler, zugewanderte eingebürgerte Ausländer

*weil mindestens ein Elternteil ausländisch, eingebürgert,
deutsch durch Adoption oder (Spät-)Aussiedler ist

dpa•101286 — rundungsb. Differenz — Quelle: Statistisches Bundesamt

Flüchtlinge weltweit M 9

82,4 Millionen Menschen waren Ende 2020 weltweit auf der Flucht

aufgrund von Verfolgung, Konflikten, Gewalt, Menschenrechtsverletzungen oder ernsthafter
Gefährdung der öffentlichen Ordnung.

■ Flüchtlinge (unter UNHCR-Mandat)　■ Palästinensische Flüchtlinge (unter UNRWA-Mandat)
■ Binnenvertriebene*　■ Asylsuchende　■ Vertriebene aus Venezuela**

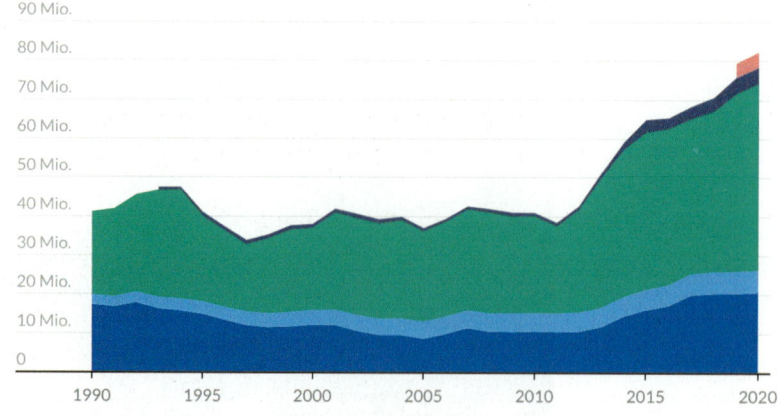

18. Juni 2021
* Quelle: IDMC
** Asylsuchende und Flüchtlinge aus Venezuela sind nicht eingerechnet.
Quelle: UNHCR Global Trends 2020

Einen informierenden Text planen

Gesammelte Informationen sichten

Es ist wichtig, dass du dir Gedanken über den Aufbau deines Textes machst. Schließlich sollen deine Ausführungen einer gewissen Ordnung folgen, damit sie für die Leserinnen und Leser nachvollziehbar und verständlich sind.

1 a) Sichte die Informationen zu einer gelungenen Integration, die sich beim Lesen und Auswerten der verschiedenen Materialien ergeben haben und die du bereits festgehalten hast (S. 122).

b) Fasse diese Informationen nach Themenblöcken zusammen. Übertrage dazu die folgende Tabelle in dein Heft und ergänze sie.

Starthilfe, S. 393

Themenblöcke: Wichtige Aspekte für eine gelungene Integration	Fundorte
Migranten fühlen sich nicht als Fremde.	M 1
Sie sprechen Deutsch.	M 1, M 2
…	…

2 Bringe die Themenblöcke aus Aufgabe 1 in eine sinnvolle Reihenfolge. Nummeriere sie dazu in deiner Tabelle von Aufgabe 1 aufwärts. Überlege dir dazu:

- Welche Informationen braucht die Leserin oder der Leser als erstes, um deinen informierenden Text zu verstehen?
- In welcher Reihenfolge willst du die Themenblöcke in deinem Text bearbeiten? Was erscheint dir wichtiger, was weniger wichtig? Willst du die wichtigen Informationen an den Anfang stellen oder ans Ende?
- Wozu musst du ausführlicher informieren, weil es sich um einen komplizierten Themenblock handelt? Was kannst du kürzer abhandeln?

Eine Gliederung anfertigen

➡ *Eine Gliederung erstellen, S. 325–327*

Wenn du dir über die Abfolge der Themenblöcke, die in deinem Text berücksichtigt werden sollen, im Klaren bist, kannst du mit der Erstellung der Gliederung fortfahren.

3 a) Bildet Vierergruppen und überlegt: Wie wollt ihr die Themenblöcke aus Aufgabe 2 auf Einleitung, Hauptteil und Schluss verteilen?

🖋 *Starthilfe, S. 393*

   b) Erstellt nun eine aussagekräftige Gliederung. Der folgende Wissen-und-Können-Kasten hilft euch dabei.

❗ Wissen und Können

Eine Gliederung anfertigen

1	Einleitung
2	Hauptteil
2.1	Information
2.2	Information
2.3	Information
	…
3	Schluss

Die Gliederung zeigt die Hauptabschnitte deines informierenden Textes in Stichpunkten oder kurzen Sätzen. In der **Einleitung** steht immer ein Aspekt, der zum Hauptteil hinführt. Im **Hauptteil** finden sich die wichtigsten Informationen zu deinem Thema in der Reihenfolge, in der du sie später im Text niederschreibst. Der **Schlussgedanke**, der deinen Text abrundet, steht auch in der Gliederung am Ende. Nummeriere die einzelnen Punkte, damit die Gliederung übersichtlich ist.

Mit Zitaten veranschaulichen und belegen

Wenn du einen Aspekt möglichst genau wiedergeben möchtest, kannst du Textpassagen aus dem ursprünglichen Text übernehmen, indem du sie zitierst.

❗ Wissen und Können

➡ *Richtig zitieren, S. 328/329*

Richtig zitieren

Es gibt grundsätzlich zwei Möglichkeiten zu zitieren:
1. Du übernimmst ein Wort, einen Teil eines Satzes oder ganze Sätze aus einem fremden Text im Wortlaut (**direktes oder wörtliches Zitat**). Dann setzt du diese Textstelle in Anführungszeichen und darfst den Text nicht weiter verändern, außer du machst dies mit eckigen Klammern [...] kenntlich.
2. Du gibst den Inhalt einer Textstelle mit eigenen Worten wieder. Man spricht vom **indirekten oder sinngemäßen Zitat**. Dabei werden keine Anführungszeichen gesetzt. Die Textstelle, auf die du dich beziehst, wird mit vgl. (vergleiche) oder s. (siehe) angegeben.

4 Folgenden Auszug aus M 2 kannst du auf ganz verschiedene Arten in deinem eigenen Text wiedergeben. Ordne die Zitate (a. – e.) den beiden Zitatarten aus dem Wissen-Können-Kasten zu. Übertrage dazu die Tabelle von der nächsten Seite in dein Heft.

Wir sind so froh, endlich sicher vor dem Krieg zu sein!

Du kannst schreiben:

a. Fuada sagt: „Wir sind so froh, endlich sicher vor dem Krieg zu sein!" (M 2)
b. Fuada gibt an, froh zu sein, dass sie endlich in Sicherheit leben könne (vgl. M 2).
c. Fuada gibt an, froh zu sein, dass sie endlich in Frieden leben könne und „sicher vor dem Krieg" sei (M 2).
d. Fuada sagt, „[sie sei] froh, endlich sicher vor dem Krieg zu sein" (M 2).
e. Fuada ist froh, endlich keiner Gefahr mehr ausgesetzt zu sein (s. M 2).

Arten von Zitaten	Beispielsätze
direktes (oder wörtliches) Zitat	...
indirektes (oder sinngemäßes) Zitat	...

5 Verbessere folgende Zitate, die sich auf M 1 beziehen. Schreibe sie dazu richtig in dein Heft.

Starthilfe, S. 394

a. Aghiad H. meint, „ich bin froh, dass ich in eine kleine Stadt wie Bergen gekommen bin und nicht in eine Großstadt." (vgl. M 1)
b. Ich bin froh, dass ich nicht in eine Großstadt gekommen bin, sagt Aghiad H. (M 1)
c. Aghiad H. meint, „er sei froh, dass er in eine kleine Stadt wie Bergen gekommen sei und nicht in eine Großstadt. (M 1)

Eine passende Überschrift finden

Ein informierender Text braucht eine sachliche Überschrift, die die Leserin bzw. den Leser über den Inhalt des Textes in Kenntnis setzt. Spannung und Appelle an die Lesenden sind fehl am Platz.

6 Wähle aus den Beispielen eine passende Überschrift für einen informierenden Text aus. Begründe deine Wahl.

Starthilfe, S. 394

Was versteht man unter gelungener Integration?

So funktioniert Integration garantiert!

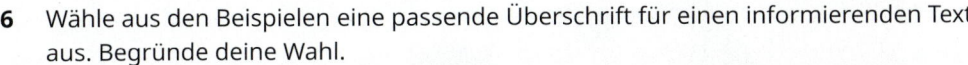

Integration ist für Migranten sehr schwierig.

Einen informierenden Text schreiben

Wenn du festgelegt hast, in welcher Reihenfolge du die Sachaspekte niederschreiben willst, kannst du mit dem Schreiben deines informierenden Textes beginnen.

Die Einleitung schreiben

Deine Gruppenmitglieder haben bereits vorgearbeitet und eine Einleitung zu eurem informierenden Text „Was versteht man unter gelungener Integration?" geschrieben.

 *Folie*

Starthilfe, S. 394

1 a) Diese Einleitung ist noch nicht ganz gelungen. Markiere mithilfe einer Folie die Stellen, die verbessert werden müssen.

> *Ende 2019 waren weltweit fast 50 Millionen Menschen auf der Flucht. Wie man sich vorstellen kann, waren sie vor Kriegen, Hungersnöten oder Umweltschäden auf der Flucht. Ist es da ein Wunder, wenn sie versuchen in Europa oder Deutschland eine Bleibe zu finden und versuchen, ihr Leben neu aufzu-*
> 5 *bauen?*
> *Von der einheimischen Bevölkerung werden Flüchtlinge, besonders wenn sie eine andere Hautfarbe haben, immer als Migranten wahrgenommen. Ihre Eingliederung in die Gesellschaft gestaltet sich oft schwierig.*
> *Woran liegt das und wie ist es zu ändern? Diese Fragen wollen wir dir hier*
> 10 *beantworten.*

b) Übertrage die Tabelle in dein Heft und ergänze die Fehler aus der Einleitung oben.

Art des Fehlers	Fehler (in Zeile)
Falsche Information	…
…	…
…	…

 *Textverarbeitungsprogramm*

2 Schreibe nun eine überarbeitete Fassung der Einleitung in dein Heft.

Den Hauptteil schreiben

Die folgenden drei Textauszüge wurden für den Hauptteil eines informierenden Textes zum Thema „gelungene Integration" verfasst. Jedoch sind nicht alle drei Texte dafür gleichermaßen geeignet.

3 Finde den Textauszug, der zu einem informierenden Text passt und begründe deine Entscheidung.

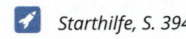 *Starthilfe, S. 394*

> **Text 1:**
> „… Wenn ihr in Deutschland integriert sein wollt, müsst ihr Deutsch lernen. Nur so könnt ihr am täglichen Leben, das euch hier umgibt, teilnehmen. Nur so könnt ihr verstehen, was in Fernseh- oder Radiosendungen gesagt wird, nur so könnt ihr wichtige Informationen lesen, wenn ihr euch im öffentlichen Nahverkehr bewegt, nur so könnt ihr die Speisekarte lesen, wenn ihr ein Lokal besucht. Deshalb rate ich euch: Lernt Deutsch!"

> **Text 2:**
> „… Es gibt in Deutschland sogenannte Integrationskurse, in denen Zuwanderer Deutsch lernen können. Diese Kurse richten sich insbesondere an Frauen, die nicht berufstätig sind und dadurch nicht die Möglichkeit haben, in der Arbeitswelt schnell die neue Sprache zu lernen. Zafer Şenocak berichtet davon, dass sein Vater in einem Kurs des Goethe-Institutes Deutsch gelernt habe (vgl. M6, Z. 36/37)."

> **Text 3:**
> „Als ich in meiner Firma noch Personalverantwortung hatte, habe ich es ja selbst erlebt, dass man Zuwanderern, die bereit waren, schnell Deutsch zu lernen, auch bald anspruchsvollere Aufgaben übertragen konnte. Ich kann mich noch gut an Said erinnern, der aus dem Iran zu uns gekommen ist …"

Mehrsprachigkeit untersuchen, S. 282

4 Erkläre, warum die anderen zwei Textauszüge aus Aufgabe 3 nicht in einen informierenden Text passen. Verwende dazu Begriffe aus dem Wortspeicher.

> genau   persönlich   beleidigend   appellierend
> erzählend   wertend   verletzend   unsachlich   informierend
> umgangssprachlich   subjektiv   desinformierend

5 Schreibe nun den Hauptteil des informierenden Textes zum Thema „gelungene Integration". Nutze dazu deine Vorarbeiten aus diesem Kapitel.

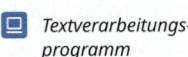 *Textverarbeitungsprogramm*

Den Schluss schreiben

Mit dem Schluss rundest du deinen informierenden Text ab. Du kannst dabei die Inhalte des Hauptteils kurz zusammenfassen, einen Ausblick auf die Zukunft geben oder einen Appell äußern. Vermeide es aber unbedingt, ein ganz neues Thema zu beginnen. Dabei darf dein Schluss nicht zu lang und nicht zu kurz sein. Er sollte ungefähr den Umfang der Einleitung haben.

6 Zwei deiner Gruppenmitglieder haben einen Schluss für euren informierenden Text geschrieben.

Starthilfe, S. 394

a) Entscheide dich für den Schluss (Schluss 1 oder Schluss 2), den du für gelungener hältst. Begründe deine Entscheidung.

Schluss 1:
Da immer mehr Menschen aus anderen Ländern nach Deutschland kommen, lohnt es sich darüber nachzudenken, wie man diese integrieren kann. Die Beispiele haben gezeigt, dass es mehrere Faktoren für eine gelungene Integration gibt. Ganz besonders wichtig ist aber — wie man sehen konnte —, dass die neu Angekommenen möglichst bald die deutsche Sprache beherrschen, damit sie sich verständigen können. Sonst könnten sie vielleicht keine Arbeit bekommen.

Schluss 2:
Wie Sie lesen konnten, müssen verschiedene Dinge erfüllt sein, damit man Zugezogene als gut integriert bezeichnen kann. Am wichtigsten ist aber, dass diese Menschen sich bei uns verständigen können, dass sie also Deutsch können. Helft ihnen deshalb, Deutsch zu lernen!

Mehrsprachigkeit untersuchen, S. 282

Textverarbeitungsprogramm

b) Nimm dir den gewählten Schluss noch einmal gründlich vor und schreibe ihn so um, dass du ihn für euren informierenden Text auf dem Roll-Up-Banner verwenden möchtest.

Feedback geben, S. 333

7 Lest euch in der Klasse einige eurer Schluss-Texte vor und gebt euch eine Rückmeldung.

⚙ Methode

Einen informierenden Text schreiben

Ein informierender Text braucht eine klare gedankliche Struktur, **gliedere** ihn in Einleitung, Hauptteil und Schluss. Schreibe den Text möglichst **objektiv, situations- und adressatenbezogen**. Stelle die Wiedergabe von **Informationen** in den Mittelpunkt und achte auf eine **sachliche Sprache**. Textstellen, die besonders wichtig oder aussagekräftig erscheinen, kannst du **zitieren**. Zusätzlich kannst du Textaussagen durch die Verwendung von **Fachbegriffen** stützen.

Arbeitsheft, S. 30–37

Den Text feedbackgeleitet überarbeiten

Ist ein Text erst einmal geschrieben, ist schon eine große Hürde genommen. Doch selten gelingt ein Text auf Anhieb so gut, dass man ihn auf ein Roll-Up-Banner drucken lassen möchte. Deshalb ist es wichtig, Feedback einzuholen und seinen eigenen Text nach verschiedenen Kriterien zu überarbeiten.

1 a) Findet euch in Vierergruppen zusammen und lest euch eure Texte zum Thema „Was versteht man unter gelungener Integration?" vor.

Starthilfe, S. 394

  b) Besprecht euch und begründet, welchen Text ihr für den geeignetsten haltet. Diesen wählt ihr zur weiteren Bearbeitung aus.

Feedback geben, S. 333

2 Überarbeitet den ausgewählten Text mithilfe der folgenden Checkliste.

Textverarbeitungsprogramm

☑ Checkliste

Einen Informationstext überarbeiten

Der Schreibauftrag
☑ Passt der Informationstext inhaltlich zur gestellten Schreibaufgabe?
☑ Spricht der Text die Adressaten an?
☑ Hat die Autorin/der Autor sich an die Vorgabe bzgl. des Umfangs gehalten?

Erschließung der Materialien
☑ Wurden die Materialien genau gelesen und im Hinblick auf das Schreibziel ausgewertet?
☑ Enthält der Text alle wichtigen Informationen aus den vorliegenden Materialien?

Der Informationstext
☑ Passt die Überschrift zur Textsorte und zum Inhalt des Textes?
☑ Ist der Hauptteil sinnvoll aufgebaut?
☑ Handelt es sich um eine verständliche, zusammenhängende Darstellung?
☑ Ist der Schreibstil sachlich und genau?
☑ Ist der Text in eigenen Worten abgefasst?
☑ Dienen Zitate zur Veranschaulichung oder als Beleg?
☑ Ist eine sinnvolle Gliederung des Textes in Einleitung, Hauptteil und Schluss zu erkennen?
☑ Weckt die Einleitung Interesse für das Thema?
☑ Rundet der Schluss den Text sinnvoll ab?

Checkliste: Einen Informationstext überarbeiten

Rechtschreibstrategien wiederholen, S. 302–304

3 Schreibt in euren Vierergruppen den überarbeiteten Text ab. Führt dann in der Klasse ein Papier-Posting durch und ermittelt die Klassensiegerin oder den Klassensieger.

Textverarbeitungsprogramm

Texte überarbeiten: Papier-Posting, S. 355

Schätze deinen Lernstand ein

Ein Mitschüler möchte anhand des Textes unten üben, wie man einen informierenden Text schreibt. Die Aufgabe, die er bearbeiten will, lautet:

Verfasse auf der Grundlage der vorliegenden Reportage einen informativen Text für deine Mitschülerinnen und Mitschüler, in dem du ihnen Sia, die erste afghanische Fitnesstrainerin in München, vorstellst.

Hilf deinem Mitschüler, indem du die folgenden Aufgaben bearbeitest.

Martina Scherf

Vom Flüchtlingskind zum Fitnesscoach

Sie trägt gerne Schwarz, schwarze Leggins, schwarzes Top, schwarzer Lidstrich. Sports by Sia steht auf der Trainingsjacke, es ist ihr Logo und ihre persönliche Identität. Eine Identität, die sie sich hart erkämpft hat. Seit Kurzem hat Sia, 29, ihr eigenes Fitness-Studio in München-Bogenhausen.

Schugufa Issar Amerchel, wie sie mit vollem Namen heißt, stammt aus Afghanistan. Sie floh mit ihrer Familie vor dem Bürgerkrieg in ihrer Heimat, da war sie zehn Jahre alt. Und Sport für Mädchen oder Frauen, das war in Afghanistan ein Tabu. „Ich wollte das nie so recht akzeptieren", sagt sie, „denn ich liebte Sport schon immer." Jetzt ist der Sport ihr Beruf und sie die erste afghanische Fitness-Trainerin in München. Als die Familie 1999 nach Deutschland kam und sie auf eine deutsche Schule ging, lernte sie nicht nur eine neue Sprache und Kultur kennen, sondern konnte sich endlich auch sportlich austoben. Sia ging auf die Realschule und machte die Mittlere Reife, mit einem Einser-Abschluss. 2007, nach dem Tod der Mutter, zog die Familie nach München. Sia absolvierte eine kaufmännische Lehre und arbeitete vier Jahre lang in einer Bank. Nun arbeitet die junge Frau an ihrem nächsten Plan. „Ich möchte ein eigenes orientalisches Studio in München eröffnen", sagt sie, „das ich ganz nach meinen Vorstellungen gestalten kann, mit afghanischem Design und Räumen, in denen man nach dem Training

gemeinsam bei einem Chai entspannen kann." Und dann gibt es da noch einen weiteren Traum. Den Traum vom Frieden in ihrer ersten Heimat. Schugufa Issar Amerchel möchte nicht nur ein Stück Afghanistan nach München holen, sondern auch ein Stück westlicher Lebensart nach Afghanistan bringen. Eines Tages, davon ist sie überzeugt, wird sie ihr Ziel von einem Fitness-Studio in Afghanistan verwirklicht haben. „Dann bringe ich nicht nur München in Form, sondern auch Kabul", sagt Sia und lacht.

Kennzeichen eines Informationstextes kennen

1 In die folgenden Hinweise für einen gelungenen Informationstext haben sich Fehler eingeschlichen. Schreibe den Text korrekt in dein Heft.

Hinweise für einen gelungenen Informationstext:
- *Der Text hat eine klare gedankliche Struktur.*
- *Die Informationen sind sachlich dargestellt.*
- *Der Informationstext ist in eigenen Worten geschrieben.*
- *Besondere Meinungen oder wichtige Informationen sind als Zitate in den Informationstext übernommen worden.*
- *Die Überschrift ist spannend formuliert.*
- *Es gibt pro Gliederungspunkt mindestens ein wörtliches Zitat.*
- *Der Schluss rundet das Thema ab.*

Einen informierenden Text planen und schreiben

2 Schreibe den Hauptteil für deinen informierenden Text über Schugufa Issar Amerchel, genannt Sia, und überlege dir eine passende Überschrift.

Richtig zitieren können

3 Finde die Fehler in den folgenden Zitaten. Übertrage dann die Sätze a.–c. fehlerlos in dein Heft.

a. Sia betont, sie sei „im Alter von zehn Jahren aus Afghanistan geflohen" (Z. 11).

b. Sia sagt: „Ich will ein eigenes Studio in München eröffnen, das ich ganz nach meinen Wünschen gestalten kann." (Z. 27–30)

c. Sia ist davon überzeugt, dass sie eines Tages ihr Ziel, ein eigenes Fitness-Studio in Afghanistan zu betreiben, verwirklichen wird.

Einen informierenden Text überarbeiten

4 Lies den folgenden Textauszug und überarbeite ihn sprachlich.

Sia geht es richtig gut in Deutschland. Sie hat in Bogenhausen in München ihr eigenes Fitnessstudio eröffnet, auf das sie sehr stolz ist. Schließlich ist Schugufa Iassar Amerchel, die heute 29 Jahre alt ist, vor 19 Jahren aus Afghanistan geflohen. Die Realschulabgängerin ist die erste afghanische Fitness-Trainerin in München — sensationell! Doch Sia hat natürlich noch weitere Ziele: Sie möchte in München ein orientalisches Fitness-Studio eröffnen und dann will sie auch noch eines in ihrer ehemaligen Heimat eröffnen.

🙂 → Seite 138/139, **B**
😐 → Seite 138/139, **A**
🙁 ← Seite 129–131

Material erschließen und einen informierenden Text schreiben

Einige Mitschülerinnen und Mitschüler möchten ein eigenes Roll-Up-Banner mit einem informierenden Text zur Einwanderung von „Gastarbeitern" nach Deutschland für die Wanderausstellung gestalten. Sie haben hierzu schon Materialien gefunden, die aber noch erschlossen werden müssen.

Gastarbeiter in Deutschland   M 1

1955 Beginn der Anwerbung von Gastarbeitern
Wirtschaftswunder in Deutschland, Rückgang der Arbeitslosigkeit, Anwachsen des Wohlstandes, Bedarf an zusätzlichen Arbeitskräften, Anwerbeverträge mit Italien (1955), Spanien (1969), Griechenland (1960), Türkei (1961), Marokko (1963), Portugal (1964), Tunesien (1965) und Jugoslawien (1968)

1960 Austausch der Gastarbeiter
Befristung der Arbeitsverträge auf wenige Jahre, dann Ende des Aufenthaltsrechts, Gastarbeiter werden in ihre Heimat zurückgeschickt und durch neue ersetzt

1973 Anwerbestopp
Einbruch des Wirtschaftswachstums durch die sog. „Ölkrise", keine Anwerbung neuer Gastarbeiter

1975 Familiennachzug
Viele Arbeiter holen ihre Familien nach, häufig relativ geringes Bildungsniveau, geringe Chancen auf dem deutschen Arbeitsmarkt, ablehnende Reaktionen in der deutschen Bevölkerung

Ab 1981 Wende in der Ausländerpolitik
Versuch der deutschen Regierung, die Zahl der Gastarbeiter zu reduzieren, weitere Ablehnung der Gastarbeiter in der Bevölkerung, Zunahme der Gewalttaten gegen Fremde in Deutschland

Nach 1989 Wiedervereinigung Deutschlands
Vermehrter Zuzug von Gastarbeitern aus Osteuropa und der EU

Die Qualifikation von Gastarbeitern   M 2

Häufig nahmen die „Gastarbeiter" die untersten Ränge in der Beschäftigungshierarchie der westdeutschen Aufnahmegesellschaft ein (Müllabfuhr, Straßenreinigung). […] Die „Gastarbeiter" waren vorrangig in Bereichen beschäftigt, die ihnen schwere körperliche Arbeit abverlangte, verbunden mit Akkord- und Schichtarbeit sowie gesundheitlichen Risiken. Beim Auftakt der Anwerbung (1955) fragte die Wirtschaft überwiegend kein beruflich qualifiziertes Personal nach, der Schwerpunkt lag auf un- bzw. angelernten Tätigkeiten vorwiegend im Niedrigsegment der industriellen Produktion. Erst später rekrutierten die Außenstellen der Bundesanstalt für Arbeit (die sog. Deutsche Kommission), die in den jeweiligen Heimatländern in Absprache mit deutschen Unternehmen Anwerbung und Vermittlung übernahmen, Facharbeiter. Berufsausbildungsabschlüsse wurden häufig nicht anerkannt, da sie nicht den deutschen Parametern entsprachen.

Ausländische Arbeitnehmer in Deutschland (in Tausend) M 3

	insgesamt	Italiener	Griechen	Spanier	Türken	Jugoslawen	Portugiesen
1955	80	8	0,6	0,5	–	–	–
1960	329	144	21	16	3	9	0,3
1973	2595	450	250	190	605	535	85
1980	2016	308	130	85	588	349	58
2010*	3300						

* Gesamtdeutschland (nach der Wiedervereinigung)

Material erschließen

1 Erschließe dir das Material M 1 – M 3, wie du es in diesem Kapitel gelernt hast, und halte die wichtigsten Informationen in einem Cluster fest.

Starthilfe, S. 394

Ⓐ Einen informierenden Text in Teilen planen, schreiben und Zitate finden

2 a) Erstelle eine Gliederung für den Hauptteil deines informierenden Textes zum Thema *Gastarbeiter in Deutschland*.

b) Schreibe eine Einleitung für den informierenden Text.

Textverarbeitungsprogramm

3 Markiere mithilfe einer Folie drei Aussagen, die dir so aussagekräftig erscheinen, dass du sie in deinem informierenden Text als Zitate verwenden würdest.

Folie

Ⓑ Einen informierenden Text planen und mit Zitaten schreiben

2 Erstelle eine Gliederung für deinen Text zum Thema *Gastarbeiter in Deutschland*.

Folie

3 Schreibe den Hauptteil und den Schluss des Informationstextes. Verwende dabei zur Verdeutlichung deiner Textaussagen an drei Stellen ein aussagekräftiges Zitat.

Textverarbeitungsprogramm

Einen informierenden Text überarbeiten

4 Lies den folgenden Abschnitt aus einem informierenden Text zum Thema *Gastarbeiter* und überarbeite ihn im Hinblick auf die Zitate:

Starthilfe, S. 394

> *Die deutsche Wirtschaft war in den Jahren nach 1955, also in den Jahren, die man die „Wirtschaftswunderjahre" nannte, auf den Einsatz von Gastarbeitern angewiesen. Trotzdem verdienten diese nur wenig, M 2 zufolge nahmen sie „die untersten Ränge in der westdeutschen Aufnahmegesellschaft" ein.*

5 „Puzzelt" nun Einleitung, Hauptteil und Schluss aus den verschiedenen Arbeitsgruppen zu gemeinsamen Texten zusammen. Besprecht, welche Zusammenstellung am besten passt. Begründet euer Urteil.

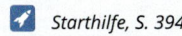

Sich auf eine Klassenarbeit vorbereiten

Frauen als Gastarbeiter M 1

Die Mittelmeerländer [...] wollten vor allem arbeitslose unqualifizierte junge Männer ins Ausland schicken. Gegen die Arbeitsmigration junger Frauen gab es in den Gesellschaften der
5 meisten Länder starke Vorbehalte. Man fürchtete insbesondere die moralisch-sittlichen Gefahren, die den Frauen in einem fremden Land angeblich drohten. Schlussendlich überwog in den Familien vieler Migrantinnen jedoch
10 das Argument, dass die nach Deutschland geschickten Töchter und Ehefrauen in kurzer Zeit ein vergleichsweises gutes Einkommen erzielen sowie männliche Familienangehörige nachholen könnten. Geld zu verdienen war
15 bei der ersten „Gastarbeiterinnen"-Generation die Hauptmotivation für die Migration in die Bundesrepublik. Mit dem Geld wollten sie entweder die Familie unterstützen, sich Aussteuer und Heirat leisten oder eine Geschäftsidee rea-
20 lisieren. Unter jungen ledigen Frauen spielten jedoch auch Abenteuerlust und der Wunsch nach Unabhängigkeit eine Rolle.

Unterschätzt – die Gastarbeiterinnen M 2

Die klassische Vorstellung eines Gastarbeiters in Deutschland ist die eines 18 bis 45 Jahre alten Mannes, der entweder unverheiratet ist oder Ehefrau und Kinder in seinem Heimatland
5 zurückgelassen hat. In den Hochzeiten der Anwerbung allerdings war fast jeder dritte und in manchen Branchen jeder zweite Gastarbeiter eine Gastarbeiterin. [...]
Die Textil- und Bekleidungsindustrie, die Nahrungs- und Genussmittelindustrie, die metallver-
10 arbeitende und die Elektroindustrie waren klein- wie großindustrielle Branchen, die grundsätzlich auf kostengünstige Frauenarbeit ausgelegt waren, und im wirtschaftlichen Erfolg dringend nach weiblichen Arbeitskräften suchten. [...]
15 Folgt man beispielsweise dem Erfahrungsbericht des Landesarbeitsamtes Nordbayern 1967 spielten familienpolitische Erwägungen keine wesentliche Rolle. Die beschäftigten Gastarbeiterinnen würden sich „in weit größerem Maße
20 als deutsche Frauen bereit erklären, Schichtarbeiten anzunehmen und auch vor Arbeitsplätzen mit schmutziger Arbeit nicht zurückschrecken. Außerdem stellen sie sich fast ausschließlich für Ganztagsbeschäftigungen zur Verfügung und
25 machen kaum häusliche Bindungen geltend."

Gastarbeiterinnenmangel M 3

Die veramtlichte Anwerbung in Spanien und Griechenland durch das Abkommen von 1960 brachte allerdings nur begrenzten Erfolg. Die Arbeitsmigration der nachgefragten jungen, bevorzugt ledigen Frauen stieß schnell auf gesellschaftliche, familienpolitische Grenzen, zumal der zu erwartende Lohn nicht die Attraktivität des Gehalts für männliche Arbeitskräfte besaß. Im Oktober 1961 war die Nachfrage nach weiblichen Arbeitskräften noch nicht einmal zur Hälfte gedeckt, und das erste Anwerbeabkommen 1961 mit der Türkei – einem Staat, der den „Europäer-Grundsatz" der bisherigen Abkommen aufweichte – dürfte auch in der Hoffnung abgeschlossen worden sein, aufgrund des sehr niedrigen Lohnniveaus in der Türkei, nicht nur mehr männliche Arbeitskräfte, sondern weibliche Arbeiterinnen gewinnen zu können.

Noch Ende 1964 mussten Unternehmen Wartezeiten von sechs bis neun Monaten bei der Vermittlung von weiblichen Arbeitskräften in Kauf nehmen. Doch der Anreiz war hoch: Die ausländischen Arbeitnehmerinnen galten als „geschickter, billiger und williger."

Azize Şen, eine Gastarbeiterin aus der Türkei M 4

Frau Şen ist 1970 mit 18 Jahren nach Deutschland gekommen, weil es in der Türkei wenig Arbeit gab. […] Zunächst war sie in einer Gaststätte angestellt, später arbeitete sie Akkord in einer Fabrik. 1972 hat Frau Şen in der Türkei geheiratet und ist mit ihrem Mann zurück nach Deutschland gekommen. In den Jahren danach bekamen sie fünf Kinder. Trotz der familiären Anforderungen hat Frau Şen weiterhin Akkord gearbeitet. Jetzt ist dies nicht mehr möglich, da sie krank ist. Wie viele andere Arbeitsmigranten wollte auch Frau Şen nur einige Jahre in Deutschland bleiben.

„Ich habe gedacht, ich spare ein paar tausend Mark und gehe wieder in die Türkei, vielleicht lebe ich dann gut."

Aber sie ist geblieben.

„Weil du nicht so viel sparen kannst. Du lebst hier, zahlst Miete, da kannst du nicht viel sparen. Dann nachher kommen die Kinder, die Kinder wachsen, die Kinder wollen nicht in die Türkei gehen, wenn ich alleine in die Türkei gehe, lohnt sich das nicht."

Inzwischen sind die Kinder ausgezogen und verheiratet. Frau Şen denkt, dass sie auch in Zukunft in Deutschland bleiben wird, denn ihre Kinder und ein Großteil ihrer Familie sind hier und sie würde sie vermissen. Aber es ist nicht nur die Familie, die sie hier hält.

„Ich bin mit 18 Jahren nach Deutschland gekommen […]. Ich habe nicht so lange in der Türkei gelebt wie in Deutschland. Ich würde alle vermissen. […] Wenn wir in die Türkei gehen, sind wir in der Türkei auch Ausländer."

Aufgabe: Schreibe einen informierenden Text für ein Roll-Up-Banner zum Thema *Weibliche Gastarbeiter in der Bundesrepublik Deutschland*. Achte auf einen Umfang von ca. 300 Wörtern.

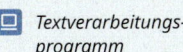 *Textverarbeitungsprogramm*

Ein Drama erschließen

Monster oder Mensch?
Friedrich Schillers „Turandot"

Turandot – Prinzessin in einem exotisch fernen Land, die ihre Verehrer auf eine furchtbare Probe stellt – das ist die Titelfigur in Friedrich Schillers Drama aus dem Jahr 1801 und Giacomo Puccinis Oper (1926).

Kennst du das Bild auf zartem Grunde?
Es gibt sich selber Licht und Glanz,
Ein andres ist's zu jeder Stunde,
Und immer ist es frisch und ganz.
Im engsten Raum ist's ausgeführet,
Der kleinste Rahmen fasst es ein,
Doch alle Größe, die dich rühret,
Kennst du durch dieses Bild allein.

Und kannst du den Kristall mir nennen?
Ihm gleicht an Wert kein Edelstein,
Er leuchtet ohne je zu brennen,
Das ganze Weltall saugt er ein,
Der Himmel selbst ist abgemalet
In seinem wundervollen Ring.
Und doch ist, was er von sich strahlet,
Oft schöner, als was er empfing.

In diesem Kapitel lernt ihr ...
› die geheimnisvolle Märchenprinzessin Turandot kennen,
› den Charakter der Hauptfigur zu untersuchen und zu beurteilen,
› die wichtigsten Fachbegriffe zum Drama kennen.

1   Betrachtet die Bilder auf der linken Seite und sammelt Ideen:
   - Wo könnte das Theaterstück spielen?
   - Wer ist die Hauptfigur?
   - Worum könnte es in der Handlung gehen?

2   Könnt ihr das Rätsel lösen: Was ist gemeint? Begründet eure Lösungen.

Das Märchen von den Rätseln der byzantinischen[1] Prinzessin

Der Kaiser von Byzanz hatte eine überaus schöne und kluge Tochter, die allen Bewerbern um ihre Hand zehn Rätsel vorlegte. Konnten sie diese nicht lösen, wurden sie geköpft. Gelang dem Bewerber jedoch die Lösung, durfte er der Prinzessin drei Rätselfragen stellen. Erriet die Prinzessin die Lösungen, konnte der Bewerber unbehelligt das Land verlassen. Erst wenn sie die Lösungen nicht fand, hätte sie in eine Heirat eingewilligt.

So verloren 42 Bewerber das Leben – ihre abgeschlagenen Köpfe hatte man auf die Zinnen des Palastes gespießt –, bis eines Tages ein kluger, studierter junger Mann nach Byzanz kam, sich den Proben der Prinzessin stellte und anders als seine Vorgänger alle zehn Rätsel löste. Seine erste Rätselfrage an die Prinzessin, in der er in geheimnisvollen Worten sich selbst und sein Schicksal umschrieb, konnte die Prinzessin nicht lösen. Mit Hilfe einer List und zwei verkleideter Dienerinnen gelang es dieser jedoch in der darauffolgenden Nacht, ihm sein Geheimnis zu entlocken. Doch der junge Mann durchschaute das Spiel und stellte der Prinzessin eine zweite Aufgabe, in der er das Geschehen der vergangenen Nacht in verrätselter Form schilderte. Da begriff die Prinzessin, dass sie ihren Meister gefunden hatte, folgte dem Ratschlag ihrer Mutter und nahm den Jüngling zum Mann, der, nachdem der alte Kaiser abgedankt hatte, als neuer Kaiser von Byzanz den Thron bestieg.

[1] Byzanz, byzantinisch: Byzanz (Konstantinopel) war die Hauptstadt des oströmischen (byzantinischen) Reiches, das vom 4. bis zum 15. Jahrhundert n. Chr. existierte.

3   Vergleicht die obige Märchenerzählung mit den Bildern. Auf welche Ereignisse könnten sich die Bilder jeweils beziehen?

4   a)   Untersucht den Text im Hinblick darauf, welche typischen Märchenelemente er enthält.
   b)   Beurteilt, inwiefern es sich bei dem „Märchen von den Rätseln der byzantinischen Prinzessin" um ein typisches Märchen handelt.

Typische Märchenelemente
   - *Die Figuren eines Märchens sind entweder gut oder böse.*
   - *Oft treten typische Figuren auf, z. B. der Prinz, die Prinzessin, König, Königin, Zauberwesen u. a.*
   - *Magische Zahlen (z. B. drei, sieben, zwölf) spielen eine große Rolle.*
   - *Der Ort der Handlung ist meist nicht real.*
   - *In der Regel haben Märchen ein gutes Ende.*

Die Exposition des Dramas erschließen

Eine „mörderische Schönheit" bringt Männer um Verstand und Kopf
Der Ort der Handlung ist Peking. Die Zeit wird nicht genannt. Kalaf, der durch einen Staatsstreich vertriebene Prinz von Astrachan, trifft seinen ehemaligen Hofmeister Barak, der in Peking unter falschem Namen mit einer Einheimischen verheiratet ist. Deren Tochter ist Dienerin im Harem der Prinzessin Turandot. Kalaf erzählt von den Nöten der Flucht mit seinen Eltern; er hat alles verloren, daher will er nun in China sein Glück machen und im Heer des chinesischen Kaisers Altoum dienen.

1 Erarbeitet in Partnerarbeit die Exposition.
a) Lest dazu zunächst den Text mit verteilten Rollen.
b) Formuliert die Redebeiträge gemeinsam mit eigenen Worten.
c) Tauscht euch abschließend über unklare Stellen aus. Notiert, was ihr nicht klären konntet.

Textverarbeitungs-programm

Friedrich Schiller, I. Aufzug, 1. Auftritt (Auszug)

Barak und Kalaf – die Warnung

Barak: Bleibt, Prinz! Wo wollt Ihr hin? – Mögt Ihr das Aug'
An einem grausen vollen Schauspiel weiden?
O wisset, edler Prinz – Ihr kamt hieher
5 Auf einen Schauplatz unerhörter[1] Taten.
Kalaf: Wieso? Was meinst du?
Barak: Wie, Ihr wisst es nicht,
Dass Turandot, des Kaisers ein'zge Tochter,
Das ganze Reich in Leid versenkt und Tränen?
10 **Kalaf**: Ja, schon vorlängst im Karazanenland[2]
Hört' ich dergleichen – und die Rede ging,
Es sei der Prinz des Königs Keikobad
Auf eine seltsam jammervolle Art
Zu Pekin umgekommen – Eben dies
15 Hab' jenes Kriegesfeuer angeflammt,
Das mit dem Falle seines Reichs geendigt.
Doch manches glaubt und schwatzt der dumme Pöbel[3],
Worüber der Verständ'ge lacht – darum
20 Sag' an, wie sich's verhält mit dieser Sache.
Barak: Des Großchans einz'ge Tochter Turandot,
Durch ihren Geist berühmt und ihre Schönheit,
Die keines Malers Pinsel noch erreicht,
Wie viele Bildnisse von ihr auch in der Welt
25 Herumgehn, hegt so übermüt'gen Sinn[4],
So großen Abscheu vor der Ehe Banden,
Dass sich die größten Könige umsonst
Um ihre Hand bemüht –
Kalaf: Das alte Märchen
30 Vernahm ich schon am Hofe Keikobads
Und lachte drob[5] – Doch fahre weiter fort.
Barak: Es ist kein Märchen. Oft schon wollte sie
Der Chan[6], als einz'ge Erbin seines Reichs,
Mit Söhnen großer Könige vermählen –
35 Stets widersetzte sich die stolze Tochter,
Und ach! zu blind ist seine Vaterliebe,
Als dass er Zwang zu brauchen sich erkühnte.
Viel schwere Kriege schon erregte sie
Dem Vater, und obgleich noch immer Sieger
40 In jedem Kampf, so ist er doch ein Greis,
Und unbeerbt wankt er dem Grabe zu.
Drum sprach er einsmals ernst und wohlbedächtlich
Zu ihr die strengen Worte: „Störrig Kind!
45 Entschließe dich einmal, dich zu vermählen.
Wo nicht, so sinn' ein ander Mittel aus,

[...] wie ich mich
Der wiederholten Werbungen erwehre,
Und leb' hernach und stirb, wie dir's gefällt."
50 Erschüttert ward von diesem ernsten Wort
Die Stolze, rang umsonst, sich loszuwinden,
Die Kunst der Tränen und der Bitten Macht
Erschöpfte sie, den Vater zu bewegen;
Doch unerbittlich blieb der Chan – Zuletzt

Verlangt sie von dem unglücksel'gen Vater,
Verlangt – Hört, was die Furie[7] verlangte!   55

[1] unerhört: unglaublich
[2] Karazanenland: erfundenes Land
[3] Pöbel: abwertend für Volk
[4] übermüt'ger Sinn: leichtsinnig, „überdreht"
[5] lachte drob: lachte darüber
[6] Chan, Großchan: Bezeichnung für den Kaiser von China
[7] Furie: Rachegöttin in der antiken Mythologie, Wahnsinnige

2 a) Vergleicht die folgende Übertragung in modernes Deutsch mit dem Original.
- Was verändert sich?
- Was bleibt gleich?
- Wie unterschiedet sich diese Version von euren eigenen Formulierungen?

b) Überprüft, ob ihr durch die moderne Version eure offenen Fragen klären konntet.

Barak: Die einzige Tochter des Kaisers, Turandot, ist berühmt wegen ihrer Klugheit und Schönheit, die kein Maler einfangen kann – egal, wie viele Bilder er auch malt. Und die ist so überdreht und verrückt, dass sie die Fesseln der Ehe hasst. Die größten Könige haben sich vergeblich
5 um sie bemüht!

Kalaf: Die alte Geschichte habe ich schon am Hof Keikobads gehört und mich halb tot darüber gelacht. Aber erzähl' weiter!

Barak: Das ist kein Märchen. Der Kaiser wollte sie schon oft mit dem Sohn eines großen Königs verheiraten, denn er hat nur sie und keine
10 anderen Erben. Doch sie hat sich immer dagegen gewehrt, und er ist vor Vaterliebe so blind, dass er es nie wagen würde, sie zur Heirat zu zwingen.

3 Überarbeitet nun eure eigenen Übertragungen der Gesamtpassage und stellt sie anschließend in der Klasse vor.
- Welche Übertragung ist besonders gut gelungen? Begründet eure Meinung.
- Diskutiert, was euch leicht gefallen ist und an welchen Stellen ihr Schwierigkeiten hattet.

4 Entwerft mit eurer Lernpartnerin oder eurem Lernpartner eine mögliche Fortsetzung des Gesprächs: Fasst dazu zunächst Kalafs und Baraks Positionen mit eigenen Worten zusammen. Entwickelt dann Ideen, wie der Dialog oder die Handlung weitergehen könnte. Haltet eure Ideen stichwortartig fest.

Arbeitsheft, S. 38–40

Den Fortgang der Exposition untersuchen

Kalaf und Barak unterhalten sich weiter über die Prinzessin Turandot.

1 Lest die Fortsetzung der Handlung und vergleicht sie mit euren Überlegungen.

Friedrich Schiller, I. Aufzug, 1. Auftritt (Auszug)

Barak und Kalaf und die kopflosen Prinzen

Kalaf: Ich hab's gehört. Das abgeschmackte[1]
    Märchen
Hab' ich schon oft belacht – Hör', ob ich's weiß!
Sie fordert ein Edikt[2] von ihrem Vater,
5 Dass jedem Prinzen königlichen Stamms
Vergönnt sein soll', um ihre Hand zu werben.
Doch dieses sollte die Bedingung sein:
Im öffentlichen Divan[3], vor dem Kaiser
Und seinen Räten allen sollte sie
10 Drei Rätsel ihm vorlegen. Löste sie
Der Freier auf, so mög' er ihre Hand
Und mit derselben Kron' und Reich empfangen.
Löst er sie nicht, so soll der Kaiser sich
15 Durch einen heil'gen Schwur auf seine Götter
Verpflichten, den Unglücklichen enthaupten
Zu lassen. – Sprich, ist's nicht so? Nun vollende
Dein Märchen, wenn du's kannst für langer
    Weile.
20 **Barak**: Mein Märchen? Wollte Gott! – Der Kaiser
    zwar
Empört' sich erst dagegen, doch die Schlange
Verstand es, bald mit Schmeichelbitten, bald
Mit list'ger Redekunst das furchtbare
25 Gesetz dem schwachen Alten zu entlocken.
„Was ist's dann auch?" sprach sie mit arger[4]
    List,
„Kein Prinz der Erde wird so töricht[5] sein,
In solchem blut'gen Spiel sein Haupt zu wagen!
30 Der Freier[6] Schwarm zieht sich geschreckt
    zurück,
Ich werd' in Frieden leben. Wagt es dennoch
Ein Rasender, so ist's auf seine eigne
Gefahr, und meinen Vater trifft kein Tadel,
35 Wenn er ein heiliges Gesetz vollzieht!" –

Beschworen ward das unnatürliche
Gesetz und kund gemacht in allen Landen.
(Da Kalaf den Kopf schüttelt.)
– Ich wünschte, dass ich Märchen nur erzählte
Und sagen dürfte: Alles war ein Traum!   40
Kalaf: Weil du's erzählst, so glaub' ich das Gesetz.
Doch sicher war kein Prinz wahnsinnig g'nug,
Sein Haupt daran zu setzen.
Barak *(zeigt nach dem Stadttor)*: Sehet, Prinz!
Die Köpfe alle, die dort auf den Toren   45
Zu sehen sind, gehörten Prinzen an,
Die toll[7] genug das Abenteuer wagten
Und kläglich ihren Untergang drin fanden,
Weil sie die Rätsel dieser Sphinx[8] zu lösen
Nicht fähig waren.   50
Kalaf: Grausenvoller Anblick!
Und lebt ein solcher Tor[9], seinen Kopf
Wagt, um ein Ungeheuer zu besitzen!
Barak: Nein! Sagt das nicht. Wer nur ihr Kon-
    terfei[10]
Erblickt, das man sich zeigt in allen Ländern,   55
Fühlt sich bewegt von solcher Zaubermacht,
Dass er sich blind dem Tod entgegen stürzt,
Das göttergleiche Urbild zu besitzen.

Kalaf: Irgend ein Geck[11].

Barak: Nein wahrlich! Auch der Klügste.
  Heut' ist der Zulauf hier, weil man den Prinzen
  Von Samarkanda, den verständigsten,
  Den je die Welt gesehn, enthaupten wird.
  Der Chan beseufzt die fürchterliche Pflicht,
  Doch ungerührt frohlockt die stolze Schöne.
  (Man hört in der Ferne den Schall von gedämpf-
  ten Trommeln.)
  Hört! Hört Ihr! Dieser dumpfe Trommelklang
  Verkündet, dass der Todesstreich geschieht;
  Ihn nicht zu sehen, wich ich aus der Stadt.

Kalaf: Barak, du sagst mir unerhörte Dinge.
  Was? Konnte die Natur ein weibliches
  Geschöpf wie diese Turandot erzeugen,
  So ganz an Liebe leer und Menschlichkeit?

Barak: Mein Weib hat eine Tochter, die im Ha-
  rem[12]
  Als Sklavin dient und uns Unglaubliches
  Von ihrer schönen Königin berichtet.

Ein Tiger ist sie, diese Turandot,
  Doch gegen Männer nur, die um sie werben.
  Sonst ist sie gütig gegen alle Welt:
  Stolz ist das einz'ge Laster, das sie schändet.

Kalaf: Zur Hölle, in den tiefsten Schlund hinab
  Mit diesen Ungeheuern der Natur,
  Die kalt und herzlos nur sich selbst lieben!
  Wär' ich ihr Vater, Flammen sollten sie
  Verzehren.

---

[1] abgeschmackt: langweilig
[2] Edikt: Erlass
[3] Divan: *hier* öffentliche Versammlung
[4] arg: schlimm, bösartig
[5] töricht: dumm
[6] Freier: Bewerber um die Hand der Prinzessin;
[7] toll: irr, wahnsinnig
[8] Sphinx: Ungeheuer in der antiken Mythologie;
[9] Tor: Irrer
[10] Konterfei: Bild
[11] Geck: dummer Mensch
[12] Harem: separater Wohnbereich eines Hauses, in dem nur
  Frauen und Kinder leben

2 Lest euch nun den weiteren Dialog durch.

Friedrich Schiller, I. Aufzug, 3. Auftritt (Auszug)

Barak und Kalaf – ein Bild ändert alles

Der Diener des Prinzen von Samarkanda erscheint
und wirft das Bild der Prinzessin Turandot, das sei-
nen Herrn so verwirrte, dass er sich auf die gefähr-
liche Werbung einließ, fort. Kalaf ist neugierig und
will es betrachten, doch Barak warnt ihn.

Kalaf *(lächelnd)*: Nun! Ein Bildnis
  Nehm' ich vom Boden auf. Ich will sie doch
  Betrachten, diese mörderische Schönheit.
  (Greift nach dem Bildnis und hebt es von der
  Erde auf.)
Barak *(ihn haltend)*: Euch wäre besser, der Me-
  dusa[1] Haupt

Als diese tödliche Gestalt zu sehn. [...]
  [Doch Kalaf lässt sich nicht davon abhalten, das
  Bild anzusehen.]
Kalaf *(fasst ihn lebhaft bei der Hand.)*: Barak!
  (Will reden, sieht aber wieder auf das Bild und
  betrachtet es mit Entzücken.) [...]
  In diesen holden Augen, dieser süßen
  Gestalt, in diesen sanften Zügen kann
  Das harte Herz, wovon du sprichst, nicht woh-
  nen! [...]
  Himmlische Anmut! Warme glühende Lippen!
  Augen der Liebesgöttin! Welcher Himmel,
  Die Fülle dieser Reize zu besitzen!

(Er steht in den Anblick des Bildes verloren, plötzlich wendet er sich zu Barak und ergreift seine Hand.)

Barak! Verrat mich nicht – Jetzt oder nie!

25 Dies ist der Augenblick, mein Glück zu wagen.
Wozu dies Leben sparen, das ich hasse?
– Ich muss auf einen Zug die schönste Frau
Der Erde und ein Kaisertum mit ihr
Gewinnen, oder dies verhasste Leben

Auf einen Zug verlieren – Schönstes Werk! 30
Pfand meines Glücks und meine süße Hoffnung!
Ein neues Opfer ist für dich bereit
Und drängt sich wagend zu der furchtbarn
Probe. 35

¹ Medusa: ein Ungeheuer in der griechischen Mythologie, bei dessen Anblick der Betrachter zu Stein wird

3 Stellt euch zwei Zuschauer vor, die sich am Ende dieser Szene unterhalten.

> Das ist total unrealistisch und märchenhaft! Wie kann man sich so in ein Bild verlieben, dass man darüber alles andere vergisst? Er kennt sie doch gar nicht.

> Ich finde das gar nicht so unrealistisch. Denk an die Leute, die ein Bild im Internet sehen und sich sofort verlieben.

Wem würdet ihr zustimmen? Tauscht euch aus.

✈ *Starthilfe, S. 394* **4** Erläutert, warum es sich bei diesem Teil des Dialogs um einen wichtigen Wendepunkt handelt.

5 Untersucht die Auszüge aus der Exposition unter folgenden Gesichtspunkten:
a) Beschreibt Kalafs Charakter und Verhalten. Geht auch darauf ein, wie sich seine Haltung verändert, nachdem er Turandots Bild gesehen hat.

➡ *Adjektive, S. 369* Dabei könnt ihr folgende Adjektive verwenden:

> *wagemutig, entschlossen, besonnen, leichtgläubig, intelligent, sympathisch, temperamentvoll, hartnäckig, überlegt, leidenschaftlich, verbissen, kritisch, misstrauisch, ruhig, realistisch, freundlich, neugierig*

Beurteilt die Figur: Ist Kalaf ein typischer Prinz, wie er auch in einem Märchen auftreten könnte?

b) Erstellt eine Tabelle, in der ihr gegenüberstellt,
- was die Zuschauerinnen und Zuschauer aus Baraks Erzählung über Turandots Wesen erfahren und
- welche Eindrücke den Zuschauerinnen und Zuschauern von Turandot vermittelt werden, nachdem Kalaf ihr Bild gesehen hat.

Diskutiert die Unterschiede. Wie erklärt ihr sie euch? Welche Sichtweise haltet ihr für „richtig", welche für „falsch"?

c) • Notiert, was man über den Kaiser, Turandots Vater, erfährt.
- Wie beurteilt ihr sein Verhältnis zu seiner Tochter? Nehmt Stellung und begründet: Ist der Kaiser ein schwacher, liebender, überforderter oder dummer Vater?

⊙ **Tipp**

Achtet bei Baraks Erzählung besonders auf die Vergleiche mit Tieren und anderen Wesen sowie die wörtlichen Reden.

📄 *Arbeitsheft, S. 38–40*

Die Hauptfigur des Dramas kennenlernen

„Tod oder Turandot!" – Eine Prinzessin gibt Männern Rätsel auf

1 Sammelt Ideen, wie die erste Begegnung zwischen Kalaf und Turandot aussehen könnte. Beschreibt ihr Verhalten und denkt euch einen kurzen Dialog aus.

2 Lest danach den Text von Schiller.

Friedrich Schiller, II. Aufzug, 4. Auftritt (Auszug)

Turandot und Kalaf begegnen sich zum ersten Mal

Nachdem alle, sogar die Hofangestellten, versucht haben, Kalaf von seinem Vorhaben abzubringen, begegnet er im Palast zum ersten Mal Turandot. Er ist fest entschlossen, die Rätsel zu lösen: „Tod oder Turandot!" Der Hofstaat versammelt sich. Zuletzt erscheint Turandot, verschleiert, in reicher chinesischer Kleidung, majestätisch und stolz. Die Räte und Doktoren werfen sich vor ihr mit dem Angesicht auf die Erde. Sie nimmt auf dem Thron Platz.

Turandot: *(nach einer langen Pause)*:
    Wer ist's, der sich aufs neu vermessen schmei-
      chelt,
    Nach so viel kläglich[1] warnender Erfahrung,
    In meine tiefen Rätsel einzudringen!
5   Der, seines eignen Lebens Feind, die Zahl
    Der Todesopfer zu vermehren kommt!
Altoum *(zeigt auf Kalaf, der erstaunt in der Mitte des Divans steht)*:
    Der ist es, Tochter – würdig wohl ist er's,
10   Dass du freiwillig zum Gemahl ihn wählest,
    Ohn' ihn der furchtbarn Probe auszusetzen
    Und neue Trauer diesem Land, dem Herzen
    Des Vaters neue Stacheln zu bereiten.
Turandot *(nachdem sie ihn eine Zeitlang betrach-*
15 *tet, leise zur Zelima[2])*:
    O Himmel! Wie geschieht mir, Zelima!
Zelima: Was ist dir, Königin?
Turandot: Noch keiner trat
    Im Divan auf, der dieses Herz zu rühren
20   Verstanden hätte. Dieser weiß die Kunst.

Zelima: Drei leichte Rätsel denn, und – Stolz, fahr hin!
Turandot: Was sagst du? Wie, Verwegne[3]? Meine Ehre?
    [...] Prinz! Noch ist's Zeit. Gebt das verwegene
    Beginnen auf! Gebt's auf! Weicht aus dem Di-
    van.
    Der Himmel weiß, dass jene Zungen lügen,
30   Die mich der Härte zeihn[4] und Grausamkeit.
    – Ich bin nicht grausam. Frei nur will ich leben.
    Bloß keines andern will ich sein; dies Recht,
    Das auch dem Allerniedrigsten der Menschen
    Im Leib der Mutter anerschaffen[5] ist,
35   Will ich behaupten, eine Kaiserstochter.
    Ich sehe durch ganz Asien das Weib
    Erniedrigt und zum Sklavenjoch verdammt,
    Und rächen will ich mein beleidigtes Ge-
    schlecht
40   An diesem stolzen Männervolke, dem
    Kein andrer Vorzug vor dem zärtern Weibe
    Als rohe Stärke ward[6]. Zur Waffe gab
    Natur mir den erfindenden Verstand
    Und Scharfsinn, meine Freiheit zu beschüt-
45   zen.
    – Ich will nun einmal von dem Mann nichts
    wissen,
    Ich hass' ihn, ich verachte seinen Stolz
    Und Übermut – Nach allem Köstlichen
50   Streckt er begehrlich seine Hände aus;
    Was seinem Sinn gefällt, will er besitzen.
    Hat die Natur mit Reizen mich geschmückt,
    Mit Geist begabt – warum ist's denn das Los

Des Edeln in der Welt, dass es allein
55 Des Jägers wilde Jagd nur reizt, wenn das Ge-
  meine
In seinem Unwert ruhig sich verbirgt?
Muss denn die Schönheit eine Beute sein
Für *einen*? Sie ist frei so wie die Sonne,
60 Die allbeglückend herrliche am Himmel,
Der Quell des Lichts, die Freude aller Augen,
Doch keines Sklavin und Leibeigentum.

[1] kläglich: schrecklich
[2] Zelima: eine der Sklavinnen Turandots; ihre Mutter ist mit Barak, Kalafs ehemaligem Hofmeister, verheiratet. Sie ist also Baraks Stieftochter.
[3] Verwegene: Übermütige, Leichtsinnige
[4] zeihn: anklagen
[5] anerschaffen: angeboren, von Geburt an vorhanden
[6] kein anderer Vorzug ward: die den Frauen nichts anderes voraus haben

3 Vergleicht eure Ideen mit dem Text. Was findet ihr wieder?

4 a) Fasst Turandots Standpunkt und ihre Argumente mit eigenen Worten zusammen. Wie rechtfertigt sie sich?
  b) Diskutiert, ob diese Rede auch heute noch so gehalten werden könnte.

5 a) Spielt die Szene aus dem Stegreif nach. Achtet besonders auf die Haltung der Beteiligten:
  • Wie bewegt sich der Hofstaat? Wie gehen und stehen die Höflinge?
  • Wie bewegt sich der Kaiser?
  • Wie reagiert Kalaf auf den Anblick und die Rede Turandots?
  • Wie geht Turandot? Welche Haltung hat sie? Probiert verschiedene Bewegungen und Gangarten aus.

Starthilfe, S. 394

  b) Entwickelt Ideen, mit welchen Requisiten ihr Turandot ausstatten könntet: Maske, Schleier, Schminke …? Welche Kleidung könnte sie tragen?

6 Tauscht euch über die Stegreif-Aufführungen aus:
  • Wie haben sich die Darstellerinnen und Darsteller der Turandot in ihrer Rolle gefühlt?
  • Wie hat die Szene auf die Zuschauerinnen und Zuschauer gewirkt? Welche Eindrücke habt ihr von den Höflingen, dem Kaiser, Kalaf und Turandot erhalten?

Facetten =
Teilaspekte

7 Turandot zeigt in der Szene bereits verschiedene Facetten ihres Charakters. Untersucht und notiert mithilfe des Clusters, welche Eigenschaften an der jeweiligen Textstelle deutlich werden.

Sie tritt auf —— **Turandot** —— *Ihr Monolog*
(Z. 1 – 7) *(Z. 26 – 62)*
|
Sie sieht Kalaf (Z. 15 – 25)

8 a) Wählt Aufgabenangebot A oder B.

    A Nehmt an, dass nach ihrer Rede ein Reporter Gelegenheit erhält, Turandot zu interviewen. Notiert euch in Gruppen verschiedene Fragen und spielt die Szene aus dem Stegreif.

    B Versetzt euch in die Rolle der Turandot und verfasst einen Tagebucheintrag, den sie nach ihrer ersten Begegnung mit Kalaf schreibt.

  b) Präsentiert eure Ergebnisse und wertet aus: Was gibt Turandot gegenüber dem Reporter preis, wie stellt sie sich öffentlich dar, wie äußert sie sich in ihrem Tagebuch?

→ Aus der Prespektive einer Figur schreiben, S. 354

🖥 Textverarbeitungsprogramm

Turandots erstes Rätsel

Kalaf lässt sich nicht abschrecken. Er ist bereit, sein Leben aufs Spiel zu setzen, um die Prinzessin für sich zu gewinnen. Also trägt Turandot ihm das erste Rätsel vor.

9 Versetzt euch in Turandots Rolle und tragt das Rätsel feierlich vor. Probiert verschiedene Arten des Sprechens aus, sprecht das Rätsel z. B. wie einen Zauberspruch oder wie ein Gebet. Wie wirkt Turandot dadurch jeweils?

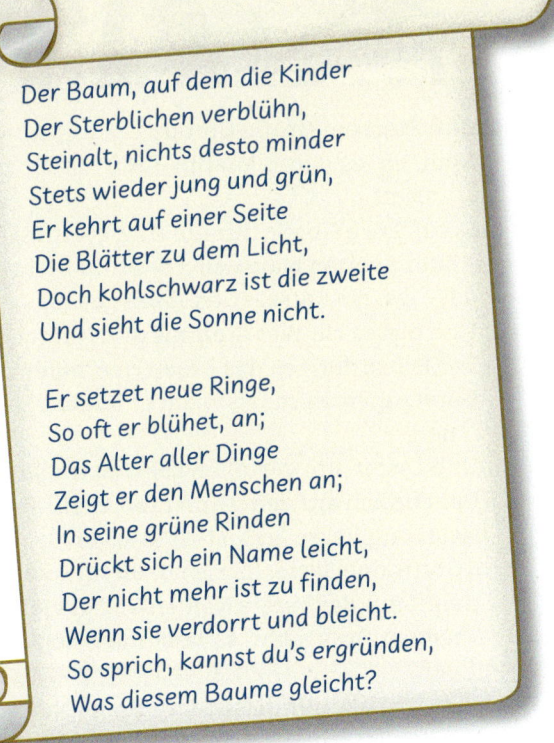

Der Baum, auf dem die Kinder
Der Sterblichen verblühn,
Steinalt, nichts desto minder
Stets wieder jung und grün,
Er kehrt auf einer Seite
Die Blätter zu dem Licht,
Doch kohlschwarz ist die zweite
Und sieht die Sonne nicht.

Er setzet neue Ringe,
So oft er blühet, an;
Das Alter aller Dinge
Zeigt er den Menschen an;
In seine grüne Rinden
Drückt sich ein Name leicht,
Der nicht mehr ist zu finden,
Wenn sie verdorrt und bleicht.
So sprich, kannst du's ergründen,
Was diesem Baume gleicht?

10 Findet die Lösung des Rätsels.

 Starthilfe, S. 394

11 Diskutiert, was es über Turandot aussagt, dass sie ein solches Rätsel und keine andere Aufgabe stellt.

📄 *Arbeitsheft, S. 41/42*

Zu Turandots Konflikt Stellung beziehen

Stolz und Hass gegen Menschlichkeit und Liebe

1 Lest die folgende Szene. Tauscht euch mit einer Partnerin oder einem Partner darüber aus, was in der Szene passiert.

Friedrich Schiller, II. Aufzug, 4. Auftritt (Auszug)

Die verzweifelte Prinzessin

Wider Erwarten gelingt es Kalaf, alle drei Rätsel zu lösen. Turandot ist verzweifelt.

Turandot *(außer sich)*: So werde mir der Tempel
    denn zum Grab!
    Ich kann und will nicht seine Gattin sein,
    Ich kann es nicht. Eh' tausend Tode sterben,
5   Als diesem stolzen Mann mich unterwerfen.
    Der bloße Name schon, schon der Gedanke,
    Ihm untertan zu sein, vernichtet mich.
Kalaf [...] *(zu Altoum)*: Lasst Euch erbitten, Sire.
    Ich flehe selbst
10   Darum. Gönnt ihr den Aufschub, den sie fordert.
    Wie könnt' ich glücklich sein, wenn sie mich
    hasst.
    Zu zärtlich lieb' ich sie – ich kann's nicht tragen,
15   Ihr Leiden, ihren Schmerz zu sehn – Fühllose!
    Wenn dich des treuesten Herzens treue Liebe
    Nicht rühren kann, wohlan, so triumphiere!
    Ich werde nie dein Gatte sein mit Zwang.
20   O sähest du in dies zerrissne Herz,
    Gewiss, du fühltest Mitleid – dich gelüstet
    Nach meinem Blut? Es sei darum. Verstattet,
    Die Probe zu erneuern, Sire – Willkommen
    Ist mir der Tod. Ich wünsche nicht zu leben.
25 **Altoum**: Nichts. Nichts. Es ist beschlossen. Fort
    zum Tempel.
    Kein anderer Versuch – Unkluger Jüngling!
Turandot *(fährt rasend auf)*: Zum Tempel denn!
    Doch am Altar wird Eure Tochter
30   Zu sterben wissen.
    (Sie zieht einen Dolch und will gehen.)

Kalaf: Sterben! Große Götter!
    Nein, eh' es dahin kommt – Hört mich, mein
    Kaiser!
    Gönn' Eure Gnade mir die einz'ge Gunst. 35
    – Zum zweiten Male will ich ihr im Divan,
    Ich – ihr, ein Rätsel aufzulösen geben.
    Und dieses ist: Wes Stamms und Namens ist
    Der Prinz, der, um das Leben zu erhalten,
    Gezwungen ward, als niedrer Knecht zu dienen 40
    Und Lasten um geringen Lohn zu tragen;
    Der endlich auf dem Gipfel seiner Hoffnung
    Noch unglücksel'ger ist als je zuvor?
    – Grausame Seele! Morgen früh im Divan 45
    Nennt mir des Vaters Namen und des Prinzen.
    Vermögt Ihr's nicht, so lasst mein Leiden enden
    Und schenkt mir diese teure Hand. Nennt Ihr
    Die Namen mir, so mag mein Haupt zum Opfer 50
    fallen.
Turandot: Ich bin's zufrieden, Prinz. Auf die
    Bedingung
    Bin ich die Eurige.

2 Nehmt Stellung zu folgender Äußerung:

> Anscheinend sind beide verrückt: Er löst alle Rätsel, woraufhin sie ausrastet und sich umbringen will. Außerdem gibt er seinen Sieg freiwillig aus der Hand, will sich ebenfalls umbringen und denkt sich dann ein neues Rätsel aus.

3 a) Verfasse aus der Sicht von Turandot oder Kalaf einen inneren Monolog. Achte darauf, dass die Gefühle und Motive der Figur deutlich werden.
b) Tragt die Monologe vor und tauscht euch aus: Werden die Gefühle deutlich? Kommen die Motive klar zum Ausdruck?

→ *Innere Monologe verfassen, S. 353*

4 Lest den folgenden Auszug mit verteilten Rollen (Zelima, Adelma und Turandot). Tauscht euch anschließend über Textstellen aus, die euch unklar geblieben sind.

Friedrich Schiller, III. Aufzug, 2. Auftritt (Auszug)

Turandot zwischen Zelima und Adelma

In Gesellschaft ihrer Dienerinnen Adelma, die Kalaf für sich haben will, und Zelima, Baraks gutherziger Stieftochter, sucht Turandot nach einer Möglichkeit, hinter die Identität Kalafs zu kommen.

Turandot: Hilf, rat mir, Zelima. Ich kann's nicht tragen,
  Mich vor dem ganzen Divan überwunden
  Zu geben! – Der Gedanke tötet mich.
5 **Zelima**: Ist's möglich, Königin? Ein so edler Prinz,
  So liebeatmend und so liebenswert,
  Kann nichts als Hass und Abscheu –
Turandot: Abscheu! Hass!
  (Sie besinnt sich.)
10 – Ich hass ihn, ja. Abscheulich ist er mir!
  Er hat im Divan meinen Ruhm vernichtet.
  In allen Landen wird man meine Schande
  Erfahren, meiner Niederlage spotten.
15 *[Sie bittet Zelima, ihr dabei zu helfen, den Namen des Prinzen und seine Herkunft herauszufinden. Doch diese ruft ihr eindringlich ins Gedächtnis, wie edelmütig er sich zeigte, als Turandot sich weigerte, das Versprechen einzulösen.]*

Turandot *(weggewendet)*: Still, still davon! 20
Zelima: Ihr kehrt Euch von mir ab!
  Ihr seid gerührt! Ja! Ja! Verbergt es nicht!
  Und eine Träne glänzt in Eurem Auge –
  O schämt Euch nicht der zarten Menschlichkeit! 25
  Nie sah ich Euer Angesicht so schön.
  O macht ein Ende. Kommt –
  (Adelma ist im Begriff, hervorzutreten.)
Turandot: Nichts mehr von ihm.
  Er ist ein Mann. Ich hass' ihn, muss ihn hassen. 30
  Ich weiß, dass alle Männer treulos sind,
  Nichts lieben können als sich selbst; hinweg
  Geworfen ist an dies verrätrische Geschlecht
  Die schöne Neigung und die schöne Treue.
  Geschmeid'ge Sklaven, wenn sie um uns werben, 35
  Sind sie Tyrannen, gleich, wo sie besitzen.
  Das blinde Wollen, den gereizten Stolz,
  Das eigensinnig heftige Begehren,
  Das nennen sie ihr Lieben und Verehren. 40
  Das reißt sie blind zu unerhörter Tat,
  Das treibt sie selber auf den Todespfad;
  Das Weib allein kennt wahre Liebestreue.

– Nicht weiter, sag ich dir. Gewinnt er morgen,
Ist mir der Tod nicht schrecklicher als er.
Mich säh' die Welt, die mir gehässig ist,
Zu dem gemeinen Los herabgewürdigt,
An eines Mannes und Gebieters Hand!
Nein, nein! So tief soll Turandot nicht sinken!
– Ich seine Braut! Eh' in das offne Grab
Mich stürzen als in eines Mannes Arme! [...]

Zelima: Wohl mag's Euch kosten, Königin, ich
    glaub es,
Von Eurer stolzen Höh herabzusteigen,
Auf der die Welt Euch staunend hat gesehn.
Was ist der eitle Ruhm, wenn Liebe spricht?
Gesteht es! Eure Stunde ist gekommen!
Weg mit dem Stolze! Weicht der stärkeren
Gewalt – Ihr hasst ihn nicht, könnt ihn nicht
    hassen.
Warum dem eignen Herzen widerstreben?
Ergebt Euch dem geliebten Mann, und mag
Alsdann die Welt die Glückliche verhöhnen!

Adelma *(ist horchend nach und nach näher ge-
kommen und tritt jetzt hervor)*: Wer von ge-
    ringem Stand geboren ist,
Dem steht es an, wie Zelima zu denken.
Ein königliches Herz fühlt königlich.
– Vergib mir, Zelima! Dir ist es nicht gegeben,
An einer Fürstin Platz dich zu versetzen,
Die sich so hoch wie unsre Königin
Gestellt und jetzt, vor aller Menschen Augen,
Im Divan so heruntersteigen soll,
Von einem schlechten Fremdling überwunden.
Mit meinen Augen sah ich den Triumph,
Den stolzen Hohn in aller Männer Blicken,
Als er die Rätsel unsrer Königin,
Als wären's Kinderfragen, spielend löste,
Der überlegnen Einsicht stolz bewusst.
O in die Erde hätt' ich sinken mögen
Für Scham und Wut – Ich liebe meine schöne
Gebieterin, ihr Ruhm liegt mir am Herzen.

5 a) Sucht Textstellen, mit denen man folgende Äußerungen belegen kann:

> Turandot zeigt hier, dass sie ein eiskaltes Herz hat und es ihr nur darum geht, vor Hof und Volk als die kluge Prinzessin dazustehen und nicht als Verliererin.

> Turandot hat Kalaf durchschaut: Wenn sie ihn heiratet, verliert sie die Freiheit und muss sich ihrem Mann fügen. Das will sie mit allen Mitteln verhindern, denn die Freiheit zu verlieren, ist das Schlimmste.

> Eigentlich ist Turandot verzweifelt, denn sie hat sich in Kalaf verliebt und will es nur nicht zugeben, weil sie glaubt, dass Liebe Schwäche ist.

   b) Welche Einschätzung der Turandot trifft deiner Ansicht nach am ehesten zu?
Begründe deine Entscheidung.
Kannst du keiner Einschätzung zustimmen, formuliere eine eigene und belege
sie mit Textstellen.

6 Untersucht Zelimas und Adelmas Äußerungen.
   a) Welche Position nehmen sie gegenüber der Frage ein, ob Turandot nachgeben
und Kalaf heiraten oder auf dem Rätselkampf beharren soll? Legt mögliche
Gründe (Motive) für ihre Haltungen dar.
   b) Notiert die Argumente, mit denen sie Turandot von ihrer Haltung überzeugen
wollen.

Turandots „zwei Gesichter" erkunden

Friedrich Schiller, IV. Aufzug, 1. Auftritt (Auszug) und 4. Auftritt

Die „zwei Gesichter" der Prinzessin

Als Turandot den Vater des Prinzen kennenlernt, der sich – als König auf der Flucht, unter falschem Namen – in Peking aufhält, und erfährt, in welchem Elend er leben muss, zeigt sie sich ergriffen und mitleidig.

Turandot *(in tiefes Staunen verloren, nicht ohne Rührung)*: Ein König und in solcher Schmach[1]! – Sein Vater!
Des unglückel'gen Jünglings, den ich mich
5 Zu hassen zwinge und nicht hassen kann!
– O der Bejammernswürdige – Wie wird mir!
Das Herz im tiefsten Busen wendet sich!
Sein Vater! – Und er selbst – Sagt er nicht so?
Genötiget[2], als niedrer Knecht zu dienen
10 Und Lasten um geringen Sold[3] zu tragen!
O Menschlichkeit! O Schicksal!

Dennoch, angestachelt von Adelma, beharrt Turandot darauf, auch Kalaf besiegen zu können.

(Turandot allein.)
15 Was sinnt Adelma?[4]
Wird sie mich retten? Götter, steht ihr bei!
Kann ich mich noch mit diesem Siege krönen,
Wes Name wird dann größer sein als meiner?
Wer wird es wagen, sich in Geisteskraft
20 Mit Turandot zu messen? – Welche Lust,
Im Divan, vor der wartenden Versammlung,
Die Namen ihm ins Angesicht zu werfen
Und ihn beschämt von meinem Thron zu weisen!
25 – Und doch ist mir's, als würd' es mich betrüben!
Mir ist, als säh' ich ihn, verzweiflungsvoll,
Zu meinen Füßen seinen Geist verhauchen,
Und dieser Anblick dringt mir an das Herz.
– Wie, Turandot? Wo ist der edle Stolz
30 Der großen Seele? Hat's ihn auch gekränkt,
Im Divan über dich zu triumphieren? […]
Zu weit ist es gekommen! Umkehr ist
Nicht möglich! – Du musst siegen oder fallen!
35 Besiegt von einem ist besiegt von allen.

[1] Schmach: Schande, Not
[2] genötiget: gezwungen
[3] um geringen Sold: für wenig Lohn
[4] Was sinnt Adelma?: Was hat Adelma vor?

1 Beschreibe möglichst genau die zwei Seiten von Turandots Charakter, die in den zwei Monologen deutlich werden.
- Welche Eigenschaften und Einstellungen stehen sich gegenüber?
- Welche Seite gewinnt – und warum?

Friedrich Schiller, IV. Aufzug, 6. Auftritt (Auszug)

Turandot erhält ein Angebot, das sie nicht ablehnen kann

Inzwischen will auch ihr Vater, Kaiser Altoum, Turandots Tun mit aller Macht beenden und bietet ihr an, ihr den Namen des unbekannten Prinzen, den er inzwischen erfahren hat, zu nennen, damit sie im Divan offiziell über Kalaf triumphieren kann. Doch nach diesem letzten Triumph soll sie ihn heiraten.

Turandot *(ist während dieser Rede in eine immer*
zunehmende Bewegung geraten):
Ach! Wie viel arge List gebraucht mein Vater!
– Was soll ich tun? Mich auf Adelmas Wort
5 Verlassen und dem ungewissen Glück
Vertraun? Soll ich vom Vater mir die Namen
Entdecken lassen und den Nacken beugen
In das verhasste Joch?[1] – Furchtbare Wahl!
(Sie steht unentschlossen in heftigem Kampfe
mit sich selbst.)
10 Herunter, stolzes Herz! Bequeme dich!

Dem Vater nachzugeben, ist nicht Schande!
(Indem sie einige Schritte gegen Altoum macht,
steht sie plötzlich wieder still.)
Doch wenn Adelma – Sie versprach so kühn,
So zuversichtlich – Wenn sie's nun erforschte, 15
Und übereilt hätt' ich den Schwur getan? [...]
Es sei. Ich wag' es drauf. Ich will Adelma
Erwarten – So gar dringend ist mein Vater?[2]
Ein sichres Zeichen, dass es möglich ist,
Ich könne, was er fürchtet, durch mich selbst 20
Erfahren – Er versteht sich mit dem Prinzen!
Nicht anders! Von ihm selbst hat er die Namen,
Es ist ein abgeredet Spiel[3], ich bin
Verraten, und man spottet meiner! 25

[1] Joch: *hier* Fessel, Last
[2] gar dringend ist mein Vater: mein Vater drängt darauf
[3] abgeredet Spiel: ein abgekartetes Spiel, eine List

2 a) Erläutere, warum Turandot das Angebot ihres Vaters ablehnt. Beziehe dabei auch die Monologe auf S. 155 mit ein.
b) Notiere die Argumente, die für a. das Nachgeben und b. das Weiterkämpfen sprechen.

Dilemma: *Zwickmühlen-Situation, in der man sich zwischen zwei konkurrierenden Möglichkeiten entscheiden muss, die beide negative Konsequenzen oder unerwünschte Resultate haben.*

Konflikt (innerer): *wenn sich im Inneren eines Menschen widersprüchliche Forderungen oder Wünsche gegenüberstehen.*

3 a) Steckt Turandot eher in einem Dilemma oder einem Konflikt? Begründe.
b) Beschreibe Turandots Dilemma bzw. inneren Konflikt möglichst genau. Dabei kannst du folgende Begriffe in deine Überlegungen einbeziehen:

Grausamkeit, Mitleid, Liebe, Ruhmsucht, Stolz, Freiheitsliebe, Halsstarrigkeit, Mut, Intelligenz, Herrschsucht, Milde, Menschlichkeit, Verzweiflung, Misstrauen, Arroganz, Nachgiebigkeit, Siegeswillen, Einfühlungsvermögen, Egoismus, Besessenheit, Vertrauen

Zwischen Diskussion und Debatte unterscheiden, S. 36/37

4 Mit den Worten „Es sei. Ich wag' es drauf." beschließt Turandot weiterzukämpfen. Diskutiert, ob sich in der Szene dennoch Anzeichen für einen Wandel der Hauptfigur finden lassen.
Was spricht für einen Wandel, was dagegen? Arbeitet mit Textbelegen.

Happy End? Das Ende des Dramas verstehen

1 Lest den folgenden Auszug aus dem Drama mit verteilten Rollen vor. Gebt den Inhalt anschließend mit eigenen Worten wieder.

→ *Vorlesen und vortragen, S. 339*

Friedrich Schiller, V. Aufzug, 1. und 2. Auftritt (Auszüge)

Das Ende des Dramas

Kalaf: Ich dank' Euch, Sire. Mich freuen kann ich nicht.
Zu schmerzlich leid' ich selbst, dass der Geliebten
5 Um meinetwillen Zwang geschehen soll.
Viel lieber wollt' ich – Ach, ich könnte nicht!
Was wäre Leben ohne sie! – Vielleicht
Gelingt es endlicher meiner zärtlichen
Bewerbung, ihren Abscheu zu besiegen,
10 Ihn einst vielleicht in Liebe zu verwandeln.
Mein ganzes Wollen soll ihr Sklave sein
Und all mein höchstes Wünschen ihre Liebe.
[...]
Kein Nein aus meinem Munde soll sie kränken,
15 So lang' die Parze meinen Faden spinnt[1];
So weit die Welle meines Lebens rinnt,
Soll sie mein einzig Träumen sein und Denken!

(Dann tritt Turandot mit ihrem Gefolge auf. Alle sind in Schwarz gekleidet.)

20 **Pantalon**: Sie kommt! Sie kommt! Still! Welche Klagemusik!
– Welch trauriges Gepräge! Ein Hochzeitsmarsch,
Der völlig einem Leichenzug gleicht! [...]
25 **Turandot** *(nachdem sie ihren Thron bestiegen und eine allgemeine Stille erfolgt, zu Kalaf):*
Dies Trauergepräge[2], unbekannter Prinz,

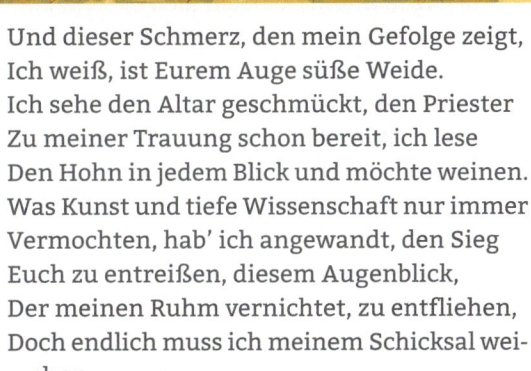

Und dieser Schmerz, den mein Gefolge zeigt,
Ich weiß, ist Eurem Auge süße Weide.
Ich sehe den Altar geschmückt, den Priester 30
Zu meiner Trauung schon bereit, ich lese
Den Hohn in jedem Blick und möchte weinen.
Was Kunst und tiefe Wissenschaft nur immer
Vermochten, hab' ich angewandt, den Sieg
Euch zu entreißen, diesem Augenblick, 35
Der meinen Ruhm vernichtet, zu entfliehen,
Doch endlich muss ich meinem Schicksal weichen.
Kalaf: O läse Turandot in meinem Herzen,
Wie ihre Trauer meine Freude dämpft, 40
Gewiss, es würde ihren Zorn entwaffnen. [...]
Altoum: Prinz, der Herablassung ist sie nicht wert[3],
An ihr ist's jetzo[4], sich herabzugeben! [...]
Man schreite 45
Zum Werk! Der Instrumente froher Schall
Verkünde laut –

[1] die Parze meinen Faden spinnt: Anspielung auf Figuren der griechischen Mythologie (Parzen), die den Faden des menschlichen Lebens in der Hand halten
[2] Gepräge: Art, Ausdruck
[3] der Herablassung ist sie nicht wert: sie ist das Mitleid nicht wert
[4] jetzo: jetzt

2 a) Tauscht euch aus, wie es dazu gekommen sein könnte, dass Turandot, trotz ihres Entschlusses weiterzukämpfen, nun in die Heirat einwilligt.
b) Diskutiert, wie es jetzt weitergehen könnte.

Friedrich Schiller, V. Aufzug, 2. Auftritt (Auszug)

Das Ende des Dramas (Fortsetzung)

Als der Kaiser das Signal zur Trauung geben will …

Turandot: Gemach! Damit ist's noch zu früh!
(Aufstehend und zu Kalaf sich wendend)
Vollkommener konnte mein Triumph nicht
sein,
5 Als dein getäuschtes Herz in süße Hoffnung
Erst einzuwiegen und mit einemmal
Nun in den Abgrund nieder dich zu schleudern.
(Langsam und mit erhobener Stimme.)
Hör', Kalaf, Timurs Sohn! Verlass den Divan!
10 Die beiden Namen hat mein Geist gefunden.
Such' eine andre Braut – Weh dir und allen,
Die sich im Kampf mit Turandot versuchen!
*[Kalaf bricht zusammen und Turandot kommen
Zweifel.]*
15 **Turandot** *(beiseite zu Zelima)*:
Sein tiefer Jammer rührt mich, Zelima;
Ich weiß mein Herz nicht mehr vor ihm zu
schützen. […]
Kalaf: Ja, Unversöhnliche!
20 Sieh hier den Kalaf, den du kennst – den du
Als einen namenlosen Fremdling hasstest,
Den du jetzt kennst und fortfährst zu ver-
schmähn. […]
Du sollst befriedigt werden, Grausame.
25 Nicht länger soll mein Anblick diese Sonne
Beleidigen – Zu deinen Füßen –
*(Er zieht einen Dolch und will sich durchstechen.
In demselben Augenblick macht Adelma eine
Bewegung, ihn zurückzuhalten, und Turandot*
30 *stürzt von ihrem Thron.)*
Turandot *(ihm in den Arm fallend, mit dem Aus-
druck des Schreckens und der Liebe)*:
Kalaf!
(Beide sehen einander mit unverwandten Bli-
35 *cken an und bleiben eine Zeitlang unbeweglich
in dieser Stellung.)* […]
Kalaf *(nach einer Pause)*: Du? Du hinderst mei-
nen Tod?
Ist das dein Mitleid, dass ich leben soll,

Ein Leben ohne Hoffnung, ohne Liebe? […] 40
Turandot *(wirft sich ihm in die Arme)*: Lebt, Kalaf!
Leben sollt Ihr – und für mich!
Ich bin besiegt. Ich will mein Herz nicht mehr
Verbergen […].
Ich will mich keines Ruhms anmaßen, Prinz, 45
Der mir nicht zukommt. Wisset denn; es wiss'
Es alle Welt! Nicht meiner Wissenschaft,
Dem Zufall, Eurer eignen Übereilung
Verdank' ich das Geheimnis Eures Namens.
Ihr selbst, Ihr ließet gegen meine Sklavin 50
Adelma beide Namen Euch entschlüpfen,
Durch sie bin ich dazu gelangt – Ihr also habt
Gesiegt, nicht ich, und Euer ist der Preis.
– Doch nicht bloß, um Gerechtigkeit zu üben
Und dem Gesetz genug zu tun – Nein, Prinz! 55
Um meinem eignen Herzen zu gehorchen,
Schenk' ich mich Euch – Ach, es war Euer,
gleich
Im ersten Augenblick, da ich Euch sah! […]
Kalaf *(der diese ganze Zeit über wie ein Träumen-* 60
*der gestanden, scheint jetzt erst zu sich selbst zu
kommen und schließt die Prinzessin mit Entzü-
ckung in seine Arme)*:
Ihr die Meine?
O töte mich nicht, Übermaß der Wonne! 65
Altoum: Die Götter segnen dich, geliebte Toch-
ter,
Dass du mein Alter endlich willst erfreun.
Verziehen sei dir jedes vor'ge Leid,
Der Augenblick heilt jede Herzenswunde. 70
Pantalon: Hochzeit! Hochzeit! Macht Platz, ihr
Herrn Doktoren!

3 Das Ende zeigt Merkmale eines „Show-downs". Erläutert mit Bezug zum Text, inwiefern diese Merkmale auf den Text zutreffen.

> **Showdown**
> * Die Spannung steigt auf einen Höhepunkt.
> * Protagonist und Antagonist stehen sich in einem finalen Kampf gegenüber, wobei ihre guten und schlechten Eigenschaften, ihre starken und schwachen Seiten deutlich werden und sich bewähren müssen.
> * Der zentrale Konflikt wird gelöst.

4 Arbeitet zu zweit und führt den folgenden Dialog fort.

Dass Turandot auf einmal erklärt, dass sie Kalaf liebt, ist unglaubwürdig. Nur weil Kalaf sich umbringen will, entdeckt sie plötzlich ihr Herz.

So plötzlich passiert das eigentlich nicht. Gegenüber Zelima hat sie vorher schon angedeutet, dass sie in Kalaf verliebt ist.

Und wie passt das dazu, dass sie erst mal Kalafs Hoffnungen weckt und so tut, als wüsste sie seinen Namen nicht, um ihn dann grausam zurückzustoßen? Das tut niemand, der verliebt ist ...

5 Lest den Wissen-und-Können-Kasten auf der folgenden Seite und geht die Textauszüge noch einmal durch. Erläutert:
* wer Protagonist, wer Antagonist ist,
* den zentralen Konflikt, der die Handlung vorantreibt,
* welche Handlungsabschnitte die Exposition umfasst,
* wo sich die Höhe- und Wendepunkte (Peripetien) in der Handlung befinden,
* wie sich die Lösung gestaltet.

6 Untersucht, welche Rolle der Ort der Handlung spielt. Überlegt, warum Schiller einen realen Ort gewählt hat und die Geschichte nicht in einem fiktiven Land, einer fiktiven Stadt spielen lässt.

7 Schiller bezeichnet das Drama „Turandot" als ein „tragikomisches Märchen". Erläutert mit Hinweis auf den Text, inwiefern sich in dem Drama Elemente des Komischen und Tragischen mischen.

 Starthilfe, S. 394

❗ Wissen und Können

Grundbegriffe der Dramentheorie kennenlernen

Im Zentrum eines Dramas stehen die Figuren: Die Handlung, d. h. das, was zwischen ihnen passiert, entfaltet sich vor den Augen der Zuschauer. Anders als bei Lyrik und Prosa besteht der Text des Dramas aus **Dialogen** zwischen den Figuren oder **Monologen** sowie **Regieanweisungen**.

Angetrieben wird die Handlung von einem **Konflikt**, der auf verschiedene Arten entstehen kann, z. B. wenn die Hauptfigur ein bestimmtes Ziel hat, aber an der Verwirklichung gehindert wird; gegensätzliche Interessen oder Ziele der Figuren können ebenfalls zu einem Konflikt beitragen, ebenso widerstreitende Gefühle oder Motive in der Hauptfigur (oder anderen Figuren) selbst (z. B. Liebe zu den Eltern versus Liebe zu einem Partner). Von einem **tragischen Konflikt** spricht man, wenn die Hauptfigur zwangsläufig in einen Konflikt gerät, dem sie nicht ausweichen kann.

Häufig steht der **Hauptfigur (Protagonist)** ein **Gegenspieler (Antagonist)** gegenüber, der die Ziele der Hauptfigur aus eigenen Motiven hintertreibt oder bekämpft. Die Handlung eines Dramas kann sich in zwei verschiedenen Formen entfalten: als **Tragödie** oder **Komödie**. Die Komödie arbeitet mit den Mitteln der Komik, am Ende wird der Konflikt gelöst, die Handlung geht gut aus. Dagegen endet die Tragödie mit dem Tod oder Untergang der Hauptfigur (**Katastrophe**). Der schicksalhafte, d.h. unausweichliche Konflikt erweist sich als unlösbar.

Wichtige Elemente des Dramas sind **Ort und Zeit**, das sogenannte **„Setting"**. Beides kann die Handlung entscheidend beeinflussen.

Die Handlung gliedert sich in **Akte** (Haupteinheiten der Handlung, vergleichbar mit den Kapiteln im Roman), die in **Szenen** oder **Auftritte** unterteilt sein können. Häufig hat ein Drama drei oder fünf Akte. Dabei ergibt sich folgende Gliederung der Handlung:

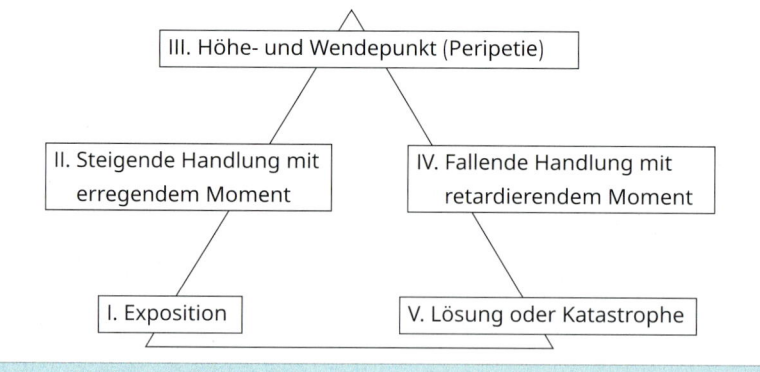

So könnt ihr weiterarbeiten:

- Entwerft ein Aufführungsplakat für das Drama, auf dem die Titelfigur abgebildet ist. Macht mit eurer Darstellung deutlich, wie ihr Turandot versteht: Ist sie eher Mensch oder Monster?
- Stellt euch die Poster gegenseitig vor und tauscht euch aus: Welche Darstellungen überzeugen euch besonders und warum?

Schätze deinen Lernstand ein

Friedrich Schiller, IV. Aufzug, 6. Auftritt (Auszug)

Turandot und Altoum

Altoum *(nachdem jene [= Diener] weg sind, nähert er sich ihr und fasst sie vertraulich bei der Hand)*: Ich komme, deine Ehre
Zu retten.

5 **Turandot**: Meine Ehre, Sire? Spart euch
Die Müh! Nicht Rettung brauch' ich meiner Ehre –
Ich werde mir im Divan morgen selbst
Zu helfen wissen.

10 **Altoum**: Ach, du schmeichelst dir
Mit eitler Hoffnung. Glaube mir's, mein Kind,
Unmöglich ist's, zu wissen, was du hoffst.
Ich les' in deinen Augen, deinen wild
Verwirrten Zügen deine Qual und Angst.
15 Ich bin dein Vater, sieh, ich hab' dich lieb.
– Wir sind allein – Sei offen gegen mich!
Bekenn' es frei – weißt du die beiden Namen?
Turandot: Ob ich sie weiß, wird man im Divan hören.

Altoum: Nein, Kind! Du weißt sie nicht, kannst 20
sie nicht wissen
Wenn du sie weißt, so sag' mir's im Vertrauen.
Ich lasse dann den Unglücksel'gen wissen,
Dass er verraten ist, und lass' ihn still
Aus meinen Staaten ziehn; so meidest du 25
Den Hass des Volks, und mit dem Sieg zugleich
Trägst du den Ruhm der Großmut noch davon,
dass du dem Überwundenen die Schmach
Der öffentlichen Niederlage spartest. 30
– Um dieses Einz'ge bitt' ich dich, mein Kind,
Wirst du's dem Vater, der dich liebt, versagen?
Turandot: Ich weiß die Namen oder weiß sie nicht,
Genug! Hat er im Divan meiner nicht 35
Geschont, brauch' ich auch seiner nicht zu schonen.
Gerechtigkeit geschehe. Öffentlich,
Wenn ich sie weiß, soll man die Namen hören.

---

1 Fasse den Inhalt des Dialogs kurz zusammen.

2 Ordne den Dialog in die Handlung des Theaterstücks ein.
   a) Halte dazu stichwortartig fest, was zuvor passiert ist.
   b) Entscheide dann, an welcher Stelle des Dramas (Exposition, Wendepunkt, Schluss) sich die Szene befindet. Begründe deine Vermutung.

3 a) Fasse das Angebot von Altoum mit eigenen Worten zusammen.
   b) Beschreibe Turandots Reaktion. Erläutere dabei, welche ihrer Charakterzüge hier deutlich werden.

4 Wähle eine der drei Äußerungen und nimm begründet Stellung. Beziehe dich dabei auf den Text.

Der Vater versteht seine Tochter überhaupt nicht und geht nicht auf sie ein. Deshalb ist Turandot verzweifelt und fühlt sich allein gelassen.

🙂 → Seite 162–164, **B**
😐 → Seite 162–164, **A**
☹ ← Seite 155/156, 160

Altoum ist ein schwacher Vater, der seiner Tochter alles durchgehen lässt. Nun versucht er, streng zu sein, doch Turandot hört nicht auf ihn und tut nur das, was sie will.

Altoum liebt seine Tochter und will nur das Beste für sie. Turandot ist undankbar und begreift das nicht.

Adelma – Prinzessin in Gefangenschaft. Die Perspektive einer Figur beschreiben und nachvollziehen

Adelma, Turandots Sklavin, bestärkt Turandot in ihrer stolzen, unnachgiebigen Haltung gegenüber Kalaf. An verschiedenen Stellen der Handlung spielt sie eine wichtige Rolle.

Friedrich Schiller, IV. Aufzug, 10. Auftritt (Auszug)

Adelma erzählt Kalaf, in den sie verliebt ist, von ihrem Schicksal

Und als die Sklavin dieser Turandot,
Der grausamen Ursache meines Falles!
Vernehmt mein ganzes Unglück, Prinz. Mir lebte
Ein Bruder, ein geliebter teurer Jüngling,
Den diese stolze Turandot wie Euch
Bezauberte – Er wagte sich im Divan.
(Sie hält inne, von Schluchzen und Tränen unterbrochen.)
Unter den Häupten, die man auf dem Tore
15 Zu Pekin sieht – entsetzensvoller Anblick! –
Erblickt Ihr auch das geliebte Haupt

Des teuren Bruders, den ich noch beweine [...].
[Im Krieg ihres Landes gegen China wird sie beinahe in einem Fluss ertränkt. Doch der Kaiser von China rettet ihr das Leben.]
Schon halb entseelt werd' ich zum Strand gezogen, 20
Man ruft ins Leben mich zurück; ich werde
Der Turandot als Sklavin übergeben,
Zu glücklich noch, das Leben als Geschenk
Von eines Feindes Großmut zu empfangen. 25
O lebt in Eurem Busen[1] menschliches Gefühl,
So lasst mein Schicksal Euch zu Herzen gehn!
Denkt, was ich leide! Denkt, wie es ins Herz
Mir schneidet, sie, die meinen ganzen Stamm
Vertilgt, als eine Sklavin zu bedienen. 30

[1] Busen: *hier* Herz

Friedrich Schiller, V. Aufzug, 2. Auftritt (Auszug)

Adelmas Geständnis

Nachdem am Ende ihre Intrige, Kalaf und Turandot auseinanderzubringen, gescheitert ist, bekennt sie gegenüber Kalaf:

Ja, lebe, Grausamer, und lebe glücklich
Mit ihr, die meine Seele hasst! *(Zu Turandot.)*
Ja, wisse,

Dass ich dich nie geliebt, dass ich dich hasse
Und nur aus Hass gehandelt, wie ich tat.
Die Namen sagt' ich dir, um den Geliebten 5
Aus deinem Arm zu reißen und mit ihm,
Der meine Liebe war, eh' du ihn sahst,
In glücklichere Länder mich zu flüchten. [...]

10 Selbst die Verleumdung spart' ich nicht, zur Flucht
Mit mir ihn zu bereden – doch umsonst!
In seinem Schmerz entschlüpften ihm die Na-
men,
15 Und ich verriet sie dir: du solltest siegen,
Verbannt von deinem Angesicht sollt' er
In meinen Arm sich werfen – Eitle Hoffnung! [...]
Nur eins steht noch in meiner Macht. Ich stamme
Wie du von königlichem Blut und muss erröten,
20 Dass ich so lange Sklavenfesseln trug.
In dir muss ich die blut'ge Feindin hassen,
Du hast mir Vater, Mutter, Brüder, Schwestern,
Mir alles, was mir teuer war, geraubt,
Und nun auch den Geliebten raubst du mir.
25 So nimm auch noch die Letzte meines Stammes,
Mich selbst zum Raube hin – Ich will nicht leben!

(Sie hebt den Dolch, welchen Turandot dem Kalaf entrissen, von der Erde auf.)
Verzweiflung zückte diesen Dolch; er hat
Das Herz gefunden, das er spalten soll.
30 *(Sie will sich erstechen.)*

Friedrich Schiller, V. Aufzug, 2. Auftritt (Auszug)

Adelmas Begnadigung

Kalaf hält sie vom Selbstmord ab und beteuert, dass erst ihre List die Liebenden am Ende zusammengebracht hat. Sie soll frei und glücklich sein. Der Kaiser und Turandot stimmen zu.

Adelma: Sire – Königin – Ich bin beschämt, ver-
wirrt,
So große Huld[1] und Milde drückt mich nieder.
Die Zeit vielleicht, die alle Wunden heilt,
Wird meinen Kummer lindern – Jetzt ver-
5 gönnt mir
Zu schweigen und von Eurem Angesicht
Zu gehn – Denn nur der Tränen bin ich fähig,
Die unaufhaltsam diesem Aug' entströmen!
(Sie geht ab mit verhülltem Gesicht, noch einen
10 *glühenden Blick auf Kalaf werfend, eh' sie schei-*
det.)

[1] Huld: Gnade, Begnadigung

A   Adelmas Verhalten szenisch darstellen

→ *Vorlesen und vortragen, S. 339*

1   Arbeitet in Dreiergruppen und tragt Adelmas Reden vor. Wechselt dabei bei jeder Szene die Darstellerin bzw. den Darsteller.

    a)   Haltet dazu zunächst für jede der drei Szenen genau fest, in welchem Zustand Adelma sich jeweils befindet.

    b)   Überlegt und probiert aus, mithilfe welcher nonverbaler Mittel (Tonfall, Mimik, Gestik, Bewegung, Körperhaltung) ihr Adelmas Zustand und Gefühle deutlich machen könnt.

       Beachtet dabei: Adelma weint sowohl während ihres Geständnisses gegenüber Kalaf (Szene 1) als auch am Ende nach ihrer Begnadigung (Szene 3). Wie unterscheidet sich dieses Weinen?

    c)   Fertige ein Konzept an, wie du die Figur darstellen willst: Wie willst du welche Gefühle darstellen? Welche Haltung willst du wie ausdrücken? Gibt es versteckte Handlungsmotive? Wenn ja, welche und wie willst du sie ausdrücken?

B   Adelmas Verhalten untersuchen

1   Beschreibt, wie und warum Adelma sich verändert.

    a)   Haltet dazu zunächst für jede der drei Szenen (1–3) genau fest, in welchem Zustand Adelma sich jeweils befindet.

    b)   Erläutert Adelmas Verhalten gegenüber Turandot vor dem Hintergrund ihres Schicksals. Bezieht dabei folgende Begriffe ein:

> Verlust   Trauma   Gewalt   Schmerz   Überleben   Hass   Liebe
> Rache   Selbstmord   Befreiung

    c)   „Die Zeit vielleicht, die alle Wunden heilt, / Wird meinen Kummer lindern" (Z. 4/5). Nehmt Stellung zu Adelmas Äußerung: Inwiefern ist sie am Ende „geheilt" oder „erlöst"? Wie könnte ihr Leben weitergehen?

    d)   Bereitet eine Präsentation eurer Ergebnisse vor. Entscheidet euch für eine Präsentationsform, z. B. Flipchart, Vortrag, Folie …

2   Stellt euch eure Darstellungen und Präsentationen gegenseitig vor. Führt anschließend ein Gespräch über das, was ihr gesehen und gehört habt.

    •   Die Darstellerinnen und Darsteller aus Gruppe **A** äußern sich: Wie habe ich die Figur angelegt? Was wollte ich zum Ausdruck bringen? Wie ist mir das – aus meiner Sicht – gelungen?

    •   Diskutiert gemeinsam: Inwieweit wurden die Ergebnisse der Gruppe **B** in den szenischen Darstellungen zum Ausdruck gebracht? Welche Aspekte hätten noch ergänzt werden können?

Sich auf eine Klassenarbeit vorbereiten

Soll Turandot Kalaf nachgeben oder weiterkämpfen? Adelma bestärkt sie im Kampf.

Friedrich Schiller, III. Aufzug, 2. Auftritt (Auszug)

Turandot zwischen Adelma und Zelima

Adelma: Schweig, Zelima. Man will von dir nicht
   wissen[1],
   Wodurch ein edles Herz beleidigt wird.
   Ich kann nicht schmeicheln. Grausam wär'
   es, hier
5   Zu schonen und die Wahrheit zu verhehlen[2].
   Ist es schon hart genug, dass wir den Mann,
   Den übermütigen, zum Herrn uns geben,
   So liegt doch Trost darin, dass wir uns selbst
   Mit freier Wahl und Gunst an ihn verschen-
10   ken,
   und seine Großmut fesselt seinen Stolz.
   Doch welches Los trifft unsre Königin,
   Wie hat sie selbst sich ihr Geschick verschlim-
15   mert!
   Nicht ihrer freien Gunst und Zärtlichkeit,
   Sich selbst nur, seinem siegenden Verstand
   Wird sie der Stolze zu verdanken haben.
   Als seine Beute führt er sie davon –
20   Wird er sie achten, Großmut an ihr üben,
   Die keine gegen ihn bewies, auf Tod
   Und Leben ihn um sie zu kämpfen zwang,
   Ihm nur als Preis des Sieges heimgefallen?
   Wird er bescheiden seines Rechtes brauchen,
25   Das er nur seinem Recht verdankt?
  Turandot (*in der heftigsten Bewegung*):
   Adelma wisse!
   Find' ich die Namen nicht, mitten im Tempel
   Durchstoß' ich diese Brust mit einem Dolch.

Adelma: Fasst Mut, Gebieterin. Verzweifelt   30
   nicht!
   Kunst oder List muss uns das Rätsel lösen.
Zelima: Gut. Wenn Adelma mehr versteht als ich
   Und Euch so zugetan ist, wie sie sagt,
   So helfe sie und schaffe Rat.   35
Turandot: Adelma!
   Geliebte Freundin! Hilf mir, schaffe Rat!

[1] Man will von dir ...: *hier* Du kannst nicht wissen (du kannst
 nicht beurteilen ...)
[2] verhehlen: verschweigen

---

1   Analysiere die obige Textstelle. Ordne sie dazu zunächst in die Handlung des Thea-
     terstücks ein und erläutere dabei den Konflikt, in dem sich Turandot befindet.

2   Verfasse einen inneren Monolog Adelmas, der zum Ende der vorliegenden Szene
     einsetzen soll. Gestalte ihn so, dass auch die Veränderungen ihrer Gedanken und
     Gefühle im Verlauf des Dialogs deutlich werden.

Eine Gedichtinterpretation schreiben

Die Großstadt im Spiegel von Expressionismus und Neuer Sachlichkeit

Berlin, Unter den Linden, 1908 (Foto)

Großstädte, für uns heute eine Selbstverständlichkeit, entstanden in Deutschland erst im späten 19. Jahrhundert. Die neuen Möglichkeiten der Städte faszinierten die Menschen, gleichzeitig wirkte das unbekannte Leben auf viele aber bedrohlich. Die Großstadt wurde zum wichtigen Thema der Kunst. In diesem Kapitel lernt ihr, wie Lyrik und bildende Kunst Anfang des 20. Jahrhunderts in zwei verschiedenen künstlerischen Strömungen diese neue, moderne Lebensform verarbeiteten.

Fritz Engel

Symphonie[1] Berlin (1931)

Riesenorchester, aufschwärmend in Tönen,
Ein Brausen, ein Rauschen, ein Rollen, ein Dröhnen,
Des Lebens Gesänge, der Arbeit Gesänge,
Ein Sichverketten, ein Lösen der Klänge,
5 Grelles und Schnelles – der Wagen Geklirre,
Der Drohruf der Hupen, der Menschen Geschwirre,
Ein wanderndes, wogendes, wälzendes Heer –
    Und immer mehr ...

[1] Symphonie: ein aus mehreren Sätzen bestehendes Musikstück für Orchester

Großstädte in Deutschland

Ab der Mitte des 19. Jahrhunderts trieben der Arbeitskräftebedarf der Industrie und die Suche nach neuen Lebenschancen viele Menschen vom Land in die Städte. Diese wuchsen ungeregelt und ungezügelt an, die Lebensbedingungen waren vielfach sehr schlecht, Armut weit verbreitet.
Um 1905 lebten schon 20 Prozent der gesamten deutschen Bevölkerung in Großstädten mit mehr als 100.000 Einwohnern. In Berlin wurde die Entwicklung am deutlichsten: 1819 hatte die Stadt 200.000 Einwohner, 1877 schon 1 Million, 1905 waren es 2 Millionen. In den 1920er Jahren war Berlin nach New York und London die drittgrößte Stadt der Welt.

In diesem Kapitel lernt ihr ...

› die Großstadt als Thema der Literatur und Kunst des 20. Jahrhunderts kennen,
› die literarischen Strömungen des Expressionismus und der Neuen Sachlichkeit kennen,
› neue Elemente der sprachlichen Gestaltung in der Literatur zu erkennen,
› eine schriftliche zusammenhängende Gedichtinterpretation zu schreiben.

Kurt Pinthus

Die Überfülle des Erlebens (1925)

Welch ein Trommelfeuer[1] von bisher unge-ahnten Ungeheuerlichkeiten prasselt seit einem Jahrzehnt auf unsere Nerven nieder! [...] Man male sich zum Vergleich nur aus, wie ein Zeitgenosse Goethes[2] oder ein Mensch des Biedermeier[3] seinen Tag in Stille verbrachte, und durch welche Mengen von Lärm, Erregungen, Anregungen heute jeder Durchschnittsmensch täglich sich zu kämpfen hat, mit der Hin- und Rückfahrt zur Arbeitsstätte, mit dem gefährlichen Tumult der von Verkehrsmitteln wimmelnden Straßen, mit Telefon, Lichtreklame, tausendfachen Geräuschen und Aufmerksamkeitsablenkungen. Wer heute dreißig und vierzig Jahre alt ist, hat noch gesehen, wie die ersten elektrischen Bahnen zu fahren begannen, hat die ersten Autos erblickt, hat die jahrtausendelang für unmöglich gehaltene Eroberung der Luft in rascher Folge mitgemacht.

[1] Trommelfeuer: anhaltender, starker Beschuss eines Ziels, einzelne Einschläge sind nicht mehr herauszuhören (militärischer Begriff)
[2] Johann Wolfgang Goethe lebte von 1749 bis 1832.
[3] Biedermeier: Kunstepoche in Deutschland in der Zeit von 1815 bis 1848

1 Betrachtet das Foto. Hättet ihr gerne in dieser Zeit in Berlin gelebt? Tauscht eure Eindrücke aus.

2 a) Lies die erste Strophe des Gedichts von Fritz Engel, „Symphonie Berlin".
   b) Formuliere in eigenen Worten, welchen Eindruck von Berlin das lyrische Ich vermittelt.
   c) Welche inhaltlichen Aspekte des Lebens in Berlin werden hier erwähnt? Welche Wirkung haben die vielen Aufzählungen?
   d) Untersuche die Sinneseindrücke, mit deren Hilfe Berlin vorgestellt wird. Beachte auch deren sprachliche Gestaltung. Wie bewertest du aus heutiger Sicht die Sinneseindrücke?

Starthilfe, S. 395

3 a) Lies den Text von Kurt Pinthus.
   b) Arbeite heraus, was für ihn das Leben in seiner Zeit kennzeichnet. Beziehe dazu das Wortfeld „Krieg" ein.
   c) Erklärt anschließend den Titel des Textes. Was bewirken seiner Auffassung nach die neuen Lebensumstände in den Städten bei den Menschen?

Frames in der Sprache erkennen, S. 293

Starthilfe, S. 395

Trümmerliteratur – Literatur nach 1945, S. 234/235

4 Tragt mithilfe der Bilder und Texte dieser Doppelseite zusammen, welche Eindrücke die Menschen des frühen 20. Jahrhunderts mit der Großstadt verbanden. Ordnet die Eindrücke einer der beiden Seiten zu und vermerkt, woher die Informationen stammen.

Faszination Großstadt	Furcht vor der Großstadt
Vielfalt der Stadt → *Engel: „Symphonie" (Titel)* *…*	*übermäßiger Lärm* → *Pinthus: „Mengen von Lärm, Erregungen" (Z. 7)* *…*

Den Expressionismus als literarische Strömung kennenlernen

Gustav Sack   🔊 *„Der Schrei"*

Der Schrei (1913/14)

Aus dieser steingewordenen Not,
aus dieser Wut nach Brunst[1] und Brot,

aus dieser lauten Totenstadt,
die sich mir aufgelagert hat

5   härter als Erz, schwerer als Blei,
steigt meine Sehnsucht wie ein Schrei

quellend empor nach Meeren und Weiten
und ungeheuren Einsamkeiten,

aus all dem Staub und Schmutz und Gewimmel
10   nach einem grenzenlosen Himmel.

[1] Brunst: sexuelle Erregtheit

Edvard Munch, Der Schrei (1893)

1   Lies das Gedicht „Der Schrei" und beschreibe die Stimmung des lyrischen Ichs in eigenen Worten.

2   Formuliere dein erstes Textverständnis: Welche grundsätzliche Aussage über sein Leben macht das lyrische Ich?

3   Untersucht die Darstellungsweise im Gedicht:
a) Stellt die Ausdrücke zusammen, mit denen die aktuelle Situation des Ichs beschrieben wird.
b) Zitiert die Ausdrücke, die erfassen, wonach das Ich sich sehnt.
c) Setzt die Ergebnisse optisch um, indem ihr die Richtung, die im Gedicht angesprochen wird, einbezieht.
d) Notiert in eurer Skizze weitere Begriffe, die treffend zusammenfassen, welche Gefühle das Ich hat und wonach es sich sehnt (z. B. Enge).

🧭 *Starthilfe, S. 395*

4   Kontrolliere dein zu Anfang formuliertes erstes Textverständnis: Findest du deine Überlegungen bestätigt oder musst du Veränderungen vornehmen?

🧭 *Starthilfe, S. 395*   **5**   Edvard Munch malte 1893 das Gemälde „Der Schrei", auf welches sich das Gedicht von Gustav Sack bezieht. Stellt Verbindungen zwischen den beiden Werken her.

Armin T. Wegner

Gesang von den Straßen der Stadt (1917)

Euch will ich singen, breitbuchtige Straßen, wildüberwühlte Plätze,
Blutrinnende Adern der unendlichen Stadt.

Steinerne Klüfte ragt ihr, Bergtäler, Kanäle,
Felsstirnen die Wand eurer Häuser, grau, hart, unerbittlich
5   Tragt ihr die dunkle Woge der Menschen dahin.
Brausend und brandend und an den Häusern sich brechend,
Aus eurer Tiefe tönt ihr Gesang empor:

„Tag, Tag, dir rauschen wir,
Eh du noch aufblühtest über den Dächern,
10 Wenn du schon blutend ertrankst im Rauche der Schlote[1] und Essen[2],
Dir, Arbeit der Hände, Arbeit der Hirne, Arbeit der Herzen,
Euch allen rauschen wir, wachsend und stoßend und vorwärtsdrängend,
Weiter, weiter, dem Morgen, dem Mittag, der Dämmerung entgegen,
Ohn Ende! Ohn Ende!"

[1] Schlot: Fabrikschornstein
[2] Esse: extrem heißes Schmiedefeuer

George Grosz, Friedrichstraße (1918)

6 Lest das Gedicht zunächst leise, anschließend laut abwechselnd mit einer Lernpartnerin oder einem Lernpartner. Die oder der Erste liest die Strophen 1 und 2, die
oder der Zweite die Strophe 3. Verständigt euch anschließend über den Inhalt.

7 Untersucht die Sprecher des Gedichts:
  • Wer sind sie?
  • Wen sprechen sie an?
  • Was sind ihre zentralen Aussagen?

8 a) Untersucht, wie die Stadt (Z. 1–7), der Tag und die Arbeit (Z. 8–14) beschrieben
werden und welche sprachlichen Mittel hier welche Wirkung erzielen. Haltet eure
Ergebnisse in einer Tabelle fest.

Textaussage und Inhalt	Stilmittel und Wirkung
Z. 1–7 Anrede der Stadt	
„wildüberwühlte Plätze" (Z. 1) → Plätze der Stadt sind sehr voll von Menschen …	Hyperbel → Verstärkung des Eindrucks der Menschenmassen …

> **◉ Tipp**
>
> Im Wissen-und-Kön-
> nen-Kasten auf Seite
> 180 findet ihr neue
> sprachliche Mittel.
> Bereits bekannte
> Stilmittel findet ihr
> im Anhang auf Seite
> 365/366.

b) Welche Stilmittel kommen besonders häufig vor? Welchen Eindruck betonen sie?

9 Fasst schriftlich zusammen, welche Wahrnehmung von der Stadt, den arbeitenden Menschen sowie dem Arbeitstag vermittelt wird. Zieht daraus Schlussfolgerungen, wie das lyrische Ich das Leben in der Großstadt empfindet.

10 Betrachtet die Zeichnung „Friedrichstraße" von George Grosz sowie Kirchners Gemälde „Leipziger Straße". Stellt inhaltliche oder auch gestalterische Bezüge zum „Gesang von den Straßen der Stadt" her.

Ernst Ludwig Kirchner, Leipziger Straße (1914)

11 Vergleicht abschließend die beiden Gedichte in diesem Teilkapitel.
    a) Stellt Gemeinsamkeiten und Unterschiede heraus.
    b) Lest den Wissen-und-Können-Kasten und erklärt, warum die beiden Gedichte typisch für die Epoche des Expressionismus sind. Zählt dabei unterschiedliche Aspekte auf, an denen man die Zuordnung festmachen kann.

❗ Wissen und Können

Den Expressionismus (1910–1925) kennenlernen

Der Expressionismus entstand kurz nach Beginn des 20. Jahrhunderts als neue Stilrichtung zunächst in der bildenden Kunst und prägte dann die Literatur. Die Künstlerinnen und Künstler waren häufig noch jung und empfanden ihr Leben kurz vor Ausbruch des 1. Weltkriegs als sehr **unsichere Krisenzeit**. Sie erwarteten eine Katastrophe oder wollten einen völligen Umbruch. Sprachlich experimentierten sie mit **neuen Ausdrucksmöglichkeiten**, um ihre starken Emotionen und ihr Gefühl der Unsicherheit festzuhalten.

Häufige Merkmale der Lyrik waren: Verzicht auf feste Gedichtformen, Auflösung von Satzstrukturen und Wortbedeutungen, Abkehr von nachvollziehbaren Zusammenhängen zugunsten von Eindrücken, die aneinandergereiht werden, intensive Metaphern und bedeutungsstarke Wörter, Übertreibungen und Verzerrungen.

📄 *Arbeitsheft, S. 43–45*

Die Neue Sachlichkeit als literarische Strömung kennenlernen

Erich Kästner *„Berlin in Zahlen"*

Berlin in Zahlen (1931)

Lasst uns Berlin statistisch erfassen!
Berlin ist eine ausführliche Stadt,
die 190 Krankenkassen
und 916 ha.[1] Friedhöfe hat.

5 53 000 Berliner sterben im Jahr
und nur 43 000 kommen zur Welt.
Die Differenz bringt der Stadt aber keine Gefahr,
weil sie 60 000 Berliner durch Zuzug erhält.
Hurra!

10 Berlin besitzt ziemlich 900 Brücken
und verbraucht, an Fleisch, 303 000 000 Kilogramm.
Berlin hat pro Jahr rund 40 Morde, die glücken.
Und seine breiteste Straße heißt Kurfürstendamm.

Berlin hat jährlich 27 600 Unfälle.
15 Und 57 600 Bewohner verlassen Kirche und Glauben.
Berlin hat 606 Konkurse, reelle und unreelle[2],
und 700 000 Hühner, Gänse und Tauben.
Halleluja!

Berlin hat 20 100 Schank- und Gaststätten[3].
20 6 300 Ärzte und 8 400 Damenschneider
und 117 000 Familien, die gern eine Wohnung hätten.
Aber sie haben keine. Leider.

Ob sich das Lesen solcher Zahlen auch lohnt?
Oder ob sie nicht aufschlussreich sind und nur scheinen?
25 Berlin wird von 4 500 000 Menschen bewohnt
und nur, laut Statistik, von 32 600 Schweinen.
Wie meinen?

Otto Dix, Streichholzhändler II (1927)

[1] ha.: Abkürzung für das Flächenmaß Hektar
(1 ha = 10.000 m²)
[2] reelle und unreelle: echte und vorgetäuschte
[3] Schankstätte: Lokal, das nur Getränke anbietet
Gaststätte: Lokal, das Speisen und Getränke anbietet

1 Lies das Gedicht von Erich Kästner. Was fällt dir auf, wenn du es mit den bisherigen Texten vergleichst? Halte deine Beobachtungen in Stichworten fest.

2 Welche Wirkung hat die Darstellung auf dich? Formuliere eine erste Vermutung zur Aussageabsicht des Gedichts.

3 Beschreibt die Form des Gedichts. Bestimmt den Strophenbau, das Reimschema und das Metrum. Achtet besonders auf Unregelmäßigkeiten.

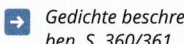 *Gedichte beschreiben, S. 360/361*

4 Untersucht den Inhalt des Textes.

Starthilfe, S. 395

a) Welche Informationen über Berlin werden gegeben? Sucht drei Beispiele, die euch besonders typisch für das Gedicht erscheinen. Beschreibt auch die sprachliche Gestaltung und kommentiert die Wirkung dieser Darstellungsweise.

b) An welchen Stellen findet man im Gedicht die Menschen, die in Berlin leben? Untersucht die Art, wie sie dargestellt werden, und leitet daraus eine Aussageabsicht ab.

c) Betrachtet Otto Dix' „Streichholzhändler". Könnt ihr ihn im Gedicht wiederfinden? Belegt eure Annahmen am Text.

Starthilfe, S. 395

5 Betrachtet das lyrische Ich:

Lyrisches Ich, S. 363

a) Wo ist es zu erkennen?

b) Beschreibt die Art, wie das Ich Kontakt zum Du aufbaut.

c) Welche Einstellung hat das Ich zum Leben in Berlin?

6 Formuliert, unter Rückgriff auf die Ergebnisse der Aufgabe 4, welche Wirkung das Gedicht bei Leserinnen und Lesern erzielt.

George A. Goldschlag   „City"

City (1931)

Lichtbänder zucken über Häuserschächten.
Steile Fassadenfronten stehen stramm.
Rolltreppen schaufeln Menschen aus den Nächten
Der Untergrundbahn auf den Straßendamm.

5 Geschrei. Geklingel. Hupen und Sirenen.
Schaufenster. Banken. Warenhäuser. Bars.
Haushoch und lächelnd mit entblößten Zähnen
Das Riesenbrustbild eines Kinostars.

Zigarrenhandlungen. Cafés mit Diele.
10 Bei Bogenlampen Straßenübergang.
In weiter Schlangenflucht Automobile,
Sechsfache Reihen, unabsehbar lang.

General Motors – Daimler – Horch – Mercedes –
Studebaker – Chrysler – Opel – Fiat – Ford –
15 In seinen Flanken zitternd lauert jedes
Auf freie Fahrt und neuen Rennrekord.
[...]

George Grosz, Straßenszene (Kurfürstendamm) (1925)

7 a) Lest nun das Gedicht „City" von George A. Goldschlag.

b) Haltet eure ersten Eindrücke fest.

c) Möchtet ihr in dieser Stadt leben? Begründet eure Meinung schriftlich.

8 Seht euch die Beschreibung der Stadt genauer an.

a) Stellt zusammen, welche Elemente der Stadt erwähnt werden.

b) Welche dieser Elemente sind lebendig, welche sind unbelebt dargestellt? Findet hierzu passende sprachliche Mittel und benennt die Wirkung, die damit erzielt wird. Beachtet besonders die Verse 13/14.

c) Benennt das Stilmittel, das im gesamten Gedicht dominiert. Welchen Charakter bekommt die Beschreibung des Lebens in der Stadt durch diese sprachliche Gestaltung? Beachtet bei euren Überlegungen auch den Satzbau.

Starthilfe, S. 395

d) Interpretiert zusammenfassend, was über das Leben in der „City" ausgesagt wird. Beurteilt, ob diese Stadt lebenswert für den Menschen ist.

e) Deutet den Titel des Gedichts. Warum wird kein konkreter Städtename verwendet?

9 Vergleicht abschließend die beiden Gedichte in diesem Teilkapitel.

a) Stellt Gemeinsamkeiten und Unterschiede heraus.

b) Lest den Wissen-und-Können-Kasten und erklärt, warum die beiden Gedichte typisch für die Epoche der Neuen Sachlichkeit sind. Zählt dabei unterschiedliche Aspekte auf, an denen man die Zuordnung festmachen kann.

c) Benennt Elemente, in denen sich die beiden Gedichte von denen des Expressionismus unterscheiden.

Franz Lenk, Berliner Hinterhäuser (1929)

❗ Wissen und Können

Die Neue Sachlichkeit kennenlernen

Nach der Katastrophe des 1. Weltkriegs (1914–1918) wandten sich die Schriftstellerinnen und Schriftsteller von der extrem emotionalen Ausdrucksweise des Expressionismus ab. Sie sahen die Welt ernüchtert und wollten eine realistische, distanzierte Haltung einnehmen. Sie wollten die Fakten darstellen und das, was sie thematisierten, möglichst **klar, verständlich und einfach** formulieren. Der Blick der Neuen Sachlichkeit galt vor allem auch den scheinbar unwichtigen Details und dem einzelnen Menschen.

Sprachlich wird **leicht verständliche Alltagssprache** verwendet, der **Tonfall** ist **kühl, distanziert**, häufig auch **ironisch**, um Kritik an den gesellschaftlichen Zuständen zu üben. **Aufzählungen** verstärken den distanzierten Stil und betonen die Sachlichkeit.

Arbeitsheft, S. 46/47

Eine schriftliche Gedichtanalyse vorbereiten

Nachdem ihr verschiedene Gedichte jeweils in Einzelaspekten analysiert habt, bereitet ihr nun die zusammenhängende schriftliche Gedichtanalyse vor. Dazu werden anhand von Alfred Wolfensteins expressionistischem Gedicht „Bestienhaus" alle Arbeitsschritte, die ihr benötigt, in einem Lehrgang eingeübt.

Alfred Wolfenstein 🔊 *„Bestienhaus"*

Bestienhaus[1] (1912)

Ich gleite, rings umgittert von den dunklen Tieren,
Durchs brüllende Haus am Stoß der Stäbe hin und her,
Und blicke weit in ihren Blick wie weit hinaus auf Meer
In ihre Freiheit … die die schönen nie verlieren.

5 Der harte Takt[2] der engen Stadt und Menschheit zählt[3]
An meinen Zeh'n, doch lose schreiten[4] Einsamkeiten
Im Tigerknie, und seine baumgestreiften Seiten
Sind keiner Straße, nur der Erde selbst vermählt[5].

Ach ihre reinen heißen Seelen fühlt mein Wille
10 Und ich zerschmelze sehnsuchtsvoller als ein Weib.
Des Jaguars Blitze gelb aus seinem Sturmnachtleib[6]
Umglühn mein Schneegesicht und winzige Pupille.

Der Adler sitzt wie Statuen still und scheinbar schwer
Und aufwärts aufwärts in Bewegung ungeheuer!
15 Sein Auftrieb[7] greift in mich und spannt mich in sein Steuer[8] –
Ich bleibe still, ich bin von Stein, es fliegt nur er.

Es steigen hoch der Elefanten graue Eise[9],
Gebirge, nur von Riesengeistern noch bewohnt:
Von Wucht und Glut des wilden Alls bin ich umthront[10]
20 Und ich steh eingesperrt in ihrem freien Kreise.

Franz Marc, Tiger (1912)

[1] Bestien: wilde Tiere
[2] Takt: Zeitdruck, Zwang
[3] zählt: *hier* drängt
[4] schreiten: würdevoll gehen
[5] vermählen: *hier* verbinden
[6] Leib: Körper
[7] Auftrieb: Beginn des Flugs
[8] spannt mich in sein Steuer: zieht mich in Gedanken mit sich
[9] Eise: Eisberge
[10] umthront: *hier* umgeben

Bearbeite die folgenden Aufgaben mit einer festen Lernpartnerin oder einem festen Lernpartner.

📁 *Gedicht „Bestienhaus"*

1 Lies zunächst in Einzelarbeit das Gedicht von Alfred Wolfenstein gründlich und markiere auf der Kopie aus dem Medienpool alles, was dir auffällt.

2 Tausche dich mit deiner Lernpartnerin oder deinem Lernpartner über den Inhalt des Gedichts aus. Markiert auf der Kopie inhaltliche Abschnitte und schreibt Stichworte zu den jeweiligen Abschnitten dazu.

3 Worum geht es in dem Gedicht? Formuliert das Thema des Textes gemeinsam in einem Satz.

4 a) Lies den Wissen-und-Können-Kasten zur Deutungshypothese.

  b) Entscheide dich anschließend zwischen den beiden folgenden Vorschlägen einer Deutungshypothese oder formuliere eine eigene. Begründe kurz deine Wahl.

   a. Das Gedicht „Bestienhaus" von Alfred Wolfenstein zeigt die Enge und Bedrängtheit des Menschen durch die Großstadt, die dem lyrischen Ich beim Betrachten der Tiere im Tierpark besonders deutlich wird.

   b. Das Gedicht „Bestienhaus" verdeutlicht am Beispiel der Tiere in einem Zoo die Schönheit und Kraft wilder Tiere.

  c) Vergleiche dein Ergebnis mit dem deiner Lernpartnerin oder deines Lernpartners und verständigt euch auf eine gemeinsame Version.

  d) Diskutiert abschließend, ob eine Deutungshypothese für euch eine Hilfe bei der Analyse sein könnte.

❗ Wissen und Können

Eine Deutungshypothese formulieren

Aus Gedichten lassen sich zumeist **grundsätzliche Aussagen** herauslesen, die über den Inhalt hinausgehen. Die Leserin oder der Leser ist daher aufgefordert, einen solchen Sinn im Text zu entdecken, das Gedicht also **für sich selbst zu deuten**.
Nach dem Lesen und dem Sammeln der ersten Eindrücke kann man daher eine sogenannte Deutungshypothese entwickeln. Diese hält man am besten in einem oder zwei Sätzen schriftlich fest. Die Deutungshypothese kann bei der Analyse behilflich sein. Sie sollte aber ständig **überprüft** werden.

5 Analysiert die Form des Gedichts: Markiert das Reimschema, das Metrum und die Zeilensprünge. Kennzeichnet vor allem Unregelmäßigkeiten, die euch auffallen.

*August Macke,
Zoologischer Garten I
(1912)*

⊙ Tipp zu 6

Zieht auch den Wissen-und-Können-Kasten zu sprachlichen Mitteln auf S. 180 zurate.

6 Arbeitet das Gedicht genau durch und unterstreicht die sprachlichen und stilistischen Mittel auf der Kopie aus dem Medienpool.
a) Schreibt ihre Bezeichnung neben den Vers.
b) Notiert dann mit einem Pfeil dahinter die Wirkung bzw. die Deutung.

7 Wähle nun die wichtigsten sprachlichen, stilistischen und formalen Besonderheiten dieses Gedichts aus, die in eine spätere schriftliche Analyse eingebracht werden sollen. Hebe diese mit einem andersfarbigen Stift hervor. Vergleiche anschließend dein Ergebnis mit dem deiner Lernpartnerin oder deines Lernpartners.

⊙ Tipp zu 7

Um diese Auswahl treffen zu können, solltest du dich daran orientieren, wie die Tiere dargestellt und vom lyrischen Ich bewertet werden. Außerdem ist wichtig, wie das Ich auf die Tiere und ihr Leben hinter Gittern reagiert und welche Schlüsse es für die Bewertung seines eigenen Lebens daraus zieht.

8 Überprüfe zusammen mit deiner Lernpartnerin oder deinem Lernpartner abschließend, ob die erste Deutungshypothese noch tragfähig ist oder ob sie verändert werden muss. Besprecht außerdem, ob sie euch grundsätzlich geholfen hat.

9 Formuliere zum Abschluss die Einleitung deiner Analyse aus. Orientiere dich beim Aufbau am Wissen-und-Können-Kasten unten. Für den Einleitungssatz können dir die Formulierungen aus dem Wortspeicher helfen.

> *Das Gedicht „…" von … aus dem Jahr … handelt von …*
> *„…" ist ein Gedicht von … aus dem Jahr … und thematisiert …*

So kann es weitergehen in der schriftlichen Analyse:

❗ Wissen und Können

Ein Gedicht schriftlich analysieren

Wenn du eine Gedichtanalyse ausformulierst, habe immer eine Leserin bzw. einen Leser im Blick. Stelle dir vor, dass diese Leserin oder dieser Leser sich für deine Arbeit interessiert, jedoch das vorliegende Gedicht nicht kennt. Du musst sie oder ihn über alle deine Gedanken nachvollziehbar informieren.
So kannst du die schriftliche Gedichtanalyse aufbauen:

I Einleitung
• Formuliere einen Einleitungssatz: Autor, Titel, Textart, Erscheinungsjahr, Thema.
• Beschreibe die Form des Gedichts.
• Fasse den Inhalt in eigenen Worten zusammen.
• Formuliere ggf. eine Deutungshypothese.

II Hauptteil
Analysiere Inhalt, Form und Sprache in ihrem Zusammenspiel. Die in der Aufgabenstellung formulierten Leitaspekte geben dir eine Orientierung.

III Schluss
Fasse die wichtigsten Ergebnisse der Analyse zusammen.

Großstadtgedichte selbstständig schriftlich analysieren

In diesem Teilkapitel werdet ihr eine vollständige schriftliche Gedichtanalyse erstellen.

Aufgabe: Erschließt die vier Gedichte auf den folgenden Seiten in einem Gruppenpuzzle. Erstellt anschließend eine schriftliche Gesamtanalyse, die in der Gruppe präsentiert wird.

→ *Gruppen- oder Partnerpuzzle durchführen, S. 334*

1 Bildet in der Klasse Stammgruppen mit jeweils vier Personen. Lest alle Gedichte und verteilt dann die vier Gedichte. Ihr könnt auch auslosen, wer welches Gedicht bearbeitet.

2 Analysiere das Gedicht selbstständig nach der Methode, die du im letzten Teilkapitel erlernt hast. Notiere deine Ergebnisse so, dass du sie mit anderen teilen kannst. Zu jedem Gedicht findest du Hinweise und Leitaspekte, die dir weiterhelfen.

 *Gedichte 1–4*

3 Findet euch in Expertengruppen zusammen, in denen jeweils dasselbe Gedicht bearbeitet wurde. Vergleicht und ergänzt eure Ergebnisse.

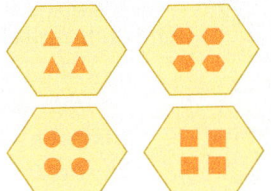

4 a) Geht in eure Stammgruppen zurück und stellt die Analyseergebnisse gegenseitig vor. Nutzt während der Vorstellung die Notierhilfe.

   b) Ordnet die vier Gedichte nun den beiden Strömungen des Expressionismus und der Neuen Sachlichkeit zu. Haltet jeweils stichwortartig fest, womit ihr diese Zuordnung begründet.

 *Notierhilfe: Gedichtanalyse*

5 a) Fertige nun in Einzelarbeit eine vollständige schriftliche Analyse deines Gedichts an.

🖥 *Textverarbeitungsprogramm*

   b) Falls du schon früher fertig bist: Beziehe das neben deinem Gedicht abgebildete Kunstwerk in den Schlussteil der Analyse ein und beurteile, ob das Bild zu deinem Gedicht passt.

6 a) Trefft euch abschließend in euren Expertengruppen und tragt euch jeweils eure Analysen vor. Gebt euch gegenseitig Rückmeldungen unter Nutzung des Feedbackbogens.

📄 *Feedbackbogen: Gedichtanalyse*

   b) Sind Fragen offen geblieben? Dann notiert diese und diskutiert sie anschließend im Plenum.

◉ Tipp

Ihr könnt im Plenum auch Passagen aus der schriftlichen Analyse vorstellen und diskutieren.

Kurt Tucholsky *„Augen in der Großstadt"*

Augen in der Großstadt (1930)

Wenn du zur Arbeit gehst
am frühen Morgen,
wenn du am Bahnhof stehst
mit deinen Sorgen:
5   da zeigt die Stadt
      dir asphaltglatt
    im Menschentrichter
    Millionen Gesichter:
Zwei fremde Augen, ein kurzer Blick,
10 die Braue, Pupille, die Lider –
Was war das? vielleicht dein Lebensglück ...
vorbei, verweht, nie wieder.

Das geht dein Leben lang
auf tausend Straßen;
15 du siehst auf deinem Gang,
die dich vergaßen.
      Ein Auge winkt,
      die Seele klingt;
    du hast's gefunden
20   nur für Sekunden ...
Zwei fremde Augen, ein kurzer Blick,
die Braue, Pupille, die Lider;
was war das? kein Mensch dreht die Zeit zurück ...
Vorbei, verweht, nie wieder.

25 Du musst auf deinem Gang
durch Städte wandern;
siehst einen Pulsschlag lang
den fremden Andern.
      Es kann ein Feind sein,
30   es kann ein Freund sein,
      es kann im Kampf dein
      Genosse sein
    Es sieht hinüber
    Und zieht vorüber ...
35 Zwei fremde Augen, ein kurzer Blick,
die Braue, Pupillen, die Lider.
Was war das?
      Von der großen Menschheit ein Stück!
Vorbei, verweht, nie wieder.

Conrad Felixmüller, Regentag (Arbeiter im Regen) (1921)

Betrachte beim Gedicht „Augen in der Großstadt" besonders:
• die besondere Form des Gedichts,
• den Titel,
• das lyrische Du,
• den Refrain,
• die Bedeutung der Zeit.

Starthilfe, S. 395

Georg Heym *„Abende im Vorfrühling I"*

Abende im Vorfrühling I (1910)

Dem Bettler stahlen Kinder seine Krücken.
Nun sitzt er schimpfend am Laternenpfahl.
Den Blick lockt an ein großes rotes Mal[1],
Das wuchernd zieht[2] vom Halse zu dem Rücken.

5 Am Neubau hämmert in den harten Stahl
Ein Mann seit Stunden, dass er birst[3] zu Stücken.
Ein Pärchen füttert Schwäne von den Brücken,
Um sich versammelnd ihre kleine Zahl.

Im Uferwalde brennt in gelbem Schein
10 Der Abendhimmel. Wolken ziehn zu paar[4]
Darüber hin. Ihm wird der Glanz genommen.

Doch glänzt im ros'gen[5] Blau der Edelstein
Des Abendsternes, einsam, rein und klar.
Er brennt zu hell. Zu Nacht wird Regen kommen.

Ludwig Meidner, Brennende Stadt (1912)

Betrachte beim Gedicht „Abende im Vorfrühling I" besonders:
• die Gliederung des Gedichts,
• die Beschreibung der Menschen,
• die Darstellung der Natur,
• den letzten Vers,
• die Zusammenhänge zwischen den Themen. *Starthilfe, S. 395*

[1] Mal: Wunde, Verletzung
[2] wuchernd ziehen: *hier* sich ausbreiten
[3] bersten: zerbrechen

[4] zu paar: zu zweit
[5] ros'gen: rosigen, *hier* Abenddämmerung

Erich Kästner *„Die Zeit fährt Auto"*

Die Zeit fährt Auto (1928)

Die Städte wachsen. Und die Kurse steigen.
Wenn jemand Geld hat, hat er auch Kredit[1].
Die Konten reden. Die Bilanzen schweigen.
Die Menschen sperren aus[2]. Die Menschen streiken.
5 Der Globus dreht sich. Und wir drehn uns mit.

Die Zeit fährt Auto. Doch kein Mensch kann lenken.
Das Leben fliegt wie ein Gehöft[3] vorbei.
Minister sprechen oft vom Steuersenken.
Wer weiß, ob sie im Ernste daran denken?
10 Der Globus dreht sich und geht nicht entzwei.

Die Käufer kaufen. Und die Händler werben.
Das Geld kursiert[4], als sei das seine Pflicht.
Fabriken wachsen. Und Fabriken sterben.
Was gestern war, geht heute schon in Scherben.
15 Der Globus dreht sich. Doch man sieht es nicht.

Giacomo Balla, Geschwindigkeit eines Automobils (1912)

Betrachte beim Gedicht „Die Zeit fährt Auto" besonders:
• den Titel,
• die Form,
• die Handlungen,
• den letzten Vers. *Starthilfe, S. 396*

[1] Kredit haben: bei der Bank einen Kredit aufnehmen können
[2] aussperren: Arbeiter vom Arbeitsplatz fernhalten und nicht mehr bezahlen
[3] Gehöft: Bauernhof
[4] kursieren: sich bewegen, im Umlauf sein

Alfred Lichtenstein   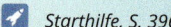 „Nebel"

Nebel (1913)

Ein Nebel hat die Welt so weich zerstört.
Blutlose Bäume lösen sich in Rauch.
Und Schatten schweben, wo man Schreie hört.
Brennende Biester schwinden[1] hin wie Hauch.

5 Gefangne Fliegen sind die Gaslaternen.
Und jede flackert, dass sie noch entrinne[2].
Doch seitlich lauert glimmend[3] hoch in Fernen
Der giftge Mond, die fette Nebelspinne.

Wir aber, die, verrucht[4], zum Tode taugen[5],
10 Zerschreiten knirschend diese wüste[6] Pracht.
Und stechen stumm die weißen Elendsaugen
Wie Spieße in die aufgeschwollne Nacht.

[1] hinschwinden: verschwinden, weniger werden
[2] entrinnen: entkommen
[3] glimmen: glühen
[4] verrucht: gemein, unanständig, niederträchtig
[5] taugen: geeignet sein
[6] wüst: leer, öde

Betrachte beim Gedicht „Nebel" besonders:
• die Strophengliederung,
• die Bilder,
• das lyrische Ich/Wir.   *Starthilfe, S. 396*

Otto Dix, Nacht in der Stadt (1913)

⚠ Wissen und Können

Sprachliche Mittel in literarischen Texten erkennen

Über die schon bekannten sprachlichen Mittel hinaus gibt es noch eine Vielzahl weiterer Stilmittel, die die Wirkung der Texte unterstützen. Die Expressionisten nutzen besonders häufig die folgenden:

• **Akkumulation:** Reihung von Begriffen zu einem Oberbegriff, der genannt werden kann oder erschlossen werden muss, z. B. „wachsend und stoßend und vorwärtsdrängend"
• **Ellipse:** Verkürzung eines Satzes, indem einzelne Wörter oder Satzteile weggelassen werden, z. B. „Bei Bogenlampen Straßenübergang." (Prädikat fehlt)
• **Hyperbel:** starke Übertreibung einer Darstellung, z. B. „unendliche Stadt"
• **Ironie:** Aussage, die das Gegenteil dessen sagt, was sie eigentlich meint. Mit der Ironie distanziert man sich oder äußert indirekt Kritik, z. B. „Berlin hat pro Jahr rund 40 Morde, die glücken."
• **Klimax:** Steigerung in einer Darstellung, häufig dreigliedrig.

Schätze deinen Lernstand ein

Ein Gedicht schriftlich analysieren

Alfred Lichtenstein

Sonntagnachmittag (1912)

Auf faulen Straßen lagern Häuserrudel,
Um deren Buckel graue Sonne hellt[1].
Ein parfümierter, halbverrückter kleiner Pudel
Wirft wüste Augen in die große Welt.

5 In einem Fenster fängt ein Junge Fliegen.
Ein arg[2] beschmiertes Baby ärgert sich.
Am Himmel fährt ein Zug, wo windge[3] Wiesen liegen;
Malt langsam einen langen dicken Strich.

Wie Schreibmaschinen klappen Droschkenhufe[4].
10 Und lärmend kommt ein staubger[5] Turnverein.
Aus Kutscherkneipen stürzen sich brutale Rufe.
Doch feine Glocken dringen auf sie ein.

In Rummelplätzen[6], wo Athleten ringen,
Wird alles dunkler schon und ungenau.
15 Ein Leierkasten heult und Küchenmädchen singen.
Ein Mann zertrümmert eine morsche[7] Frau.

August Macke, Frauen im Park (mit weißem Schirm)
(1913)

[1] hellt: *hier* scheint
[2] arg: sehr
[3] windge: windige
[4] Droschke: Pferdefuhrwerk
[5] staubger: staubiger
[6] Rummelplatz: Platz, auf dem ein Volksfest
   stattfindet
[7] morsch: brüchig

Aufgabe:	Analysiere das Gedicht „Sonntagnachmittag" von Alfred Lichtenstein schriftlich.

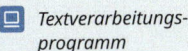 *Textverarbeitungsprogramm*

1 Formuliere eine Einleitung. Entscheide dich für eine der drei folgenden Deutungshypothesen am Ende der Einleitung:
   a. Das Gedicht zeigt die bunte Vielfalt, die in einer Stadt am Sonntag herrscht.
   b. Das Gedicht weist auf die sonntägliche Ruhe hin, die nicht eingehalten wird.
   c. Das Gedicht zeigt die Austauschbarkeit und Beliebigkeit des menschlichen Lebens in der unübersichtlichen Großstadt.

2 Untersuche das Gedicht im Zusammenspiel von Form, Inhalt und Sprache im Detail. Achte dabei besonders auf die Darstellung der verschiedenen Menschen und ihrer Beschäftigungen.

3 Formuliere einen Schlussteil, der die zentralen Analyseergebnisse zusammenfasst.

😊 → Seite 182–185, **B**
😐 → Seite 182–185, **A**
🙁 ← Seite 174–176

Gemeinsam schriftliche Gedichtanalysen erstellen und überarbeiten

Ihr habt im bisherigen Kapitel gelernt, ein Gedicht schriftlich zu analysieren. Da die schriftliche Analyse euch in der weiteren Schullaufbahn begleiten wird und zu den schwierigen Aufgaben gehört, soll die Analysetechnik an dieser Stelle in kollaborativen Schreibformen vertieft werden.

1 Lies zunächst allein alle vier Gedichte und entscheide dich, welches Gedicht du bearbeiten möchtest.

Gerrit Engelke

Auf der Straßenbahn (1913)

Wie der Wagen durch die Kurve biegt,
Wie die blanke Schienenstrecke vor ihm liegt:
Walzt er stärker, schneller.

Die Motore unterm Boden rattern,
5 Von den Leitungsdrähten knattern
Funken.

Scharf vorüber an Laternen, Frauenmoden,
Bild an Bild, Ladenschild, Pferdetritt, Menschenschritt –
Schütternd walzt und wiegt der Wagenboden,
10 Meine Sinne walzen, wiegen mit!:
Voller Strom! Voller Strom!

Der ganze Wagen, mit den Menschen drinnen,
Saust und summt und singt mit meinen Sinnen.
Das Wagensingen sausebraust, es schwillt[1]!
15   Plötzlich schrillt
    Die Klingel! –
Der Stromgesang ist aus –
Ich steige aus –
    Weiter walzt der Wagen.

[1] schwellen: anschwellen, stärker werden

Betrachte beim Gedicht „Auf der Straßenbahn" besonders:
- die besondere Form des Gedichts
- die klangliche Gestaltung
- das Verhältnis des lyrischen Ichs zur Straßenbahn
- die literaturgeschichtliche Einordnung

 Starthilfe, S. 396

Joseph Kölschbach, Straßenbahn (1912/13)

Alfred Wolfenstein

Städter (1920)[1]

Nah wie Löcher eines Siebes stehn
Fenster beieinander, drängend fassen
Häuser sich so dicht an, dass die Straßen
Grau geschwollen wie Gewürgte sehn.

5 Ineinander dicht hineingehakt
Sitzen in den Trams[2] die zwei Fassaden
Leute, wo die Blicke eng ausladen
Und Begierde ineinander ragt.

Unsre Wände sind so dünn wie Haut,
10 Dass ein jeder teilnimmt, wenn ich weine,
Flüstern dringt hinüber wie Gegröhle:

Und wie stumm in abgeschlossner Höhle
Unberührt und ungeschaut[3]
Steht doch jeder fern und fühlt: alleine.

[1] Von diesem Gedicht existieren zwei verschiedene Fas-
sungen, hierbei handelt es sich um die zweite Fassung.
[2] Tram: Straßenbahn
[3] ungeschaut: nicht beachtet

Erich Kästner

Besuch vom Lande (1929)

Sie stehen verstört am Potsdamer Platz.
Und finden Berlin zu laut.
Die Nacht glüht auf in Kilowatts[1].
Ein Fräulein sagt heiser: „Komm mit, mein Schatz!"
5 Und zeigt entsetzlich viel Haut.

Sie wissen vor Staunen nicht aus und nicht ein.
Sie stehen und wundern sich bloß.
Die Bahnen rasseln. Die Autos schrein.
Sie möchten am liebsten zu Hause sein.
10 Und finden Berlin zu groß.

Es klingt, als ob die Großstadt stöhnt,
weil irgendwer sie schilt[2].
Die Häuser funkeln. Die U-Bahn dröhnt.
Sie sind das alles so gar nicht gewöhnt.
15 Und finden Berlin zu wild.

Sie machen vor Angst die Beine krumm.
Sie machen alles verkehrt.
Sie lächeln bestürzt. Und sie warten dumm.
Und stehn auf dem Potsdamer Platz herum,
20 bis man sie überfährt.

[1] Kilowatts: Maßeinheit für Strom
[2] schelten: ausschimpfen

**Betrachte beim Gedicht „Städter"
besonders:**
• die Darstellung der Häuser
• das Verhältnis zwischen den Häusern
  und ihren Bewohnern
• das lyrische Ich in der Stadt
• den Aufbau des Gedichts
• die Bildlichkeit
• die literaturgeschichtliche Einordnung

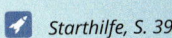 *Starthilfe, S. 396*

**Betrachte beim Gedicht „Besuch vom
Lande" besonders:**
• die dargestellte Situation
• die Beschreibung der Stadt Berlin
• das lyrische Ich
• den letzten Vers
• die literaturgeschichtliche Einordnung

Starthilfe, S. 396

Franz Mahlke

Zeitungsträgerin (1931)

Wenn der Laternen Augen müde schauen,
Und wenn die ersten Straßenbahnen fahren,
Dann huschen um die Häuserecken Frauen,
Gebückt und oft schon grau an Haaren,
5 Mit Zeitungsbündeln. Grau sind die Gesichter
Und stumpf, – so viel sie Neues tragen,
Die Fraun, im fahlen[1] Schein der Treppenlichter,
Sie selber mögen garnichts dazu sagen.

Sie sind wie aufgezogne Automaten –
10 Am Türschlitz ihre Zeitung herzugeben,
Ist ihr Beruf – so laufen sie die Daten
Des neuen Monats ab – so ist das Leben.
Sie gehn treppauf – treppab und ohne Klage,
Vielleicht oft dankbewegt durchs Morgengrauen.
15 Erst arbeitslose wären arme Tage;
Das ist das Wissen dieser Zeitungsfrauen.

[1] fahl: trübe

Lawrence Stephen Lowry, Coming from the mill (1930)

**Betrachte beim Gedicht „Zeitungs-
trägerin" besonders:**
- die Beschreibung der Frauen
- das Leben der Frauen
- das Verhältnis der Frauen zum Licht und zur
  Technik
- die letzten vier Zeilen
- die literaturgeschichtliche Einordnung

  Starthilfe, S. 397

Ⓐ Eine Gedichtanalyse gemeinsam mit einem Etherpad verfassen

→ Mit dem Etherpad arbeiten, S. 324

2 Findet euch in Vierergruppen zusammen, die jeweils eines der Gedichte bearbeiten.

Gedichte 1–4

3 Analysiere zunächst in Einzelarbeit das Gedicht gründlich. Mache dir auf einer Kopie des Textes ausführlich Stichworte zu deinen Analyseergebnissen.

◉ Tipp zu 5

Solltet ihr an einer Stelle keine Einigung über das weitere Vorgehen im Chat erzielen können, nehmt euch eine Auszeit und diskutiert einen Schreibplan, den ihr auf einem Blatt stichpunktartig festhaltet.

Checkliste: Gedichtanalyse

4 a) Erstellt danach in der Gruppe ein gemeinsames Etherpad, in dem ihr schreibt.
  b) Sobald alle Gruppenmitglieder auf dem Etherpad angemeldet sind, kommuniziert ausschließlich über die Chatfunktion. Es herrscht Sprechverbot.

5 Verfasst nun gemeinsam die schriftliche Analyse. Geht dabei folgendermaßen vor:
  a) Ein Gruppenmitglied beginnt mit dem ersten Satz der Einleitung.
  b) Jedes Gruppenmitglied kann nun Sätze ergänzen oder Geschriebenes korrigieren.
  c) Wenn ihr bereits Geschriebenes löschen wollt, verständigt euch vorher über den Chat.
  d) Schreibt so die schriftliche Analyse nach dem auf S. 174–176 vorgestellten Schema.
  e) Überprüft eure Arbeit mithilfe der Checkliste.
  f) Speichert am Ende das fertige Produkt.

6 Tauscht euch nach Abschluss der Analyse über eure Erfahrungen mit der gemeinsamen Arbeit aus.
- Was ist euch gut gelungen?
- Was war hilfreich?
- Womit hattet ihr Schwierigkeiten?
- Vor allem: Hat die Methode euch geholfen, Fortschritte beim Verfassen einer schriftlichen Analyse zu erzielen?

B **Eine Gedichtanalyse schreiben und mithilfe der Textlupe überarbeiten**

2 Findet euch in Vierergruppen zusammen, die jeweils eines der Gedichte bearbeiten.

3 a) Analysiere zunächst in Einzelarbeit das Gedicht gründlich. Mache dir auf einer Kopie des Textes ausführlich Stichworte zu deinen Analyseergebnissen.

    Gedichte 1–4

  b) Verfasse danach in Einzelarbeit eine schriftliche Analyse. Falte dazu die Blätter, auf denen du schreibst, längs in der Mitte und beschreibe nur die linke Hälfte des gefalteten Blattes.

4 Wenn alle die Aufgabe 3 abgeschlossen haben, werden die Ergebnisse von allen anderen korrigiert. Dabei geht ihr folgendermaßen vor:
  a) Gebt die Ausarbeitungen im Uhrzeigersinn in der Gruppe weiter.
  b) Begutachtet die euch vorliegende Arbeit mithilfe der Textlupe. Füllt sie aus und ergänzt außerdem Kommentare und Korrekturen farbig in der rechten Spalte der schriftlichen Analyse.

    Textlupe: Gedichtanalyse

    Achtet dabei besonders auf den Aufbau, die inhaltliche Stimmigkeit und die Sprach- und Formanalyse.
  c) Diesen Vorgang wiederholt ihr so oft, bis alle Gruppenmitglieder alle Analysen gelesen und kommentiert haben.

5 Im letzten Schritt bekommst du deinen eigenen Text mit den Kommentaren und Korrekturen zurück. Du überarbeitest deine Analyse, indem du selbst entscheidest, welche Anregungen du umsetzen möchtest.

    → *Den Text feedbackgeleitet überarbeiten, S. 135*

    Textverarbeitungsprogramm

6 Tauscht euch nach Abschluss der Analyse über eure Erfahrungen mit der gemeinsamen Arbeit aus.
- Was ist euch gut gelungen?
- Was war hilfreich?
- Womit hattet ihr Schwierigkeiten?
- Vor allem: Hat die Methode euch geholfen, Fortschritte beim Verfassen einer schriftlichen Analyse zu erzielen?

7 a) Berichtet im Klassenplenum von euren Erfahrungen bei der Arbeit mit dem Etherpad und der Textlupe.
  b) Stellt gelungene schriftliche Analysen der Klassengemeinschaft zur Verfügung: Stellt sie auf die digitale Plattform eurer Schule oder hängt sie analog in der Klasse aus.

Sich auf eine Klassenarbeit vorbereiten

Ein Gedicht zusammenhängend schriftlich untersuchen

Mascha Kaléko

Großstadtliebe (1933)

Man lernt sich irgendwo ganz flüchtig kennen
Und gibt sich irgendwann ein Rendezvous[1].
Ein Irgendwas, – 's ist nicht genau zu nennen –
Verführt dazu, sich gar nicht mehr zu trennen.
5   Beim zweiten Himbeereis sagt man sich „du".

Man hat sich lieb und ahnt im Grau der Tage
Das Leuchten froher Abendstunden schon.
Man teilt die Alltagssorgen und die Plage,
Man teilt die Freuden der Gehaltszulage,
10   … Das übrige besorgt das Telephon. –

Man trifft sich im Gewühl der Großstadtstraßen.
Zu Hause geht es nicht. Man wohnt möbliert.
– Durch das Gewirr von Lärm und Autorasen,
– Vorbei am Klatsch der Tanten und der Basen[2]
15   Geht man zu Zweien still und unberührt.

Man küßt sich dann und wann auf stillen Bänken,
– Beziehungsweise auf dem Paddelboot.
Erotik muß auf Sonntag sich beschränken.
… Wer denkt daran, an später noch zu denken?
20   Man spricht konkret und wird nur selten rot.

Man schenkt sich keine Rosen und Narzissen,
Und schickt auch keinen Pagen[3] sich ins Haus.
– Hat man genug von Weekendfahrt und Küssen,
Läßt man's einander durch die Reichspost wissen
25   Per Stenographenschrift[4] ein Wörtchen: „aus"!

[1] Rendezvous: Verabredung, Treffen
[2] Basen: Cousinen
[3] Pagen: Hoteldiener, *hier* Briefbote
[4] Stenographenschrift: Kurzschrift im Bürobetrieb

(Aus lizenzrechtlichen Gründen ist dieser Text nicht in refor-
mierter Rechtschreibung gedruckt.)

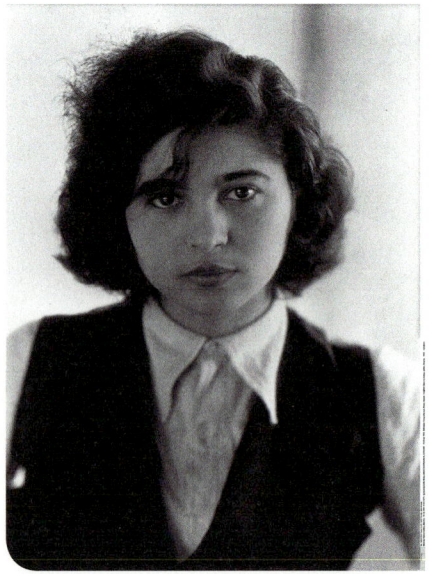

Mascha Kaléko

Aufgabe: Analysiere das Gedicht „Großstadtliebe" von Mascha Kaléko schriftlich. Beachte dabei folgende Aspekte:

- Beschreibe, wie die Paarbeziehung in der modernen Großstadt dargestellt wird.
- Stelle dar, wie das Zusammenspiel von Form, Inhalt und Sprache im Detail gestaltet ist.
- Beziehe zum Abschluss Stellung dazu, ob und inwiefern die im Gemälde „Logenlogik" dargestellte Paarbeziehung zum Gedicht passt.

DODO (Dörte Clara Wolff), Logenlogik (1929)

Ein Jugendbuch erschließen und interpretieren

Joyce Carol Oates: Mit offenen Augen. Die Geschichte von Freaky Green Eyes

Viele Mitschülerinnen und Mitschüler beneiden Franky Pierson: Sie lebt mit ihrer Familie in einer luxuriösen Villa unweit von Seattle, im Nordwesten der USA; ihr Vater ist ein berühmter TV-Sportreporter und ehemaliger Footballstar; ihre Mutter, eine Schönheit, war früher Nachrichtensprecherin. Aber hinter der perfekten Fassade tun sich Abgründe auf ...

„Wir sehen, wie die Fassaden der Wohlanständigkeit bröckeln, stürzen, wir sind entsetzt, halten den Atem an und hoffen inständig, dass Franky im Meer der Plagen nicht ertrinkt."
(Süddeutsche Zeitung)

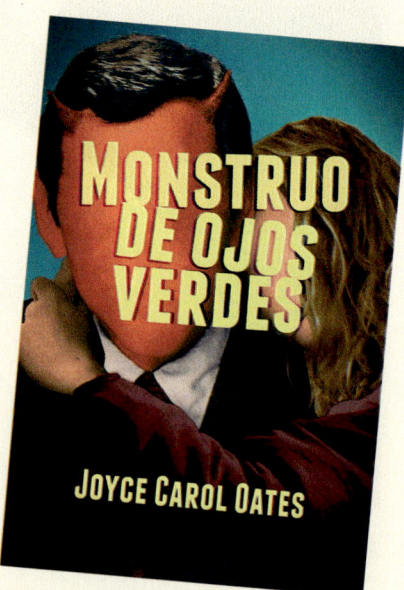

„Eine spannende aufwühlende Geschichte, die zeigt, wie schwer es ist, das ‚Richtige' zu tun."
(Hanser Verlag)

In diesem Kapitel lernt ihr, ...
› eine komplexe Romanhandlung zu erschließen,
› die Beziehungen zwischen literarischen Figuren zu untersuchen,
› die Entwicklung zentraler Konflikte zu verstehen,
› die Perspektive einer literarischen Figur nachzuvollziehen und dazu Stellung zu beziehen.

1 Nähere dich dem Thema des Romans in Einzelarbeit an. Gehe dabei so vor:

   a) Betrachte zunächst den Titel des Romans, sowohl den englischen „Freaky Green Eyes" als auch den deutschen „Mit offenen Augen". Schreibe deine Assoziationen zu den beiden Titeln in zwei sich überschneidende Kreise. In die Schnittmenge schreibst du Gemeinsamkeiten.

   b) Vergleiche die unterschiedlichen Buchcover und ergänze deine Notizen.

   c) Lies dir abschließend die beiden Ausschnitte aus den Rezensionen durch und beziehe sie in deine Überlegungen ein.

◉ **Tipp**

Beachte dabei auch, welche Bedeutung Augen grundsätzlich haben können.

2 Tausche dich mit einer Lernpartnerin oder einem Lernpartner über deine Notizen und Überlegungen aus. Formuliert gemeinsam in zwei bis drei Sätzen Hypothesen, worum es in dem Roman gehen könnte.

3 Stellt euch im Plenum eure Überlegungen zum Thema des Romans vor:
- Welche Erwartungen knüpft ihr daran?
- Was würde euch besonders interessieren?
- Welche Fragen stellen sich euch?

4 Lest nun die ersten Sätze des Romans. Gebt den Textauszug anschließend mit eigenen Worten wieder.

Später kam es mir immer vor wie ein Überwechseln. Vielleicht war das, was meine Mutter machte, dasselbe. *Überwechseln*. Von einem bekannten Umfeld in ein unbekanntes. Von einem Ort, an dem die Menschen dich kennen, an einen anderen, wo die Menschen nur
5 glauben, dass sie dich kennen.
So als würde man durch einen wirklichen Fluss schwimmen, einen unberechenbaren, tückischen Fluss, und wenn du es ans andere Ufer schaffst, bist du nicht mehr der Mensch, als der du losgeschwommen bist.

5 a) Diskutiert, wie ihr die Textstelle versteht:
- Was könnte mit „Überwechseln" gemeint sein?
- Was könnte mit dem „unberechenbaren, tückischen Fluss" gemeint sein?
- Bezieht in eure Diskussion eure Hypothesen ein und ergänzt diese ggf. um weitere Aspekte.

   b) Notiert die Hypothesen zum Thema des Romans jeweils auf einem Blatt und hängt die Blätter im Klassenraum auf.

◉ **Tipp zu 5 b)**

Überprüft eure Hypothesen bei der weiteren Lektüre und Besprechung des Romans; ergänzt die zutreffenden um weitere Aspekte und hängt die falschen ab.

Die Hauptfigur und Erzählerin kennenlernen

Auf den ersten Seiten des Romans lernt man die Hauptfigur und Erzählerin Francesca, genannt Franky, kennen. Auf einer Party bekommt sie den Namen Freaky Green Eyes.

Wie Franky zu Freaky Green Eyes wurde. Teil 1: Der Party-Besuch

🔊 *„Teil 1: Der Party-Besuch"*

Letztes Jahr im Juli fing das bei mir an. Ein paar Wochen nach meinem vierzehnten Geburtstag. Damals zog Freaky Green Eyes in mein Herz ein. [...]

5 Auf einer Party hab ich mich mit diesem älteren Jungen eingelassen, eine miese Geschichte, zumindest wäre sie das geworden, wenn Freaky nicht gewesen wäre. [...]

Die Party fand bei irgendwelchen reichen Leu-
10 ten statt, die ein Haus nördlich der Stadt, am Puget Sound, hatten. [...] Von den Gästen auf der Party kannte ich niemanden, die meisten waren im Collegealter. Ein Mädchen aus mei-ner Schule in Seattle, der Forrester Academy,
15 hatte mich zusammen mit einem Haufen ihrer Freunde eingeladen, und als wir ankamen, war mir sofort klar, dass ich die Jüngste im Raum war. Peinlich. Mit meiner milchweißen, som-mersprossigen Haut und den möhrenroten,
20 krausen, elektrisch aufgeladenen Haaren, die tief im Rücken zu einem beinahe berstenden Pferdeschwanz zusammengebunden waren, mit meinem verängstigten Blick, dem schmalen rosa Tube-Top und Flip-Flops, ungeschminkt, sandte
25 ich eindeutig das Signal aus, die Jüngste zu sein. Die Mädchen, mit denen ich gekommen war, ließen mich in null Komma nichts stehen. [...] Ich ließ mich am Rand der Party treiben. [...] Wie Treibgut wurde ich weitergeschoben, bis
30 ich mich in einem anderen, lang gestreckten Raum wiederfand, der noch größer war als der erste [...].

Um mich herum waren lauter Leute, die ich nicht kannte, gut aussehende Jungs, Mädchen,

die etliche Jahre älter waren als ich, strahlende 35 Schönheiten, die sehr viel Haut zeigten. Es war, als wäre eine matte Glasscheibe zwischen mir und ihnen: Sie befanden sich in einer Dimensi-on, zu der ich keinen Zutritt hatte. Trotzdem war ich hartnäckig; ich lief nicht weg. [...] Stattdes- 40 sen machte ich erst einmal ein Bad ausfindig, eines mit weißen, wie Perlen schimmernden Fliesen und einer todschicken Badewanne mit Whirlpool und Messingarmaturen. Dazu mein Gesicht im Spiegel, hektisch rote Wangen und 45 verwirrt/verletzt/stoisch dreinschauende grü-ne Augen. Es machte mich irgendwie verlegen, mich selbst im Spiegel zu sehen, aber anderer-seits – wen hatte ich denn erwartet?

1 Notiert, welche Kleidungsstücke, Schmuck oder andere Gegenstände Franky, wie ihr sie euch vorstellt, tragen oder bei sich haben könnte.
- Wenn ihr ein Element präzise nachweisen könnt, schreibt dieses Zitat direkt hinter das Element.
- Geht es um eine Idee, die ihr mit Franky assoziiert, belegt am Text, wie ihr auf diesen Gedanken gekommen seid.

→ Richtig zitieren, S. 328/329

2 Fasst in eigenen Worten zusammen, wie Franky sich auf der Party fühlt. Belegt eure Darstellung mit Zitaten aus dem Text.

Wie Franky zu Freaky Green Eyes wurde. Teil 2: Franky kommt an

🔊 „Teil 2: Franky kommt an"

Nach einiger Zeit verändert sich die Situation.

Frag mich jetzt nicht, wie oder warum: Ein Typ taucht auf einmal aus der Menge auf, stößt mich aus Versehen an und beschließt dann, einen Moment stehen zu bleiben, mich in Augenschein
5 zu nehmen, zu lächeln. Ich grinse zurück wie ein von innen beleuchteter Halloween-Kürbis. Schon pervers, wie meine Nervosität sich schlagartig legt – ich spiele die Rolle eines Mädchens, das überhaupt nicht aufgeregt/ängstlich/zum
10 Platzen angespannt ist. Man könnte meinen, die Party sei eine Szene in einem Film, und ich hätte die Rolle schon ein paar Mal geprobt.
Dieser Junge, der mich anlächelt, dem ich tatsächlich zu gefallen scheine, brüllt mir ins Ohr,
15 dass er „Cameron" heißt – den Nachnamen verstehe ich nicht. [...]
Cameron fasst nach meiner Hand, führt mich irgendwohin. Die Musik ist jetzt so laut, ich komme mir vor wie im Auge eines Tornados. Stark!
20 Noch nie bin ich auf einer so coolen Party gewesen. Cameron sagt was zu mir, und ich grinse und sage „Ja", ohne zu wissen, was er gesagt hat, ich weiß nur, dass er mich zum Lachen bringt. Ich bin auf einer Party mit einem Jungen, der
25 schätzungsweise achtzehn ist, den ich nicht kenne, aber wir verstehen uns echt gut, die Leute tanzen, flippig, es wird viel gekichert, ge-

kreischt, dauernd stößt man gegen jemanden, doch es geht ganz leicht, man muss sich einfach nur winden wie eine Schlange. Und Franky Pier-
30 son ist auf einmal wie verwandelt. Als wäre ich plötzlich ein ganz anderes Mädchen, nur wegen Cameron. Als hätte er bloß einmal mit den Fingern geschnippt, und dadurch wäre ich gut aussehend und sexy geworden, wo ich doch vorher
35 noch so naiv und schüchtern war. Und tanzen kann ich, ich bin total locker und gelenkig, als würde ich dauernd Gymnastik machen. Ich wackele mit den Hüften, schüttele meine Arme, werfe meinen Pferdeschwanz von einer Seite
40 zur anderen. Und Cameron ist beeindruckt, starrt mich die ganze Zeit an. Und es gefällt ihm, dass auch andere, ältere Typen zu mir hinüberschauen und ebenfalls beeindruckt sind.
Aus den Augenwinkeln sehe ich die Mädchen,
45 die mich auf die Party mitgenommen haben, sie glotzen mich an, als trauten sie ihren Augen nicht. Hey – die kleine Franky Pierson kommt ja richtig gut an!

3 a) Beschreibt mithilfe des zweiten Textauszuges, wie sich Frankys Situation auf der Party verändert.
  • Wie fühlt sie sich nun?
  • Wie kommt es zu diesem Wandel?
b) Habt ihr selbst schon einmal etwas Ähnliches erlebt? Berichtet von euren Erlebnissen.
c) Die Textpassage ist in einem anderen Tempus verfasst als die erste. Erläutert diesen Tempuswechsel.

Starthilfe, S. 397

Rollenbiografien verfassen, S. 364

Textverarbeitungsprogramm

4 Versetze dich in die Rolle Frankys und stelle sie in einer kurzen Rollenbiografie vor.
  • Schreibe in der Ich-Form.
  • Verwende alle Informationen, die du über Franky bereits kennst.
  • Beschreibe ihr Aussehen, ihren Charakter und besonders, wie sie sich auf der Party fühlt.
  • Gehe dabei besonders darauf ein, wie sich Franky auf der Party wandelt.

  • Füge deiner Biografie ein Bild von Franky bei.

Feedbackbogen: Rollenbiografie

5 Stellt euch die Biografien gegenseitig vor und gebt euch ein Feedback.
  • Nehmt die euch bisher bekannten Textstellen als Grundlage für eurer Urteil.
  • Hängt besonders gelungene Biografien im Klassenraum aus.

Wie Franky zu Freaky Green Eyes wurde.
Teil 3: Freaky erwacht

🔊 *„Teil 3: Freaky erwacht"*

Nach einer Weile zieht Cameron Franky in ein anderes Zimmer, küsst sie und versucht, mit ihr zu schlafen.

Ich kichere und zittere, und auf einmal überkommt mich ein ganz merkwürdiges Gefühl, so als würden Teile meines Körpers taub. Meine Finger und Zehen werden zu Eis. Panik? Aber ich küsse Cameron zurück; ich will nicht, dass er weiß, wie viel Angst ich habe, wie jung ich bin. [...] Aber der Magen dreht sich mir um und mir ist leicht schlecht. [...]
Ich winde mich heftig. Versuche zu schreien. Ich weiß nicht, was ich tun soll.
Dann, plötzlich, weiß ich es. Als hätte jemand ein Streichholz angezündet. Mein Knie kommt

hoch, mit aller Kraft. [...] Ich sage: „Lass mich los! Runter von mir!" Noch liege ich auf dem Rücken, aber ich trete um mich wie wahnsinnig. Es ist, als würde ich quer durchs Becken schwimmen, aber nur mit den Beinen, ich habe kräftige Beine, vom jahrelangen Schwimmen und Laufen. Ich seh vielleicht mager aus, aber ich bin stark, so wie eine Katze stark ist. [...]
Er starrt mich an und sagt: „Du F-Freak! Du solltest deine Augen sehen! Echt freaky— freaky green eyes! Du bist doch gestört!" Wildes Gelächter kommt aus meinem Mund. Es ist, als hätte der Typ auf den Grund meiner Seele geblickt. [...]
Ich hab gegen meinen Angreifer gekämpft, und er hat es nicht geschafft, mich kleinzukriegen. [...]

Ich bin abgehauen. Ich hatte nicht einmal Zeit, Angst zu haben. [...]
FREAKY GREEN EYES hat er mich genannt.
FREAKY GREEN EYES hat mir das Leben gerettet.

6 a) Untersucht die Gefühle Frankys in dieser Situation.
   b) Vergleicht ihre Selbstbeschreibung (S. 193, Z. 15–20) mit ihrer Selbstwahrnehmung im Spiegel (S. 190, Z. 44–49).

Starthilfe, S. 397

7 An einer Stelle heißt es: „Es ist, als hätte der Typ auf den Grund meiner Seele geblickt" (Z. 24–26).
   a) Erläutert, wie ihr den Satz versteht.
   b) Benennt, welche neuen Charaktereigenschaften ihr von Franky kennenlernt.
   c) Ergänzt eure Biografien aus Aufgabe 4.

*Textverarbeitungs-
programm*

8 Das Kapitel beginnt mit der Textpassage, die ihr bereits auf S. 189 kennengelernt habt. Deutet die Passage nun vor dem Hintergrund der Ereignisse auf der Party.
   • Überprüft dabei eure Hypothesen.
   • Berücksichtigt auch den Namen „Freaky Green Eyes".

9 Ein Jugendbuch gehört fast immer zum sogenannten Coming-of-Age-Genre. Informiert euch auf S. 90, was dieses Genre ausmacht.
Haltet in diesem Kapitel Ausschau nach dem Schmetterlingssymbol am Rand. Notiert euch immer, wenn es erscheint, Aspekte des Genres, die in dem Teilkapitel eine Rolle gespielt haben. Legt dazu eine Mindmap mit dem Thema „Coming-of-Age" an. Tragt hier die ersten Aspekte ein, die ihr in diesem Teilkapitel kennengelernt habt.

*Das Genre
Coming-of-Age,
S. 90*

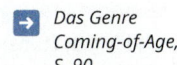

Frankys Vater charakterisieren

Im zweiten Kapitel lernt ihr Frankys Familie kennen: ihren Vater Reid Pierson, ihre jüngere Schwester Samantha und ihren älteren Halbbruder Todd. Frankys Mutter Krista ist gerade verreist.

Die spontane Familienfeier

🔊 *„Die spontane Familienfeier"*

Die gute Nachricht: Dads Vertrag mit seinem Fernsehsender war verlängert worden.
Die weniger gute Nachricht: Mom war nicht da, um mit uns zu feiern.[1] Und das nicht zum ersten Mal.

₅

Dad sagte: „Ich habe hart dafür gearbeitet, und ich meine, ich habe es mir verdient. Ich bin wirklich dankbar. Es ist ein wahrer Segen. Und ihr meine Kinder…" Wir liebten Dad, wenn er so war wie jetzt, wenn er uns so fest in den Arm nahm, dass unsere Rippen fast krachten. „Also, was ich damit sagen will: Das Einzige, worauf es wirklich ankommt, ist die Familie. Die Familie eines Mannes ist seine Ehre. Sie bedeutet ihm viel mehr als sein Ruf in der Welt. Als das, was die Welt von ihm weiß. Familie bedeutet Würde, Respekt. Wir lieben uns, wir Piersons, und wir halten zusammen, stimmt's? Wir sind ein Team."

₁₀

₁₅

Dad sprach mit diesem Tremolo[2] in seiner warmen Stimme, so wie er es auch im Fernsehen machte. […] Sein jungenhaftes, wenn auch leicht ramponiertes gutes Aussehen und sein Hundert-Watt-Strahlen hatten ihn zu einem Liebling der Fans gemacht und wenn wir ihn im Fernsehen sahen, konnten wir es fast selbst nicht glauben, dass er *unser* Dad war. […]
Dad feierte gerne. Immer gab es irgendwelche tollen Neuigkeiten zu feiern. Zum Beispiel mit einem üppigen chinesischen Festessen. Dad liebte es einfach, ans Telefon zu gehen und Essen für ein Dutzend Leute zu bestellen, und wenn Mom gerade im Zimmer war, dann lachte sie (ein klein wenig ängstlich, manchmal jedenfalls) […].
Heute war Mom nicht bei uns. Ich wusste, dass Dad sauer war deswegen. […] Dad mochte es generell nicht, dass seine Frau mit „diesen Künst-

₂₀

₂₅

₃₀

₃₅

lertypen" zu tun hatte, mit Leuten, die für ihn allesamt „Schwule" und „Frauen im Klimakterium"[3] waren, zwei Gruppen von Menschen, für die er nur Verachtung hatte.
Ich wusste, dass Dad Mom unter Druck gesetzt hatte, ihre Reise abzusagen, so wie er im Januar so lange Druck gemacht hatte, bis sie auf einen Flug nach Vancouver in Kanada verzichtet hatte. Damals hatte es gar nichts zu feiern gegeben, keine tollen Neuigkeiten, Dad hatte einfach nur gewollt, dass Mom am Wochenende zu Hause war. Er selbst müsse in seinem Beruf so viel reisen […].

₄₀

₄₅

Während des Essens läuft eine Sportsendung im Fernseher. Das Gespräch dreht sich dann auch um Sport.

Dad redete auf diese intensive Weise, die eine tiefere Bedeutung signalisierte. *Seine Mann-*

₅₀

schaft im Stich lassen, seine Familie im Stich lassen. Es läuft auf dasselbe hinaus.

Ein Gedanke, schoss mir durch den Kopf, der von Freaky kam, ich dachte, ich sollte Mom verteidigen („Hey! Mom ist kein Feigling!"). Aber die Worte blieben mir in der Kehle stecken. Heute feierten wir Dads große Neuigkeit. Heute war Dads Tag. Und vielleicht, ganz vielleicht, hatte ich auch ein bisschen Angst vor meinem Vater. [...]

Dad drängte uns, doch mehr von dem „köstlichen Essen" zu nehmen. Samantha protestierte schwach, aber Dad ignorierte sie völlig, stattdessen spießte er verschiedene Fleischstücke auf und tat sie ihr auf den Teller. [...] Samantha sah aus, als würde sie im nächsten Augenblick in Tränen ausbrechen. [...]

Kurz vor dem Nachtisch klingelt das Telefon.

Das musste Mom sein. Wir warteten, dass Dad drangen. Todd kratzte sich nervös am Hals. Aber Dad ignorierte das Klingeln vollständig [...]. Nachdem es drei- oder viermal geläutet hatte, ging ich hinüber, um den Hörer abzunehmen, aber Dad wedelte mit dem Finger, ohne sich umzudrehen und sagte: „Fran-ces-ca! Wo sind deine Manieren? Keine Telefonate während der

Mahlzeiten." [...] Dad spannte die Kiefer auf eine Weise an, die klarmachte, dass das Thema für ihn beendet war.

Aber es scheint, als würde der Abend doch friedlich enden:

[...] „Franky-Mädchen, Sam-Sam: Euch liebt euer Daddy auch.[4] Das heißt, solange ihr brave Mädchen seid." Wir lachten, als würden wir gekitzelt. Fast konnte ich fühlen, wie Daddys starke Finger auf meinen Rippen rauf- und runterliefen, bis ich vor Lachen quiekte. Daddy hatte uns nämlich schon eine ganze Weile nicht mehr „diszipliniert". Fast konnte man vergessen, dass es so eine Zeit mal gegeben hatte.

[1] Frankys Mutter, Krista, ist zu einer Kunstmesse in Santa Barbara in Kalifornien gefahren.
[2] Tremolo: Beben
[3] Klimakterium: Wechseljahre
[4] Zuvor hat Reid seinem Sohn gesagt, dass er ihn liebt, und die beiden Mädchen haben ihn sehnsüchtig angeschaut.

---

1 Bildet Sechsergruppen und bereitet ein Standbild-Interview vor, das die Beziehung der Familienmitglieder verdeutlicht. Orientiert euch dabei am Methodenkasten auf S. 196 und geht folgendermaßen vor:

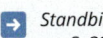 *Standbilder bauen, S. 337/338*

   a) Legt als erstes fest, wer die Baumeisterin oder der Baumeister ist und wer welche Figur (Franky, Reid, Krista, Samantha, Todd) darstellen soll.

   b) Markiert in dem Textausschnitt Passagen, die euch Informationen über die Figuren und deren Beziehungen zueinander geben.

 Folie

   c) Macht euch Notizen dazu, wie die Textpassagen zu deuten sind und was sie jeweils über die Beziehung der Figuren aussagt. Diskutiert eure Deutungen.

   d) Überlegt gemeinsam, wie ihr mit Gestik, Mimik und Körperhaltung am besten die erarbeiteten Aspekte darstellen könnt.

   e) Überlegt, welche Fragen aus dem Plenum kommen könnten und erarbeitet passende Antworten.

2 Stellt eure Standbilder in der Klasse vor.
  a) Die Baumeisterin oder der Baumeister stellt das Standbild auf und moderiert das Gespräch mit den Zuschauerinnen und Zuschauern.
  b) Stellt Fragen an einzelne Figuren wie im Methodenkasten erklärt.
  c) Diskutiert anschließend, ob das Standbild und die Antworten der Darstellung im Roman entsprochen haben.

→ *Zwischen Diskussion und Debatte unterscheiden, S. 36/37*

✪ Methode

Ein Standbild-Interview durchführen

Beim Standbild-Interview handelt es sich um eine Variation des bereits bekannten Standbildes. Bei dieser Methode wird nicht nur **eine Beziehung dargestellt**, sondern die einzelnen Figuren können auch **zum Sprechen gebracht** werden.
Aus dem Plenum kann jede Figur nach ihrer Beziehung zu einer anderen Figur gefragt werden. Dann wacht diese Figur auf, tritt aus dem Standbild heraus und antwortet. Anschließend geht sie zurück ins Standbild und friert wieder ein. Die anderen Figuren bleiben stumm, sie sprechen erst, wenn sie aus dem Plenum gefragt werden.
Mögliche Fragen: Warum wendest du dich von Figur XY ab? Oder: Du umarmst Figur XY, liebst du sie? Etc.

🖵 *Textverarbeitungsprogramm*

3 Erstellt einen Entwurf für einen Social-Media-Auftritt für Reid Pierson.
  a) Stellt Reid so dar, wie er sich selbst sieht.
   • Wie stellt er seine Familie dar?
   • Was veröffentlicht er über seinen Beruf?
   • Welche Hobbys gibt er bekannt?
   • Wen oder was liebt er besonders?
   • Was hat er Besonderes erlebt?
  b) Sucht im Internet Bilder, die eurer Meinung nach Reid am nächsten kommen und die ihn auch bei Aktivitäten zeigen, und fügt sie an den entsprechenden Stellen ein.

⊚ Tipp

Ihr findet auch Bilder von Villen in Yarrow Point. Die könnt ihr ggf. verwenden.

  c) Reid Pierson lebt mit seiner Familie in Yarrow Heights. Der Ort ist fiktiv, entspricht aber dem realen Yarrow Point, einem sehr noblen Vorort von Seattle. Recherchiert über diesen Ort und berücksichtigt ihn bei eurer Darstellung.

4 Stellt euch die Social-Media-Auftritte gegenseitig vor.
  • Diskutiert, welche Ergebnisse den Charakter von Reid Pierson am besten treffen. Belegt eure Auffassung am Text.
  • Stellt Vermutungen an, welche Eigenschaften Reid Pierson von sich in der Öffentlichkeit nicht preisgeben würde.
  • Wählt einen Auftritt aus und überlegt gemeinsam, was seine Tochter dazu sagen würde. Unterscheidet dabei zwischen Frankys und Freakys Ansicht.

🚀 *Starthilfe, S. 397*

📄 *Arbeitsheft, S. 51–54*

Die Beziehung der Eltern untersuchen

Nächtlicher Streit

🔊 *„Nächtlicher Streit"*

Wenige Wochen nach der spontanen Feier bekommt Franky nachts einen Streit ihrer Eltern mit.

Jene Nacht. Ich liege wach, lausche.

Nein. Ich lausche nicht. Es ist nur der Donner, strömender Regen. Vermischt mit meinen Träumen.

5 In einem anderen Teil des Hauses. Gedämpft, durch Wände hindurch. Eine erhobene Stimme. Dads Stimme. Kontrolliert, vernünftig. *Wieso kannst du nicht, wieso willst du nicht, ich warne dich.*

10 Die Worte sind undeutlich, aber der Rhythmus der Stimme ist eindeutig. Die zweite, schwächere Stimme. Eine hohe Tonlage, eine Frauenstimme. Ich empfinde Verachtung für sie. Die tiefere Stimme rollt über sie hinweg, löscht sie aus.

15 Rollt wie Donner über den Himmel.

Ich bin wach, setze mich im Bett auf. Trete meine Decke weg. Es war nichts, nur ein Gewitter. Jetzt prasselt der Regen gegen mein Fenster. Eines der Fenster ist gekippt, da hat es reinge-

20 regnet, die auf meinem Schreibtisch verstreuten Papiere sind nass.

Es war nichts. Nur ein Gewitter. [...]

Später erinnert sich Franky an eine Situation, als sie jünger war und ihre Mutter ihren Vater nicht zu einer Preisverleihung begleiten wollte, an der dieser geehrt werden sollte. Krista, Frankys Mutter, erklärte, sie fühle sich auf solchen Veranstaltungen immer fehl am Platz. Darauf warf Reid ihr vor, dass sein Preis ihr egal sei; das wies sie zurück:

„Aber natürlich ist er mir wichtig, Reid, wirklich. Ich bin stolz auf dich. Aber niemand würde mich vermissen. Und deswegen möchte ich heute 25 Abend gerne zu Hause bleiben. Ich würde gerne früh mit Francesca und Samantha zu Abend essen, nur wir drei." [...]

„Du solltest dankbar sein, dass du einen Mann hast, der sich noch gern in der Öffentlichkeit 30 mit dir zeigt, der noch immer in dich verliebt ist. Wir kennen so viele Leute, in deren Ehen es ganz anders aussieht."

Verletzt sagte Mom: „Reid, was willst du damit sagen? Willst du – mir drohen?" 35

„Aber nein Schätzchen. Wieso sollte ich dir drohen? Habe ich dir je gedroht? Nicht einmal mit der Wahrheit, würde ich sagen."

„Was-was soll das heißen?"

„Du bist doch eine gescheite Frau, Krista. Dafür 40 hältst du dich doch, du mit deinen neuen Künstlerfreunden, deren ‚Werte' den meinen so sehr überlegen sind. Du solltest in der Lage sein, zwei und zwei zusammenzuzählen."

Ein Weilchen war es still. Dann gab es eine Bewe- 45 gung. Ich hörte einen erstickten Ton und hoffte, dass es nicht Mom war, die weinte.

Inzwischen war ich so weit von den beiden entfernt, dass ich fast außer Hörweite war. Auf der Flucht. Trotzdem hörte ich Dads Stimme, die jetzt 50 laut war und zornig klang. „Wieso zum Teufel hast du Reid Pierson geheiratet, wenn du verflucht noch mal nicht die Frau von Reid Pierson sein willst?" Ich presste die Hände auf die Ohren.

55 [...] Die Schals, die Mom auf einmal anfing zu tragen. Wunderschöne Seidenschals in leuchtenden Farben. Und langärmelige Blusen, Pullover. Manchmal fielen ihr die Ärmel bis auf die Handgelenke hinunter, versteckten sie.
60 *Versteckten was? Blaue Flecken an ihren Handgelenken, am Hals, an den Oberarmen? Böse rote*

Abdrücke, die die kräftigen Finger eines Mannes hinterlassen hatten?
Ich konnte nicht fragen. Die Worte bildeten sich in meinem Hals, blieben aber dort stecken. Ich 65 wurde sehr still in Moms Gegenwart. Und Mom wurde mir gegenüber noch stiller.

 *Richtig zitieren, S. 328/329*

1 Untersuche die Beziehung von Frankys Eltern. Arbeite mit Textbelegen und kurzen Zitaten.

2 Stellt euch eure Untersuchungsergebnisse gegenseitig vor und diskutiert diese.
- Geht in eurer Diskussion besonders auf folgende Passage ein und deutet sie: „Die tiefere Stimme rollt über sie hinweg, löscht sie aus. Rollt wie Donner über den Himmel" (Z. 13–15).
- Ergänzt während der Diskussion eure Notizen.

3 Schildert, wie Franky auf den Streit reagiert. Stellt Vermutungen darüber an, warum sie nicht mit ihrer Mutter reden kann oder will.

 *Aus der Prespektive einer Figur schreiben, S. 354*

🖥 *Textverarbeitungsprogramm*

▣ Tipp

Achte hierbei besonders darauf, die Perspektive von Franky einzuhalten.

4 Kurze Zeit nach dem nächtlichen Streit beschließt Franky, ihre Gedanken in ihr Tagebuch zu schreiben. Dabei erinnert sie sich auch an den früheren Streit der Eltern.
- Nimm deine Notizen aus Aufgabe 1, 2 und 3 als Grundlage für den Tagebucheintrag.
- Schreibe nun den Tagebucheintrag aus Frankys Perspektive. Schreibe auch auf, warum es deiner Meinung nach zum Streit kommt und welche Lösung du dir wünschen würdest.

🖥 *Textverarbeitungsprogramm*

5 Nachdem ihr Frankys Familie ein wenig kennengelernt habt, könnt ihr eure Rollenbiografie von S. 192 fortführen.
a) Überlegt gemeinsam, um welche Aspekte die Rollenbiografie ergänzt werden müsste.
b) Verfasse eine Erweiterung der Biografie Frankys.

Die Zuspitzung der Handlung erfassen

Die Familie bricht auseinander

🔊 *„Die Familie bricht auseinander"*

Kurze Zeit später beschließt Frankys Mutter, die Familie zeitweise zu verlassen und in eine kleine Hütte nördlich von Seattle, in Skagit Harbor, zu ziehen. Sie spricht mit Franky, um ihr ihren Entschluss zu erklären.

Ich war überrascht. „Die Hütte? Was ist damit?"
„Ich bin dieses Frühjahr ein paar Mal da gewesen, hab gestrichen, einige Reparaturen gemacht, den Garten ein bisschen gelichtet.
5 Er sieht aus wie ein Dschungel." Mom schwieg einen Moment, lächelte vorsichtig. Auf irgendetwas wollte sie hinaus, mir war nur noch nicht klar, auf was. „Am Wochenende will ich ein paar Sachen aus meinem Atelier hinbringen. Euer
10 Vater ist verreist, und ich … ich habe mich gefragt, ob ihr vielleicht Lust habt, mitzukommen. Ich komme am Sonntagabend zurück."
Mit einem Satz war ich auf den Beinen. Ich war wütend und ich hatte Angst.
15 „Mom, wieso provozierst du ihn so? Wieso machst du das?"
Mom starrte mich an. Eben hatte sie wieder kontrolliert, ob ihr Schal auch nicht verrutscht sei. Ich sah die feinen Fältchen in ihrem Gesicht,
20 die metallgrauen, spinnwebfeinen Strähnen in ihrem Haar.
„P-provozieren?? Wie meinst du das, Francesca?"
„Mutter, du weißt ganz genau, wie ich das meine."
„Deinen – Vater? Du findest, ich provoziere deinen Vater?"
25 „Ist doch so, oder?"
„Francesca, das kannst du wohl kaum beurteilen. Und ich lege keinen Wert darauf, das Thema mit dir zu erörtern."
30 Mom war jetzt auch aufgestanden. Später erinnerte ich mich an etwas Merkwürdiges: Aus ihrem Gesicht sprach tatsächlich Angst. […]

Nach dem Gespräch zieht Frankys Mutter für mehrere Tage in der Woche in ihre Hütte.

Wir haben sie gar nicht vermisst! Wir sind zur Schule gegangen wie immer. Wir hatten unsere Freunde. Wir hatten unsere Aktivitäten am Nach-
35 mittag, die einem immer so wichtig vorkommen, wenn man mittendrin ist, obwohl man hinterher kaum weiß, wieso eigentlich. Es war einfach ein gutes Gefühl, nicht zu Hause zu sein, sondern in der Schule, wo ich nichts weiter war als eine
40 schlanke, rothaarige Zehntklässlerin mit Pferdeschwanz, die oft ihr leicht kratziges Lachen hören ließ und nie den Eindruck machte, sich selbst allzu ernst zu nehmen. „Franky, was gibt's Neues?", riefen Freunde mir zu, wenn wir uns zwischen
45 den Unterrichtsstunden in den Fluren trafen. Die meiste Zeit war ich wie betäubt, so als hätte man mir ein Beruhigungsmittel gespritzt. Wenn ich in den Waschräumen mein Gesicht im Spiegel sah, ertappte ich mich dabei, wie ich Moms festgeta-
50 ckertes fröhliches Lächeln lächelte.
Die Leute mögen dich, wenn du aufgedreht bist, ein bisschen wild, unberechenbar. Wer rumhängt und Trübsal bläst, den mögen sie nicht.
Dad hat angefangen, das zu Samantha und mir
55 zu sagen: „Wisst ihr, niemand mag Mädchen, die Trübsal blasen."

Franky macht das auch gerade durch, wusstest du das?
Was denn?
60 *Na ja, mit ihren Eltern.*
Ich war mir nicht sicher, ob ich richtig gehört hatte. In der Schule. Im Umkleideraum war das, vor dem letzten Wettschwimmen vor den großen Ferien.
65 *Sag bloß! Echt? War sie deswegen in letzter Zeit wie bekifft?*

→ Äußere und
innere Handlung,
S. 357

1 a) Fasst die Handlung der Textstelle mit eigenen Worten zusammen.
b) Stellt die äußere und die innere Handlung gegenüber.
c) Diskutiert, warum äußere und innere Handlung so sehr voneinander abweichen.

Starthilfe, S. 397

2 Ermittelt die Gründe, die dazu geführt haben könnten, dass Frankys Mutter die Familie verlässt. Stützt euch dabei auf Textstellen aus der Passage oben und aus der vorherigen Textstelle auf S. 197/198.

Textverarbeitungs-
programm

→ Erzähler, Erzähl-
form und Erzähl-
perspektive, S. 359

3 a) Schreibt den ersten Teil der Textstelle auf S. 199 in eine auktoriale Erzählung um.
b) Was verändert sich durch die Darstellung für die Leserin oder den Leser?
c) Diskutiert, warum Joyce Carol Oates sich entschieden hat, den Roman aus der Perspektive Frankys zu erzählen.

Franky hat eine wirklich gute Freundin, Twyla. Über sie heißt es an anderer Stelle im Roman:

„Ich musste daran denken, wie gern ich Twyla hatte, sie war wie eine Schwester für mich, eine gleichaltrige Schwester. Und ich war gerade in einer Verfassung, wo ich sie brauchte. […] Eigentlich wollte ich ihr gestehen: Twyla, ich hab solche Angst."

Textverarbeitungs-
programm

4 Schreibt in Partnerarbeit einen Dialog zwischen Franky und ihrer Freundin Twyla.
Geht folgendermaßen vor:
- Nehmt die Situation in der Umkleidekabine zum Ausgangspunkt des Dialogs.
- Beginnt den Dialog, indem Twyla ihre Freundin anspricht.
- Achtet darauf, dass Franky von sich selbst sagt, sie sei wie betäubt.
- Gestaltet den Dialog aber so, dass Franky sich – anders als im Roman – am Ende öffnet und ihr Herz ausschüttet.

5 Stellt euch einige Dialoge vor.
a) Beurteilt, ob sie gelungen sind, d.h. ob sie die Gefühle Frankys authentisch wiedergeben.
b) Erörtert, warum Franky sich in der Romanhandlung nicht öffnet. Warum schweigt sie lieber in der Situation?

Die Reaktion der Hauptfigur verstehen

Franky öffnet die Augen

🔊 *„Franky öffnet die Augen"*

Vom 24. bis zum 27. Juli, einem Sonntag, besuchen Samantha und Franky ihre Mutter in Skagit Harbor. Völlig unerwartet erscheint der Vater, aggressiv und wütend. Er will seine Töchter sofort zu sich nach Hause mitnehmen, obwohl er den Besuch zuvor ausdrücklich erlaubt und auch begrüßt hat. Es kommt zu einer langen und lauten Auseinandersetzung zwischen den Eltern. Am Ende setzt sich der Vater durch. Später erzählt er den Mädchen, dass Krista einen Liebhaber habe. Es soll ihr Freund Mero Okawa sein, den die Mädchen ebenfalls in Skagit Harbor kennengelernt haben.[1]

Als abends um zwanzig nach zehn das Telefon läutete, wurde mir schlagartig bewusst, wie sehr ich mir wünschte, dass es Mom wäre. Ich hatte nicht mehr mit ihr gesprochen seit dem sieben-
5 undzwanzigsten Juli [...]. Ich wusste, dass sie bei uns angerufen hatte. Unsere neue Haushälterin war von Dad angewiesen worden, wie sie zu reagieren hatte, falls/wenn die abwesende Mrs. Pierson anrief, sodass dem Rest der Familie die-
10 se Anrufe erspart blieben. Mein Handy schaltete ich nur ein, wenn ich es brauchte, und um Mom anzurufen, hatte ich es nicht benutzt und würde es auch nicht tun. Ich zählte die Tage seit jenem Sonntag. *Ihr könnt nicht bei mir bleiben, hier ist*
15 *nicht genug Platz. Geht mit ihm![2]*
Das Telefon läutete. So spät am Abend würde unsere Haushälterin nicht mehr abnehmen. Dad war noch aus. Todd war jetzt bis zum Ende seiner Sommerferien zu Hause, aber an diesem
20 Abend war auch er unterwegs. Wie gelähmt stand ich da und starrte auf das Telefon. Meine Fingernägel gruben sich in meine Handflächen. „Ich hasse dich. Ich liebe dich nicht. Geh du doch weg!"
25 Ich sah, wie meine Hand sich nach dem Hörer ausstreckte.
Lasst euch nicht von ihr manipulieren, Mädels.

*Sie ist eine Frau, die einen erpresst mit ihren Ge-
30 fühlen. Der Typ Mensch, der euch verrät und euch dann die Schuld gibt an dem, was sie euch angetan hat.*
Ihr könnt nicht mit uns beiden leben. Ihr werdet euch entscheiden müssen.[3]
Samantha hatte sich entschieden, ebenso wie
35 ich. „Bei dir, Daddy", hatte sie gesagt. Ein kurzes, angstvolles Lächeln, Daumen vor dem Mund. „Bei d-dir, Daddy", hatte ich gesagt und schwer geschluckt. Heiser und brüchig hörten sich meine Worte an. Ich war wie betäubt, und so müde.
40 Freaky war in diesem Moment so weit weg, ich konnte mich kaum daran erinnern, wie sie sich angefühlt hatte.
Freaky Green Eyes? Grüne Monsteraugen? Meine Augen waren mattgrün und blutunterlaufen.
45 Aber es war die richtige Antwort gewesen. Daddy strahlte begeistert wie ein kleiner Junge, Daddy beugte sich hinunter, um uns in den Arm zu nehmen. Das war unsere Belohnung. Das war unser Versprechen. Dass Daddy uns lieben würde, seine großen, schönen Mädchen, dass er uns
50 beschützen würde, weil er stark war. *Eure Mutter hat euch verraten.* [...][3]

[1] Später im Roman erfährt man, dass Mero homosexuell ist.
[2] Das hatte die Mutter ihren Töchtern nach dem Streit mit dem Vater gesagt.
[3] Zitate des Vaters

Franky geht schließlich doch ans Telefon, doch das Gespräch verläuft sehr unerfreulich. Franky beendet das Gespräch mit den Worten „Ich hasse dich". Das bereut sie einen Tag später.

Wenn etwas zum letzten Mal geschieht, merkt man das nicht immer. Wie beim *Überwechseln* kann es geschehen, ohne dass man es weiß.
55 Als man mich zu diesem Tag befragte, hinterher, versuchte ich, mich an die zeitliche Abfolge der Ereignisse zu erinnern. Ich habe die Wahrheit gesagt. Aber nicht die ganze Wahrheit. Denn das meiste, was an diesem Tag geschah, kam mir
60 unwirklich vor, wie ein in Scherben zerbrochener Traum. Ein hässlicher Traum, in hässliche Scherben zerbrochen.
Den ganzen Morgen über wartete ich darauf, dass das Telefon läutete. Plötzlich wollte ich
65 von Mom hören. Ich suchte mein Zimmer nach Moms Nummer ab – das ganze Zimmer! –, konn-te sie aber nicht finden. Ich glaube, da wusste ich es. Ich wusste, dass irgendetwas nicht stimmte. Ich versuchte es bei der Auskunft, erfuhr aber, 70 dass Krista Connors Nummer nicht registriert war. Also bat ich um Mero Okawas Nummer. Aber als ich sie wählte, schaltete sich der Anrufbeantwor-ter ein. „Hi! Mero ist gerade nicht zu Hause, aber hinterlassen Sie ihm bitte eine Nachricht ..." 75 An meiner Pinnwand hatte ich stolz die Polaroid-fotos aufgehängt, die Mero von Mom, Samantha und mir gemacht hatte. Ich schaute sie immer wieder an, so als beinhalteten sie ein Geheimnis. […] Mom stand zwischen uns, die Arme um Sa-80 mantha und mich gelegt, und alle drei lächelten wir glücklich. Überrascht stellte ich fest, dass Mom und ich ungefähr gleich groß waren und dass wir ganz ähnliche Gesichtszüge, vor allem ähnliche Augen hatten. 85
Ich fühlte mich wie benommen, irgendwie un-wirklich. Ich hinterließ keine Nachricht für Mero.

---

1 Untersucht die erste Textstelle (Z. 1–52).
- Franky und Samantha entscheiden sich, bei ihrem Vater zu leben. Stellt Frankys Gedanken, als sie sich entscheiden soll, in Denkblasen dar.
- Benennt, welche Bedeutung das Verhalten ihres Vaters dabei spielt.
- Erklärt zusammenfassend, wie Franky auf die Trennung der Eltern reagiert.

2 In Zeile 40–44 heißt es: „Freaky war in diesem Moment so weit weg […]. Freaky Green Eyes? Grüne Monsteraugen? Meine Augen waren mattgrün und blutunterlaufen."
- a) Erläutert diese Aussage im Zusammenhang mit der Handlung.
- b) Vergleicht sie mit dem Beginn der zweiten Textstelle (Z. 53–55). Was deutet Franky mit dem Wort „Überwechseln" (Z. 54) an?
- c) Fasst zusammen, wie sich Franky und Freaky unterscheiden. Bezieht in eure Überlegungen auch den Beginn des Romans ein.

3 Untersucht, inwiefern sich Frankys Einstellung zu ihrer Mutter in der zweiten Text-stelle gewandelt hat. Belegt eure Aussagen mit Zitaten aus dem Text.

Textverarbeitungs-programm **4** Ergänzt eure Rollenbiografie Frankys um eine Passage, in der sie über ihre Beziehung zu ihrer Mutter schreibt. Berücksichtigt dabei den Wandel ihrer Einstellung.

 **5** An einer Stelle heißt es: „Ich glaube, da wusste ich es. Ich wusste, dass irgendetwas nicht stimmte" (Z. 68/69). Stellt Vermutungen an, was passiert sein könnte. Einen kleinen Hinweis gibt es bereits in diesem Textauszug.

Das Verhalten der Hauptfigur einschätzen

Franky bei der Polizei, 1. Aussage[1]

🔊 „Franky bei der Polizei, 1. Aussage"

Nur fünf Tage später wird Franky zu einer Befragung zur Polizei vorgeladen. Ihre Mutter und Mero Okawa sind als vermisst gemeldet worden.

Wann und wo hatte ich meine Mutter zuletzt gesehen?

In Skagit Harbor. Irgendwann im Juli.

Ich glaube … ich erinnere mich nicht mehr an das Datum.

5 Ich habe seit damals nicht mehr viel daran gedacht.

Dafür können Sie mich ja wohl nicht verhaften, oder?

10 Nein, das habe ich Ihnen doch schon gesagt — ich hab sie nie streiten hören. [...]

Wann ich zuletzt mit meiner Mutter gesprochen habe?

Es wäre mir lieber, Sie würden sie ‚Krista Con-
15 nor' nennen. Es wäre mir lieber, Sie würden sie nicht immer als meine Mutter bezeichnen.

‚Krista Connor' ist ihr Künstlername. Ihre Arbeiten hat sie immer so signiert. In Skagit Harbor war sie nie ‚Krista Pierson'. Da war sie nie unsere
20 Mutter. Es war ihre eigene Entscheidung.

Sie hat uns weggeschickt. Sie hat gesagt, die Hütte sei zu klein für uns. Für uns drei.

Ob sie zu klein war?

Ich erinnere mich nicht.

25 Fragen Sie Dad. Er wird es Ihnen sagen.

Dad wird Ihnen die Wahrheit sagen. [...]

NEIN, ich bin nicht böse auf Krista Connor. Ich habe überhaupt keine Gefühle für Krista Connor.

Keiner von uns. Keiner aus unserer Familie.

Weil sie uns verlassen hat. 30

Weil sie uns verraten hat.

Weil sie von uns weggezogen ist, um in ihrer eigenen Welt zu leben. [...]

NEIN, Dad hat Rabbit[2] nie ‚geschlagen' oder ‚getreten'. 35

Wer hat Ihnen das gesagt?

NEIN, Dad hat mich nie ‚geschlagen' oder ‚bedroht'. Dad hat mir nie ‚wehgetan'.[3]

Und Samantha auch nicht.

Wenn meine Tante Vicky das sagt, dann … dann 40 lügt sie.

Wenn die Familie meiner Mutter solche Sachen sagt …

Wenn Moms Freunde solche Sachen sagen, dann lügen sie alle, und ich hasse sie. 45

[1] Dieses Befragungsprotokoll enthält nur Frankys Antworten, im Roman ist dieser Teil wie mit einer Schreibmaschine geschrieben.
[2] Rabbit: der Hund der Familie, den Reid Pierson nicht leiden kann
[3] Man weiß als Leser/-in des gesamten Romans, dass das gelogen ist.

1 Bearbeitet den obigen Text in Vierergruppen.
   a) Formuliert zunächst gemeinsam die Fragen der Polizei, auf die Franky geantwortet hat.
   b) Spielt die Befragung in eurer Gruppe durch. Eine Person stellt die Fragen, eine andere Person antwortet. Zwei beobachten.
   c) Stellt die Beobachtungen vor und formuliert gemeinsam aus Sicht der Polizei, wie die Aussagen Frankys wirken.

2 Arbeitet nun im Plenum weiter.

a) Vergleicht Frankys Aussage mit ihrem vorherigen Verhalten.

b) Überlegt, warum sie sich so verhält.

→ Zwischen Diskussion und Debatte unterscheiden, S. 36/37

c) Diskutiert, ob sie bei der Polizei als Franky oder als Freaky auftritt. Begründet eure Meinung.

d) Nehmt Stellung zu Frankys Verhalten. Könnt ihr es nachvollziehen?

Franky bei der Polizei, 2. Aussage

🔊 *„Franky bei der Polizei, 2. Aussage"*

12 Tage später wird Franky erneut vorgeladen. Inzwischen hat sie das Tagebuch ihrer Mutter gefunden, das mit folgenden Worten beginnt: „Francesca, Liebes – wenn du dies liest, bedeutet das, dass mir etwas zugestoßen ist."

Doch, ich glaube schon, dass ich sie manchmal gehört habe.

Vor uns nie. Meistens in ihrem Schlafzimmer, hinter verschlossener Tür.

5 Mein Vater wird leicht wütend. Ich habe immer gedacht, meine Mutter würde ihn provozieren, aber das war ein Fehler von mir – meiner Mutter Vorwürfe zu machen, weil sie misshandelt wurde.

10 Sie trug Schals, langärmelige Kleidung, um die Abdrücke zu verbergen. Aber ich wusste, dass sie da waren.

Weil ich Angst hatte, vermutlich. Es war leichter, sie zu hassen.

15 Nein. Mom hat nie darüber gesprochen.

Sie hat sich nie kritisch über ihn geäußert. Sie wusste, wie sehr Samantha und ich ihn liebten. Ich meine, lieben. Ich tu's immer noch. Er ist mein Vater, und er ist Reid Pierson. Deswegen.

20 [...]

Ja, hat er. Manchmal. „Disziplinieren" nannte er das.

Ich erinnere mich nicht so genau. Es ist alles ziemlich vage, wie ein schlechter Traum, wie

25 etwas, das man vor langer Zeit im Fernsehen gesehen hat und mit dem wirklichen Leben durcheinanderbringt.

Schläge, als ich klein war. Weil ich nicht gehorchen wollte, nehme ich an.

30 Manchmal Schläge, manchmal ein Stoß, manchmal hat er mich auch gepackt und fest geschüttelt. Daddy packte mich dann an den Schultern und hat mich geschüttelt geschüttelt geschüttelt, so als wollte er mir das Genick brechen.

35 O nein! Ich dachte immer, es sei meine Schuld. Ich hätte es verdient.

Das glaube ich vermutlich immer noch.

Es ist schwer, seine Gefühle zu ändern. Mit den Gedanken geht das viel leichter.

40 Wieso? Weil Dad uns geliebt hat. Liebt. Er hätte uns nicht diszipliniert, hat er gesagt, wenn er uns nicht liebte.

Das stimmt immer noch. Ich kann das verstehen. Aber es ist eine krankhafte Denkweise und

45 falsch.

Doch, das würde ich schon sagen. Wenn ich darauf antworten muss …

Ja, mein Vater hat mich „misshandelt". Und meine Schwester Samantha auch. [...]

50 Ja, was ich am ersten September gesagt habe, war nicht wahr.

Ich weiß nicht, ob ich gelogen habe. Ich weiß nicht, ob es mir klar war, dass ich meinen Vater gedeckt habe. Es gab so eine Überzeugung

55 in unserer Familie, dass alle gegen uns waren. Die Überzeugung, dass Mom das mit Absicht gemacht hatte, dass sie sich irgendwo versteckt hielt. Mr. Sheehan[1] hat uns erklärt, was wir sagen sollten, wenn wir befragt würden. Saman-

60 tha und ich mussten unsere Geschichten mehrmals vor ihm aufsagen. Ich war sehr müde – ich wollte nur, dass alles vorbei wäre.

[1] Mr. Sheehan: Anwalt des Vaters

3 Findet euch wieder in den Vierergruppen zusammen und bearbeitet die 2. Befragung.

a) Formuliert zunächst gemeinsam die Fragen der Polizei, auf die Franky geantwortet hat.

b) Spielt die Befragung in eurer Gruppe durch. Tauscht dabei die Rollen: diejenigen, die gesprochen haben, beobachten nun.

c) Stellt die Beobachtungen wieder vor.

• Vergleicht die Aussagen Frankys mit der ersten Aussage. Welche Aussagen korrigiert sie, welche Aussagen sind genauer, was sagt sie nun über ihr Verhältnis zur Mutter?

• Stellt Vermutungen aus Sicht der Polizei an, warum sich Franky korrigiert.

4 Stellt euch gegenseitig mithilfe eurer Mindmaps vor, welche genretypischen Elemente der Roman „Mit offenen Augen" enthält.

Diskutiert, ob ihr den Roman als einen Coming-of-Age-Roman bezeichnen würdet oder ob er aufgrund seiner Thematik eher nicht dazu zu zählen ist.

Am Ende des Romans stellt sich heraus, dass Reid Pierson seine Frau und Mero Okawa ermordet hat. Aber lange davor hat er sich bereits strafbar gemacht. Für die 15-jährige Franky ist das schwer zu erkennen und sie verschließt auch lange die Augen davor. Das Verhalten von Reid Pierson gegenüber seiner Frau und seinen Töchtern nennt man „häusliche Gewalt".

Häusliche Gewalt bezeichnet jede Form von körperlichen oder sexuellen Übergriffen in einer häuslichen Situation/Lebensgemeinschaft gegenüber Erwachsenen oder Kindern. Auch psychische und soziale Gewalt wie Beleidigungen, Drohungen, Isolation oder das ständige Kontrollieren von Kontakten zählen dazu. Es ist wichtig zu wissen, was sich gegen diese strafbaren Handlungen unternehmen lässt.

5 a) Informiert euch bei den Quellen aus dem Medienpool zum Thema „Häusliche Gewalt". Stellt zusammen,

• welche Handlungen zur häuslichen Gewalt zählen,

• wie weit verbreitet häusliche Gewalt in Deutschland ist,

• welche Anlaufstellen es gibt, die helfen können, und

• wie man sich verhalten sollte, wenn man Zeuge von häuslicher Gewalt wird oder vermutet, dass es in einer Familie häusliche Gewalt gibt.

b) Stellt in der Klasse die Ergebnisse eurer Recherche vor und sprecht ausführlich über die oben genannten Aspekte.

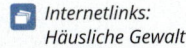

*Internetlinks:
Häusliche Gewalt*

So könnt ihr weiterarbeiten:

• Erstellt ein Plakat mit den Informationen zur häuslichen Gewalt.

• Fragt bei einer Beratungsstelle per Mail an, ob ihr ein Interview mit einer Mitarbeiterin oder einem Mitarbeiter zum Thema machen dürft. Plant das Interview, indem ihr in der Klasse Fragen sammelt, die euch besonders wichtig erscheinen.

• Integriert das Interview in euer Plakat.

Arbeitsheft, S. 55–58

Schätze deinen Lernstand ein

Frankys Besuch in Skagit Harbor

Vom 24. bis zum 27. Juli besuchen Franky und ihre Schwester Samantha ihre Mutter in Skagit Harbor, nördlich von Seattle.

Obwohl es Sonntag war, blieb Mom bei ihrem gewohnten Rhythmus. Sie zog wieder ihre alten Klamotten mit den Farbflecken an und band sich ein Tuch um die Haare. Sie machte Vorbereitun-
5 gen für einen Seidensiebdruck, leuchtend grüne Rohrkolben und Gräser, und Samantha und ich halfen ihr. Die Zeit vergeht so schnell, wenn man sich in die technische Seite der Kunst vertieft. […] Als ich wieder bei Moms Hütte war und Mero mit
10 seinem Rad weiterfahren wollte, fragte er mich, wie es mir in Skagit Harbor gefalle, und ich sag- te, ich fände es wunderschön. Samantha sagte: „Ich wünschte, ich könnte immer hier leben und hier zur Schule gehen. Hier kann man sogar zu
15 Fuß zur Schule gehen." Mero lachte. „Hier kommt man so gut wie über- all zu Fuß hin. Nur nicht über den Fluss." Mero hatte eine Art, einen zu fixieren, mit sei- nen Augen mit den langen Wimpern, und da-
20 bei die Lippen zu kräuseln, dass man wusste, er hörte einem ganz aufmerksam zu. Es war schmeichelhaft, und ich nahm ihm ab, dass es ehrlich war, aber es machte mich auch verlegen. Es gibt Leute, die interessieren sich einfach für
25 einen, und das auf eine so intensive Art, dass man, wenn man sich nicht für etwas Besonderes hält, leicht nervös wird. Es war, als würde Mero Okawa zu mir sagen: *Francesca, du bist ein ganz besonderer Mensch. Du bist Freaky Green Eyes, ich kenne dich. Komm schon!*
30 Er sah etwas in meinem Gesicht, wovon ich ei- gentlich nicht wollte, dass es sichtbar wäre, und nannte mich „Franky" – ich hatte ihm gesagt, er solle mich so nennen, nicht Francesca wie Mom. Er sagte, Samantha und ich hätten unsere Mut-
35 ter sehr glücklich gemacht in diesen Tagen. „Sie hat euch so sehr vermisst. Sie würde nicht wol- len, dass ich euch das sage, aber – nun ja, sie liebt euch. Sie will nicht, dass ihr …" Mero stockte. Ich fühlte, wie mein Gesicht brannte. Will nicht,
40 dass wir – was? Verletzt werden? *Aber wer könnte uns verletzen?* […] Noch so ein scharfsinniger Freaky-Gedanke. *Bleib hier. Den ganzen Sommer über. Bleib hier, auch danach. Du könntest zur Schule*
45 *laufen.*

---

1 Stelle dir vor, dass Franky ihrer Freundin Twyla aus Skagit Harbor einen Brief schreibt, in dem sie ihr von ihren Erlebnissen und ihren Gefühlen berichtet.
- Schreibe den Brief so, dass Frankys Stimmung in Skagit Harbor zum Ausdruck kommt.
- Berücksichtige aber auch, wie sie sich vor dem Besuch gefühlt hat und wie sie auf das Verhalten ihrer Mutter reagiert hat.
- Beziehe dich auf das Gespräch, das zwischen ihr und Twyla stattgefunden hat (siehe S. 200).

😊 → Seite 207–209, **B**
😐 → Seite 207–209, **A**
☹ ← Seite 199/200

Zum Verhalten von Reid Pierson Stellung nehmen

Besuch bei Freunden

Am 4. Juli fährt Reid Pierson mit Samantha und Franky zu Freunden, der Familie Blount, in Cape Flattery. Die beiden Söhne der Familie, Sean und Chris, haben sich aus Spaß ein Gehege gebaut, in dem sie Wildtiere gefangen halten. Die beiden Jungs kümmern sich aber sehr schlecht um die Tiere, geben ihnen nicht ausreichend Nahrung und ärgern sie. Franky ist empört und öffnet heimlich nachts die Käfige, um die Tiere zu befreien.

Am nächsten Morgen, als die Blount-Jungs einen Aufschrei losließen, jemand habe ihren Privatzoo sabotiert, da fiel der Verdacht sofort auf mich. Also zuckte ich mit den Achseln und gestand.

5

„Ja, ich war's. Ich hab die Käfige aufgemacht."
Alle starrten mich an. Die Blounts, mein Vater, Samantha.
Schauten mich an, als wäre ich eine Art Verbrecherin. Ich konnte nur lachen.

10

Wütend sagte Sean: „Du hattest kein Recht dazu! Das waren unsere Tiere."
Es gehört zu Freakys Strategien, vorbereitet zu sein. Ich hatte geprobt, was ich sagen wollte. Ich stand da, die Hände in die Hüften gestemmt, das Kinn vorgereckt, und sagte ruhig: „Das waren nicht eure Tiere – das waren wilde Tiere. Sie haben euch nicht gehört."

15

Daraufhin gab es eine hässliche Szene. Ich hatte ja nicht gerade erwartet, dass irgendwer mir gratulieren würde, aber ich hatte nicht damit gerechnet, dass die Blounts so sauer sein würden. Mir war klar gewesen, dass Sean und Chris toben würden, aber ich hatte doch geglaubt, dass die Erwachsenen anders reagieren würden. Taten sie aber nicht. Ich hatte mich verrechnet, das sah ich jetzt. Trotzdem versuchte ich, Haltung zu bewahren, und sagte: „Ich hab die Tiere freigelassen, weil es illegal ist, Wildtiere in Käfigen zu halten, außerdem ist es grausam, und ich bereue es nicht."

20

25

30

„Francesca, du entschuldigst dich bei der Familie. Und zwar jetzt gleich", sagte Dad.
„Das kann ich nicht, Dad. Es tut mir nicht leid."
„Ich hab dir was gesagt: Entschuldige dich. Jetzt."

35

Ich glaube, was Dad so wütend machte, war, dass ich so Freaky-stur war und sagte: „Ich kann nicht. Ich will nicht. Was ich getan hab, war richtig, und es tut mir nicht leid."

40

Dad geriet ganz schön in Rage. Mr. Blount bemerkte es und versuchte ihn zu beruhigen.
„Schon gut, Reid. Die Jungs können sich einen neuen Zoo machen – es gibt so viele Tiere hier in den Wäldern –", aber Dad fiel ihm dauernd ins Wort, befahl mir, mich zu entschuldigen, und ich musste den Kopf schütteln und sagen, nein, das kann ich nicht, bis Dad schließlich die Beherrschung verlor, mich am Arm packte und mich schüttelte, schüttelte, schüttelte, so fest, dass meine Zähne aufeinanderschlugen. „Ver-

45

50

dammt noch mal, ich sag's dir zum letzten Mal, Francesca: Du entschuldigst dich jetzt bei diesen Leuten, Francesca, oder ich brech dir jeden Knochen in deinem elenden Körper!"

„Reid, nicht doch! Lass das –"

„Nicht, Reid, bitte!"

Alarmiert intervenierten jetzt beide Blounts. Mr. Blount zerrte so lange an meinem Vater, bis er mich losließ und ich weinend aus dem Zimmer stolperte.

Am selben Morgen noch fuhr Dad mit uns nach Yarrow Heights zurück.

Unser Besuch am Cape Flattery hatte abrupt geendet.

Im Auto herrschte stundenlang eisiges Schweigen. Nicht einmal das Radio lief oder eine CD. Samantha, die vorn neben Dad saß, las ein Buch zu Ende und fing gleich mit dem nächsten an. Nur ab und zu wagte sie es, einen vorsichtigen Blick auf ihre in Ungnade gefallene ältere Schwester zu werfen, die auf der Rückbank lag, ein feuchtes Tuch über dem Gesicht, und versuchte, nicht vor Schmerzen zu wimmern. Mein Kopf dröhnte, mein Nacken und sogar die obere Wirbelsäule vibrierten vor Schmerzen. Ich wusste nur, Freaky hatte das Richtige getan, und Freaky musste ihre Strafe dafür hinnehmen.

Ich hatte gesehen, wie die Waschbären im Wald verschwunden waren. Wie der Hase sich aus seinem Dämmerzustand gelöst hatte. Hatte den Fuchswelpen gesehen, vorsichtig witternd. Und die Eule mit dem grauen Gefieder, die mich mit ihrem strengen, starren Blick ansah, bis sie endlich davonflog ...

Doch, manchmal musste man eine Strafe hinnehmen, wenn man das Richtige tun wollte.

---

1 Fasst die Geschehnisse der Textpassage in eigenen Worten zusammen. Beantwortet dabei die folgenden Fragen:
- Wie handelt Franky?
- Wie reagiert ihr Vater?
- Wie verhält sich die Familie Blount?

A   Eine Stellungnahme zum Verhalten der Figuren verfassen

2   Franky bewertet die Situation, indem sie sagt: „Ich wusste nur, Freaky hatte das Richtige getan, und Freaky musste ihre Strafe dafür hinnehmen" (Z. 76–78). Stimmst du ihrer Einschätzung zu? Unterscheide zwischen ihrem Verhalten und der „Strafe" des Vaters. Notiere jeweils mindestens zwei Gründe, die für ihre Einschätzung und die dagegen sprechen.

3   Nimm Stellung zu Frankys Verhalten und zur Reaktion des Vaters.
Beginn, indem du zunächst kurz die Geschehnisse zusammenfasst.

→ *Eine Stellungnahme zum Verhalten einer literarischen Figur formulieren, S. 366*

B   Ein Ereignis aus einer anderen Perspektive wiedergeben

2   Wähle Aufgabenangebot a) oder b).
   a) Schlüpfe in die Rolle von Sean und Chris. Notiere dir in Stichpunkten, wie die beiden in der Situation reagiert haben könnten.
   b) Schlüpfe in die Rolle des Vaters von Sean und Chris. Notiere dir in Stichworten, wie er in der Situation reagiert hat und was er dabei gedacht haben könnte.

> **◉ Tipp**
>
> Beachte dabei, dass auch die Blounts nicht mit Frankys Tat einverstanden sind.

3   Erzähle die Geschehnisse aus der Perspektive von Sean oder Chris (a) oder des Vaters, Mr. Blount (b).
Erzähle die äußere Handlung und schildere mithilfe innerer Monologe, wie die von dir gewählte Person über die Geschehnisse urteilen könnte.

→ *Innere Monologe verfassen, S. 353*

4   Stellt die unterschiedlichen Produkte in der Klasse vor.

5   Diskutiert anschließend, welche Möglichkeiten Mr. Blount hätte, um angemessen auf die erlebte Gewalttat seines Freundes Ried Pierson zu reagieren.
   • Wendet dazu die Ergebnisse eurer Recherche zum Thema „Häusliche Gewalt" an.
   • Überlegt auch, warum es Menschen in der Situation von Mr. Blount schwer fällt, so zu reagieren, wie ihr es vorschlagt.

→ *Zwischen Diskussion und Debatte unterscheiden, S. 36/37*

Sich auf eine Klassenarbeit vorbereiten

Das unerwartete Ende des Besuchs in Skagit Harbor

Obwohl Franky und Samantha eigentlich noch länger bei ihrer Mutter in Skagit Harbor bleiben sollen, taucht eines Nachmittags plötzlich ihr Vater auf.

Dad stieg aus, ließ die Tür hinter sich offen. Er war in Hemdsärmeln, aber sein Hemd war ein teures weißes Seidenhemd, und er trug dunkle, perfekt gebügelte Hosen, so als käme er gera-
5 de von einer wichtigen Sitzung. Wut und Empörung sprachen aus seinem Gesicht, seine Augen blitzten kalt wie Neonlampen. Er rief: „Francesca! Samantha! Kommt!"
Mom stand da, die Heckenschere in der Hand,
10 und starrte ihn nur an. Es war eindeutig, dass sie völlig überrascht war.
„Reid, was ist los? Ich dachte –
„Habt ihr mich gehört, Mädels? Holt eure Sachen. Wir fahren."
15 Samantha fing an zu weinen und lief zu Mom. Ich zögerte, wusste nicht, was ich tun sollte. In der Hand hielt ich ein dickes Büschel Löwenzahn, das ich eben ausgestochen hatte. Ich musste daran denken, wie Dad mich bei den
20 Blounts gepackt und geschüttelt hatte, und es schoss mir durch den Kopf, dass er es wieder tun könnte; er könnte auch Mom packen und ihr wehtun. Er kam rasch auf uns zu, wie ein Läufer, der zu seinen Konkurrenten aufschließt. Als
25 Mom noch einmal fragte, mit schwacher, ängstlicher Stimme, was eigentlich los sei, riss Dad ihr die Heckenschere aus der Hand und schmiss sie auf den Boden. Er beschimpfte sie mit einem Ausdruck, den ich lieber nicht wiederholen
30 möchte. [...]
Es war ein einziges Durcheinander. Das Entscheidende war, dass die Heckenschere auf dem Boden lag und nicht benutzt werden konnte, um jemanden zu verletzen. Und Dad schien sich et-
35 was zu beruhigen, wie so oft, wenn er merkte, dass wir Respekt vor ihm hatten, keinen Wider-

stand leisteten. Er war bereit, mit Mom in die Hütte zu gehen und über das Problem zu reden, was auch immer es sein mochte, während Sa-
40 mantha und ich draußen warteten.
Samantha weinte und brauchte ein Taschentuch. Ich überlegte, ob ich in die Hütte gehen und ihr eins holen sollte, aber ich wusste, es wäre nicht klug. Zum Glück fand ich eine alte, zerdrückte
45 Kleenex-Schachtel hinten in Moms Kombi.
Samantha wimmerte: „Wieso ist Dad so wütend? Er hat doch gesagt, wir dürften herkommen. Das hat er gesagt!"
„Vermutlich — hat er seine Meinung geändert."
50 Mein Herz klopfte so wild, dass es richtig wehtat. Vielleicht war das ein Adrenalinschub. Ich war in der Lage, ganz klar zu denken: Wenn ich Mom um Hilfe rufen oder schreien hörte, dann würde ich zu Moms Nachbarin rennen und sie bitten,
55 die Polizei zu rufen. [...]
Wir warteten zehn Minuten lang. Dann erschien Mom in der Tür, mit roten, verquollenen Augen, irgendwie krank sah sie aus, und gleich nach ihr kam Dad, er trug Samanthas und meine Ta-
60 schen.
Mom sagte: „Francesca, Samantha, ihr sollt mit eurem Vater nach Hause fahren. Jetzt sofort. Ich habe eure Sachen gepackt."

Samantha protestierte: „Aber Mom –

„Samantha, ich habe es dir gesagt. Geh mit Daddy. Und Francesca –"

Samantha rannte zu Mom und umklammerte ihre Hüften, so wie ein kleines, ängstliches Kind. Mom stand still, so als wagte sie nicht, sich zu bewegen. Sie wiederholte: „Fahrt mit Daddy, bitte. Samantha, Francesca. Jetzt gleich." Ihr Gesicht war völlig steif, wie eine Maske. Ihr Blick war leer.

Ich hätte sie am liebsten angeschrien: *Wieso bringst du uns her, wenn du nichts dafür tun kannst, dass wir bleiben können?*

Samantha weinte: „Du sollst nach Hause kommen, Mom! Komm mit uns! Jetzt!"

Aber Mom konnte nur wie betäubt murmeln: „Nein, Samantha. Nein."

„Mommy –"

Mom presste beide Hände über die Ohren, vornübergebeugt stand sie da, als hätte sie jemand in den Magen getreten. Flehend sagte sie: „Nein, geht weg. Geht weg, mit eurem Vater. Ihr könnt nicht bei mir bleiben, hier ist nicht genug Platz, um Gottes willen, geht mit ihm."

Dad benahm sich, als würde er das alles nicht hören. Als stünde er darüber. Ohne ein Wort trug er unsere Taschen zu seinem Auto – einem silbern glänzenden neuen Mercedes! – und verstaute sie im Kofferraum. Samantha und ich folgten ihm wie benommen.

Wir schauten nicht mehr zu Mom zurück.

Sie war so schwach, es war lächerlich! Jetzt hatte ich nicht einmal mehr Mitleid mit ihr, ich wollte nur noch weg von ihr.

Als Franky das zweite Mal eine Aussage bei der Polizei macht, wird sie auch zu dem Vorfall in Skagit Harbor befragt, bei dem Reid Pierson seine Töchter vorzeitig abgeholt hat. Franky weiß mittlerweile durch das Tagebuch ihrer Mutter, dass ihr Vater diese misshandelt und bedroht hat.

Aufgabe:	Schreibe ein Protokoll der Befragung zwischen einer Polizeibeamtin oder einem Polizeibeamten und Franky. Beachte dabei folgende Aspekte:

- Lege das Protokoll dialogisch an.
- Schildere die Situation genau, in der es zu der oben beschriebenen Szene kommt.
- Erläutere, welche Reaktion ihres Vaters Franky anfangs befürchtet und warum.
- Stelle auch Vermutungen darüber an, worüber Krista und Reid in der Hütte sprechen und warum Krista ihre Töchter schließlich wegschickt.

Sachtexte analysieren, beurteilen und verwerten

Nichts ist, wie es scheint – Verschwörungserzählungen

Synonym gebrauchte Wörter wie Verschwörungserzählung, Verschwörungstheorie oder Verschwörungsmythos bestimmen seit geraumer Zeit die öffentliche Diskussion mit. Sie beziehen sich auf Texte, die wie faktenorientierte Sachtexte erscheinen, letztendlich aber nur einem „Wahrheitsgefühl" entsprungen sind und Tatsachen mit Fantasien vermischen. Daher verwenden wir in diesem Kapitel den Begriff *Verschwörungserzählungen*. Verschwörungserzählungen beinhalten meist abwegige Vermutungen über Hintergründe des Weltgeschehens, die sich als scheinbar nachvollziehbar geben. Der Auftrag an Interessierte, selbst zu recherchieren und Beweise für größtenteils absurde Behauptungen zu sammeln, vermittelt den Eindruck, dass es sich bei diesen Gedankengebäuden um belegbare Theorien handelt – der Begriff *Verschwörungstheorien* zeugt davon.

❶ Reste der vier freigelegten Backöfen, Skelettfund im dritten Ofen von links

❹ Verschlossener Eingang zum ISO-Treffpunkt

❷ Sketlettteile der „Hexe" im Backofen

❺ Abstieg zu den unterirdischen Gängen

❸ Modell der Grabungen am Engelsberg: Fundament des „Hexen"-Hauses, die vier Backöfen und ein Brunnen

M 1

Bereits im letzten Jahrhundert hat ein Lehrer und Hobby-Archäologe Spuren der historischen Vorbil-
der für die Geschichte von „Hänsel und Gretel" im Rohrbrunner Forst zwischen Aschaffenburg und
Marktheidenfeld gefunden. Er wies nach, dass es tatsächlich eine solche „Hexe" wie in der Geschichte
gab, und legte dar, warum diese Frau sterben musste. Auch klärte er die Frage, wer Hänsel und Gretel
wirklich waren. Die Abbildungen ① – ③ sind Beispiele für seine außergewöhnlichen Entdeckungen.

M 2

In einem Dorf in der Nähe von Celle hat [ein PKW-Fahrer aus Hannover im November 2009] einen
schlimmen Unfall gebaut, weil er durch einen entgegenkommenden Wagen schwer irritiert wurde.
Der Fahrer des Wagens, ein Engländer, hatte nämlich ein Skelett auf seinem Beifahrersitz angeschnallt.
Und so dachte der Verunglückte, dass das Skelett am Steuer sei, weil es auf der linken Seite saß.

M 3

Der verschlossene Eingang (Bild ④ und ⑤) nahe der deutsch-französischen Grenze, exakt 13 Kilometer
nordöstlich von Saarbrücken, führt zu unterirdischen Gängen, Räumen und Kanälen. Da kommt man
nicht rein. Wir wissen alle, was das bedeutet. Dort treffen sich die Mitglieder einer politisch einfluss-
reichen, international agierenden Geheimorganisation, die ISO (International Secret Organization).
Es ist nicht ganz klar, was die treiben – Blutrituale und solche Sachen, das hat man schon damals in
der Antike so gemacht.

1   a) Fasse mit eigenen Worten die Mitteilungen der Texte und Bilder (S. 212/213)
zusammen.

     b) Auf welchem Weg werden diese Nachrichten wohl die größte Leserschaft errei-
chen können bzw. erreicht haben?

        • *Zeitung*   • *Fernsehen*   • *Soziale Medien*   • *Erzählung von Freunden*   • ...

     c) Erscheint euch jede dieser Informationen vertrauenswürdig? Tauscht euch mit
einer Partnerin oder einem Partner aus: Welche inhaltlichen, bildlichen oder
sprachlichen Elemente machen diese Mitteilungen jeweils glaubwürdig oder
lassen Zweifel aufkommen?

     d) Baue die dir am unwahrscheinlichsten erscheinende Mitteilung aus, sodass sie
spannender, zugleich aber auch glaubwürdiger wird.

Lege für die Aufgaben des gesamten Kapitels einen Ordner „Über Verschwö-rungserzählungen" auf deinem Computer an und sammle dort nach und nach die erarbeiteten In-formationen. Achte auf das Symbol der flachen Erde.

 Inhaltsübersicht: gesammelte Mate-rialien

2   Kennt ihr andere außergewöhnliche Informationen/Geschichten? Gebt sie vor der
Klasse wieder. Teilt mit, wie ihr sie erfahren habt. Schätzt gemeinsam ein: Wahr oder
unwahr? Begründet.

In diesem Kapitel lernt ihr, ...

› Sachtexte zielgerichtet zu untersuchen und zu beurteilen,
› Verschwörungserzählungen über Inhalt und Sprache zu erkennen,
› Informationen über Verschwörungserzählungen für bestimmte Adressaten
adäquat zu vermitteln.

Inhalt und Aufbau von Sachtexten erfassen

→ *Einen infor-mierenden Text untersuchen, S. 120/121*

→ *Lesetechniken anwenden, S. 362/363*

✎ *Folie*

▤ *Text „Über die Verbreitung von Fake News und Verschwörungstheorien"*

▭ *Textverarbeitungsprogramm*

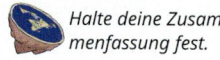 *Halte deine Zusammenfassung fest.*

1 Du hast bei einer Recherche zu der Problematik „Fake News und Verschwörungserzählungen" den Text M 1 in einem Sachbuch gefunden. Erschließe ihn, indem du folgendermaßen vorgehst:

a) Überfliege den Sachbuchtext: Notiere stichwortartig, welche Themenaspekte du auf den ersten Blick erkennen kannst.

b) Schreibe Fragen zu den Punkten auf, die für dich interessant sind und die der Text beantworten könnte.

c) Lies den Text nun genau, markiere die Schlüsselwörter.

d) Finde an den gekennzeichneten Stellen Überschriften für die sich anschließenden Sinneinheiten. Vergleiche deine Ergebnisse mit der Lerngruppe und übernimm gegebenenfalls passendere Formulierungen.

e) Beantworte nun deine Fragen aus Aufgabe 1 b) soweit möglich. Fasse kurz in eigenen Worten die für dich wichtigen Informationen von M 1 zusammen. Vergleicht und ergänzt, wenn nötig.

2 Besprecht in der Klasse: Sind die Ausführungen in Text M 1 für euch nachvollziehbar? Könnt ihr auf eigene Erfahrungen zurückgreifen?

Über die Verbreitung von Fake News und Verschwörungstheorien

M 1

Überschrift 1

[Fake News erhalten] ihre problematische Dynamik oft in sozialen Netzwerken. Dort hat das Teilen von Inhalten einen doppelten Effekt:
5 Nicht nur führt jedes Teilen zu einer Weiterverbreitung. Vielmehr scheint jeder Nutzer, der einen Beitrag teilt, für dessen Richtigkeit zu garantieren. Unsere Freunde sind für uns eben besonders glaubwürdig. Deshalb gehen wir da-
10 von aus, dass Inhalte und Nachrichten, die von unseren Freunden geteilt werden, vertrauenswürdig sind. Es macht einen Unterschied, ob wir eine Nachricht von einem unbekannten Nachrichtenportal erhalten oder vom besten Freund.
15 Mit jedem Teilen gewinnt ein Beitrag auf diese Weise weiter an Glaubwürdigkeit, selbst wenn er tatsächlich erstunken und erlogen ist.
Fake News verbreiten sich also vor allem über

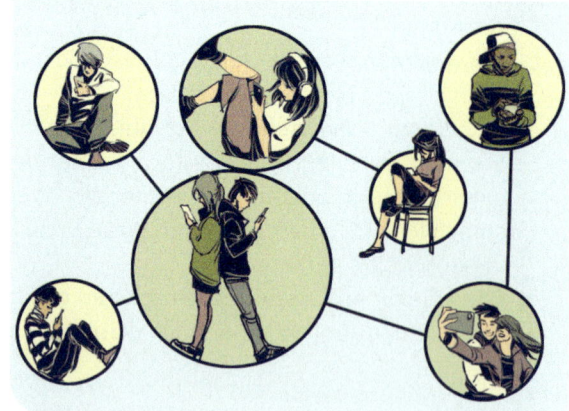

soziale Netzwerke schnell über den ganzen Erdball. [...] 20

Überschrift 2

Menschen halten vor allem solche Nachrichten für glaubwürdig, die ihrer eigenen Meinung entsprechen. Auch halten wir jene Menschen für glaubwürdiger, die bestätigen, was in unser 25

Weltbild passt. Menschen, die uns Dinge erzählen, die unserer Meinung zuwiderlaufen, halten wir hingegen tendenziell für unglaubwürdiger. [...] Wir verarbeiten Nachrichten also nicht neutral, sondern vor dem Hintergrund unserer persönlichen Meinung. Das bedeutet nicht, dass wir Nachrichten, die nicht unserer Meinung entsprechen, nicht akzeptieren und uns eines Besseren belehren lassen können. Aber es kostet uns Überwindung, solche Nachrichten als richtig zu akzeptieren. Mit anderen Worten:
Wir halten eher eine erfundene Wahrheit für glaubwürdig, wenn sie unserem Weltbild entspricht, als eine echte Nachricht, die das nicht tut. [...]

Überschrift 3
Diese Bequemlichkeit der eigenen Meinung gegenüber hält uns in jenen Medien gefangen, die unsere Meinung bestätigen. Wir lesen die Zeitung, deren Leitlinie unserer politischen Grundeinstellung entspricht, informieren uns im Internet auf ebensolchen Seiten und posten in Onlineforen, in denen andere User unseren Standpunkt bestätigen. Wir halten uns also in solchen medialen Räumen auf, die unser Weltbild füttern, spiegeln und bestätigen – »Echo-

kammern« nennen das die Medienwissenschaftler. Abweichende Meinungen nehmen wir gar nicht mehr wahr – nicht, weil wir sie ignorieren, sondern weil wir sie erst gar nicht zu Gesicht bekommen.

Überschrift 4
Die Algorithmen[1], mit denen soziale Netzwerke entscheiden, welche Beiträge anderer Nutzer in unseren Timelines[2] sichtbar sind, verstärken dieses Problem. Information hat dann nichts mehr mit Objektivität, mit »wahr« oder »falsch« zu tun, sondern wird zur Glaubensfrage. Wir bekommen nur mehr jene Informationen serviert, die in unser Weltbild, zu unserem Glauben passen.

Überschrift 5
Menschen, die in Echoblasen gefangen sind, sind für andere Meinungen oder für andere politische Parteien kaum mehr erreichbar. [...]

[1] Algorithmen: Soziale Netzwerke und auch Suchmaschinen setzen Filteralgorithmen ein, die entsprechend dem Such- und Klickverhalten der einzelnen Nutzer/-innen Inhalte und Werbung auswählen und ihnen anbieten.
[2] Timeline: Hauptseite mit den eingehenden Tweets (z. B. bei Twitter)

---

3 a) Sichte nun M 2 auf der folgenden Seite. Um welches Thema geht es und welche Teilaspekte sind angesprochen?

b) Wie ist Text M 2 äußerlich aufgebaut? In welcher Satzart sind die Überschriften formuliert?

c) Lies den Text nun sorgfältig und gib für jeden Abschnitt maximal drei Schlüsselwörter an.

d) Überlege, für welche Altersgruppe der Artikel geschrieben ist. Begründe deine Zuordnung.
   a. für 8- bis 13-Jährige
   b. für 14- bis 17-Jährige
   c. für 18- bis 21-Jährige

📄 *Text „Wie man Verschwörungstheorien erkennt"*

✏️ *Folie*

🚀 *Starthilfe, S. 397*

◉ **Tipp**

Ein Text kann Ratschläge erteilen, unterhalten, sachlich informieren, Eindrücke vermitteln, kommentieren, warnen, appellieren ...

4 Vergleiche Text M 2 mit Text M 1 und erläutere: Mit welcher Absicht wurden die beiden Texte jeweils verfasst? Erkennst du Unterschiede und Gemeinsamkeiten im Anliegen der beiden Texte?

Alexandra Klaußner, Dein Spiegel, 08/2020

Wie man Verschwörungstheorien erkennt

M 2

Im Internet behaupten manche Leute, dass das Coronavirus absichtlich in die Welt gesetzt wurde. Solche Ideen nennt man Verschwörungstheorien. Warum sind sie so gefährlich?

Was ist überhaupt eine Verschwörungstheorie?
Manchmal schließen sich Leute heimlich zusammen, um gemeinsam eine böse Tat zu begehen, eine gefährliche Lüge in die Welt zu setzen oder ganz allgemein anderen zu schaden. Ein solcher Zusammenschluss heißt Verschwörung. Es hat in der Geschichte immer wieder Verschwörungen gegeben – aber oft vermuten Menschen auch dort eine Verschwörung, wo gar keine ist.

Zum Beispiel bei der ersten bemannten Mondlandung 1969: Bis heute glauben viele Leute, die habe nie stattgefunden. Die US-amerikanische Regierung habe die Landung in einem Studio gefilmt, unter anderem, um die Bevölkerung von Problemen abzulenken. Diesen Glauben, dass hinter den augenscheinlichen Tatsachen eine verborgene Wahrheit steht, nennt man eine Verschwörungstheorie. [...]

Warum gibt es Verschwörungstheorien?
Verschwörungstheorien bieten meist einfache Erklärungen und jemanden, der Schuld hat. [So hat die Corona-Pandemie für Verunsicherung gesorgt und viele Menschen] überlegen sich Erklärungen für die schwierige Situation. Es wäre ja auch wirklich praktisch, wenn man jemanden für das Corona-Chaos verantwortlich machen könnte. [...]

Welche Verschwörungstheorien gibt es?
Es gibt viele, und das auch schon sehr lange. Aber seit das Internet von immer mehr Menschen genutzt wird, verbreiten sich Verschwörungstheorien viel leichter und schneller. Auch zum Coronavirus gibt es verschiedene. Ein Beispiel: Der Milliardär Bill Gates habe das Coronavirus erfunden, um alle Menschen zwangsweise impfen zu lassen. Bei der Impfung bekomme jeder einen Mikrochip eingesetzt. Mit dem wolle Bill Gates die Menschen kontrollieren. Puh. Diese Idee vermischt einige Ängste und Sorgen. Richtig ist: Bill Gates und seine Frau Melinda haben eine Stiftung, die viel Geld für die Entwicklung von Impfstoffen spendet. Und es gibt von der Stiftung geförderte Projekte, die den Einsatz von Mikrochips erforschen. Aber das hat nichts miteinander zu tun.

Wer verbreitet Verschwörungstheorien?
Leute, die wirklich daran glauben und andere Menschen zu ihrer Überzeugung bekehren wollen. Leute, die damit ein politisches Ziel erreichen wollen. Und Leute, die damit Geld verdienen wollen. Die Gründe mischen sich aber auch. [...]

Jeder darf doch sagen, was er denkt. Warum können Verschwörungstheorien so gefährlich sein?
Dinge kritisch zu hinterfragen ist gut. Und nicht alle Verschwörungstheorien sind gefährlich. Aber einige führen dazu, dass Menschen so extrem denken und handeln, dass sie andere gefährden. Zum Beispiel, wenn sie Wissenschaftlern nicht glauben, wie gefährlich das

Coronavirus ist, sich deshalb nicht an Sicherheitsmaßnahmen halten und so die Übertragung des Virus beschleunigen. Oder, noch viel schlimmer, wenn sie Gewalt anwenden oder sogar andere Menschen töten, um die vermeintliche Verschwörung zu stoppen.

Wie kann man unterscheiden, was stimmt und was nicht?
[...] Viele Verschwörungstheorien kombinieren Tatsachen mit komplett ausgedachten Behauptungen – das macht es so schwierig, sie zu widerlegen. [...]
Deshalb ist der erste Weg zu gucken: Auf welcher Website informiere ich mich gerade? Es gibt tolle Wissensvideos bei YouTube, aber auch viel Quatsch. Jeder kann Videos mit falschen Informationen hochladen, du auch. Du kannst in einem Video erzählen, dass Menschen außerirdische Echsen in Menschenverkleidung sind.

Das würde keiner glauben? Oh doch, diese Verschwörungstheorie gibt es wirklich.

Deshalb: immer kritisch sein. Nicht alle ungewöhnlichen Ideen sind falsch. Aber man darf nicht alles glauben, was man irgendwo liest – auch nicht, wenn es von einem Rapper, Sänger oder Influencer kommt, den man toll findet. Besser dort suchen, schauen oder nachlesen, wo anerkannte Wissenschaftler oder ausgebildete Journalisten Fakten prüfen. Zum Beispiel bei den Kindernachrichten *logo!* oder auf YouTube bei *MrWissen2go*. Oder bei uns im Heft und auf *SPIEGEL.de.*
Zu Falschmeldungen rund um das Coronavirus hat auch das Recherchezentrum Correctiv ein gutes Angebot. Unter *correctiv.org/faktencheck/coronavirus/* überprüfen die Fakten-Profis einige Behauptungen, die auch in Corona-Verschwörungstheorien vorkommen.

5 Erfasse die Gliederung von Text M 2 und verwende dabei hauptsächlich Nomen. Der Anfang ist unten abgedruckt: Vervollständige die Gliederung.

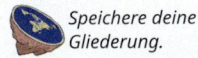

→ Eine Gliederung erstellen, S. 325–327

→ Nominalstil in Texten untersuchen, S. 263

💻 Textverarbeitungsprogramm

Speichere deine Gliederung.

Text: *Wie man Verschwörungstheorien erkennt*
Quelle: *Dein Spiegel, 08/2020*
Gliederung:
1 *Begriffsklärung: Verschwörungstheorie*
    1.1 *Erklärung: Begriff „Verschwörung"*
        → *geheimer Zusammenschluss zum Schaden anderer*
    1.2 *Erklärung: Begriff „Verschwörungstheorie", Beispiel Mondlandung*
        → *Verschwörungstheorien behaupten die Existenz einer anderen Wahrheit hinter offenkundigen Tatsachen, Beispiel: die Mondlandung von 1969 als Lüge*
2 *Gründe für das Auftauchen von Verschwörungstheorien*
    → *Überforderung, Verunsicherung der Menschen durch kaum zu verstehende Ereignisse, Entwicklungen*
    2.1 *Entlastung durch: einfache Auslegung komplexer Zusammenhänge*
    2.2 *Entlastung durch: Schuldzuweisung*
3 *Verbreitung und Form neuer Verschwörungstheorien*
    3.1 *Verbreitung: sehr schnell über das Internet*
    3.2 *Beispiel für ...*

Inhalt und Aufbau von Sachtexten wiedergeben

Textverarbeitungs-programm

Inhaltsangabe, S. 361

Sichere deine Ergebnisse.

1 a) Formuliere die Einleitung zu einer Inhaltswiedergabe. Gib dazu Verfasserin, Titel, Erscheinungsdatum und Ort der Veröffentlichung von M 2 (S. 216/217) an. Teile kurz mit, worum es geht und mit welcher Absicht der Text geschrieben wurde.

b) Gib den Inhalt von M 2 (S. 216/217) in eigenen Worten wieder. Beschreibe dabei auch den Aufbau des Artikels. Nutze bei der Umsetzung deine Gliederung aus Aufgabe 5 (S. 217). Verben, mit denen du das Vorgehen der Verfasserin zum Ausdruck bringen kannst, findest du im Wortspeicher unten.

Wortspeicher zur Aufbaubeschreibung
Die Autorin/Der Autor…

erklärt	*unterscheidet*	*stellt fest*	*hebt hervor*	*legt dar*
definiert	*weist auf … hin*	*ermuntert*	*belegt*	*stellt heraus*
beschreibt	*veranschaulicht*	*fordert auf*	*verdeutlicht*	*verknüpft*
erläutert	*schlussfolgert*	*betont*	*warnt*	*schlägt vor*

2 In M 2 (S. 216/217) heißt es: „Aber seit das Internet von immer mehr Menschen genutzt wird, verbreiten sich Verschwörungstheorien viel leichter und schneller" (Z. 34–36). Erkläre, warum sich Fake News und Verschwörungserzählungen besonders schnell verbreiten. Greife dazu auf M 1 (S. 214/215) zurück.

Textverarbeitungs-programm

Speichere deine Darstellung.

3 Erläutere mithilfe von Text M 1 (S. 214/215), warum Anhänger einer Verschwörungs-erzählung meist in ihrer extremen Weltsicht verharren und keine Kritik an ihren Ansichten zulassen. Verwende dazu auch den Begriff der Echokammer.

⊚ **Tipp**

Reflektiere die Verwendung des Konjunktiv I und II.

Textverarbeitungs-programm

Konjunktiv, S. 388/389

Sichere das Ergebnis.

4 Lege eine Tabelle mit Verschwörungserzählungen an, die ständig erweitert werden kann. Formuliere die Behauptungen von Verschwörungserzählungen im Konjunktiv (Spalte „Kurze Kennzeichnung"). Orientiere dich dabei an folgendem Muster:

Verschwörungs-erzählung	Kurze Kennzeichnung	Informationsquelle
Mondlandung	Die erste bemannte Mondlandung der USA 1969 hätte nie statt-gefunden. Sie wäre in Studios simuliert und gefilmt worden.	A. Klaußner (2020), Wie man Verschwörungs-theorien erkennt
…		

5 Ergänze die Tabelle aus Aufgabe 4 mit
- folgenden Verschwörungserzählungen: Corona-Virus, Impfung mit Microchips, außerirdische Echsen/Reptiloiden, QAnon,
- drei weiteren Verschwörungserzählungen, die in dem Sachtextauszug M 3 erwähnt sind.

Nutze dazu auch M 2 (S. 216/217) und/oder weitere seriöse Quellen.

→ Im Internet recherchieren, S. 342/343

6 Lies den folgenden Text M 3 und schau dir die Definition von Verschwörungserzählungen im letzten Abschnitt an. Erkläre mit eigenen Worten und anhand eines selbst gewählten Beispiels, woran du Verschwörungserzählungen erkennen kannst.

„Nichts ist, wie es scheint" – Über Verschwörungstheorien (Auszug)

M 3

Verschwörungstheorien sind in den letzten Jahren ins Zentrum der öffentlichen Aufmerksamkeit gerückt. Nachdem sie lange Zeit ein Nischendasein gefristet hatten, sind sie seit
5 einiger Zeit allgegenwärtig: Die USA haben die Anschläge des 11. September 2001 selbst durchgeführt; wir werden heimlich von einer Neuen Weltordnung kontrolliert, die uns über Chemtrails und Impfungen gefügig hält; die
10 Ukrainekrise wurde von der Nato orchestriert[1]; Barack Obama wurde wahlweise nicht in den USA geboren oder er ist – wie Angela Merkel und George W. Bush – Teil einer Elite außerirdischer Reptilien, die sich von unserer negativen Ener-
15 gie ernährt; die Mondlandung hat natürlich nie stattgefunden, und John F. Kennedy wurde von der CIA ermordet. Enthüllungen über vermeintliche Komplotte der USA, der EU, der Geheimdienste, der Juden, der Illuminaten und anderer
20 Gruppen zirkulieren nicht mehr nur in Subkulturen, sondern erreichen inzwischen eine breite Öffentlichkeit.
[...] Verschwörungstheorien behaupten, dass eine im Geheimen operierende Gruppe, nämlich die Verschwörer, aus niederen Beweggründen
25 versucht, eine Institution, ein Land oder gar die ganze Welt zu kontrollieren oder zu zerstören.

Text leicht verändert

[1] orchestriert: hier im Sinne von durchgeplant und ausgelöst

7 Häufig wird statt der Begriffe „Verschwörungserzählung" oder „Verschwörungsmythos" der Begriff „Verschwörungstheorie" verwendet. Tauscht euch aus: Welcher Begriff scheint euch geeigneter? Begründet.

📄 Arbeitsheft, S. 62–64

Die Sprache von Verschwörungserzählungen untersuchen

Lesetechniken anwenden, S. 362/363

1 Überfliege M 4. Gib an, um welche Art von Text es sich handelt und um welches Thema es geht.

Text „Telefon-Talk-Sendung ‚Domian'"

2 Lies den Text M 4 nun genau. Tauscht euch über die Reaktionen, die das Gespräch bei euch hervorruft, aus.

Telefon-Talk-Sendung „Domian" (29.10.2016) (Auszug) M 4

Domian: Heute ist das Thema offen. Und ich begrüße sehr herzlich den Manuel. Der Manuel ist 30. Hallo Manuel. Was ist dein Thema?

Anrufer: Ja, mein Thema ist die größte Lüge, die der gesamten Menschheit erzählt wird, und zwar, dass die Erde eine Kugel ist, und dem ist nicht so. Ich sage oder bin besser gesagt hundert Prozent davon überzeugt, dass die Erde flach ist und dass die Regierungen uns eine Riesenlüge auftischen.

D: Ich hab' richtig verstanden? Du sagst, die Erde ist nicht rund, sondern eine Scheibe?

A: Ganz genau.

D: Spinnst du? [...]

A: Nein, dafür gibt's dutzende Beweise. Wenn man sich doch mal vielleicht den Kopf frei macht ...

D: Ah, du [...] bist ein Verschwörungstheoretiker.

A: Ah, das ist sehr gut, dass du das sagst, dann würde ich dir doch mal empfehlen, vielleicht mal zu recherchieren, woher dieses Wort kommt.

D: Ja, okay, aber ich bin, die Richtung bin ich richtig, ne?

A: Nee, also ich hör' dieses Wort eigentlich ungern, weil damit werden ... damit werden wir ja diffamiert[1].

D: Ach so, okay, weil du ja glaubst, du hast recht, dass die Erde eine Scheibe ist.

A: Ich weiß, dass ich recht habe. [...]

D: [...] sowas Blödes hab' ich noch nie gehört.

A: Naja, du kannst ja mal in die Bibel gucken, da steht es auch drin.

D: [...] also, entschuldige mal bitte, du musst nur mit dem Flugzeug fliegen, da siehst du, dass die Erde rund ist, wenn, du musst mit dem Schiff fahren, dann fällst du nicht hinten runter.

A: Nee, das hat was mit Perspektiven zu tun, da müsste man sich einfach ein bisschen schlau machen. Da würde ich einfach jedem empfehlen, sich mal zu informieren, was es damit auf sich hat, weil, es ist einfach so, dass das Gesichtsfeld eines Menschen einfach eingeschränkt ist und z. B. auch diese Krümmung, die man sieht, das hat damit zu tun, dass die Fotoapparate, die meisten, Fisheye-Linsen haben und automatisch dadurch eine Wölbung entsteht. [...]

D: [...] Wer hat denn ein Interesse daran, uns zu verkaufen, dass die Erde rund ist?

A: Also ich gehe mal davon aus, dass das Reptiloiden sind. Das sind ...

D: Was, wer, was, wie, wer?

A: Reptiloiden.

D: Was, was ist das denn?

A: Das sind reptilienartige Wesen. Und die sehen aus wie wir und die haben uns okkupiert[2] oder sind dabei, uns zu okkupieren. Und ich meine, man muss doch immer auf die ganze ...

D: Moment, langsam, langsam, langsam. Es sind Wesen, die sind, die sehen aus wie Reptilien und haben uns okkupiert?

A: Genau, also die sehen jetzt mittlerweile aus wie wir. Ich, ich weiß nicht, wie die das machen, aber die sehen aus wie Menschen. [...]

D: Woher, woher sollen die uns denn okkupiert haben?

A: Ja, ich weiß nicht, die haben, vielleicht haben die das ja erschaffen, wo wir hier leben. Vielleicht sind wir in 'nem Art Terrarium oder […] ich beschäftige mich seit zwei Jahren damit. Ich hab' mich mit Physik, Mathematik, mit Geometrie, ich hab' mich mit Geologie beschäftigt. Ich hab' mich mit allem beschäftigt. Ich hab' alle möglichen …

D: Es ist doch merkwürdig, dass dann kein keiner von führenden Wissenschaftlern auf der Welt so etwas sagt.

A: Ja, ja weil die dann … naja, es gibt Wissenschaftler, Sie müssen doch einfach noch mal ein bisschen recherchieren, es gibt Wissenschaftler, die etwas dazu sagen, Mathematiker.

D: Ja, das sind Durch…, das sind Durchgeknallte.

A: Ja, das ist natürlich, so kann man es immer sagen.

D: Aber noch mal mit der Erde. Es gibt doch mittlerweile ganz viele Sonden, die Fotos machen von, von, von weit oben und von, vom Mond und weiß ich von wo. Da sieht man doch unsere Kugel schweben.

A: Ja, genau, das ist gefälscht, das ist gefälscht, ja.

D: Ach, ach so, ja, gut, da kannst du, da kannst du natürlich jeden, jeden Quatsch kannst du in die Welt stellen und sagen: Das andere ist immer gefälscht.

A: Ja, das ist ja, das ist ja, wenn du, wenn du verstanden hast, dass die Erde flach ist, kommst du automatisch zu dem Schluss, dass alles gefälscht ist, ne, und wenn du weißt, dass die Erde flach ist, dann eh … […]

D: Noch mal zu diesen, noch mal zu diesen Wesen da, die … Sind das Außerirdische oder was?

A: Das weiß ich nicht, das kann ich nicht beantworten, was …, woher die kommen, was deren Ziel ist. Aber es scheint zumindest deren Ziel zu sein, so glaube ich, dass, ja, sie uns vernichten wollen, also ich meine, du musst nur mal die ganze Welt anschauen.

D: Entschuldige, entschuldige, ich will dich jetzt nicht … Ich muss immer zwischenfragen, sonst kommen wir nicht mit: Woher weißt du, glaubst du denn, dass es diese Wesen überhaupt gibt?

A: Na, da muss man auch einfach mal ein bisschen recherchieren so, also da gibt's, es gibt Dutzende Videos auf YouTube. […]

D: Ja, wie? Und … und im Internet steht oder findest du, dass, dass es da diese Mischwesen gibt, die wie Reptilien …

A: Genau.

D: Aber ich hab' noch kein Mischwesen gesehen.

A: Ich schon.

D: Wo?

A: Hillary Clinton[3] z. B. oder keine Ahnung. […]

D: Wie kann man das bei Hillary Clinton sehen?

A: Na da gibt's, hab' ich jetzt neulich erst wieder ein Video gefunden mit ihren Augen. Also die Augen sind es, was, was die verraten, ne, man muss auf die Augen achten, ne, das, ja, keine Ahnung. Natürlich gibt's auch welche, Videos, die gefälscht sind, die sind aber da, um uns zu diffamieren, ne. Man muss halt wissen, worauf man achten muss, so. […]

A: Ich weiß nur definitiv, dass die Erde flach ist und dass man uns hier 'ne Riesenlüge auftischt. Dass wir wirklich … Wir sind dabei, unsere Menschheit ist dabei zu sterben.

A: [...] Ich kann nur jedem empfehlen, informiert euch, recherchiert, recherchiert!

D: Okay, das haben wir jetzt schon verstanden, das haben wir schon verstanden. Aber du weißt nicht, was diese Wesen mit uns vorhaben?

A: Also mir macht es den Eindruck, als wenn sie uns vernichten wollen. Also ich meine, man muss sich wirklich nur die Welt anschauen.

D: Hätten sie ja schon längst machen können.

A: Naja, aber vielleicht können sie's ja nur auf die Art und Weise machen. Vielleicht sind sie nicht stark genug, vielleicht sind es nicht, nicht, nicht genug von diesen Wesen. [...]

Text leicht verändert und an Schriftsprache angepasst

[1] diffamieren: in Verruf bringen, schlechtmachen, abwerten
[2] okkupieren: Besitz ergreifen, erobern, sich bemächtigen, besetzen
[3] Hillary Clinton: Politikerin in den USA, Ehefrau des ehemaligen Präsidenten der USA Bill Clinton, Präsidentschaftskandidatin der Demokratischen Partei 2016

Textverarbeitungsprogramm

Sichere deine Ergebnisse.

3 Formuliere für die verschiedenen Gesprächsphasen passende Überschriften. Gehe wie folgt vor und vervollständige:

> **Text:** *Telefon-Talk-Sendung „Domian" (29.10.2016)*
> **Thema:** *...*
> **Anrufer:** *Manuel*
> **Moderator:** *Jürgen Domian*
> **Textart:** *...*
> **Überschriften:**
> *Z. 1 – 17: Die Lüge von der Erdkugel*
> *Z. 18 – 31: Der Begriff „Verschwörungstheoretiker"*
> *Z. 32 – ...*

Textverarbeitungsprogramm

4 Setze dich mit den Äußerungen des Anrufers kritisch auseinander.
a) Beantworte dazu folgende Fragen:
 • Welche Behauptungen stellt der Anrufer in dem Gespräch auf?
 • Wie versucht er seine Behauptungen zu stützen?
 • In welchem Verhältnis stehen diese Ausführungen zur geltenden Wirklichkeit?
 • Welche Feindbilder werden aufgebaut?

Speichere deine Antworten und Überlegungen.

b) Bewerte die Ausführungen des Anrufers und halte deine Überlegungen fest.

Starthilfe, S. 397

5 Erkläre, inwiefern der Anrufer ein Verschwörungsgläubiger ist.

Richtig zitieren, S. 328/329

6 a) Verschwörungsgläubige laden zum Mitmachen ein: Auf welche Weise setzt der Anrufer das in der Sendung um? Belege mit Zitaten.
b) Welche Wirkung könnten solche Aufforderungen haben? Führe deine Überlegungen aus.

Starthilfe, S. 398

c) Erkläre, mit welcher Absicht der Anrufer Domian kontaktiert.

7 Untersucht in Partnerarbeit die vom Anrufer verwendete Sprache.

a) Notiert die sprachlichen Mittel, mit denen der verschwörungsgläubige Anrufer den eigenen Vorstellungen Geltungsanspruch verleihen will. Nutzt dazu den untenstehenden Wissen-und-Können-Kasten.

b) Notiert sprachliche Merkmale der Unsicherheit in den Aussagen des Anrufers. Achtet auf
- die unterschiedliche Verwendung der Verben wissen und glauben,
- relativierende Formulierungen/Ausdrücke (z. B. wahrscheinlich, möglicherweise, vielleicht ...).

Fasst eure Ergebnisse zusammen und wertet sie aus. Belegt sie mit konkreten Textstellen.

→ Sprachliche Mittel, S. 365/366

→ Formen sprachlicher Manipulation aufdecken, S. 297/298

🖳 Textverarbeitungsprogramm

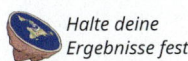 Halte deine Ergebnisse fest.

→ Richtig zitieren, S. 328/329

❗ Wissen und Können

Die sprachlichen Merkmale von Verschwörungserzählungen erfassen

In Verschwörungserzählungen werden gezielt sprachliche Muster eingesetzt, um Zweifel an der geltenden Wirklichkeit zu streuen. Häufig werden dabei folgende sprachliche Muster verwendet:

Satzbau (Syntax)
- Sätze mit Prädikat sein, die die Gültigkeit von verschwörungstheoretischen Behauptungen verstärken sollen (z. B. dem ist nicht so ...)
- Konditionalsätze, die Voraussetzungen für verschwörungstheoretische Erkenntnisse angeben sollen (z. B. wenn du weißt, dass ...)
- Aufforderungssätze, die nahelegen, selbst Beweise für einen Verschwörungsglauben zu suchen (z. B. Ich kann nur jedem empfehlen: Recherchiert.)
- Häufung von Fragesätzen (z. B. Was wird hier gespielt?, Wieso gibt es keine Interviews mit Zeugen? ...)
- beharrliche Wiederholung von Behauptungen

Wortwahl (Lexik)
- Negationswörter, die die gültige Wahrheit in Frage stellen sollen (z. B. nicht, kein, nirgends, niemand, niemals ...)
- Adverbien/Adjektive, die die Richtigkeit der verschwörungstheoretischen Behauptungen unterstreichen sollen (z. B. sicher, klar, eindeutig erkennbar, definitiv, zweifellos ...)
- relativierende Ausdrücke, mit denen die geltende Wirklichkeit enttarnt werden soll (z. B. angeblich, vermeintlich ...)
- Schlagwörter/typische Wortbildungen (z. B. Elite, System, Kontrolle/Wetterkontrolle, Freimaurer, Illuminaten, Satanisten ... sowie: Desinformation, Lügenpresse, Riesenlüge ...)

Bedeutung (Semantik)
- Wörter, die mit besonderer Bedeutung aufgeladen sind (z. B. Konnotationen zu Reptil: die Schlange, das Böse, das Teuflische, Verführung, Biss, Gift, Tod usw.)
- Redewendungen und Metaphern, die gegenüber der offiziellen Darstellung Zweifel streuen sollen (z. B. falsche Fährten legen, in die Falle laufen, ans Licht kommen, hinters Licht führen, zum Himmel stinken, geheime Mächte ziehen die Fäden, Politiker/Journalisten als Marionetten, im Dunkeln bleiben, unter den Teppich kehren, Zirkus ...)

---

8 Kläre, inwiefern sich auch Redestrategien wie z. B. Angstverbreitung, Aufbau von Feindbildern, Ratschläge zur Beeinflussung der Zuhörerinnen und Zuhörer feststellen lassen. Erläutere.

🖈 Starthilfe, S. 398

🖳 Textverarbeitungsprogramm

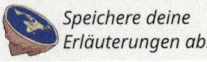 Speichere deine Erläuterungen ab.

📄 Arbeitsheft, S. 65–67

Eine Textanalyse vorbereiten

→ Medium und Konzept unterscheiden, S. 335/336

1 Lies M 5. Kläre folgende Fragen:

a) Woran ist zu erkennen, dass der Text insgesamt eher den Regeln gesprochener Sprache folgt? Erläutere.

b) Zu welchem Thema äußert sich der Verfasser und welche Grundeinstellung zeigt er dabei?

c) Mit welcher Absicht ist der Text ins Netz gestellt worden? Belege am Text.

YouTube, 12.12.2016

Meinungsbeitrag zum Thema „Chemtrails"   M 5

Schriftliche Meinungsäußerung von „Der Franziskaner" (anonymisiert) zu dem auf YouTube erschienenen Video „Die größten Lügen dieser Welt, Teil 1 – Chemtrails: Gibt es sie?"

Liest man auf Wikipedia nach[1], wird dort alles geleugnet, und auf staatliche Stellen verwiesen, diese behaupten, dass es alles gelogen ist, und diese Falschinformationen kämen von sogenannten Verschwörungstheoretikern.

Eine Ausrede ist z.B., dass der Luftverkehr um das Fünffache gestiegen wäre, deshalb würde der Himmel so aussehen. Ach so, deshalb fliegen die kreuz und quer und bilden ein Schachbrett-Muster am Himmel, ja dann möchte ich heutzutage kein Fluglotse sein. Ich weiß noch von Kindheitstagen an, wie ein wirklich blauer Himmel aussieht, heutzutage ist dieser nur noch sehr, sehr selten zu sehen.

Also es wird im ganz großen Stil gelogen, bis sich die Balken biegen, was für mich selbst ein Hammer war, dass Greenpeace[2] es auch leugnet, früher war ich mal Unterstützer von diesem Verein. Und dass die Regierung leugnet, ist ein schlechter Witz, es gibt eine fünfhundertseitige Studie zu diesem Thema.

Aber warum lügen sie? Ist doch klar, wüssten die Bürger die Wahrheit, würden die Regierungen und NGOs[3] fallen wie Blätter im Herbststurm.

Fakt ist, es werden seit vielen Jahren weltweit giftige Substanzen über uns versprüht, wie z.B. Aluminium, Barium, Strontium, Hormone und viele andere giftige Stoffe. Unsere Umwelt hat sich schon stark negativ verändert, und wir nehmen diese Stoffe auf durch die Atmung, Nahrung, Wasser über die Haut, ist doch geil zu wissen, dass man langsam aber sicher vom Staat vergiftet wird, oder?

Angeblich soll das, was es nicht gibt, aber auf einmal Geoengineering[4] sein, um den angeblichen Klimawandel zu stoppen. Ich lache mich tot, es gibt keinen Klimawandel wegen Co2, aber da wären wir bei der nächsten großen Weltlüge. Was aber auch Fakt ist, dass das Wetter als Kriegswaffe eingesetzt wird gegen feindliche Länder. Im Zusammenspiel mit HAARP[5] (wieder neues Thema) können so schwere Stürme/Erdbeben/Flutwellen ausgelöst werden.

Es gab auch im Juni interessante Wetterkarten, wo vom Westen versucht wurde, Russland unter Wasser zu setzen, aber an der Grenze war Schluss, auch Russland hat diese Waffe.

Zu guter Letzt: Ein Kollege von mir glaubte nicht, dass es Chemtrails gibt, wir hatten klaren Himmel und über ihm zog einer gerade seine Runde, ich sagte: „Schau hoch, da fliegt einer", er sagte: „Nein", ich wurde energischer und sagte: „Schau nach oben", er: „Nein, das könne er nicht, er habe ja zwei Kinder und die Verantwortung." Da

60 platzte mir der Kragen und ich schrie ihn an: „Ja, gerade deswegen."
Wir haben perfekt erzogene Schafe, die nicht nach oben, unten oder zur Seite schauen können außer auf ihr Verblödungs-Smartphone.
65 Tipp: Zur Entgiftung empfehle ich täglich die Einnahme von Kurkuma[6].

[1] Bezug: Begriff „Chemtrail": Der Verfasser glaubt, dass Kondensstreifen von Flugzeugen in Wirklichkeit in die Atmosphäre gesprühte, für die Menschen schädliche Chemikalien wären.
[2] Greenpeace: internationale Umweltschutzorganisation (s. NGO)
[3] NGOs: Nichtregierungsorganisationen
[4] Geoengineering: Technologien, die der Beeinflussung des Erdklimas dienen sollen
[5] HAARP: ein US-amerikanisches Forschungsprogramm, auf das sich auch Verschwörungserzählungen beziehen
[6] Kurkuma: Gewürz

2 a) Teile den Text in Sinnabschnitte ein und finde zu jeder Einheit eine Überschrift.
b) Gib danach den Inhalt des Textes mit eigenen Worten wieder. Beschreibe dabei auch den Aufbau des Beitrags. Du kannst so beginnen:

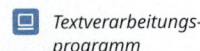
Inhaltsangabe, S. 361

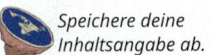
Textverarbeitungsprogramm

Speichere deine Inhaltsangabe ab.

> *Der Zuschauerkommentar zu dem auf YouTube erschienenen Video „Die größten Lügen dieser Welt, Teil 1 — Chemtrails: Gibt es sie?" beginnt unvermittelt und widerspricht sofort der Darstellung von staatlichen Einrichtungen oder Wikipedia, die „Chemtrails" als Falschmeldungen kennzeichnen. Erklärungen, die die Häufung von Kondensstreifen auf den erhöhten Flugverkehr zurückführen, lehnt der Verfasser mit Ironie („Ach so, deshalb", Z. 12) ab. Grundsätzlich hätte sich die Farbe des Himmels im Laufe seines Lebens verändert, dies gilt ihm als Hinweis auf „Chemtrails". Nicht verständlich wäre, dass die Regierung oder auch die von dem Schreiber früher geschätzte Umweltorganisation Greenpeace die Verseuchung durch „Chemtrails" abstreite — zumal es eine 500 Seiten umfassende Untersuchung zu dieser Problematik gäbe. Der Grund für das Lügen von Regierungen und NGOs würde auf der Hand liegen ...*

c) Bewerte die Stichhaltigkeit der Ausführungen.

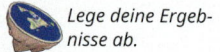
Lege deine Ergebnisse ab.

3 Untersucht in Vierergruppen die in dem Meinungsbeitrag verwendete Sprache. Weist nach, dass es sich um einen Text aus dem Bereich der Verschwörungserzählungen handelt. Achtet dazu unter anderem auf die im Wissen-und-Können-Kasten (S. 223) angegebenen Aspekte und erläutert ihre Funktion im Text. Haltet eure Ergebnisse mithilfe der Placemat-Methode fest.

✪ Methode

Ergebnisse mithilfe der Placemat-Methode erarbeiten und festhalten

Bei der Placemat-Methode handelt es sich um eine Methode zum kooperativen Lernen in einer Kleingruppe von vier Personen. Ihr benötigt für diese ein großes Blatt, welches ihr in fünf Bereiche unterteilt – anstatt eines großen Blattes können alternativ auch fünf Einzelblätter verwendet werden:

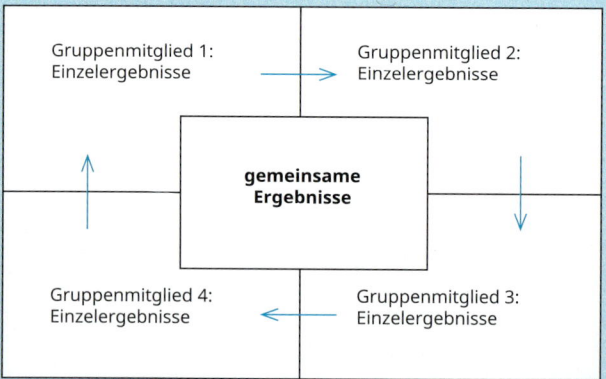

Geht dann folgendermaßen vor:
- **Schritt 1:** Einzelarbeit: Untersuche die Sprache des Textes, notiere deine Ergebnisse in Stichworten in dem Feld für deine Einzelergebnisse.
- **Schritt 2:** Einzelarbeit: Lies alle Einzelergebnisse durch Weitergabe eures Blattes.
- **Schritt3 :** Gruppenarbeit: Tauscht euch über die verschiedenen Lösungen aus, einigt euch auf wesentliche Aspekte.
- **Schritt 4:** Gruppenarbeit: Haltet die als wichtig erachteten Ergebnisse geordnet im Mittelfeld fest.
- **Schritt 5:** Präsentiert die Ergebnisse im Plenum.

Eine Textanalyse schreiben

1 Verfasse auf der Basis der bisherigen Untersuchungsergebnisse eine Analyse von M 5 (S. 224/225). Orientiere dich dabei am folgenden Methoden-Kasten.

 *Textverarbeitungs-programm*

Speichere deine Analyse ab.

✪ Methode

Eine Sachtextanalyse verfassen

① Einleitung

Liefere folgende **Grundinformationen** zum analysierten Text:
- Verfasserin/Verfasser, Titel, Textsorte, Erscheinungsort, Erscheinungsdatum,
- Thematik bzw. zentrale Aussage des Textes,
- Adressaten und vermutliche Absicht (z. B. Information, politische Beeinflussung, kommerzielle Werbung, Kommentierung gesellschaftlicher Ereignisse, Mitteilung persönlicher Eindrücke, Unterhaltung ...).

Die Einleitung sollte so kurz wie möglich und so umfangreich wie nötig gestaltet werden.

② Hauptteil

(1) **Inhaltswiedergabe:** Fasse die **Ausführungen des analysierten Textes** mit eigenen Worten und prägnant zusammen und beschreibe dabei auch seine **Aufbaumerkmale** (z. B. Thesen und Argumentation oder Behauptungen und Stützversuche, sachlogische Zusammenhänge).

(2) **Sprachanalyse:** Beschreibe die **auffälligen Elemente** und werte sie aus, z. B.:
- besondere syntaktische Merkmale: Satzart, Satzbau, Tempus, Modus usw.,
- besondere lexikalische Merkmale: Häufungen bestimmter Wortarten, Wortbildungen/Wortneuschöpfungen usw.,
- besondere semantische Merkmale: Stilebene, Schlüsselstellen/Schlüsselwörter (Schlagwörter, Slogans, Redewendungen, Klischees ...), Wortfelder, Metaphorik usw.

➡ *Die sprachlichen Merkmale von Verschwörungs-erzählungen erfassen, S. 223*

📑 *Überblick: Elemente der Sprachanalyse*

③ Schluss

- Fasse die **Analyseergebnisse sowie Auswertungen** kurz zusammen.
- Nimm **Stellung** zu dem im Text behandelten Thema oder der dort vertretenen Position. Du kannst auch die Art der Darstellung kritisieren oder ein Fazit ziehen.

Beachte dabei grundsätzlich:
- Konzentriere dich auf auffällige und ergiebige Aspekte.
- Eine Auflistung sprachlicher Merkmale genügt nicht. Setze sie in Bezug zur Textwirkung.
- Verfasse die Analyse im Präsens.
- Kennzeichne Zitate als solche.
- Formuliere sachlich, verwende – soweit möglich – passende Fachausdrücke.
- Gehe davon aus, dass du ein breites Publikum über den analysierten Text informierst.

➡ *Richtig zitieren, S. 328/329*

 *Arbeitsheft, S. 65–67*

Schätze deinen Lernstand ein

Nick Drnaso

Sabrina (Auszug)

*Anomie: Eine Gesellschaft ist im Zustand der Anomie, wenn die Normen, die das Zusammenleben der Menschen regeln, zusammenbrechen. Die Menschen fühlen sich dann dauerhaft unwohl und Verbindlichkeiten lösen sich auf. Bisher gültige Verhaltensweisen werden weniger beachtet. Kriminalität, Bindungslosigkeit/Vereinsamung, Lebensmüdigkeit usw. nehmen dann zu.

1   a) Fasse die Aussagen des Radiosprechers aus dem fiktionalen Comic-Text M 1 mit
       eigenen Worten zusammen.
    b) Erkläre vor allem inhaltlich, inwiefern der Radiosprecher eines privaten amerikani-
       schen Senders ein Anhänger von Verschwörungserzählungen ist. Belege mit Zitaten.
    c) Welche Absicht verfolgt dieser Radiosprecher?

Fernseh-Dokumentation: Verschwörungstheorien – Leben im Wahn (11.12.2015) (Auszug)   M 2

Der Reporter R. Anders trifft sich mit Ria den Breejen, sie organisiert den Berliner Ableger des „Global march against chemtrails" und hat sich dem Kampf gegen die Weltverschwö-
5   **rung verschrieben.**

R. den Breejen: Ja, mein persönlicher Hintergrund ist eigentlich, dass ich ungefähr vor zehn
Jahren, also auf das Phänomen [Chemtrails] aufmerksam gemacht wurde. Ja, und dann hab' ich
10 mich dann mal wirklich drei Tage lang auf den
Balkon gesetzt und hab' also mit dem Fernglas
also nur geguckt, was da oben, was sich da tut.
Und ja und dann hab' ich also dann auch ganz
schnell erkannt, dass das, dass da was dran
15 ist, [...] also, die haben da Gitter, Tik-Tak-Too.

Schachbrettmuster haben die gezogen bis zum
Gehtnichtmehr. [...]
Man kann auf jeden Fall sagen, dass das Militär
die hauptsächlich versprüht, um Krieg mit dem
Wetter zu führen. Das ist also bekannt, das ist   20
kein Geheimnis. Und also sagen wir mal so, also
wer das Wetter kontrolliert, der kontrolliert so
ziemlich alles, der kontrolliert die Ernten, der
kontrolliert die gesamte Erdbevölkerung. Ne, jeder, der keine Basis von Land XY im Land haben   25
möchte, dem schickt man mal kurz 'ne dreijäh-
rige Dürre und schon ist er willig, um die Basis
dann doch eben aufzunehmen, ne, oder zu ge-
nehmigen.

Text leicht verändert und an Schriftsprache angepasst

2   a) Gib das Thema des Interview-Auszugs M 2 an.
    b) Prüfe die Haltbarkeit der Aussagen.

3   a) Erkläre, woran du erkennst, dass es sich bei dem Text M 2 um mündliche Äuße-
       rungen handelt.
    b) Untersuche mithilfe des Wissen-und-Können-Kastens (S. 223), welche Merkmale
       verschwörungserzählerischer Sprache im Text ab Z. 18 zu finden sind. Erkläre
       kurz, welche Wirkung sie bei den Zuhörenden erzeugen sollen.

4   Finde die Fehler in folgender Sprachanalyse (Hauptteil) der oben vorgestellten Äu-
    ßerungen einer Verschwörungsgläubigen und liste sie auf.

    *Man kann auf jeden Fall sagen, das ist ein typisches Sprachmuster für verschwö-
    rungstheoretische Texte. Außerdem gibt es noch ein weitere häufig von Ver-
    schwörungsgläubigen verwendete sprachliche Formel „Das ist also bekannt, das
    ist kein Geheimnis" (Z. 20/21). Ergänzt wird das Ganze durch die Behauptung
    einer Kontrolle der gesamten Erdbevölkerung durch die Chemtrailsprüher.*

😊 → Seite 230/231, **B**
😐 → Seite 230/231, **A**
🙁 ← Seite 227, Methode

5   Schreibe die Sprachanalyse aus Aufgabe 4 neu und vervollständige sie.

🖵 *Textverarbeitungs-
programm*

Eine Information für jüngere Mitschülerinnen und Mitschüler schreiben

Ihr habt euch schon eine Zeit lang mit Verschwörungserzählungen auseinandergesetzt. Nun gebt ihr euer Wissen an die Klassenstufe 6 weiter. Dazu schreibt ihr einen Handzettel. Die gesamte Klasse entscheidet, welcher Text schließlich den Sechserschülerinnen und -schülern überreicht werden soll.

Internetlinks: Verschwörungserzählungen

Starthilfe, S. 398

Einen Handzettel verfassen, S. 352

1 Bereitet nun in Vierergruppen euren Informationszettel vor. Fehlen euch noch Informationen, helfen euch die Quellen aus dem Medienpool weiter.

a) Überlegt und notiert: Welche Informationen brauchen eure Mitschülerinnen und Mitschüler aus der sechsten Klasse, damit sie Verschwörungserzählungen und die Gefahr, die von ihnen ausgeht, erkennen? Welches Vorwissen könnt ihr voraussetzen?

b) Erstellt mithilfe des Fragenkatalogs unten einen Schreibplan. Geht dabei folgendermaßen vor:

- Entscheidet, auf welche Themen ihr für den Handzettel (Umfang: eine DIN A4-Seite) eingehen wollt.
- Teilt euch auf: Zwei von euch bearbeiten zusammen nur die ausgewählten **Ⓐ-Themen**, die zwei anderen nur die ausgewählten **Ⓑ-Themen**.
  Beachtet: Die **Ⓑ-Themen** sind etwas schwieriger.
  Die grün markierten Aspekte <u>müssen</u> behandelt werden.

Fragenkatalog:

Ⓐ/Ⓑ	Was ist eine Verschwörungserzählung (Definition)?
Ⓐ	Was sind bekannte Verschwörungserzählungen (Beispiele)?
Ⓑ	Wie entstehen Verschwörungserzählungen?
Ⓐ	Wie verbreiten sich Verschwörungserzählungen?
Ⓑ	Warum glauben Menschen an Verschwörungserzählungen?
Ⓐ	Welche Haltungen und Handlungen sollen durch Verschwörungserzählungen ausgelöst werden?
Ⓑ	Welche Ziele verfolgen Verschwörungserzählungen?/ Welche Interessen stehen hinter Verschwörungserzählungen? Wem nützen sie?
Ⓑ	Welche Gefahren entstehen durch Verschwörungserzählungen (Beispiele)?
Ⓐ	Wie erkennt man Verschwörungserzählungen?/ Was sind inhaltliche Merkmale von Verschwörungserzählungen (2 Beispiele)?
Ⓑ	Wie erkennt man Verschwörungserzählungen?/ Was sind sprachliche Merkmale von Verschwörungserzählungen (2 Beispiele)?
Ⓐ	Was kann man tun, wenn man auf Verschwörungserzählungen trifft (Tipps)?
Ⓑ	Wie geht man mit Menschen, Websites und Messaging-Meldungen um, die Verschwörungserzählungen verbreiten (Tipps)?

2 Es gibt ein Konzept der „Einfachen Sprache", welches für Menschen entwickelt wurde, die aus unterschiedlichen Gründen Schwierigkeiten haben, Texte zu lesen und zu verstehen. Dieses lässt sich zum Teil auch auf das Verfassen von Texten für jüngere Schülerinnen und Schüler anwenden.

→ Texte für unterschiedliche Adressaten untersuchen und verfassen, S. 273

    a) Bevor ihr den Text für den Handzettel schreibt, lest die beiden Textauszüge und überlegt: Welcher Text ist einfacher zu verstehen?

    b) Sammelt Texteigenschaften, die dafür sorgen, dass einer der Texte einfacher zu verstehen ist. Begründet eure Einschätzungen.

Text 1

Als Verschwörung gelten geheime Absprachen mindestens zweier Beteiligter, die in der Regel mit ihrer Handlung einen schädlichen Zweck
5 verfolgen.

Als Verschwörungserzählung bezeichnet man den Versuch, einen Zustand, ein Ereignis oder eine Entwicklung durch eine Verschwörung zu erklären,
10 also durch das zielgerichtete, konspirative Wirken einer kleinen Gruppe von Akteuren zu einem oft illegalen oder illegitimen Zweck.

Text leicht verändert

Text 2

Verschwörung bedeutet, dass Menschen sich im Geheimen zusammentun. Diese Menschen nennt man Verschwörer. Sie wollen ein gemeinsames
5 Ziel erreichen. Das Ziel schadet aber oft anderen Menschen. Deshalb halten die Verschwörer es geheim.
In einer Verschwörungserzählung gibt es Vermutungen und Überlegungen, wie etwas passiert sein könnte. Es
10 sind Vermutungen darüber, was eine Gruppe von Verschwörern im Geheimen Unrechtmäßiges gemacht oder geplant haben könnte. Eine Verschwörungserzählung vermischt Realität
15 und erfundene Fakten.

Text leicht verändert

→ Parataxe und Hypotaxe unterscheiden können, S. 308

→ Nominalstil in Texten untersuchen, S. 263

3   a) Formuliert nun in Partnerarbeit die Informationen zu euren ausgewählten Ⓐ- und Ⓑ-Themen in einfacher Sprache für eure Zielgruppe.

    b) Fügt eure Ergebnisse aus der Partnerarbeit zu einem zusammenhängenden Informationstext (Handzettel) zusammen. Überarbeitet den Text.

    c) Stellt eure Handzettelvorschläge in der Klasse vor. Besprecht sie und entscheidet euch für eine geeignete Variante.

◉ Tipp zu 3 a)

Achtet auf den Textaufbau, die Wortwahl sowie den Satzbau.

→ Einen Handzettel verfassen, S. 352

🗂 Merkzettel: In einfacher, verständlicher Sprache schreiben

Sich auf eine Klassenarbeit vorbereiten

Eine Sachtextanalyse verfassen

Massengeschmack-TV

Die Erde ist eine Scheibe – Interview mit einem Flat Earther (04.02.2020) (Auszug)

Matthias Bormann (M. B.) ist ein sogenannter Flacherdler. Er ist der Überzeugung, dass die Erde eine Scheibe ist.

M. B.: [...] der Südpol ist dieser große Eisrand
[...]. Der sogenannte Südpol, der wird als
5   Eiswall angenommen. Da wird aber halt
niemand so richtig hingelassen, bis auf ein
paar reiche Leute, die eine geführte Reise
hin machen dürfen und dann mal ein Pin-
guin fotografieren und dann aber schnell
10   wieder zurück. Ansonsten ist die Antarktis
Sperrgebiet[1]. [...] Die UNO, die World Mete-
orological Organization, die International
Maritime Organization, die Civil Aviation
Organization und die WHO, da ist aber 'ne
15   Schlange drüber, haben in ihren Logos[2] die
exakte Karte einer flachen Erde. Wenn man
sich so noch mal das UNO-Logo anguckt –
Flache-Erde-Karte, durch 33 Segmente ge-
20   teilt, die Antarktis fehlt.
Interviewer: [...] wer hat denn dieses Sperrgebiet zum Beispiel errichtet, also, wer, was
steckt denn dahinter?
M. B.: Also, wer das direkt gemacht hat, weiß
25   ich nicht, da müsste ich noch einmal drüber
nachlesen. Da sagt auch jeder was anderes.
Interviewer: Ja.
M. B.: Man hat ja immer die üblichen Schuldi-
gen. Bei den einen, da sind die Amis an allem
30   schuld, bei andern die Auserwählten, bei andern die Chinesen oder sonst wer.
Interviewer: Ja.
M. B.: Und wer das geregelt hat, da widerspre-
chen sich garantiert auch die Leute. Und
35   da hab' ich mich auch nie direkt damit be-

schäftigt, weil ich hab' nicht vor, dorthin zu
fahren.
Interviewer: Gut, das wär' ja interessant, mal,
mal so weit zu kommen, dass man mal an
diesen Rand gehen kann und mal runtergu-   40
cken kann. Das wär' doch, das wär' ja spannend.
M. B.: Ja, wenn das mal freigegeben wäre so eine
Fahrt. Könnte man machen, würde ich das
sofort machen.   45
Interviewer: Aber warum kann man denn nicht
einfach zugeben, dass die Erde 'ne Scheibe
ist mit 'nem Eisrand. Was sind denn das für
Interessen dahinter, dass man das unbedingt
verschleiern will?   50
M. B.: Ja, ich bilde mir manchmal ein: Man hat
mit der neuartigen Theorie uns vom alten
Gottglauben entfernt. Früher, also in den
alten Schriften, also im Koran, im Bagawadam, in der Bibel[3] und in allen anderen, von   55
den Babyloniern angefangen, ist [die Erde] ja
flach und geschützt von 'nem Gott, ob man
nun [...], Manitu oder Allah oder Jehova oder
Krishna[4] sagt. Der hat das Ganze geschaffen,
guckt auf uns, schützt uns. Und jetzt heißt's,   60
wir sind in 'nem unbedeutenden Seitenarm
der Milchstraße durch Zufall aus dem Affen
entstanden.
Interviewer: Mhm.
M. B.: Und sind ein Zufallsprodukt und es gibt   65
tausend andere Planeten und viel intelligen-
teres Leben und, als wir das sind, ne. Und sowas wie ein Schöpfer oder so hat da keinen
Platz mehr, sondern Evolution und Zufall.
Und ein Volk, was seinen Schöpfer vergessen   70
hat oder überhaupt in der Weltbevölkerung,

die den vergessen hat, ist natürlich leichter zu lenken.

Interviewer: Mhm, okay. Also, dass man quasi die Leute von, von dieser alten Religion wegbringen möchte.

M. B.: Ja.

Interviewer: Ja, okay. Ja, aber [...] es muss ja irgendwie ein Gremium sein von, von realen Menschen oder sind das Außerirdische oder wer. Ich kann mir das gar nicht vorstellen. Wer soll denn das sein?

M. B.: Wenn dann sind's reale. Es gibt ja viele Menschen, die sitzen an den Schalthebeln der Macht und wollen ihre Macht festigen, wollen sie behalten. Aber wer das nun alles ist, da gibt's ja auch wieder die tausend Verdächtigen: Für die einen sind's die Freimaurer[5], für die nächsten sind's die Bilderberger[6], für die nächsten dies, für die nächsten jenes. [...]

Text leicht verändert und an die Schriftsprache angepasst

[1] Antarktis Sperrgebiet: Als internationales Abkommen legt der Antarktis-Vertrag fest, dass die unbewohnte Antarktis ausschließlich friedlicher Nutzung und wissenschaftlicher Forschung vorbehalten bleibt. Zudem wird dem Umweltschutz in diesem Gebiet Vorrang gegeben. Militärische Operationen sind dort ebenso verboten wie der Abbau von Bodenschätzen.

[2] Logos

UNO   WHO

[3] Koran, Bagawadam, Bibel: als heilig angesehene Textsammlungen verschiedener Religionen

[4] Manitu, Allah, Jehova, Krishna: Namen Gottes in den verschiedenen Religionen

[5] Freimaurer: Freimaurer bleiben unter sich und erkennen einander an bestimmten Symbolen. Sie bekennen sich u. a. zu Freiheit, Toleranz und Humanität. Verschwörungsgläubige halten sie für einen Geheimbund, der die Weltherrschaft anstrebt.

[6] Bilderberger: Bei den Bilderberger-Konferenzen treffen sich jährlich einflussreiche Personen aus Wirtschaft, Politik, Finanzwesen, Militär und Medien. Dort findet ein Austausch statt über aktuelle politische, wirtschaftliche und gesellschaftliche Themen. Von Verschwörungsgläubigen wird verbreitet, dass die „Bilderberger" eine Weltdiktatur anstreben. Der Name stammt vom ersten Tagungstreffen im niederländischen Hotel de Bilderberg.

Aufgabe: Analysiere die Aussagen des „Flacherdlers" in dem Interview oben. Ermittle dabei auch die sprachlichen Signale der Unsicherheit in den Äußerungen von M. Bormann.

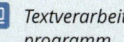 *Textverarbeitungsprogramm*

Kurze Erzähltexte erschließen

Trümmerliteratur – Literatur nach 1945

Das Ende des Zweiten Weltkrieges in Deutschland war zunächst gekennzeichnet durch einen völligen Zusammenbruch der staatlichen und gesellschaftlichen Ordnung. Deutschlands Städte lagen in Trümmern. Das größte Problem aber bestand im Elend der Zivilbevölkerung, da es an fast allem fehlte. Die Menschen hungerten, waren oft obdachlos und ohne ausreichende ärztliche Versorgung; viele wussten nicht, ob ihre Angehörigen noch lebten. In dieser Zeit des Wiederaufbaus entstanden in Deutschland Texte, die Bezug nahmen auf die Zeit während des Krieges und auf die schwierige Zeit danach.

Günter Eich

Inventur (1947)

Dies ist meine Mütze,
dies ist mein Mantel,
hier mein Rasierzeug
im Beutel aus Leinen.

Konservenbüchse:
Mein Teller, mein Becher,
ich hab in das Weißblech
den Namen geritzt.

Geritzt hier mit diesem
kostbaren Nagel,
den vor begehrlichen
Augen ich berge.

Im Brotbeutel sind
ein Paar wollene Socken
und einiges, was ich
niemand verrate,

so dient es als Kissen
nachts meinem Kopf.
Die Pappe hier liegt
zwischen mir und der Erde.

Die Bleistiftmine
lieb ich am meisten:
Tags schreibt sie mir Verse,
die nachts ich erdacht.

Dies ist mein Notizbuch,
dies meine Zeltbahn,
dies ist mein Handtuch,
dies ist mein Zwirn.

1 Betrachte das Bild auf der linken Seite genau und überlege: Was siehst du? Woran erkennst du, dass die Aufnahme aus der unmittelbaren Nachkriegszeit stammt?

2 Stelle einen Zusammenhang zwischen dem Bild auf der linken Seite und dem Text „Inventur" her. Kläre dazu, was man unter einer „Inventur" versteht.

Trümmer und ihre Literatur

Der Begriff „Trümmerliteratur" nimmt Bezug auf das, was die Menschen, die aus dem Krieg zurückkehrten, in der Heimat vorfanden: Trümmer. Trüm-
5 mer zeugen von Kriegsgeschehen, doch auch die Menschen standen vor den Trümmern ihrer Existenz: Familie und Freunde waren verloren, das alte Umfeld gab es nicht mehr.
10 Wichtige Vertreter dieser Zeit sind Heinrich Böll (1917–1985) und Wolfgang Borchert (1921–1947).

Kriegsdenkmal zum Gedenken an die Schlacht von Stalingrad im Zweiten Weltkrieg

3 a) Betrachte nun das Bild oben und erkläre, wieso man auch von „seelischen Trümmern" sprechen kann.
  b) Schreibe spontan die Gedanken der Figur auf dem Bild oben auf.

4 a) Erläutere, welche Aufgabe ein Kriegsdenkmal erfüllen soll.
  b) Fotografiere Kriegerdenkmäler in deiner Umgebung und stelle sie in der Klasse vor. Vergleicht.

In diesem Kapitel lernt ihr …
  › Kurzgeschichten der Trümmerliteratur kennen,
  › die Zusammenhänge zwischen Form, Sprache und der Entstehungszeit zu verstehen,
  › literaturgeschichtliche Elemente der Trümmerliteratur kennen,
  › Autorenportraits kennen und für eine Deutung von Kurzgeschichten zu berücksichtigen,
  › die Bedeutung von Bildlichkeit in Texten zu erfassen.

Figuren der Trümmerliteratur kennenlernen

Nach dem Zweiten Weltkrieg hatten manche Menschen alles verloren: ihren ganzen Besitz, ihr Zuhause, Freunde und ihre Familien.

→ *Figuren, S. 360* **1** Lies den Text und äußere spontan deinen Eindruck zu diesem. Beschreibe allgemein, wie die Figuren auf dich wirken.

Wolfgang Borchert 🔊 *„Die Küchenuhr"*

Die Küchenuhr (1947)

Sie sahen ihn schon von weitem auf sich zukommen, denn er fiel auf. Er hatte ein ganz altes Gesicht, aber wie er ging, daran sah man, dass er erst zwanzig war. Er setzte sich mit seinem alten
5 Gesicht zu ihnen auf die Bank. Und dann zeigte er ihnen, was er in der Hand trug.

Das war unsere Küchenuhr, sagte er und sah sie alle der Reihe nach an, die auf der Bank in der Sonne saßen. Ja, ich habe sie noch gefunden. Sie
10 ist übriggeblieben.

Er hielt eine runde tellerweiße Küchenuhr vor sich hin und tupfte mit dem Finger die blau gemalten Zahlen ab.

Sie hat weiter keinen Wert, meinte er ent-
15 schuldigend, das weiß ich auch. Und sie ist auch nicht so besonders schön. Sie ist nur wie ein Teller, so mit weißem Lack. Aber die blauen Zahlen sehen doch ganz hübsch aus, finde ich. Die Zeiger sind natürlich nur aus Blech. Und nun
20 gehen sie auch nicht mehr. Nein. Innerlich ist sie kaputt, das steht fest. Aber sie sieht noch aus wie immer. Auch wenn sie jetzt nicht mehr geht.

Er machte mit der Fingerspitze einen vorsichtigen Kreis auf dem Rand der Telleruhr entlang.
25 Und er sagte leise: Und sie ist übriggeblieben.

Die auf der Bank in der Sonne saßen, sahen ihn nicht an. Einer sah auf seine Schuhe und die Frau sah in ihren Kinderwagen. Dann sagte jemand:
30 Sie haben wohl alles verloren?

Ja, ja, sagte er freudig, denken Sie, aber auch alles! Nur sie hier, sie ist übrig. Und er hob die Uhr wieder hoch, als ob die anderen sie noch nicht kannten.

35 Aber sie geht doch nicht mehr, sagte die Frau.

Nein, nein, das nicht. Kaputt ist sie, das weiß ich wohl. Aber sonst ist sie doch noch ganz wie immer: weiß und blau. Und wieder zeigte er ihnen seine Uhr. Und was das Schönste ist, fuhr er aufgeregt fort, das habe ich Ihnen ja noch
40 überhaupt nicht erzählt. Das Schönste kommt nämlich noch: Denken Sie mal, sie ist um halb drei stehen geblieben. Ausgerechnet um halb drei, denken Sie mal!

Dann wurde Ihr Haus sicher um halb drei ge-
45 troffen, sagte der Mann und schob wichtig die Unterlippe vor. Das habe ich schon oft gehört. Wenn die Bombe runtergeht, bleiben die Uhren stehen. Das kommt von dem Druck.

Er sah seine Uhr an und schüttelte überlegen
50 den Kopf. Nein, lieber Herr, nein, da irren Sie sich. Das hat mit den Bomben nichts zu tun. Sie müssen nicht immer von den Bomben reden. Nein. Um halb drei war ganz etwas anderes, das wissen Sie nur nicht. Das ist nämlich der Witz,
55

dass sie gerade um halb drei stehen geblieben ist. Und nicht um Viertel nach vier oder um sieben. Um halb drei kam ich nämlich immer nach Hause. Nachts, meine ich. Fast immer um halb drei. Das ist ja gerade der Witz.

Er sah die anderen an, aber die hatten ihre Augen von ihm weggenommen. Er fand sie nicht. Da nickte er seiner Uhr zu: Dann hatte ich natürlich Hunger, nicht wahr? Und ich ging immer gleich in die Küche. Da war es dann fast immer halb drei. Und dann, dann kam nämlich meine Mutter. Ich konnte noch so leise die Tür aufmachen, sie hat mich immer gehört. Und wenn ich in der dunklen Küche etwas zu essen suchte, ging plötzlich das Licht an. Dann stand sie da in ihrer Wolljacke und mit einem roten Schal um. Und barfuß. Immer barfuß. Und dabei war unsere Küche gekachelt. Und sie machte ihre Augen ganz klein, weil ihr das Licht so hell war. Denn sie hatte ja schon geschlafen. Es war ja Nacht.

So spät wieder, sagte sie dann. Mehr sagte sie nie. Nur: So spät wieder. Und dann machte sie mir das Abendbrot warm und sah zu, wie ich aß. Dabei scheuerte sie immer die Füße aneinander, weil die Kacheln so kalt waren. Schuhe zog sie nachts nie an. Und sie saß so lange bei mir, bis ich satt war. Und dann hörte ich sie noch die Teller wegsetzen, wenn ich in meinem Zimmer schon das Licht ausgemacht hatte. Jede Nacht war es so. Und meistens immer um halb drei.

Das war ganz selbstverständlich, fand ich, dass sie mir nachts um halb drei in der Küche das Essen machte. Ich fand das ganz selbstverständlich. Sie tat das ja immer. Und sie hat nie mehr gesagt als: So spät wieder. Aber das sagte sie jedes Mal. Und ich dachte, das könnte nie aufhören. Es war mir so selbstverständlich. Das alles war doch immer so gewesen.

Einen Atemzug lang war es ganz still auf der Bank. Dann sagte er leise: Und jetzt? Er sah die anderen an. Aber er fand sie nicht. Da sagte er der Uhr leise ins weißblaue runde Gesicht: Jetzt, jetzt weiß ich, dass es das Paradies war. Das richtige Paradies.

Auf der Bank war es ganz still. Dann fragte die Frau: Und Ihre Familie?

Er lächelte sie verlegen an: Ach, sie meinen meine Eltern? Ja, die sind auch mit weg. Alles ist weg. Alles, stellen Sie sich vor. Alles weg.

Er lächelte verlegen von einem zum anderen. Aber sie sahen ihn nicht an.

Da hob er wieder die Uhr hoch und er lachte. Er lachte: Nur sie hier. Sie ist übrig. Und das Schönste ist ja, dass sie ausgerechnet um halb drei stehen geblieben ist. Ausgerechnet um halb drei.

Dann sagte er nichts mehr. Aber er hatte ein ganz altes Gesicht. Und der Mann, der neben ihm saß, sah auf seine Schuhe. Aber er sah seine Schuhe nicht. Er dachte immerzu an das Wort Paradies.

2 Überlege: Gibt es etwas, was dir so wichtig ist, wie dem Mann die Küchenuhr?

3 Notiere kurz, welche Fragen du an den Text hast.

4 a) Stelle zusammen, welche Informationen zu den Figuren und zur Handlung vom Autor nicht gegeben werden.
   b) Nenne die Figuren, die vorkommen, und beschreibe die Situation, in der sie sich befinden.
   c) Prüfe, was du über Ort und Zeit der Handlung erfährst. Erkläre, was um halb drei Uhr passiert ist.

Starthilfe, S. 398

5 Untersuche das Verhalten der Hauptfigur genauer. Finde Textstellen, die zeigen, was sie denkt, fühlt und sagt.

6 Beschreibe die Beziehungen der Figuren zueinander. Warum gehen die Personen so miteinander um?

Starthilfe, S. 398 **7** Untersuche die Sprache des Textes: Was fällt dir bezüglich der Satzlänge und Wortwahl auf? Welche Wirkung hat dies für die Gestaltung der Figuren?

8 a) Die Küchenuhr wird recht genau beschrieben. Schreibe alle Informationen zur Uhr heraus und erkläre, in welchem Zustand sie sich befindet. Wofür steht die Uhr noch?

   b) Überlege, welche Bedeutung die Küchenuhr für die Hauptfigur hat. Erkläre in diesem Zusammenhang das letzte Wort der Geschichte.

9 a) Lies den Wissen-und-Können-Kasten und erstelle eine Mindmap zu den Figuren der Trümmerliteratur.
   b) Lies nun die Texte „Mein teures Bein" (S. 244/245) sowie „Das Brot" (S. 247/248). Sammle weitere Merkmale zu den Figuren und ergänze deine Mindmap.

❗ Wissen und Können

Figuren der Trümmerliteratur kennenlernen

Die im Krieg unumgänglichen materiellen sowie psychischen Verluste zeigen sich in den Texten, die wir der Trümmerliteratur zurechnen. Sämtliche Vorkenntnisse zu Figuren und zur Situation fehlen, da die Lesenden direkt in die Handlung hineingeworfen werden. Die Trümmerliteratur nimmt dabei oft nur einen einzigen **Augenblick** aus dem Leben einer Figur in den Blick und „kreist" um diesen: Wiederholungen und ein parataktischer Satzbau sind die Folge. Der dargestellte Moment wird knapp, einfach und oftmals distanziert erzählt. Durch diese Betonung eines einzigen Ausschnitts wird zum einen die seelische Erschütterung, die Traumatisierung, der Figuren verdeutlicht, zum anderen die Wahrhaftigkeit des Geschehnisses betont.
Ein Hauptthema der Überlebenden ist der **alltägliche Überlebenskampf**, von dem in den Geschichten stets ruhig erzählt wird. Dieser Überlebenskampf bezieht sich nicht nur auf das Leben in völliger Armut, sondern auch auf die seelische und körperliche Zerstörung der Figuren durch den Krieg.
Die Personen machen in den Kurzgeschichten selten eine Entwicklung durch, die Kriegsheimkehrer versuchten verzweifelt ihre Schuldgefühle in den Griff zu bekommen. Manche Texte der Trümmerliteratur enthalten jedoch auch die Hoffnung auf einen Neuanfang und ein besseres Leben. Dieser kleine **Hoffnungsschimmer** überdeckt jedoch niemals das unlösbare Problem der Figur.

Aufbau und Absicht einer Kurzgeschichte untersuchen

Die Autoren der Trümmerliteratur beschäftigen sich rückblickend mit Ereignissen vor, während und nach dem Krieg. Ihr Ziel war es, den Leserinnen und Lesern eine eindeutige Botschaft zu übermitteln.

1 Lies die folgende Kurzgeschichte und gliedere den Text in einzelne Geschichten. Übertrage dazu folgende Tabelle in dein Heft und ergänze diese:

Geschichte	Welche Figuren kommen vor?	Wie ist ihre Haltung zum Krieg?	Wann spielt die Geschichte?
1	…	–	
…			
10			

2 Beantworte knapp folgende Aufgaben zum Textverständnis:
   a. Warum ist der Krieg in den Augen der drei Männer nötig?
   b. Erkläre den Zusammenhang zwischen Geschichte 5 und 6.
   c. Warum ist der Totschlag kein Verbrechen für die Soldaten?
   d. Erkläre die Reaktion der Mutter.
   e. Stelle den Verlauf der neunten Geschichte grafisch dar – was fällt dir dabei auf?

3 Bei einer erneuten Gliederung erkennst du, dass Borchert eigentlich nur drei große Abschnitte setzt, die aus mehreren Geschichten bestehen. In welcher Beziehung stehen sie zueinander?

4 Bereitet in Gruppen den Text für ein rollenverteiltes Lesen vor, legt dazu eine Folie über den Text „Lesebuchgeschichten".
   a) In jeder Geschichte sollte der entsprechende Tonfall getroffen werden. Entscheidet, ob ihr innerhalb der einzelnen Geschichte mit mehreren Leserinnen und Lesern arbeitet oder nicht.
   b) Kennzeichnet den Text, indem ihr die Pausen markiert, die Lautstärke festlegt und das Sprechtempo angebt.

Folie

Vorlesen und vortragen, S. 339

5 Vergleiche den Aufbau dieser Geschichte mit der Kurzgeschichte „Die Küchenuhr" (S. 236/237). Bestimme dabei den Höhe- und Wendepunkt. Untersuche die „Lesebuchgeschichten" ebenfalls danach – was stellst du fest?

Starthilfe S. 398

Wolfgang Borchert  *„Lesebuchgeschichten"*

Lesebuchgeschichten (1947)

Alle Leute haben eine Nähmaschine, ein Radio, einen Eisschrank und ein Telefon. Was machen wir nun? fragte der Fabrikbesitzer.

Bomben, sagte der Erfinder.

Krieg, sagte der General.

Wenn es denn gar nicht anders geht, sagte der Fabrikbesitzer.

Der Mann mit dem weißen Kittel schrieb Zahlen auf das Papier. Er machte ganz kleine zarte Buchstaben dazu.

Dann zog er den weißen Kittel aus und pflegte eine Stunde lang die Blumen auf der Fensterbank. Als er sah, dass eine Blume eingegangen war, wurde er sehr traurig und weinte.

Und auf dem Papier standen die Zahlen. Danach konnte man mit einem halben Gramm in zwei Stunden tausend Menschen tot machen.

Die Sonne schien auf die Blumen.

Und auf das Papier.

Zwei Männer sprachen miteinander.

Kostenanschlag?

Mit Kacheln?

Mit grünen Kacheln natürlich.

Vierzigtausend.

Vierzigtausend? Gut. Ja, mein Lieber, hätte ich mich nicht rechtzeitig von Schokolade auf Schießpulver umgestellt, dann könnte ich Ihnen diese vierzigtausend nicht geben.

Und ich Ihnen keinen Duschraum.

Mit grünen Kacheln.

Mit grünen Kacheln.

Die beiden Männer gingen auseinander.

Es waren ein Fabrikbesitzer und ein Bauunternehmer.

Es war Krieg.

Kegelbahn. Zwei Männer sprachen miteinander.

Nanu, Studienrat, dunklen Anzug an. Trauerfall?

Keineswegs, keineswegs. Feier gehabt. Jungens gehen an die Front. Kleine Rede gehalten. Sparta erinnert. Clausewitz zitiert. Paar Begriffe mitgegeben: Ehre, Vaterland. Hölderlin lesen lassen. Langemarck gedacht. Ergreifende Feier. Ganz ergreifend. Jungens haben gesungen: Gott, der Eisen wachsen ließ. Augen leuchteten. Ergreifend. Ganz ergreifend.

Mein Gott, Studienrat, hören Sie auf. Das ist ja grässlich.

Der Studienrat starrte die anderen entsetzt an. Er hatte beim Erzählen lauter kleine Kreuze auf das Papier gemacht. Lauter kleine Kreuze. Er stand auf und lachte. Nahm eine neue Kugel und ließ sie über die Bahn rollen. Es donnerte leise. Dann stürzten hinten die Kegel. Sie sahen aus wie kleine Männer.

Zwei Männer sprachen miteinander.

Na, wie ist es?

Ziemlich schief.

Wie viel haben Sie noch?

Wenn es gut geht: viertausend.

Wieviel können Sie mir geben?

Höchstens achthundert.

Die gehen drauf.

Also tausend.

Danke.

Die beiden Männer gingen auseinander.

Sie sprachen von Menschen.

Es waren Generale.

Es war Krieg.

70 Zwei Männer sprachen miteinander.

Freiwilliger?

'türlich.

Wie alt?

Achtzehn. Und Du?

75 Ich auch.

Die beiden Männer gingen auseinander.

Es waren zwei Soldaten.

Da fiel der eine um. Er war tot.

Es war Krieg.

80 Als der Krieg aus war, kam der Soldat nach Haus. Aber er hatte kein Brot. Da sah er einen, der hatte Brot. Den schlug er tot.

Du darfst doch keinen totschlagen, sagte der Richter.

85 Warum nicht, fragte der Soldat.

Als die Friedenskonferenz zu Ende war, gingen die Minister durch die Stadt. Da kamen sie an einer Schießbude vorbei. Mal schießen, der Herr? riefen die Mädchen mit den roten Lippen. Da 90 nahmen die Minister alle ein Gewehr und schossen auf kleine Männer aus Pappe.

Mitten im Schießen kam eine alte Frau und nahm ihnen die Gewehre weg. Als einer der Minister es wiederhaben wollte, gab sie ihm eine 95 Ohrfeige.

Es war eine Mutter.

Es waren mal zwei Menschen. Als sie zwei Jahre alt waren, da schlugen sie sich mit den Händen.

Als sie zwölf waren, schlugen sie sich mit Stö-100 cken und warfen mit Steinen.

Als sie zweiundzwanzig waren, schossen sie mit Gewehren nach einander.

Als sie zweiundvierzig waren, warfen sie mit Bomben.

105 Als sie zweiundsechzig waren, nahmen sie Bakterien.

Als sie zweiundachtzig waren, da starben sie. Sie wurden nebeneinander begraben.

Als sich nach hundert Jahren ein Regenwurm 110 durch ihre beiden Gräber fraß, merkte er gar nicht, dass hier zwei verschiedene Menschen begraben waren. Es war dieselbe Erde. Alles dieselbe Erde.

Als im Jahre 5000 ein Maulwurf aus der Erde 115 rausguckte, da stellte er beruhigt fest:

Die Bäume sind immer noch Bäume.

Die Krähen krächzen noch.

Und die Hunde heben immer noch ihr Bein.

Die Stinte[1] und die Sterne,

120 das Moos und das Meer

und die Mücken:

Sie sind alle dieselben geblieben.

Und manchmal –

manchmal trifft man einen Menschen.

[1] Stinte: kleiner Meeresfisch

6 Erklärt die Bedeutung der letzten Geschichte, die weit in der Zukunft spielt – was will Borchert damit ausdrücken? Diskutiert.

→ *Zwischen Diskussion und Debatte unterscheiden, S. 36/37*

7 Borcherts Lesebuchgeschichten werden unter den Friedenstexten eingeordnet. Überlegt, was unter Friedenstexten verstanden werden kann und findet Gründe für die Zuordnung.

Ein Autorenportrait auswerten

→ Autorin/Autor, S. 357

In dem folgenden Sachtext wird euch das Leben eines der bedeutendsten Autoren der unmittelbaren Nachkriegszeit kurz vorgestellt.

Wolfgang Borchert

Wolfgang Borchert gehört zu den bekanntesten Autoren deutscher Kurzgeschichten der Nachkriegszeit und Trümmerliteratur. Er wurde am 20. Mai 1921 in Hamburg geboren. Nach Abschluss seiner Schulausbildung plante er eine Karriere als Schauspieler und Regisseur. Der Zweite Weltkrieg (1939–1945) durchkreuzte jedoch die Lebensplanung des jungen Künstlers. Seine Zeit als Soldat im Krieg und vor allem die Fronteinsätze in Russland, eine Verwundung (1942/43) und daraus resultierende schwere Krankheiten prägten ihn. Zudem wurde er, durch seine anhaltende Kritik an der Nazi-Diktatur, mit Gefängnis und erneuten Fronteinsätzen bestraft.

Bocherts künstlerisches Schaffen war vielfältig. Bereits am Ende seiner Schulzeit (1939) begann er mit ersten Versuchen als Schriftsteller. Im Verlauf seines Lebens gewann das Schreiben immer wieder an Bedeutung für den jungen Autor, da er versuchte, die verlorenen Jahre der Kriegszeit im Prozess des Schreibens aufzuarbeiten.

„Ich werde nach diesen Jahren mit N. S. Einheitsfrisur und Einheitscharakter und Mittelmäßigkeit etwas ganz Verrücktes aushecken!"

Seine erste längere Erzählung „Die Hundeblume" schrieb er 1946 während eines Krankenhausaufenthalts. Darin werden Menschenschicksale in Kriegs- und Nachkriegszeit thematisiert. Diese Thematik griff Borchert in zahlreichen weiteren Kurzgeschichten auf. Hierin erscheinen die Kriegsheimkehrer als seelisch zerstörte und körperlich verletzte Menschen, die im Krieg töten mussten und verzweifelt versuchen, ihre Schuldgefühle in den Griff zu bekommen. Das Hauptthema aber ist das

Wolfgang Borchert im Jahr 1940

Elend des alltäglichen Überlebenskampfes, von dem oft in ruhigen Geschichten erzählt wird, in denen nicht viel passiert. Mit seinem Heimkehrerdrama „Draußen vor der Tür" (1947) konnten sich viele Menschen identifizieren. Wolfgang Borchert äußerte dazu einmal, dass er vielleicht kein einziges Wort geschrieben hätte, wenn er nicht im Krieg gewesen wäre. Borchert verfasste seine Texte in Anlehnung an das Vorgehen der „Gruppe 47" in einfacher Alltagssprache, da diese sich dem Missbrauch der Sprache durch den Nationalsozialismus entgegenstellte. Ziel dieser Gruppe junger Autoren war es, einen neuen Schreibstil für ein neues Deutschland zu schaffen. Jedoch konnte Borchert dieses Ziel nicht mehr lange verfolgen, da er bereits im Jahr 1947 nach schwerer Leberkrankheit in Basel verstarb. Er wurde nur 26 Jahre alt. An seinem Todestag wurde erstmals ein Text von Borchert im Rundfunk gesendet. Der Prosatext „Dann gibt es nur eins!" ist das Vermächtnis Borcherts an alle künftigen Generationen und wird heute noch auf Friedenskundgebungen vorgetragen. Er fordert darin die Menschen auf, die Teilnahme an künftigen Kriegen zu verweigern. Die immer wiederkehrende Aufforderung „Sag Nein!" wurde zu einem häufig zitierten Motto vieler Friedensbewegungen:

„Du. Mann an der Maschine und Mann in der Werkstatt. Wenn sie dir morgen befehlen, du sollst keine Wasserrohre und keine Kochtöpfe mehr machen – sondern Stahlhelme und Maschinengewehre, dann gibt es nur eins: Sag NEIN !"

Sein größter Publikumserfolg setzte erst nach seinem Tod ein, postum: einen Tag nach seinem Tod wurde „Draußen vor der Tür" uraufgeführt.

Denkmal *„Mutter mit Kind"* mit der Tafelinschrift *„Sagt nein! Mütter, sagt nein!"*

1 Erstelle einen tabellarischen Lebenslauf von Borchert.

➡ *Bestandteile einer Bewerbung ermitteln, S. 21–24*

2 a) Trage die im Text genannten Werke Borcherts zusammen.
    b) Recherchiere weitere Werke.

3 Erkläre, warum Borchert auch heute noch als wichtiger Vertreter der Friedensbewegung gesehen wird.

✏ *Starthilfe, S. 398*

4 Präsentiert weitere Autoren der Trümmerliteratur in Form eines Museumsgangs. Findet euch dazu in Vierergruppen zusammen und erstellt ein Plakat zu dem jeweiligen Autor, welches Auskunft gibt über sein Leben, seine Zeit während des Krieges, sein Werk nach dem Krieg und seine wichtigsten Werke. ✏ *Starthilfe, S. 398*

➡ *Einen Museumsgang durchführen, S. 354*

◉ Tipp

Begrenzt die Biografie auf wenige, aussagekräftige Daten, in der Regel genügen fünf bis zehn Lebensstationen.

5 Sprecht nach dem Museumsgang über auffallende Gemeinsamkeiten und Unterschiede der Biografien.

Erzählsituation und Erzählperspektive untersuchen

Während des Krieges wurden sehr viele Menschen schwer verletzt, der Staat musste dann für den Lebensunterhalt der Geschädigten aufkommen.

Heinrich Böll 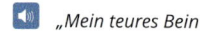 *„Mein teures Bein"*

Mein teures Bein (1950)

Sie haben mir jetzt eine Chance gegeben. Sie haben mir eine Karte geschrieben, ich soll zum Amt kommen, und ich bin zum Amt gegangen. Auf dem Amt waren sie sehr nett. Sie nahmen
5 meine Karteikarte und sagten: „Hm." Ich sagte auch: „Hm."

„Welches Bein?" fragte der Beamte.

„Rechts."

„Ganz?"
10 „Ganz."

„Hm", machte er wieder. Dann durchsuchte er verschiedene Zettel. Ich durfte mich setzen.

Endlich fand der Mann einen Zettel, der ihm der richtige zu sein schien. Er sagte: „Ich den-
15 ke, hier ist etwas für Sie. Eine nette Sache. Sie können dabei sitzen. Schuhputzer in einer Bedürfnisanstalt auf dem Platz der Republik. Wie wäre das?"

„Ich kann nicht Schuhe putzen; ich bin immer
20 schon aufgefallen wegen schlechten Schuheputzens."

„Das können Sie lernen", sagte er. „Man kann alles lernen. Ein Deutscher kann alles. Sie können, wenn Sie wollen, einen kostenlosen Kursus
25 mitmachen."

„Hm", machte ich.

„Also gut?"

„Nein", sagte ich, „ich will nicht. Ich will eine höhere Rente haben."
30 „Sie sind verrückt", erwiderte er sehr freundlich und milde.

„Ich bin nicht verrückt, kein Mensch kann mir mein Bein ersetzen, ich darf nicht einmal mehr Zigaretten verkaufen, sie machen jetzt schon
35 Schwierigkeiten."

Der Mann lehnte sich weit in seinen Stuhl

zurück und schöpfte eine Menge Atem. „Mein lieber Freund", legte er los, „Ihr Bein ist ein verflucht teures Bein. Ich sehe, dass Sie neunund-
40 zwanzig Jahre sind, von Herzen gesund, überhaupt vollkommen gesund, bis auf das Bein. Sie werden siebzig Jahre alt. Rechnen Sie sich bitte aus, monatlich siebzig Mark, zwölfmal im Jahr, also einundvierzig mal zwölf mal siebzig.
45 Rechnen Sie das bitte aus, ohne die Zinsen, und denken Sie doch nicht, dass Ihr Bein das einzige Bein ist. Sie sind auch nicht der Einzige, der wahrscheinlich lange leben wird. Und dann Rente erhöhen! Entschuldigen Sie, aber Sie sind
50 verrückt."

„Mein Herr", sagte ich, lehnte mich nun gleichfalls zurück und schöpfte eine Menge Atem, „ich denke, dass Sie mein Bein stark unterschätzen. Mein Bein ist viel teurer, es ist ein
55 sehr teures Bein. Ich bin nämlich nicht nur von Herzen, sondern leider auch im Kopf vollkommen gesund. Passen Sie mal auf."

„Meine Zeit ist sehr kurz."

„Passen Sie auf!" sagte ich. „Mein Bein hat nämlich einer Menge von Leuten das Leben gerettet, die heute eine nette Rente beziehen.

Die Sache war damals so: Ich lag ganz allein irgendwo vorne und sollte aufpassen, wann sie kämen, damit die anderen zur richtigen Zeit stiften gehen konnten. Die Stäbe hinten waren am Packen und wollten nicht zu früh, aber auch nicht zu spät stiften gehen. Erst waren wir zwei, aber den haben sie totgeschossen, der kostet nichts mehr. Er war zwar verheiratet, aber seine Frau ist gesund und kann arbeiten, Sie brauchen keine Angst zu haben. Der war also furchtbar billig. Er war erst vier Wochen Soldat und hat nichts gekostet als eine Postkarte und ein bisschen Kommissbrot. Das war einmal ein braver Soldat, der hat sich wenigstens richtig totschießen lassen. Nun lag ich aber da allein und hatte Angst, und es war kalt, und ich wollte auch stiften gehen, ja, ich wollte gerade stiften gehen, da …"

„Meine Zeit ist sehr kurz", sagte der Mann und fing an, nach seinem Bleistift zu suchen.

„Nein, hören Sie zu", sagte ich, „jetzt wird es erst interessant. Gerade als ich stiften gehen wollte, kam die Sache mit dem Bein. Und weil ich ja doch liegen bleiben musste, dachte ich, jetzt kannst du's auch durchgeben, und ich hab's durchgegeben, und sie hauten alle ab, schön der Reihe nach, erst die Division, dann das Regiment, dann das Bataillon, und so weiter, immer hübsch der Reihe nach. Eine dumme Geschichte, sie vergaßen nämlich, mich mitzunehmen, verstehen Sie! Sie hatten's so eilig. Wirklich eine dumme Geschichte, denn hätte ich das Bein nicht verloren, wären sie alle tot, der General, der Oberst, der Major, immer schön der Reihe nach, und Sie brauchen ihnen keine Rente zu zahlen. Nun rechnen Sie mal aus, was mein Bein kostet. Der General ist zweiundfünfzig, der Oberst achtundvierzig und der Major fünfzig, alle kerngesund, von Herzen und im Kopf, und sie werden bei ihrer militärischen Lebensweise mindestens achtzig, wie Hindenburg. Bitte rechnen Sie jetzt aus: einhundertsechzig mal zwölf mal dreißig, sagen wir ruhig durchschnittlich dreißig, nicht wahr? Mein Bein ist ein wahnsinnig teures Bein geworden, eines der teuersten Beine, die ich mir denken kann, verstehen Sie?"

„Sie sind doch verrückt", sagte der Mann.

„Nein", erwiderte ich, „ich bin nicht verrückt. Leider bin ich von Herzen ebenso gesund wie im Kopf, und es ist schade, dass ich nicht auch zwei Minuten, bevor mir das mit dem Bein kam, totgeschossen wurde. Wir hätten viel Geld gespart."

„Nehmen Sie die Stelle an?" fragte der Mann.
„Nein", sagte ich und ging.

---

1 Beschreibe, was dem Ich-Erzähler passiert ist, bevor er zum Amt geht. Belege am Text.

2 Erfasse den Aufbau des Textes, indem du ihn in Abschnitte gliederst. Begründe deine Gliederung. *Folie*

3 Lies den Wissen-und-Können-Kasten auf der folgenden Seite. Bestimme dann die verschiedenen Zeiträume, zu denen die Geschichte spielt.

4 „… aber Sie sind verrückt!" – Diese Aussage wird von beiden Figuren mehrfach geäußert. Erkläre, weshalb sich die Figuren dies gegenseitig vorwerfen.  *Starthilfe, S. 398*

5 Belege am Text, welche Arbeit dem Ich-Erzähler angeboten wird. Am Ende lehnt er diese ab. Erkläre, warum er dies tut.

6 Untersuche das Gesprächsverhalten der beiden Figuren.
   a) Erstelle dazu eine Tabelle und ordne die folgenden Begriffe der jeweiligen Figur zu: nüchtern, verharmlosend, ironisch, schonungslos offen, abweisend, fröhlich, geschäftsmäßig, imitierend, gelangweilt.
   b) Welche Begriffe passen nicht? Erweitere die Tabelle um mindestens zwei Adjektive je Spalte.

→ Kommunikations-störungen erken-nen und lösen, S. 334

7 Beschreibe, wie der Geschädigte die Aussagen des Beamten für seine Zwecke verarbeitet. Wie wirkt dies auf die Leserin bzw. den Leser?

8 Das Bein steht für mehr als nur für einen Körperteil, es ist ein Symbol, welches sich durch den ganzen Text zieht. Erkläre, wofür das Bein stellvertretend steht und welche Kritik dadurch zum Ausdruck gebracht wird.

❗ Wissen und Können

→ Erzähler, Erzähl-form und Erzähl-perspektive, S. 359

Erzählsituationen kennenlernen: retrospektives Erzählen

Der Ich-Erzähler kennt nur die **Innensicht der eigenen Figur**, er kann nur von seinen eigenen Gedanken und Gefühlen erzählen und nicht wie ein auktorialer Erzähler in sämtliche Figuren hineinsehen.
In dieser Kurzgeschichte tritt der Ich-Erzähler in dem Text doppelt auf: einmal als Erzähler seiner Geschichte jetzt und als Erzähler der Geschichte damals. Dies bedeutet, dass das **erzählende Ich** nicht nur als das auftritt, was sich an Vergangenes von einem späteren Zeitpunkt aus erinnert, sondern auch als das **erlebende Ich**, welches gerade mittendrin in der Kurzgeschichte handelt.

Man unterscheidet also:

ICH in der Ich-Erzählung

erzählendes Ich
(berichtet über ein vergan-genes Geschehen)

erlebendes Ich
(unmittelbar am Geschehen beteiligt)

🖊 Folie

9 a) Markiere die Stellen im Text, in denen a. das erzählende Ich und b. das erlebende Ich spricht.
   b) Diskutiert die Wirkung, die sich aus dieser Erzählsituation ergibt.
   c) Bestimmt die Erzählsituation in „Das Brot" (S. 247/248) und vergleicht die Wirkung, die sich daraus ergibt.

→ Zwischen Diskus-sion und Debatte unterscheiden, S. 36/37

Sprache in Kurzgeschichten der Nachkriegszeit untersuchen

Nach dem Krieg waren die Lebensmittel so knapp, dass sie mittels sogenannter Lebensmittelkarten rationiert werden mussten. Die meisten Menschen hatten kaum genug Grundnahrungsmittel wie Kartoffeln, Butter oder Brot. In diesem Text geht es um ein altes Paar, das ebenfalls Hunger leidet.

Kontrollabschnitt	Zucker f 500 g August	Zucker e 500 g August	Zucker d 500 g August	Zucker a 500 g Juli	Zucker b 500 g Juli	Zucker c 500 g Juli	250 g 1 Fett Juli	Fett A 125 g Juli
0564680	Fett F 125 g August	Fett E 125 g August	Fett D 125 g August	GROSS-BERLIN Lebensmittelkarte Juli 1950			250 g 2 Fett Juli	Fett B 125 g Juli
	250 g 6 Fett August	250 g 5 Fett August	250 g 4 Fett August	Name: Vorname: Anschrift:			250 g 3 Fett Juli	Fett C 125 g Juli
GROSS-BERLIN Lebensmittelkarte August 1950	Lebensmittelk. G August	Fleisch h 250 g August	Fleisch f 250 g August	ISD Nr. 945 Staatsdruckerei Berlin			Fleisch d 250 g Juli	Fleisch b 250 g Juli
Name: Vorname: Anschrift:	W-Brot Tausend g August 9	Fleisch g 250 g August	Fleisch e 250 g August	Lebensmittelk. A Juli	Lebensmittelk. B Juli	Lebensmittelk. C Juli	Fleisch c 250 g Juli	Fleisch a 250 g Juli
Lebensmittelk. D August / Lebensmittelk. E August / Lebensmittelk. F August	500 g W-Brot August 8	500 g W-Brot August 7	500 g W-Brot August 6	500 g W-Brot Juli 5	500 g W-Brot Juli 4	500 g W-Brot Juli 3	500 g W-Brot Juli 2	500 g W-Brot Juli 1

Wolfgang Borchert   🔊 „Das Brot"

Das Brot (1946)

Plötzlich wachte sie auf. Es war halb drei. Sie überlegte, warum sie aufgewacht war. Ach so! In der Küche hatte jemand gegen einen Stuhl gestoßen. Sie horchte nach der Küche. Es war
5 still. Es war zu still und als sie mit der Hand über das Bett neben sich fuhr, fand sie es leer. Das war es, was es so besonders still gemacht hatte: sein Atem fehlte. Sie stand auf und tappte durch die dunkle Wohnung zur Küche. In der Küche tra-
10 fen sie sich. Die Uhr war halb drei. Sie sah etwas Weißes am Küchenschrank stehen. Sie machte Licht. Sie standen sich im Hemd gegenüber. Nachts. Um halb drei. In der Küche.

Auf dem Küchentisch stand der Brotteller. Sie
15 sah, dass er sich Brot abgeschnitten hatte. Das Messer lag noch neben dem Teller. Und auf der Decke lagen Brotkrümel. Wenn sie abends zu Bett gingen, machte sie immer das Tischtuch sauber. Jeden Abend. Aber nun lagen Krümel auf
20 dem Tuch. Und das Messer lag da. Sie fühlte, wie die Kälte der Fliesen langsam an ihr hoch kroch.

Und sie sah von dem Teller weg.

„Ich dachte, hier wäre was", sagte er und sah in der Küche umher.

25 „Ich habe auch was gehört", antwortete sie und dabei fand sie, dass er nachts im Hemd doch schon recht alt aussah. So alt wie er war. Dreiundsechzig. Tagsüber sah er manchmal jünger aus. Sie sieht doch schon alt aus, dachte er, im
30 Hemd sieht sie doch ziemlich alt aus. Aber das liegt vielleicht an den Haaren. Bei den Frauen liegt das nachts immer an den Haaren. Die machen dann auf einmal so alt.

„Du hättest Schuhe anziehen sollen. So barfuß
35 auf den kalten Fliesen. Du erkältest dich noch."

Sie sah ihn nicht an, weil sie nicht ertragen konnte, dass er log. Dass er log, nachdem sie neununddreißig Jahre verheiratet waren.

„Ich dachte, hier wäre was", sagte er noch ein-
40 mal und sah wieder so sinnlos von einer Ecke in die andere, „ich hörte hier was. Da dachte ich, hier wäre was."

„Ich hab auch was gehört. Aber es war wohl nichts." Sie stellte den Teller vom Tisch und schnippte die Krümel von der Decke.

„Nein, es war wohl nichts", echote er unsicher.

Sie kam ihm zu Hilfe: „Komm man. Das war wohl draußen. Komm man zu Bett. Du erkältest dich noch. Auf den kalten Fliesen."

Er sah zum Fenster hin. „Ja, das muss wohl draußen gewesen sein. Ich dachte, es wäre hier."

Sie hob die Hand zum Lichtschalter. Ich muss das Licht jetzt ausmachen, sonst muss ich nach dem Teller sehen, dachte sie. Ich darf doch nicht nach dem Teller sehen. „Komm man", sagte sie und machte das Licht aus, „das war wohl draußen. Die Dachrinne schlägt immer bei Wind gegen die Wand. Es war sicher die Dachrinne. Bei Wind klappert sie immer."

Sie tappten sich beide über den dunklen Korridor zum Schlafzimmer. Ihre nackten Füße platschten auf den Fußboden.

„Wind ist ja", meinte er. „Wind war schon die ganze Nacht." Als sie im Bett lagen, sagte sie: „Ja, Wind war schon die ganze Nacht. Es war wohl die Dachrinne."

„Ja, ich dachte, es wäre in der Küche. Es war wohl die Dachrinne." Er sagte das, als ob er schon halb im Schlaf wäre.

Aber sie merkte, wie unecht seine Stimme klang, wenn er log.

„Es ist kalt", sagte sie und gähnte leise, „ich krieche unter die Decke. Gute Nacht."

„Nacht", antwortete er noch: „ja, kalt ist es schon ganz schön."

Dann war es still. Nach vielen Minuten hörte sie, dass er leise und vorsichtig kaute. Sie atmete absichtlich tief und gleichmäßig, damit er nicht merken sollte, dass sie noch wach war. Aber sein Kauen war so regelmäßig, dass sie davon langsam einschlief.

Als er am nächsten Abend nach Hause kam, schob sie ihm vier Scheiben Brot hin. Sonst hatte er immer nur drei essen können.

„Du kannst ruhig vier essen", sagte sie und ging von der Lampe weg. „Ich kann dieses Brot nicht so recht vertragen. Iss du man eine mehr. Ich vertrage es nicht so gut."

Sie sah, wie er sich tief über den Teller beugte. Er sah nicht auf. In diesem Augenblick tat er ihr leid.

„Du kannst doch nicht nur zwei Scheiben essen", sagte er auf seinen Teller.

„Doch. Abends vertrag ich das Brot nicht gut. Iss man. Iss man."

Erst nach einer Weile setzte sie sich unter die Lampe an den Tisch.

1 Beschreibe, wie der Text auf dich wirkt.

2 Verschaffe dir einen Überblick über den Text. Übertrage dazu die Tabelle in dein Heft und fülle sie aus:

Wer?	Wann?	Wo?	Was?	Warum?

3 Erkläre die nächtliche Tat des Mannes. Kannst du ihn verstehen? Wie hättest du dich verhalten?

4 „Komm man. Das war wohl draußen." (Z. 47/48) – Erkläre, warum die Frau dies sagt.

5 Untersuche die Sprache der Geschichte:
   a) Untersuche den Satzbau. Welche Wirkung wird damit erzielt?
   b) Gestalte die folgende Passage sprachlich neu, indem du sie in einem Satz formulierst. Erkläre dann die unterschiedliche Wirkung zum Originaltext.
   Auf dem Küchentisch stand der Brotteller. Sie sah, dass er sich Brot abgeschnitten hatte. Das Messer lag noch neben dem Teller. (Z. 14–16)
   c) Beachte die Verben im Text: Welche wiederholen sich? Welches Verb wird am häufigsten verwendet?
   d) Finde sprachliche Kontraste im Text und erstelle eine Tabelle, in die du Warm-Kalt- und Hell-Dunkel-Kontraste vermerkst. Was ergibt sich daraus?
   e) Erkläre, welche Wirkung durch die Sprache erzielt werden soll.

6 Versetze dich in den Mann und verfasse einen inneren Monolog, in welchem seine Gedanken und Gefühle zum Ausdruck kommen. Achte dabei besonders auf die Sprachgestaltung. Beginne ab „Sie standen sich im Hemd gegenüber" (Z. 12).

Starthilfe, S. 398

Innere Monologe verfassen, S. 353

7 a) Betrachte die Lebensmittelkarte auf S. 247 genau: Welche Produkte sind darauf vermerkt?
   b) Überlege, welchem Gegenstand heutzutage ein ähnlicher Wert zugemessen wird wie damals dem Brot, und begründe deine Entscheidung.
   c) Verfasse eine aktuelle Version der Geschichte, in welcher dein Gegenstand im Mittelpunkt des Geschehens steht.

8 Lies den Text „Mein bleicher Bruder" aus dem Medienpool und vergleiche die sprachliche Gestaltung.

Text „Mein bleicher Bruder"

❗ Wissen und Können

Sprache in Kurzgeschichten der Nachkriegszeit untersuchen

Nur selten findet man in Texten der Trümmerliteratur lange, verschachtelte Satzgefüge (Hypotaxen). Es überwiegt vielmehr ein **einfacher Satzbau aus kurzen Sätzen**, die als **selbstständige Hauptsätze** aneinandergereiht werden (Parataxen). Die jungen Autoren fanden, dass dies zu ihrer kargen Umgebung und zur Verlorenheit der leidenden Menschen am besten passt.

Auch die **Wortwahl** ist aus diesem Grunde ausgesprochen **schlicht**. Vorherrschend ist ein sachlicher, zurückhaltender Stil ohne Wertungen; das Dargestellte zu bewerten bleibt den Lesenden überlassen.

Die Beschränkung auf einen schlichten, knappen Erzählerbericht und auf Beschreibungen steht in einem **Spannungsverhältnis zum Ausmaß des gezeigten Elends** – gerade dadurch wirken die Texte auf die Lesenden so erschütternd.

Dazu trägt auch ein weiterer wichtiger Sprachaspekt bei: der weitgehende **Verzicht auf schöne poetische Ausschmückungen**. Solche Elemente hätten die von den Autoren beabsichtigte wirklichkeitsgetreue Wiedergabe des Lebens in der Nachkriegszeit nur gestört.

Einen Interpretationsaufsatz verfassen

Aufgabe: Wähle eine der dir bekannten Kurzgeschichten der Trümmerliteratur aus. Verfasse mithilfe deiner bisherigen Erarbeitungen sowie der folgenden Anleitung einen vollständigen Interpretationsaufsatz.

Vorarbeit: Einen Schreibplan erstellen

Folie

- Lies die Kurzgeschichte mehrmals genau und untersuche sie. Markiere oder notiere relevante Stellen.
- Plane die Struktur deines Interpretationsaufsatzes.

Den Aufsatz schreiben

Textverarbeitungs-programm

Verfasse deinen Aufsatz. Schreibe sachlich und verwende Fachbegriffe. Achte darauf, dass er aus drei Teilen besteht:

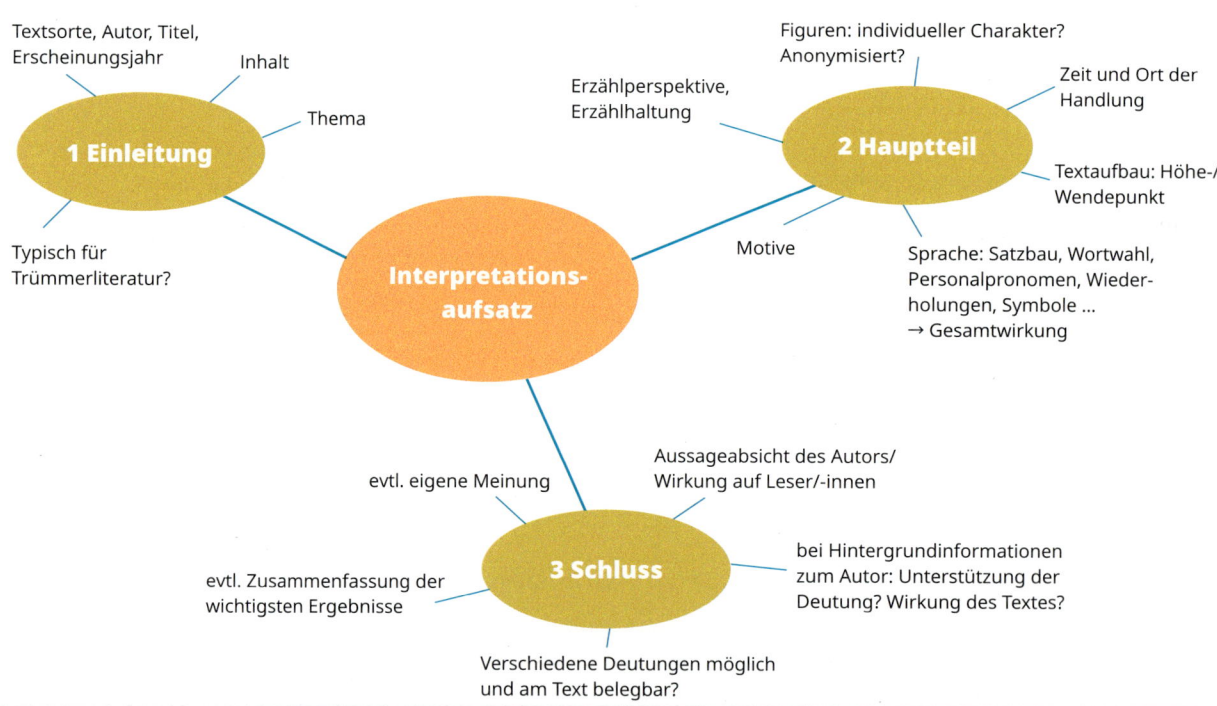

Nachbereitung: Aufsatz überarbeiten, Feedback einholen, Reinschrift verfassen

- Überprüfe deinen Text auf inhaltliche und sprachliche Richtigkeit und nimm ggf. Korrekturen vor.
- Kontrolliere, ob du deine Deutungen am Text belegt hast und eine Verbindung von Sprachuntersuchung und Deutung hergestellt hast. Bei Bedarf führe deine Überlegungen weiter aus.

Textlupe: Interpretationsaufsatz

- Gebt euren Entwurf an eure Nachbarin oder euren Nachbarn und lasst ihn beurteilen: Was ist gut gelungen? Was kann noch verbessert werden?

Feedback geben, S. 333

- Verfasse auf der Grundlage des Feedbacks eine Reinschrift. Achte auf eine stimmige Gliederung deines Textes. Lies dir am Ende deinen Aufsatz noch einmal durch und korrigiere auch die letzten verbliebenen Rechtschreib- und Kommafehler.

Arbeitsheft, S. 68–70

Schätze deinen Lernstand ein

Wolfgang Borchert

Die drei dunklen Könige (1946)

Er tappte durch die dunkle Vorstadt. Die Häuser standen abgebrochen gegen den Himmel. Der Mond fehlte und das Pflaster war erschrocken über den späten Schritt. Dann fand er eine alte Planke. Da trat er mit dem Fuß gegen, bis eine Latte morsch aufseufzte und losbrach. Das Holz roch mürbe und süß. Durch die dunkle Vorstadt tappte er zurück. Sterne waren nicht da.

Als er die Tür aufmachte (sie weinte dabei, die Tür), sahen ihm die blassblauen Augen seiner Frau entgegen. Sie kamen aus einem müden Gesicht. Ihr Atem hing weiß im Zimmer, so kalt war es. Er beugte sein knochiges Knie und brach das Holz. Das Holz seufzte. Dann roch es mürbe und süß ringsum. Er hielt sich ein Stück davon unter die Nase. Riecht beinahe wie Kuchen, lachte er leise. Nicht, sagten die Augen der Frau, nicht lachen. Er schläft.

Der Mann legte das süße mürbe Holz in den kleinen Blechofen. Da glomm es auf und warf eine Handvoll warmes Licht durch das Zimmer. Die fiel hell auf ein winziges rundes Gesicht und blieb einen Augenblick. Das Gesicht war erst eine Stunde alt, aber es hatte schon alles, was dazu gehört: Ohren, Nase, Mund und Augen. Die Augen mussten groß sein, das konnte man sehen, obgleich sie zu waren. Aber der Mund war offen und es pustete leise daraus. Nase und Ohren waren rot. Er lebt, dachte die Mutter. Und das kleine Gesicht schlief.

Da sind noch Haferflocken, sagte der Mann. Ja, antwortete die Frau, das ist gut. Es ist kalt. Der Mann nahm noch von dem süßen weichen Holz. Nun hat sie ihr Kind gekriegt und muss frieren, dachte er. Aber er hatte keinen, dem er dafür die Fäuste ins Gesicht schlagen konnte. Als er die Ofentür aufmachte, fiel wieder eine Handvoll Licht über das schlafende Gesicht. Die Frau sagte leise: Kuck, wie ein Heiligenschein, siehst du?

Heiligenschein! dachte er und er hatte keinen, dem er die Fäuste ins Gesicht schlagen konnte.

Dann waren welche an der Tür. Wir sahen das Licht, sagten sie, vom Fenster. Wir wollen uns zehn Minuten hinsetzten.

Aber wir haben ein Kind, sagte der Mann zu ihnen. Da sagten sie nichts weiter, aber sie kamen doch ins Zimmer, stießen Nebel aus den Nasen und hoben die Füße hoch. Wir sind ganz leise, flüsterten sie und hoben die Füße hoch. Dann fiel das Licht auf sie.

Drei waren es. In drei alten Uniformen. Einer hatte einen Pappkarton, einer einen Sack. Und der dritte hatte keine Hände. Erfroren, sagte er, und hielt die Stümpfe hoch. Dann drehte er dem Mann die Manteltasche hin. Tabak war darin und dünnes Papier. Sie drehten Zigaretten. Aber die Frau sagte: Nicht, das Kind.

Da gingen die vier vor die Tür, und ihre Zigaretten waren vier Punkte in der Nacht. Der eine hatte dicke umwickelte Füße. Er nahm ein Stück Holz aus seinem Sack. Ein Esel, sagte er, ich habe sieben Monate daran geschnitzt. Für das Kind. Das sagte er und gab es dem Mann. Was ist mit den Füßen? fragte der Mann. Wasser, sagte der Eselschnitzer, vom Hunger. Und der andere, der dritte? fragte der Mann und befühlte im Dunkeln den Esel. Der dritte zitterte in seiner Uniform: Oh, nichts, wisperte er, das sind nur die Nerven. Man hat eben zu viel Angst gehabt. Dann traten sie die Zigaretten aus und gingen wieder hinein.

Sie hoben die Füße hoch und sahen auf das kleine schlafende Gesicht. Der Zitternde nahm aus seinem Pappkarton zwei gelbe Bonbons und sagte dazu: Für die Frau sind die.

Die Frau machte die blassen blauen Augen weit auf, als sie die drei Dunkeln über das Kind gebeugt sah. Sie fürchtete sich. Aber da stemmte das Kind seine Beine gegen ihre Brust und schrie so kräftig, dass die drei Dunklen die Füße aufhoben und zur Tür schlichen. Hier nickten sie nochmal, dann stiegen sie in die Nacht hinein.

Der Mann sah ihnen nach. Sonderbare Heilige, sagte er zu seiner Frau. Dann machte er die Tür zu. Schöne Heilige sind das, brummte er und sah nach den Haferflocken. Aber er hatte kein Gesicht für seine Fäuste.

Aber das Kind hat geschrien, flüsterte die Frau, ganz stark hat es geschrien. Da sind sie gegangen. Kuck mal, wie lebendig es ist, sagte sie stolz. Das Gesicht machte den Mund auf und schrie.

Weint er? fragte der Mann.

Nein, ich glaube, er lacht, antwortete die Frau.

Beinahe wie Kuchen, sagte der Mann und roch an dem Holz, wie Kuchen. Ganz süß.

Heute ist ja auch Weihnachten, sagte die Frau.

Ja, Weihnachten, brummte er und vom Ofen her fiel eine Handvoll Licht hell auf das kleine schlafende Gesicht.

Aufbau untersuchen

1 Fasse den Inhalt der Geschichte in eigenen Worten zusammen und gliedere die Handlung.

2 Bestimme das Thema der Kurzgeschichte und erkläre, inwiefern dies typisch für die Trümmerliteratur ist.

3 Bestimme den Höhe- und Wendepunkt in der Kurzgeschichte.

Figuren beschreiben

4 Beschreibe die auftretenden Figuren: Was erfährst du über das Schicksal der drei Männer?

5 Erkläre, warum die Besucher in der Überschrift „Könige" genannt werden.

Sprache untersuchen

6 Untersuche die Sprache der Kurzgeschichte und erkläre folgende Stellen:
  • „Der Mond fehlte, das Pflaster war erschrocken ..." (Z. 2/3)
  • „Das Holz seufzte ..." (Z. 14)

7 Erkläre, welche Wirkung durch diese Sprache beabsichtigt ist.

8 „Er hatte keinen, dem er die Fäuste ins Gesicht schlagen konnte." (Z. 40) – Verdeutliche, was der Mann mit dieser Aussage ausdrücken will.

🙂 → Seite 253/254, Ⓑ
😐 → Seite 253/254, Ⓐ
🙁 ← Seite 250

Absicht untersuchen

9 Benenne die Aussageabsicht des Textes.

Sich mit der Bezeichnung von Literatur auseinandersetzen

Heinrich Böll ist einer der bedeutendsten Schriftsteller der Nachkriegszeit in Deutschland. Er wurde zunächst durch seine Kurzgeschichten berühmt, 1972 erhielt er den Literaturnobelpreis für sein Gesamtwerk.

1 Informiere dich auf der Internetseite „LEMO" (Lebendiges Museum online) zu dem Leben Bölls: www.hdg.de/lemo/biografie/heinrich-boell.html. Verfasse einen Lebenslauf, welcher zehn Lebensstationen Bölls aufweist. – Für welche Jahre entscheidest du dich? Warum?

Textverarbeitungsprogramm

→ *Bestandteile einer Bewerbung ermitteln, S. 21–24*

Heinrich Böll

Bekenntnis zur Trümmerliteratur (1952)

Die ersten schriftstellerischen Versuche unserer Generation nach 1945 hat man als Trümmerliteratur bezeichnet, man hat sie damit abzutun versucht. Wir haben uns gegen diese Bezeichnung
5 nicht gewehrt, weil sie zu Recht bestand: tatsächlich, die Menschen, von denen wir schrieben, lebten in Trümmern, sie kamen aus dem Krieg, Männer und Frauen in gleichem Maße verletzt, auch Kinder. Und sie waren scharfäugig: sie sahen. Sie
10 lebten keineswegs in völligem Frieden, ihre Umgebung, ihr Befinden, nichts an ihnen und um sie herum war idyllisch, und wir als Schreibende fühlten uns ihnen so nahe, dass wir uns mit ihnen identifizierten. Mit Schwarzhändlern und
15 den Opfern der Schwarzhändler, mit Flüchtlingen und allen denen, die auf andere Weise heimatlos geworden waren, vor allem natürlich mit der Generation, der wir angehörten und die sich zu einem großen Teil in einer merk- und denkwürdi-
20 gen Situation befand: sie kehrte heim. Es war die Heimkehr aus einem Krieg, an dessen Ende kaum noch jemand hatte glauben können.
Wir schrieben also vom Krieg, von der Heimkehr und dem, was wir im Krieg gesehen hatten und
25 bei der Heimkehr vorfanden: von Trümmern; das ergab drei Schlagwörter, die der jungen Literatur angehängt wurden: Kriegs-, Heimkehrer- und Trümmerliteratur.
Die Bezeichnungen als solche sind berechtigt: es
30 war Krieg gewesen, sechs Jahre lang, wir kehrten heim aus diesem Krieg, wir fanden Trümmer und schrieben darüber. Merkwürdig, fast verdächtig war nur der vorwurfsvolle, fast gekränkte Ton, mit dem man sich dieser Bezeichnung bediente: man schien uns zwar nicht verantwortlich zu machen dafür, dass Krieg gewe-
45 sen, dass alles in Trümmern lag, nur nahm man uns offenbar übel, dass wir es gesehen hatten und sahen, aber wir hatten keine Binde vor den Augen und sahen es: ein gutes Auge gehört zum Handwerkszeug des Schriftstellers.
50 Die Zeitgenossen in die Idylle zu entführen würde uns allzu grausam erscheinen, das Erwachen daraus wäre schrecklich, oder sollen wir wirklich Blindekuh miteinander spielen? [...] Wer Augen hat zu sehen, der sehe! Und in unserer schö-
55 nen Muttersprache hat Sehen eine Bedeutung, die nicht mit optischen Kategorien allein zu erschöpfen ist: wer Augen hat, zu sehen, für den werden die Dinge durchsichtig – und es müsste
60 ihm möglich werden, sie zu durchschauen, und

man kann versuchen, sie mittels der Sprache zu durchschauen, in sie hineinzusehen. Das Auge des Schriftstellers sollte menschlich und unbestechlich sein: man braucht nicht gerade Blindekuh zu spielen, es gibt rosarote, blaue, schwarze Brillen – sie färben die Wirklichkeit jeweils so, wie man sie gerade braucht. Rosarot wird gut bezahlt, es ist meistens sehr beliebt – und der Möglichkeiten zur Bestechung gibt es viele –, aber auch Schwarz ist hin und wieder beliebt, und wenn es gerade beliebt ist, wird auch Schwarz gut bezahlt. Aber wir wollen es so sehen, wie es ist, mit einem menschlichen Auge, das normalerweise nicht ganz trocken und nicht ganz nass ist, sondern feucht – und wir wollen daran erinnern, dass das lateinische Wort für Feuchtigkeit Humor ist –, ohne zu vergessen, dass unsere Augen auch trocken werden können oder nass; dass es Dinge gibt, bei denen kein Anlass für Humor besteht. Unsere Augen sehen täglich viel: sie sehen den Bäcker, der unser Brot backt, sehen das Mädchen in der Fabrik – und unsere Augen erinnern sich der Friedhöfe; und

unsere Augen sehen Trümmer: Die Städte sind zerstört, die Städte sind Friedhöfe, und um sie herum sehen unsere Augen Gebäude entstehen, die uns an Kulissen erinnern, Gebäude, in denen keine Menschen wohnen, sondern Menschen verwaltet werden, verwaltet als Versicherte, als Staatsbürger, Bürger einer Stadt, als solche, die Geld einzahlen oder Geld entleihen – es gibt unzählige Gründe, um derentwillen ein Mensch verwaltet werden kann.

Es ist unsere Aufgabe, daran zu erinnern, dass der Mensch nicht nur existiert, um verwaltet zu werden – und dass die Zerstörungen in unserer Welt nicht nur äußerer Art sind und nicht so geringfügiger Natur, dass man sich anmaßen kann, sie in wenigen Jahren zu heilen. Der Name Homer ist der gesamten abendländischen Bildungswelt unverdächtig: Homer ist der Stammvater europäischer Epik, aber Homer erzählt vom Trojanischen Krieg, von der Zerstörung Trojas und von der Heimkehr des Odysseus – Kriegs-, Trümmer- und Heimkehrerliteratur –, wir haben keinen Grund, uns dieser Bezeichnung zu schämen.

2 Fasse zusammen, wie Böll zum Begriff Trümmerliteratur steht. Erkläre, wie er seine Einschätzung begründet.

🅐 **3** Böll spricht davon, rote, blaue oder schwarze Brillen zu tragen, welche die Wirklichkeit färben.

Starthilfe, S. 399

　　　a) Untersuche am Text, welche Auswirkungen das Tragen der jeweiligen Brille haben würde.
　　　b) Beschreibe Bölls Haltung dazu: Welche Brille fordert er?

Starthilfe, S. 399 🅑 **3** „Ein gutes Auge gehört zum Handwerkszeug des Schriftstellers" (Z. 49/50). Erläutere, was damit gemeint ist.

4 Böll wird im Krieg mehrfach verwundet. Verdeutliche die Auswirkungen seiner Erlebnisse für seine Forderungen. Beziehe die Ergebnisse aus Aufgabe 1 ein.

5 Während seines Bekenntnisses zur Trümmerliteratur spricht Böll mehrfach von den Aufgaben des Schriftstellers.
　　　a) Notiere, welche Textstellen eine solche Aufgabe beschreiben.
　　　b) Erkläre, inwiefern sich Böll auf Homer (Z. 99 ff.) bezieht.

Sich auf eine Klassenarbeit vorbereiten

Wolfgang Borchert

Das Holz für morgen (1946)

Er machte die Etagentür hinter sich zu. Er machte sie leise und ohne viel Aufhebens hinter sich zu, obgleich er sich das
5 Leben nehmen wollte. Das Leben, das er nicht verstand und in dem er nicht verstanden wurde. Er wurde nicht von denen verstanden, die er liebte.
10 Und gerade das hielt er nicht aus, dieses Aneinandervorbeisein mit denen, die er liebte. Aber es war noch mehr da, das so groß wurde, dass es alles
15 überwuchs und das sich nicht wegschieben lassen wollte. Das war, dass er nachts weinen konnte, ohne dass die, die er liebte, ihn hörten. Das war,
20 dass er sah, dass seine Mutter, die er liebte, älter wurde und dass er das sah. Das war, dass er mit den anderen im Zimmer sitzen konnte, mit ihnen
25 lachen konnte und dabei einsamer war als je. Das war, dass

die anderen es nicht schießen hörten, wenn er es hörte. Dass sie das nie hören wollten. Das war dieses Aneinandervorbeisein mit denen, die er
30 liebte, das er nicht aushielt.
Nur stand er im Treppenhaus und wollte zum Boden hinaufgehen und sich das Leben nehmen. Er hatte die ganze Nacht überlegt, wie er das machen wollte, und er war zu dem Entschluss
35 gekommen, dass er vor allem auf den Boden hinaufgehen müsse, denn da wäre man allein und das war die Vorbedingung für alles andere. Zum Erschießen hatte er nichts und Vergiften war ihm zu unsicher. Keine Blamage wäre größer gewesen, als dann mit Hilfe eines Arztes wieder in
40

das Leben zurückzukommen, und die vorwurfsvollen mitleidigen Gesichter der anderen, die so voll Liebe und Angst für ihn waren, ertragen zu müssen. Und sich ertränken, das fand er zu pathetisch, und sich aus dem Fenster stürzen, das
45 fand er zu aufgeregt. Nein, das beste würde sein, man ginge auf den Boden. Da war man allein. Da war es still. Da war alles ganz unauffällig und ohne viel Aufhebens. Und da waren vor allem die Querbalken vom Dachstuhl. Und der Wä-
50 schekorb mit der Leine.
Als er die Etagentür leise hinter sich zugezogen hatte, fasste er ohne zu zögern nach dem Treppengeländer und ging langsam nach oben. Das

kegelförmige Glasdach über dem Treppenhaus, das von ganz feinem Maschendraht wie von Spinngewebe durchzogen war, ließ einen blassen Himmel hindurch, der hier oben dicht unter dem Dach am hellsten war.

Tiefer unten in den anderen Stockwerken mussten die gelben Lampen brennen. Auch am Tage. Alle Tage. Aber hier oben war alles hell, die Stufen, die Wände und das Geländer. Hier war alles noch sauberer, Stufen, Wände und Geländer, denn dieser letzte Treppenabsatz wurde nur selten benutzt. Nur von denen, die Kohlen hatten. Und Kohlen hatte keiner. Oder wenn mal jemand Wäsche aufhängen wollte, und das machte ja keinen Schmutz. Besonders am Treppengeländer sah man, dass es fast gar nicht benutzt wurde, Es hatte noch die richtige hellbraune Holzfarbe und sah sehr sauber aus, während es in den unteren Etagen schwarzbraun und fleckig und blank war. Fest umfasste er das saubere hellbraune Treppengeländer und ging leise und ohne viel Aufhebens nach oben, obgleich er sich das Leben nehmen wollte. Da entdeckte er auf dem Treppengeländer einen breiten weißen Strich, der vielleicht auch etwas gelblich sein konnte. Er blieb stehen und fühlte mit dem Finger darüber, dreimal, viermal. Dann sah er zurück. Der weiße Strich ging auf dem ganzen Geländer entlang. Er beugte sich etwas vor. Ja, man konnte ihn bis tief in die dunkleren Stockwerke nach unten verfolgen. Dort wurde er ebenfalls bräunlicher, aber er blieb doch einen ganzen Farbton heller als das Holz des Geländers. Er ließ seinen Finger ein paarmal auf dem weißen Strich entlang fahren, dann sagte er plötzlich: Das hab ich ja ganz vergessen. Das war ich ja. Das habe ich ja gemacht.

Er setzte sich auf die Treppe. Und

jetzt wollte ich mir das Leben nehmen und hatte das beinahe vergessen. Dabei war ich es doch. Mit der kleinen Feile, die Karlheinz gehörte. Die habe ich in die Faust genommen und dann bin ich in vollem Tempo die Treppe runtergesaust und habe dabei die Feile tief in das weiche Geländer gedrückt. In den Kurven habe ich besonders stark gedrückt, um zu bremsen. Als ich unten war, ging über das Treppengeländer vom Boden bis zum Erdgeschoß eine tiefe, tiefe Rille. Das war ich. Abends wurden alle Kinder verhört. Die beiden Mädchen unter uns, Karlheinz und ich. Und der nebenan. Die Hauswirtin sagte, das würde mindestens vierzig Mark kosten. Aber unsere Eltern wussten sofort, dass es von uns keiner gewesen war. Dazu gehörte ein ganz scharfer Gegenstand, und den hatte keiner von uns, das wussten sie genau. Außerdem verschandelte doch kein Kind das Treppengeländer

in seinem eigenen Haus. Und dabei war ich es. Ich mit der kleinen spitzen Feile. Als keiner von den Familien die vierzig Mark für die Reparatur des Treppengeländers bezahlen wollte, schrieb die Hauswirtin auf die nächste Mieterrechnung je Haushalt fünf Mark mehr drauf für Instandsetzungskosten des stark demolierten Treppenhauses. Für dieses Geld wurde dann gleich das ganze Treppenhaus mit Linoleum ausgelegt. Und Frau Daus bekam ihren Handschuh ersetzt, den sie sich an dem aufgesplitterten Geländer zerrissen hatte. Ein Handwerker kam, hobelte die Ränder der Rille glatt und schmierte sie dann mit Kitt aus. Vom Boden bis zum Erdgeschoß. Und ich, ich war es. Und jetzt wollte ich mir das Leben nehmen und hatte das beinahe vergessen. Er setzte sich auf die Treppe und nahm einen Zettel. Das mit dem Treppengeländer war ich, schrieb er da drauf. Und dann schrieb er oben drüber: An Frau Kaufmann, Hauswirtin. Er nahm das ganze Geld aus seiner Tasche, es waren zweiundzwanzig Mark, und faltete den Zettel da herum. Er steckte ihn oben in die kleine Brusttasche. Da finden sie ihn bestimmt, dachte er, da müssen sie ihn ja finden. Und er vergaß ganz, dass sich keiner mehr daran erinnern würde. Er vergaß, dass es schon elf Jahr her war, das vergaß er. Er stand auf, die Stufe knarrte ein wenig. Er wollte jetzt auf den Boden gehen.

Er hatte das mit dem Treppengeländer erledigt und konnte jetzt nach oben gehen. Da wollte er sich noch einmal laut sagen, dass er es nicht mehr aushielte, das Aneinandervorbeisein mit denen, die er liebte, und dann wollte er es tun. Dann würde er es tun.

Unten ging eine Tür. Er hörte, wie seine Mutter sagte: Und dann sag ihr, sie soll das Seifenpulver nicht vergessen. Dass sie auf keinen Fall das Seifenpulver vergisst. Sag ihr, dass der Junge extra mit dem Wagen los ist, um das Holz zu holen, damit wir morgen waschen können. Sie darf auf keinen Fall das Seifenpulver vergessen, sag ihr das. Sag ihr, das wäre für Vater eine große Erleichterung, dass er nicht mehr mit dem Holzwagen los braucht und dass der Junge wieder da ist. Der Junge ist extra los heute. Vater sagt, das wird ihm Spaß machen. Das hat er die ganzen Jahre nicht tun können. Nun kann er Holz holen. Für uns. Für morgen zum Waschen. Sag ihr das, dass er extra mit dem Wagen los ist und dass sie mir nicht das Seifenpulver vergisst. Er ist extra los. Unser Junge.

Er hörte eine Mädchenstimme antworten. Dann wurde die Tür zugemacht und das Mädchen lief die Treppen hinunter. Er konnte ihre kleine, rutschende Hand das ganze Treppengeländer entlang bis unten verfolgen. Dann hörte er nur ihre Beine noch. Dann war es still. Man hörte das Geräusch, das die Stille machte.

Er ging langsam die Treppe abwärts, langsam Stufe um Stufe abwärts. Ich muss das Holz holen, sagte er, natürlich, das hab ich ja ganz vergessen. Ich muss ja das Holz holen, für morgen. Er ging immer schneller die Treppen hinunter und ließ seine Hand dabei kurz hintereinander auf das Treppengeländer klatschen. Das Holz, sagte er, ich muss ja das Holz holen. Für uns. Für morgen. Unser Holz. Und er sprang die letzten Stufen mit großen Sätzen abwärts.

Ganz oben ließ das dicke Glasdach einen blassen Himmel hindurch. Hier unten aber mussten die Lampen brennen. Jeden Tag. Alle Tage.

Aufgabe: Interpretiere die Kurzgeschichte „Das Holz für morgen".

Sprache in Texten untersuchen

Zu einem Thema gibt es selten nur einen Text. Aber warum ist das so? Warum findet man zu einem Thema immer eine große Menge an unterschiedlichen Texten und wie unterscheiden sich diese?

In diesem Kapitel erfährst du mehr darüber, wie sich Texte für unterschiedliche Adressatinnen und Adressaten unterscheiden, wie sich Texte derselben Textsorte sprachlich unterscheiden können, um ihr Ziel zu erreichen, und wie du selbst unterschiedliche Texte schreiben kannst.

(1)

Die Vereinten Nationen (UN) sagen voraus, dass wir die gegenwärtige Nahrungsmittelproduktion bis 2050 um 70% steigern müssen, um die Welt zu ernähren. Es gibt nicht die eine Lösung für diese Herausforderung, doch sie befördert einige innovative Ideen, die die Art, uns zu ernähren, grundlegend ändern könnten.

(2)

Burger, Steak oder Pizza aus der Tiefkühltruhe — bei vielen kommt das regelmäßig auf den Tisch. In vielen Supermärkten ist ungesundes Fast Food oftmals günstiger als vitaminreiches Obst und Gemüse. Was wir essen hat jedoch nicht nur Einfluss auf unsere Gesundheit, sondern auch auf die Umwelt. Ein Viertel aller klimaschädlichen Treibhausgase kommen schon heute aus der Landwirtschaft — aber nicht jedes Lebensmittel ist automatisch ein Klimakiller. Zwar heizt beispielsweise Fleisch den Klimawandel stärker an als Fisch, Eier oder pflanzliche Nahrung. Doch es lohnt sich genauer hinzuschauen: Wie klimaschädlich Fleisch ist, kommt etwa darauf an, wie häufig wir es essen und ob es vom Bauern nebenan oder von weit weg kommt.

(3)

Es muss nicht immer Fleisch sein – so denken mehr Menschen. Pflanzliche Frikadellen und Co. landen immer häufiger im Einkaufswagen der Deutschen: Knapp die Hälfte der Befragten (49 Prozent) hat schon einmal oder öfter vegetarische oder vegane Alternativen zu tierischen Produkten gekauft. Jüngere sind dabei aufgeschlossener: 61 Prozent der 14- bis 29-Jährigen und 64 Prozent der 30- bis 44-Jährigen haben schon einmal oder öfter beim Einkaufen nach diesen Produkten gegriffen. Auch in Haushalten mit Kindern ist ihr Anteil mit 58 Prozent höher als beim Durchschnitt der Befragten. Die Gründe sind dabei vielfältig: Drei Viertel der Menschen (75 Prozent), die diese Alternativen kaufen, sind vor allem neugierig. 48 Prozent tun dies aus Tierschutzgründen, 43 Prozent, weil es ihnen schmeckt, und 41 Prozent treffen ihre Kaufentscheidung, weil es gut für das Klima ist.

(4)

Schon heute verbraucht die Massentierhaltung einen riesigen Teil der weltweiten Landfläche und ein Viertel des Frischwassers. Doch der globale Fleischverzehr wird sich bis zum Jahr 2050 noch verdoppeln. Höchste Zeit, sich um Alternativen zu kümmern.

(5)

Essenszubereitung geschieht in Zukunft via App mit einer zarten Berührung des Displays auf Smartphone oder Tablet. Oder per Gedankenübertragung. Sofort sirrt dann ein großer Apparat mit vielerlei gefriergetrockneten, pulvrig-gemahlenen und flüssigen Zutaten in zahllosen großen Behältern los; wenige Sekunden später haben Spritzdüsen die individuelle Mahlzeit gedruckt. Warm oder kalt und in der Lieblingsfarbe oder -form versteht sich.

1 Lies die Texte auf der linken Seite und überlege, welche der folgenden Überschriften zu welchem der Texte passt.

> ### FOOD-DRUCKER, GRILLEN-SNACK & CO.
> #### Das Essen der Zukunft

> ### DAS ERNÄHRUNGSVERHALTEN ÄNDERT SICH

> ### NACHHALTIGES AUS DEM LABOR
> #### Was wir in Zukunft essen werden

> ### ERNÄHRUNG DER ZUKUNFT

> ### Wie werden wir uns in Zukunft ernähren?

2 Arbeitet zu zweit. Diskutiert, bei welchen Überschriften eine Zuordnung einfacher bzw. bei welchen sie schwieriger ist oder es mehrere Möglichkeiten gibt.

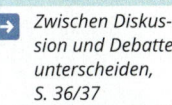 *Zwischen Diskussion und Debatte unterscheiden, S. 36/37*

3 Begründe, inwiefern du den folgenden Aussagen zu den beiden Überschriften „Ernährung der Zukunft" und „Wie werden wir uns in Zukunft ernähren?" zustimmst.

> Wenn ich die beiden Überschriften lese, hätte ich mehr Lust, den Text mit der Frage zu lesen.

> „Ernährung der Zukunft" klingt sachlicher.

> Eigentlich gibt es keinen Unterschied zwischen den Überschriften.

> Die Überschrift mit der Frage ist eher etwas für ältere Leserinnen und Leser.

4 Einer der Texte auf der linken Seite stammt aus der Infobroschüre „Deutschland, wie es isst. Der BMEL-Ernährungsreport 2020" des Bundesministeriums für Ernährung und Landwirtschaft, ein anderer von der Homepage einer Boulevardzeitung. Arbeitet zu zweit. Diskutiert, welcher Text aus der Broschüre und welcher von der Homepage stammen könnte. Welche Inhalte, Formulierungen oder Wörter in den Texten sprechen für eure Einschätzung?

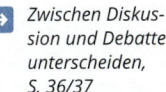 *Zwischen Diskussion und Debatte unterscheiden, S. 36/37*

In diesem Kapitel lernt ihr …

› Texte für unterschiedliche Adressaten kennen,
› Nominalstil in Fachtexten zu untersuchen,
› Modalverben zu reflektieren,
› Sprachgebrauch in Bewerbungsschreiben zu untersuchen,
› Formulierungsmuster auszuwählen.

Sach- und Fachtexte für unterschiedliche Adressaten untersuchen

1 Überfliege die drei folgenden Texte zum Thema *einfache Myopie*.

Formen der Kurzsichtigkeit

Einfache Myopie (Myopia simplex) oder benigne Myopie

Diese erblich bedingte Form der Kurzsichtigkeit beginnt in der Regel zwischen dem zehnten und zwölften Lebensjahr. Auch wenn der Schulbesuch und die in dieser Zeit ausgeführten Tätigkeiten erwiesenermaßen keinen Einfluss auf die Kurzsichtigkeit haben, wird diese Form auch als „Schulmyopie" bezeichnet. Bei den meisten Betroffenen nimmt die Kurzsichtigkeit ab dem Alter von 25 Jahren nicht mehr weiter zu. Manchmal kann sie jedoch bis zum 30. Lebensjahr fortschreiten. Viele Betroffene erreichen dann einen Wert von -6 bis -8 Dioptrien.

Myopieformen

Einfache Myopie (Myopia simplex, „Schulmyopie")

Die Anlage ist angeboren. In Populationsstudien haben ca. 30% der Bevölkerung eine Myopie, davon nur ca. 2,5% über -6dpt. Die Myopie entsteht nicht, wie man früher meinte, durch die Naharbeit in der Schule, sondern in den Jahren des Wachstums, die zeitlich mit dem Schulbesuch zusammenfallen. Allerdings konnte tierexperimentell gezeigt werden, dass die Regulation des Längenwachstums des Auges durch eine Fehlfraktion beeinflusst werden kann und dass eine medikamentöse Akkomodationslähmung die Progression der Myopie auch beim Menschen reduziert. Die Myopie beginnt meist mit etwa 10–12 Jahren und nimmt nach dem 25. Lebensjahr meist nicht mehr zu (stationäre Myopie bis etwa 8 dpt). Der Prozentsatz an Myopie ist bei Asiaten höher.

Wenn die Myopie etwa 3 dpt beträgt, braucht man auch im Alter keine Lesebrille, da man im Fernpunkt des Auges liest. Wer bis ins hohe Alter fern und nah gut sieht und keine Brille benötigt, muss ein emmetropes Auge haben, das für die Ferne dient und ein mäßig myopes Auge, das das Lesen ohne Brille auch im Alter erlaubt. Die einfache (benigne) Myopie kann bis zum 30. Lebensjahr fortschreiten.

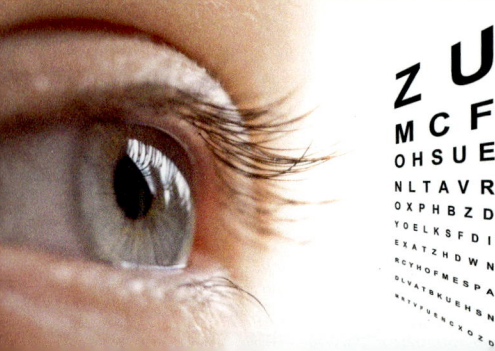
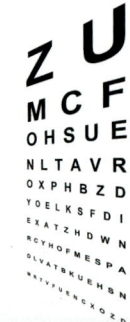

Kurzsichtigkeit (Myopie)

Welche Arten von Kurzsichtigkeit gibt es?

Die bei weitem häufigste Form (ca. 90 Prozent der Fälle) ist die „Schulmyopie". Sie führt zu durchschnittlichen Refraktionswerten von -3 bis -6 dpt im Erwachsenenalter, gelegentlich auch höher. Es gibt außerdem eine ausschließlich angeborene Form der Kurzsichtigkeit, die bereits im Kindesalter vorhanden ist. Hier wird auch vor Schulbeginn nie eine Phase der Normalsichtigkeit erreicht. Diese Form ist nicht selten mit hohen Endwerten von 20 dpt oder mehr verbunden. Eine hohe Myopie (über 6 dpt) betrifft in Deutschland 2–5 von Hundert, in China bis zu 20%.

2 Arbeitet zu zweit:
   a) Stellt Vermutungen an, in welchem Kontext und für welche Adressaten die drei Texte jeweils veröffentlicht wurden.
   b) Vergleicht die sprachliche und inhaltliche Gestaltung der Texte. Untersucht dazu die Wort-, Satz- und Textebene.
   c) Überprüft anhand der Starthilfe eure Vermutungen.

Starthilfe, S. 399

Starthilfe, S. 399

❗ Wissen und Können

Texte für unterschiedliche Adressaten untersuchen

Fachsprachen dienen der präzisen Kommunikation in bestimmten Tätigkeitsfeldern wie z. B. der Technik oder der Wissenschaft. Typische Kennzeichen von Fachsprachen sind ihr **Fachwortschatz und Fremdwörter**. Diese ermöglichen eine exakte und eindeutige Kommunikation unter den Experten des Faches. Wenn man sich in einem Fachbereich aber nicht auskennt, kann man die **Fachtexte** – auch wegen des Fachwortschatzes – oft nicht verstehen.
Texte, die Themen auch für Nicht-Fachleute darstellen, werden eher **Sachtexte** genannt. In ihnen treten normalerweise weniger Fachwörter auf und die Texte verlangen weniger Vorwissen.

→ *Sprachvarietäten, S. 386*

→ *Fremdwörter aussprechen und schreiben, S. 311/312*

3 Arbeitet zu zweit: Untersucht die drei Texte nun genauer.
   a) Inwiefern treten Fachwörter in den Texten auf? Benennt Beispiele.
   b) Inwiefern erfordern die Texte Vorwissen zum Thema?
   c) Beurteilt, inwiefern es sich bei den Texten um Fachtexte oder Sachtexte handelt.

Starthilfe, S. 399

4 Nenne Beispiele für Themen, zu denen es Fachtexte und Sachtexte gibt.

→ *Einen informierenden Text schreiben, S. 132–134*

5 Arbeitet zu zweit: Verfasst auf Grundlage der Informationen oben einen Sachtext für Sechstklässler zum Thema „Kommt die Schulkurzsichtigkeit von der Schule?".

💻 *Textverarbeitungsprogramm*

📄 *Arbeitsheft, S. 71/72*

Nominalstil in Fachtexten untersuchen

Text 1: Konservierung von Lebensmitteln

Um den **Verderb** von Lebensmitteln hinauszuzögern, können sie mit bestimmten Techniken behandelt werden. Diese **Haltbarmachung** nennt man **Konservierung**.
5 Durch Trocknen oder Dörren von Früchten wird den Lebensmitteln das Wasser entzogen. Durch Salzen zum Beispiel von Fleisch oder Fisch wird ebenfalls Wasser entzogen. Der Wasserentzug hemmt das Wachstum von Mik-
10 roorganismen. Bei der Milchsäuregärung wird im Joghurt oder im Sauerkraut Milchsäure gebildet. Dieses Ansäuern verhindert die Vermehrung vieler Mikroorganismen. Milch wird für wenige Sekunden auf 140°C erhitzt. Durch
15 die hohen Temperaturen werden viele Mikroorganismen abgetötet. Dieser Vorgang wird Pasteurisieren und Sterilisieren genannt. Die Milch wird luftdicht verschlossen, sodass sie mehrere Monate gelagert werden kann. Durch
20 den luftdichten Verschluss können keine Mikroorganismen eindringen.

Text 2: Wie Lebensmittel konserviert werden

Damit Lebensmittel nicht **verderben**, können sie mit bestimmten Techniken behandelt werden. Wenn man sie so **haltbar macht**, dann sagt man, dass man sie **konserviert**.
5 Wenn man Früchte trocknet oder dörrt, wird den Lebensmitteln das Wasser entzogen. Wenn man zum Beispiel Fleisch oder Fisch salzt, wird ebenfalls Wasser entzogen. Wenn man Wasser entzieht, dann hemmt man, dass Mikroorganismen wachsen. Wenn Milch vergärt, wird im
10 Joghurt oder im Sauerkraut Milchsäure gebildet. Wenn etwas so angesäuert wird, verhindert das, dass sich viele Mikroorganismen vermehren. Milch wird für wenige Sekunden auf 140°C erhitzt. Durch die hohen Temperaturen
15 werden viele Mikroorganismen abgetötet. Man sagt, dass bei diesem Vorgang etwas pasteurisiert und sterilisiert wird. Die Milch wird luftdicht verschlossen, sodass sie mehrere Monate gelagert werden kann. Weil sie luftdicht ver-
20 schlossen ist, können keine Mikroorganismen eintreten.

1 Lies die beiden Textversionen zum Thema „Konservieren". Vergleiche sie dann:
   a) Welche Version gefällt dir sprachlich besser? Warum?
   b) Welche Version würdest du eher in einem Biologiebuch für die 9. Klasse erwarten? Begründe.

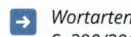
Wortarten, S. 390/391

2 Im ersten Absatz sind in beiden Textversionen Wörter in Fettdruck hervorgehoben.
   a) Bestimme die Wortarten der fettgedruckten Wörter.
   b) Vergleiche für die fettgedruckten Wörter, welche Wortarten in der linken und rechten Textversion auftreten.

❗ Wissen und Können

Nominalstil in Texten untersuchen

Von einer **Nominalisierung** spricht man, wenn in einem Satz ein Wort als **Nomen** verwendet wird, das in einem anderen Kontext einer anderen Wortart (z. B. Verb, Adjektiv ...) angehört. Wird ein Wort im Satz als Nomen verwendet, schreibt man es groß.
z. B. Durch die **Konservierung** der Milch wird sie länger haltbar.
→ konservieren (Verb) (Die Milch wird konserviert.)
In Fachtexten oder informierenden Texten treten häufig Nominalisierungen auf.
Man spricht dann von **Nominalstil** im Text.

Für Nominalisierungen kann mehr als eine Wortart verwendet werden:
z. B. haltbar (Adjektiv) + machen (Verb) → Haltbarmachung (Nomen)

Durch Nominalsierungen können auch Nebensätze entfallen:
z. B. Wenn Milch konserviert wird, dann wird sie länger haltbar.
→ Durch die Konservierung der Milch wird sie länger haltbar.

3   Arbeitet zu zweit: Lest den Wissen-und-Können-Kasten. Untersucht dann den zweiten Absatz der linken Textversion auf Nominalisierungen.
  a) Paul sagt: „Im zweiten Absatz sind neun Nominalisierungen zu finden."
     Josie meint: „Im zweiten Absatz sind elf Nominalisierungen zu finden."
     Wer hat Recht? Begründet.
  b) Nennt Beispiele für Nominalisierungen, denen nur eine Wortart zugrunde liegt.
  c) Nennt Beispiele für Nominalisierungen, denen mehrere Wortarten zugrunde liegen.

🖈 *Starthilfe, S. 399*

4   Lies den folgenden Textauszug.
  a) Benenne Stellen, an denen alternativ Nominalisierungen verwendet werden könnten.
  b) Überarbeite den Text schriftlich, sodass du an den Stellen von Aufgabe 4 a) Nominalisierungen verwendest.

📄 *Text „Die Mikroorganismen ..."*
🖊 *Folie*
🖥 *Textverarbeitungsprogramm*

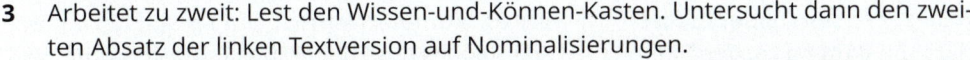

Die Mikroorganismen, die sich auf dem Lebensmittel befunden haben, als es verschlossen wurde, können sich nicht fortpflanzen, wenn Sauerstoff abwesend ist. So funktioniert es in Tetrapaks, Einmachgläsern und Konserven, die Produkte zu konservieren. Wenn etwas bei Temperaturen unter -40°C tiefgefroren wird, werden Stoffwechsel und Wachstum von Mikroorganismen gehemmt. Chemische Konservierungsstoffe wirken auf Bakterien und Pilze giftig. Wenn sie eingesetzt werden, muss das auf der Packung angegeben sein.

5   Arbeitet zu zweit: Tauscht eure Texte und vergleicht eure Ergebnisse. An welchen Stellen habt ihr gleiche bzw. unterschiedliche Lösungen gefunden?

📄 *Arbeitsheft, S. 73*

Mit Modalverben Aussagen abwandeln

1 Lies die beiden Textversionen zum Thema „Einsatzfahrzeuge".

Text 1: Wie verhältst du dich gegenüber Fahrzeugen mit blauem Blinklicht und Einsatzhorn?

Blaues Blinklicht mit Einsatzhorn (umgangssprachlich auch Martinshorn genannt) verwenden Einsatzfahrzeuge von Feuerwehr, Polizei und Rettungsdiensten. Wenn ein Einsatzfahrzeug diese Signale verwendet, räumen alle anderen Verkehrsteilnehmer sofort den Weg für es. Wenn du ein Einsatzhorn hörst oder blaues Blinklicht siehst, klärst du daher so schnell wie möglich, woher das Fahrzeug kommt und ob du es behinderst. Die Weiterfahrt eines Einsatzfahrzeuges behinderst du nicht.

Text 2: Wie musst du dich gegenüber Fahrzeugen mit blauem Blinklicht und Einsatzhorn verhalten?

Blaues Blinklicht mit Einsatzhorn (umgangssprachlich auch Martinshorn genannt) verwenden Einsatzfahrzeuge von Feuerwehr, Polizei und Rettungsdiensten. Wenn ein Einsatzfahrzeug diese Signale verwendet, müssen alle anderen Verkehrsteilnehmer sofort den Weg für es räumen. Wenn du ein Einsatzhorn hörst oder blaues Blinklicht siehst, solltest du daher so schnell wie möglich klären, woher das Fahrzeug kommt und ob du es behindern könntest. Die Weiterfahrt eines Einsatzfahrzeuges darfst du nicht behindern.

2 Vergleiche die beiden Textversionen:
a) Welche Unterschiede findest du?
b) In einer Textversion treten Wörter auf, die in der anderen Version fehlen. Bestimme sie mithilfe des Wissen-und-Können-Kastens.
c) Inwiefern spielen diese Wörter eine Rolle für die inhaltliche Aussage des Textes? Begründe.

🛈 Wissen und Können

Mit Modalverben Aussagen differenzieren

→ Verben, S. 387–389

Das **Modalverb** ist ein Verb, das mit einem Vollverb im Infinitiv das Prädikat bildet.
Z. B. Die Weiterfahrt eines Einsatzfahrzeuges **darfst** du nicht **behindern**.
Modalverben sind: dürfen, können, müssen, mögen, sollen, wollen.
Mit Modalverben kann man z. B. Wünsche, Möglichkeiten, Notwendigkeiten und Gebote ausdrücken. Mit einem Modalverb kann man auch seine Perspektive auf ein Geschehen verdeutlichen.

3 a) Verfasse aus den folgenden Stichpunkten eine Fortsetzung für Text 2.

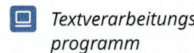

*Textverarbeitungs-
programm*

   • freie Bahn schaffen
   • notfalls auf den Gehweg ausweichen
   • Kreuzungen und Einmündungen freihalten
   • auch bei grün an der Kreuzung warten, wenn ein Einsatzfahrzeug diese
     überqueren will

   b) Arbeitet zu zweit: Tauscht eure Hefte und überprüft: An welchen Stellen habt ihr
      welche Modalverben verwendet? Habt ihr dieselben Modalverben verwendet?

4 Arbeitet zu zweit: Welche Rolle spielen die Modalverben in den folgenden Beispielen
aus einem Katalog mit Fragen für die Führerscheinprüfung? Könnten die Fragen
bzw. Aussagen auch ohne Modalverben formuliert werden? Diskutiert.

Starthilfe, S. 399
*Zwischen Diskus-
sion und Debatte
unterscheiden,
S. 36/37*

Sie möchten überholen. Worauf stellen Sie
sich ein?

Dürfen Sie auf dieser Autobahn den roten
Pkw rechts überholen?

Wie sollten Sie sich verhalten?

Alle drei Fahrzeuge wollen links abbiegen.
Wer hat sich richtig eingeordnet?

Wie müssen Sie sich verhalten?

Warum kann das Überholen hier gefährlich sein?

5 Theo meint: „Manche Modalverben kann man gegeneinander austauschen."
Stimmt das? Begründet.

Arbeitsheft, S. 74

Sprachgebrauch in Bewerbungsschreiben untersuchen

Malin Westerhaus
Kastanienallee 11
71638 Ludwigsburg
Mobil: 0176123456
Malin.Westerhaus@mail.com

Ludwigs-Burger-Restaurant
Bahnhofstraße 17
71638 Ludwigsburg

Wir suchen dich!

Du liebst Burger?
Du interessierst dich für Lebensmittel?
Du bist offen und kommunizierst gerne mit anderen Menschen?

Dann suchen wir dich als Burger-Artist!

Schick uns deine aussagekräftige Bewerbung!

Dein Ludwigs-Burger-Restaurant

Bewerbung als Burger-Artist

Liebes Ludwigs-Burger-Team,

ich möchte in den Sommerferien euer Team als Burger-Artist unterstützen. Eure Stellenanzeige habe ich gesehen, als ich selbst im Restaurant war, um einen eurer leckeren Burger zu essen.
Ich bin 16 Jahre alt und gehe im Moment in die 9. Klasse des Altstadt-Gymnasiums. In meiner Freizeit koche und backe ich gerne für meine Freunde. Das macht mir Spaß, weil ich da kreativ sein und immer neue Rezepte ausprobieren kann.
Außerdem spiele ich seit Jahren Hockey und bin auch im Jugendausschuss meines Hockeyvereins. Da helfe ich auch immer bei der Planung von Festen und beim Verkauf am Kuchenbuffet mit.
Burger mache ich auch immer gerne für meine Freundinnen und meine Familie. Mir macht es Spaß, unterschiedliche Sorten auszuprobieren. Deshalb habe ich Lust, bei euch noch viel über Burger dazuzulernen.
Für mich wäre es auch super, über den Ferienjob hinaus am Wochenende bei euch zu arbeiten.

Ich freue mich auf einen Termin für ein persönliches Kennenlernen!

Viele Grüße
Malin Westerhaus

Malin Westerhaus
Kastanienallee 11
71638 Ludwigsburg
Mobil: 0176123456
Malin.Westerhaus@mail.com

IT Solutions Weber
Friedenstraße 171
71636 Ludwigsburg

Bewerbung um einen Praktikumsplatz

Sehr geehrte Damen und Herren,

da in der Zeit vom 04.10. bis 17.10. im Rahmen meiner Schulausbildung ein Betriebspraktikum im 10. Jahrgang durchgeführt wird, bin ich zurzeit auf der Suche nach einem Praktikumsplatz. Ich bewerbe mich bewusst bei Ihrer Firma, da Sie eine große und fortschrittliche Softwareabteilung besitzen, die mich sehr interessiert.
Zurzeit besuche ich die 9. Klasse des Altstadt-Gymnasiums und werde dieses voraussichtlich in vier Jahren mit dem Abschluss der allgemeinen Hochschulreife verlassen.
Meine Vornoten können Sie aus den beigefügten Zeugnissen entnehmen. Mein Lebenslauf liegt ebenfalls im Anhang dieser Bewerbung bei.
Schon immer war Mathematik mein Lieblingsschulfach und es ist mir immer leicht gefallen, logisch zu denken. Deshalb habe ich vor zwei Jahren angefangen, das Programmieren zu lernen. Ich fand es von Anfang an faszinierend, Programme für mich arbeiten zu lassen.
Dass ich mein Praktikum grade bei Ihnen durchführen möchte, hat mehrere Gründe. Ihre Softwareabteilung gilt als die beste und fortschrittlichste in der gesamten Region. Außerdem konnte mir mein Vater schon viel Gutes über ihre Firma berichten, und ich glaube, dass ich durch dieses Praktikum bei Ihnen viel über Softwareentwicklung und den Alltag in einer Firma lernen kann.

Für Rückfragen stehe ich jederzeit gerne zur Verfügung.
Über die Einladung zu einem persönlichen Gespräch freue ich mich sehr.

Mit freundlichen Grüßen
Malin Westerhaus

1 Lies die beiden Bewerbungsanschreiben.

Eine Bewerbung formulieren, S. 21

2 Arbeitet zu zweit. Untersucht und macht euch Notizen:
a) Wie werden Grund/Motivation der Bewerbung, Hobbies, Leben, Schule … dargestellt?
b) Welche Gemeinsamkeiten oder Unterschiede der Bewerbungsanschreiben findet ihr?
c) Untersucht die Unterschiede genauer: Welche sind eher sprachlich? Welche sind eher inhaltlich?

3 Malin erzählt ihrer Freundin Pia, dass sie zwei Bewerbungen schreiben muss. Pia meint: „Toll, dann musst du ja nur einmal den Text schreiben und dann nur die Adresse und so tauschen." Erkläre, inwiefern du dieser Meinung zustimmst.

4 Arbeitet zu zweit. Nennt Situationen oder Unternehmen, bei denen ihr euch eher mit einer Bewerbung wie Text 1 oder Text 2 bewerben müsstet.

5 Pia und Malin diskutieren über die beiden Bewerbungsschreiben.
Pia: „Ich bin mir nicht sicher, ob man nicht auch ‚Sehr geehrte Damen und Herren' und so in der Bewerbung für das Burger-Restaurant schreiben müsste. Ist die Bewerbung nicht zu informell?"
Malin: „Ich glaube, gerade nicht! Weil das Burger-Team so jung und dynamisch sein will und man zeigen muss, dass man da reinpasst."
Wem stimmst du eher zu? Begründe.

❗ Wissen und Können

Sprachvarietäten für Bewerbungssituationen reflektieren

Sprachvarietäten, S. 386

Bei Bewerbungssituationen muss man darauf achten, welche **Sprachvarietät** zum Arbeitgeber und Arbeitsplatz passt:
Die allgemeine Sprachform ist die **Standardsprache**, die häufig auch Hochdeutsch genannt wird. Sie wird in formellen Situationen verwendet. Wenn man sie verwendet, bleibt man eher in höflicher Distanz zu anderen Personen. Eine informellere Form ist die sogenannte **Umgangssprache**, die Menschen überregional im täglichen Umgang miteinander verwenden. Wenn man sie verwendet, baut man sprachlich Nähe zu anderen Personen auf.

Zwischen Diskussion und Debatte unterscheiden, S. 36/37

Mehrsprachigkeit untersuchen, S. 282

6 Arbeitet zu zweit: Diskutiert, welche sprachliche Gestaltung von Bewerbungen an die folgenden Adressaten von euch erwartet wird:
Praktikum Bank, Aushilfsjob Inventurtag im Baumarkt, Praktikum Kindergarten, Babysitter/-in bei der Kollegin des großen Bruders, Ferienjob Pizzalieferdienst, Praktikum Rathaus, Ausbildung Mediengestaltung

Arbeitsheft, S. 75/76

Formulierungsalternativen untersuchen – Bewerbungen

1 Yannik meint: „Bei Bewerbungen kommt es sehr darauf an, die richtigen Formulierungsmuster zu kennen. Wenn man die nicht kennt, klappt es nicht."
Inwiefern stimmst du dieser Aussage zu? Begründe.

2 Untersuche die folgenden zwei Auszüge aus Bewerbungen.
a) Was macht der Autor inhaltlich in den einzelnen Absätzen?
b) Wie macht der Autor das sprachlich? (Welche Formulierungsmuster findest du in den Texten?)

Texte: Bewerbungsauszüge

Schon seit ich denken kann, kaufe ich mit meinen Eltern Ihr leckeres Brot und Ihre Brötchen bei Ihnen. Nun würde ich Ihre Bäckerei gerne einmal aus einem anderen Blickwinkel kennenlernen. Da ich häufig backe, bin ich bereits mit vielen Waren Ihres Sortiments nicht nur durch den Verzehr vertraut. Gerne würde ich aber noch mehr über die Vielfalt an Produkten und die Abläufe hinter den Kulissen erfahren, da ich es beispielsweise besonders spannend finde, dass Ihr Mehl aus eigenem Getreide stammt.
Ich bin stets freundlich und sehr belastbar. Als Klassensprecherin übernehme ich gerne Verantwortung für die Klasse, wobei ich alle meine Aufgaben pünktlich und zuverlässig erledige, wie mir auch von meinen Lehrerinnen und Lehrern immer wieder gesagt wird. In meiner Freizeit helfe ich meinem Vater dabei, die E-Jugend unserer Handballmannschaft zu betreuen. Das zeigt, dass ich gerne mit Menschen umgehe und gut im Team arbeiten kann. Und da ich ein Frühaufsteher bin, ist es für mich ein besonderes Plus, früh mit der Arbeit beginnen zu können.

Schon immer war Mathematik mein Lieblingsschulfach und es ist mir immer leicht gefallen, logisch zu denken. Deshalb habe ich vor zwei Jahren angefangen, das Programmieren zu lernen. Ich fand es von Anfang an faszinierend, Programme für mich arbeiten zu lassen.
Dass ich mein Praktikum grade bei Ihnen durchführen möchte, hat mehrere Gründe. Ihre Softwareabteilung gilt als die beste und fortschrittlichste in der gesamten Region. Außerdem konnte mir mein Vater schon viel Gutes über Ihre Firma berichten, und ich glaube, dass ich durch dieses Praktikum bei Ihnen viel über Softwareentwicklung und den Alltag in einer Firma lernen kann.

❗ Wissen und Können

Formulierungsmuster in Texten untersuchen

Es gibt in unserer Sprache typische Formulierungsmuster, mit denen wir wiederkehrende Handlungen in Texten durchführen (z. B. erklären, begründen, beschreiben usw.). Um diese Formulierungsmuster in einem Text oder Teilen eines Textes zu untersuchen, helfen zwei Fragen:

- **Was macht der Autor inhaltlich?** und
- **Wie macht der Autor das sprachlich?**

Was macht der Autor inhaltlich? (Teilhandlung)	z. B. Interesse am Betrieb begründen	z. B. Eignung für die Stelle/Praktikum darstellen
Wie macht der Autor das sprachlich?	Schon seit ich denken kann, … bei Ihnen. Nun würde ich Ihre X gerne einmal aus einem anderen Blickwinkel kennenlernen. Da ich häufig X, … …	Ich bin X. Als X übernehme ich gerne Verantwortung für Y. In meiner Freizeit … Das zeigt, dass ich … …

In einem Text treten meist verschiedene inhaltliche Teilhandlungen auf.
Z. B. beim Bewerben: Bewerbung einleiten, aktuelle Situation darstellen, Interesse am Betrieb begründen, Eignung für die Stelle darstellen …

---

3 a) Arbeitet zu zweit: Untersucht die zwei Auszüge aus den Bewerbungen von S. 269: Welche Formulierungsmuster für die Handlungen „Interesse am Betrieb begründen" und „Eignung für die Stelle/Praktikum darstellen" treten auf? Übernehmt die Tabelle aus dem Wissen-und-Können-Kasten in eure Hefte und ergänzt sie um die Formulierungsmuster aus den Texten.

b) Ergänzt die Tabelle um weitere Formulierungsmuster, die ihr zu den beiden Handlungen kennt.

4 Lies dir die folgenden Stichpunkte zu „Interesse am Betrieb begründen" für die Praktikumsbewerbung bei einer Eventagentur durch.

a) Beurteile, welche Aspekte für eine erfolgreiche Bewerbung geeignet sind.

b) Verfasse aus den geeigneten Stichpunkten den Abschnitt einer Bewerbung.
- viele interessante Informationen zu aktuellen Projekten auf der Homepage
- Organisation des regionalen Musikfestivals, bei dem man schon einmal war
- um die Ecke, kann mit dem Fahrrad hinfahren/in der Mittagspause nach Hause
- größte Agentur in der Stadt
- interessant, wie große Veranstaltungen und deren Organisation ablaufen
- Nachbarin hat viel Positives erzählt
- Agentur hat mehrere Auszeichnungen erhalten

🖈 Starthilfe, S. 399

🖵 Textverarbeitungsprogramm

➡ Eine Bewerbung formulieren, S. 21

Texte überarbeiten – Bewerbungen

1 Arbeitet zu zweit: Lest das Bewerbungsanschreiben unten und sammelt Stellen, an denen es noch überarbeitet werden sollte.

→ *Eine Bewerbung formulieren, S. 21*

2 Überprüft anhand der Checkliste unten das Bewerbungsschreiben genau: Welche Bereiche sind bereits gut verfasst? Zu welchen Bereichen habt ihr Problemstellen gefunden? Macht euch Notizen.

📁 *Text „Bewerbung Praktikumsplatz"*

3 a) Arbeitet zu zweit: Überarbeitet den Text anhand eurer Notizen.
   b) Erklärt, welche Lösungen ihr für die Problemstellen aus Aufgabe 1 und 2 gewählt habt.

✈ *Starthilfe, S. 399*
🖥 *Textverarbeitungs-programm*

☑ Checkliste

Texte überarbeiten

Angemessenheit des Textes:
☑ **Textsorte/Textfunktion:** Die Funktion des Textes wird deutlich. Der Text entspricht den Anforderungen an die Textsorte (Gliederung, Sprachstil, Adressatenbezug ...). ...
☑ **Textkohärenz:** Ein roter Faden des Themas wird deutlich. Es gibt Textstellen, die der Leserin und dem Leser helfen, die Zusammenhänge des Textes zu verstehen. Es werden Sinnabschnitte durch Absätze gebildet. ...

sprachliche Richtigkeit/Angemessenheit:
☑ **Wortwahl:** Das Wort/die Formulierung beschreibt genau genug das, was gesagt werden soll. Das Wort/Die Formulierung passt zur Textsorte und ist nicht zu formell/informell. ...
☑ **Rechtschreibung, Grammatik:** Die Wörter sind richtig geschrieben. ...

> Bewerbung Praktikumsplatz
>
> Sehr geehrte Damen und Herren
>
> im Rahmen des Schulpraktikum der 10. Klassen, bewerbe ich mich um einen Pratkikumsplatz. Vom 04.10. bis 17.10. geht das Praktikum.
>
> Schon seit meiner frühen Kindheit bin ich am Berufsfeld der Polizei interessiert, weil meine Mutter ist Polizistin und ich bin daher aufgewachsen mit diesem Beruf. Im Jahr 2021 habe ich meinen Zukunftstag im Polizeikomissariat Neustadt verbracht und dort an dem Programm teilgenommen. Das hat in Zusammenarbeit mit der Landes-Polizeiinspektion sattgefunden. Diese neuen Erfahrungen trugen dazu bei, das ich mich entschieden habe, Polizist zuwerden und mein Schulpraktikum bei der Polizei in Neustadt zu verbringen.
>
> Weiterhin bin ich tolerant, meistens pünktlich und bereit, im Team zu arbeiten. Da ich, Vertrauensschüler, Mitglied im Jugendausschuss des Hockeyvereins und Jugendsprecher der Jugendfeuerwehr bin, bringen mir Menschen viel Vertrauen entgegen, ich versuche Konflikte gerecht zu lösen und kann mich auch in Gruppen gut durchsetzen.
>
> Viele Grüßen
> Tim Henningsdorf

📄 *Arbeitsheft, S. 79*

Schätze deinen Lernstand ein

Im Jahr 2000 wurde die Nutzung von GPS-Syste-
men (Global Positioning Systems) für zivile Zwecke freigegeben. Ein US-Amerikaner fand die
Idee spannend, einen Gegenstand zu verstecken
und die Koordinaten des Verstecks im Internet
zu veröffentlichen. Ein anderer fand anhand der
Koordinaten den Gegenstand und gab dem „Ver-
stecker" eine Rückmeldung. Rasend schnell bekam das neue Spiel immer mehr Zuspruch und
Anhänger. Schon dreizehn Jahre später gibt es
mehrere In-
ternetplatt-
formen, auf
denen sich
die Geo-
cacher aus-
tauschen. Auf der führenden Plattform www.
geocaching.com sind weltweit mehr als sechs
Millionen aktive Geocacher registriert, die zirka
2,3 Millionen Geocaches veröffentlicht haben.

☺ → Seite 273, **B**
😐 → Seite 273, **A**
☹ ← Seite 260/261

1 Untersuche, inwiefern es sich bei dem Text oben um einen Fach- oder Sachtext handelt. Treten Fachwörter auf? Inwiefern erfordert der Text Vorwissen zum Thema?

2 Lies die folgenden Satzpaare. Benenne jeweils, welcher der beiden Sätze im Nominalstil verfasst ist.
a1. Wenn man etwas räuchert, können Bakterien und Pilze durch im Rauch enthaltene Stoffe abgetötet werden.
a2. Beim Räuchern können Bakterien und Pilze durch im Rauch enthaltene Stoffe
abgetötet werden.
b1. Auch eine Bestrahlung mit Röntgen- oder Gammastrahlung tötet Bakterien
und Pilze.
b2. Auch wenn man mit Röntgen- oder Gammastrahlung bestrahlt, kann man Bakterien und Pilze abtöten.
c1. Diese Methode wird häufig bei Gewürzen eingesetzt.
c2. Der Einsatz dieser Methode erfolgt häufig bei Gewürzen.

☺ → Seite 274/275, **B**
😐 → Seite 274/275, **A**
☹ ← Seite 262/263

3 Mit welchem Modalverb kannst du den Satz unten jeweils so verändern, dass er die
Inhalte a.–c. aussagt?
a. Der Besuch einer Hundeschule ist verpflichtend.
b. Der Besuch einer Hundeschule ist sinnvoll.
c. Der Besuch einer Hundeschule ist eine Möglichkeit.

Hundewelpen ▯ ab dem sechsten Monat eine Hundeschule besuchen.

☺ → Seite 276, **B**
😐 → Seite 276, **A**
☹ ← Seite 264/265

4 Untersuche die beiden Bewerbungen auf S. 266/267.
a) Welche Formulierungsmuster für die Handlung „Eignung für die Stelle/Praktikum
darstellen" treten auf?
b) Erkläre, warum die Schreiberin in den beiden Texten unterschiedliche Formulierungsmuster verwendet.

☺ → Seite 277, **B**
😐 → Seite 277, **A**
☹ ← Seite 269/270

📄 Arbeitsheft, S. 80

Texte für unterschiedliche Adressaten untersuchen und verfassen

Manche Personen, auch erwachsene, haben es aus ganz unterschiedlichen Gründen im Alltag schwer, Texte zu lesen und zu verstehen. Weil aber auch diese Personen an Informationen von Ämtern und Behörden gelangen müssen, oder sich zu Themen wie Gesundheit informieren müssen, existiert in Deutschland seit ein paar Jahrzehnten das Konzept „Einfache Sprache".

1 Informiert euch auf der Webseite der Bundeszentrale für politische Bildung über das Konzept „Einfache Sprache". Macht euch Notizen zu den folgenden Punkten:
- Für welche Personen ist das Konzept „Einfache Sprache" gedacht?
- Welche sprachlichen Merkmale hat ein Text in „Einfacher Sprache" typischerweise?

2 Vergleiche das folgende Textbeispiel in einfacher Sprache mit dem ursprünglichen Text „Formen der Kurzsichtigkeit: Einfache Myopie (Myopia simplex) oder benigne Myopie" auf S. 260.
→ Eine Information für jüngere Mitschüler/-innen schreiben, S. 230/231

✈ Starthilfe, S. 399
a) Benenne Unterschiede und Gemeinsamkeiten.
b) Nenne Beispiele, welche sprachlichen Merkmale des Konzepts „Einfache Sprache" im Beispiel umgesetzt wurden.

Welche Formen von Kurzsichtigkeit gibt es?

Einfache Myopie

Die einfache Myopie oder Kurzsichtigkeit ist erblich: Sind Ihre Eltern kurzsichtig? Dann können auch Sie kurzsichtig werden. Oft beginnt die einfache Myopie im Alter zwischen 9 und 12 Jahren. Ab 25 Jahren bleibt die Sehschwäche dann gleich: Die Kurzsichtigkeit wird nicht stärker. Sie wird aber auch nicht besser.

3 Formuliere einen Text zu einem Text in „Einfacher Sprache" um. Nutze dazu deine Ergebnisse aus Aufgabe 1 als Checkliste.
🖥 Textverarbeitungsprogramm

📁 Text „Wie verhältst du dich …"

📁 Text „Konservierung von Lebensmitteln"
Ⓐ Überarbeite den Text 2 zum Thema „Einsatzfahrzeuge" von S. 264.

Ⓑ Überarbeite den Text „Konservierung von Lebensmitteln" von S. 262.

4 Arbeitet zu zweit: Tauscht eure Texte aus Aufgabe 3 und vergleicht eure Ergebnisse. An welchen Stellen habt ihr gleiche bzw. unterschiedliche Lösungen gefunden?

5 Arbeitet in der Gruppe. Diskutiert: Welche Vorteile und Nachteile hat das Konzept „Einfache Sprache"? In welchen Bereichen des täglichen Lebens könnte es nützlich sein? Welche Merkmale der „Einfachen Sprache" können auch in anderen Texten hilfreich sein?
→ Zwischen Diskussion und Debatte unterscheiden, S. 36/37

Nominalstil untersuchen und verwenden

Ⓐ Nominalstil in Überschriften untersuchen

1 Tim sieht sich Absatzüberschriften in seinem Biologiebuch an und meint: „Nominalisierungen treten häufig als Überschriften auf. Ich habe mehrere Beispiele gefunden."
Bei einer der Überschriften ist Tim ein Fehler passiert. Benenne ihn und formuliere die Überschrift so um, sodass sie auch eine Nominalisierung enthält.

Diagrammauswertung		Bestimmung von Umweltfaktoren im Wald

	Wie Pflanzen Energie gewinnen		Vermehrung der Pilze

	Klimaverbesserung		Belastungen durch Landwirtschaft und Abwässer

 *Starthilfe, S. 399*   **2** Begründe: Inwiefern eignet sich der Nominalstil in Überschriften gut für Leserinnen und Leser?

3 Suche aus deinem Biologiebuch fünf Beispiele für Nominalisierungen in Überschriften heraus.

4 Verfasse für die folgenden Textausschnitte je eine Überschrift mit und ohne Nominalisierung.

a. Ein anderes Kennzeichen von Lebewesen ist ihre eigenständige Bewegung. Pflanzen können sich im Gegensatz zu Tieren nicht von der Stelle bewegen. Ihre Blüten und Blätter können sie aber bewegen. Diese Bewegungen erfolgen meist sehr langsam und folgen dem Licht.	b. Im Jahr 1665 machte der englische Naturforscher Robert Hooke eine wichtige Entdeckung mit dem Mikroskop. Er stellte fest, dass sehr dünn geschnittene Korkscheiben durchlöchert und porös waren. Diese Kammern in Wabenform nannte er Zellen.	c. Im Lauf der Zeit verändern sich lebendige Systeme. Sie entwickeln sich immer weiter. Man kann in Individualentwicklung (z. B. von der Raupe zum Schmetterling) und evolutionäre Entwicklung (z. B. vom Wolf zum Hund) unterscheiden.

Ⓑ Mit Nominalisierungen Tätigkeiten beschreiben

Helena absolviert ihr Schulpraktikum bei einer Werbeagentur. Sie soll mithelfen, eine neue Homepage für einen Blumenladen zu gestalten. Weil der Blumenladen auch Auszubildende ansprechen möchte, soll sie das Berufsbild des Floristen beschreiben. Ihr Praktikumsbetreuer hat ihr dazu einen Auszug aus „Berufe aktuell" von der Arbeitsagentur mit Informationen zum Beruf des Floristen gegeben.

Berufe aktuell

Florist/-in

Berufstyp   Anerkannter Ausbildungsberuf
Ausbildungsdauer 3 Jahre

Floristen und Floristinnen binden Sträuße und fertigen Kränze, Brautschmuck oder Trocken-gestecke nach eigenen Ideen oder den Wünschen ihrer Kunden. Sie dekorieren Schaufenster und Verkaufsräume und versorgen die Pflanzen im Laden. Bei der Auswahl von Schnittblu-men und Topfpflanzen beraten sie ihre Kunden und geben Pflegehinweise. Sie ermitteln den Warenbedarf, holen Angebote ein, erledigen den Einkauf neuer Ware, berechnen Preise und bedienen die Kasse. Da viele Blumenläden mit Blumenversandhäusern und Onlineshops ko-operieren, sind Floristen und Floristinnen neben dem Tagesgeschäft im Blumenladen häufig auch für die Auslieferung von Blumen verantwortlich.

1 Helena hat drei verschiedene Anfänge für die Homepage geschrieben.
  Lies die Anfänge a.–c. und benenne sprachliche Unterschiede der drei Versionen.

➔ *Sich über ein Berufsbild informieren, S. 15–17*

> *Das erwartet dich in der Ausbildung:*
>
> *a.* • *Du bindest für die Kunden Sträuße und fertigst nach Kundenwünschen Kränze, Brautschmuck oder Trockengestecke.*
>   • *Du kannst auch deine eigenen Ideen einbringen.*
>   • *Du dekorierst auch Schaufenster und die Verkaufsräume.*
> *b.* • *Binden von Sträußen und Fertigung von Kränzen, Brautschmuck oder Trockengestecken nach Kundenwünschen*
>   • *Einbringen von eigenen Ideen*
>   • *Dekorieren der Schaufenster und der Verkaufsräume*
> *c.* • *Binden von Sträußen und Fertigung von Kränzen, Brautschmuck oder Trockengestecken nach Kundenwünschen*
>   • *Du kannst auch deine eigenen Ideen einbringen.*
>   • *Das Dekorieren der Schaufenster und Verkaufsräume gehört auch zu deinen Aufgaben.*

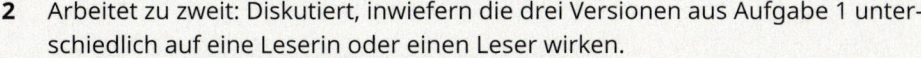

2 Arbeitet zu zweit: Diskutiert, inwiefern die drei Versionen aus Aufgabe 1 unter-schiedlich auf eine Leserin oder einen Leser wirken.

✎ *Starthilfe, S. 399*

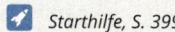

3 a) Helena meint: „Die Version im Nominalstil gefällt mir am besten. Die klingt so sachlich und ist sehr überschaubar." Inwiefern stimmst du zu?
  b) Zu welcher Version würdest du für die Homepage raten, um potenzielle Auszubil-dende für den Beruf anzusprechen? Begründe.

4 Verfasse mithilfe der Informationen oben eine Beschreibung des Berufsbilds Florist/-in für die Homepage des Blumenladens, die Jugendliche anspricht.

🖥 *Textverarbeitungs-programm*

➔ *Beschreiben, S. 349/350*

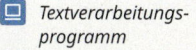
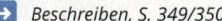

Modalverben und ihre Wirkung untersuchen

→ *Stellenanzeigen erschließen, S. 18–20*

1 Lies die beiden Ausbildungsanzeigen.
a) Vergleiche, wie wichtig die folgenden Aspekte für die Ausbildung sind: körperliche Fitness, Reisebereitschaft, Verantwortungsbewusstsein, Sprachkenntnisse.
b) Erkläre, welche Rolle Modalverben für die Formulierungen der Anzeigen spielen.

Binnenschiffer/-in

Für die Ausbildung als Binnenschiffer/-in musst du körperlich fit sein. Es sollte für dich ein Abenteuer sein, lange Zeiten unterwegs zu sein. Verantwortungsbewusstsein darf kein
5 Fremdwort für dich sein. Du möchtest außerdem viel draußen unterwegs sein und willst keinen eintönigen Tagesablauf haben.
Du musst sehr gute Deutsch- und Englischkenntnisse in Wort und Schrift mitbringen.

Kauffrau/-mann im E-Commerce

Für die Ausbildung musst du ein gutes Zahlen- und Matheverständnis haben. Du solltest auch in stressigen Situationen den Überblick bewahren und Verantwortung für deine Aufgaben übernehmen. Du solltest außerdem Interesse 5 an der sprachlichen Gestaltung von Texten für den Online-Shop haben. Bei Interesse kannst du die Hälfte der Ausbildung an unserem zweiten Standort in Berlin absolvieren.

2 Ⓐ a) Lies den Text und mache dir Notizen, was für diese Ausbildung wichtig ist.
b) Formuliere jeweils die Top 3 „Du solltest Fluglotse/-lotsin werden, wenn ..."
bzw. „Du solltest nicht Fluglotse/-lotsin werden, wenn ..."

Du willst Flugzeuge navigieren, Gewitterwolken lesen und Startgenehmigungen erteilen?
Für diese Ausbildung musst du auf jeden Fall Abitur haben. Nach deiner Bewerbung musst du einen mehrstufigen Eignungstest bestehen. Im ersten Schritt musst du einen Online-Fragebogen mit etwa 100 Fragen beantworten. Fluglotsen müssen viel Verantwortung tragen, deshalb sind die Auswahlverfahren sehr hart. Im zweiten Schritt musst du ein persönliches zwei- bis dreitägiges Auswahlverfahren mit Eignungstests absolvieren. In diesem Beruf sind u.a. räumliches Vorstellungsvermögen, Konzentrationsfähigkeit, Multitasking und Belastbarkeit eine Voraussetzung. Im dritten Schritt wird deine Berufsmotivation betrachtet: Du solltest Lern-, Team- und Entscheidungsfähigkeit mitbringen. Außerdem musst du natürlich die medizinische Eignungsuntersuchung bestehen.

Ⓑ Formuliere aus den folgenden Stichpunkten eine Ausbildungsanzeige zum Kaufmann bzw. zur Kauffrau im Großhandel.

• *guter Schulabschluss, kein Überflieger, aber Deutsch und Mathe nicht unbedingt „Hass-Fächer"* • *aufgeschlossen, kontaktfreudig und teamfähig* • *auch Leistungs- und Lernbereitschaft sowie Fleiß und Pünktlichkeit sehr wichtig* • *aufgrund unseres Sortiments ein gewisses technisches Interesse oder bestenfalls technisches Verständnis nötig* • *großes Interesse an kaufmännischen Tätigkeiten*

Formulierungsalternativen untersuchen

… wie mit Ihnen am Mittwoch telefonisch besprochen, möchte ich mich um ein Praktikum vom 16.05.-20.05.2022 in Ihrer Bäckerei bewerben.
Zurzeit besuche ich die 9. Klasse des Gymnasiums Weilheim. Meine Lieblingsfächer sind Englisch und Chemie.

… da in der Zeit vom 04.10. bis 17.10. im Rahmen meiner Schulausbildung ein Betriebspraktikum im 10. Jahrgang durchgeführt wird, bin ich zurzeit auf der Suche nach einem Praktikumsplatz. Ich bewerbe mich bewusst bei Ihrer Firma, da Sie eine große und fortschrittliche Softwareabteilung besitzen, die mich sehr interessiert. Zurzeit besuche ich die 9. Klasse des Altstadt-Gymnasiums und werde dieses voraussichtlich in vier Jahren mit dem Abschluss der allgemeinen Hochschulreife verlassen.

1 Untersuche: Was machen die Autorinnen inhaltlich in den beiden Abschnitten oben?

2 Arbeitet zu zweit:
   a) Untersucht die Abschnitte oben: Welche Formulierungsmuster für die Handlung treten auf?
   b) Übernehmt die Tabelle in eure Hefte und tragt die Formulierungsmuster ein.
   c) Ergänzt weitere Formulierungsmuster, die ihr zu der Handlung kennt.

→ *Formulierungsmuster in Texten, S. 374*

Was macht der Autor inhaltlich? (Teilhandlung)	…
Wie macht der Autor das sprachlich?	…

3 Untersuche das Textbeispiel auf S. 271. Welche Formulierungsmuster treten in diesem Beispiel für diese Handlung auf? Welche Formulierungsmuster aus deiner Tabelle könnten verwendet werden, um den Text auszubauen?

4 Nutze die Tabelle mit den Formulierungsmustern:

A Überarbeite den Abschnitt aus dem Textbeispiel auf S. 271.

B Verfasse einen Abschnitt mit dieser Handlung für ein eigenes Bewerbungsanschreiben.

→ *Eine Bewerbung formulieren, S. 21*

Starthilfe, S. 399

Textverarbeitungsprogramm

Zeige, was du kannst

Katharina Thelen, Dipl. oec. troph. Kathi Dittrich

Food-Printer – Essen wie gedruckt

Dieses Frühjahr hat eine kanadische Firma den ersten Pfannkuchen-Drucker auf den Markt gebracht. Nutzer können am Computer ein Design erstellen, nach dem der Drucker aus fertigem Teig dann die individuell gestylten Pfannkuchen backt. Auch an Pizzen, Burgern oder Schokolade aus dem 3D-Printer wird intensiv gearbeitet. Der erste deutsche Fooddrucker stammt von dem in Freising ansässigen Unternehmen print2taste. Er verwandelt fertige Marzipanmasse in kunstvolle Vögel, Schriftzüge oder jede andere gewünschte Form. Die mit Marzipan gefüllten Lebensmittelkartuschen für den Drucker liefert der kleine Start-up-Betrieb gleich mit. Weitere druckbare Lebensmittel wie Kakaoglasur oder Kartoffelbrei sollen folgen. Der Süßwarenhersteller Katjes hat den ersten 3D-Drucker für Gummibärchen vorgestellt und der italienische Nudelhersteller Barilla arbeitet daran, den Druck von Nudeln zu optimieren. Auch in der Bäckerei- und Konditoreibranche ist der Trend zum 3D-Druck auf dem Vormarsch. Auf der Backmesse iba 2015 in München haben 3D-geformte Kekse oder individuelle Figuren aus Marzipan für Aufsehen gesorgt. Die fertige Masse wird dabei – ähnlich wie mit einem Spritzbeutel – aus einer Düse Schicht für Schicht in die gewünschte Form gebracht. Das Backen erledigt der Drucker allerdings nicht gleich mit, sondern die geformten Backlinge müssen noch ganz konventionell in den Ofen geschoben werden. [...] Die derzeitigen Food-Drucker sind zudem noch nicht in der Lage, ein komplettes Essen zu produzieren. Bislang liefern sie nur einzelne Komponenten. In einem von der EU gefördertem Forschungsprojekt hat die Hochschule Weihenstephan in Kooperation mit dem niederländischen Unternehmen „Foodjet" an einem Drucker gearbeitet, der personalisierte, auf den Einzelnen zugeschnittene Mahlzeiten druckt. Mit den so hergestellten Smoothfood-Mahlzeiten sollte der Ernährungsstatus und die Lebensqualität von Menschen mit Kau- und Schluckstörungen verbessert werden. Das unter dem Begriff Perfomance gestartete Projekt lief allerdings Ende 2015 aus. UGB-Gourmetkoch Herbert Thill, der selbst an dem Projekt beteiligt war, gibt den aktuellen 3D-Druckern eine schlechte Note. „Der Zeitaufwand ist derzeit unrealistisch, zudem ist so ein Drucker schon Spielerei", stuft der Experte den Nutzen im Alltag ein. Da bei den Zutaten mit Zellulose gearbeitet wird, müsse das Produkt nach dem Druck erst noch tiefgefroren und anschließend erhitzt werden, damit es bekömmlich wird. Das Versprechen einer dreidimensionalen Form hält Thill für zu vollmundig. Derzeit sehe beispielsweise ein 3D gedruckter Hähnchenschlegel eher wie ein Tennisschläger aus. Auch die Frage nach den Kosten in der Gemeinschaftsverpflegung im Vergleich zur konventionellen Herstellung lässt den Drucker nicht gut dastehen. „Wenn wir Arbeitszeit, Druckerkosten und Energie berechnen, liegen wir derzeit bei 100 Prozent über dem normalen Herstellungspreis", schätzt Thill. [...]

Der Einsatz von 3D-Druckern in der Gemeinschaftsverpflegung hat zurzeit weder aus Kosten- und Zeitgründen noch wegen der unausgereiften Technik eine Chance. Die Produktion einzelner, stark verarbeiteter Lebensmittel ist sowohl aus ökonomischer als auch ökologischer Sicht fragwürdig. Der gesundheitliche Wert gedruckter Lebensmittel ist dabei noch nicht einmal berücksichtigt. Auch im Privathaushalt ist es schwer vorstellbar, dass 3D-gedruckte Burger oder Pizzen sich im Alltag durchsetzen werden. Für filigrane Feinarbeiten in Bäckereien, Konditoreien und der Süßwarenproduktion ist ein Einsatz aber durchaus denkbar.

„Weißt du, was sie uns heute in der Mensa zum Mittagessen drucken?" – Diese Frage klingt ein bisschen nach Science-Fiction, aber es gibt schon 3D-Food-Drucker, die in verschiedenen Bereichen eingesetzt werden.

Aufgabe: Überarbeite den Text zu einem Bericht, der deine Mitschülerinnen und Mitschüler informieren soll, ob 3D-Drucker an der Schule in der Mensa eingesetzt werden können. Berichte dazu, was 3D-Drucker aktuell können und wo ihre Schwächen liegen. Gehe so vor:

Einen Text überprüfen

1 a) Lies den Text „Food-Printer – Essen wie gedruckt".
   b) Benenne Stellen, an denen genannt wird, was 3D-Drucker aktuell können und wo ihre Schwächen liegen.
   c) Überlege auf dieser Grundlage, ob 3D-Drucker an der Schule in der Mensa eingesetzt werden können. Mache dir Notizen zu Vor- und Nachteilen.

Text „Food-Printer – Essen wie gedruckt"

2 Überprüfe anhand der folgenden Kriterien, welche Textstellen für die neuen Adressaten geändert werden sollten. Wähle für die Vorgehensweise Aufgabe Ⓐ oder Ⓑ.
   • **Angemessenheit des Textes:** Textsorte/Textfunktion? Textkohärenz?
   • **sprachliche Richtigkeit/Angemessenheit**: Wortwahl? Rechtschreibung, Grammatik?

   Ⓐ Markiere mithilfe einer Folie Textstellen, die überarbeitet werden sollen.

   Ⓑ Mache dir stichpunktartig Notizen, welche Bereiche überarbeitet werden sollen.

Folie

Tipp

Es dürfen auch Sätze gestrichen oder mit anderen zusammengefasst werden.

Einen Text neu formulieren

3 Formuliere den Text anhand deiner Notizen neu, sodass er deine Mitschülerinnen und Mitschüler nun darüber informiert, ob 3D-Drucker an der Schule in der Mensa eingesetzt werden können.

Textverarbeitungsprogramm

Einen Text überarbeiten

4 Besprecht eure Texte in einer Schreibkonferenz. Geht so vor:
   • Legt fest, auf welche Kriterien aus Aufgabe 2 ihr besonders achten wollt.
   • Ein Gruppenmitglied liest den eigenen Text vor, die anderen Mitglieder können dazu Verständnisfragen stellen.
   • Der Text wird nun Satz für Satz vorgelesen. Nach jedem Satz tauschen sich die Teilnehmerinnen und Teilnehmer aus, die Autorin bzw. der Autor des Textes macht sich Notizen.

5 Überarbeitet eure Texte im Anschluss an die Schreibkonferenz. Setzt dabei auch die Tipps und Änderungsvorschläge um, die ihr erhalten habt.

Sprache reflektieren

Sprache ist allgegenwärtig, wir können mit ihr unseren Gedanken und Gefühlen Ausdruck verleihen. Mithilfe der Sprache ist es uns möglich, mit anderen zu sprechen und kommunizieren. Damit wird sie Teil unserer Identität. Sprache spielt im alltäglichen Zusammenleben, in der Gesellschaft und Politik eine besondere Rolle. Schnell kann sie zu einem politischen Instrument werden und immer mehr steht der Gebrauch von „richtiger" oder „korrekter" Sprache im Fokus der öffentlichen Diskussion. Nicht selten werden diese Diskussionen sehr heiß und emotional geführt. In diesem Kapitel werdet ihr die Besonderheiten unserer Sprache, ihre Rolle in der Gesellschaft sowie ihren Einfluss auf unser tägliches Handeln genauer untersuchen. Darüber hinaus werdet ihr euer eigenes Sprachverhalten reflektieren.

In diesem Kapitel lernt ihr, ...

› welche Bedeutung Sprache in der Gesellschaft hat,

› dass es sprachliche Varietäten gibt,

› wie sich Sprache und ihre Formen verändern und entwickeln,

› wie Sprache diskriminieren kann,

› wie sich Sprache auf der Ebene der Wörter, Sätze und Texte unterscheidet,

› wie die Verwendung von Sprache mit der jeweiligen Situation zusammenhängt.

1   a) Beschreibe die beiden Bilder auf der linken Seite und erkläre, was im jeweiligen
       Beispiel ausgedrückt wird.
    b) Sammle Beispiele aus deinem Alltag, in denen du diesem Sprachphänomen
       schon begegnet bist.

2   Die folgende Grafik zeigt, wie häufig bestimmte Wörter in deutschsprachigen
    Büchern verwendet werden. Werte die Grafik aus und diskutiere die Ergebnisse
    gemeinsam mit einer Partnerin oder einem Partner.

→ *Gendergerechte
  Sprache, S. 377/378*
→ *Zwischen Diskussion
  und Debatte unter-
  scheiden, S. 36/37*

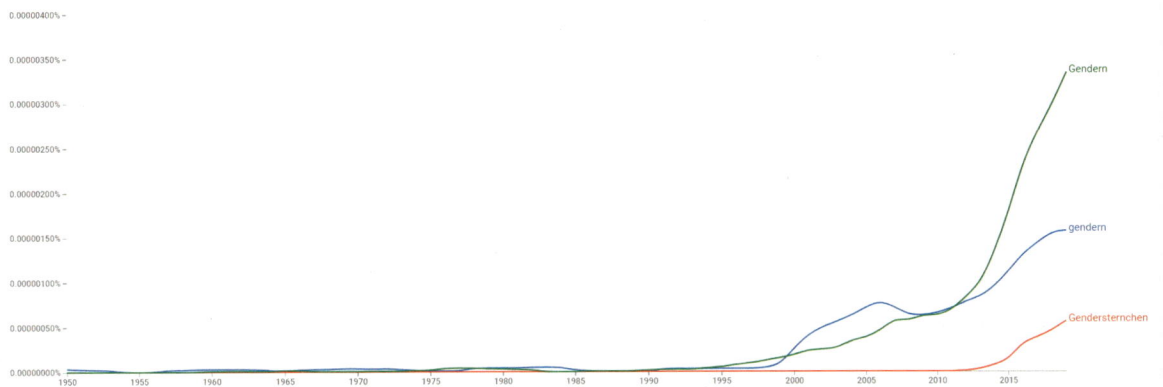

Wörter beeinflussen unsere Wirklichkeit

Sprache beeinflusst nicht nur die politischen Diskussionen, sondern auch unseren Alltag. Sie wird daher von Forschenden seit vielen Jahrzehnten untersucht. Dabei ist ihnen aufgefallen, dass die Sprache der Menschen und ihr Denken eng miteinander verbunden sind. Nichtdenken funktioniert im Zusammenhang mit Sprache nicht. Probiere es selbst aus und denke NICHT an einen Elefanten. Natürlich wirst du jetzt an ein großes, graues Tier mit langem Rüssel gedacht haben, einen prototypischen Elefanten, du kannst gar nicht anders.

Für unser Gehirn ist das sehr praktisch, weil es so ökonomisch arbeiten kann. Aber dieser unbewusste Einfluss kann auch missbraucht werden, indem falsche Vorstellungen erzeugt werden. Dieses Phänomen ist lange bekannt, der englische Jurist und Philosoph Francis Bacon stellte in seinen Schriften fest: „Audacter calumniare, semper aliquid haeret[1]!". Im Alltag findest du überall Beispiele für dieses sprachliche Phänomen. Es wird unterschiedlich eingesetzt, zum Beispiel im Wahlkampfverhalten von Politikerinnen und Politikern, in Fake News oder in der Debatte um die Verwendung einer geschlechtersensiblen Sprache.

[1] audacter calumniare, semper aliquid haeret: Verleumde nur
   dreist, es bleibt immer etwas hängen.

3   a) Informiere dich über das markierte Zitat und erkläre, was es im Zusammenhang
       des Informationstextes bedeuten könnte.
    b) Sammelt Beispiele, auf die das Zitat zutrifft.
    c) Reflektiere in diesem Zusammenhang deinen eigenen Sprachgebrauch und
       beschreibe, wann dir das beschriebene Phänomen schon begegnet ist.

Mehrsprachigkeit untersuchen

→ Sprachvarietäten, S. 386

Anders als in Europa ist Mehrsprachigkeit in vielen asiatischen und afrikanischen Staaten selbstverständlich und in Verfassungen der einzelnen Staaten verankert. Doch auch alle Europäerinnen und Europäer sprechen mehrere Sprachen. Vielen Menschen ist ihre Mehrsprachigkeit gar nicht bewusst.

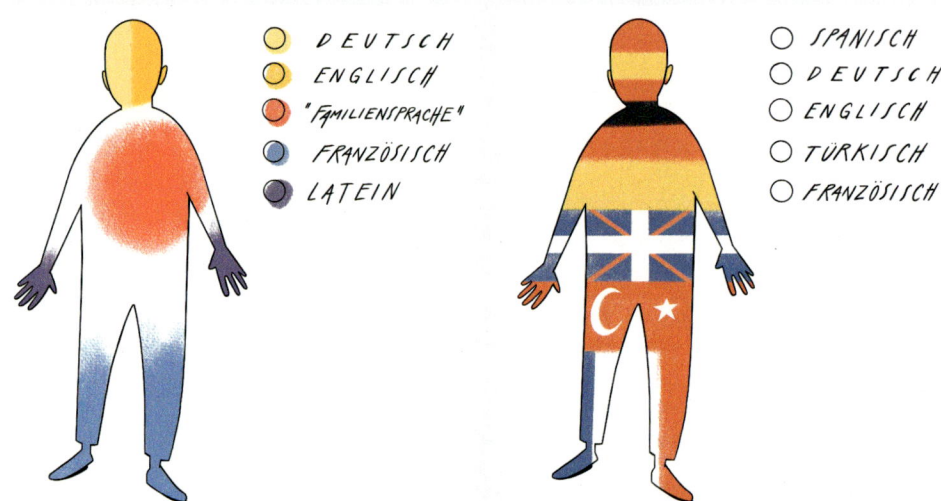

→ Medium und Konzept unterscheiden, S. 335/336

1 Damit Menschen ihre eigene Mehrsprachigkeit deutlich wird, lassen Forscherinnen und Forscher sie, wie in den Grafiken abgebildet, sogenannte Sprachenportraits erstellen.

a) Untersuche die beiden Profile und beschreibe das Sprachverhalten der beiden Personen.

📄 Vorlage: Sprachenportrait

b) Erstelle selbst ein eigenes Sprachenportrait und reflektiere die Sprachen, die du sprichst.

c) Beschreibe die verschiedenen Situationen, in denen du die jeweilige Sprache verwendest und was du dabei mit ihnen verbindest.

d) Erkläre, ab wann man deiner Meinung nach als mehrsprachig gilt und ob du dich selbst als mehrsprachig bezeichnen würdest.

2 a) Vergleiche die beiden Aussagen und entwirf auf deren Grundlage eine Definition für Mehrsprachigkeit. Formuliere diese in deinem Heft.

→ Zwischen Diskussion und Debatte unterscheiden, S. 36/37

b) Diskutiert, inwiefern die Schule Mehrsprachigkeit erzeugt.

Ich spreche eine Mischsprache: Sie enthält viele Begriffe aus dem Französischen, Englischen, Lateinischen und dem Griechischen. Die Sprache heißt Deutsch.

→ Jugendsprache, S. 378

Österreichisches, schweizerisches, bundesdeutsches? Deutsch in Südtirol oder in Rumänien? Sächsisches oder hessisches? Jugendsprache oder Behördendeutsch? Lautsprache oder Gebärdensprache? Es gibt nicht ein Deutsch. Es gibt viele.

Sprache von Minderheiten kennen

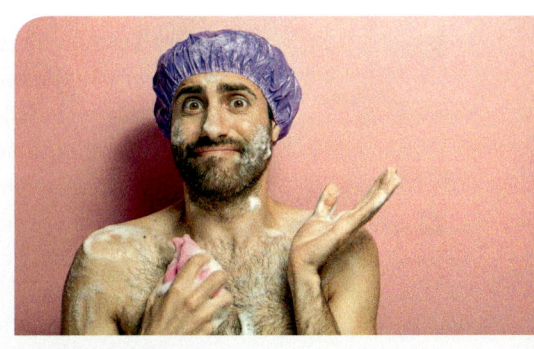

> I dou de otelegrafiern.

> Wo's mi showern doud.

> Mir gehen heute Kirchen.

> Da hams den Laden grobbt.

1 a) Übersetze die Sätze oben und vergleiche sie mit deiner Sprache: Wie würdest du es sagen?

b) Überlege dir, in welcher Situation die Sprachform von den obenstehenden Beispielen verwendet wird und wer sie sprechen könnte.

2 Wenn uns jemand nahesteht, wählen wir – gerade in der mündlichen Sprache – einen informelleren Sprachgebrauch oder regionale Formen wie den Dialekt. Besondere Formen werden in sogenannten Sprachinseln gesprochen.

→ Sprachvarietäten, S. 386

a) Recherchiere, was eine Sprachinsel ist und erstelle dir dazu einen Spickzettel.

b) Sammle Informationen für weltweite Beispiele deutscher Sprachinseln. Vergleiche deine Ergebnisse mit deinen Mitschülerinnen und Mitschülern.

Internetlinks: Sprachinseln und Sprachminderheiten

❗ Wissen und Können

Sprachinseln und Sprachminderheiten unterscheiden

Sprachinseln sind **regional begrenzte geschlossene Sprachgemeinschaften**, die von einem größeren fremden Sprachgebiet umgeben werden (z. B. Texasdeutsch). Sie entstehen meist durch Migrationsbewegungen. In Sprachinseln wird eine vom Dialekt des ursprünglichen Herkunftsgebietes beeinflusste **Sprachvarietät** gesprochen. Für Sprachforscherinnen und -forscher sind sie wertvolle Quellen, die die Sprache einer bestimmten Zeit konserviert haben.

Minderheitensprachen werden ebenfalls von einer geschlossenen Sprachgemeinschaft in einem abgegrenzten Gebiet **von einer Minderheit der Bevölkerung gesprochen**. Sie unterscheiden sich von der jeweiligen Amtssprache, aber stellen weder einen Dialekt noch eine Sprache von Zugewanderten dar (z. B. Ober-/Niedersorbisch, Saterfriesisch).

3 a) Informiert euch im Wissen-und-Können-Kasten oben über den Begriff Minderheitensprachen.

b) Recherchiert Minderheitensprachen in Deutschland und zeichnet in die Karte aus dem Medienpool ein, wo deren Sprecherinnen und Sprecher als Sprachminderheit leben.

c) Forscht nach, mit welchen Sprachen diese Minderheitensprachen verwandt sind und sucht nach historischen Gründen für diese Sprachminderheiten.

Internetlinks: Sprachinseln und Sprachminderheiten

Vorlage: Deutschlandkarte

 Arbeitsheft, S. 83

Sprachwandel durch den Einfluss der Medien beschreiben

→ Ältere und historische Schreibungen untersuchen, S. 310

Unsere Sprache ist sehr lebendig, sie verändert sich wie alle natürlichen Sprachen durch verschiedene Einflüsse beispielsweise im Kontakt mit anderen Sprachen oder durch gesellschaftliche Einschnitte. Gerade wenn sich neue Medien etablieren, beeinflusst das unsere Sprache jedes Mal. Medienrevolutionen, wie die Einführung des Buchdrucks, die Einführung der Tageszeitung oder der Austausch im Internet, haben unsere Sprache nachhaltig verändert.

→ Medien, S. 344

1 a) Übertrage den untenstehenden Zeitstrahl in dein Heft. Ordne ein, wann die jeweils neuen Medieneinflüsse hinzugekommen sind.

b) Recherchiere die Auswirkungen auf die Sprache. Finde mindestens zwei Beispiele pro Medium und sammelt gemeinsam eure Ergebnisse.

c) Reflektiert euren Alltag und fasst Beispiele für Sprachwandel, der euch begegnet, zusammen.

→ Zwischen Diskussion und Debatte unterscheiden, S. 36/37

d) Welchen Einfluss Medien auf die Sprache nehmen und wie groß dieser ist, kann oft erst von künftigen Sprechergenerationen bewertet werden. Diskutiert, ob eure Enkelkinder das „Smartphone" und/oder „Social Media" als Einflussfaktoren des Sprachwandels auf diesem Zeitstrahl eintragen werden.

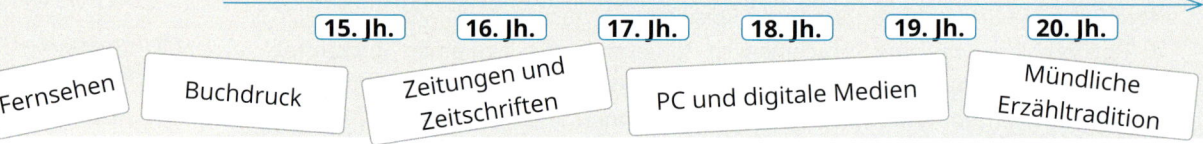

❗ Wissen und Können

Sprachwandel nachvollziehen

Die Entwicklungen und Veränderungen einer Sprache werden als **Sprachwandel** bezeichnet. Sprachwandel hat viele Gründe und ist meist zweckmäßig. Dabei verändert sich Sprache aus **ökonomischen Gründen**, weil damit Zeit gespart wird oder es bequemer ist. Weitere Gründe sind die **Innovationen** (z. B. Denglisch) oder **Variationen** (z. B. Soziolekte), weil Sprecherinnen und Sprecher flexibel auf die jeweilige kommunikative Situation reagieren wollen. Auch **gesellschaftliche Veränderungen** können die Sprache verändern (z. B. Erfindung des Buchdrucks).
Sprachwandel vollzieht sich aus der Gruppe der Sprachanwendenden und durch den Gebrauch der Sprache selbst. Er ist ein **ständiger Prozess**. Aktiv gebrauchte Sprachen können sich **auf all ihren Sprachebenen** (z. B. Laute, Wortschatz, Satzbau) verändern.

🚀 Starthilfe, S. 399

→ Chat-Sprache untersuchen, S. 330

→ Medium und Konzept unterscheiden, S. 335/336

2 a) Untersuche das Chatgespräch auf der folgenden Seite und beschreibe dessen sprachlichen Besonderheiten.

b) Vergleiche das Gespräch mit schriftlichen Gesprächen, die du mit deinen Freundinnen und Freunden führst. Beschreibe mögliche Unterschiede und Gemeinsamkeiten.

c) Erkläre, warum das Gespräch zwischen Mündlichkeit und Schriftlichkeit verortet werden kann.

Gesprächsauszug aus einem Chat der 1990er-Jahre

ALEC5: A rose for you, Bettylein @--- >--- > --- >
Bettylein: danke vielmals!
Californiagirl17: und was bekomm ich ALEC5 :-(
Dude27: *falco* lol
ALEC5: ach Californiagirl17 du auch LOL
Bettylein: HDL

Text leicht verändert

3 a) Lukas bereitet sich für ein Referat zum Thema „Ebenen unserer Sprache" vor und findet den untenstehenden Informationstext über das Zwiebelmodell. Er versteht dieses noch nicht ganz. Hilf ihm und finde Beispiele für jede Ebene.

    b) Untersuche den obenstehenden Chatausschnitt erneut und beschreibe, auf welchen Schichten des Modells Veränderungen stattfinden.

    c) Der Chatausschnitt ist in den 1990er-Jahren entstanden. Nenne Veränderungen zur Standardsprache, die du auch heute noch nutzt. Beurteile sowohl den Einfluss der Chatsprache der 1990er-Jahre als auch der Chatsprache heute auf die Alltagssprache.

Zwiebelmodell

Was Sprache und Zwiebeln gemeinsam haben

Unsere Sprache ist schon was Besonderes, du kannst sie dir wie eine Zwiebel vorstellen, die in verschiedenen Schichten aufgebaut ist. Den Kern bilden die einzelnen Laute, wie die einzel-
5 nen Wörter aufgebaut und strukturiert sowie der Satzbau. Die zweite Schicht beschreibt, wie die Sprache in schriftliche Form gebracht wird. Diese Schicht wird umgeben vom Wortschatz und den Wortbedeutungen. Die äußers-
10 te Schicht beschreibt die Bedeutung, von dem, was in einer bestimmten Situation gesagt oder geschrieben wird. Diese Sprachzwiebel wird von außersprachlichen Faktoren, wie der Kultur und der Gesellschaft, in der eine Sprache gesprochen
15 wird, der Sprachpolitik aber auch dem Kontakt mit anderen Sprachen umgeben. Verändert sich nun Sprache, so kann das innerhalb der Sprache stattfinden. Beispielsweise kann über sprachliche Zweifelsfälle (z.B. gewinkt vs. gewunken) entschieden werden. Häufig findet Sprachwan-
20 del aber statt, weil die Sprache von außen beeinflusst wird, sie reagiert zum Beispiel auf kulturelle oder mediale Neuerungen. Dabei kann der Sprachwandel in allen Schichten der Zwiebel stattfinden, häufig beeinflussen sich diese
25 auch, da du sie dir nicht getrennt voneinander vorstellen darfst, sondern als ein verbundenes System. Der Kern der Zwiebel ist relativ stabil und nicht besonders anfällig für Veränderung. Anders sieht es aber mit dem Wortschatz aus,
30 hier wandelt sich die Sprache häufig und lässt sich leicht beeinflussen, das ist aber gar nicht schlimm, so bleibt sie lebendig und passt sich gut an die Situation der Sprecherinnen und Sprecher an.
35

Arbeitsheft, S. 84

Sprachliche Veränderungen nachvollziehen

 *Starthilfe, S. 399*

1 a) Vergleiche die beiden Stellenanzeigen und beschreibe die gesuchte Person.

b) Beurteile, inwiefern die Bezeichnung Fräulein eine Rolle bei der Beschreibung der Personen spielt.

Alleskönnerin gesucht (m/w/d)

Du kannst die Entwicklung unserer Kinder gezielt, individuell und liebevoll begleiten, sie bei ihren Projekten, Schularbeiten und Musikstunden kinderzentriert pädagogisch unterstützen? Dann suchen wir dich für deren Betreuung.

2 Auch in der Literatur taucht das Fräulein auf. Die Darstellung ist meist stereotyp, je nach Verwendung des Begriffs in der jeweiligen Zeit.

a) Recherchiere, wer vor dem 19. Jahrhundert als Fräulein angesprochen wurde und wie sich die Bezeichnung ab 1880 veränderte.

b) Erkläre, warum Gretchen darauf hinweist, dass sie falsch angesprochen wurde.

> *Faust. Margarete vorübergehend.*
> **Faust:** Mein schönes Fräulein darf ich wagen, mein Arm und Geleit Ihr anzutragen?
> **Margarete:** Bin weder Fräulein, weder schön, kann ungeleitet nach Hause gehen. *Sie macht sich los und ab.*   *(Goethe, Faust, V. 2605f., 1808)*
>
> *Mit dieser Antwort weist Gretchen, die weibliche Hauptfigur niederen Standes, in Goethes berühmten Drama „Faust" darauf hin, dass die Anrede „Fräulein" für sie nicht standesgemäß ist.*

c) Beschreibe mithilfe des Textausschnittes, warum Fräulein Rottenmeier als Vertreterin des Typus Fräulein Lehrerin gelten kann.

> „Ist es denn immer noch nicht Zeit, Fräulein Rottenmeier?" Die Letztere saß sehr aufrecht an einem kleinen Arbeitstisch und strickte. Sie hatte eine geheimnisvolle Hülle um sich, einen großen Kragen am Halbmantel, welcher der Persönlichkeit einen feierlichen Anstrich verlieh, der noch erhöht wurde durch die Art von hoch gebauter Kuppel, die sie auf dem Kopf trug. Fräulein Rottenmeier [...] führte die Wirtschaft und hatte die Oberaufsicht über das Dienstpersonal.   *(Spyri, Heidi, 1880)*

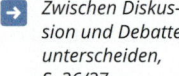 Tipp

Falls du Fräulein Rottenmeier nicht kennst, recherchiere die Figur und achte dabei darauf, wie sie charakterisiert wird.

3 a) Lies den Text auf der nächsten Seite und erstelle einen Zeitstrahl. Stelle in diesem dar, wie sich die Bedeutung und Verwendung des Wortes Fräulein verändert.

→ *Zwischen Diskussion und Debatte unterscheiden, S. 36/37*

b) Informiere dich im Wissen-und-Können-Kasten über Bedeutungsveränderungen und diskutiere mit deinen Mitschülerinnen und Mitschülern die beschriebene sprachliche Veränderung und deren Auswirkung.

c) Reflektiere deinen eigenen Sprachgebrauch: Verwendest du noch das Wort Fräulein? In welchem Kontext nutzt du dieses Wort?

Warum sagen wir heute nicht mehr Fräulein?

Unverheiratete Frauen wurden lange Mademoiselle, Miss, Signorina, Señiorita, Fröken, Juffrouw oder Fräulein genannt. Doch langsam verschwinden die „Fräuleins" aus dem Sprachgebrauch oder sind schon ausgestorben. Im offiziellen Amtsdeutsch wurde die Anrede „Fräulein" am 16. Februar 1971 weitgehend abgeschafft.

Fräulein bedeutet Anfang des 20. Jahrhunderts: weiblich, berufstätig und schlecht bezahlt. Fräuleins sind Sekretärinnen, sie bedienen an der Kuchentheke, arbeiten im Amt. Weit gebracht haben sie es, wenn sie sich „Fräulein Lehrerin" nennen dürfen. Sobald ein Fräulein heiratet, heißt sie Frau und hört auf zu arbeiten – weil die Arbeit nicht mehr nötig ist oder der Ehemann sie nicht erlaubt. Doch Anfang der fünfziger Jahre, nach dem Zweiten Weltkrieg, bleiben ungezählte Fräuleins zurück, die weder Braut noch Mutter waren.

Ab 1950 häufen sich im Deutschen Bundesministerium des Innern, Unterabteilung IA – dem Frauenreferat – Beschwerden von Fräuleins, die keine mehr sein wollen. „Es ist doch so, dass das Fräulein in Handel und Verkehr die kleine Frau ist, die danach behandelt wird." Und: „Man wird belächelt und als minderwertig behandelt." […] „Wie lächerlich würde sich zum Beispiel ein Junggeselle vorkommen, wenn man ihn mit ‚Herrlein' titulierte" […]. Die Forderung eines der vielen Fräuleins: „Meiner Ansicht nach würde dieses Problem gelöst sein, wenn ‚Fräulein' aus der Behördensprache gestrichen [wird …]." Am 16. Februar 1971 stellt das Bundesinnenministerium folgenden Entwurf eines Erlasses vor: „Gegenüber einer unverheirateten volljährigen Frau soll die Anrede ‚Frau' verwendet werden." […] Mitte der siebziger Jahre wird der letzte behördliche Vordruck, auf dem ein „Fräulein" vorkommt, vernichtet.

❗ Wissen und Können

Bedeutungsveränderungen erkennen und nachvollziehen

Wörtern wird immer eine bestimmte Bedeutung zugeschrieben, diese kann sich im Laufe der Zeit verändern oder verschieben. Dabei können Teile der Bedeutung verloren gehen, sodass das Wort in einem größeren Anwendungsbereich verwendet werden kann. Diese Form wird **Bedeutungserweiterung** (Generalisierung) genannt (z. B. mhd. vrouwe = adelige Frau, heute: Frau).

➡ *Wortbedeutung, S. 389*

Das Gegenteil dazu ist die Einschränkung der Wortbedeutung und die Verkleinerung des Anwendungsbereichs. In diesem Fall findet eine **Bedeutungsverengung** (Spezialisierung) statt (z. B. mhd. hochzît = Fest, heute: Fest der Eheschließung).

Bedeutungsveränderungen können zu einer Verbesserung oder Verschlechterung der Wortbedeutung führen. Bei einer **Bedeutungsverschlechterung** wird ein zuvor positiver oder neutraler Ausdruck verändert, sodass er negativ bewertet wird (z. B. gemein, früher: gewöhnlich, heute: böswillig), auch **Bedeutungsverbesserungen** sind möglich (z. B. ahd. Marahscalc = Pferdeknecht, heute: Marschall = höchster militärischer Rang).

📄 *Arbeitsheft, S. 85*

Geschlechterklischees erkennen und einordnen

→ *Beschreiben, S. 349/350*

1 a) Betrachte die beiden Produkte und beschreibe diese.
   b) Vergleiche den Textinhalt und die visuelle Gestaltung beider Produkte.

→ *Mit Werbung im Internet angemessen umgehen und die Risiken erkennen, S. 62/63*

2 Erkläre, welche Käufergruppe mit den Produkten oben angesprochen werden soll.

Tipp

Frage dich, ob du zur gleichen Antwort gekommen wärst, wenn du nur das Produkt für die Zielgruppe Mädchen oder Jungen kennen würdest.

3 Sogenanntes Gender-Marketing wird stark kritisiert, weil es Mädchen und Jungen auf bestimmte Vorlieben und Eigenschaften reduziert und festlegt – sie werden konnotiert.
   a) Lest den Wissen-und-Können-Kasten und diskutiert unter Berücksichtigung der Informationen die beiden Beispielprodukte.
   b) Findet weitere Beispiele für Gender-Marketing und analysiert diese gemeinsam.

❗ Wissen und Können

Wortbedeutungen untersuchen und reflektieren

Eine **Denotation** (*lat.* denotare = bezeichnen) stellt die neutrale Bedeutung (= Grundbedeutung) eines Wortes dar und ist damit der kontextunabhängige, inhaltliche Kern eines Wortes (z. B. Pferd). Eine **Konnotation** (*lat.* connotare = mit bezeichnen) liegt vor, wenn bei der Bedeutung eines Wortes eine Nebenbedeutung zusätzlich mitschwingt. Diese ist immer subjektiv und kontextabhängig (z. B. Gaul → negative Konnotation, Ross → positive Konnotation).

4 Sammle Beispiele, wie die folgenden Denotate in den Medien konnotiert werden.
   Prinzessin   Engel   Hexe   Ritter   Seeräuber   Mädchen   Held

Gendergerechte Sprache verwenden

1 Lies den Textausschnitt und beschreibe dessen Wirkung auf dich.

> Was ist eigentlich „gute Bildung"? – Diese Frage stellen sich Politikerinnen, Pädagoginnen, Wissenschaftlerinnen und Vertreterinnen der Wirtschaft immer wieder. Was wir als Einzelne können und wie wir handeln sollen, um Gegenwart und Zukunft bewältigen zu können, wird gerade in Zeiten gesellschaftlicher Veränderungen eine häufige Frage. Neben der Definition von Bildungsstandards und Lehrplänen rückt dabei vor allem das Rollenverständnis der Lehrerinnen sowie die individuelle Förderung von Schülerinnen in den Fokus. Ziel muss es ein, sie zu mündigen, selbstständig denkenden Bürgerinnen zu erziehen.

2 In einer Zeitschrift liest Joan die Überschrift: „Victoria und Elizabeth II. sind die besten Könige, die England je hatte". Beurteile diese Überschrift.

(K)Eine Frage des richtigen Geschlechts

<u>Lehrer, Schlosser, Soldat, Spion, Terrorist</u>, wenn du diese Wörter liest, entsteht automatisch ein Bild im Kopf. Wahrscheinlich hast du bei den jeweiligen Personen immer an Männer gedacht. Je nach Kontext könnten das aber auch Beispiele für das generische Maskulinum sein, wie in dem Satz: Das Bundesland hat 300 neue Lehrer eingestellt. Keiner würde bei diesem Satz davon ausgehen, dass nur männliche Lehrkräfte eingestellt worden sind.

Anders als Sprachen wie beispielsweise das Finnische ist das Deutsche nicht geschlechterneutral. Für den Sprachgebrauch muss man den Zusammenhang von biologischem, sozialem und grammatischem Geschlecht und der inhaltlichen Bedeutung eines Wortes berücksichtigen. Grundsätzlich unterscheidet man in ein biologisches Geschlecht (Sexus), das kann männlich, weiblich oder inter sein, und ein soziales Geschlecht (Gender), welches graduell weiblich, männlich oder divers sein kann. Die deutsche Sprache unterscheidet zusätzlich zwischen drei grammatischen Geschlechtskategorien (Genus: maskulin, feminin und neutrum) und dem semantischen Geschlecht der Wortbedeutung (z.B. Hahn = Huhn + ♂[1], Henne = Huhn + ♀[2]). Fast alle Frauenbezeichnungen sind feminin und Männerbezeichnungen meist maskulin, man nennt das Genus-Geschlecht-Koppelung. Für seine Befürworterinnen und Befürworter dient das generische Maskulinum in der Grundbedeutung der Bezeichnung von Männern UND gleichzeitig kann es geschlechtsneutral gebraucht werden. In dieser Form hat es gar keinen Bezug zum biologischen Geschlecht, damit würde durch das generische Maskulinum auch niemand diskriminiert, gleichgültig, welche Geschlechtsidentität vorliegt. Der Sprachforscher Peter Eisenberg erklärt, dass man vom generischen Maskulinum spricht, weil es sich auf ganze Gruppen von Personen ohne Geschlechtsdifferenzierung beziehen lässt.

Während das Femininum bei Personenbezeichnungen Frauen bezeichnet, hat das Maskulinum die Möglichkeit einer sexusunabhängigen Verwendung. Eisenberg spricht sich für die Notwendigkeit einer unmarkierten Kategorie aus. Prototypen des generischen Maskulins, wie Lehrer oder Bäcker, bezeichnen Personen, die etwas Bestimmtes tun. Sie gehören demselben Wortbildungstyp an – wie etwa die Bezeichnungen für Werkzeuge wie Öffner, Bohrer, Summer – ungefähr 10.000 Wörter enden im Deutschen mit dem Suffix -er. Nimmt man das Beispiel: „Ich gehe zum Bäcker", dann ist völlig egal, um welchen genau es sich handelt. Eine Gegenposition dazu nimmt die Sprachwissenschaftlerin Damaris Nübling ein. Sie sagt, das Genus steuere maßgeblich die Vorstellung von Geschlecht, wenngleich abgeschwächt, im Plural, wo Genus nicht sichtbar ist. Das generische Maskulinum sei daher eine Idealisierung und habe mit der Sprachrealität wenig zu tun. Zu behaupten, es gebe geschlechtsneutrale Maskulina, verkenne schon deshalb die Tatsachen, weil man sich einen einzelnen Menschen ohne Geschlecht gar nicht vorstellen könne, dabei beruft sich Nübling auf sprachpsychologische Experimente. Doch nicht nur Erwachsene nehmen das generische Maskulinum nicht geschlechtsneutral wahr, gerade Kinder erkennen erst relativ spät, dass diese Form geschlechtsneutral gemeint sein kann. Doch welche Alternativen gibt es? Aktuell wird hier emotional und hitzig diskutiert, keine Gruppe soll sprachlich diskriminiert und ausgeschlossen werden. Die Vorschläge derzeit reichen von geschlechtsneutralen Vorschlägen (Lehrkraft), nominalisierten Partizipien (Lehrende), geschlechtergerechten Formen (Lehrer/Lehrerin, Lehrer:in, Lehrer*in) bis zum generischen Femininum (Lehrerin). Welche Entwicklung sich durchsetzt, wird die Zeit zeigen.

[1] Symbol für Mann/männlich
[2] Symbol für Frau/weiblich

3 a) Ada hat den Text oben gelesen und versteht den Zusammenhang mit den verschiedenen Geschlechtern noch nicht. Erkläre ihr diesen sowie den Begriff des generischen Maskulinums.

b) Beschreibe die Funktion des generischen Maskulinums und finde mindestens drei weitere Beispiele, die dir im Alltag begegnen.

c) Beurteile mit einer Partnerin oder einem Partner das generische Maskulinum und diskutiert, welche Form ihr verwenden wollt, um Geschlecht in Texten auszudrücken. Begründet eure Position.

4 a) Bilde aus Personenbezeichnungen, die dir im Alltag begegnen, neue Wörter. Beispiele: Lehrerzimmer, Studierendenvertretung, Kosmetikerinnenausbildung

→ Wortbildung, S. 389/390

b) Untersuche die mit der Komposition gebildeten Wörter und tausche dich dazu mit einer Partnerin oder einem Partner aus.

→ Zwischen Diskussion und Debatte unterscheiden, S. 36/37

c) Überlegt euch, wie die folgenden Wörter in gendergerechter Sprache formuliert werden müssten, und diskutiert dabei entstehende Probleme.

Helfer   Freund   Schülerlotse   Arzthelferin   Fahrer   Patient   Held
Professorengattin   Tänzer   Fotograf   Sieger   Gewinnertyp   Nachbar

Starthilfe, S. 400

5 a) Untersuche die unterstrichenen Wörter im Text oben (Z. 1) und benenne Gemeinsamkeiten.

b) Überlegt euch Gründe, die für die Auswahl der Beispiele am Anfang des Textes ausschlaggebend gewesen sein könnten, und diskutiert diese.

6 a) Das Goethe-Gymnasium will einen neuen Werbeflyer erstellen lassen, um neue Schülerinnen und Schüler anzuwerben. Um sich Arbeit zu ersparen, soll auf eine alte Vorlage zurückgegriffen werden. Diskutiert den vorliegenden Vorschlag, beurteilt dabei, ob der Text so abgedruckt werden kann, und überarbeitet den Flyer-text auf Grundlage eurer Ergebnisse.

Starthilfe, S. 400

b) Reflektiert euer Vorgehen bei der Über-arbeitung und beschreibt dieses. Gab es Stellen, an denen ihr uneinig seid?

c) Diskutiert die Frage, ob es eurer Mei-nung nach auch Fälle gibt, in denen nicht gegendert werden kann, und wo die Grenzen des Genderns liegen.

> Das **Goethe-Gymnasium** gehört zu den besten Schuleinrichtungen des Landes. Unsere Pädagogen bieten ein modernes pädagogisches Konzept, die Vermittlung von Grundwerten sowie eine ganzheitliche Erziehung. Unsere Klassenstärken führen zu einer hervorragenden Schüler-Lehrer-Relation und ermöglichen so individuelle und differenzierte Förderung jedes einzelnen Schülers. Jeder erfährt damit die beste Vorbereitung auf sein Studium oder die Be-rufsausbildung. Bereits zu Beginn können sich unsere Schüler wohlfühlen. Innerhalb der Kennenlernwochen findet man schnell neue Freunde, auch unser Tutorenpro-gramm unterstützt jeden einzelnen Schüler.

❗ Wissen und Können

Gendergerechte Sprache verwenden

Grundsätzlich wird zwischen dem **biologischen** Geschlecht (Sexus; körperliche Merk-male), dem **sozialen** Geschlecht (Gender; Geschlechtsidentität) sowie der **grammati-schen** Kategorie Genus und dem **semantischen** Geschlecht (inhaltliche Bedeutung) unterschieden.

Die deutsche Sprache kennt für einige Nomen und Pronomen das **generische Mas-kulinum** (z. B. Lehrer, Schüler). Es wird durch grammatisch maskuline Personenbe-zeichnungen ausgedrückt, umfasst aber alle weiteren geschlechtlichen Wortformen, die nicht extra genannt werden.

Als **gendergerechte Sprache** (auch geschlechtergerechte, gendersensible oder geschlechtsneutrale Sprache) wird eine Form der Sprache bezeichnet, die eine Gleichstellung aller Geschlechter sprachlich zum Ausdruck bringen will. Diese findet sich vor allem in der Veränderung des Sprachsystems innerhalb des Wortschatzes, der Rechtschreibung oder der Grammatik. Wenn ein Text entsprechend der Vorgaben geschlechtergerechter Formulierungen verfasst oder überarbeitet wurde, nennt man das **„gendern"**.

7 Mehrere soziale Plattformen bieten es ihren Mitgliedern an, sich aus ca. 50 verschie-denen Geschlechtsoptionen die eigene Zugehörigkeit auszuwählen.

a) Recherchiere verschiedene Optionen.

b) Diskutiert gemeinsam, zu welchen sprachlichen Schwierigkeiten und Stolperstei-nen es führen kann, wenn man allen Geschlechtern gerecht werden möchte.

→ *Zwischen Diskus-sion und Debatte unterscheiden, S. 36/37*

 *Arbeitsheft, S. 88/89*

Sprachliche Darstellungsstrategien reflektieren

Flüchtlinge: Warum Menschen aus Afrika nach Europa strömen

Bundesregierung verschweigt neue Flüchtlingswelle.
Deutschland ist am Rande der Destabilisierung

FLÜCHTLINGS-TSUNAMI ÜBERROLLT EUROPA:
Jeden Tag kommen tausende Flüchtlinge aus Afrika

Diese Zahlen offenbaren das
Ausmaß der Flüchtlingskrise

WIE DEUTSCHLAND DIE FLÜCHTLINGSKRISE BEWÄLTIGEN WILL

1 a) Untersuche die Zeitungsüberschriften und beschreibe, welche Wirkung sie auf dich haben.
   b) Ordne die Überschriften in eine Reihenfolge und nummeriere sie. Beginne mit der Überschrift, die du am neutralsten empfindest und ende mit der Überschrift, die am meisten deine Meinung beeinflussen will. Begründe deine Einteilung.
   c) Vergleiche deine Ergebnisse mit einer Partnerin oder einem Partner.

→ *Sprachliche Mittel, S. 365/366*

2 Ein typisches Merkmal der Mediensprache ist ihre Bildhaftigkeit. Übertrage die Tabelle in dein Heft und untersuche alle Metaphern in den Überschriften oben. Ordne drei Beispiele in die Tabelle ein und ergänze die Leerstellen.

*Eine **Metapher** ist ein sprachliches Bild. Sie entsteht, wenn zwei unterschiedliche Bedeutungen zueinander in Beziehung gesetzt werden. Ein Wort wird dann in einer übertragenen Bedeutung gebraucht. z. B. Der Bomber der Nation.*

Metapher	Herkunftsbereich der Wörter	Zielbereich der Wörter	Was ist gemeint?
Warum Menschen aus Afrika nach Europa strömen	strömen → Fluss, Naturgewalt, ungezähmt	Die Migrationsbewegungen werden mit unzähmbaren Naturgewalten gleichgesetzt.	Es kommen unkontrolliert sehr viele Menschen von Afrika nach Europa.

💻 *Textverarbeitungsprogramm*

3 Fasse den folgenden Textausschnitt zusammen und erkläre, welche Rolle Metaphern und Framing in der politischen Sprache einnehmen.

Wie Framing und Metaphern unser Denken beeinflussen

Auf welche Weise „immer etwas hängen bleibt", haben Sprachforscherinnen und Sprachforscher in den vergangenen Jahrzehnten genauer untersucht. Sie haben dabei einen englischen Begriff geprägt: „Framing". Damit soll ausgedrückt werden, dass alles was wir denken, immer in einem bestimmten Gedankenrahmen eingebaut ist. Denn der Rahmen (englisch: *frame*), in dem wir etwas sagen, gibt einem Satz erst wirklich seinen Sinn. Denkt man an den Frame „Shuttle-Service", so verbindet man das etwa mit der Tätigkeit des Transportierens, mit einer Dienstleistung oder

5

10

mit einem Shuttleboot, einem Bootsführer oder einer Bootführerin, Reisenden, einer Reederei. Der komplette Frame kann allein durch einen dieser genannten Beispiele aktiviert werden, durch das Bild eines Bootes etwa oder durch einen Fahrplan, aber eben auch durch ein Wort. Wie wir etwas bewerten, hängt daher häufig von sprachlichen Rahmen ab, in denen uns etwas präsentiert wird. Wenn Menschen, die aus dem Ausland kommen, als „Flut" oder als „Strom" bezeichnet werden, dann ruft das Bilder wach: Gegen eine Flut sollte man Dämme errichten, auch einen Strom sollte man eindämmen, damit er nicht über die Ufer tritt und so weiter. Dieses Phänomen wird in den Medien und der Politik gerne verwendet und gezielt genutzt. Grundsätzlich ist Framing nichts Schlechtes, doch kann es, wie im genannten Beispiel, auch gefährlich werden, vor allem wenn sich bestimmte sprachliche Bilder und Frames, die manipulieren und beeinflussen wollen, ungehindert und unreflektiert verbreiten. Framing ist dabei nichts Neues, sondern vor allem eine Spezialität totalitärer Regime, erklärt der Sprachforscher Henning Lobin. Im engen Zusammenhang dazu steht die Verwendung von Metaphern. Lobin sagt, dass die Wirkung von Metaphern in der politischen Kommunikation und wie diese zu bewerten sind, häufig noch schwieriger einzuschätzen sind. Metaphern werden keineswegs mehr nur als Stilmittel in literarischen Texten angesehen. Vielmehr schaffen sie es eine Erfahrung auf eine andere Situation zu übertragen (Zielbereich). Dadurch lässt sich der Herkunftsbereich besser verstehen. Wer statt von „Seenotrettung" von einem „Shuttle-Service" spricht, der wird bei den Zuhörenden Assoziationen, die mit regelmäßig verkehrenden Bussen oder Schiffen zu tun haben, wecken: Ein Shuttle-Service ist Teil einer Reise, erfolgt gegen Geld, unterliegt gewissen Qualitätsstandards und ist grundsätzlich nicht gefährlich. Menschen, die diese Metapher verwenden, wollen, dass die Ereignisse auf dem Mittelmeer so gesehen werden, so Lobin. Metaphern erzeugen somit sehr einfach und knapp mithilfe sprachlicher Mittel einen Frame und können Meinungen beeinflussen. Aus diesem Grund ist es ein wichtiges politisches Bildungsziel, das Erkennen von Metaphern zu schulen, damit diese gedeutet, verstanden und eingeordnet werden können.

4 Erkläre nun die jeweiligen Frames und Metaphern der Zeitungsüberschriften.

❗ Wissen und Können

Frames in der Sprache erkennen

Als **Frames** werden **gedankliche Deutungsrahmen** bezeichnet, die unser Wissen in Kategorien einordnen (z. B. beim Frame Schule denken wir an alles, was wir zu diesem Thema kennen und damit assoziieren). Sie heben bestimmte Fakten und Realitäten hervor und bewerten und interpretieren unsere Wahrnehmung, das funktioniert auch über Sprache.

5 Untersuche die folgenden Beispiele. Erkläre dabei auch die Wirkung, die mit diesen Wortneuschöpfungen erzielt wird.

Genderwahnsinn   Genderirrsinn   Genderschwachsinn   Gendergaga

Wortneuschöpfungen
bilden ein neues Wort aus
der in der Sprache bereits
bestehenden Bausteinen.

6 Recherchiere weitere Beispiele für Framing. Erkläre, wie diese jeweils strukturiert sind und wie sie auf dich als Leserin bzw. Leser wirken.

📄 *Arbeitsheft, S. 90/91*

Schätze deinen Lernstand ein

Zum Thema *geschlechtergerechte Sprache* sind Emma und Leo auf folgende Materialien gestoßen:

Wir müssen unsere Sprache entgendern

M 1

Lann Hornscheidt versteht sich selbst als genderfrei und lehrt als Professx Gender Studis. Da Hornscheidt beobachtete, dass sich häufig Personen diskriminiert fühlten, weil sie als „Herr" oder „Frau" angesprochen würden, machte Hornscheid den Vorschlag, durch eine kleine Wortänderung traditionelle Geschlechterrollen in der Sprache aufzubrechen. Hierzu soll eine x-Form als neutrale Endung eingeführt werden. Aus Professorin oder Professor wird Professx. Die neutrale Endung hat den Vorteil, dass sich niemand einem Geschlecht zuordnen muss: „Die x-Form soll deutlich machen: Es gibt auch noch mehr als Frauen und Männer." Lann Hornscheidt betont jedoch, dass es immer auf den Zusammenhang ankomme: „Nur x-Formen zu benutzen ist keine Lösung." Das Gendern vorzuschreiben; sei problematisch anzusehen, Hornscheidt selbst möchte durch die Wortänderungen Menschen zum Nachdenken anregen, sodass diese schließlich irgendwann vielleicht selbst Veränderung wollen.

Mittlerweile machen aber auch solche Sätze die Runde: „Dex Radfahrex hat exs Rad zur Reparatur gebracht. Ex wollte einex Freundx mit der Möglichkeit einer Radtour überraschen." Hornscheidt selbst sagt dazu: „Dass Leute darüber stolpern und es ungewohnt finden, liegt auch dran, dass die Gendernormen in unseren Köpfen so starr sind. Dabei ist das System mit dem X viel einfacher als das Gegenwärtige mit seinen drei Genusformen. Es geht aber nicht darum, überall ein X dranzuhängen oder neue Regeln einzuführen, sondern darum, uns Sprache wieder anzueignen. Wenn ich sie als etwas einfach so Gegebenes sehe, höre ich auf, sie verantwortungsvoll und reflektiert zu verwenden. Ich möchte dazu ermutigen, wieder selber zu denken und Verantwortung für das eigene sprachliche Handeln zu übernehmen." Hornscheidt bezeichnet das generische Maskulinum als andro-genderndes Maskulinum, das keineswegs für neutral ist und tritt entschieden dagegen ein.

Friedrich Merz ✓
@_FriedrichMerz

· · ·

M 2

„Grüne und Grüninnen?
Frauofrau statt Mannomann?
Einigkeit und Recht und Freiheit für das deutsche Mutterland?
Hähnch*Innen-Filet?
Spielplätze für Kinder und Kinderinnen?

Wer gibt diesen #Gender-Leuten eigentlich das Recht, einseitig unsere Sprache zu verändern?" (tm) #Merz

1 a) Lies die beiden Texte M 1 und M 2 und formuliere das gemeinsame Thema.
   b) Vergleiche die beiden Texte und gehe dabei auf die verwendete Sprache, den Aufbau und die inhaltlichen Aussagen ein. Halte deine Ergebnisse stichpunktartig in deinem Heft fest.
   c) Überlege, welche Zielgruppe mit den Beiträgen jeweils angesprochen wird. Begründe deine Einschätzung mithilfe deiner bisherigen Ergebnisse.

😊 → Seite 296, **B**
😐 → Seite 296, **A**
☹ ← Seite 289–291

2 Wähle einen der beiden Beiträge aus. Verfasse einen kurzen Text, in dem du deine Meinung zum Thema begründet darlegst.

3 a) Erkläre die folgenden sprachlichen Konzepte und stelle einen Zusammenhang zwischen diesen her. Fertige dazu eine Skizze an.
   b) Finde je ein Beispiel für das jeweilige Konzept.

>   Bedeutungswandel   Bedeutungsverengung   Konnotation
>   Bedeutungsverschlechterung   Bedeutungserweiterung
>   Bedeutungsverbesserung   Denotation

😊 → Seite 297/298, **B**
😐 → Seite 297/298, **A**
☹ ← Seite 286/287, 288

4 Beschreibe den Begriff Metapher und erkläre, wie dieser in der politischen Kommunikation verwendet wird.

5 In der Debatte um die deutsche Asyl- und Migrationspolitik finden sich die folgenden Schlagzeilen.
   a) Beschreibe das sprachliche Phänomen und dessen Merkmale, das sich in den Schlagzeilen finden lässt.
   b) Erkläre die verschiedenen Aussagen und zeige, welche Denkmodelle sich dahinter verbergen.
   c) Bewerte die Aussagen und begründe deine Einschätzung.

„Einige Mitgliedstaaten wollen eine Festung Europa, deren Tore geschlossen bleiben"

„Begrenzten Willkommenskultur"

„Die Zahlen in den Auffanglagern in Griechenland steigen"

„Asylsuchende wurden zurückgewiesen"

„Wir müssen die Flüchtlingswelle solidarisch verteilen"

„Es muss ein Signal gegen Asyltourismus gesetzt werden"

„Neue Transitzentren eröffnet"

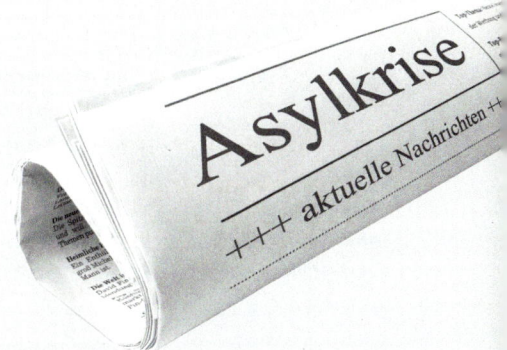

😊 → Seite 297/298, **B**
😐 → Seite 297/298, **A**
☹ ← Seite 292/293

📄 *Arbeitsheft, S. 92/93*

Eine Sprache für alle verwenden

1 Wähle eine Aufgabe aus.

A Lies den folgenden Textausschnitt und analysiere die jeweilige Wortwahl. Beschreibe das Problem, das sich mit den Pronomen ergibt.

B Lies den Text und nimm kritisch Stellung zu diesem Ausschnitt. Recherchiere ergänzend Argumente der Pronomen-Debatte.

Dashka Slater

Bus 57 (2019)

Schon als Kleinkind interessierte sich Sasha für Sprache. Nicht dafür, Italienisch, Suaheli oder Mandrin zu lernen, sondern für Sprache an sich, ihre Formen und Strukturen, die Klangbausteine, aus denen sich Wörter und Sätze bilden. [...] Englisch funktioniert anders. Uns ist das Geschlecht sehr wichtig und Englisch spiegelt das in seinen Pronomen wider – she (sie) oder he (er), her (sie) oder him (ihn), hers (ihres) oder his (seins). Man könnte meinen, dass alle Sprachen in der wirklichen Welt so aufgebaut wären, dabei gibt es tatsächlich viele Sprachen auf der Erde, die im Wesentlichen geschlechtsneutral sind und dasselbe Wort für er/sie/es oder gar kein Pronomen benutzen.

Vermutlich kennt ihr einige. Zu ihnen gehören: Armenisch, Komantschisch, Finnisch, Ungarisch, Hindi, Indonesisch, Quechua, Thai, Tagalog, Türkisch, Vietnamesisch oder Yoruba. Englisch hingegen (das gilt auch für Deutsch) stellt eine Herausforderung für Menschen dar, die ihrem Verständnis nach nicht in klare Entweder-oder-Kategorien wie männlich oder weiblich passen. Wie viele nicht geschlechtskonforme Menschen möchte Sasha im Englischen in der dritten Person mit dem Pronomen *they*[1] bezeichnet werden. Das kommt einem anfangs vielleicht komisch vor, aber man gewöhnt sich schnell dran.

[1] Anmerkung der Übersetzerin: Im Deutschen gibt es keine allgemeingültigen Pronomen für nicht geschlechtskonforme Menschen. Nicht binäre Personen sollten daher immer gefragt werden, welches Pronomen sie bevorzugen oder ob sie ganz auf Pronomen verzichten. Nach Absprache mit Sasha und der Autorin verwendet die Übersetzung das Pronomen sier (siem/sien). Das Possessivpronomen lautet siere (sierem/sieren/sierer) und das Relativpronomen dier (diem/dien).

→ *Zwischen Diskussion und Debatte unterscheiden, S. 36/37*

2 Die gendergerechte Sprache ist viel diskutiert. Vergleicht die untenstehenden Positionen und stimmt in eurer Klasse ab, für welche Position ihr euch für einen möglichen Schulflyer entscheiden würdet.

Wer mit dem Unterstrich, wie z. B. in Schüler_innen, gendert, schiebt die männliche und weibliche Form auseinander. Die entstandene Lücke bietet allen Platz, die sich nicht mit einem der beiden sozialen Geschlechter identifizieren können oder wollen. Damit dient der Unterstrich aber vor allem der Sichtbarmachung.

Beim Gendern möchte ich mir nichts vorschreiben lassen, weder von der traditionellen Position noch von den Gendersternchenvertreter*innen. Wichtig ist doch, was man in der jeweiligen Situation ausdrücken will, mit wem man kommuniziert, denn das entscheidet doch darüber, ob mein Kommunikationsziel erfolgreich umsetzbar ist.

Ich verstehe nicht, warum wir nicht einfach eine neutrale Begrifflichkeit wählen, es wäre viel einfacher, eine Person, die liest, zu sagen, statt LeserIn, Leser oder Leser*in. Dadurch würde das Handeln stärker wahrgenommen und nicht die Identität der Person.

Formen sprachlicher Manipulation aufdecken

1 Lies den Text und erkläre einer Partnerin oder einem Partner, wie sich die Grenzen des Sagbaren im Bereich des Wortschatzes verändern.

→ *Die Sprache von Verschwörungserzählungen untersuchen, S. 220–223*

Rechtspopulistische Lexik und die Grenzen des Sagbaren

Möchte man Rechtspopulismus und andere politische Erscheinungen analysieren, so scheint offensichtlich, dass man dies über die verwendete Sprache tun kann. […]. Betrachtet man [ihre Sprache], dann fällt auf, dass diese häufig darauf angelegt ist, die Grenzen des (bislang) Sagbaren zu verschieben […]. [Für den eingesetzten Wortschatz] lassen sich grob drei Kategorien unterscheiden:

Wörter der ersten Kategorie dienen dazu, politische Konzepte und Phänomene, die den Rechtspopulisten als bekämpfenswert gelten, extrem negativ zu bewerten. Dies geschieht häufig durch die Verwendung historisch belasteter Vokabeln wie *Umvolkung* oder *Lügenpresse*. Wörter der zweiten Kategorie sind ebenfalls historisch belastet und sollen offenbar reanimiert und gleichzeitig rehabilitiert werden. Typische Beispiele sind die Wörter *völkisch* und *Volksverräter*.

Wörter der dritten Kategorie fallen zunächst nicht durch historische Belastung im Diskurs auf, sondern durch ihre Qualität als grobe Beschimpfungen, z. B. *linksversifft*. […]

Von Rechtspopulisten werden sie gezielt eingesetzt, um auch ein rechtsextremes Publikum anzusprechen, das einer rationalen, abgewogenen Argumentation vermutlich wenig abgewinnen würde. Insofern dient die Verwendung solchermaßen historisch belasteter Ausdrücke gleich mehreren Zwecken: Einerseits werden, wenn die ständige Wiederholung sanktionsfrei bleibt, die Grenzen des Sagbaren nach rechts verschoben […]. Andererseits kann mit der Verwendung solcher Wörter mit Schlagwort-Status Zustimmungsbereitschaft bei einem Publikum evoziert werden, das eher außerhalb des demokratischen Spektrums verortet werden kann.

2 Die folgenden Textausschnitte haben alle das Ziel zu manipulieren. Untersuche dies genauer, indem du eine Aufgabe wählst.

A Vergleiche die Textausschnitte und nenne ihre Aussage. Beschreibe, wie die Aussagen deiner Meinung nach manipulieren wollen.

B Vergleiche die Textausschnitte und überlege, wie sie manipulieren wollen. Recherchiere, in welchem Kontext sie entstanden sein könnten und wen sie manipulieren wollen.

```
Diese Behauptungen, die zur Entfachung einer antisowjetischen Kampagne in
Schweden dienen sollten, waren von der gesamten Westberliner und westdeut-
schen Lügenpresse übernommen und sogar noch aufgebauscht worden.
```

```
Florian R[…] lügt, verdreht, lässt weg, so wie es seine Leser[…] von ihm
erwarten. Aber all das ist ja fast schon normal und gilt nicht nur für die
Schmierfinken von den alternativen Lügenpressen.
```

> Hier gab es wilde Zustimmung, wildes Pfui-Rufen gegen die »Lügenpresse« etc.
> Er verteidigte aber unsere A u. S.- Räte gegen den Vergleich mit den russi-
> schen.

> Es gibt in Paris und in London eine kriegshetzerische Lügenpresse, die be-
> hauptet, ihr wolltet gar nicht heim ins Reich.

> Dass viele Kanaillen nicht als Kriegsgefangene, sondern als Banditen und
> Meuchelmörder behandelt werden, bringt die Lügenpresse von Paris zur Ver-
> zweiflung.

3 Im Alltag begegnen dir ständig politische Aussagen, sei es, wenn du Reden oder Wahlkampfaussagen anhörst, in der Berichterstattung der Zeitungen oder auch im Internet. Mit den fünf Schritten unten kannst du diese bewerten und richtig einordnen. Analysiere und bewerte die folgenden Aussagen mithilfe der fünf Schritte.

a. **Interview mit dem damaligen Bundesumweltminister Norbert Röttgen (Kontext: Atomausstieg, 2009)**
Frage: Der Atomausstieg gilt?
Röttgen: Kernenergie ist eine Brückentechnologie und dient als solche der Überführung in die regenerative Energieversorgung.

b. **Interview mit der Bundeskanzlerin Angela Merkel (Kontext: Fußballweltmeisterschaft 2010)**
Frage: Mehrere Nationalspieler werden die Nationalhymne nicht singen. Ist das in Ordnung?
Merkel: Ich freue mich über jeden Nationalspieler, der die Nationalhymne singt.

Arbeitsschritte	Leitfragen und Zwischenschritte
1. Kontext klären	Kläre die folgenden Fragen: Wer hat den Text geschrieben oder die Aussage getätigt? Wann und wo wurde es gesagt oder veröffentlicht? Wer ist die Zielgruppe? Was ist das Thema?
2. Inhalt beschreiben	Beschreibe möglichst objektiv, was im Text steht oder gesagt wurde, und fasse dies zusammen, ohne dass du eine Interpretation vornimmst.
3. Inhalt untersuchen	Lies den Text nochmals genauer oder schau dir die Aussage nochmals an. Schlage dir unbekannte Begriffe nach. Markiere dir Auffälligkeiten oder schreibe dir diese stichpunktartig heraus.
4. Perspektive erkennen	Bewerte die Perspektive des Textes oder der Aussage: Werden bestimmte Punkte (z. B. Ereignisse) besonders hervorgehoben bzw. nicht genannt? Steht die Sprecherin oder der Sprecher einer Gruppe (z. B. Partei) sehr nahe und könnten damit Interessen einhergehen? Werden Aspekte besonders betont? Wird Framing bewusst eingesetzt? Ist eine Absicht erkennbar?
5. Inhalt deuten und bewerten	Fasse in eigenen Worten zusammen, was die Aussage oder der Text vermitteln wollen. Bewerte dies und überlege dir, welche Absichten dem Text oder der Aussage zugrunde liegen. Begründe deine Aussagen und erkläre diese am Beispiel.

⧉ Zeigt, was ihr könnt

Leitfaden für eine diskriminierungsfreie und verantwortungsvolle Kommunikation an deiner Schule – einen Flyer entwickeln

1 Entwickelt in Kleingruppen (ca. 4 Personen) einen Flyer für eure Mitschülerinnen und Mitschüler, in dem ihr verschiedene Strategien für eine gerechte Sprache und diskriminierungsfreie Kommunikation für eure Schule vorstellt. Nutzt dazu das Wissen, das ihr euch in diesem Kapitel im Rahmen der Sprachreflexion angeeignet habt. Stellt dabei vor, was gerechte Sprache ist, welche Merkmale sie hat und formuliert Tipps, die euren Mitschülerinnen und Mitschülern helfen, diese im Alltag anzuwenden.

Geht dabei folgendermaßen vor:
a) Wiederholt gemeinsam die Inhalte des Kapitels und sammelt Tipps und Ideen, die ihr im Flyer umsetzen wollt.
b) Formuliert die Tipps als Strategien für eine diskriminierungsfreie Kommunikation. Achtet darauf, dass die Strategien knapp und verständlich formuliert sind. Konkrete Beispiele machen die Strategien für Leserinnen und Leser anschaulicher.
c) Erstellt zu den Strategien thematische Oberpunkte und formuliert entsprechende Überschriften.
Beispiel: Was ist eine diskriminierungsfreie und verantwortungsvolle Sprache und Kommunikation? Warum ist diese nötig? Wie kann ich das an meiner Schule und in meinem Alltag umsetzen?
d) Gestaltet den Flyer so, dass er aus sechs Einzelseiten besteht. Auf der ersten Seite befindet sich der Titel des Flyers und auf der letzten Seite ein Impressum. Dort nennt ihr auch eure Namen und könnt beispielsweise ein Bild eurer Gruppe abdrucken.

⧉ *Vorlage: Flyer*

2 a) Präsentiert eure Flyer und gebt euch gegenseitig Feedback:
Was war das Ziel? Wie wurde dieses im Flyer umgesetzt? Was ist besonders gelungen? Welchen Tipp möchte ich geben, damit der Flyer noch besser wird?
b) Überarbeitet unter Berücksichtigung des Feedbacks eure Flyer.

⧉ *Feedbackbogen: Flyer*

→ *Feedback geben, S. 333*

Richtig schreiben – Schreibungen untersuchen

In diesem Kapitel setzt du dich mit dem Thema der Rechtschreibung auseinander. Du wirst dabei auf bereits Bekanntes treffen, aber auch auf Neues. Das Kapitel beschäftigt sich mit fremden und historischen Schreibungen, Rechtschreibstrategien, Zweifelsfällen der Rechtschreibung und mit Interpunktionszeichen als Stilmitteln. Auch die Schülerinnen und Schüler in der Abbildung unten befassen sich mit entsprechenden Fragen.

A Manche Schreibungen sind total regelmäßig und manche irgendwie nicht.

B Und manches muss man machen – anderes ist irgendwie erlaubt, glaube ich, aber nicht verpflichtend.

D Ich glaube, dass es hilft zu verstehen, wo Schreibungen herkommen und wie sie funktionieren.

C Ja, und da gelten ja ohnehin immer andere Regeln.

In diesem Kapitel lernt ihr, ...
> wie ihr eure Texte mit Rechtschreibstrategien gezielt überarbeitet,
> wie Fremdwörter erkannt, ausgesprochen und geschrieben werden,
> wie verschiedene Interpunktionszeichen als stilistische Mittel genutzt werden,
> wie bestimmte heutige Schreibungen historisch entstanden sind.

1 Schaut euch zu zweit das Bild auf der linken Seite an.

a) Tauscht euch zu der Mindmap aus, an der die Schülerinnen und Schüler arbeiten: Was fällt euch dazu ein? Was kommt euch bekannt vor? Womit könnt ihr zunächst noch nichts anfangen?

b) Übertragt die Mindmap in eure Hefte. Was fällt euch zu den vier Bereichen Historische Schreibungen, Zweifelsfälle und Varianten, Rechtschreibstrategien und Fremdwörter ein und woran erinnert ihr euch aus früherem Unterricht? Ergänzt die Mindmap mit euren Ideen.

c) Betrachtet jetzt auch die Aussagen der Schülerinnen und Schüler. Erklärt, welche Aussage welchen Aspekt bzw. welche Aspekte aus der Mindmap betrifft.

> ◉ **Tipp**
>
> Es sind Mehrfachzuordnungen möglich.

2 a) Denkt gemeinsam über ältere Schreibungen nach: Kennt ihr alte Schreibungen von Wörtern, die heute nicht mehr so geschrieben werden?

b) Stellt Vermutungen an, warum sich die Schreibung dieser Wörter geändert hat.

3 a) In der Abbildung auf der linken Seite findest du die beiden Schreibvarianten Buchscan und Buch-Scan. Welche Variante würdest du benutzen und warum?

b) Prüfe nun auch die folgenden Schreibungen: Wann ist der Bindestrich sinnvoll, wann ist er nicht sinnvoll und wann muss man ihn vielleicht sogar benutzen?

3/4-Takt vs. 3/4Takt	Gurken-Salat vs. Gurkensalat
Bank-Konto vs. Bankkonto	LKW-Fahrer vs. LKWFahrer
Herz-Infarkt vs. Herzinfarkt	Drucker-Zeugnis vs. Druckerzeugnis
Zucchini-Auflauf vs. Zucchiniauflauf	Bett-Tuch vs. Betttuch
Computer-Bildschirm vs. Computerbildschirm	Sommer-Spaß vs. Sommerspaß

c) Tausche dich mit einer Partnerin oder einem Partner über deine Lösungen aus und begründe diese.

4 a) Sucht aus den Beispielen aus Aufgabe 3 b) alle Fälle mit Fremdwortbestandteilen heraus. Wie gut und woran lassen sie sich als fremd erkennen?

b) Überprüft nun mithilfe eines (Online-)Wörterbuchs alle übrigen Fälle aus Aufgabe 3 b) dahingehend, ob sie tatsächlich aus dem Deutschen stammen oder ob auch sie eine andere Herkunft haben.

> ◉ **Tipp zu 4 b)**
>
> Das Wort Gurke z. B. sieht aus wie ein typisches Wort des Deutschen. Es stammt aber aus dem Polnischen.

5 Sammelt in der Klasse, an welche Strategien der Groß- und Kleinschreibung sowie der Getrennt- und Zusammenschreibung ihr euch noch erinnert.

Rechtschreibstrategien wiederholen

1 Der kurze Sachtext zu Chamäleons soll in einem Sachbuch über Reptilien erscheinen. Leider weist der Text noch einige Fehler auf, die korrigiert werden müssen.

Starthilfe, S. 400

a) Überprüfe den Text, indem du für mögliche Fehler Proben anwendest, mit denen du die korrekte Schreibung ermitteln kannst.
b) Vergleiche die Ergebnisse mit einer Partnerin oder einem Partner.
c) Korrigiere die Fehler im Text. Nutze hierzu eine Folie oder die Textvorlage aus dem Medienpool.

Folie

Text „Das Chamäleon"

◎ Tipp

Wenn du dir unsicher über geeignete Proben bist, schaue auf der übernächsten Seite nach. Dort findest du einen entsprechenden Methoden-Kasten.

Das Chamäleon

Der ursprünglich aus dem griechischen stammende Name „Chamäleon" bedeutet so viel wie Erdlöwe, was möglicherweise mit dem fauchen des Reptils in Gefahrensituationen zusammen hängt. Chamäelons gehören zu den Leguan artigen und zeichnen sich im besonderen durch ihr sehen und ihre Zunge aus. Die zwei unabhängig von einander beweglichen Augen sind leistungsstärker als die des Menschen. Dies befähigt Chamäleons zum wahrnehmen zweier verschiedener Bilder. Wie das verarbeiten der zwei Bilder im Gehirn des Chamäleons abläuft, weiß man in der Forschung heute noch nicht. Zum Unterschiedlichen bewegen beider Augen verfügt ein Chamäleon über einen komplexen Muskel Apparat. Die Zunge des Chamäleons ist sein zweites charakteristisches Merkmal. In Form und Länge ist sie ohne Gleichen. Mit ihr geht das Chamäleon Jagen, in dem es seine Zunge auf Beute Tiere schießt. Um Beute ab zu schießen, wird die Zungenmuskulatur angespannt, sodass die Zunge aus dem Maul hervor schnellt. Anders als man denken könnte, bleiben die Insekten aber nicht an der Zunge kleben, sondern die Zunge erzeugt durch kontrahieren der Muskeln einen Hohlraum und einen Unterdruck, sodass die Insekten an die Zunge an gesaugt werden. Dies geschieht so schnell, dass die Beute keine Zeit hat, um vor dem Chamäleon davon zu laufen. Etwas besonderes sind außerdem die Füße des Chamäleons. Jeder Fuß weist drei Zangen ähnliche kräftige klauen auf. Mit ihnen kann sich das Chamäleon an den Ästen fest halten, ohne herunter zu fallen. Am Bekanntesten aber sind Chamäleons dafür, ihre Farbe Stimmungsabhängig verändern zu können. So wechseln Chamäleons ihre Farbe etwa von einem Stimmungsneutralem grün zu schwarz, wenn sie sich bedroht fühlen.

2 Wählt nun zu zweit je eine fehlerhafte Kleinschreibung und eine fehlerhafte Getrenntschreibung aus dem Text aus. Beschreibt für beide Fälle schrittweise in einem kurzen Text, wie ihr die Proben anwendet, um zu einer korrekten Schreibung zu gelangen.

3 Die folgende Liste beinhaltet häufige Problemfälle der Getrennt- und Zusammenschreibung sowie der Groß- und Kleinschreibung.
   a) Schau dir die Liste an und überprüfe: Mit welchen Fällen hast du auch schon Probleme gehabt?
   b) Sortiere die Liste danach, ob ein Problem der Groß- und Kleinschreibung oder der Getrennt- und Zusammenschreibung vorliegt. Erstelle hieraus in deinem Heft jeweils zwei Listen. Manchmal passt ein Fall auch in beide Listen.
   c) Überlege für jeden der Fälle, welche Schreibung richtig ist, und notiere sie in deinem Heft. Bedenke dabei auch den jeweiligen Satzkontext.
   d) Prüfe mithilfe eines (Online-)Wörterbuchs, wie die Schreibung jeweils korrekt ist, und korrigiere ggf. Berücksichtige dazu auch den jeweiligen Satzkontext.

→ *Wörterbücher, S. 390*

1. *Sie wollten die Einbrecher* **gefangen nehmen** *vs.* **gefangennehmen**.
2. *Sandra ist* **heute Morgen** *vs.* **heute morgen** *gefallen.*
3. *Diesen* **Montag Morgen** *vs.* **Montagmorgen** *schreiben wir einen Test.*
4. *Ich habe* **hundert** *vs.* **Hundert** *Euro.*
5. *Ich habe* **Schuld** *vs.* **schuld**. / *Ich bin* **schuld** *vs.* **Schuld**.
6. *Ich gebe dir das im* **Voraus** *vs.* **voraus**.
7. *Der Arzt will mich* **krankschreiben** *vs.* **krank schreiben**.
8. *Ich plane* **weg zu laufen** *vs.* **wegzulaufen**.
9. *Ich weiß nur* **so viel** *vs.* **soviel** *wie du.*
10. *Ich liebe das Buch,* **in dem** *vs.* **indem** *das stand.* /
    Löse die Aufgabe, **in dem** *vs.* **indem** *du das Buch zunächst liest.*

4 Arbeitet zu zweit: Fallen euch noch andere Fälle ein, bei denen ihr beim Schreiben oft überlegt, ob ihr groß- oder klein-, getrennt- oder zusammenschreiben müsst?
   a) Sammelt eure Fälle und recherchiert jeweils die korrekte Schreibung.
   b) Erstellt zusammen ein Plakat, auf dem ihr entsprechende Fälle aufnehmt. Übertragt die Fälle anschließend in eure Hefte.
   c) Stellt eure Plakate nun euren Mitschülerinnen und Mitschülern vor.

⚙ Methode

Rechtschreibstrategien anwenden

Groß- und Kleinschreibung überprüfen

Zur Prüfung, ob ein Wort groß- oder kleingeschrieben wird, kannst du die folgenden Proben anwenden:

① **Erweiterungsprobe: Attributprobe**
Kannst du ein Wort in einem gegebenen Satzkontext mit einem Adjektivattribut erweitern, schreibst du es groß. Denk daran: Ein Adjektivattribut hat eine Flexionsendung (-e/-er/-es/-en/-em). Überprüfe das Wort dabei stets im ganzen Satzkontext und nicht als Einzelwort.

Beispiel: Am liebsten fahren sie ins grüne/Grüne.
→ Am liebsten fahren sie ins (schöne) Grüne.

② **Artikelprobe**
Neben ihrer Erweiterbarkeit mit einem Attribut ist auch ihre Artikelfähigkeit ein häufig auftretendes Merkmal großzuschreibender Wörter. Auch bei der Artikelprobe ist es wichtig, den gesamten Satz zu berücksichtigen und darauf zu achten, worauf sich das Artikelwort (der, die, das, ein, eine usw., aber auch Verbindungen aus Präposition und Artikel z. B. beim, im, am) bezieht:

Beispiel: Beim schnellen Laufen ähnelt die Bewegung vieler Tiere einem Springen.

Getrennt- und Zusammenschreibung überprüfen

Zur Prüfung, ob etwas getrennt- oder zusammengeschrieben wird, kannst du die folgenden Proben anwenden:

① **Bedeutungsprobe**
Die Gesamtbedeutung zusammengeschriebener Wörter ist oft mehr als die Summe ihrer Teilbedeutungen.

Beispiel: schnell fahren vs. schwarzfahren

→ In schnell fahren ist die Bedeutung von schnell auch tatsächlich enthalten; in schwarzfahren hingegen ist die Bedeutung von schwarz so nicht enthalten. Der Ausdruck bedeutet, ohne ein Ticket zu fahren.

② **Veränderungsprobe**
Zusammengeschriebene Wörter verändern sich nur am Ende, nicht in der Mitte.

Beispiel: Haustüren, nicht *Häusertüren

📄 *Arbeitsheft, S. 94/95*

Abweichungen in der Rechtschreibung reflektieren

Tara:
Oje sorry, dass ich mihv erdt jetzt melde 🙈

Tara:
Nee, bei uns is alles gut. Strand Urlaub war einfach dringend nötig!!! 😎

Fiona:
Haha 😂 Kein thema. Aber euer Halb war gut? Kein Jet Lack? ✈️☀️🌴

Fiona:
Sry! *euer Urlaub 🙈

Fiona:
Bei dir sonst alles gut?

5

Tara:
Nee, kein jetlack 😎 Urlaub war mega aber die ist ja leider schonwieder vorbei. Hab noch gar keine Lust wieder auf arbeit. Bin noch voll am rum slacken

Tara:
Wie ist's bei euch???

Fiona:
Alles beim alten. Sitze im Zug mit meiner Ma 🙄

Fiona:
Gerade haben se durch gesagt das verspätung ist 😖 Mist Bahn ey!!!

10

Tara:
I feel u!! 🚂😢 Wo gehts denn hin?

Fiona:
Zu meinm Onkel, der ist am gebrtstag feirn heute ... Hab noch nicht so richtig lus 😓

Tara:
Du arme! Aber wrdd bestimmt

Tara:
...muss eben zur tür. Pzza kommt ... is langsam notwendig 🙈🙈🙈 ... meld mich später nochmal ......

Fiona:
Guten Hngr! 😂😂😂

15

1 Überlege, wie vertraut die beiden Kommunikationspartnerinnen sein könnten. Sind sie Freundinnen, Bekannte oder eher Arbeitskolleginnen?

2 Sucht im Chatverlauf Abweichungen von der normalen Rechtschreibung heraus und fertigt eine Liste über die unterschiedlichen Arten der Abweichungen an. Haltet auch eure Überlegungen für mögliche Ursachen der Abweichungen in der Liste fest.

→ *Chat-Sprache untersuchen, S. 330*

3 a) Überlege, ob du selbst auch solche Abweichungen produzierst und ob du sie in der Situation oben für problematisch hältst.
   b) Stelle dir nun vor, du schreibst nicht mit einer Freundin/einem Freund, sondern mit einer Lehrkraft, einem potenziellen Arbeitgeber oder deinem Schwarm. Gewichtest du die Abweichungen nun anders? Begründe.
   c) Prüfe, für welche der gesammelten Abweichungen Rechtschreibstrategien genutzt werden können.

📄 *Arbeitsheft, S. 96*

Zweifelsfälle und Varianten untersuchen und begründen – Rechtschreibung

Alptraum **oder** *Albtraum*

Alben (mitunter auch „Elben") sind Fabelwesen aus der germanischen Mythologie, denen man das Verursachen von bösen Träumen – den Albträumen – zuschrieb. Heute hat sich für diese
5 Wesen hauptsächlich die mit „Elben" verwandte – ursprünglich englische – Bezeichnung „Elfen" durchgesetzt. Der Wortstamm „Alb-" in Albtraum ist gegenwärtig deshalb kaum mehr verständlich.
10 Bereits in der althochdeutschen Sprachperiode (ca. 750 bis 1050 n. d. Z.) existierten nebeneinander zwei unterschiedliche Schreibungen zur Bezeichnung des bösen Traums: „Albtraum" und „Alptraum". Eine bildet die Wortverwandtschaft
15 ab („Albtraum"), die andere die Aussprache („Alptraum"). Beide Varianten haben sich – nach kurzzeitiger Beschränkung in den 90er-Jahren, während der nur die Schreibung „Alptraum" legitim war – bis heute erhalten, sodass man sich
20 beim Schreiben zwischen beiden Varianten entscheiden muss.

1 Der Infotext *„Alptraum oder Albtraum"* erläutert, dass beide Varianten möglich sind: Alptraum und Albtraum. Überlege, welche Schreibvariante du bevorzugst. Begründe deine Wahl.

2 Für die Wörter im untenstehenden Kasten sind jeweils zwei verschiedene Schreibvarianten zulässig. Es handelt sich um sogenannte Zweifelsfälle der Schreibung.
  a) Überlege, was unter dem Begriff Zweifelsfall zu verstehen ist. Lies dann im Wissen-und-Können-Kasten auf der nächsten Seite nach.
  b) Recherchiere in einem (Online-)Wörterbuch für die abgebildeten Zweifelsfälle, welche Schreibweise jeweils empfohlen wird.
  c) Erkläre, womit diese Empfehlungen jeweils begründet sein könnten.

→ Wörterbücher, S. 390

aufgrund – auf Grund   *Zuhause – zu Hause*   *kennenlernen – kennen lernen*
selbstständig – selbständig   *recyceln – recyclen*   *Frisör – Friseur*
Orthographie – Orthografie   *dass-Satz – Dasssatz*   *noch mal – nochmal*

3 Einige der Schreibvarianten lassen sich dadurch erklären, dass es sich bei dem Wort um ein Fremdwort handelt. Diskutiert gemeinsam, welche Gründe für die Übernahme und welche für die Eindeutschung einer fremden Schreibung sprechen.

→ *Zwischen Diskussion und Debatte unterscheiden, S. 36/37*

→ *Fremdwörter, S. 375/376*

4 Manchmal existieren zwar zwei legitime Schreibungen, aber in einem spezifischen Kontext ist trotzdem nur eine der beiden Schreibungen möglich.

a) Erkläre, warum im folgenden Satz die Zusammenschreibung aufgrund nicht möglich ist.

  *Das Schiff ist **aufgrund** gelaufen.
  Das Schiff ist **auf Grund** gelaufen.

> ◉ **Tipp**
>
> In der Wissenschaft, die sich mit der Sprache befasst (Linguistik), werden ungrammatische Fälle mit einem * versehen.

b) Suche nun zwei bis drei Kontexte, in denen die Zusammenschreibung von aufgrund dagegen möglich ist, und schreibe die Beispielsätze jeweils auf.

c) In euren Sätzen ist vermutlich beides möglich: die Zusammenschreibung aufgrund und die Getrenntschreibung auf Grund. Überlege für deine Sätze, für welche Schreibung du dich entscheiden würdest, und begründe.

5 Formuliere nun etwas allgemeiner, was die Zusammenschreibung von Wörtern leisten kann.

🚀 *Starthilfe, S. 400*

❗ Wissen und Können

Zweifelsfälle und Varianten erkennen

Sprachliche **Zweifelsfälle** sind jene Fälle, in denen auch geübte Nutzerinnen und Nutzer einer Sprache sich nicht einfach zwischen zwei **Varianten** entscheiden können. Die Varianten werden dann reflektiert und gegeneinander abgewogen, um begründet zu einer Entscheidung zu gelangen.

Varianten gibt es auf den verschiedensten Ebenen eines Sprachsystems, auch in der **Rechtschreibung**. In der Rechtschreibung ist es in einigen Fällen sogar so, dass beide Varianten zugelassen sind, in anderen Fällen ist die Entscheidung von einer normgebenden Instanz (dem Rat für deutsche Rechtschreibung) gefällt worden.

📄 *Arbeitsheft, S. 97*

Zweifelsfälle und Varianten untersuchen und begründen – Interpunktion

1 a) In vielen Fällen muss man ein Komma zwingend setzen. In einigen anderen Fällen ist das Komma aber fakultativ. Lies im Wissen-und-Können-Kasten „Fakultative Zeichensetzung (Interpunktion) kennen" nach, was das bedeutet.

b) Ein fakultativer Fall beim Komma ist der, bei dem zwei vollständige Hauptsätze mit *und* verbunden sind. Überlege, ob du das Komma vor dem dritten *und* im folgenden Beispiel für sinnvoll hältst. Erkläre, warum bzw. warum nicht.

> Ich mochte das Licht und die Berge und den See,
> und am liebsten wäre ich im Urlaub geblieben.

c) Erkläre, woran du erkennst, dass es sich um zwei Hauptsätze handelt.

d) Tauscht euch nun zu zweit über eure Ideen und Überlegungen zu den Aufgaben b) und c) aus.

❗ Wissen und Können

Fakultative Zeichensetzung (Interpunktion) kennen

Fakultativ bedeutet *freigestellt*. Fälle, in denen die Interpunktion freigestellt ist, werden entsprechend als Fälle **fakultativer Interpunktion** bezeichnet. Man kann hierbei grundsätzlich zwei Fälle unterscheiden:

Ein Zeichen **darf** an einer Stelle gesetzt werden, es muss aber nicht.
Beispiel: Ich werde laufen(,) und du wirst schwimmen.

Es **muss** ein Zeichen gesetzt werden, aber die Wahl des Zeichens ist freigestellt.
Beispiel: Ich werde nach Hause laufen, / – alleine übrigens.

Starthilfe, S. 400

2 Reihungen von zwei oder mehr Hauptsätzen nennt man auch Parataxen. Manchmal sind sie mit einem *und* verbunden, manchmal durch ein Interpunktionszeichen getrennt. Lest den Wissen-und-Können-Kasten „Parataxe und Hypotaxe unterscheiden können" und überlegt, ob und ggf. welche weiteren Interpunktionszeichen ihr euch statt des Kommas für das Beispiel in Aufgabe 1 b) vorstellen könnt.

❗ Wissen und Können

Parataxe und Hypotaxe unterscheiden können

Satzformen/ Stellungstypen im Deutschen, S. 385

Reihungen von mehreren Hauptsätzen (Verbzweitsätzen) nennt man auch **Parataxen**. Parataxen können in manchen Fällen stilistisch genutzt werden.
Beispiel: Achim wollte ein Brettspiel spielen. Ahmed wollte ein Bild malen.

Hypotaxen hingegen sind Satzgefüge mit mindestens einem Nebensatz (Verbletztsatz), der einem Hauptsatz untergeordnet ist.
Beispiel: Als Ahmed ein Bild malen wollte, wollte Achim ein Brettspiel spielen.

Hallo Ihr Lieben!

Ich habe heute eine komische (!) Frage an euch. Ich habe die folgenden drei Varianten von einem Satz, den ich gerne für mein Buch benutzen möchte:

a) Am Abend, es war schon nach 21 Uhr, hörte er plötzlich ein Geräusch.
b) Am Abend – es war schon nach 21 Uhr – hörte er plötzlich ein Geräusch.
c) Am Abend (es war schon nach 21 Uhr) hörte er plötzlich ein Geräusch.

Für mich hören sich alle irgendwie gleich an, aber auch irgendwie nicht, und ich kann mich nicht entscheiden, welche Variante ich aussuchen soll. Könnt ihr mir helfen?

Vielen Dank und liebe Grüße
Eure Dana

---

3 a) Lest zunächst die Frage, die Dana in einem Forum zur Rechtschreibung gepostet hat.

b) Diskutiert in Kleingruppen darüber, wie sich die drei Varianten aus Danas Frage voneinander unterscheiden. Überlegt auch, welche Variante wofür besonders geeignet sein könnte.

c) Verfasst eine Antwort, um Dana bei ihrem Problem weiterzuhelfen.

→ Chat-Sprache untersuchen, S. 330

→ Zwischen Diskussion und Debatte unterscheiden, S. 36/37

4 Überlege zu Danas Frage, warum es nicht möglich ist, gar kein Zeichen an die Stellen zu setzen, an denen Kommas, Gedankenstriche bzw. Klammern stehen.

5 a) Dana hat noch einen anderen besonderen Interpunktionsfall in ihrem Thread gepostet: Sie schreibt „eine komische (!) Frage". Bewerte Danas Entscheidung für diese Interpunktion und überlege, in welcher Art von Texten so freie Entscheidungen möglich sind und in welchen eher nicht.

b) Sammle weitere Fälle, in denen Interpunktionszeichen nicht verpflichtend geregelt sind und in denen sie deshalb zur Gestaltung nutzbar sind.

c) Suche weitere Beispiele für besondere Interpunktionsfälle in Büchern, Zeitschriften, Web-Texten, Chats o. Ä. heraus und schreibe sie auf. Notiere, warum sie für dich besonders sind.

Starthilfe, S. 400

6 In dem Text „*Alptraum* oder *Albtraum*" auf S. 306 finden sich zwei Interpunktionszeichen, die einander stark ähneln: der Gedankenstrich (–) und der Divis (-).

a) Suche für jedes der beiden Zeichen die Fälle aus dem Text heraus, in denen sie auftreten.

b) Beschreibe anhand der Fälle, wie sich beide Zeichen unterscheiden und wozu sie jeweils verwendet werden.

Arbeitsheft, S. 98/99

Ältere und historische Schreibungen untersuchen

→ *Sprachliche Veränderungen nachvollziehen S. 286*

1 Decke die rechte neuhochdeutsche Fassung des Anti-Tagelieds ab und lies zunächst die linke mittelhochdeutsche Fassung. Beschreibe, worum es hier gehen könnte.

Reinmar der Alte[1]

Anti-Tagelied[2] (Auszug)

Sô ez iener nâhet gegen dem tage,	Wenn es irgend auf den Tag zugeht, ^10
sô getar ich niht gefrâgen <ist es tac>?	dann getrau ich nicht zu fragen: Ist es Tag?
Daz kumet mir von sô grôzer klage,	Das kommt mir von so großem Leid,
daz ez mir niht ze helfe komen mac.	dass dies mir nicht zu Hilfe kommen mag.
^5 Doch gedenke ich wol, daz ich sîn anders pflac	Doch erinnere ich wohl, dass ich es anders hielt,
hie vor, dô mir diu sorge niht sô ze herzen lac.	hiervor, da mir die Sorge nicht so auf dem Herzen lag. ^15
Iemer an dem morgen træste ich mich der	Immer des Morgens tröste ich mich am Gesang
vogele sanc mire kome ir helfe an der zît,	der Vögel. Kommt mir nicht ihre Hilfe zur rechten Zeit,
mir ist beidiu sumer unde winter alze lanc.	dauern mir beide, Sommer und Winter, allzu lang. ^20

[1] Reinmar der Alte war ein Minnesang-Dichter aus dem 12. Jahrhundert (mittelhochdeutsche Sprachperiode). Seine oft mehrstrophigen Lieder werden der sog. Hohen Minne zugeordnet und thematisieren neben der Schönheit der Melancholie u. a. auch Naturmotive, Erotik und Komisches.

[2] Bei einem Tagelied handelt es sich um eine Art mittelhochdeutscher Lyrik, die den schmerzvollen Abschied zweier Liebenden nach einer gemeinsamen Nacht zum Gegenstand hat.

---

2 a) Lies nun die neuhochdeutsche Fassung. Was hast du schon richtig verstanden?

b) Einige Wörter konntest du vielleicht schon verstehen, weil sie dir bekannt vorkamen – und das, obwohl sie anders geschrieben werden, als du es kennst. Notiere fünf dieser Wörter und beschreibe, wie sich ihre Schreibungen von den aktuellen Schreibungen unterscheiden, die du für diese Wörter kennst.

c) Sammle weitere Auffälligkeiten der Wortschreibung im linken Text, die es im heutigen Deutschen nicht mehr gibt. Überlege, wozu sie dagewesen sein könnten.

⚡ *Starthilfe, S. 400*

d) In der letzten Zeile des mittelhochdeutschen Textes findest du das Wort unde. Beurteile, inwiefern sich diese Form noch heute in unserer Schrift wiederfindet.

3 Im heutigen Neuhochdeutsch existieren noch einige weitere Schreibungen, die sich unter Rückbezug auf ältere Formen erklären lassen. Zu ihnen gehört auch die Schreibung ob. Überlegt, wie die ältere Form ausgesehen haben könnte.

Fremdwörter aussprechen und schreiben

Open-World-Spiele

Open-World-Spiele sind Videospiele mit nur wenigen Einschränkungen in den Handlungsmöglichkeiten der Spielerinnen und Spieler.

⁵ Die Tätigkeiten beim Gameplay von Open-World-Spielen reichen vom Erkunden von Höhlen und Dungeons, dem Errichten von Gebäuden, dem Minen von Rohstoffen, dem Bekämpfen von ¹⁰ Monstern und anderen Gegnern bis hin zum Craften von Items und Lösen von Rätseln. Beim Spielen begegnen einem die unterschiedlichsten Non-Player Character (NPCs), mit denen sich interagieren lässt. ¹⁵ Außerdem ist es oft möglich, die Spiele in verschiedenen Modi zu spielen: z. B. normal mode oder hard mode. Je nach Modus verändern sich die Herausforderungen, denen man beim Spielen begegnet. In manchen Spielen ist es mög-

lich, eigene Maps zu erstellen und zu spielen ²⁰ oder Maps zu spielen, die andere Spieler erstellt und zum Download freigegeben haben. Vielfach ist auch ein Multiplayermodus verfügbar. Dabei spielen mehrere Spieler zusammen über einen Mehrspieler-Server. ²⁵

1 a) Suche zunächst alle Fremdwörter und alle fremdwortartigen Wörter aus dem Text heraus. Erstelle eine Liste.
   b) Lies den Wissen-und-Können-Kasten unten. Überlege anschließend für deine Wörter, ob es sich um Fremdwörter oder um fremd gebildete Wörter handelt, und markiere sie unterschiedlich.

❗ Wissen und Können

Fremdwörter von fremd gebildeten Wörtern unterscheiden

Fremdwörter sind Wörter, die so oder mit veränderter Schreibung und/oder Aussprache aus einer anderen Sprache stammen. Hiervon muss man sogenannte **fremd gebildete Wörter** unterscheiden.

Es handelt sich hierbei um Wörter, die **Fremdwortbausteine enthalten** oder **fremd aussehende Schreibungen** aufweisen, aber **im Deutschen gebildet** wurden. Ein besonders populärer Fall ist das vermeintlich aus dem Englischen stammende Wort Handy. Dabei handelt es sich tatsächlich um ein fremd gebildetes deutsches Wort, denn handy bedeutet im Englischen nicht etwa Mobiltelefon, sondern handlich. Das englische Wort für ein Mobiltelefon lautet mobile.

2 Lies den folgenden Wissen-und-Können-Kasten. Erstelle dann für alle Fremdwörter, die du im Text „Open-World-Spiele" gefunden hast (nicht für die fremd gebildeten Wörter), eine Tabelle nach dem folgenden Muster in deinem Heft.

Fremdwort	Fremde Schreibung und Aussprache	Gebersprache
Gameplay	Fremde Aussprache von <a> und <e>; fremder Buchstabe <y>	Englisch
…	…	…

❗ Wissen und Können

Gebersprachen und Integration erkennen

Die Sprache, aus der ein Fremdwort stammt, nennt man auch **Gebersprache**. Manchmal lässt sich bereits anhand der Schreibung oder Aussprache eines Fremdwortes erkennen, aus welcher Gebersprache es stammt. Ob dies möglich ist, hängt u.a. vom Grad seiner **Integration** ab. Ist ein Fremdwort gut in das Deutsche integriert, sieht man ihm seinen Fremdwortstatus mitunter gar nicht an. Ein Beispiel hierfür ist das Wort Marker (ursprünglich englisch). Weniger gut integrierten Wörtern hingegen lässt sich die Gebersprache oft ansehen. So ist anhand der spezifischen Schreibung von Physik mit ph und y ein griechischer Ursprung zu erkennen.

3 Erkundet gemeinsam die mittlere Spalte der Tabelle aus Aufgabe 2: Für welche Wörter habt ihr hier viel vermerkt, für welche weniger und was bedeutet dies für die Integration der betreffenden Wörter?

4 a) Betrachtet eure Ergebnisse in der Spalte „Gebersprache". Was fällt euch auf?

→ Zwischen Diskussion und Debatte unterscheiden, S. 36/37

b) Denkt gemeinsam darüber nach und diskutiert, welche Gründe dazu führen könnten, dass für bestimmte Bereiche, wie das Videospielen, Wörter bevorzugt aus einer bestimmten Sprache übernommen werden.

✎ Starthilfe, S. 400

c) Überlege, ob du Schreibungen oder Aussprachen kennst, die typisch sind für eine spezifische Gebersprache, und notiere diese.

5 Untersucht nun die fremd gebildeten Wörter: Mit welcher Fremdsprache bringt ihr sie jeweils in Verbindung und warum?

📄 Arbeitsheft, S. 102

Schätze deinen Lernstand ein

Rechtschreibung überarbeiten

1
a) Suche und notiere für die folgenden zwei Wörter jeweils mindestens einen Satzkontext, in dem das Wort großgeschrieben bzw. kleingeschrieben wird.
a. Grobe – grobe
b. Großschreiben – großschreiben
b) Erkläre die Schreibungen in deinen Sätzen aus Aufgabe a) mithilfe der dir bekannten Proben.

2
a) Suche und notiere für das folgende Wort bzw. die folgende Wortgruppe jeweils
einen Satzkontext, in dem das Wort zusammengeschrieben wird, und einen, in
dem die Wörter zwar nebeneinander aber getrenntgeschrieben werden:
Seehunde – See Hunde
b) Erkläre die Schreibungen in Aufgabe a) jeweils mithilfe der dir bekannten Proben.

🙂 → Seite 315/316, **B**
😐 → Seite 315/316, **A**
🙁 ← Seite 305

Zweifelsfälle und Varianten erkennen und begründen

3
a) Das Wort andere kann in einigen Fällen als Zweifelsfall der Groß- und Kleinschreibung gesehen werden. Erkläre, was das bedeutet.
b) Typischerweise schreibt man andere klein. Nenne und erkläre mindestens zwei
Satzkontexte, in denen eine Großschreibung möglich ist.

4
Eine frühere, heute nicht mehr zulässige Schreibvariante von Facette lautete Fasset-
te. Erkläre, welche Gründe für die eine, welche für die andere Schreibung sprechen
könnten und überlege, warum es zu der Beschränkung gekommen sein könnte.

🙂 → Seite 317, Aufg. 1 **B**
😐 → Seite 317, Aufg. 1 **A**
🙁 ← Seite 306–307

Fakultative Interpunktion begründen

5
Erkläre anhand der folgenden Beispiele, warum ein Komma vor und manchmal
verboten, manchmal geboten und manchmal erlaubt, aber nicht verpflichtend ist.

a. Ich kaufe Salz, Pfeffer und Eier.
b. Ich kaufe sowohl Salz als auch Pfeffer, weil unsere Pfeffermühle leer ist, und Eier.
c. Ich kaufe sowohl Salz als auch Pfeffer(,) und ich glaube, ich brauche noch Eier.

6 Im folgenden Textauszug aus der Kurzgeschichte „Der Schattenmann" hat jemand alle Interpunktionszeichen entfernt.

a) Lies den Text und ergänze ihn an den mit ▯ gekennzeichneten Stellen so mit Interpunktionszeichen, dass er nicht nur verständlich, sondern auch besonders spannend wird. Du darfst auch die Großschreibung ändern, wenn du einen Satz beendest.

b) Begründe jeweils deine Wahl des Interpunktionszeichens.

c) Erkläre, in welchen Fällen eindeutig geregelt ist, welches Zeichen gesetzt werden muss, und in welchen nicht.

🙂 → Seite 317, Auf. 2 **B**
😐 → Seite 317, Auf. 2 **A**
🙁 ← Seite 308/309

📝 *Folie*

Lukas Böhl

Der Schattenmann (Auszug)

So blieb ihm nichts anderes übrig▯ als an der Tür zu klopfen▯ er klopfte genau dreimal▯ dann hielt er das Ohr an die Tür und lauschte▯ drinnen tat sich etwas▯ jemand antwortete▯ das heißt▯ jemand sprach▯ aber nicht mit ihm▯ sondern mit sich selbst▯ es war die ihm wohlbekannte Stimme▯ die er so oft gehört hatte▯ wenn er mit Felix im Treppenhaus gesessen und die Zeit totgeschlagen hat▯ da niemand sonst hier war▯ sah er nochmal zu Felix▯ der war keine große Hilfe und leckte sich nur die Pfoten▯ als ginge ihn das alles nichts an▯

Text leicht verändert

Historische Schreibungen kennen und verstehen

7 Nenne verschiedene Phänomene historischer Schreibformen des Deutschen, die es so heute nicht mehr gibt.

🙂 → Seite 318, **B**
😐 → Seite 318, **A**
🙁 ← Seite 310

8 Erkläre, warum es zum Verstehen unserer heutigen Schreibungen bedeutsam sein kann, historische Schreibungen zu erkunden.

Fremdwörter erkennen und beschreiben

9 Erkläre den Begriff Integration im Zusammenhang mit Fremdwörtern.

10 Gib jeweils ein Beispiel für ein gut integriertes und ein nicht integriertes Fremdwort und erkläre jeweils, wie du zu deiner Einschätzung kommst.

🙂 → Seite 319, **B**
😐 → Seite 319, **A**
🙁 ← Seite 311/312

11 Fremd erscheinende Wörter müssen nicht unbedingt Fremdwörter sein. Erkläre am Beispiel der Wörter Download und Downloadanzeige, worin der Unterschied zwischen Fremdwörtern und fremd gebildeten Wörtern besteht.

📄 *Arbeitsheft, S. 103/104*

Rechtschreibung einschätzen und korrigieren – Strategien anwenden

1 Betrachte die fett gedruckten Einheiten im folgenden Satz.
   a) Beschreibe deine Beobachtungen.
   b) Stelle eine Vermutung über die Gründe für deine Beobachtung an.

> Am Samstag gingen Armin und Alexandra **Eis essen**; ihre
> Freunde, Theo, Alina und Arthur hingegen gingen **eislaufen**.

2 Begründe für die folgenden zwei Sätze, ob sich Eis/eis darin wie ein ‚typisches' Nomen verhält. Nutze hierfür den Methodenkasten unten.
   a. Ich esse **Eis/eis**.   b. Du läufst **Eis/eis**.

⚙ Methode

Proben für Zweifelsfälle der Groß- und Kleinschreibung sowie der Getrennt- und Zusammenschreibung anwenden

Ob es sich bei einem vermeintlichen Nomen um ein **‚typisches' Nomen** handelt, kannst du anhand von vier Proben herausfinden. Die ersten zwei kennst du bereits:

1. **Artikelprobe**: Überprüfe, ob sich ein bestimmter (definiter) oder ein unbestimmter (indefiniter) Artikel vor das Nomen setzen lässt.
2. **Erweiterungsprobe**: Überprüfe, ob sich ein flektiertes Adjektiv vor das Nomen setzen lässt.
3. **K-Verneinung**: Probiere die Verneinung mit kein aus. (Der Mann hat **keinen** Kopf.)
4. **N-Verneinung**: Probiere die Verneinung mit nicht aus. (Ich stehe **nicht** kopf.)

Für die **Proben 1 bis 3** gilt: Je mehr von ihnen positiv ausfallen, desto wahrscheinlicher handelt es sich um ein ‚typisches' Nomen. Du musst dann getrennt- und großschreiben. Trifft die **Probe 4** zu, ist hingegen die Klein- und Zusammenschreibung wahrscheinlicher.

3 Wähle Aufgabe Ⓐ oder Ⓑ aus.

Ⓐ Überprüfe in den folgenden Sätzen, ob klein- oder groß- und ggf. auch ob getrennt- oder zusammengeschrieben werden muss.
a. Hanna meint, es würde ihr **leidtun/Leid tun**.
b. Kannst du **Kopf stehen/kopfstehen**?
c. Er steht **kopf/Kopf**.
d. Wir nehmen an dem Kurs als Gruppe **teil/Teil**.

Ⓑ In einer Gruppe von Schülerinnen und Schülern wird über die Fälle aus Ⓐ beraten.
Lena überlegt: „Im Wörterbuch steht, dass *Kopf* ein Nomen ist. Es müsste dann doch großgeschrieben werden. Also warum sollte ich es hier kleinschreiben?"
Nimm zu Lenas Aussage Stellung und verwende zur Argumentation die dir bekannten Proben von Seite 315.

4 a) Lies den Infotext „Achilles".
Betrachte dann das nebenstehende Achilles-Meme.
Wie ist es zu verstehen?

*Bei einem **Meme** handelt es sich um einen zumeist kurzen, prägnanten Beitrag in (sozialen) Medien. In der Regel sind solche Beiträge kritisch, kreativ und/oder unterhaltend. Oft handelt es sich etwa um Bilder mit einer auf den Punkt gebrachten Aussage, die durch das Bild unterstützt wird.*

b) Überlege, ob du selbst schon einmal in einer hierzu passenden Situation warst oder ob du schon einmal eine hierzu passende Beobachtung im Internet gemacht hast. Tausche dich mit deiner Sitznachbarin oder deinem Sitznachbarn darüber aus.
c) Nehmt dazu Stellung, inwiefern ein Rechtschreibfehler ein gutes Argument schwächer aussehen lassen kann.

→ *Die Qualität von Argumenten erkennen, S. 107*

d) Überlegt nun, was viele Fehler mit einem Argument machen würden.

Ein starkes Argument, um jemanden im Internet zu überzeugen.

Ein Fehler.

Achilles

Achilles ist eine Heldenfigur aus der griechischen Mythologie. Als nahezu unbesiegbarer und unverwundbarer Krieger hat er um die Stadt Troja gekämpft. Seine Unverwundbarkeit verdankt Achilles dem Mythos zufolge einem Bad im Fluss „Styx", wobei seine Mutter ihn an der Ferse hielt, um ihn ins Wasser zu tauchen. Diesem Griff an der Ferse ist Achilles' einziger wunder Punkt geschuldet: die Achillesferse.

5

Zweifelsfälle und Varianten in Rechtschreibung und Interpunktion verstehen und erklären

1 Wähle Aufgabe **A** oder **B** aus.

A Recht haben und rechthaben bzw. Recht geben und rechtgeben sind Zweifelsfälle, in denen jeweils beide Varianten erlaubt sind, wobei die zusammen- und kleinge-schriebene von Wörterbüchern empfohlen wird.
a) Zeige mittels der dir bekannten Proben Gründe dafür auf, warum beide Varianten erlaubt sind.
b) Denke über mögliche Gründe nach, warum die klein- und zusammengeschriebenen Varianten jeweils empfohlen werden.

B Manchmal ist die Frage nach Getrennt- und Zusammenschreibung sowie der Groß- und Kleinschreibung insgesamt ein Zweifelsfall. Dann ist entweder durch die amtlichen Regeln eine Variante festgelegt oder es sind beide Varianten erlaubt.
a) Wende die dir bekannten Proben auf den folgenden Fall an:
   Ich mag **Radfahren/radfahren/Rad fahren**.
b) Vergleiche deine Ergebnisse mit einer Partnerin oder einem Partner und leitet hieraus gemeinsam eine Vermutung über die Schreibung her.
c) Euer Ergebnis der Proben ist wahrscheinlich uneindeutig. Recher-chiert in einem (Online-)Wörterbuch, wie geschrieben werden muss.
d) Diskutiert, ob diese Vorschrift nachvollziehbar ist. Welche Regelung würdet ihr vorschlagen?

2 Wähle Aufgabe **A** oder **B** aus.

A a) Beschreibe für den folgenden Fall fakultativer Interpunktion, worin der Unter-schied zwischen beiden Varianten besteht: Scanauftrag vs. Scan-Auftrag.
b) Überlege für jede der beiden Varianten, welche Gründe jeweils für die Schrei-bung mit und ohne Divis (hier in seiner Verwendung als Bindestrich) sprechen.
c) Begründe, für welche Variante du dich entscheiden würdest.
d) Sammle weitere ähnliche Fälle und entscheide, wie du jeweils schreiben würdest.

B Für parataktische Hauptsatzreihen stehen verschiedene Interpunktionsvarianten zur Verfügung:
a. *Ich wollte an meinem Buch schreiben mein Programm funktionierte nicht.
b. Ich wollte an meinem Buch schreiben, mein Programm funktionierte nicht.
c. Ich wollte an meinem Buch schreiben. Mein Programm funktionierte nicht.
a) In der Wissenschaft, die sich mit der Sprache befasst (Linguistik), werden un-grammatische Fälle mit einem * versehen. Erkläre, warum die Variante a. un-grammatisch ist.
b) Ist es egal, ob ein Punkt oder ein Komma steht? Beschreibe die Unterschiede zwischen den Varianten b. und c.
c) Begründe, für welche der beiden Varianten du dich entscheiden würdest.

Rechtschreibung vor dem Hintergrund ihrer Entwicklung nachvollziehen

→ Sprachliche Veränderungen nachvollziehen S. 286

1 Wähle Aufgabe Ⓐ oder Ⓑ aus.

Ⓐ Einige historische Schreibungen haben sich bis heute gehalten. Sie fallen oft dadurch auf, dass sie nicht so gut in das System der Schrift passen.

a) Überlege, inwiefern dies für die Schreibungen der folgenden drei Wörter gilt:

Stadt   Jacke   Katze

b) Beschreibe, wie die Wörter theoretisch aussehen müssten, um typisch für unser heutiges Schriftsystem zu sein.

Ⓑ Im heutigen Deutschen existieren keine Wörter mit Doppel-u, in denen (ähnlich wie in Saal oder Schnee) die Vokalverdopplung Auskunft über die Aussprache gibt. Im Althochdeutschen finden sich hingegen Schreibungen mit -uu wie beispielsweise im althochdeutschen Wort ántuuurt, was in etwa unserem heutigen Wort Antwort entspricht.

✎ Starthilfe, S. 400

a) Überlege, welche Funktion das Doppel-u in dem althochdeutschen Wort gehabt haben könnte.

b) Stelle weitere Überlegungen zu der Frage an, warum es in unserem heutigen Schriftsystem keine Verdopplung von -u mehr gibt.

2 a) Lies den kurzen Infotext „Zur deutschen Rechtschreibung".

b) Arbeitet zu zweit. Denkt gemeinsam darüber nach, welche Gründe heutzutage zu einer Anpassung und Veränderung der amtlichen Regeln führen könnten. Notiert hierzu Stichworte.

Zur deutschen Rechtschreibung

Die Bestrebungen nach einer Vereinheitlichung der Schrift gehen bis ins Mittelalter zurück. Hierzu muss man wissen, dass viele Schrei-
5 bungen sich im Mittelalter nicht nur regional, sondern auch individuell unterschieden haben, sodass nebeneinander eine große Menge unterschiedlicher Schreibungen derselben Wörter existierten. Hierdurch war das gegenseitige Verstehen nicht immer gewährleistet – oder
10 zumindest erheblich erschwert.

Eine Rechtschreibung im Sinne eines verbindlichen Regeltextes gibt es allerdings erst seit der II. Orthographischen Konferenz von 1901. Aber auch diese Regeln werden bis heute immer wieder im Lichte der sich entwickelnden Sprache 15 geprüft und ggf. aktualisiert. Heute ist hierfür der Rat für deutsche Rechtschreibung zuständig. Der Rat entscheidet über das amtliche Regelwerk.

Fremdwörter erkennen, richtig schreiben und aussprechen

1   Wähle Aufgabe **A** oder **B** aus.

A   a) Betrachte die folgenden Fremdwörter. Notiere, aus welchem Lebensbereich sie stammen.

Skonto	*Bilanz*	*Giro*	*Konto*
Brutto	*Kasse*	*Saldo*	*Kapital*

   b) Schlage dir unbekannte Wörter in einem (Online-)Wörterbuch nach.
   c) Beurteile, wie integriert die Wörter hinsichtlich Schreibung und Aussprache sind.
   d) Recherchiere, aus welchen Gebersprachen die Wörter stammen.
   e) Überlegt gemeinsam, warum die Wörter in diesem Lebensbereich bevorzugt aus diesen Gebersprachen stammen könnten.

→ *Wörterbücher, S. 390*

B   a) Betrachte die folgenden erfundenen Kunstwörter und werte anhand der Schreibungen aus, aus welcher Gebersprache die Wörter stammen müssten. Übernimm hierzu die untenstehende Tabelle in dein Heft und trage die Wörter ein.

Nozza	*Oleant*	*Laggio*	*Pamaise*	*Tesephon*	*Rapucci*
Lough	*Bollant*	*Byphe*	*Mapé*	*Cafts*	*Thanax*	*Tive*
Gadoir	*Anasis*	*Romét*	*Churp*	*Syne*	*Tikko*	*Thash*

Englisch	**Italienisch**	**Griechisch**	**Französisch**
…	…	…	…

   b) Geht die Wörter nun noch einmal durch und überlegt, wie ihr sie aussprechen würdet, da ihr sie nun einer Sprache zugeordnet habt. Bei welchen Wörtern seid ihr euch uneinig?

2   Nimm begründet Stellung zu der Aussage: „Englische Fremdwörter sollten stärker integriert werden".

💻 *Textverarbeitungsprogramm*

Zeigt, was ihr könnt

Auf diesen Seiten kannst du dein Wissen und Können zu Rechtschreibstrategien, Abweichungen, Varianten und Zweifelsfällen der Rechtschreibung und Interpunktion sowie historischen und fremden Schreibungen überprüfen.

Der Geist der Zigarrenfabrik (Auszug)

Der Herbstwind wehte über den Spielplatz und drehte das kleine Stehkarussell wie von Geister Hand. Jan saß im Gras zwischen den gefallenen Braun gewordenen Blättern und rupfte einzelne Büschel samt der Wurzel aus der Erde. Maxi hing Kopf über vom Klettergerüst und machte grimassen. Obwohl Ferien waren spielten die beiden allein. Einige der Jungs waren mit ihren Eltern in den Urlaub gefahren. Die Anderen waren auf Grund des schlechten Wetters zu Hause geblieben. Sobald man eine Jacke anziehen musste, um rauszugehen, war der Sommer vorbei und auch alle spiele, die er mit sich brachte.
Für Jungs in ihrem Alter war der Herbst eher lästig, eine warte Jahreszeit, zwischen Sommer Hitze und Schnee und Eis laufen im Winter. Zum Kastanien Sammeln waren sie zu alt und um nur noch Drinnen ab zu hängen, zu jung. Der Himmel war von einer Wolken Decke überzogen, die alles in grau tauchte. Nichts neues passierte.

Text leicht verändert

1 Der obenstehende Textauszug aus der Kurzgeschichte „Der Geist der Zigarrenfabrik" enthält verschiedene Rechtschreibfehler.
  a) Suche die Fehler und verbessere sie, indem du die bekannten Strategien anwendest. Schreibe den Text richtig ab.
  b) Beurteile die Fehler. Warum sind sie problematisch bzw. warum nicht?

2 Der Titel der Geschichte lässt erwarten, dass die beiden Jungen noch etwas erleben werden.
  a) Setze die Geschichte mit einigen Sätzen fort und nutze dabei die Interpunktion gezielt zur Gestaltung.
  b) Tausche nun deine fortgesetzte Geschichte mit deiner Nachbarin oder deinem Nachbarn aus. Lest eure Geschichten gegenseitig.
  c) Sprecht gemeinsam über die Zeichen in euren Texten. Welche Interpunktion ist besonders? Habt ihr die Zeichen in ähnlicher Weise zur Gestaltung genutzt?

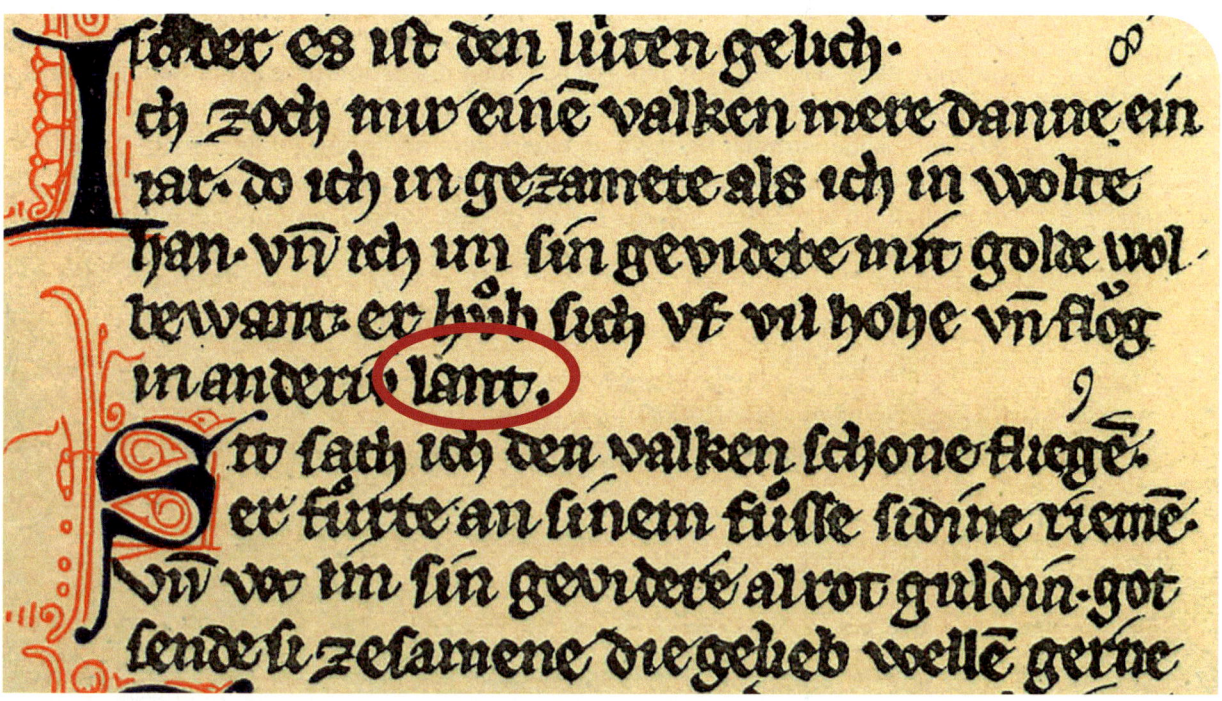

3 a) Versucht erst allein und dann gemeinsam den oben abgedruckten mittelhoch-
     deutschen Text zu lesen. Was versteht ihr? Was könnt ihr nicht lesen? Markiert
     mithilfe einer Folie.
📝 *Folie*

  b) Eine Schreibung ist rot eingekreist. Überlegt, um welches Wort es sich handeln
     könnte, und beschreibt, wie sich seine Schreibung verändert hat.
🚀 *Starthilfe, S. 400*

  c) Sammle Ideen, weshalb sich diese Änderung so ergeben haben könnte.

  d) Tausche dich anschließend mit einer Partnerin oder einem Partner über deine
     Überlegungen aus.

4 a) Benenne oder recherchiere je drei Fremdwörter im Deutschen, die …

  a. … aus dem Italienischen stammen,

  b. … aus dem Englischen stammen,

  c. … aus dem Arabischen stammen,

  d. … aus dem Russischen stammen,

  e. … aus dem Norwegischen stammen,

  f. … aus dem Türkischen stammen,

  g. … aus dem Japanischen stammen, und notiere diese.

  b) Beschreibe die Wörter, die du gefunden hast.

  • Werden die Wörter typisch oder untypisch für das Deutsche ausgesprochen?

  • Werden die Wörter an typische Schreibphänomene der Gebersprache ange-
    lehnt geschrieben?

  • Wenn in der Gebersprache auch das lateinische Alphabet verwendet wird, wie
    wird das Wort dort geschrieben?

  c) Stellt eure Ergebnisse in der Klasse vor: Welche neuen Wörter habt ihr kennenge-
     lernt? Aus welchen Bereichen stammen sie?

Eine freie Rede halten

Die freie Rede zeichnet sich dadurch aus, dass die Rednerin bzw. der Redner direkt zu den Gesprächspartnerinnen, den Gesprächspartnern und dem Publikum spricht, das heißt Augenkontakt herstellt, in einem verständlichen Tempo spricht und flüssig formuliert. Auch ohne ein Konzept in der Hand ist der Gedankengang geordnet und inhaltlich klar. Schon seit der Antike gilt die Kunst einer guten und wirkungsvollen Rede als erlernbar.

⚙ Methode

Eine freie Rede vorbereiten

Das Publikum merkt in der Regel, wenn die Rednerin oder der Redner eine auswendig gelernte Rede vorträgt. Die Rede wird oft zu schnell vorgetragen und ist inhaltlich und begrifflich zu überladen. Für eine wirkungsvolle Rede ist es deshalb nicht ratsam, in der Vorbereitung den genauen Wortlaut der Rede auswendig zu lernen. Vielmehr muss man sich die Gliederung der Rede klarmachen. Um das zu üben, gibt es verschiedene Möglichkeiten:

Die Methode „freies Ablesen"

Schreibe den Redetext groß und gut lesbar auf. Achte dabei auf Absätze und markiere die wichtigen Begriffe farbig. Lies den Text wiederholt laut vor und nutze dabei nach und nach nur die markierten Begriffe für deinen Vortrag.

Die Methode „halb und halb"

Falte zwei bis drei DIN-A4-Blätter in der Mitte. Formuliere deine Rede in ganzen Sätzen aus und schreib sie auf die obere Hälfte der DIN-A4-Blätter. Auf die untere Hälfte schreibst du die zentralen Begriffe oder Stichworte, die zum Inhalt des oberen Redeabschnitts passen. Übe nun den Vortrag deiner Rede, wobei du nur die untere Hälfte mit den Stichworten benutzt. Falls du ins Stocken gerätst, kannst du die Hälfte mit dem ausformulierten Text als Hilfe benutzen.

Karteikarten-Methode

Benutze Karteikarten im DIN-A6-Format. Schreibe oben auf eine Seite eine Überschrift (z. B. „Wen betrifft unsere Maßnahme?") und bis zu fünf weiterführende Stichworte. Auf die Rückseite schreibst du nur die Überschrift. Nummeriere die Karten. Halte nur anhand der Überschriften die Rede und benutze die Stichworte auf der Rückseite nur, wenn es nötig ist.

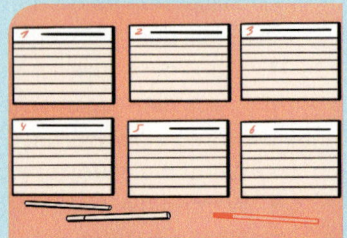

Mindmap-Methode

Stelle die zentralen Gedanken deiner Rede in Form einer Mindmap dar. Lege die Äste der Mindmap so an, dass der Aufbau der Rede deutlich wird, z. B. im Uhrzeigersinn.

1 Informiere dich mithilfe des Methoden-Kastens darüber, wie man sich auf eine freie Rede vorbereitet. Bereite dann eine Rede zu einem „Spaßthema" vor, bei dem du humorvoll übertreiben oder auch ironisch-absurd argumentieren kannst.

- Stelle eine neue Sportart vor, z. B. Wettschlafen, Teebeutelweitwurf, Staubsauger-marathon …
- Stelle einfache Alltagsgegenstände als die bedeutendste Erfindung der Mensch-heit vor, z. B. ein Taschentuch, ein Lineal, einen Bleistift …
- Entwickle eine klare Gliederung deiner Rede, indem du folgende drei Satzanfän-ge nutzt:
  Für mich ist … die größte Erfindung der Menschheit.
  Die ist so, weil …
  Und deshalb ist für mich … die größte Erfindung der Menschheit.
- Erweitere deine dreistufige Gliederung um einen Ohrenöffner.
  Wir kennen alle …
  Für mich ist … (die größte Erfindung der Menschheit.)
  Die ist so, weil …
  Und deshalb ist für mich … (die größte Erfindung der Menschheit.)

2 a) Halte die Rede vor einem Publi-kum. Achte dabei auf die Tipps im Wissen-und-Können-Kasten.
   b) Lass dir ein Feedback zu deiner Rede geben.

◎ **Tipp**

„Reden lernt man nur durch reden." (Cicero)

➡ *Feedback geben, S. 333*

❗ Wissen und Können

Eine freie Rede halten

- Gestalte deinen Redeauftritt bewusst:
  Position im Raum einnehmen, sicher stehen, d. h. Füße schulterbreit, Gewicht gleichmäßig auf beide Beine verteilen, Hände ruhig im positiven Bereich, d. h. über der Gürtellinie
- Lass deinen Blick über das gesamte Publikum streifen. Suche dir freundliche „Ansprechpartner/-innen" im Publikum aus.
- Atme aus und beginne mit dem Anfang des ersten Satzes.
- Verdeutliche das Ende deiner Rede, indem du bewusst den Zielsatz einleitest:
  Und deshalb ist für mich …
- Achte auf Sprechtempo, Pausen, Lautstärke und Betonung.
- Übe deinen Vortrag, bevor es ernst wird. Wähle dafür vertraute Personen als An-sprechpartnerin oder Ansprechpartner aus.

Mit dem Etherpad arbeiten

Ein Etherpad ist ein Computerprogramm im Internet zur kollaborativen Bearbeitung von Texten. Das bedeutet, dass mehrere Personen gleichzeitig ein Textdokument bearbeiten können. Änderungen am Text werden dabei sofort bei allen Teilnehmenden sichtbar. Die Teilnehmenden können jeweils mit einer Textfarbe arbeiten, sodass alle sehen können, wer was geschrieben hat. Kollaboratives Schreiben mit einem Etherpad eignet sich besonders, um gemeinsam zu lernen, wie ein bestimmter Text (z. B. eine Gedichtinterpretation) besonders gelingt.

❂ Methode

Mit dem Etherpad arbeiten

Vor dem Arbeiten mit dem Etherpad:

- Ein Gruppenmitglied öffnet folgenden Link: https://zumpad.zum.de/
- Dort erstellt sie/er ein Pad, benannt z. B. nach den Anfangsbuchstaben der Gruppenmitglieder.
- Dann gibt sie/er den eigenen Namen am rechten Rand des Bildschirms ein.
- Der Text, der bereits im Pad steht, sollte gelöscht werden.
- Anschließend muss jedes Gruppenmitglied die URL des Pads in seinem mobilen Endgerät oder PC eingeben, um das Pad zu öffnen. (Wahlweise kann der Link auch per E-Mail versendet werden → rechts oben, zweiter Button von rechts).
- Zuletzt gibt jede/r den eigenen Namen im Pad ein.

Während der Arbeit mit dem Etherpad:

- Sprecht nicht miteinander.
- Diskutiert über die Inhalte, sprachliche und formale Aspekte, deren Reihenfolge, interpretatorische Fragen usw. über die Chatfunktion an der rechten Seite des Dokuments.

Nach der Arbeit mit dem Etherpad:

- Tauscht euch kurz über die Arbeit mit dem Tool aus. Haltet Vor- und Nachteile schriftlich fest.
- Bereitet eine kurze Präsentation eurer Ergebnisse vor, in der alle Gruppenmitglieder zu Wort kommt.

> ◎ **Tipp**
>
> Neben dem kostenlosen und werbefreien ZUMpad, welches von Lehrkräften entwickelt wurde, gibt es weitere Etherpads, die ihr nutzen könnt.

1　Informiert euch mithilfe des Wissen-und-Können-Kastens darüber, wie die Arbeit mit einem Etherpad funktioniert.

2　a) Bildet Vierergruppen und sucht euch von den vier Gedichten auf den Seiten 178–180 eines aus, zu dem bisher niemand von euch eine schriftliche Interpretation verfasst hat.
　　b) Analysiere zunächst in Einzelarbeit das ausgewählte Gedicht nach der Methode, die auf den Seiten 174–176 vorgestellt wird.
　　c) Vergleicht und ergänzt eure Ergebnisse in der Gruppe.
　　d) Erstellt nun gemeinsam mit einem Etherpad eine schriftliche Interpretation.

Eine Gliederung erstellen

Eine Gliederung ist ein ausgearbeiteter Schreibplan – sie hilft, Gedanken zu ordnen. Auf der Grundlage einer Gliederung lassen sich eigene Texte und Vorträge in stimmiger Reihenfolge zu Papier bringen. Auch für das Verstehen eines Textes und der dahinterliegenden Aussageabsicht ist es wichtig, die Gliederung eines Textes zu erkennen.

1 Informiert euch mithilfe des Methoden-Kastens auf S. 326 darüber, wie eine Gliederung angefertigt wird.

2 a) Bildet Vierergruppen und lest den Text auf S. 326/327. Dieser ist bereits in sieben Abschnitte (① – ⑦) unterteilt.
　 b) Ordnet die vorgegebenen Zwischenüberschriften a.–e. dem jeweils passenden Abschnitt zu und formuliert die fehlenden Zwischenüberschriften in eure Hefte.
　　 a. Planungen des Vereins
　　 b. Der Verein und seine Mitglieder
　　 c. Projekte des Vereins
　　 d. Der Verein kommt bei Geflüchteten gut an
　　 e. Der Verein „Schüler Treffen Flüchtlinge" gewinnt den Jugendintegrationspreis der Bertelsmann-Stiftung

3 Erstellt in der Vierergruppe eine Gliederung des Textes nach dem folgenden Schema. Verwendet dafür eure Zwischenüberschriften aus Aufgabe 2. Denkt daran, den Hauptaspekt des Hauptteils (Gliederungsnummer 2) zu ergänzen.

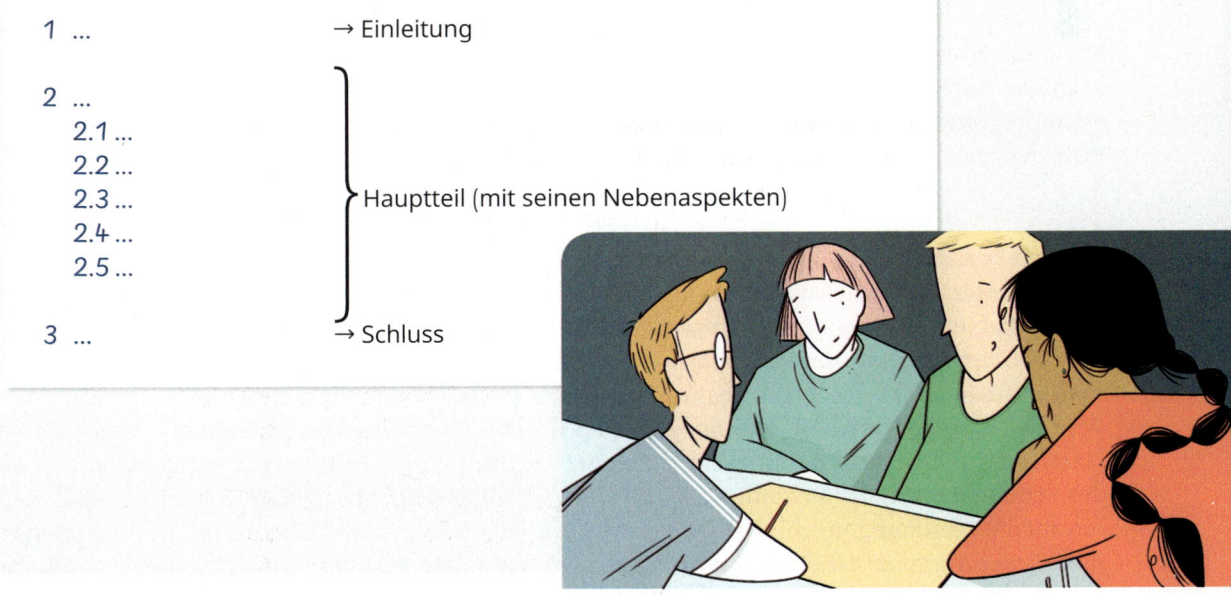

```
1 ...                    → Einleitung

2 ...            ⎫
   2.1 ...       ⎪
   2.2 ...       ⎬  Hauptteil (mit seinen Nebenaspekten)
   2.3 ...       ⎪
   2.4 ...       ⎪
   2.5 ...       ⎭

3 ...                    → Schluss
```

4 Besprecht eure Gliederungen im Plenum. Stellt fest, welche Gruppe den Inhalt des Textes am treffendsten erfasst hat.

⚙ Methode

Eine Gliederung erstellen

Vor dem Verfassen von längeren Texten wie z. B. Sachtexten und Erörterungen, aber auch vor längeren mündlichen Beiträgen wie einer Rede, solltest du diese planen, indem du eine **Gliederung** anfertigst. In der Gliederung kannst du deine Gedanken mithilfe von Haupt- und Nebenaspekten **geordnet** festhalten. Sie hilft daher auch, einen vorgegebenen Text inhaltlich zu erfassen und die Aussageabsicht zu verstehen.

Die **Hauptaspekte** werden dabei fortlaufend nummeriert (z. B. 1, 2, 3 …). **Nebenaspekte** werden unter den einzelnen Nummern mit Dezimalzahlen (2.1, 2.2, 2.3 …) aufgeführt.
Die Nummerierung orientiert sich an der Abfolge der Textteile, sodass die 1 in der Regel für die **Einleitung** steht und einen Aspekt benennt, der zum Hauptteil hinführt. Der **Hauptteil** beginnt entsprechend mit der Nummer 2. Dort finden sich die wichtigsten Informationen zum Thema in der Reihenfolge, in der sie im Text niedergeschrieben bzw. in der Rede besprochen werden. Der Hauptteil wird deshalb noch weiter in seine Nebenaspekte untergliedert. Die Gliederung schließt mit dem **Schlussteil** 3.

Yasmin Polat

Ausgezeichnetes Integrationsprojekt – Schüler kochen mit Flüchtlingen und gewinnen

① Mit dem Projekt „STF-Kocht!" hat der Verein „Schüler Treffen Flüchtlinge" den Preis des Jugendintegrationswettbewerbs der Bertelsmann-Stiftung gewonnen.

② In einer beschaulichen, kleinen Siedlung mitten in Niederschönhausen werden regelmäßig große Themen besprochen. Hier, im Esszimmer des Wohnhauses von Abiturient Joshua Kriesmann, findet das wöchentliche Treffen des Vereins „Schüler Treffen Flüchtlinge e.V." (STF) statt. Der 18-Jährige ist Vorstandsvorsitzender des Schülervereins, der sich mit seinen Projekten auf die Verständigung mit Geflüchteten und ihre Förderung konzentriert. Seine vier Vereinskollegen Raven Schulz, Paula Fredrich, Dorothea Bähr und Helen Schmitz – zumeist Schüler des

Europäischen Gymnasium Bertha-von-Suttner in Reinickendorf – sitzen um den Esstisch herum. Sie bilden das Kernteam.

③ „Wir konnten etwas tun", sagt Paula, „nein, wir mussten etwas tun", korrigiert Joshua seine Mitschülerin, die zustimmend nickt. Und das haben sie: Seit November letzten Jahres gibt es den Verein, bereits mehrere Projekte haben die Jugendlichen auf die Beine gestellt, darunter zwei große Spendenaktionen an Schulen zugunsten von Flüchtlingsunterkünften, ebenso die Vermittlung von Schülern in Willkommensklassen. Und das Kochprojekt „STF-Kocht!", bei dem die Jugendlichen Kochabende mit Geflüchteten veranstalten. Mit diesem Kochprojekt haben sie nun den Preis des Jugendintegrationswettbewerbs „Alle Kids sind VIPs" der Bertelsmann-Stiftung gewonnen. 167 Projekte bewarben sich, die Siegerehrung fand am vergangenen Dienstag statt. Unter den sechs Gewinnern auch die Berliner von „Schüler Treffen Flüchtlinge e.V."

④

Alles begann vor einem Jahr, als Kriesmann und Schulz den Drang verspürten, etwas zu tun: „Joshua und ich wollten irgendetwas eigenes machen", sagt Schulz. „Wir wollten uns engagieren. Dann haben wir unsere Ideen aufgeschrieben und Joshua hatte schließlich die Idee, einen Verein für Flüchtlingshilfe zu gründen." Schnell kamen Fredrich und die anderen Mitglieder des Kernteams dazu. Mittlerweile gehört der Verein fest zu ihrem Leben.

Die Schüler und Abiturienten verbindet nicht nur Freundschaft sondern auch die gemeinsame Mission im Schülerverein: „Mittlerweile sehen wir es als selbstverständlich an, dass wir das machen. Der Verein ist nicht mehr wegzudenken", sagt Schulz.

⑤

Die Teilnahmebereitschaft unter seinen Mitschülern sei groß, viele hätten schon lange tätig werden wollen, nur das passende Projekt habe gefehlt, sagt Raven Schulz vom Max-Delbrück-Gymnasium in Pankow. Dass sie nun mit einem ihrer Projekte den Jugendintegrationswettbewerb der Bertelsmann-Stiftung gewonnen haben, ist für alle ein Beweis dafür, wie sehr der Verein gebraucht wurde: „Das zeigt, wie wichtig es war, dass wir angefangen haben", sagt Schulz. „Und wir werden auf jeden Fall weitermachen." Weitere Projekte wie ein Fußballspiel mit Schülern und Geflüchteten sind bereits in Planung. Für die Zukunft wünschen sich die Mitglieder von „Schüler treffen Flüchtlinge e.V." mehr Vereinsmitglieder und Partnerschulen: „Unser größter Wunsch ist es, dass sich die Projekte verbreiten und verselbstständigen, sodass jeder seinen Beitrag leisten kann - und wir dazu Anstöße und Möglichkeiten bieten können", sagt Bähr. Warum der Verein besonders für junge

Menschen wichtig ist, sei klar: „Wenn man früh lernt, dass kulturelle Unterschiede kaum einen Einfluss auf die Beziehungen mit Personen haben, ist das eine ganz wichtige Lektion, die wir auch durch unsere Projekte vermitteln wollen", sagt Kriesmann.

⑥

Der Kontakt mit Geflüchteten, zum Beispiel bei dem Kochabend, hat auch neue Freundschaften hervorgebracht: „Es war eine schöne Gemeinschaft. Ich hatte das Gefühl, mit Freunden zu kochen", sagt Bähr. Darum scheint es auch dem Großteil der geflüchteten Jugendlichen zu gehen, wie die Mailingliste des Vereins zeigt. In die Liste konnten sich Geflüchtete eintragen, um über Projekte des Vereins informiert zu werden. Unter der Spalte „Interessen" steht vermehrt als Wunsch: „Talk to people, meet new people, learn German". „Es ist so einfach und doch machen es so wenige", sagt Fredrich. „Deswegen machen wir es jetzt."

⑦

Der nächste „STF-Kocht!"-Abend mit Geflüchteten ist in diesem Juni geplant, als Preis des Wettbewerbs wird der Fernsehmoderator Daniel Aminati das Kochprojekt besuchen.

Text leicht verändert

Richtig zitieren

Es gibt verschiedene Arten von Zitaten – das direkte und das indirekte Zitat. Wie kann man diese richtig in seinen eigenen Text einbauen? Und wann sollte man welche Form wählen? Um diese Fragen zu klären, kann der folgende Text als Beispiel dienen.

Integrationsproblem

Besonders schwer haben es ausländische Jugendliche, vor allem, wenn ihre Eltern sie erst später in die Bundesrepublik nachholen. ==Viele erleben den Umzug als Kulturschock.== Sie sind
5 mit den Werten ihrer Heimatländer aufgewachsen, sprechen kein Deutsch und kommen deshalb mit den Anforderungen in der Schule und in der Ausbildung nicht zurecht.
Weil die Ausländerpolitik immer noch von der
10 Maxime geprägt ist, dass Ausländer möglichst wieder in ihr Heimatland zurückkehren sollen, können sie sich auch schlecht integrieren. All diese Probleme erzeugen bei vielen Deutschen Ängste und Ablehnung von Ausländern und führen immer wieder zu Versuchen, deren Zahl 15 zu begrenzen. Allerdings haben entsprechende Einschränkungen kaum mehr Wirkung, da sie für Ausländer, die aus Staaten der Europäischen Union kommen, ohnehin nicht gelten.

Angehörige eines EU-Lands können praktisch 20 ohne Beschränkungen in einem anderen EU-Land arbeiten. Es wird immer deutlicher, dass Deutschland ein neues Gesetz braucht, das Einwanderung als Tatsache anerkennt, Integration fördert, und den Rechtsstatus von Ausländern, 25 die hier leben, verbessert.

1 Lies den Text und notiere dir in ein bis zwei Sätzen, worum es inhaltlich geht.

2 a) Was bedeutet der markierte Satz? Schreibe es in Stichpunkten auf.
    b) Welches der markierten Wörter erscheint dir besonders wichtig? Notiere es.
    c) Überlege mit einer Lernpartnerin oder einem Lernpartner, warum der markierte Satz es wert ist, ihn in einen eigenen informierenden Text zum Thema *Integration* zu übernehmen. Unterscheidet er sich von den restlichen Sätzen?

3 a) Informiert euch mithilfe des Wissen-und-Können-Kastens, wie ihr den markierten Satz in einem eigenen Text wiedergeben könnt.
    b) Welche Form des Zitates erscheint euch für die Wiedergabe des Satzes am sinnvollsten? Diskutiert zu zweit und nennt entsprechende Situationen.

4 a) Überlegt zu zweit, welcher weitere Satz aus dem Text ebenfalls in Form eines Zitates in einem eigenen Text wiedergegeben werden könnte.
    b) Begründet, welche Zitatform sich am besten für den gewählten Ausschnitt eignet und formuliert einen eigenen Satz, in dem ihr das Zitat korrekt einbaut.

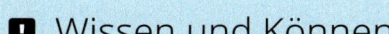
❗ Wissen und Können

Direkt und indirekt richtig zitieren

Kennzeichen des **direkten Zitats**:
- Es gibt einen Einleitungssatz oder Begleitsatz.
- Das Zitat steht in Anführungszeichen. Anführungszeichen stehen im Deutschen vorne unten und hinten oben.
- Das Zitat folgt auf den Einleitungssatz nach einem Doppelpunkt oder es steht vor einem Begleitsatz und wird dann mit Komma abgetrennt.
- Der Wortlaut des Zitats wird in allen Einzelheiten beibehalten.
- Nach der zitierten Textstelle steht die Quellenangabe in Klammern.

→ Das direkte Zitat gibt den Inhalt, auf den es ankommt, sehr genau wieder, kann aber auch eintönig wirken.

Beispiele:
- Im Text „Integrationsproblem" heißt es: „Viele erleben den Umzug als Kulturschock." (Z. 3 f.)
- „Viele erleben den Umzug als Kulturschock" (Z. 3 f.), wie es im Text „Integrationsproblem" heißt.

Kennzeichen des **verkürzten direkten Zitats**:
- Der Einleitungssatz oder Begleitsatz kann fehlen.
- Es wird nur ein Wort/eine Wortgruppe zitiert, das/die in den Text einbezogen ist.
- Das Zitat steht in Anführungszeichen.
- Nach dem Zitat steht die Quellenangabe in Klammern.

→ Das verkürzte indirekte Zitat fügt sich stimmig in den eigenen Satz ein. Dieser wirkt dadurch flüssiger.

Beispiele:
- Für viele Jugendliche war der Umzug nach Deutschland ein „Kulturschock" (Z. 3 f.).
- In dem Artikel ist die Rede davon, dass viele Jugendliche „den Umzug als Kulturschock" erleben (Z. 3 f.).

Kennzeichen des **indirekten Zitats**:
- Es gibt einen Einleitungssatz, der von einem Nebensatz (z. B. einem *dass*-Satz) gefolgt wird, oder der Einleitungssatz bzw. Begleitsatz fehlt.
- Der Inhalt, der wiedergegeben wird, ist in eigenen Worten benannt.
- Das indirekte Zitat wird in den eigenen Satz integriert, Anführungszeichen fehlen.
- Am Ende des Satzes steht in Klammern eine Quellenangabe. Diese wird mit vgl. für „vergleiche" oder s. für „siehe" eingeleitet und macht deutlich, dass es sich nicht um ein direktes Zitat handelt.

→ Das indirekte Zitat ist kein wörtliches, sondern ein sinngemäßes Zitat. Es fügt sich deshalb besser in den Satz ein, der dadurch flüssiger oder kürzer wird. Eventuell kannst du das indirekte Zitat auch mit einer weiteren Information verknüpfen.

Beispiele:
- In dem Online-Lexikonartikel wird betont, dass sich viele Jugendliche schwer damit tun, ihre Heimat zu verlassen und in Deutschland Fuß zu fassen (vgl. Z. 3 f.).
- Für viele Jugendliche bedeutet der Umzug nach Deutschland einen kulturellen Bruch in ihrer Identität (s. Z. 3 f.).

Kommunikation

Argumente gewichten

Argument ist nicht gleich Argument. Das liegt daran, dass manche Argumente stärker sind als andere und jeweils andere **Adressaten** ansprechen. Dein Klassenlehrer lässt sich vielleicht von anderen Gründen überzeugen als deine Mitschüler oder deine Eltern.

Man kann seine **Argumente nach verschiedenen Kriterien gewichten:** In einer → *Diskussion* ist es häufig sinnvoll, mit einem **starken Argument zu beginnen**, das die Aufmerksamkeit aller Zuhörer sichert. Anschließend kann man seine Argumente **von den eher schwächeren zu den stärkeren steigern**, da das letzte Argument zum Schluss am längsten präsent bleibt.

Argumente für eine Debatte ordnen
(→ *Seite 41, 49*)

Die Argumente in einer → *Debatte* lassen sich danach ordnen, ob …
- sie auf ein Problem bei der praktischen Durchführung bzw. Einführung der Maßnahme hinweisen (**Machbarkeit**),
- die genannten Gründe einen Vorteil oder einen Nachteil für eine betroffene Gruppe beschreiben (**Nützlichkeit**),
- sie einen allgemeinen Wert berühren, z. B. Freiheit, Selbstbestimmung, Sicherheit usw. (**Sittlichkeit bzw. Werte-Ebene**).

Ein Bewerbungsgespräch führen
(→ *Seite 25/26, 29–32*)

1. **Begrüße** deine Gesprächspartnerin oder deinen Gesprächspartner **höflich**. Warte, bis man dir einen Platz anbietet. Danach werden dir oft alltägliche Fragen, z. B. zur Anreise, gestellt, um die Atmosphäre aufzulockern und einen ersten Eindruck von dir zu gewinnen.
2. Beantworte die dir gestellten Fragen **glaubhaft** und möglichst **genau**. Beachte, dass du auf Nachfragen weitere Erläuterungen geben musst. Frage auch selbst nach, wenn du etwas nicht verstanden hast.
3. Sprich in **ganzen Sätzen**, vermeide **Umgangssprache** und halte **Blickkontakt**.

4. Stelle deine Fragen, wenn du dazu aufgefordert wirst. Falls sich zu einem früheren Zeitpunkt eine Frage ergibt, erkundige dich, ob du bereits jetzt eine Frage stellen darfst.
5. **Bedanke** dich abschließend für das Gespräch und erkundige dich höflich nach dem weiteren Vorgehen, damit du weißt, wann du mit einer Zu- oder Absage rechnen kannst. **Verabschiede** dich freundlich.

Chat-Sprache untersuchen
(→ *Seite 284/285, 305*)

In Chats lassen sich einige sprachliche Besonderheiten beobachten, die von der Standardsprache abweichen. Oft dienen sie dem schnellen Austausch von Informationen oder der Übermittlung von Emotionen.

Wortebene (morphologisch)
- Assimilationen, z. B. haste (statt „hast du")
- Tilgungen am Wortanfang oder Wortende, z. B. ne (statt „eine")
- phonetische Kurzformen, z. B. wat? (statt „was?")
- Inflektive, z. B. *grins

Satzebene (syntaktisch)
- Akronyme, z. B. hmdl
- Einwortsätze, z. B. Dabei?
- Subjektellipsen (→ *Subjekt,* → *Sprachliche Mittel*), z. B. Bin dabei

Ebene des Mediums
- Emojis als nonverbale Begleitung, z. B. ☺
- Hervorhebungsakzente, etwa durch → *Großschreibung*, z. B. HALLO
- fehlende Satzzeichen
- expressive Ausrufe, z. B. Aha, Oha
- Weglassen von persönlichen Anreden

Debattieren
(→ *Seite 36–45*)

Rollen und Aufgaben im Verlauf einer Debatte
Während einer Debatte bleiben alle Teilnehmerinnen und Teilnehmer **bis zum Schluss in den zugeteilten Rollen**, unabhängig von ihrer persönlichen Überzeugung. Sie werden für die Zeit der Debatte zu Anwältinnen oder Anwälten dieser Position und vertreten sie mit vollem Einsatz.

Alle Teilnehmerinnen und Teilnehmer der Debatte sprechen **frei**, d. h. **ohne vorgefertigte Notizen und Formulierungen**. Während eine Teilnehmerin oder ein Teilnehmer spricht, dürfen die anderen **Notizen** anfertigen. In der Schlussrunde bekräftigen alle ihren Standpunkt und heben das wichtigste Argument aus der Debatte hervor. Dabei dürfen **keine neuen Argumente** genannt werden.

Eine Debatte in der Klasse durchführen

1. **Vorbereitung der Debatte:**
   - Verändert die Sitzordnung in der Klasse so, dass alle der Debatte gut folgen können.
   - Schreibt die Streitfrage an die Tafel.
   - Bestimmt zwei Zeitwächter/-innen. Diese benötigen eine Stoppuhr, um die Redezeit zu messen und die Debatte durch ein akustisches Signal nach jeder Phase zu strukturieren.
   - Bestimmt vor Beginn der Debatte, wer aus dem Publikum welcher Teilnehmerin bzw. welchem Teilnehmer eine Rückmeldung geben wird bzw. wer auf die ganze Debatte achtet.

2. **Durchführung der Debatte:**
   - Nutzt die Fragen auf der Checkliste (unten), um während der Debatte zu notieren, wie gut die Debatte ist und mit welchen Beiträgen sich die Teilnehmerinnen und Teilnehmer an der Debatte beteiligen.
   - Die Zeitwächterinnen und Zeitwächter achten darauf, dass die Redebeiträge in der Eröffnungs- und Schlussrunde nicht länger als die vorgegebene Zeit dauern. Durch akustische Signale weisen sie behutsam darauf hin, dass ein Beitrag abgeschlossen werden sollte.

3. **Rückmeldung zur Debatte:**
   - Die Zeitwächterinnen und Zeitwächter stellen dar, wie die Teilnehmerinnen und Teilnehmer ihre Zeit genutzt haben.
   - Die Teilnehmerinnen und Teilnehmer erhalten eine Rückmeldung durch das Publikum; sowohl für die Gruppenleistung als auch individuell.

Eine Debatte beurteilen

Die Kriterien bei der Beurteilung einer Debatte bei „Jugend debattiert" sind folgende:

- **Sachkenntnis:** Wie gut wurde die Maßnahme bestimmt? Wurden aktuelle Zahlen, Daten und Fakten einbezogen?
- **Ausdrucksvermögen:** Waren Wortwahl und Satzlänge gut verständlich? Wurden Fachbegriffe benutzt und ggfs. erklärt? Gab es besonders gelungene Formulierungen?
- **Überzeugungskraft:** Waren die Beiträge klar und verständlich aufgebaut? Wurden gute Argumente vorgetragen? Wurde klar, warum die Maßnahme zur Problemlösung (nicht) beiträgt?
- **Gesprächsfähigkeit:** Wurden die vorherigen Beiträge aufgegriffen und richtig daran angeknüpft? Hat die Teilnehmerin bzw. der Teilnehmer gut zugehört und einen guten Überblick über den Verlauf der Debatte gezeigt?

Eine Rückmeldung zu einer Debatte geben
Mein Eindruck von der ganzen Debatte:

- Bleibt die Debatte beim Thema?
- Ist mir klar, über welche Maßnahme debattiert wird?
- Werden während der Debatte viele Aspekte vorgestellt und vertieft?
- Ist die Debatte lebendig oder gibt es viele Pausen und Wiederholungen?
- Ist das sprachliche Niveau der Debatte insgesamt angemessen?
- Verläuft die Debatte sachlich und fair?

Mein Eindruck von ... auf der Position ... (Pro 1, Kontra 1 ...):

- Hast du gesagt/geprüft, welches Problem mit der Maßnahme gelöst werden soll?
- Hast du die Maßnahme konsequent genau beschrieben/befragt?
- Hast du gute Argumente in die Debatte eingebracht?
- Hast du deine Argumente überzeugend begründet und/oder durch Beispiele veranschaulicht?
- Hast du verständlich, flüssig und angemessen gesprochen?
- Hast du gut zugehört und bist du erkennbar auf die Argumente der Gegenseite eingegangen?

Diskutieren
(→ Seite 36/37)

Einen Meinungsaustausch oder eine Aussprache nennt man eine **Diskussion**. Damit eine Diskussion gelingt, ist es wichtig, dass die → *Gesprächsregeln* eingehalten werden.
Wenn ihr diskutiert, solltet ihr eure Meinungen begründen, darauf hören, was eure Gesprächspartner/-innen sagen und aufeinander eingehen. Respektiert, dass eure Mitschülerinnen

und Mitschüler andere Meinungen haben können. Um den eigenen Standpunkt dennoch möglichst überzeugend zu vertreten (→ *Standpunkte vertreten*), könnt ihr je nach Adressat/-in oder Anlass → *Argumente gewichten*, d. h. danach sortieren, ob sie vom Gegenüber eher als stark oder als schwach empfunden werden. Zudem ist sinnvoll, sich bereits vor der Diskussion Gedanken darüber zu machen, welche Argumente Diskussionspartner/-innen mit anderen Positionen nennen könnten.

Formulierungshilfen
Überleitungen:
- Ein Argument für meine Meinung ist …
- Des Weiteren sollte man bedenken, dass …
- … darf nicht vergessen werden.
- Wichtig ist …
- Für meine Ansicht spricht außerdem, dass …
- Man muss berücksichtigen, dass …
- Außerdem …, Zudem …, Darüber hinaus …, Weiterhin …, Zusätzlich …

Entkräftungen/Vorwegnahmen:
- Ich verstehe deinen Punkt, finde aber trotzdem, dass …
- Obwohl du recht hast, sollte man … bedenken.
- Sicherlich ist dein Argument richtig, aber …
- Auch wenn …., muss beachtet werden, dass …
- Natürlich lässt sich einwenden, dass … .
- Trotzdem …
- Zwar haben wir bedacht, dass … , aber … ist nichtsdestotrotz wichtiger.

Verschiedene Arten von Diskussionen
In einer **Pro-und-Kontra-Diskussion** entscheidet sich jeder Teilnehmer für die Pro- oder die Kontra-Position zu der Streitfrage (z. B. „Klassenrat – ja oder nein?"). Beide Positionen sollten etwa gleich stark vertreten sein.
- Jeder notiert möglichst viele Argumente für seine Position (mit Beispielen und Belegen).
- Jeweils fünf Vertreter/-innen der Pro- und der Kontra-Position diskutieren vor der Klasse. Legt vorher eine Zeit fest, z. B. 5–10 Minuten.
- Ein oder zwei Schüler/-innen leiten (moderieren) die Diskussion. Sie
  - beginnen das Gespräch, begrüßen die Teilnehmer/-innen, nennen das Thema.
  - erteilen das Rederecht und achten darauf, dass sich Pro- und Kontra-Seite abwechseln, jede/r zu Wort kommt und sich alle an die → *Gesprächsregeln* halten.
  - beenden die Diskussion, fassen die wichtigsten Argumente zusammen und lassen über die Streitfrage abstimmen.
- Nach der Diskussion geben Zuschauende, Moderator/-innen und Diskutierende ein → *Feedback*:
  - Was ist gut gelungen? Was fiel leicht?
  - Was klappte noch nicht so gut?
  - Was sollte besser werden?

Bei einer **Rollendiskussion** nehmt ihr nicht eure persönliche Meinung zu einer Streitfrage ein, sondern schlüpft in die Rolle einer bestimmten Person, aus deren Perspektive ihr die Streitfrage beurteilt. Beim Formulieren der Argumente müsst ihr darauf achten, dass sie zu der Rolle passen, die ihr in der Diskussion vertretet.

1. Bereitet die Rollendiskussion vor:
- Entscheidet euch für eine Rolle und überlegt, welchen Standpunkt ihr zu der Streitfrage einnehmt (→ *Standpunkte vertreten*).
- Formuliert möglichst viele Argumente, Beispiele und Belege für eure Sichtweise (Position).

2. Führt die Diskussion durch:
- Zwei Schülerinnen oder Schüler moderieren.
- Die Teilnehmer/-innen stellen sich in ihrer Rolle vor.
- Einige Schüler/-innen beobachten die Diskussion.

3. Tauscht euch im Anschluss aus:
- Wie gut ist es euch gelungen, euch in die Rollen hineinzuversetzen?
- Seid ihr aufeinander eingegangen?
- Hat sich eine Position durchgesetzt?

In einer **Fishbowl-Diskussion** diskutieren ein oder mehrere Vertreter jeder Gruppe in der Mitte der Klasse eine Streitfrage, während die Mitschülerinnen und Mitschüler sie beobachten, um hinterher eine Rückmeldung geben zu können.

Dennoch haben alle die Möglichkeit, an der Diskussion teilzunehmen, da immer ein Stuhl für wechselnde Diskussionsteilnehmer bereitsteht.

Durch die Diskussion führen **Moderatorinnen oder Moderatoren**, die die Diskussion auch einleiten und am Ende das Ergebnis zusammenfassen. Dieses muss nicht immer eine Einigung sein, sondern kann auch einen Kompromiss oder eine Unvereinbarkeit der beiden Positionen beinhalten.

Bei der **Kugellager-Diskussion** stellen sich die Teilnehmer/-innen in zwei Kreisen (innerer und äußerer Kreis) auf oder bilden zwei Stuhlkreise und diskutieren jeweils mit der ihnen gegenüberstehenden oder -sitzenden Person. Wenn der Lehrer oder die Lehrerin ein Zeichen gibt, rücken z. B. die Teilnehmer aus dem Außenkreis einen Schritt oder Sitz nach links und sprechen mit der nächsten Person.

Feedback geben
(→ Seite 17, 32, 37, 45, 50, 135, 177, 250, 299, 323)

Das Feedback (*engl.* Rückmeldung) soll denjenigen, der es erhält, stärken und ihn motivieren, sich zu verbessern. Deshalb ist die Regel zu beachten, dass man immer mit **einem positiven Aspekt beginnt und schließt**. Natürlich kann dazwischen auch weniger Gelungenes herausgestellt oder können Verbesserungsvorschläge gemacht werden. Diese sollten allerdings in der **Ich-Form** formuliert sein und stets höflich und wertschätzend vorgetragen werden. Am besten ist es, wenn zudem noch **Tipps** gegeben werden, wie etwas konkret verbessert werden kann. Auf folgende Punkte kann das Publikum achten, um dem Vortragenden ein hilfreiches Feedback zu geben:

Feedback geben zu einer Diskussion
Anders als in einer schriftlichen Argumentation muss man beim mündlichen → *Diskutieren* nicht nur überzeugend und adressatengerecht → *Standpunkte vertreten*, sondern auch auf die Körpersprache achten. Neben der **Körperhaltung** und dem **Blickkontakt** gehören zur Körpersprache zum Beispiel auch die **Mimik** und die **Gestik**. Außerdem kann man auch seine **Stimme** unterschiedlich einsetzen. Besonders hilfreich ist es, wenn man nach einer Diskussion ein Feedback bekommt, mithilfe dessen man sich verbessern kann. Folgende Punkte können Anhaltspunkte für ein Feedback zur Körpersprache sein:

Körperhaltung:
- Stehst oder sitzt du aufrecht und selbstbewusst?
- Hast du eine respektvolle, offene, freundliche Haltung?

Gestik & Mimik:
- Unterstreichst du deine Worte durch Bewegungen und Ausdruck?
- Wirken deine Bewegungen und dein Ausdruck natürlich und nicht künstlich? Passen sie zu dir?

Blickkontakt:
- Schaust du deine Adressaten an?
- Schaust du unterschiedliche Adressaten an?

Stimme:
- Kann dich jeder gut verstehen (Lautstärke, Sprechtempo, Deutlichkeit …)?
- Variierst du deine Stimme, um zu überzeugen (laut/leise, aufgeregt/ruhig …)?

Feedback geben zu einer Präsentation
Zur Darstellung des Inhalts:
- Weckt der Beitrag Interesse?
- Sind die Informationen korrekt?
- Werden zu viele oder zu wenige Informationen gegeben?
- Sind die wesentlichen Aspekte des Themas herausgestellt?
- Ist die Abfolge der Inhalte schlüssig?

Zur Ausführung des Vortrags:
- Ist die Aussprache klar und deutlich?
- Sind das Sprechtempo und die Pausen passend?
- Wird flüssig und zusammenhängend vorgetragen?
- Wird möglichst frei gesprochen?
- Ist Blickkontakt hergestellt?
- Wird die vorgesehene Zeit eingehalten?
- Ist die Körpersprache (Körperhaltung, Gestik, Mimik) angemessen eingesetzt?
- Wird in Standarddeutsch vorgetragen?

Zur Gestaltung der Folien:
- Ist die Abfolge der Inhalte/Folien stimmig?
- Sind die einzelnen Stichpunkte verständlich, knapp und selbsterklärend formuliert?
- Ist die Gestaltung übersichtlich und die Schrift gut lesbar?
- Finden sich passende und abwechslungsreiche Visualisierungselemente?
- Wurde auf sprachliche Richtigkeit geachtet und Umgangssprache vermieden?

Gesprächsregeln anwenden

Gespräche finden aus unterschiedlichen Anlässen statt. Meist haben sie bestimmte Themen, z. B. die Planung des nächsten Klassenausflugs oder Probleme in der Klasse. Damit Gespräche gelingen, sollten bestimmte Regeln berücksichtigt werden, z. B.:
- einander ausreden lassen
- aktiv zuhören
- Meinungen begründen

Kommunikationsstörungen erkennen und lösen

(→ Seite 66/67)

Um zu verstehen, woran Gespräche scheitern, muss man sich zunächst einmal klar machen, welche Art von Störung vorliegt. Dabei hilft ein einfaches Kommunikationsmodell:

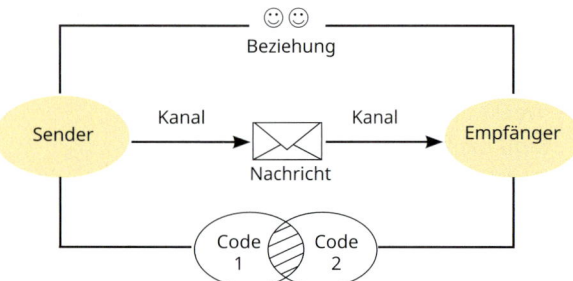

Folgende Arten von Kommunikationsstörungen können beispielsweise auftreten, wenn der Sender (= der Sprechende oder Schreibende) eine Nachricht an den Empfänger übermittelt:

Störungen auf der Ebene des Kanals

Manchmal scheitert die Kommunikation schon an den Rahmenbedingungen, z. B., weil der Empfang am Telefon schlecht ist oder es in einem Raum sehr laut ist und man den anderen akustisch nicht versteht.
Hier kann man die andere Person beispielsweise bitten, lauter und deutlicher zu sprechen oder sich auf einen anderen Zeitpunkt oder ein anderes Medium für das Gespräch einigen.

Störungen auf der Ebene der Sprache

Es gibt Kommunikationsstörungen, die den **Code** einer Nachricht betreffen. Mit Code ist im weitesten Sinne eine Sprache (also beispielsweise auch ein → *Dialekt* oder → *Jugendsprache*) gemeint. Wenn Gesprächspartner Informationen austauschen, werden diese vom Sender nach einem bestimmten Code erzeugt und vom Empfänger nach demselben Code interpretiert. Verständnisprobleme treten immer dann auf, wenn die Gesprächsteilnehmer/-innen den Code nicht kennen oder falsch verstehen.
Um Kommunikationsstörungen auf sprachlicher Ebene zu beheben, kann man u. a. um Worterklärungen bitten, nach einer gemeinsamen Sprache suchen, einen Übersetzer oder eine Übersetzerin einbeziehen oder Körpersprache zur Unterstützung einsetzen.

Störungen auf der Beziehungsebene

Unbeabsichtigte Störungen auf der Beziehungsebene können auftreten, weil die Beteiligten aneinander vorbeireden, unaufmerksam für die Wünsche und Erwartungen des anderen sind, oder eine der Personen das Gesagte anders verarbeitet als es gemeint war. Störungen auf der Beziehungsebene treten aber auch auf, wenn eine Person das Gespräch **bewusst** manipuliert, seinem Gegenüber absichtlich nicht richtig zuhört oder diesen ignoriert, weil kein wirkliches Interesse an dem Gespräch besteht.
Bei Kommunikationsproblemen auf der Beziehungsebene sollte man das Gespräch über die gescheiterte Kommunikation suchen. Dabei ist zu klären, was das Gegenüber falsch verstanden hat, welche Erwartungen evtl. enttäuscht wurden oder durch welche Äußerungen sich der Gesprächspartner vielleicht gekränkt oder verletzt gefühlt hat. Oft ist eine Entschuldigung angebracht.
Merkt man hingegen, dass man von einer anderen Person bewusst manipuliert wird, ist es manchmal besser, sich Hilfe und Unterstützung von einer außenstehenden Person zu suchen.

Gruppen- oder Partnerpuzzle durchführen

(→ Seite 13, 18, 177)

Ein **Gruppenpuzzle** ist eine Form der Gruppenarbeit. Dabei werden Themen zunächst in sogenannten **Stammgruppen** untereinander aufgeteilt, dann in **Expertengruppen** erarbeitet und schließlich wieder in den Stammgruppen zusammengetragen. Am Ende der Gruppenarbeit steht ein gemeinsames Lernprodukt, das in der Klasse präsentiert wird.
Die kleine Schwester des Gruppenpuzzles ist das **Partnerpuzzle**. Dabei ist von vornherein festgelegt, dass es lediglich zwei Teilthemen gibt. Sowohl das Experten- als auch das Stammteam ist dann jeweils ein Duo.

Ein Kompetenzprofil anlegen

(→ Seite 12–14)

Um einen passenden Praktikumsberuf zu finden, muss man sich seine Kompetenzen bewusst machen. Das sind Fähigkeiten und Eigenschaften, die eine Bewerberin bzw. ein Bewerber mitbringen muss. Diese Kompetenzen lassen sich in drei Bereiche einteilen:

1. **Fachliche Kompetenzen:** Dazu gehören Fachwissen, Kenntnisse, Fähig- oder Fertigkeiten wie Fremdsprachen- oder Computerkenntnisse, ein Trainerschein, Geschicklichkeit ...
2. **Soziale Kompetenzen:** Das sind Eigenschaften oder Fähigkeiten, die für die Zusammenarbeit nützlich sind, z. B. Teamfähigkeit, Hilfsbereitschaft, Kritikfähigkeit, Konfliktfähigkeit, Kompromissbereitschaft ...
3. **Personale Kompetenzen:** Diese umfassen persönliche Einstellungen und Verhaltensweisen, z. B. Pünktlichkeit, Zuverlässigkeit, Verantwortungsbewusstsein, Pflichtbewusstsein, Kreativität, Selbstständigkeit ...

Kurzreferate vorbereiten, durchführen und einschätzen

Es kommt immer wieder vor, dass du im Unterricht ein kurzes Referat halten oder eine digitale Präsentation zu einem bestimmten Thema erstellen sollst. Hier findest du Hinweise, wie du dich vorbereitest, wie du dein Referat präsentierst und vorträgst – und wie du Mitschüler/-innen eine Rückmeldung zu ihrem Vortrag geben kannst.

1. **Thema erfassen: Worum geht es?**
   - Recherchefragen stellen
   - eigene thematische Schwerpunkte setzen
   - Erwartungen der Zuhörer vorwegnehmen
2. **Recherchieren:**
   - Bücherei, Internet, Interviews ...
   - Überblick über die Materialien verschaffen
   - Materialien auf Glaubwürdigkeit prüfen und auswählen
3. **Materialien auswerten:**
   - wichtige Informationen festhalten (Strukturskizze, Stichwortzettel)
   - Herkunft notieren
   - eigenes Wissen hinzufügen
4. **Themenaspekte ordnen und darstellen:**
   - Gliederung, Mindmap oder Tabelle
   - Handzettel zum Verteilen an die Zuhörer verfassen
5. **Den Vortrag vorbereiten:**
   - Vortragssituation einschätzen
   - Vortragskarten anlegen
6. **Den Vortrag halten:** (→ *Vorlesen und vortragen*)
   - Einleitung (Thema angeben, Interesse wecken, Gliederung des Vortrags vorstellen)
   - Hauptteil (Sachverhalte zusammenhängend darstellen, Teilaspekte in festgelegter Abfolge vortragen)
   - Schluss (die wichtigsten Punkte herausstellen oder Fazit ziehen, eigene Meinung mitteilen, → Diskussion/Gespräch anregen, verwendete Materialien angeben)
7. **Nach dem Vortrag → *Feedback geben:***
   - mit positivem Aspekt beginnen und schließen
   - in der Ich-Form formulieren
   - höflich und wertschätzend bleiben

Hinweise zur Vortragstechnik:
- möglichst freies Sprechen
- flüssiges, zusammenhängendes Vortragen
- deutliche Aussprache
- korrektes Standarddeutsch
- angemessene Lautstärke
- passendes Sprechtempo
- sinnvolle Pausengestaltung
- häufiger Blickkontakt
- unterstützender Einsatz der Körpersprache
- vorgegebenen Zeitrahmen einhalten

Eine weitere Form des Kurzreferats ist der → *One-Minute-Talk*.

Medium und Konzept unterscheiden

Mündliche und schriftliche Kommunikation kann man auf zwei Ebenen voneinander unterscheiden:

1. Mediale Ebene:
Auf der **medialen Ebene** lässt sich meist eindeutig entscheiden, ob ein Text oder ein Gespräch mündlich oder schriftlich ist. Hier geht es um die Form der **Übermittlung:** Medial mündlich sind Nachrichten, die wir sprechen und hören, etwa ein persönliches Gespräch oder eine Sprachnachricht. Medial schriftlich sind Nachrichten, die wir schreiben und lesen, etwa Briefe oder Chatnachrichten (→ *Chat-Sprache*).

2. Konzeptionelle Ebene:
Da geschriebene Texte (z. B. ein Chat) aber manchmal aussehen wie mündliche Gespräche und ein guter Redner „druckreife" Texte sprechen kann, muss man bei der Einordnung auch die sogenannte **konzeptionelle Ebene** bedenken. Die Frage ist hier: Folgt die **Art und Weise**, wie ich mich ausdrücke, eher den Regeln gesprochener und geschriebener Sprache? Generell gilt: Je näher man seinem Gesprächspartner steht und je weniger offiziell und

förmlich der Anlass ist, desto eher wird man sich konzeptionell mündlich ausdrücken. Ein (medial mündliches) → *Bewerbungsgespräch* wird also in der Regel konzeptionell schriftlich sein, eine (medial schriftliche) Textnachricht an ein Familienmitglied konzeptionell mündlich. Die Zuordnung ist hier weniger eindeutig und lässt sich eher auf einer Skala anordnen.

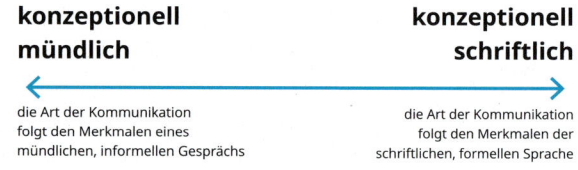

medial eindeutig mündlich:
es wird gesprochen

konzeptionell mündlich   **konzeptionell schriftlich**

←——————————————————→

die Art der Kommunikation folgt den Merkmalen eines mündlichen, informellen Gesprächs

die Art der Kommunikation folgt den Merkmalen der schriftlichen, formellen Sprache

medial eindeutig schriftlich:
es wird geschrieben

Einen One-Minute-Talk halten

Ein One-Minute-Talk ist eine besondere Form des → *Kurzvortrags*, bei dem ihr andere in 60 Sekunden über ein Thema informiert oder von eurer Meinung überzeugt. Da die Zeit knapp ist, müsst ihr euch sorgfältig vorbereiten, den Vortrag gut strukturieren, auswendig lernen und vorher proben.
Bei einem One-Minute-Talk sind folgende Arbeitsschritte und Hinweise zu beachten:

1. Den Vortrag vorbereiten:
- Grenze dein Thema genau ein.
- Gliedere deine 60 Sekunden genau. Lege dazu exakt fest, wie viele Sekunden du für die Übermittlung welcher Informationen verwenden möchtest (z. B. 15 Sekunden: Allgemeine Informationen, 30 Sekunden: Besonderheiten, 15 Sekunden: Abwägendes Fazit)
- Informiere dich über dein Thema und trage die wichtigsten Informationen zu deinen Gliederungspunkten zusammen. Ggf. kann es hier auch noch zu Verschiebungen deiner Gliederung kommen.
- Kürze deine Notizen auf zentrale Schlagworte. Orientiere dich dabei an der Gliederung. Fasse dich kurz, um später beim Vortrag die Zeit nicht zu überschreiten.

2. Den Vortrag üben: (→ *Vorlesen und vortragen*)
- Denke daran, zu Beginn dein Thema kurz zu nennen und am Schluss deine Meinung deutlich zu machen.
- Lerne deinen Vortrag so gut wie möglich auswendig. Solltest du Notizen benötigen, notiere dir höchstens drei bis vier Schlagwörter.
- Achte während des Vortragens darauf, dass die Inhalte trotz der Kürze inhaltlich verständlich bleiben. Achtung: Versuche nicht, durch schnelleres Sprechen Zeit zu sparen! Sprich klar und deutlich.
- Übe den Vortrag vor Mitschüler/-innen oder nimm deinen Übungsvortrag auf, z. B. mit der Videofunktion eines Smartphones. Bitte dein Test-Publikum um Rückmeldung oder prüfe anhand deiner Videoaufzeichnung selbst, ob du noch etwas verbessern kannst.

3. Den Vortrag halten
- Halte deinen Vortrag. Behalte dabei stets die Zeit im Blick.

Die Placemat-Methode zur Erarbeitung und Sicherung von Ergebnissen anwenden
(→ *Seite 11, 226*)

Bei der Placemat-Methode handelt es sich um eine Methode zum **kooperativen Lernen** in einer Kleingruppe von vier Personen.

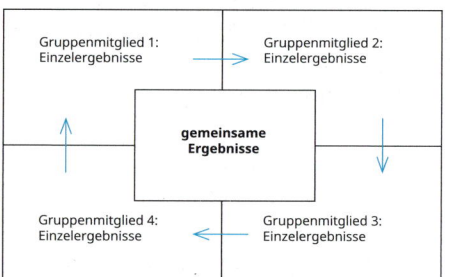

Ihr benötigt für diese ein großes Blatt, welches ihr in fünf Bereiche unterteilt – anstatt eines großen Blattes können alternativ auch fünf Einzelblätter verwendet werden.
Geht dann folgendermaßen vor:

1. Einzelarbeit: Untersuche die Sprache des Textes, notiere deine Ergebnisse in Stichworten in dem Feld für deine Einzelergebnisse.
2. Einzelarbeit: Lies alle Einzelergebnisse durch Weitergabe eures Blattes.
3. Gruppenarbeit: Tauscht euch über die verschiedenen Lösungen aus, einigt euch auf wesentliche Aspekte.
4. Gruppenarbeit: Haltet die als wichtig erachteten Ergebnisse geordnet im Mittelfeld fest.
5. Präsentiert die Ergebnisse im Plenum.

Eine Praktikumsmesse durchführen
(→ Seite 15–17)

1. Bereitet euren Stand vor:
Verteilt euch in der Klasse so, dass jede Expertengruppe einen eigenen Stand besitzt, an dem sie ihr Berufsbild präsentieren kann. Hängt euer Plakat gut sichtbar für eure Besucherinnen und Besucher auf. Gestaltet euren Stand zudem so, dass er einerseits einladend wirkt, aber auch sofort deutlich macht, welchen Beruf ihr vorstellen wollt. Nutzt dazu z. B. Gegenstände, die typisch für den Beruf sind.

2. Teilt euch auf:
Teilt euch in eurer Expertengruppe in zwei Schichten ein: Expertin bzw. Experte 1 bleibt zunächst am Stand. Hier präsentiert sie oder er den Besucherinnen und Besuchern euer Berufsbild in einem kurzen Vortrag und steht für Fragen zur Verfügung. Expertin bzw. Experte 2 informiert sich währenddessen über einen anderen Beruf. Wechselt euch dann ab.

3. Hört euch die Vorträge an:
Hört euch einen Vortrag zu einem Berufsbild, das euch besonders interessiert, an, und stellt der Expertin oder dem Experten Fragen, falls diese im Vortrag offen geblieben sind.

4. Gebt eine Rückmeldung:
Füllt einen Rückmeldebogen aus, nachdem ihr euch den Vortrag angehört habt, um eure Eindrücke festzuhalten. Vergebt dazu Punkte von 1 bis 5, wobei die 5 die Höchstbewertung darstellt. Notiert im freien Feld zudem Dinge, die euch besonders aufgefallen sind.

Eine Rede-Stafette durchführen
(→ Seite 40)

Stellt euch im Kreis im Klassenraum auf. Ihr benötigt ein Mäppchen oder einen weichen Ball. Die erste Sprecherin oder der erste Sprecher nennt ein Argument und wirft der nächsten Schülerin oder dem nächsten Schüler den Ball und damit das Rederecht zu. Die Schülerin oder der Schüler trägt ein Argument vor und wirft den Ball weiter. Sobald sich die Wiederholungen häufen, ist die Stafette fertig.

Eine freie Rede vorbereiten und halten
(→ Seite 322/323)

Das Publikum merkt in der Regel, wenn die Rednerin oder der Redner eine auswendig gelernte Rede vorträgt. Die Rede wird oft zu schnell vorgetragen und ist inhaltlich und begrifflich zu überladen. Für eine wirkungsvolle Rede ist es deshalb nicht ratsam, in der Vorbereitung den genauen Wortlaut der Rede auswendig zu lernen. Vielmehr muss man sich die Gliederung der Rede klarmachen. Folgende Tipps können dir beim Halten einer freien Rede helfen:

- Gestalte deinen Redeauftritt bewusst: Position im Raum einnehmen, sicher stehen, d. h. Füße schulterbreit, Gewicht gleichmäßig auf beide Beine verteilen, Hände ruhig im positiven Bereich, d. h. über der Gürtellinie
- Lass deinen Blick über das gesamte Publikum streifen. Suche dir freundliche „Ansprechpartner/-innen" im Publikum aus.
- Atme aus und beginne mit dem Anfang des ersten Satzes.
- Verdeutliche das Ende deiner Rede, indem du bewusst den Zielsatz einleitest.
- Achte auf Sprechtempo, Pausen, Lautstärke und Betonung.
- Übe deinen Vortrag, bevor es ernst wird. Wähle dafür vertraute Personen als Ansprechpartnerin oder Ansprechpartner aus.

Standbilder bauen
(→ Seite 81, 94, 194–196)

Mit einem Standbild könnt ihr u. a. zeigen, wie ihr bestimmte Szenen oder Situationen aus einem literarischen Text verstanden habt. Dafür müsst ihr die entsprechende Textstelle zunächst genau lesen und euch über eure Lesart verständigen.
Anschließend wählt ihr einen Baumeister, die restlichen Gruppenmitglieder stellen sich als „Baumaterial" zur Verfügung. Folgende Aufgaben habt ihr in den beiden Rollen:

1. Du bist der Baumeister:
- Achte darauf, dass die Gruppenmitglieder das Standbild richtig umsetzen: Gehe von Schüler zu Schüler. Korrigiere Körperhaltung, Gestik und Mimik, sowie die Haltung der Personen zueinander. Du darfst dafür auch einen Gehilfen bestimmen.

- Gib deinen Mitschülern ein Zeichen zum „Erstarren", wenn du mit dem Standbild zufrieden bist. Rufe z. B. „Einfrieren".
- Bereite dich darauf vor, den Zuschauern später zu erklären, warum ihr das Standbild auf diese Weise gestaltet habt.

2. Ihr seid das „Baumaterial":
- Konzentriert euch auf die Anweisungen des Baumeisters und führt diese möglichst genau aus.
- Wenn der Baumeister euch das Zeichen zum Erstarren gibt: Verharrt für eine gewisse Zeit in der Stellung. Prägt euch die Position genau ein oder lasst euch fotografieren.
- Sprecht während der Bauphase nicht miteinander, damit alle die Hinweise des Baumeisters verstehen.

Beim **Standbild-Interview** handelt es sich um eine Variation des Standbildes. Bei dieser Methode wird nicht nur **eine Beziehung dargestellt**, sondern die einzelnen → *Figuren* können auch **zum Sprechen gebracht** werden. Aus dem Plenum kann jede Figur nach ihrer Beziehung zu einer anderen Figur gefragt werden. Dann wacht diese Figur auf, tritt aus dem Standbild heraus und antwortet. Anschließend geht sie zurück ins Standbild und friert wieder ein. Die anderen Figuren bleiben stumm, sie sprechen erst, wenn sie aus dem Plenum gefragt werden.

Standpunkte vertreten
(→ Seite 36/37)

Bevor du deine Argumente zu einer strittigen Frage formulierst, machst du dir selbst klar, welchen **Standpunkt** du vertrittst und wer der Adressat ist. Nachdem du deine Meinung formuliert hast, nennst du überzeugende **Begründungen**. Besonders stark sind deine Argumente zudem, wenn du sie zusätzlich durch eine **Stärkung** stützen kannst.

Argument

Standpunkt/ Meinung	+ Begründung	+ Stärkung (Beleg/Beispiel/ Vergleich/Folgerung)
Ich finde, wir brauchen einen Klassenchat,	weil man darin nach Hausaufgaben fragen kann.	Gestern war z. B. Jan Luca krank und wollte wissen, was wir in Mathe aufhaben. (Beispiel)

Informationen aus Stellenanzeigen entnehmen
(→ Seite 18–20)

Stellenanzeigen dienen Unternehmen dazu, geeignete Mitarbeiterinnen und Mitarbeiter für einen bestimmten Aufgabenbereich zu finden. Dementsprechend liefern die Stellenanzeigen einerseits **Informationen über das Unternehmen**, andererseits **über die Tätigkeit**, die im Unternehmen ausgeübt werden soll, sodass die Bewerberinnen und Bewerber ihre eigenen Stärken mit den Erwartungen des Unternehmens abgleichen können. Anhand der Formulierungen lässt sich zudem erkennen, ob es sich um unverzichtbare „**Muss-Kriterien**" oder um optionale „**Kann-Kriterien**" handelt. Anzeigen enthalten meist Informationen aus folgenden Bereichen:

1. **Stellentitel:** Branche, Einsatzort, Anstellungsart, z. B. Praktikum, Ausbildung ...,
2. **Tätigkeitsprofil:** Aufgaben, Verantwortungsbereich,
3. **Angaben zum Unternehmen:** z. B. Größe, Art des Betriebs, z. B. Familienbetrieb ...,
4. **Anforderungen, benötigte Qualifikationen und Kompetenzen:** Schulabschluss, Noten in einzelnen Fächern, persönliche Stärken und Eigenschaften,
5. **Arbeitsbedingungen:** z. B. Arbeit am Wochenende, Nachtschicht ...,
6. **Leistungen des Unternehmens:** Vergütung, Weiterbildungsmöglichkeiten ...,
7. **Informationen zum Bewerbungsverfahren:** Kontaktadresse, Ansprechpartner, per E-Mail, Online-Formular ...

Vorlesen und vortragen

Wenn du etwas vorliest oder vorträgst, geht es auch darum, andere von dir und deinem Text oder Thema zu überzeugen. Die folgenden **Tipps für gutes Vorlesen und Vortragen** können dir helfen:

- Suche den **Kontakt zu deinen Zuhörern**.
- Gib ihnen die Gelegenheit, mitzudenken und das Gehörte „sacken zu lassen", indem du z. B. am Satzende kleine **Pausen** machst.
- Signalisiere deinen Zuhörern, was wichtig ist. **Betone** dafür **wichtige Informationen** besonders.
- Gestalte mit deiner **Stimme** und deiner **Sprechweise** den Text, z. B. indem du je nach Situation und Sinn laut oder leise, schnell oder langsam, ruhig oder aufgeregt sprichst.

Übrigens: Gutes Vorlesen heißt nicht automatisch fehlerfreies Vorlesen. Es ist nicht schlimm, wenn du dich mal verliest. Störend ist allerdings, wenn du immer wieder stockst und so die Zuhörer dir nur schwer folgen können. Lies deshalb jeden Text, den du vortragen möchtest, mehrfach und markiere im Text bzw. notiere daneben, wo du Pausen machen möchtest, was du besonders hervorheben und wo du deine Stimme und Sprechweise verändern willst: Folgende Vortragszeichen kannst du verwenden:

laut vortragen ↑	betontes Wort —
leise vortragen ↓	schneller werden ≫
Stimme heben ↗	langsamer werden ≪
Stimme senken ↙	kurze Sprechpause │
Verse verbinden ⌒	lange Sprechpause ‖

Medien

Audioguide

Der Audioguide besteht aus einzelnen Hörtexten, die durch eine Ausstellung führen. Die Audiotexte sollen über das Thema und die Ausstellungsstücke informieren. Der Besucher der Ausstellung kann sich z. B. Bilder anschauen und gleichzeitig den gesprochenen Text mit erklärenden Informationen dazu anhören.

Einen Blogtext verfassen und gestalten
(→ Seite 56–61, 72–74)

Themenfindung für einen guten Bloginhalt

- Für welches Thema begeistere ich mich ganz besonders?
- Kenne ich mich mit dem Thema aus?
- Erzähle ich oft und gerne anderen von diesem Thema?
- Ist dieses Thema auch für die Zuhörerinnen und Zuhörer bedeutsam?
- Habe ich eine klare Position zu dem Thema?
- Kann ich meine Meinung zu dem Thema gut argumentativ vertreten?
- Können andere von meinem Wissen zu dem Thema profitieren?

Formale Aspekte für gutes Textdesign

- Überprüft euren Text stets auf korrekte Rechtschreibung und → *Zeichensetzung*.
- Verwendet eine richtige → *Groß- und Kleinschreibung* und verzichtet darauf, Worte durch durchgängige GROSSSCHREIBUNG im Text hervorzuheben.
- Vermeidet zugunsten einer besseren Lesbarkeit eures Textes Abkürzungen.
- Verwendet fett und kursiv gestellte Schrift sparsam und nur im richtigen Kontext.
- Vermeidet Unterstreichungen im Text, um bestimmte Passagen hervorzuheben.
- Verzichtet weitgehend auf eine Formatierung im Blocksatz, da sonst zu große Lücken im Text entstehen können.
- Verwendet nie mehr als zwei verschiedene Schriftarten in einem Text.
- Lasst um euren Text herum genug freien Raum, damit der Text wirken kann. (Das gilt auch für Abstände vor und nach Absätzen.)
- Wählt Farbgebung, Bilder und weitere grafische Elemente so aus, dass sie zu einem Markenzeichen eurer Blogs werden.
- Achtet bei der Auswahl der grafischen Gestaltung darauf, dass sie zum Inhalt passt.
- Beachtet, dass die grafische Gestaltung eures Blogs zum Lesen animieren und nicht vom Text ablenken soll.

Boulevardzeitungen / Abonnementzeitungen

Ursprünglich waren **Boulevardzeitungen** (von *franz.* boulevard = Straße) Zeitschriften, die auf offener Straße verkauft wurden. Da man im Gegensatz zu den **Abonnementzeitungen**, die sich einer festen Leserschaft sicher sein konnten, täglich neu um die Laufkundschaft werben musste, versuchte man, Leser-/innen durch auffällige Gestaltung und reißerische Themen anzulocken. Bis heute setzen Abonnementzeitungen stärker auf intensive Recherche, abwägende Analyse und seriöse Hintergrundinformationen, während Boulevardzeitungen meist leichte Unterhaltung produzieren, die sogenannten "soft news". Typisch ist auch eine emotionalisierende Berichterstattung, etwa bei politischen Themen.

Hatespeech
(→ *Seite 64/65*)

Mit dem Begriff Hatespeech (*engl.* Hasskommentar oder Hassrede) werden zunächst einmal sämtliche Äußerungen in der digitalen Welt bezeichnet, die bewusst getätigt werden, um Menschen zu **beleidigen**, zu **verunglimpfen**, zu **bedrohen** oder um **zu Gewalt gegen Menschen bzw. Menschengruppen aufrufen**. Dabei richtet sich Hatespeech gegen die Einstellungen und Überzeugungen der Angesprochenen, gegen ihre soziale oder ethnische Herkunft oder sogar lediglich gegen ihr Aussehen. Manchmal entsteht dadurch eine regelrechte **Spirale von verbaler Gewalt**, weil andere auf die Hassbotschaften reagieren und diese noch verstärken. Dadurch kann der Eindruck entstehen, dass das Beleidigen von Personen oder Personengruppen völlig normal sei. Da jedoch der Begriff Hatespeech noch nicht klar definiert ist, ist die Grenze zwischen **legal erlaubter Kritik** und **illegaler Hassrede**, die einen Strafbestand darstellt, fließend.

Filme und Serien untersuchen
(→ *Seite 78–90*)

Einen ersten Eindruck von einem Film oder einer Serie bekommt man oft über eine Werbeanzeige, ein Plakat oder einen Trailer. Ein **Filmplakat** will auf einen neuen Film aufmerksam machen. Es weist in der Regel folgende Elemente auf: Filmtitel, Werbeslogan, Namen der Schauspieler/-innen, des Regisseurs / der Regisseurin und weiterer an der Filmproduktion beteiligter Personen, Porträtfotos der → *Hauptfiguren* und Bilder von Filmszenen.

Ein **Trailer** ist ein kurzer Werbeclip für einen neuen Film im Kino, auf DVD oder im Fernsehen. Er besteht aus Filmausschnitten, die durch eine Sprecherstimme, Schrifteinblendungen und Musik ergänzt werden. Ein Trailer dauert in der Regel zwischen 60 und 120 Sekunden.

Um einen Filmausschnitt zu untersuchen, muss man ganz genau hinsehen und hinhören: Was zeigt die Kamera und wie zeigt sie es? Wie ist der Filmton gestaltet, wie unterstützt er die Filmbilder? Zum Beschreiben von Filmszenen dienen die folgenden Fachbegriffe:

- Die **Einstellung** ist die kleinste Einheit in einem Film (von einem Schnitt zum nächsten). Mehrere Einstellungen, die durch eine Handlung miteinander verbunden sind, bilden eine **Filmszene**. Sie zeichnet sich durch die Einheit von Ort, Zeit und beteiligten Figuren der Handlung aus. Aus der Abfolge der Szenen setzt sich der Film zusammen.
- Die einzelnen Filmszenen werden in der **Montage** zu einem gesamten Film zusammengefügt. Dabei kann die Reihenfolge, in der die Szenen montiert werden, von der zeitlichen Reihenfolge der gezeigten Handlungen abweichen, indem z. B. Rückblenden zu Ereignissen gezeigt werden, die bereits früher stattgefunden haben. Man spricht dann von **achronologischem Erzählen** im Film (im Unterschied zum **chronologischen Erzählen**, das sich an die zeitliche Reihenfolge der Ereignisse hält, von denen erzählt wird).
- Die **Kameraperspektive** bezeichnet den Blickwinkel, aus dem die Kamera eine Szene filmt. Eine Figur oder ein Gegenstand wirkt anders, je nachdem, ob man sie von unten (Untersicht), von oben (Aufsicht) oder auf Augenhöhe (Normalsicht) betrachtet.
- Neben dem Blickwinkel der Kamera spielt es eine Rolle, ob die Kamera nah dran ist an den Figuren und Objekten, die sie filmt, oder ob sie weiter weg steht. Je nach Entfernung der Kamera ändert sich nämlich der Bildausschnitt. Der Fachbegriff hierfür heißt **Einstellungsgröße**. Häufig verwendete Einstellungsgrößen sind die Totale, die Halbtotale, die Halbnah-Einstellung, die Nah-Einstellung, die Groß-Einstellung und die Detail-Einstellung.

- Auch die **Kameraführung** im Film ist für die Wirkung der Bilder wichtig. Kameras können eine Einstellung beispielsweise aus dem **Stand** filmen, ohne sich zu bewegen. Dadurch bleibt immer derselbe Ausschnitt des Raumes sichtbar und die Bilder wirken ruhig. Die Kamera kann aber auch beweglich sein. Dies kann in einem **Schwenk** geschehen, bei dem die Kamera nach oben, unten, zur Seite oder im Kreis geschwenkt wird, oder durch eine **Kamerafahrt**, bei der sich die Kamera mit oder an Figuren und Objekten vorbei bewegt. Die Bewegung der Kamera kann in beiden Fällen schnell oder langsam sein. Die Kameraführung kann dabei ruhig sein, indem die Kamera auf ausgelegten Schienen gefahren wird, oder sie kann unruhig und wackelig sein, weil es sich um eine von einem Menschen getragene **Handkamera** handelt.

  Die sogenannte **180-Grad-Regel** besagt, dass die Handlungsachse zwischen zwei sich gegenüberstehenden oder -sitzenden Figuren mit der Kamera nicht übersprungen werden darf. Gesprächsszenen werden oft aus mehreren verschiedenen Kameraperspektiven gezeigt. Würde die Kamera dabei jedoch die Handlungsachse überspringen, wären die Zuschauenden irritiert, weil dann die Figuren ihre Links-Rechts-Position im Bild tauschen würden. Dieser Effekt soll beim Filmen in der Regel vermieden werden, um den Realitätseindruck nicht zu stören.

- Der **Filmton** setzt sich aus allem zusammen, was man im Film hören kann. Normalerweise konzentrieren wir uns darauf, was die Figuren sagen, für die Wirkung des Films sind jedoch Geräusche und Musik genauso wichtig. Elemente des Filmtons sind Sprache, Geräusche und Musik. Je nachdem, ob die Tonquelle auf dem Bild zu sehen ist oder nicht, spricht man von On-Ton oder Off-Ton. Beim Einsatz von Musik wird unterschieden zwischen Musik im Film (Musik im On, für die Figuren hörbar) und Filmmusik (Musik aus dem Off, nur für das Filmpublikum, nicht aber für die Figuren hörbar).

- Durch **Licht und Farbe** können im Film Stimmung und Atmosphäre erzeugt werden. Farben können auch mit bestimmten symbolischen Bedeutungen versehen sein oder z. B. als warm oder kalt wahrgenommen werden. Auch verschiedene Handlungsebenen eines Films können durch unterschiedliche Farbgebung markiert werden.

- Ein **Spielfilm** erzählt seine Geschichte an einem Stück, er dauert in der Regel eineinhalb bis zwei Stunden. **Serien** dagegen erzählen in Fortsetzungen, das heißt, sie teilen ihre Geschichten in mehrere Episoden auf. Die Episoden können jeweils eine abgeschlossene Handlung haben (Episodenhandlung). Besonders spannend wird es aber, wenn die Geschichte am Schluss einer Episode nicht aufhört, sondern später weitererzählt wird. Dann spricht man von episodenübergreifender Handlung. Oftmals endet eine Episode sogar mit einem sogenannten Cliffhanger – also genau dann, wenn es am spannendsten ist. Dann kann man es kaum erwarten, sich die nächste Episode und somit die Fortsetzung der Geschichte anzusehen.

Kurzfilm

Kurzfilme unterscheiden sich vor allem durch ihre Länge von bis zu 30 Minuten von klassischen Spielfilmen, die ihre Geschichten in 90 Minuten oder länger erzählen. Die geringe Zeit, die in einem Kurzfilm für das Erzählen einer Geschichte zur Verfügung steht, führt dazu, dass Kurzfilme oft auf eine bestimmte Weise erzählen.

Zu den typischen Merkmalen gehören:

- **Direkter Einstieg**: Die Handlung in Kurzfilmen beginnt unmittelbar (= in medias res), ohne eine längere Vorstellung von → Figuren, Schauplatz oder Vorgeschichte.

- **Beschränkung auf ein zentrales Ereignis**: Die gesamte Handlung eines Kurzfilms konzentriert sich meist auf eine zentrale Veränderung der Situation, ein unerwartetes Ereignis, das dem Geschehen eine entscheidende Wendung gibt.

- **Überraschendes Ende**: Die Auflösung am Ende lässt die Ereignisse oft in einem zuvor nicht erwarteten Licht erscheinen und gibt diesen eine neue Bedeutung.

- **Fokus auf die Hauptfiguren**: Die Geschichte konzentriert sich ganz auf die Hauptfigur(en) und die Bedeutung der Ereignisse für ihr Leben. Die Nebenfiguren verkörpern oft nur bestimmte Typen.

- **Keine langen Dialogszenen**: Kurzfilme erzählen ihre Geschichte in der Regel hauptsächlich visuell und mit wenigen Worten.

- **Bedeutsame Themen**: Im Zentrum von Kurzfilmen stehen häufig Themen von besonderer gesellschaftlicher oder menschlicher Bedeutung.

Genre Coming-of-Age
(→ Seite 90, 193, 205)

Der Begriff **Genre** bezeichnet eine Gruppe von →
Filmen oder Büchern, die durch gemeinsame Themen
und Handlungsstrukturen verbunden sind. Solche
Genres sind z. B. Krimi, Liebesfilm, Horrorfilm etc.
Auch der englische Ausdruck Coming-of-Age steht für
ein solches Genre. Er bezeichnet Filme oder Romane
mit jugendlichen → *Hauptfiguren*, die mit **Fragen
und Problemen des Heranwachsens** konfrontiert
werden und dabei eine **persönliche Entwicklung**
durchlaufen. Dieser Weg der Figuren zum Erwachsenwerden ist oft geprägt durch Konflikte und starke
Emotionen. Er findet statt in der Auseinandersetzung
mit den eigenen Eltern, der Schule oder der Gesellschaft im Allgemeinen. Dabei kommt es zu Auflehnung und zur Emanzipation von der eigenen Herkunft, die zur **Selbstfindung** und **Identitätsbildung**
führen. Oft ist die Handlung solcher Filme in bestimmten **Übergangssituationen** zwischen verschiedenen Lebensphasen oder Institutionen (z. B. Schule)
angesiedelt. Neben den Konflikten mit der Erwachsenenwelt sind typische Themen dabei (erste) Liebe,
Sexualität, Freundschaft, Außenseitertum, moralische
Entscheidungen und die Erfahrung von Verlust und
Tod. Häufig wird in Coming-of-Age-Filmen Popmusik
verwendet, um die Stimmung der Zeit und die Emotionen der Figuren zum Ausdruck zu bringen.

Hypertexte

Hypertexte sind Texte, die über sogenannte **Links**
oder **Hyperlinks** miteinander verknüpft sind. Klickt
man im Internet auf einen solchen Link, wird man
automatisch zu einem anderen Text weitergeleitet.

Im Internet recherchieren
(→ Seite 15, 31, 35, 49, 53, 69, 73/74, 90, 219)

Um einen Informationstext zu verfassen oder ein
→ *Kurzreferat* auszuarbeiten, kannst du → *Sachtexte*
nutzen, die du im Internet gezielt suchst (recher-
chierst).
Bei der Recherche im Internet kannst du so vorgehen:
1. Thema klären:
a) Überlege, was du zu deinem Thema herausfinden
   willst und was für andere (z. B. bei einem Referat)
   interessant sein könnte. Das kann sich durch die
   Recherche verändern bzw. erweitern.

b) Skizziere dazu eine Übersicht (z. B. mit Fragen
   oder einer Mindmap).
Ziel: Damit bereitest du ein gezieltes Suchen nach
   den benötigten Informationen vor.
2. Suchmaschine nutzen:
a) Lege Suchbegriffe fest. Sie lassen sich aus der
   Übersicht ableiten – es sollten Schlüsselwörter
   des Themas sein.
b) Wähle eine geeignete Suchmaschine aus.
c) Gib den Kernbegriff deines Themas (z. B. Döner
   Kebab) ein und verbinde ihn durch Pluszeichen
   (+) mit einem oder mehreren Suchbegriffen
   (z. B. Geschichte, Wortherkunft, Gesundheit etc.).
   Also z. B.: Döner Kebab + Wortherkunft.
Ziel: Die Kombination von Suchbegriffen hilft, Suchergebnisse einzuschränken und zügig passende
   Ergebnisse zu erzielen.
3. Ergebnisliste bewerten und Links auswählen:
a) Sichte und prüfe die Trefferliste auf die Eignung
   für deine Informationssuche. Berücksichtige vor
   allem: Titel und Adresse der Internetseite sowie
   die Angaben zum Inhalt der Seite.
b) Entscheide dich für mehrere Treffer.
Ziel: Durch die Auswahl mehrerer Links hast du eine
   Vergleichsmöglichkeit und kannst eine Voraus-
   wahl treffen.
4. Suchergebnisse auswerten und festhalten:
   Klicke nacheinander auf die ausgewählten Links.
a) Verschaffe dir auf den aufgerufenen Seiten einen
   Überblick. Untersuche die Seiten mit den Kont-
   rollfragen:
   - Wer?/Von wem? • Was?/Wie? • Wann?
   - Warum?
Ziel: Auf diese Weise stellst du fest, ob eine Seite
   zuverlässig ist und die Informationen brauchbar
   sind.
b) Halte die benötigten Informationen der verschiedenen Websites in einer Tabelle fest. Notiere dir:
   - Webadresse
   - Verfasser und/oder Einrichtung sowie Textart
   - Wichtigste Informationen
   - Datum des Erscheinens oder der Aktualisierung
   - Absicht
c) Bei widersprüchlichen Informationen sollte mit
   weiteren, verlässlich eingeschätzten Seiten geprüft und korrigiert werden.
Ziel: Du sicherst so die Informationen und du kannst
   durch direkten Vergleich die Richtigkeit der Angaben kontrollieren und Widersprüche erkennen.

5. Schritt: Die Informationen bündeln

Fasse die Informationen aus den verschiedenen Quellen in eigenen Worten zusammen. Gib die verwendeten Webadressen an (→ *Quellenverzeichnis*). Ziel: Damit führst du die verschiedenen Informationen zusammen und hast ein Recherche-Ergebnis.

Infotainment

Eine Infotainment-Sendung verfolgt das Ziel, die Zuschauerinnen und Zuschauer **auf unterhaltsame Weise** über einen oder mehrere komplexe Sachverhalte zu **informieren**. Der Begriff Infotainment ist ein Kofferwort, das sich aus den englischen Worten info̲rmation und enter**tainment** zusammensetzt. Als Infotainment werden dabei nicht nur Fernsehsendungen bezeichnet. Auch einige Internetformate wie beispielsweise Erklärvideos setzen auf diese Kombination aus Information und Unterhaltung. **Typische Mittel** von Infotainment sind:

- **Personalisierung**: Der Sachverhalt wird an konkreten Beispielen erläutert. Oft stehen einzelne Personen und ihre Geschichten im Mittelpunkt.
- **Dramatisierung**: Durch Musikeffekte, einprägsame Bilder oder bewegend erzählte Geschichten wird der Sachverhalt besonders emotional präsentiert.
- **Visualisierung**: Visuelle Elemente wie Grafiken oder Modelle veranschaulichen die Sachverhalte, sodass der Zuschauer oder die Zuschauerin die Erklärungen leicht nachvollziehen kann.
- **Ständiger Wechsel der Inhalte**: Indem einzelne Aspekte des Themas und neue Informationen in möglichst schneller Folge präsentiert werden, wird die Aufmerksamkeit des Zuschauers oder der Zuschauerin aufrecht erhalten.

Journalistische Textsorten

Die journalistischen Textsorten, denen man in Zeitungen und Online-Zeitungen begegnet, lassen sich einteilen in Textsorten **mit Faktenorientierung** und Textsorten **mit Meinungsorientierung**.

Die **Nachricht** bzw. **Meldung** und der **Bericht** zählen zu den Textsorten **mit Faktenorientierung**. Sie sind durch folgende Merkmale gekennzeichnet:

- **Inhalt**: Nachricht/Meldung und Bericht sind sachlich und nüchtern formuliert. Sie beantworten die W-Fragen (Was? Wo? Wer? Wann? Wie? Warum? Welche Folgen? Welche Informationsquelle?), Wertungen werden weitgehend vermieden, die Informationen bleiben faktentreu, die Angaben sind nachprüfbar, die Quelle (→ *Autorin/Autor* oder Nachrichtenagentur) ist meist mit Kürzel angegeben.
- **Aufbau**: meist **Lead-Stil**: (1) Dachzeile/Schlagzeile/Unterzeile: Grundinformationen; (2) Vorspann/Einstieg: Zusammenfassung des gesamten Inhalts; (3) Haupttext: ausführliche Darstellung mit Zusatzinformationen, Details
- **Sprache**: nüchtern, sachlich, kaum wertende Ausdrücke, kaum → *Adjektive*, Haupttempus: Präteritum (→ *Verben*), indirekte Rede für Aussagen
- **Auswahl**: Ereignisse von allgemeinem Interesse oder von Interesse für die Leserschaft der jeweiligen Zeitung (z. B. Lokalnachrichten)
- **Umfang Nachricht** bzw. **Meldung**: sehr knapp, nur wenige Sätze, einspaltig, ca. 15–20 Spaltenzeilen (Kurzform)
- **Umfang Bericht**: ausführlicher, ca. 40–60 Spaltenzeilen (Langform)

Die **Reportage** ist ebenfalls eine faktenorientierte Textsorte. →*Die Autorin oder der Autor* schildert die Sachverhalte und Ereignisse jedoch lebendig und lässt auch persönliche Eindrücke einfließen.

- **Inhalt**: Der Verfasser oder die Verfasserin informiert über ein Thema an einem besonderen Beispiel, stellt Hintergründe und Zusammenhänge dar, gibt persönliche Vor-Ort-Eindrücke wieder und verknüpft Sachinformationen (Fakten, → *Zitate*) geschickt mit erlebnisbetonten Passagen (Wahrnehmungen des Verfassers). Er oder sie liefert exakte Angaben zu Ort und Zeit.
- **Aufbau**: Die Überschrift weckt meist Neugier/Aufmerksamkeit, zu Beginn wird durch eine Schilderung der Situation vor Ort häufig mitten in das Geschehen eingeführt, der oder die Protagonisten werden kurz beschrieben, manchmal leitet auch ein szenischer Einstieg (→ *Zitate* aus → *Dialogen*) zum Thema hin. Der Hauptteil enthält Spannungsmomente und folgt einem roten Faden (inhaltlich schlüssige Abfolge). Oft nimmt der Schluss wieder Bezug auf den Anfang und rundet den Text auf diese Weise ab.
- **Sprache/Stil**: anschaulich, lebendig und fesselnd formuliert, kurze Sätze (→ *parataktischer Satzbau*), direkte Rede wird häufiger eingesetzt (→ *Zitate*), Nutzung von starken → *Verben* und präzise

beschreibenden → *Adjektiven*, überraschenden Vergleichen, Personifikationen und Metaphern (→ *Sprachliche Mittel*); Haupttempus: Präsens (→*Verben*)

- **Gesamtwirkung des Textes**: erfüllt die Forderung nach Anschaulichkeit, Lebendigkeit, Nähe zum Geschehen, Echtheit/Authentizität sowie Korrektheit/Nachprüfbarkeit
- **Umfang**: umfangreich, ca. 120 Spaltenzeilen und mehr

Der **Kommentar** und die **Karikatur** bzw. der **Comic** zählen zu den journalistischen Textsorten **mit Meinungsorientierung**. Folgende Merkmale zeichnen sie jeweils aus:

Kommentar

- **Inhalt**: Der namentlich genannte Verfasser äußert seine **Meinung** zu einem Ereignis oder Thema, es soll eine Position zu einem Thema/Sachverhalt deutlich werden, dazu werden nachvollziehbare Begründungen, auch unter Berücksichtigung von Gegenargumenten, geliefert.
- **Aufbau**: Häufig gibt es einen Einstieg mit Darstellung des Sachverhalts, zu dem der Kommentar Stellung bezieht, und eine Erläuterung seiner Bedeutung. Der Leser soll sich seine eigene Meinung dazu bilden.
- **Sprache**: **wertende Ausdrücke**, vor allem → *Adjektive*, Metaphern, Vergleiche (→ *Sprachliche Mittel*), häufig Selbstnennung des Verfassers oder der Verfasserin (*ich, meine …*), Aufzählungen, rhetorische Fragen, Doppelpunkte, Ausrufezeichen; Haupttempus: Präsens
- **Auswahl**: Themen von aktuell großem öffentlichen Interesse oder speziellem Interesse (siehe Ressorts: Politik, Kultur, Sport …)
- **Umfang**: oft länger als ein Bericht

Cartoon/Karikatur

- **Inhalt**: Der Karikaturist zeigt seine Meinung zugespitzt und provokativ zu einem meist tagesaktuellen Thema.
- **Sprache/Ausdruck**: i. d. R. gezeichnet, witzig, übertreibend, ironisch, auch mahnend
- **Auswahl**: Ereignisse von allgemeinem Interesse
- **Umfang**: meist ein einziges Bild

Medien
(→ Seite 284/285)

Medien (*lat.* medium = Vermittler) übermitteln Informationen. Wir nutzen sie, um Botschaften auszutauschen (Kommunikation), um uns über aktuelle Ereignisse oder bestimmte Themen zu informieren, um uns zu unterhalten bzw. unterhalten zu lassen oder um Daten zu speichern, z. B. Fotos oder Texte.

Medienbeiträge vergleichen

Beim Vergleich von Beiträgen aus verschiedenen Medien kannst du folgendermaßen vorgehen:

1. **Materialien vorstellen:**
   Dazu nennst du jeweils die **TATTE-Informationen** (Titel, → *Autorin/Autor*, Textart/Medienart, Thema, Erscheinungsjahr) sowie das gemeinsame Thema.
2. **Inhalte zusammenfassen:**
   Fasse den Inhalt sachlich und mit eigenen Worten zusammen. Orientiere dich an den W-Fragen.
3. **Materialien inhaltlich vergleichen:**
   Achte darauf, welche Informationen wie ausführlich in welchem Beitrag präsentiert werden.
4. **Unterschiede herausarbeiten:**
   Untersuche, wie sich die Materialien in der Präsentation der Informationen voneinander unterscheiden. Berücksichtige dabei die Art des Mediums (zum Beispiel Printmedium [Zeitung], visuelles Medium [Fernsehen, Internetvideo …]), die Gestaltung des jeweiligen Beitrags und die sprachliche Darstellung.
5. **Zielgruppe bestimmen:**
   Schlussfolgere, welche Zielgruppe (Fachpublikum, Erwachsene, Kinder …) mit dem jeweiligen Beitrag angesprochen werden soll, welchen Zweck (sachliche Information, Erregen von Aufmerksamkeit, Unterhaltung, etc.) dieser anstrebt und welche Art der Aufbereitung (schnelle Information, mit Hintergrundwissen aufbereitete Wissensvermittlung …) im Vordergrund steht.

Netiquette
(→ Seite 66/67)

Netiquette ist ein Kunstbegriff, der sich zusammensetzt aus den Wörtern net (= *engl.* für Netz; gemeint ist hier das Internet) und etiquette (= *franz.* für Anstands- oder Benimmregeln). Der Begriff Netiquette bezieht sich auf ein **Regelwerk von Benimmregeln**, die das Miteinander in der digitalen Kommunikation bestimmen sollen. Da diese Regeln jedoch **keine rechtliche Verbindlichkeit** haben, können sie von den jeweiligen Betreibern individuell festgelegt werden und unterscheiden sich in den verschiedenen sozialen Netzwerken zum Teil stark voneinander. Ein **Missachten der jeweiligen Netiquette-Regeln** innerhalb eines sozialen Netzwerkes kann vom Betreiber der entsprechenden Plattform je nach Schwere des Verstoßes mit unterschiedlichen Maßnahmen geahndet werden, die bis zum **Ausschluss aus dem sozialen Netzwerk** führen können.

Podcast

Ein Podcast ist eine Serie von Mediendateien, die in **regelmäßigem Rhythmus** zur Verfügung gestellt werden und „on demand" (= auf Abruf) gehört werden können.

Podcasts lassen sich **abonnieren**, sodass man über neue Folgen benachrichtigt wird, und haben zumeist einen Aufbau, der bei jeder Folge einer Reihe identisch ist. Die Folgen beginnen mit einer **persönlichen Begrüßung** und nutzen **Verweise** auf andere Folgen, damit die Zuhörer/-innen sich angesprochen und einbezogen fühlen.

Sprachlich sind Podcasts oft **informell** und **in einfachen Sätzen** gehalten. Je nach Thema und Zielgruppe kann ein Podcast sprachlich aber durchaus auch komplexer gestaltet sein, wobei es sich generell um einen → *medial* mündlichen Text handelt.

Wenn du selbst **einen Podcast aufnehmen** willst, kannst du folgendermaßen vorgehen:

1. **Bereite dich inhaltlich vor:**
   Recherchiere zu deinem Thema. Lege genau fest, worum es in deinem Beitrag gehen soll, und welche Aspekte du behandeln möchtest. Notiere anschauliche Beispiele.

2. **Plane dein Manuskript:**
   Überlege dir einen Einstieg, der zu deinem Thema hinführt und das Interesse der Zuhörer/-innen weckt. Formuliere einen Schluss, der den Podcast abrundet und Lust macht, die nächste Folge zu hören (Call to Action).

3. **Formuliere dein Manuskript aus**

4. **Erstelle eine Titelmusik:**
   Suche einen passenden Jingle für deinen Podcast, der einen Wiedererkennungswert besitzt.

5. **Bearbeite deine Aufnahme:**
   Du kannst deine Aufnahme mit Effekten belegen oder Hintergrundmusik hinzufügen, um sie interessanter zu machen. Passende Soundeffekte findest du beispielsweise in der Sounddatenbank der BBC, die du kostenfrei verwenden darfst. Die Datenbank findest du unter http://bbcsfx.acropolis.org.uk. Achte aber darauf, dass ein Podcast möglichst natürlich wirken sollte. Nutze Schnitte und Effekte daher sparsam.

Textverarbeitungsprogramme zum kooperativen Schreiben nutzen
(→ Seite 75, 184/185, 324)

1. **Das Dokument anlegen:**
   Erstelle ein Dokument und gib ihm einen eindeutigen Namen. Um gemeinsam mit anderen Personen an dem Dokument arbeiten zu können, lade es in einen Cloudspeicher.
   a) Wähle ein Textverarbeitungsprogramm aus und erstelle ein neues Dokument.
   b) Speichere dein Dokument unter einem sinnvollen Namen ab. Wähle als Speicherort einen Cloudspeicher, da es nur so möglich ist, dass andere Personen Zugriff auf das Dokument erhalten können.

2. **Den Text schreiben und überarbeiten:**
   Lege das Format deines Textes fest, indem du z. B. Schriftart, Schriftgröße oder Schriftfarbe auswählst. Verfasse anschließend deinen Text. Überarbeite deinen Text (→ Einen Text überarbeiten) und tippe ihn, falls er nicht von vornherein am Computer geschrieben wurde, in verbesserter Form in das Textverarbeitungsprogramm ein.

3. **Das Dokument freigeben**
   Gib die Datei frei, sodass andere Personen die Berechtigung haben, auf deine Datei zuzugreifen. Anschließend könnt ihr gemeinsam an der Datei arbeiten.
   a) Wähle in der Menüleiste das Feld DATEI. Im Untermenü klickst du nun auf das Feld FREIGEBEN.
   b) Entscheide, wie weitere Personen Zugriff auf deine Datei erhalten sollen. Mithilfe eines Freigabelinks kannst du schnell Zugriff auf deine Datei gewähren. Wähle dazu EINEN FREIGABELINK ABRUFEN.

c) Erstelle einen Bearbeitungslink und teile diesen den Personen mit, die deine Datei bearbeiten sollen. Jeder, der diesen Link nun in einem Webbrowser eingibt, kann direkt in deiner Datei arbeiten. Denke daran, den Bearbeitungslink wieder zu entfernen, wenn eure gemeinsame Arbeit abgeschlossen ist.

d) Überarbeitet gemeinsam den Informationbeitrag. Alle Änderungen, die ihr vornehmt, können sofort von allen Bearbeitenden gesehen werden.

Ihr könnt aber auch ein **Etherpad** nutzen. Ein Etherpad ist ein Computerprogramm im Internet zur kollaborativen Bearbeitung von Texten. Das bedeutet, dass mehrere Personen gleichzeitig ein Textdokument bearbeiten können. Änderungen am Text werden dabei sofort bei allen Teilnehmenden sichtbar. Die Teilnehmenden können jeweils mit einer Textfarbe arbeiten, sodass alle sehen können, wer was geschrieben hat.

Werbung untersuchen
(→ Seite 62/63)

Werbung begegnet uns in ganz unterschiedlichen Ausprägungen, etwa in Form von Werbeanzeigen oder Werbespots. Um die Gestaltung und Wirkung von Werbung zu untersuchen, helfen die folgenden Fachbegriffe:

- **Werbeanzeigen** und **Werbeplakate** finden sich etwa in Zeitungen und Zeitschriften oder als Außenwerbung, z. B. an öffentlichen Gebäuden oder Plätzen. Die **typischen Bestandteile einer Werbeanzeige** sind: Schlagzeile, Werbetext, Slogan, Produktnamen und/oder Logo, Bild.
  - Die **Schlagzeile** ist neben dem Bild der zentrale Blickfang einer Anzeige, der auf den ersten Blick Aufmerksamkeit und Interesse erregen soll.
  - Die Aufgabe des **Werbetextes** ist es, über die Schlagzeile hinaus weitere Informationen zum beworbenen Produkt bzw. zur beworbenen Dienstleistung zu liefern.
  - Der **Slogan** ist ein gleichbleibender Spruch, der in allen Werbeformen für eine Firma oder eine Marke auftaucht. Er trägt damit zur Wiedererkennung und zu einer bestimmten Imagebildung der Produkte bei.

- Der **Produkt- oder Markenname** taucht häufig in Verbindung mit einem **Logo** auf, das einen hohen Wiedererkennungswert hat und in manchen Fällen den Markennamen sogar ersetzen kann.
- Die **Bilder** in Werbeanzeigen haben die Funktion, die Aufmerksamkeit zu wecken. Hierzu können sie das beworbene Produkt in den Mittelpunkt stellen. Sie können aber auch eine schöne Landschaft oder glückliche Menschen zeigen, um bei den Betrachtern positive Gefühle im Zusammenhang mit der beworbenen Marke auszulösen.

Werbeprofis gestalten ihre Anzeigen darüber hinaus häufig nach dem sogenannten **AIDA-Prinzip**. AIDA steht für die englischen Wörter:
- **A**ttention: Die Werbung soll die Aufmerksamkeit der Angesprochenen erregen.
- **I**nterest: Es soll Interesse am beworbenen Produkt geweckt werden.
- **D**esire: Der Wunsch zum Kauf des Produkts soll entstehen.
- **A**ction: Die Kaufhandlung soll ausgeführt werden.

- **Werbespots** sind zu Werbezwecken produzierte Kurzfilme, die im Fernsehen, Kino oder Internet zu sehen sind. Wie bei anderen → *Filmen* auch, lassen sich Erzählweise, Kameraperspektive, Einstellungsgrößen, Kameraführung, Licht- und Farbgestaltung uvm. untersuchen und mit dem Werbeziel (Markenimage, Wirkung auf die Zielgruppe usw.) in Verbindung setzen. Als Gestaltungsmittel kommen neben **Text- und Bildelementen** auch Geräusche und Musik zum Einsatz. Häufig findet sich in Werbefilmen auch ein sogenannter **Jingle. Dabei handelt es sich um** einen gesungenen Slogan oder eine kurze Erkennungsmelodie, die fest mit der Fernseh- oder Radiowerbung für ein bestimmtes Produkt oder eine bestimmte Marke verbunden sind.

Texte schreiben

Appellieren
(→ Seite 109, 121, 134)

An jemanden zu appellieren bedeutet, sich mit einer Bitte, einem Anliegen oder einer Aufforderung an jemanden zu wenden. Wenn du einen Appell an jemanden richtest, möchtest du erreichen, dass der Adressat in deinem Interesse handelt. Daher musst du gegebenenfalls einen Grund anführen, der für die Adressatin bzw. den Adressaten einsichtig ist.

Schriftlich argumentieren
(→ Seite 96–117)

In einer schriftlichen Argumentation wird zu einem bestimmten Thema oder einer bestimmten Fragestellung Stellung genommen. Die Position, die man zu einem Thema vertritt, wird dabei als **These**, die Gegenposition als **Gegenthese** bezeichnet.
Um andere von (d)einem Standpunkt zu überzeugen, z. B. in einer argumentativen E-Mail, einem Flyer oder einem Beitrag für ein Forum, musst du gute **Argumente** vorbringen. Argumente sind **Meinungen**, die durch **Begründungen** und **Stärkungen** (Beispiele, Belege, Vergleiche, Folgerungen …) gestützt sind. Ähnlich wie ein Haus ist eine Argumentation besonders stabil, wenn sie auf mehreren Begründungen und Stärkungen aufbaut.

Argumente stärken
Es gibt verschiedene Möglichkeiten, Argumente zu stärken. Diese nennt man **Stärkungen**. So kannst du ein Argument noch überzeugender gestalten:
1. **Beispiele geben:** Füge deiner Begründung etwas hinzu, das du entweder selbst erlebt/beobachtet oder erzählt bekommen hast.
2. **Belege anführen:** Führe Belege an, indem du dich auf Fakten aus Fachartikeln, → *Diagrammen*, Zeitungsartikeln, Forschungsberichten etc. beziehst. Es ist besonders überzeugend, wenn du deine Gründe mit Fakten von einem Experten oder durch eine Studie belegen kannst.
3. **Vergleiche einbringen:** Nutze einen Vergleich, indem du den Inhalt deines Argumentes zu einem anderen Thema in Beziehung setzt.
4. **Folgerungen ziehen:** Benenne die Folgen von eigenen Vorschlägen oder die Folgen von Vorschlägen oder Positionen der Gegenseite, wenn sie deinen Standpunkt stärken.

Argumente entkräften
Eine Argumentation wird noch überzeugender, wenn du auf (mögliche) **Gegenargumente** eingehst und diese **wirkungsvoll entkräftest**. Dadurch kann die Gegenseite diese Argumente nicht mehr für sich nutzen.
Welche Argumente für die Entkräftung besonders überzeugend sind, hängt von den **Interessen der Gegenseite** ab. Daher ist es wichtig, sich in diese hineinzuversetzen und so deren (mögliche) Argumente zu bedenken.
Zum Entkräften von Einwänden kann man folgende Formulierungen verwenden:
Mir ist klar, dass …, aber …
Einerseits …, andererseits …
Es stimmt schon, dass … Jedoch …

Argumente verknüpfen
Du kannst deine Argumente wie Ketten aneinanderhängen (**Argumentationskette**) oder aber nach einem Beleg noch einmal auf die Behauptung zurückgreifen, sodass sich das Argument wie ein Kreis schließt (**Argumentationskreis**). Argumentationsketten und -kreise sind gleichwertig. Wichtig ist, dass die Argumentation in sich stimmig und im Zusammenhang nicht eintönig ist.

Meinung
Schokolade wird oft nicht fair hergestellt,

Argument 1:
weil die Arbeiter auf den Kakaoplantagen zu wenig Geld verdienen.

Stärkung 1 (Beleg):
In dem Buch „Der SchokoLaden" habe ich gelesen, dass Schokoladenbauern in Peru nur einen Euro pro Tag verdienen.
Stärkung 2:
…

Argument 2:
Außerdem wird Schokolade im Supermarkt oft zu billig verkauft, wenn man bedenkt, wie viel Aufwand die Herstellung erfordert.

Stärkung 1 (Beispiel):
Die Tafel Schokolade, die ich letzte Woche gekauft habe, kostete z. B. nur 66 Cent.
Stärkung 2:
…

Um die einzelnen Etagen des „Meinungshauses" miteinander zu verknüpfen, solltest du Überleitungen und Konnektoren (Verknüpfungswörter) nutzen: erstens ... ein weiteres wichtiges Argument ist ... außerdem ... zudem ... auch ... darüber hinaus ... weiterhin ... beispielsweise, folglich, dementsprechend, aus diesem Grund, daraus folgt, einerseits – andererseits, am wichtigsten ist ...
Du kannst auch Verknüpfungen durch Aufzählungen mit → Numeralia wie erstens ..., zweitens ... schaffen.

Die Qualität von Argumenten erkennen
Die gute Qualität von Argumenten erkennst du an folgenden Kriterien:
- Das Argument ist stichhaltig, da es mit überprüfbaren Fakten belegt ist.
- Das Argument passt exakt zur Problemstellung.
- Das Argument wird durch eine passende Begründung gestützt und durch anschauliche Belege und Beispiele weiter ausgeführt.
- Die Behauptung, Begründung und Beispiel/Beleg ergeben ein stimmiges Argument.
- In den Argumenten wird nicht verallgemeinert oder übertrieben.
- Die Sprache ist sachlich und es werden gedankliche Zusammenhänge hergestellt.

Linear oder antithetisch argumentieren
Je nach Anlass kann in einer Argumentation nur eine These zu einem Thema erörtert werden. Dies bezeichnet man als **lineare Argumentation**. Es können aber auch Gründe, die für (pro) einen Standpunkt sprechen, und Gründe, die dagegensprechen (kontra), dargestellt werden. Dies wird als **antithetische Argumentation** bezeichnet. Wie der Aufbau einer Argumentation aussieht, richtet sich nach der Themenstellung.
1. Lineare Argumentation:
Es liegt eine **Sach- oder Ergänzungsfrage** zugrunde. Der Standpunkt zum Thema wird in der Themenstellung vorgegeben und der Sachverhalt ist unstrittig. Hier legst du deine These begründet dar, indem du verschiedene Aspekte, Ursachen und Folgen des Themas aufzeigst. Gegenargumente werden nur am Rande eingebracht, um mögliche Bedenken zu entkräften. Ein lineares Argumentationsthema erkennst du an der Aufgabenstellung:
W-Fragen (Warum? Was? ...); Begründe ..., Lege dar ..., Erkläre ... usw.

2. Antithetische Argumentation:
Es liegt eine **Entscheidungsfrage** zugrunde. Der Standpunkt zu einem Thema muss selbst gefunden werden, da der Sachverhalt strittig ist. Hier legst du das **Für und Wider** eines Themas dar, um am Ende eine begründete Entscheidung zu treffen. Es werden sowohl die Argumente, die für den Standpunkt sprechen, als auch die Gegenargumente ausführlich dargestellt. Schlüsselbegriffe, an denen du ein antithetisches Argumentationsthema erkennen kannst, sind: Vor- und Nachteile, für und wider, positive und negative Aspekte.

Eine Argumentation verfassen
1. Einleitung:
Mit der Einleitung soll zum einen das **Interesse** der Leserinnen und Leser geweckt werden und zum anderen soll die Leserin oder der Leser gezielt zum Thema **hingeführt** werden. Außerdem muss bereits hier der **Kontext** berücksichtigt werden, in dem die Argumentation geschrieben wird. Die Einleitung besteht aus einem **Einleitungsgedanken**, von dem aus zur Problemstellung übergeleitet wird. Dabei dürfen keine Argumente aus dem Hauptteil vorweggenommen werden. Es gibt verschiedene Möglichkeiten für die Einleitung, zum Beispiel:
- ein aktuelles Ereignis,
- die Annäherung über das Gegenteil,
- ein historischer Rückblick,
- die Definition des Themas oder des zentralen Schlüsselbegriffs,
- ein → Zitat einer Expertin/eines Experten.
2. Hauptteil:
a) nach dem Sanduhr-Prinzip:
Im Hauptteil führe zuerst die **Argumente der Gegenseite** an. Sortiere sie so, dass das Argument, welches du für das stärkste hältst, am Anfang und das schwächste am Ende steht. Denke an Beispiele und Stärkungen. Leite dann zu deiner Position über, z. B. indem du deine Meinung formulierst oder das letzte Argument aufgreifst und entkräftest. Führe **eigene Argumente** an, die du so sortierst, dass dein schwächstes Argument zuerst genannt wird und dein stärkstes zuletzt. Achte auf eine sinnvolle Verknüpfung der Argumente.
b) nach dem Ping-Pong-Prinzip:
Neben dem Sanduhr-Prinzip gibt es auch das sogenannte Ping-Pong-Prinzip (auch Reißver-

schlussprinzip) zur Ordnung der Argumente. Hier werden im Hauptteil die Pro- und Kontra-Argumente **abwechselnd** genannt. Es wird mit dem schwächsten Argument begonnen und mit dem stärksten Argument geschlossen. Zudem ist es sinnvoll, Argumente, die thematisch gut zusammenpassen, einander gegenüberzustellen.

3. Schluss:
Der Schluss soll sich sinnvoll an den Hauptteil anschließen und die Argumentation abrunden. Wichtig ist, dass er keine neuen Argumente enthält. Diese gehören ausschließlich in den Hauptteil.
Es gibt verschiedene Möglichkeiten zur Gestaltung des Schlusses, zum Beispiel:
- ein persönlicher Wunsch, eine Forderung, ein → *Appell*,
- ein weiterführender Gedanke,
- Aufgreifen des Einleitungsgedankens,
- eine eigene Stellungnahme zum Thema.

Berichten

Berichte informieren den Leser sachlich. Man unterscheidet z. B. zwischen Berichten über ein Ereignis (**Ereignisbericht**) und Berichten über die Ergebnisse einer Untersuchung (**Untersuchungsbericht**).

Ereignisberichte verfassen
Mit dem Ereignisbericht (z. B. Unfallbericht, Sportbericht) informiert der Verfasser den Leser über den Ablauf, die Folgen und die Hintergründe eines konkreten Ereignisses. Er klärt die W-Fragen:
- Was ist geschehen?
- Wann ist es geschehen?
- Wo ist es geschehen?
- Wer war beteiligt?
- Wie ist es genau abgelaufen?
- Warum ist es geschehen?
- Welche Folgen hatte das Ereignis?

Es wird eine sachliche Sprache verwendet, das heißt, dass z. B. keine Spannung erzeugt wird und die Handlung nicht besonders ausgeschmückt wird. Gedanken und Gefühle werden in der Regel nicht dargestellt und Handlungen oder Aussagen nicht gewertet. Ein Ereignisbericht bezieht sich auf ein vergangenes Ereignis und wird deshalb im Präteritum geschrieben. Aussagen können in der indirekten Rede (→ *Konjunktiv I*) oder als → *Zitat* wiedergegeben werden.

Untersuchungsberichte verfassen
Der Untersuchungsbericht fasst die Ergebnisse einer Recherche zusammen und nutzt dabei Informationen aus verschiedenen Quellen. Er informiert über einen Sachverhalt, der auch für die Zukunft eine Wirkung oder Relevanz haben kann. Deshalb wird das Präsens verwendet. Die Sprache ist sachlich und Aussagen werden in der indirekten Rede oder als → *Zitat* wiedergegeben. Grafiken und Bilder können den Text ergänzen. Ein Untersuchungsbericht kann z. B. einen Beruf oder eine Organisation wie die Feuerwehrjugend vorstellen. So kannst du vorgehen:
- Nenne zunächst das Thema des Berichts.
- Fasse wichtige Erkenntnisse in eigenen Worten zusammen.
- Verwende Informationen aus verschiedenen Quellen und gib diese am Ende deines Textes an (→ *Ein Quellenverzeichnis anlegen*).
- Gib Aussagen als Zitate oder in der indirekten Rede wieder.
- Zur Verdeutlichung der Aussagen kannst du Bilder oder Grafiken einfügen.

Beschreiben
(→ Seite 275, 284/285, 286, 288)

Unser Alltag ist voll von Beschreibungen. An Bäumen hängen Zettel, auf denen in Form eines **Steckbriefs** eine entlaufene Katze beschrieben wird, in einem **Rezept** erfahren wir, wie man etwas kocht, in einer Bastelanleitung steht, wie etwas hergestellt wird, in Geschichten werden → *Figuren* beschrieben, und in einem Reiseführer werden fremde **Orte, Wege** und **Gegenstände** beschrieben.
Beschreibungen richten sich an einen **Adressaten**. Sie **informieren** so, dass jemand, der das Beschriebene nicht kennt, eine genaue Vorstellung davon bekommt oder danach handeln kann.
Wenn du eine Beschreibung anfertigen willst, kannst du so vorgehen:
1. Plane deine Beschreibung, bevor du mit dem Schreiben beginnst:
- Mache dir klar, für wen und für welchen Zweck du die Beschreibung anfertigst.
- Überlege, welche Informationen wichtig sind.
- Sammle nötige Informationen z. B. in einem Cluster oder lege einen Stichwortzettel an.
- Bringe sie in eine sinnvolle Reihenfolge.

- Entscheide dich, ob du den Adressaten ansprichst (du, Sie) oder eine neutrale Sprache verwenden möchtest (man, Passiv → Verben).
2. **Verfasse deine Beschreibung.** Nutze deine Vorarbeiten und berücksichtige die folgenden Tipps für unterschiedliche Beschreibungen.
3. **Überarbeite abschließend deine Beschreibung**, indem du die Tipps als Checkliste nutzt.

Tipps für die Funktionsbeschreibung eines Gegenstandes
- Benenne wichtige Elemente des Gegenstandes.
- Nenne eventuell ihre Position oder ein Merkmal, an dem man das Element erkennt.
- Beschreibe den Nutzen oder die Bedienungsweise des Elementes und wozu es verwendet wird/wurde.

Beispiel: Der schwarze Tragegriff steht an der Oberseite des Feuerlöschers ab. Daran hält man den Feuerlöscher mit einer Hand fest, während man mit der anderen Hand löscht.

Tipps für die Beschreibung eines Vorgangs
Eine Vorgangsbeschreibung bezieht sich auf wiederkehrende Vorgänge. Eine Bedienungsanleitung oder eine Handlungsanweisung sind Vorgangsbeschreibungen.
- Handlungen oder Vorgänge, die nicht einmalig stattgefunden haben, sondern immer wiederkehren, werden im Präsens beschrieben.
- Die Sprache ist sachlich und anschaulich, z. B. durch → Adjektive und präzise Orts- oder Zeitangaben.
- Wichtig ist die richtige Reihenfolge der einzelnen Schritte und die Nennung aller notwendigen Details. Abhängig vom Adressaten kann eine Anrede (du oder Sie) oder eine neutrale Formulierung (man oder → Verben im Passiv) verwendet werden.

Tipps für die Beschreibung von Diagrammen
→ Diagramme bilden einen bestimmten Sachverhalt, eine bestimmte Entwicklung, einen Vergleich oder eine Verteilung übersichtlich und anschaulich ab. Bevor du ein Diagramm beschreiben kannst, musst du es zunächst auswerten.
- **Einleitung:** Nenne Titel, Thema, Art der Grafik (Schaubild, Kreisdiagramm ...), Veröffentlichungsdatum und die Quelle.
- **Hauptteil:** Beschreibe, was die Y-Achse und X-

Achse anzeigen und gehe dann auf die einzelnen Ergebnisse ein. Benenne und deute aussagekräftige Werte (höchster, niedrigster, mittlerer Wert, Auffälligkeiten).
- **Schluss:** Fasse die Hauptaussage des Diagramms abschließend zusammen.

Schreibe sachlich und objektiv und verwende das Präsens.

Sich bewerben
(→ Seite 21–24)

Vollständige Bewerbungsunterlagen zusammenstellen
Bei einer Bewerbung müssen die Unterlagen in einer bestimmten Reihenfolge angeordnet und als Bewerbungsmappe zusammengefasst werden.
1. **Deckblatt:** Damit gibst du einen ersten Überblick zu deiner Person. Es enthält dein Anliegen (Bewerbung um einen Praktikumsplatz als ...), deine Kontaktdaten, den Namen des Unternehmens sowie ein professionelles Bewerbungsfoto.
2. **Lebenslauf:** Falls du kein Deckblatt gestaltet hast, positionierst du dein Foto in der rechten oberen Ecke. Denke daran, den Lebenslauf zu unterschreiben.
3. **Anlagen**, wie dein aktuelles Schulzeugnis oder Bescheinigungen, beispielsweise über Praktika oder Nebenjobs, werden chronologisch sortiert.
4. **Bewerbungsanschreiben:** Diese Seite liegt obenauf und ist das zentrale Dokument. Viele Unternehmen verlangen Online-Bewerbungen. Für diese gelten die gleichen Regeln wie für die Bewerbung in Papierform. Fasse deine Unterlagen in einer Datei zusammen und schicke sie mit einer kurzen E-Mail an das Unternehmen.

Ein Bewerbungsanschreiben formulieren
Bei einem Bewerbungsanschreiben handelt es sich um einen offiziellen Brief mit folgenden Textelementen: Absender, Empfänger, Datum, Betreff, Anrede, Brieftext, Grußformel, Unterschrift, Anlage.
Der Brieftext wird dabei üblicherweise so gegliedert:
- Erläutere zunächst kurz den **Grund** des Schreibens. Mache dabei z. B. genaue Angaben zum Praktikumszeitraum.
- Stelle deine **aktuelle Situation** dar. Gib an, welche Schule du besuchst und in welcher Klasse du gerade bist. Du kannst auch auf deine Lieblingsfächer eingehen, wenn diese für die Stelle

relevant sind.

- Präsentiere **Fähigkeiten, Stärken und Interessen**, die dich für diesen Beruf besonders qualifizieren. Dafür solltest du glaubhafte Belege anführen.
- Abschließend bittest du um **Rückmeldung** bzw. um ein persönliches Gespräch.

Charakterisieren (Figuren)
(→ Seite 148, 155, 190–196)

Bei einer Charakterisierung – auch **Figurenbeschreibung** genannt – beschreibst und erklärst du das Verhalten und die Eigenschaften einer literarischen → *Figur*. Wie beim Schälen einer Zwiebel lernst du die Figur beim Lesen Schicht um Schicht näher kennen und kannst sie schließlich charakterisieren. Dafür müssen **Hinweise** zum Aussehen der Figur, zu ihren Beziehungen und Lebensumständen, ihrem Verhalten und ihren Gedanken und Gefühlen zusammengetragen werden:

- Ein → *Erzähler* kann **Aussehen** und **Verhalten** (→ *äußere Handlung*) sowie **Gedanken** und **Gefühle** (→ *innere Handlung*) von Figuren beschreiben.
- Die Figuren geben uns auch selbst Hinweise auf ihre **Eigenschaften** durch das, was sie tun oder sagen und wie sie es sagen (Sprechweise). Figuren können auch andere Figuren beschreiben und bewerten.
- Daneben sagt auch die **Beziehung** zwischen einzelnen Figuren (Figurenkonstellation) viel über ihren Charakter aus. Man sollte daher auch untersuchen, wie sie miteinander umgehen, mit wem sie verwandt, befreundet oder verfeindet sind und welche Gründe es hierfür gibt.

Eine Charakterisierung sollte **folgende Bausteine** besitzen:

- Am Anfang gibst du an, um welchen Text und welche Figur es geht. Nenne dabei → *die Autorin/den Autor*, die Textsorte und den Titel. Stelle dann die Figur kurz mit ein paar Sätzen vor und ordne die Textstelle ggf. in die Gesamthandlung ein.
- Dann beschreibst du die Figur vollständig und in richtiger Reihenfolge. Du kannst eingehen auf:
  - äußere Merkmale (Alter, Aussehen, Kleidung, Familie, Beruf, Lebensumstände),
  - Verhalten, Charaktereigenschaften, Einstellungen, Gedanken und Gefühle,
  - Verhältnis/Beziehungen zu anderen Figuren.

- Am Ende kannst du die Figur abschließend bewerten und darlegen, was du von ihr und ihrem Verhalten hältst.

Achte darauf, dass du ...
- passende → *Zitate* als Belege für deine Aussagen über den Charakter der Figur angibst.
- keine Aufzählung von einfachen Sätzen mit „ist" produzierst. Schreibe nicht: *Er ist stark. *Er ist wütend. *Er ist gewalttätig.
  Verwendest stattdessen Formulierungen wie:
  „Man erkennt an seinem Verhalten, dass ...", „Daran wird deutlich, dass ..." „Hinweise für ... sind ...", „Daraus kann man schließen, dass ..."
- in der Zeitform Präsens schreibst.

Eine Gliederung erstellen
(→ Seite 104, 130, 217, 325–327)

Vor dem Verfassen von längeren Texten wie z. B. → *Sachtexten* und → *Argumentationen*, aber auch vor längeren mündlichen Beiträgen wie einer → *Rede*, solltest du diese planen, indem du eine **Gliederung** anfertigst. In der Gliederung kannst du deine Gedanken mithilfe von Haupt- und Nebenaspekten **geordnet** festhalten. Sie hilft daher auch, einen vorgegebenen Text inhaltlich zu erfassen und die Aussageabsicht zu verstehen.

Die **Hauptaspekte** werden dabei fortlaufend nummeriert (z. B. 1, 2, 3 ...). **Nebenaspekte** werden unter den einzelnen Nummern mit Dezimalzahlen (2.1, 2.2, 2.3 ...) aufgeführt.

Die Nummerierung orientiert sich an der Abfolge der Textteile, sodass die 1 in der Regel für die **Einleitung** steht und einen Aspekt benennt, der zum Hauptteil hinführt. Der **Hauptteil** beginnt entsprechend mit der Nummer 2. Dort finden sich die wichtigsten Informationen zum Thema in der Reihenfolge, in der sie im Text niedergeschrieben bzw. in der Rede besprochen werden. Der Hauptteil wird deshalb noch weiter in seine Nebenaspekte untergliedert. Die Gliederung schließt mit dem **Schlussteil** 3.

1	Einleitung
2	Hauptteil
2.1	Information
2.2	Information
2.3	Information
	...
3	Schluss

Einen Handzettel verfassen
(→ Seite 230/231)

- Vermutlich habt ihr einen Überschuss an Informationen. Klärt deshalb: Was wollt ihr als Wichtigstes vermitteln? Was interessiert eure Adressaten wohl am meisten?
- Achtet auf Übersichtlichkeit: Stellt eure Themenaspekte in einer sinnvollen Abfolge dar. Gliedert mit Zwischenüberschriften.
- Achtet auf Verständlichkeit: Erklärt Fremd- und Fachwörter.
- Regt zum Schluss zum Nachdenken, vielleicht auch zum → *Diskutieren* an.
- Formuliert im Präsens.
- Verwendet möglichst ein Textverarbeitungsprogramm. Euer Beitrag soll höchstens eine DIN-A4-Seite umfassen.
- Notiert in der Kopfzeile: eure Namen, Klasse, Fach, Schule, Ort, Datum.
- Gebt darunter euer Thema an.
- Teilt als Letztes mit, welche Hauptquellen ihr verwendet habt (→ *Ein Quellenverzeichnis anlegen*).

Informationstexte verfassen
(→ Seite 122–139)

Es gibt verschiedene Arten von **Informationstexten**, z. B. → *Beschreibungen* und Informationsbroschüren zur gesunden Ernährung, zur Verkehrssicherheit oder über Umweltthemen. Informierende Text sind sachlich und neutral formuliert. Passende Fachbegriffe und wichtige Fakten (z. B. Eigennamen, Jahreszahlen) stützen die Aussagen. Die Informationen sind gedanklich und sprachlich zusammenhängend präsentiert, Spannung wird vermieden. Informierende Texte weisen oft folgende Strukturierung auf:
- **Einleitung:** Hier wird das Thema deutlich. Schreibanlass sowie Adressaten können genannt werden.
- **Hauptteil:** Der Hauptteil umfasst die wichtigsten Sachinformationen.
- **Schluss:** Der Text schließt ab mit einem Fazit, einem Ausblick oder je nach Situation und Adressat/-in auch mit einem → *Appell*.

Informationstexte beruhen oft auf **unterschiedlichen Materialien**. Wenn du einen Informationstext schreiben möchtest, kannst du so vorgehen:

1. → *Das Schreiben vorbereiten*:
   - Verschaffe dir einen Überblick über die vorliegenden Materialien. Dies können Texte, Fotos, Tabellen, → *Diagramme* ... sein.
   - Mache dir bewusst, was dein Schreibziel ist, an wen der Text adressiert ist und was die Textsorte erfordert.
2. **Die Materialerschließung vorbereiten:**
   - Mache dir Gedanken zum Titel des Textes oder des Schaubildes und überlege dir, worum es gehen könnte.
   - Überlege dir, was du selbst zu dem Thema weißt. Aktiviere dein Vorwissen, indem du dir Notizen z. B. in Form einer Mindmap machst.
3. **Materialien erschließen, Ergebnisse sichern:**
   - Lies den Text ein erstes Mal zügig durch und markiere Stellen, die dir besonders wichtig erscheinen, die dich wundern oder die du nicht verstehst (= **orientierendes Lesen**) (→ *Lesetechniken*). Kläre Passagen, die dir unklar sind. Überlege dir, was die Leserin oder den Leser deines Textes besonders interessieren könnte und formuliere hierzu Fragen.
   - Lies den Text ein zweites Mal, nun jedoch intensiv und markiere wichtige Schlüsselbegriffe (= **intensives Lesen**) (→ *Lesetechniken*). Unterteile den Text in Sinnabschnitte und formuliere Unterüberschriften. Halte die wichtigsten Informationen schriftlich, z. B. in einer Mindmap, fest. Notiere dir, woher du die Informationen hast und was deine Quellen sind, um später darauf zurückzugreifen. Überprüfe, ob die Fragen, die du beim ersten Lesen formuliert hast, mit den Notizen aus deiner Mindmap beantwortet werden können.
   - Prüfe, wenn vorhanden, mehrere Materialien zu einem Thema auf Gemeinsamkeiten und Unterschiede und ergänze deine Notizen.
4. **Den Informationstext planen:**
   - Überlege, für wen und zu welchem Zweck du den Text schreibst.
   - Markiere Informationen, die du für deinen Text benötigst.
   - Vermerke, in welcher sinnvollen Anordnung du sie notieren möchtest.
5. **Den Informationstext verfassen:**
   - Verdeutliche in einer interessanten Einleitung, um was es gehen wird und wecke das Interesse der Leser/-innen, indem du an die Lebenswelt anknüpft, Fragen stellst oder interessante Fakten aufzeigst.

- Stukturiere den Hauptteil durch sinnvolle Textabschnitte.
- Schreibe (z. B. mithilfe von Konnektoren) zusammenhängend und in der geplanten Reihenfolge.
- Verwende bei → *Beschreibungen* das Präsens (→ *Verben*).
- Informiere objektiv (sachlich), verzichte auf persönliche Äußerungen. Vermeide daher → *Personalpronomen* wie ich oder du, verwende stattdessen das allgemeine man.
- Formuliere so, dass Leser/-innen, die sich noch nicht mit dem Thema beschäftigt haben, gut informiert werden.
- Verwende treffende → *Nomen* (z. B. Fachbegriffe), → *Verben*, → *Adjektive* und Vergleiche (→ *Sprachliche Mittel*).
- Schreibe abwechslungsreich. Vermeide z. B. inhaltliche Wiederholungen und die ständige Verwendung der Verben sein und haben.
- Schließe mit einem Schluss ab.
- Finde eine passende Überschrift.

6. Den Informationstext überarbeiten:

Der Schreibauftrag
- Passt der Informationstext inhaltlich zur gestellten Schreibaufgabe?
- Spricht der Text die Adressaten an?
- Hat → *die Autorin/der Autor* sich an die Vorgabe bzgl. des Umfangs gehalten?

Erschließung der Materialien
- Wurden die Materialien genau gelesen und im Hinblick auf das Schreibziel ausgewertet?
- Enthält der Text alle wichtigen Informationen aus den vorliegenden Materialien?

Der Informationstext
- Passt die Überschrift zur Textsorte und zum Inhalt des Textes?
- Ist der Hauptteil sinnvoll aufgebaut?
- Handelt es sich um eine verständliche, zusammenhängende Darstellung?
- Ist der Schreibstil sachlich und genau?
- Ist der Text in eigenen Worten abgefasst?
- Dienen → *Zitate* zur Veranschaulichung oder als Beleg?
- Kann man eine sinnvolle → *Gliederung* des Textes in Einleitung, Hauptteil und Schluss erkennen?
- Weckt die Einleitung Interesse für das Thema?
- Rundet der Schluss den Text sinnvoll ab?

Innere Monologe verfassen
(→ Seite 153, 165, 209, 249)

In einem inneren Monolog spricht die literarische → *Figur* sozusagen zu sich selbst, sie „denkt laut". Ihre Situation, ihr Handeln, was sie denkt, fühlt und wahrnimmt – all dies wird deutlich. Deshalb wird der innere Monolog auch aus der **Ich-Perspektive** und meist im **Präsens** geschrieben. Um die Gedanken und Gefühle deutlich zu machen, kannst du bestimmte Satzzeichen verwenden. Gefühle, Ausrufe oder bestimmte Vorhaben kannst du z. B. mithilfe von Ausrufezeichen kennzeichnen, Fragen durch Fragezeichen und Denkpausen durch Bindestriche. Abgebrochene Gedanken kannst du durch drei Punkte darstellen. Du kannst auch mit Füllwörtern (z. B. oh, ohje) arbeiten, mit kurzen und abgehackten Sätzen, Satzabbrüchen und Wiederholungen (→ *Sprachliche Mittel*).

Beim Planen, Schreiben und Überarbeiten eines inneren Monologes kannst du so vorgehen:

1. Einen Schreibplan erstellen:
- Mache dir noch einmal klar, was der Schreibauftrag ist.
- Sammle Ideen zum Inhalt deines Textes, z. B. in einer Mindmap.
- Plane die Struktur deines Textes (Wie beginnt der Monolog, wie geht es weiter, was macht einen guten inneren Monolog aus ...)?

2. Den inneren Monolog schreiben:
- Schreibe die erste Version deines Textes.
- Verwende die Notizen aus Schritt 1.

3. Den inneren Monolog überarbeiten:
- Überprüfe deinen Text im Hinblick darauf, wo und wie (Stil, Rechtschreibung, Satzbau ...) er verbessert werden könnte.
- Kontrolliere, ob die Kriterien für einen inneren Monolog erfüllt sind.
- Markiere in deinem Text, was du verbessern könntest.

4. Die Endversion verfassen:
- Schreibe nun eine Endversion deines inneren Monologes, indem du die Verbesserungsmöglichkeiten aus Schritt 3 bedenkst.

Tipp: Schritt 3 könnt ihr auch mit einem Partner bearbeiten, indem ihr eure Texte austauscht und euch gegenseitig Rückmeldung gebt, ob sie die Merkmale eines guten inneren Monologs erfüllen.

Einen Museumsgang durchführen
(→ Seite 59, 75, 243)

Diese Methode dient der **Präsentation** von Texten und anderen Produkten aus Einzel- und Gruppenarbeit. Die Ergebnisse werden gut sichtbar im Klassenzimmer ausgestellt, auf den Tischen ausgelegt oder an die Wand gehängt – ähnlich wie in einem Museum. Ihr wandert im Klassenzimmer umher, seht euch die ausgestellten Produkte der anderen an und **bewertet** sie.

1. **Die Ergebnisse ausstellen:**
   Legt das Ergebnis eurer Arbeit (z. B. einen Text oder ein Plakat) auf euren Tisch oder hängt es an einer vorher festgelegten Stelle aus. Bei digital erstellten Produkten stellt ihr die Ergebnisse auf einem digitalen Endgerät, z. B. einem Laptop, zur Verfügung.
2. **Die Ergebnisse besichtigen und Bewertungen dazu festhalten:**
   Geht einzeln oder in Gruppen von Tisch zu Tisch und begutachtet die ausliegenden Arbeitsergebnisse. Wer das Produkt (z. B. den Text oder das Plakat) erstellt hat, kann es präsentieren oder für Fragen zur Verfügung stehen. Wenn ihr das Produkt in einer Arbeitsgruppe erstellt habt, stellt ein Schüler oder eine Schülerin aus dem Team die Ergebnisse vor.
   Ihr habt zwei Möglichkeiten, die gezeigten Produkte zu bewerten:
   Ⓐ Macht euch **Notizen zu den Ergebnissen** und präsentiert diese im Anschluss an den Museumsgang.
   ODER
   Ⓑ Bei den Arbeitsergebnissen liegt ein **Rückmeldebogen** aus, den ihr mit euren Hinweisen ausfüllt. Den Rückmeldebogen erhaltet ihr von eurer Lehrerin oder eurem Lehrer oder ihr könnt ihn auf Basis der Checklisten im Kapitel selbst erstellen.
3. **Die Rückmeldungen vorstellen und nutzen:**
   Ⓐ Wenn ihr euch Notizen zur Bewertung gemacht habt, stellt ihr sie anschließend vor.
   Ⓑ Wenn ihr mit Rückmeldebögen gearbeitet habt, kann der Schüler, die Schülerin oder die Arbeitsgruppe, der oder die das Produkt erstellt hat, diese in Ruhe auswerten. Ihr solltet den anderen aber für mögliche Rückfragen zur Verfügung stehen.

4. **Mit den Rückmeldungen weiterarbeiten:**
   Geht zu eurer eigenen Station zurück und und überarbeitet eure Produkte mithilfe der Rückmeldungen, die ihr erhalten habt.

Aus der Perspektive einer Figur schreiben
(→ Seite 151, 198, 206)

Wenn du einen Text (z. B. eine E-Mail oder einen Tagebucheintrag) aus der Sicht einer → *Figur* schreibst, solltest du darauf achten, dass der Inhalt und die sprachliche Gestaltung zu dieser Figur passen. Überlege dir im Vorfeld, wie sich die Figur in der → *Erzählung* verhält, welche Gefühle und Einstellungen für sie typisch sind, wie sie sich normalerweise ausdrückt und was sie weiß bzw. wissen kann.

Ein Quellenverzeichnis anlegen

Um am Ende einer schriftlichen Arbeit oder eines → *Kurzreferats* offen zu legen, woher du deine Informationen hast, musst du ein Quellenverzeichnis anlegen. Wenn es sich um mehrere Quellen handelt, sortierst du diese **alphabetisch** nach den Nachnamen der → *Autorinnen und Autoren.* Internetseiten, bei denen dir der Autor nicht bekannt ist, folgen im Anschluss an die übrigen Quellen. Diese sortierst du dann alphabetisch nach dem Titel der Internetseite. Auf folgende Art und Weise kannst du die Quelle jeweils angeben:

- **Buch**: Nachname, Vorname: Titel. Ort: Verlag Jahr, Seite(n). Falls das Buch mehrere Autoren hat und von einem Herausgeber veröffentlicht wurde, nennst du den Namen des Herausgebers und notierst (Hrsg.) im Anschluss an die Nennung des Namens.
- **Zeitungsartikel**: Name, Vorname: Titel des Artikels. In: Titel der Zeitschrift (Ausgabe) Jahr, Seite(n).
- **Internetseite ohne Autor**: Titel des Beitrags, >Internetadresse<, Datum der Veröffentlichung (letzter Aufruf: Datum, an dem du die Seite das letzte Mal aufgerufen hast).

Texte überarbeiten
(→ Seite 33, 75, 110, 135, 182, 185, 271, 279)

Bei der Überarbeitung von Texten kannst du folgende Kriterien berücksichtigen:

Angemessenheit des Textes:

- **Textsorte/Textfunktion:** Wird die Funktion des Textes deutlich? Entspricht der Text den Anforderungen an die Textsorte (→ *Gliederung*, Sprachstil, Adressatenbezug …)? …
- **Textkohärenz:** Wird ein roter Faden des Themas deutlich? Gibt es Textstellen, die der Leserin und dem Leser helfen, die Zusammenhänge des Textes zu verstehen? Werden durch Absätze Sinnabschnitte gebildet? …

sprachliche Richtigkeit:

- **Wortwahl:** Beschreibt das Wort/die Formulierung genau genug das, was gesagt werden soll? Passt das Wort/die Formulierung zur Textsorte, oder ist es zu formell/informell? …
- **Rechtschreibung, Grammatik:** Sind die Wörter richtig geschrieben? …

Mit einer **Textlupe** könnt ihr euch gegenseitig Rückmeldungen zu selbstverfassten Texten geben:

1. Jeder bekommt einen Text und eine Textlupe. Das ist eine Checkliste mit Gesichtspunkten zu Geschichten, Beschreibungen, → *Berichten* usw.
2. Lest den Text mehrmals und kreuzt einen Smiley zu jedem Gesichtspunkt an. Darunter könnt ihr eintragen, was euch an dem Text gut oder nicht so gut gefallen hat. Zusätzliche Überarbeitungstipps könnt ihr an den Rand des Textes schreiben.
3. Der Verfasser des Textes schaut sich die Rückmeldungen an und wählt drei oder vier Punkte aus, die er an seinem Text verbessern will.

In einer **Schreibkonferenz** besprecht ihr eure Texte nacheinander in Kleingruppen:

1. Legt fest, auf welche Gesichtspunkte ihr besonders achten wollt: Textaufbau, Verständlichkeit …
2. Einer liest seinen Text vor, die anderen können dazu Verständnisfragen stellen.
3. Der Text wird nun Satz für Satz vorgelesen. Nach jedem Satz tauschen sich die Teilnehmer aus, → *die Autorin/der Autor* des Textes macht sich Notizen.
4. Nach der Schreibkonferenz überlegt sich jeder, welche Tipps er berücksichtigen will und überarbeitet seinen Text.

Bei einem **Papier-Posting** gebt ihr euch in Kleingruppen von ca. vier Schüler/-innen auf Klebezetteln Rückmeldung zu euren Texten.

1. **Textblätter vorbereiten:**
   Jedes Gruppenmitglied schreibt oder klebt seinen Text in die Mitte eines DIN A3-Blattes. Dabei muss darauf geachtet werden, dass an den Seiten genügend Platz bleibt, um dort später Notizen festzuhalten.
2. **Beobachtungsaufträge verteilen:**
   - Macht euch bewusst, worauf es bei der jeweiligen Textsorte ankommt. Die Checklisten oder der Wissen-und-Können-Teil im Anhang des Buches können euch dabei helfen.
   - Verteilt innnerhalb eurer Posting-Gruppe Aufträge: Bei einer → *Inhaltsangabe* kann zum Beispiel einer darauf achten, ob die richtige Zeitform verwendet wurde, ein anderer prüft, ob der Schreibende die Inhalte sachlich wiedergegeben hat, ein Dritter korrigiert Rechtschreibung und → *Zeichensetzung* und ein Vierter achtet auf den sprachlichen Stil.
3. **Die Texte lesen und Rückmeldung auf Klebezetteln geben:**
   Die Texte werden in der Gruppe reihum so ausgetauscht, dass jeder jeden Text einmal gelesen und mit Notizen auf Klebezetteln versehen hat. Die Notizen der anderen Gruppenmitglieder dürfen ebenfalls kommentiert werden.
4. **Anregungen zum Überarbeiten nutzen:**
   Wenn jeder alle Texte kommentiert hat, erhält der Verfasser seinen Text zurück und überarbeitet diesen. Er entscheidet selbst, welche Anregungen umgesetzt werden und welche nicht.

Das Schreiben vorbereiten
(→ Seite 58, 100–103, 122–128, 174–176, 224–226)

Wenn du eine Geschichte, ein → *Gedicht* oder einen → *Informationstext* schreiben möchtest, dann solltest du zunächst Ideen und Informationen sammeln, z. B. in einer **Stoffsammlung**:
In einer Stoffsammlung werden zunächst möglichst viele Stichpunkte (eigene Ideen, Aspekte aus Materialien) zu einer Problemstellung gesammelt. Anschließend ist es notwendig, die Stichpunkte nach inhaltlich zusammengehörenden Gesichtspunkten zu ordnen, um mit der Stoffsammlung sinnvoll weiterzuarbeiten. Diese Tipps helfen euch dabei:

- Streiche, was nicht zum Thema gehört.
- Streiche Aspekte, zu denen du nicht genügend Informationen hast und zu denen du dich daher nicht sinnvoll äußern kannst.

- Fasse die Punkte, die sich inhaltlich überschneiden, zusammen.
- Überprüfe, ob Aspekte zueinander passen. Stelle gegebenenfalls die Zuordnung um, ergänze oder streiche bestimmte Aspekte.

Du kannst deine Ideen und Informationen auch in einem **Cluster** sammeln:
- Schreibe das Thema in die Mitte eines leeren Blattes Papier und kreise es ein.
- Notiere alles, was dir zum Thema einfällt: Erlebnisse, Informationen, Gefühle ...
  Deine Einfälle können zum Ausgangspunkt für weitere Ideen werden.
- Einfälle und Ideen, die du verwenden willst, kannst du farbig markieren.

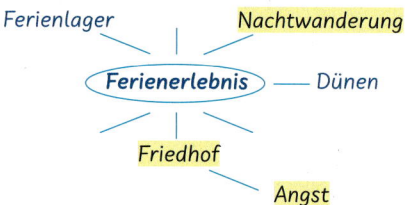

Anschließend kannst du deine Ideen ordnen und z. B. mithilfe eines gegliederten Stichwortzettels, eines Erzählplans oder einer Mindmap in eine sinnvolle Reihenfolge bringen.
Eine **Mindmap** ist eine geordnete Stichwortsammlung, gegliedert nach Ober- und Unterbegriffen:
- Schreibe das Thema in die Mitte eines leeren Blatt Papiers und kreise es ein.
- Zeichne von der Mitte aus Zweige und notiere am Ende Oberbegriffe. Hebe sie durch Einkreisen, Unterstreichen oder farbige Markierung hervor.
- Ergänze die Oberbegriffe um Unterbegriffe. Zeichne dazu weitere Zweige ein und schreibe an ihrem Ende weitere Stichwörter auf.

Um dir einen einen perfekten Überblick über mögliche Aspekte eines Themas und die inhaltliche Struktur eines Textes dazu zu verschaffen, bietet sich auch eine **Cognitive Map** an. Hierbei handelt es sich um eine Art geistige Landkarte.

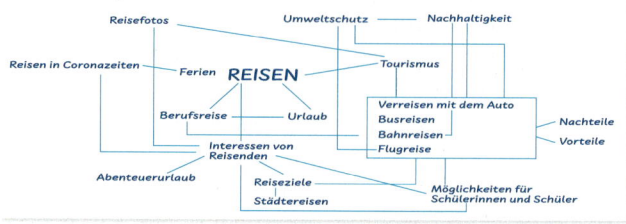

- Notiere zunächst in der Mitte des Blattes den zentralen Schlüsselbegriff bzw. das Thema.
- Notiere in einer Art Brainstorming auf einem weiteren Blatt Begriffe und Themenbereiche, die dir zu dem Thema einfallen.
- Ordne die Begriffe, die du gesammelt hast, zu inhaltlich zusammengehörigen Begriffsgruppen und schreibe sie um das zentrale Thema herum.
- Sammle zu den Begriffsgruppen weitere Unterbegriffe, gruppiere sie und ergänze sie auf der Map.
- Ziehe Verbindungslinien von den Unterbegriffen zum zentralen Thema und notiere die Art der Beziehung zwischen Schlüsselbegriff und hinzugekommenem Begriff an der Linie.
- Verbinde nun auch alle Begriffe, bei denen sich untereinander eine logische Verknüpfung herstellen lässt.
- Du kannst diese Cognitive Map beliebig erweitern. Habe auch bei späteren Erweiterungen stets den Bezug zum zentralen Ausgangsthema deutlich vor Augen, da es sonst nicht mehr im Mittelpunkt deiner Arbeit steht.

Zitieren
(→ Seite 130/131, 328/329)

Direktes (wörtliches) Zitat
Bei dem direkten Zitat übernimmst du ein Wort, einen Teil eines Satzes oder ganze Sätze aus einem fremden Text im Wortlaut. Du setzt diese Textstelle in Anführungszeichen und darfst den Text nicht weiter verändern, außer du machst dies mit eckigen Klammern [...] kenntlich.
Kennzeichen des direkten Zitats:
- Es gibt einen Einleitungssatz oder Begleitsatz.
- Das Zitat steht in Anführungszeichen. Anführungszeichen stehen im Deutschen vorne unten und hinten oben.
- Das Zitat folgt auf den Einleitungssatz nach einem Doppelpunkt oder es steht vor einem Begleitsatz und wird dann mit Komma abgetrennt (→ *Zeichensetzung*).

- Der Wortlaut des Zitats wird in allen Einzelheiten beibehalten.
- Nach der zitierten Textstelle steht die Quellenangabe in Klammern.

Im Text „Integrationsproblem" heißt es: „Viele erleben den Umzug als Kulturschock." (Z. 3 f.).

Kennzeichen des verkürzten direkten Zitats:

- Der Einleitungssatz oder Begleitsatz kann fehlen.
- Es wird nur ein Wort/eine Wortgruppe zitiert, das/die in den Text einbezogen ist.
- Das Zitat steht in Anführungszeichen.
- Nach dem Zitat steht die Quellenangabe in Klammern.

Für viele Jugendliche war der Umzug nach Deutschland ein „Kulturschock" (Z. 3 f.).

Indirektes (sinngemäßes) Zitat

Bei dem indirekten Zitat gibst du den Inhalt einer Textstelle mit eigenen Worten wieder. Dabei werden keine Anführungszeichen gesetzt. Die Textstelle, auf die du dich beziehst, wird mit vgl. (vergleiche) oder s. (siehe) angegeben.

Kennzeichen des indirekten Zitats:

- Es gibt einen Einleitungssatz, der von einem Nebensatz (z. B. einem dass-Satz) gefolgt wird, oder der Einleitungssatz bzw. Begleitsatz fehlt.
- Der Inhalt, der wiedergegeben wird, ist in eigenen Worten benannt.
- Das indirekte Zitat wird in den eigenen Satz integriert, Anführungszeichen fehlen.
- Am Ende des Satzes steht in Klammern eine Quellenangabe. Diese wird mit vgl. für „vergleiche" oder s. für „siehe" eingeleitet und macht deutlich, dass es sich nicht um ein direktes Zitat handelt.

In dem Online-Lexikonartikel wird betont, dass sich viele Jugendliche schwer damit tun, ihre Heimat zu verlassen und in Deutschland Fuß zu fassen (vgl. Z. 3 f.).

Texte lesen und untersuchen

Äußere und innere Handlung
(→ Seite 93/94, 200, 209)

Die Ausgestaltung äußerer und innerer Handlung ist eine wesentliche Erzähltechnik.
Unter **äußerer Handlung** versteht man Geschehnisse, die für alle an einer erzählten Situation beteiligten → Figuren sichtbar und sinnlich wahrnehmbar sind. Als **innere Handlung** bezeichnet man Vorgänge, die sich nur im Kopf, im Bewusstsein einer Figur abspielen: Der Leser erfährt, was eine Figur denkt, fühlt oder will.
Man unterscheidet also zwischen dem Fortgang der Handlung (= äußere Handlung) und der Beschreibung von Gefühlen und Gedanken der beteiligten Figuren (= innere Handlung).

Autorin / Autor
(→ Seite 242/243)

Den Verfasser oder die Verfasserin eines Textes nennt man Autor bzw. Autorin. Häufig spricht man auch von Schriftsteller/Schriftstellerin oder Dichter/Dichterin.

Balladen

Das Wort Ballade stammt aus Südfrankreich und bezeichnete ursprünglich ein Lied, das beim Tanzen gesungen wurde. Der Begriff wurde im 18. Jahrhundert auch im deutschen Sprachraum heimisch, stand nun aber für ein mehrstrophiges Erzählgedicht, das herausragende Menschen und außerordentliche Ereignisse in den Mittelpunkt stellt.
Balladen enthalten Elemente aus allen drei literarischen Gattungen:

- **Erzählende Elemente**: Eine Ballade erzählt eine zumeist spannende Geschichte. Häufig gibt es einen → Erzähler (→ Epik).
- **Dramatische Elemente**: Die Ballade schildert eine besonders lebendige Szene. Spannung wird dabei vielfach durch die wörtliche Rede aufgebaut (→ Dramatik).
- **Lyrische Elemente**: Die Ballade hat die Formelemente des → Gedichts wie Strophen, Verse, Reime und vielfach ein Metrum (→ Lyrik).

Deutungshypothesen formulieren
(→ Seite 174–176)

Aus → *Gedichten* lassen sich zumeist grundsätzliche Aussagen herauslesen, die über den Inhalt hinausgehen. Die Leserin oder der Leser ist daher aufgefordert, einen solchen Sinn im Text zu entdecken, das Gedicht also für sich selbst zu deuten.
Nach dem Lesen und dem Sammeln der ersten Eindrücke kann man daher eine sogenannte Deutungshypothese entwickeln. Diese hält man am besten in einem oder zwei Sätzen schriftlich fest. Die Deutungshypothese kann bei der Analyse behilflich sein. Sie sollte aber ständig überprüft werden.

Dialoge untersuchen

Halte zunächst fest, welche Handlung zu dieser Szene geführt hat, und fasse dann den Inhalt der Szene kurz zusammen. Folgende Fragen kannst du bei der Untersuchung beantworten:
- Wer sind die Gesprächspartner und um welches Thema, welche Themen geht es?
- Welche Positionen und Meinungen vertreten die Gesprächspartner?
- Bei einem Streit (Konflikt): Wird er gelöst? Wenn ja, wie? Wenn nein, warum nicht? Welche Gefühle werden deutlich?
- Ist der Redeanteil gleichmäßig verteilt oder spricht einer der beiden mehr als der andere?
- Wie drücken sich die Gesprächspartner aus: Verwenden sie Alltagssprache, Umgangssprache, → *Dialekt* ...?
- In welcher Beziehung stehen die Gesprächspartner zueinander?
- Welche Ziele verfolgen die Gesprächspartner?
- Wer kann welches Ziel realisieren? Was verändert sich im Laufe des Gesprächs? (Was ist am Ende anders als zu Beginn? Warum kommt es zu einer Veränderung? Oder: Warum verändert sich nichts?)

Diagramme auswerten und erstellen

Ein Diagramm ist ein **Schaubild**, das dazu dient, Größenverhältnisse (z. B. Prozentzahlen) anschaulich darzustellen. Es gibt verschiedene Diagrammarten, z. B. **Balken-, Kreis- oder Säulendiagramme.**

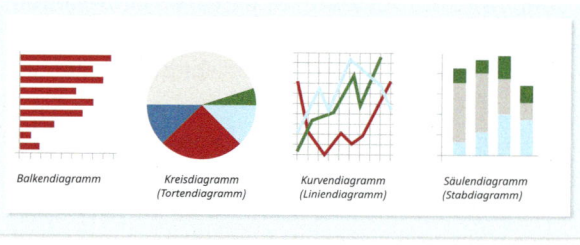

Balkendiagramm　Kreisdiagramm (Tortendiagramm)　Kurvendiagramm (Liniendiagramm)　Säulendiagramm (Stabdiagramm)

Wenn du ein Diagramm auswerten willst, kannst du so vorgehen:
- Gib die Thematik an. Manchmal gibt es eine Überschrift, die das Thema nennt.
- Verschaffe dir Klarheit über die Bedeutung der Zahlen, Beschriftungen, Farben usw.
- Stelle fest, woher das Diagramm und die Daten stammen. Gib die Quelle an.
- Notiere die Aspekte, von denen du denkst, dass sie gut zu deiner Frage oder Aufgabenstellung passen.
- Formuliere die benötigten Informationen aus.

Diagramme erstellen
Ein Diagramm kann Zusammenhänge manchmal verständlicher darstellen als ein Text. In einem → *Untersuchungsbericht* oder einem Sachtext kannst du Diagramme verwenden, die du selbst erstellt hast. Bei der Umwandlung eines Textes in ein Diagramm wählt man eine passende **Diagrammart**, einheitliche **Bezeichnungen** (Prozente, absolute Zahlen) und wichtige **Informationen** aus. Weniger Wichtiges kann weggelassen werden, wenn die Aussage dadurch nicht verfälscht wird.
Tipp: Mehrere kleine Diagramme können übersichtlicher sein als ein komplexes Diagramm.

Um auf einfache Art und Weise **Abläufe aller Art zu veranschaulichen**, eignen sich **Flussdiagramme** besonders gut. Mithilfe dieser lassen sich Handlungsschritte visualisieren, Abläufe erklären und Entscheidungsbäume darstellen. Neben Kästen und Pfeilen können auch Symbole zur Veranschaulichung genutzt werden. Du kannst Flussdiagramme zudem als Planungshilfe nutzen, z. B. für → *Inhaltsangaben* oder → *Informationstexte*.

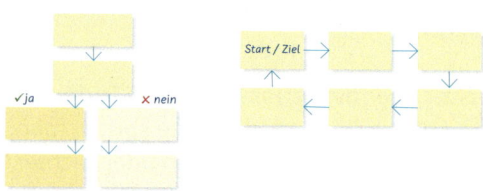

✓ ja　✗ nein　Start / Ziel

Drama → *Theater*

Epische Texte

Schon seit mehr als 2 500 Jahren gibt es epische Texte (Epik), lyrische Texte (→ *Lyrik*) und szenische Texte (→ *Drama*).
Epische Texte sind erzählende Texte wie Jugendbücher/Romane, Anekdoten oder → *Erzählungen.*
Sie haben einen → ***Erzähler*** und sind meist im **Fließtext** geschrieben. Der Erzähler ist fast immer eine unsichtbare oder erfundene → *Figur* (die „Stimme des Textes"), die sich der → *Autor oder die Autorin* ausgedacht hat.
Von lyrischen Texten (→ *Gedichten*) unterscheiden sich epische Texte dadurch, dass sie eine Handlung erzählen, nicht in Versen und Reimen geschrieben sind und kein festes Metrum haben.
Im Gegensatz zu epischen Texten bestehen szenische Texte vor allem aus → *Dialogen und Monologen* und sind für das → *Theater* gemacht.

Erzähler, Erzählform und Erzählperspektive
(→ Seite 200, 244–246)

Der Erzähler einer Geschichte kann verschiedene **Perspektiven** einnehmen, aus denen er uns einen Einblick in die → *Figur*enwelt gibt:

Eine Geschichte kann in der **Ich-Form** erzählt sein. Dann spricht man von einem **Ich-Erzähler**:
Das Gewitter wurde immer schlimmer. Da sah ich die Umrisse eines halb verfallenen Hauses vor mir ...
Der Ich-Erzähler ist eine Figur in der erzählten Welt. Er erzählt die Geschichte aus seiner Perspektive, die Leser sehen die erzählte Welt mit seinen Augen. Meistens erfahren sie dabei auch eine Menge über die Gedanken und Gefühle des Ich-Erzählers.

Steht der Ich-Erzähler außerhalb der Handlung, weiß aber alles über den Handlungsverlauf und die Gedanken und Gefühle der Figuren, so handelt es sich um einen **allwissenden (auktorialen) Erzähler**. Er bestimmt, von welchen Orten und Begebenheiten er als nächstes erzählt, legt die Zeitabläufe (Vor-/Rückblenden) fest und mischt sich durch Wertungen und Kommentare ein. Man bezeichnet dies auch als das **erzählende Ich**.
Ist der Ich-Erzähler gerade selbst in der Situation und berichtet, was er erlebt, handelt es sich um einen **personalen Erzähler**. Er kennt den Verlauf und Ausgang der Handlung nicht, hier spricht man von einem **erlebenden Ich**.

Eine Geschichte kann auch in der **Er-** oder **Sie-Form** erzählt werden. Dann spricht man von einem **Er-/Sie-Erzähler**: Das Gewitter wurde immer schlimmer. Lia rannte zu dem halb verfallenen Haus und öffnete vorsichtig die Tür. Sie ging ...
Der Er-/Sie-Erzähler ist keine Figur der Geschichte. Man erkennt ihn daran, dass in der 3. Person Singular (er/sie) erzählt wird. Er schildert das Geschehen meistens aus der Perspektive einer oder mehrerer Figuren, die in der Geschichte vorkommen. Dabei kann er auch die Gefühle und Gedanken dieser Figur bzw. Figuren wiedergeben.

Erzählschritte/Handlungsschritte

Eine Geschichte, z. B. ein Auszug aus einem Jugendbuch, besteht in der Regel aus verschiedenen **Erzählschritten**.
Ein Erzählschritt umfasst Sätze, die inhaltlich eng zusammengehören. Er endet, wenn etwas Neues passiert, z. B. wenn sich bei der → *Hauptfigur* etwas ändert, der Ort der Handlung wechselt, ein Zeitsprung stattfindet oder eine neue Figur auftritt. Statt von Erzählschritten kann man auch von **Handlungsschritten** oder Sinnabschnitten sprechen. Erzählschritte können, müssen aber nicht mit den Absätzen in einem Text übereinstimmen.

Erzählungen

Erzählungen sind Geschichten von besonderen Erlebnissen und Ereignissen, die tatsächlich stattgefunden haben oder die sich jemand ausgedacht hat. Häufig haben sie aktuelle Bezüge und handeln von Menschen und ihren Problemen. Oftmals behandeln Erzählungen ähnliche Themen, z. B. die Themen Freundschaft, Schule ...

Expressionismus
(→ Seite 168–170)

Der Expressionismus (1910 – 1925) entstand kurz nach Beginn des 20. Jahrhunderts als neue **Stilrichtung** zunächst in der bildenden Kunst und prägte dann die Literatur. Die Künstlerinnen und Künstler waren häufig noch jung und empfanden ihr Leben kurz vor Ausbruch des 1. Weltkriegs als sehr unsichere Krisenzeit. Sie erwarteten eine Katastrophe oder wollten einen völligen Umbruch. Sprachlich experimentierten sie mit neuen Ausdrucksmöglichkeiten, um ihre starken Emotionen und ihr Gefühl der Unsicherheit festzuhalten.

Häufige Merkmale der → *Lyrik*:
Verzicht auf feste Gedichtformen, Auflösung von Satzstrukturen und Wortbedeutungen, Abkehr von nachvollziehbaren Zusammenhängen zugunsten von Eindrücken, die aneinandergereiht werden, intensive Metaphern (→ *Sprachliche Mittel*) und bedeutungsstarke Wörter, Übertreibungen und Verzerrungen.

Figuren
(→ Seite 78–81, 149–151, 190–193, 201–203, 236–238)

Personen, die in einer Geschichte oder einem → *Theater*stück vorkommen, nennt man **Figuren**. Meist erfährt der Leser aus dem Zusammenhang der Geschichte, wie die Figur aussieht, welche Eigenschaften sie hat und was sie besonders beschäftigt, freut oder traurig macht.
Fast alle Geschichten, Romane, Theaterstücke oder Filme haben **Hauptfiguren** (→ *Theater*), die im Mittelpunkt der Handlung stehen. Über diese Figuren erfährt der Leser oder Zuschauer besonders viel. In einer → *Charakterisierung* kannst du das Verhalten und die Eigenschaften einer literarischen Figuren beschreiben und erklären.
Das Beziehungsgeflecht der Figuren kann hingegen mithilfe einer **Personenkonstellation** grafisch dargestellt werden. Sie dient der Veranschaulichung, macht also die **Art der Beziehung** (Liebe, Freundschaft, Hass, Konkurrenz ...) deutlich und zeigt, **welche Figuren zusammengehören**. In einem Schaubild lässt sich die Art der Beziehung durch Striche, Pfeile, Schlüsselwörter und Symbole kennzeichnen, z. B. ❤ für Liebe, ⚡ für Hass, 😊 für Freundschaft ... .

Gedichte
(→ Seite 166–187)

Gedichte, auch als **Lyrik** (*griech.* lyrikós = zum Spiel der Lyra gehörende Dichtung) oder Poesie (*griech.* poíēsis = Dichtkunst, das Dichten) bezeichnet, sind sprachliche Kunstwerke, die aus **Versen** (Zeilen) und **Strophen** (Abschnitten) bestehen. Innerhalb

eines Verses kann es Einschnitte geben, also eine kurze (Sprech-)Pause im Vers. Diese bezeichnet man als **Zäsur**. Die Verse in einem Gedicht können sich reimen. Ein **Reim** bezeichnet den Gleichklang zweier oder mehrerer Silben: Haus – Maus, leben – geben, klingenden – singenden.
Klingen die Silben nur beinahe gleich, spricht man von einem unreinen Reim: Löwe – böse, Freude – heute.
Die regelmäßige Anordnung der Reime bezeichnet man als **Reimschema**. Um das Reimschema eines Gedichts zu bestimmen, kann man die Versenden mit Kleinbuchstaben kennzeichnen. Jeder gleiche Reim bekommt denselben Buchstaben. Häufig vorkommende Reimschemata sind **Paarreim** (aabb), **Kreuzreim** (abab) und **umarmender Reim** (abba), hin und wieder auch der **Schweifreim** (aabccb).

Haus	a	Haus	a	Haus	a
Maus	a	gehen	b	gehen	b
gehen	b	Maus	a	stehen	b
stehen	b	stehen	b	Maus	a

Reimen sich Worte innerhalb eines Verses, spricht man vom **Binnenreim** (Und seufzte lang und bang). Einzelne Verse, die ohne Reim bleiben, bezeichnet man als „**Waise**". Gedichte ohne Reime nennt man **freie Verse**.
Wenn ein Satz (oder eine Wortgruppe) nicht mit dem Vers endet, sondern in den nächsten Vers, die nächsten Verse oder die nächste Strophe springt, spricht man von einem **Zeilensprung** (oder **Enjambement**). Mithilfe von Enjambements können einzelne Worte der Textfassung durch die End- oder Anfangsstellung im Vers hervorgehoben und Sachverhalte betont werden:

> Und der Ritter in schnellem Lauf
> Steigt hinab in den furchbarn Zwinger
> Mit festem Schritte

Wichtig bei der Beschreibung der Form sind neben den regelmäßigen Strukturen vor allem auch die **Auffälligkeiten und Unregelmäßigkeiten**. Sie haben häufig eine besondere inhaltliche Bedeutung. Dabei kann es sich beispielsweise um fehlende oder überzählige Silben handeln, die das Metrum stören, oder auch um reimlose Verse innerhalb eines eigentlich regelmäßigen Reimschemas. So kann ein unregelmäßiges Metrum z. B. auf den Moment, in dem ein Unglück geschieht, hinweisen.

In Gedichten, besonders häufig in Liedern, kann es auch eine immer wiederkehrende Folge von Versen geben, die man **Refrain** oder **Kehrvers** nennt. Gedichtverse sind oft nach einer regelmäßigen Abfolge von betonten (/) und unbetonten (_) Silben geordnet. Das nennt man **Versmaß (Metrum)**. Man unterscheidet folgende Versmaße:

```
       _    /
       x    x
```
Jambus: Del - fin

(unbetont, betont)

```
       /    _
       x    x
```
Trochäus: Lö - we

(betont, unbetont)

```
      _   _    /
      x   x    x
```
Anapäst: E - le - fant

(unbetont, unbetont, betont)

```
      /    _    _
      x    x    x
```
Daktylus: Kän - gu - ru

(betont, unbetont, unbetont)

Gedichte analysieren

Wenn du eine Gedichtanalyse ausformulierst, solltest du immer eine Leserin bzw. einen Leser im Blick haben. Stelle dir vor, dass diese Leserin oder dieser Leser sich für deine Arbeit interessiert, jedoch das vorliegende Gedicht nicht kennt. Du musst sie oder ihn über alle deine Gedanken nachvollziehbar informieren. So kannst du die schriftliche Gedichtanalyse aufbauen:

1. **Einleitung:**
   - Formuliere einen Einleitungssatz: Autor, Titel, Textart, Erscheinungsjahr, Thema.
   - Beschreibe die Form des Gedichts.
   - Fasse den Inhalt in eigenen Worten zusammen.
   - Formuliere ggf. eine → *Deutungshypothese*.
2. **Hauptteil:**
   Analysiere Inhalt, Form und Sprache in ihrem Zusammenspiel. Die in der Aufgabenstellung formulierten Leitaspekte geben dir eine Orientierung.
3. **Schluss:**
   Fasse die wichtigsten Ergebnisse der Analyse zusammen.

Handlungsorte untersuchen

Die Handlung von Romanen ereignet sich an bestimmten **Orten**, die oft eine wichtige Rolle für die → *Figuren* und die Handlung spielen. Bei der Untersuchung könnt ihr auf folgende Aspekte eingehen:
- die **Art** des Ortes, zum Beispiel eine Großstadt, ein Raum, ein Ort in der Natur,
- die **Bedeutung** eines Ortes für den Handlungsverlauf,
- die **Wahrnehmung** des Ortes und seiner Atmosphäre durch eine Figur.

Inhaltsangabe
(→ *Seite 218/219*)

Vorarbeiten:
- Lies den Text sorgfältig und markiere unbekannte Wörter, die du anschließend erschließt oder nachschlägst.
- Gliedere den Text, indem du Handlungsschritte findest und sie mit Kurztiteln oder Überschriften versiehst. Der Wechsel eines Schauplatzes, Auf- und Abtritte von Figuren oder Veränderungen im Handlungsablauf sind Gliederungssignale. **Achtung**: Nicht alle Textteile gehören zur Handlung. Beschreibungen, Erzählerkommentare oder Schilderungen können die Handlung unterbrechen und sollten in der Inhaltsangabe nicht wiedergegeben werden.

Das kennzeichnet die Inhaltsangabe:
- Die Inhaltsangabe informiert **sachlich** darüber, was in einem Text geschieht. Der Leser soll den Text verstehen können, obwohl er die Geschichte nicht gelesen hat.
- Verfasse daher zuerst eine Einleitung, welche Auskunft über die Textsorte, den Autor, den Titel und das **Thema** der Geschichte gibt. So kann der Leser den Text bereits einordnen und weiß, worum es geht.
- Gib in eigenen Worten den Textinhalt in **knapper und sachlicher Sprache** wieder.
- Wörtliche Rede kommt in der Inhaltsangabe nicht vor, sie wird zusammengefasst oder durch die **indirekte Rede** (→ *Verben/Konjunktiv I*) wiedergegeben.
- Die Zeitform ist das **Präsens**. Achte auf die **Reihenfolge** der Handlungsschritte.

Kurzgeschichten
(→ Seite 234–257)

Kurzgeschichten haben einen **geringen Umfang** und erzählen von **alltäglichen Situationen**. Die Handlung beginnt meist **unvermittelt** und endet plötzlich. Man hat den Eindruck, dass Kurzgeschichten nur einen Ausschnitt einer Gesamthandlung bieten. Dieser **Ausschnitt** wird linear erzählt, selten gibt es Vor- oder Rückblenden. Oft hat die Geschichte gegen Ende einen **Wendepunkt**, der überrascht oder irritiert.

Da Gefühle und Gedanken oft ausgespart sind, enthalten diese Texte viele **Leerstellen**, die die Leserin bzw. der Leser mit eigenen Gedanken füllen muss. Die **Sprache ist meist einfach** gehalten, häufig liegt Alltagssprache vor. In vielen Texten sind **Symbole** zu finden, die erst beim intensiven Lesen (→ *Lesetechniken*) entdeckt und gedeutet werden können.

Kurzgeschichten interpretieren

Ein Interpretationsaufsatz setzt sich aus der Erschließung (Analyse) sowie der Deutung (Interpretation) eines Textes zusammen.

Bei der **Analyse** beschreibst du den Text und seinen Aufbau ganz genau. Hier nimmst du vor allem Inhalt, sprachliche Gestaltung und Merkmale der Textsorte in den Blick.

Die anschließende Texterschließung baut auf diesen Ergebnissen auf. In dieser nimmst du eine **Interpretation** des Textes vor. Du gehst also den Fragen nach, was die Autorin oder der Autor der Leserin bzw. dem Leser anhand des Textes mitteilen will oder welche Bedeutung der Text für die Leserin bzw. den Leser heute hat.

Beim Planen, Schreiben und Überarbeiten des Interpretationsaufsatzes kannst du so vorgehen:

1. **Einen Schreibplan erstellen:**
   - Mache dir klar, wie der Arbeitsauftrag lautet.
   - Untersuche die Kurzgeschichte genau. Nimm dazu den Fragenkatalog auf S. 157 zu Hilfe.
   - Plane die Struktur deines Textes.
2. **Den Interpretationsaufsatz schreiben:**
   - **Einleitung:** Nenne Textsorte, Autor, Titel und Erscheinungsjahr. Gib den Inhalt der Kurzgeschichte knapp wieder und nenne die Aussageabsicht des Autors.
   - **Hauptteil:** Treffe Aussagen zu der → *Erzählperspektive*, den Figuren und ihrer Charakteristik,

der Zeit und dem Ort der Handlung, der Handlung/dem Ereignis/dem Konflikt und beschreibe Merkmale der Sprache (z. B. Sprachebene und Symbole).
   - **Schluss:** Fasse die wichtigsten Ergebnisse zusammen und erläutere der Absicht der Autorin/ des Autors. Mache Aussagen zur Wirkung des Textes und äußere eventuell deine eigene Meinung.
3. **Den Interpretationsaufsatz überarbeiten:**
   - Überprüfe deinen Text auf inhaltliche und sprachliche Richtigkeit.
   - Kontrolliere, ob du alle Aufgaben abgearbeitet hast, die du bei der Abfassung eines Interpretationsaufsatzes zu erledigen hast.

Lesetechniken anwenden
(→ Seite 122/123, 214, 220–222)

Folgende allgemeine Regeln gelten beim Sichten und Erschließen mehrerer Texte:
1. Kläre zuerst die Fragestellung: Was genau will ich wissen? Warum lese ich diesen Text?
2. Arbeite vom Bekannten zum Unbekannten, vom einfach Formulierten zum Speziellen und vom neuesten zum ältesten Text.

Man unterscheidet verschiedene Lesetechniken. Je nachdem, welche Fragen du an den Text hast, eignen sie sich unterschiedlich gut, um die gewünschten Informationen zu erlangen.

- **Intensives Lesen:**
  Das gründliche Durcharbeiten eines Textes sowie das Verstehen und Nachvollziehen des Inhaltes sind das Ziel dieser Lesetechnik. Das intensive Lesen strebt das umfassende Behalten des Textes und eine sichere Orientierung an, sodass du weißt, was wo geschrieben steht. Dies ist zeitintensiv, da du beispielsweise unbekannte Wörter nachschlägst oder ableitest, den Text in Sinnabschnitte gliederst und Wichtiges herausschreibst.
- **Orientierendes (diagonales) Lesen:**
  Mit dieser Lesetechnik kannst du dir in kurzer Zeit einen Überblick vom Inhalt verschaffen, um in einem nächsten Schritt die für deine Frage relevanten Passagen genau in den Blick zu nehmen. Dafür wird nicht Zeile für Zeile von links nach rechts gelesen, sondern auch von oben nach unten (= diagonales Lesen). Es geht dabei nicht um eine Steigerung der Lesegeschwindigkeit, lass dir also ruhig Zeit. Markiere Begriffe, die im

Zusammenhang mit deiner Frage an den Text stehen (sog. Schlüsselbegriffe) und Passagen, die dich überraschen, dir wichtig erscheinen oder du nicht verstehst z. B. mithilfe bestimmter Zeichen wie *, ! und ?.

- **Auswählendes (selektives) Lesen:**
  Bei dieser Technik liest du den Text suchend, das heißt, dass du dich ausschließlich auf bestimmte Begriffe (z. B. Namen, Zahlen, Wortketten) konzentrierst. Das Textverständnis steht nicht im Mittelpunkt dieser Technik, hier geht es ausschließlich um das Finden von vorher festgelegten Begriffen, die für die weitere Arbeit an dem Thema wichtig sind. Eine Folge dieser Lesetechnik ist es, dass ganze Abschnitte übersprungen werden können, da der gesuchte Begriff darin nicht auftaucht. In einem nächsten Schritt können die so gefundenen Stellen intensiv gelesen werden und gegebenenfalls weiterverwertet werden.

- **Vergleichendes Lesen:**
  Für das vergleichende Lesen liegen dir mindestens zwei verschiedene Texte zu einem gleichen Thema vor. Die Lesetechnik ist recht anspruchsvoll, da sie voraussetzt, dass du die Texte intensiv gelesen und verstanden hast. Nun geht es darum, der Argumentation des Textes zu einer Fragestellung zu folgen und dabei Gemeinsamkeiten und Unterschiede festzustellen.

Lyrik → *Gedichte*

Lyrisches Ich
(→ Seite 168–170, 172)

In → *Gedichten* werden Gefühle, Beobachtungen und Gedanken durch einen **lyrischen Sprecher** mitgeteilt. Dieser Sprecher darf nicht gleichgesetzt werden mit dem → *Autor/der Autorin*, sondern ist – wie das Gedicht selbst – erfunden. Taucht im Gedicht ein Sprecher in der Ich-Form auf, so spricht man von einem **expliziten lyrischen Ich**. Fehlt das → *Personalpronomen*, so bezeichnet man den Sprecher als **implizites lyrisches Ich**. Wird der Inhalt des Gedichts eher neutral aus der Perspektive eines Beobachters präsentiert, wird die Bezeichnung Sprecher genutzt.

Moderne Lyrik

Der Begriff „moderne Lyrik" bezeichnet Formen von → *Lyrik*, die sich schon äußerlich von traditionell gestalteten → *Gedichten* unterscheiden. Diese Texte sind zeitlich nicht nur in der Gegenwartslyrik vorzufinden. Folgende Merkmale sind typisch für moderne Lyrik:

- **Freie Formen:**
  Moderne Lyrik **verzichtet häufig auf traditionelle, regelhafte Formelemente** wie Strophenbau, Reimschema oder Versmaß. Dennoch sind diese freien Formen nicht beliebig, sondern ganz bewusst gewählt. Die Verse der traditionellen Lyrik nennt man in der modernen Lyrik Zeilen.

- **Sprache und Satzbau:**
  Moderne Lyrik erweitert die sprachlichen Möglichkeiten, indem auch „unlyrische" Begriffe aus Fachsprachen, Fremdsprachen oder Alltagssprache genutzt werden. Der Satzbau entspricht vielfach nicht der Standardgrammatik. Die Texte arbeiten mitunter mit Satzbrüchen oder -abbrüchen, Einklammerungen oder lose aneinandergereihten Wortgruppen und ungewöhnlichen Zeilenumbrüchen. Auch Auslassungen und Lücken sind möglich.

- **Paradoxien:**
  In modernen Gedichten werden das Leben und die Welt oft als kompliziert und undurchschaubar dargestellt. Lösungen für wahrgenommene Probleme bieten die Autor/-innen seltener an. Das drückt sich bisweilen darin aus, dass in den Texten paradoxe (= scheinbar widersprüchliche oder absurde) Situationen beschrieben werden.

Neue Sachlichkeit
(→ Seite 171–173)

Nach der Katastrophe des 1. Weltkriegs (1914–1918) wandten sich die Schriftsteller/-innen von der extrem emotionalen Ausdrucksweise des → *Expressionismus* ab. Sie sahen die Welt ernüchtert und wollten eine realistische, distanzierte Haltung einnehmen. Sie wollten die Fakten darstellen und das, was sie thematisierten, möglichst **klar, verständlich und einfach** formulieren. Der Blick der Neuen Sachlichkeit galt vor allem auch den scheinbar unwichtigen Details und dem einzelnen Menschen. Sprachlich wird **leicht verständliche Alltagssprache** verwendet, der **Tonfall** ist **kühl, distanziert,** häufig auch **ironisch**, um Kritik an den gesellschaftlichen Zuständen zu üben. **Aufzählungen** verstärken den distanzierten Stil und betonen die Sachlichkeit.

Novelle

Die Novelle (*italienisch* novella: „Neuigkeit") ist eine kurze Prosaerzählung, die von sonderbaren oder dramatischen bzw. „unerhörten Begebenheiten" (Johann Wolfgang von Goethe) handelt. Novellen sind in der Form **kurz** gehalten, stellen eine **begrenzte Anzahl von Figuren** in den Mittelpunkt und zielen zumeist recht geradlinig auf einen **zentralen Höhe- oder Wendepunkt** der Geschichte ab. Sie können aber auch mehr als einen Wendepunkt haben.

Rahmenhandlung und Binnenhandlung

Viele literarische Texte haben eine **Rahmenstruktur.** Eine Handlung bildet als Rahmen Anfang und Ende des Textes.
Innerhalb dieses Rahmens ist eine zweite Ebene mit einer **Binnenhandlung** (z.B. in Form einer Rückblende) eingebaut, die sich meistens durch eine andere Zeit, einen anderen Ort oder andere handelnde Personen von der Rahmenhandlung unterscheidet.

Rollenbiografien verfassen
(→ Seite 192, 198, 202)

Eine **Rollenbiografie** ist ein Text, in dem die → *Figur* in Ich-Form Auskunft über sich selbst gibt, d. h. sie spricht über sich selbst, als stelle sie sich einem Fremden vor. Das tut sie im Präsens und sie spricht so wie im Stück. Dabei folgt ihre Vorstellung keinem festen Schema; nach der Begrüßung kann sie zunächst einige **allgemeine Fakten** über sich nennen:
Wie heiße ich, wie alt bin ich, woher komme ich, was mache ich beruflich …?
Danach kann sie über ihren **Charakter** und ihre **Einstellungen** sprechen:
Welche Eigenschaften habe ich? Was kann ich besonders gut, was gar nicht? Was liebe ich, was hasse ich? Was wünsche ich mir? Wonach sehne ich mich? Wovor habe ich Angst? Was sind meine Ziele? Was ist mein größtes Problem? Was will ich, bekomme es aber nicht?
Auch die **Beziehungen** zu anderen sind wichtig:
Was bedeuten mir Freunde und Familie? Wer ist mein bester Freund/Freundin? Wie komme ich mit anderen aus? Wie sehen andere mich?

Sachtexte
(→ Seite 212–233)

Sachtexte liefern vor allem Informationen und Erklärungen. Sie unterscheiden sich von literarischen Texten wie → *Erzählungen* oder → *Gedichten* dadurch, dass die Inhalte nicht frei erfunden sind, sondern sich vor allem mit wirklichen Themen beschäftigen. Typische Sachtexte sind Nachrichten, → *Berichte,* → *Beschreibungen,* Informationsbroschüren, Lexikonartikel oder Kochbücher.
Sachtexte enthalten häufig auch → *Diagramme,* Tabellen, Grafiken und Abbildungen.
Um einen → *Informationstext* zu verfassen oder ein → *Kurzreferat* auszuarbeiten, kannst du z. B. Sachtexte, Diagramme und andere → *Medien* wie kurze Radiobeiträge oder Videoclips nutzen, die du zuvor im Internet gezielt gesucht (recherchiert) hast.
Bei der **Recherche** ist immer auch auf die Zuverlässigkeit der Sachtexte zu achten, hilfreich ist dabei der Vergleich mit Texten, die sich dem gleichen Thema widmen: Bei unterschiedlichen Angaben musst du mit weiteren Texten prüfen.

Sachtexte erschließen
Die **Fünf-Schritt-Lesemethode** hilft dir, längere Texte Schritt für Schritt zu erschließen, wichtige Informationen zu erkennen und herauszuschreiben.
1. Den Text überfliegen:
a) Lies den Text zügig: Achte auf Überschriften, Anfänge der Textabschnitte sowie den Schluss.
b) Schau dir Abbildungen und Bildunterschriften an.
c) Bestimme das Thema.
Ziel: Damit verschaffst du dir einen Überblick und erfasst das Thema.
2. Fragen stellen:
Schreibe auf, was dich an dem Thema interessiert, welche Fragen du an den Text hast.
Du kannst z. B. W-Fragen stellen: Wer? Wo? Warum? Wie viele? Welches Aussehen? …
Ziel: So bereitest du eine gezielte Informationsentnahme vor.
3. Den Text gründlich lesen:
Lies Absatz für Absatz genau:
a) Unterschlängele Wörter, die du nicht verstehst. Prüfe, ob sich der Sinn der Worte aus dem Textzusammenhang ergibt oder aus bekannten Wörtern ableiten lässt. Wenn nicht, schlage im Wörterbuch nach.
b) Markiere Schlüsselwörter. Das sind Wörter und

Textstellen, die für die Aussage des Textes wichtig sind und die du dir merken möchtest. Markiere nur das Nötigste, sonst verlierst du den Überblick.

c) Prüfe, welche weiteren Informationen Bilder und Grafiken liefern.

Ziel: Danach weißt du genauer, worum es in dem Text geht.

4. Den Inhalt abschnittsweise erfassen:

a) Finde Überschriften zu den Abschnitten.

b) Fasse dann den Inhalt ganz kurz zusammen. Die Schlüsselwörter können dabei helfen.

Ziel: Auf diese Weise erfasst du die Hauptaussagen des Textes.

5. Informationen festhalten:

Schreibe die wichtigsten Informationen aus dem Text geordnet auf. Du kannst z.B.

- Fragen stellen und aus dem Text beantworten,
- einen gegliederten Stichwortzettel anlegen,
- eine Mindmap erstellen.

Ziel: So sammelst du die wichtigsten bzw. benötigten Informationen und kannst auf sie zurückgreifen.

Eine Sachtextanalyse verfassen

So kannst du die schriftliche Analyse aufbauen:

1. Einleitung:

Liefere folgende **Grundinformationen** zum analysierten Text:

- Verfasserin/Verfasser, Titel, Textsorte, Erscheinungsort, Erscheinungsdatum,
- Thematik bzw. zentrale Aussage des Textes,
- Adressaten und vermutliche Absicht (z.B. Information, politische Beeinflussung, kommerzielle Werbung, Kommentierung gesellschaftlicher Ereignisse, Mitteilung persönlicher Eindrücke, Unterhaltung ...).

Die Einleitung sollte so kurz wie möglich und so umfangreich wie nötig gestaltet werden.

2. Hauptteil:

(1) **Inhaltswiedergabe:** Fasse die **Ausführungen des analysierten Textes** mit eigenen Worten und prägnant zusammen und beschreibe dabei auch seine **Aufbaumerkmale** (z.B. Thesen und Argumentation oder Behauptungen und Stützversuche, sachlogische Zusammenhänge).

(2) **Sprachanalyse:** Beschreibe die **auffälligen Elemente** und werte sie aus, z.B.:

- besondere syntaktische Merkmale: Satzart, Satzbau, Tempus, Modus usw.,
- besondere lexikalische Merkmale: Häufungen

bestimmter → Wortarten, Wortbildungen/Wortneuschöpfungen usw.,

- besondere semantische Merkmale: Stilebene, Schlüsselstellen/Schlüsselwörter (Schlagwörter, Slogans, Redewendungen, Klischees ...), Wortfelder, Metaphorik usw.

3. Schluss

- Fasse die **Analyseergebnisse sowie Auswertungen** kurz zusammen.
- Nimm **Stellung** zu dem im Text behandelten Thema oder der dort vertretenen Position. Du kannst auch die Art der Darstellung kritisieren oder ein Fazit ziehen.

Beachte dabei grundsätzlich:

- Konzentriere dich auf auffällige und ergiebige Aspekte.
- Eine Auflistung sprachlicher Merkmale genügt nicht. Setze sie in Bezug zur Textwirkung.
- Verfasse die Analyse im Präsens.
- Kennzeichne Zitate als solche.
- Formuliere sachlich, verwende – soweit möglich – passende Fachausdrücke.
- Gehe davon aus, dass du ein breites Publikum über den analysierten Text informierst.

Sprachliche Mittel
(→ *Seite 169, 180, 223, 292/293*)

In Texten finden sich häufig sprachliche Mittel, auch **Stilmittel** genannt, die dazu beitragen, diese Texte lebendig, anschaulich und interessant zu machen, aber auch um „Selbstverständliches" zu hinterfragen. Zu den sprachlichen Mittel zählen z.B.:

- **Alliteration**: Zwei oder mehrere aufeinanderfolgende oder nahe beieinander liegende Worte haben denselben Anfangsbuchstaben, z.B.: weiche Wattewolken.
- **Anapher:** Eine Sonderform der Wiederholung; am Satz- oder Versanfang werden ein oder mehrere Wörter wiederholt, z.B.: Und schüttelt die Mähnen, Und streckt die Glieder, Und legt sich nieder.
- **Antithese/Kontrastierung**: Gegensätzliche Begriffe oder Vorstellungen sind einander gegenübergestellt, z.B.: Tag vs. Nacht, gut vs. böse.
- **Aufzählung/Akkumulation:** Mehrere Wörter oder Wortgruppen werden aneinandergefügt, durch → Kommas getrennt oder durch und verbunden. So wird eine Verstärkung erzielt, z.B.: wachsend und stoßend und vorwärtsdrängend.

- **Ellipse**: Ein Satz oder Teilsatz wird nur unvollständig gebildet, einzelne Satzglieder werden weggelassen, z. B.: Wie weit noch, Steuermann?
- **Hyperbel**: Starke Übertreibung einer Darstellung, z. B.: unendliche Stadt, himmelhochjauchzend, ein Meer von Tränen.
- **Ironie**: Aussage, die das Gegenteil dessen sagt, was sie eigentlich meint. Mit der Ironie distanziert man sich oder äußert indirekt Kritik, z. B.: Du bist mir ein schöner Freund.
- **Klimax**: Steigerung in einer Darstellung, häufig dreigliedrig, z. B.: Er kam, sah und siegte.
- **Lautmalerei**: Geräusche und Laute werden mit Worten so wiedergegeben, dass das Wort möglichst genau wie das Geräusch klingt, z. B.: rüttert und rattert.
- **Neologismus**: Bisher noch nicht existierende Wörter werden neu geschaffen, um damit eine Aussage zu verstärken, z. B.: rüttert.
- **Rhetorische Frage**: Frage, die keine Antwort erwartet bzw. bei der jeder die Antwort kennt, z. B.: Wer ist schon perfekt?, Siehst du das nicht auch so? Sie lässt eine Aussage eindringlicher wirken.
- **Sprachliche Bilder**, dazu gehören:
  - **Personifikationen**: Leblosen Dingen, Tieren oder Naturerscheinungen werden menschliche Eigenschaften und Verhaltensweisen zugeordnet, z. B.: Die Herzen aber sind frei und froh.
  - **Metapher**: Ausdrücke werden aus dem üblichen Sprachgebrauch gelöst und auf einen anderen Bereich übertragen. So erhält das Wort eine neue Bedeutung, z. B.: ein Meer von Rosen, der Zahn der Zeit
  - **Vergleich**: Mithilfe von Vergleichspartikeln (als, wie, als ob, als wenn) wird etwas direkt mit etwas anderem verglichen, z. B.: Er sieht aus wie ein Geist.
- **Wiederholung**: Einzelne Wörter, Ausdrücke oder ganze Verse werden mehrfach verwendet.

Eine Stellungnahme zum Verhalten einer literarischen Figur formulieren
(→ Seite 209)

In einer persönlichen Stellungnahme bewertest du die Handlungen, Konflikte oder Eigenschaften literarischer Figuren unter einer konkreten Fragestellung.
1. In der **Einleitung** gibst du an, zu welcher Frage du Stellung nimmst. Außerdem solltest du hier deine erste Einschätzung zur strittigen Frage formulieren, z. B.: Ich möchte zur Frage Stellung nehmen, ob … Vrenchen ist der Überzeugung, dass … Hat sie Recht? Ich denke …
2. Im **Hauptteil** führst du Argumente für und/oder gegen deine Position an, z. B.: Ich denke einerseits, dass Vrenchen im Recht ist, weil … Andererseits glaube ich, dass Sali auch richtig liegt, wenn er …
3. Am **Schluss** fasst du deine Position zur Frage noch einmal zusammen, z. B. Abschließend kann man sagen, dass …

Theater (Drama)
(→ Seite 142–165)

Das Theater, so wie wir es heute kennen, ist vor ca. 2 500 Jahren in Griechenland entstanden. Die **Schauspieler** trugen Masken und standen auf Holzkisten, damit man sie besser sehen konnte. Gespielt wurde unter freiem Himmel und manche Theater (griech. theatrón = Platz, auf dem Schauspieler einem Publikum etwas vorführen) waren so groß wie Sportstadien. Die meisten Theateraufführungen heutzutage finden in Theaterhäusern statt. Die Art und Weise, wie ein Stück von einem Regisseur auf der Bühne verwirklicht bzw. umgesetzt wird, nennt man **Inszenierung** (In-Szene-Setzen). Zu einer Inszenierung gehören zum Beispiel **Kulissen** (Bühnenbilder) sowie der Einsatz von **Requisiten** (Gegenständen).
Der aus dem Griechischen abgeleitete Fachbegriff für ein **Theaterstück** lautet **Drama** (griech. dráma = Handlung, Geschehen). Bereits die Griechen kannten die Unterscheidung zwischen einer **Tragödie** (das Stück endet mit dem Tod/dem Untergang des Helden oder der Heldin = **Katastophe**) und einer **Komödie** (die Handlung arbeitet mit den Mitteln der Komik und endet gut). Wichtige Elemente des Dramas sind Ort und Zeit, das sogenannte „**Setting**". Beides kann die Handlung entscheidend beeinflussen.

Aufbau eines Dramas

Die wichtigste (und umfangreichste) Handlungseinheit eines Dramas ist der **Akt** (vergleichbar mit dem Kapitel bei einem Roman). In der Regel besteht ein **Akt** aus mehreren **Szenen** oder **Auftritten**. Eine **Szene** ist ein kurzer, abgeschlossener Teil eines Theaterstücks. Beginn und Ende einer Szene sind durch einen Zeit-, Orts- oder Figurenwechsel gekennzeichnet.

Viele Dramen aus früheren Zeiten sind in der Regel in drei bzw. fünf Akten aufgebaut: Der Beginn oder die Einleitung eines Dramas bezeichnet man als **Exposition**. Der Zuschauer lernt Ort, Zeit, die Figuren und erste Konflikte kennen. Die Handlung kommt in Gang und steigert sich über einen Konflikt zum Höhepunkt. So kommt dem **Konflikt** eine zentrale Funktion zu: Dieser entzündet sich an gegensätzlichen, sich widersprechenden Interessen oder Anschauungen (Einstellungen, Werten), die das Verhalten der Figuren motivieren. D.h. die Hauptfigur (Protagonist) verfolgt ein bestimmtes Ziel und wird von ihrem Gegner (Antagonist) daran gehindert. Der eskalierende Konflikt erzeugt Spannung, die einen Höhepunkt in der Auseinandersetzung zwischen beiden Figuren erreicht. Von einem **tragischen Konflikt** spricht man, wenn die Hauptfigur zwangsläufig in einen Konflikt gerät, dem sie nicht ausweichen kann.

Der Höhepunkt ist zugleich **Wendepunkt** und bezeichnet die Stelle, an der die Handlung sich plötzlich so verändert, dass die Situation der Hauptfigur(en) zum Besseren (Problem wird gelöst) oder Schlechteren (Katastrophe bahnt sich an) umschlägt. Nach dem Höhepunkt läuft die Handlung und somit auch der Konflikt auf die **Auflösung** zu – in der Komödie kommt es häufig zum Happy End, in der Tragödie zur Niederlage (Tod) der Heldin oder des Helden.

Hauptfigur und Gegenspieler

Besteht der Titel eines Dramas aus einem Namen, kann man in der Regel davon ausgehen, dass es sich bei der → *Figur* um eine Hauptfigur (Held/in, Protagonist/in) handelt, die sich durch eine **besondere Eigenschaft** oder ein **besonderes Schicksal** auszeichnet. Meist sind dieser Figur weitere Figuren zugeordnet, die wichtig sind, weil sie **entscheidende Bedeutung** für die Hauptfigur (z. B. als Gegner/ Antagonist oder Verbündeter) und den Verlauf der Handlung besitzen (weitere Hauptfiguren). Oft stehen sie im Personenverzeichnis vorne.

Bühne und Rolle

Die Handlung eines Stückes spielt sich immer an einem oder verschiedenen Orten ab. Dieser Ort oder Raum der Handlung wird im Theater auf der **Bühne** dargestellt. In der Regel ist dieser Raum, die Bühne, klar vom Zuschauerraum abgetrennt. Ein Bühnenbild und/oder Gegenstände können den Raum (Ort der Handlung) näher kennzeichnen.

Sobald der Schauspieler die Bühne betritt, legt er seine Persönlichkeit ab und schlüpft in eine Rolle. Diese **Rolle** besteht aus der → *Figur*, die er verkörpert, dem Text (was die Figur sagt) und ihren Aktionen auf der Bühne (→ *Rollenbiografien verfassen*). Auch eine Figur kann in eine Rolle schlüpfen. Dies nennt man dann **Spiel im Spiel**.

Monolog und Dialog

Ein szenischer Text besteht im Gegensatz zu einem → *epischen Text* vor allem aus Gesprächen zwischen → *Figuren* auf der Bühne, aus Monologen und Dialogen, die durch Regieanweisungen ergänzt werden. **Dialog** lautet der Fachbegriff für das Gespräch von zwei oder mehreren → *Figuren*. **Monolog** nennt man das Selbstgespräch einer Figur, aber auch den längeren Redeanteil einer Figur in einem Dialog (→ *Dialoge untersuchen*).

Um eine **Figur** zu verstehen und darzustellen, muss man sich in sie hineinversetzen und sich vorstellen, was sie fühlt (❤), denkt (💬) und mit ihren Worten beabsichtigt (⇒). Das nennt man den **Subtext** (wörtlich: Untertext). Man kann sich den Subtext bewusst machen, indem man ihn in der Ich-Form formuliert.

Botenberichte und ihre Funktion

Der Auftritt und Bericht eines „Boten" (oder einer ähnlichen Figur) diente schon in der griechischen Tragödie dazu, die Zuschauerinnen und Zuschauer über ein für die Handlung **wichtiges Geschehen** zu unterrichten. Dieses sollte oder konnte nicht direkt dargestellt werden, z. B. weil es zeitlich vorher oder an einem weiter entfernten Ort stattfand oder weil das Geschehen tabuisiert war (Gewalt, Sexualität usw.). Der Bericht dient auch zur **Spannungssteigerung**, denn die Informationen verschärfen in der Regel den Konflikt.

Trümmerliteratur
(→ Seite 234–257)

Die im Krieg unumgänglichen materiellen sowie psychischen Verluste zeigen sich in den Texten, die wir der Trümmerliteratur zurechnen. Sämtliche Vorkenntnisse zu **Figuren** und zur Situation fehlen, da die Lesenden direkt in die Handlung hineingeworfen werden. Die Trümmerliteratur nimmt dabei oft nur einen einzigen **Augenblick** aus dem Leben einer Figur in den Blick und „kreist" um diesen:

Wiederholungen (→ *Sprachliche Mittel*) und ein → *parataktischer* Satzbau sind die Folge. Der dargestellte Moment wird knapp, einfach und oftmals distanziert erzählt. Durch diese Betonung eines einzigen Ausschnitts wird zum einen die seelische Erschütterung, die Traumatisierung, der Figuren verdeutlicht, zum anderen die Wahrhaftigkeit des Geschehnisses betont.

Ein Hauptthema der Überlebenden ist der **alltägliche Überlebenskampf**, von dem in den Geschichten stets ruhig erzählt wird. Dieser Überlebenskampf bezieht sich nicht nur auf das Leben in völliger Armut, sondern auch auf die seelische und körperliche Zerstörung der Figuren durch den Krieg. Die Personen machen in den → *Kurzgeschichten* selten eine Entwicklung durch, die Kriegsheimkehrer versuchten verzweifelt ihre Schuldgefühle in den Griff zu bekommen. Manche Texte der Trümmerliteratur enthalten jedoch auch die Hoffnung auf einen Neuanfang und ein besseres Leben. Dieser kleine **Hoffnungsschimmer** überdeckt jedoch niemals das unlösbare Problem der Figur.

Sprache in → *Kurzgeschichten* der Nachkriegszeit

Nur selten findet man in Texten der Trümmerliteratur lange, verschachtelte Satzgefüge (→ *Hypotaxen*). Es überwiegt vielmehr ein **einfacher Satzbau aus kurzen Sätzen**, die als **selbstständige Hauptsätze** aneinandergereiht werden (→ *Parataxen*). Die jungen Autoren fanden, dass dies zu ihrer kargen Umgebung und zur Verlorenheit der leidenden Menschen am besten passt.

Auch die **Wortwahl** ist aus diesem Grunde ausgesprochen schlicht. Vorherrschend ist ein sachlicher, zurückhaltender Stil ohne Wertungen; das Dargestellte zu bewerten bleibt den Lesenden überlassen. Die Beschränkung auf einen schlichten, knappen Erzählerbericht und auf Beschreibungen steht in einem **Spannungsverhältnis zum Ausmaß des gezeigten Elends** – gerade dadurch wirken die Texte auf die Lesenden so erschütternd.

Dazu trägt auch ein weiterer wichtiger Sprachaspekt bei: der weitgehende **Verzicht auf schöne poetische Ausschmückungen**. Solche Elemente hätten die von den Autoren beabsichtigte wirklichkeitsgetreue Wiedergabe des Lebens in der Nachkriegszeit nur gestört.

Verschwörungserzählungen erkennen
(→ Seite 220–223)

In Verschwörungserzählungen werden gezielt sprachliche Muster eingesetzt, um **Zweifel an der geltenden Wirklichkeit** zu streuen. Häufig werden dabei folgende sprachliche Muster verwendet:

Satzbau (Syntax):
- Sätze mit Prädikat sein, die die Gültigkeit von verschwörungstheoretischen Behauptungen verstärken sollen (z. B. dem ist nicht so ...)
- Konditionalsätze, die Voraussetzungen für verschwörungstheoretische Erkenntnisse angeben sollen (z. B. wenn du weißt, dass ...)
- Aufforderungssätze, die nahe legen, selbst Beweise für einen Verschwörungsglauben zu suchen (z. B. Ich kann nur jedem empfehlen: Recherchiert.)
- Häufung von Fragesätzen (z. B. Was wird hier gespielt?, Wieso gibt es keine Interviews mit Zeugen? ...)
- beharrliche Wiederholung (→ *Sprachliche Mittel*) von Behauptungen

Wortwahl (Lexik):
- Negationswörter, die die gültige Wahrheit in Frage stellen sollen (z. B. nicht, kein, nirgends, niemand, niemals ...)
- → *Adverbien/Adjektive*, die die Richtigkeit der verschwörungstheoretischen Behauptungen unterstreichen sollen (z. B. sicher, klar, zweifellos ...)
- relativierende Ausdrücke, mit denen die geltende Wirklichkeit enttarnt werden soll (z. B. angeblich, vermeintlich ...)
- Schlagwörter/typische Wortbildungen (z. B. Elite, Kontrolle, Freimaurer, Illuminaten, ... sowie: Desinformation, Lügenpresse, Riesenlüge ...)

Bedeutung (Semantik):
- Wörter, die mit besonderer Bedeutung aufgeladen sind (z. B. Konnotationen (→ *Wortbedeutung*) zu Reptil: das Böse, das Teuflische, Verführung, Biss, Gift, Tod usw.)
- Redewendungen und Metaphern (→ *Sprachliche Mittel*), die gegenüber der offiziellen Darstellung Zweifel streuen sollen (z. B. falsche Fährten legen, in die Falle laufen, ans Licht kommen, hinters Licht führen ...)

Sprache

Adjektive

Mit Adjektiven kannst du **Eigenschaften** von Dingen, Lebewesen und Sachverhalten genauer **bezeichnen** und **vergleichen:** Die Brücke ist hoch, der Turm ist höher, der Wolkenkratzer ist am höchsten.
Je nach Kasus, Numerus und Genus des → *Nomens*, das sie begleiten, verändern sich Adjektive: eine schöne Katze, ein schöner Kater, einen schönen Kater.
Ein Adjektiv kann im Satz unterschiedlich gebraucht werden:

1. Es kann direkt vor dem **Nomen** stehen und dieses näher beschreiben. Dann wird es verändert: der gelbe Vogel, ein gelber Vogel.
2. Es kann mit den → *Verben* sein oder werden gebraucht werden. Dann verändert es sich nicht: Der Vogel ist gelb. Kinder werden groß.
3. Es kann ein **Verb näher bestimmen**. Dann wird es nicht verändert: Er fährt schnell.

Adverbiale

Adverbiale Bestimmungen (kurz: **Adverbiale**; Einzahl: das **Adverbial**) liefern im Satz Informationen über die genaueren Umstände der Geschehnisse. Deshalb werden sie auch Umstandsbestimmungen genannt. Adverbiale Bestimmungen sind Satzglieder. Sie können allein im Vorfeld des Satzes stehen. Adverbiale Bestimmungen können unterschiedliche **Funktionen** haben, da sie unterschiedliche Fragen beantworten können:

- Satzglieder, die auf die Fragen Wann? Wie lang? Seit/Bis wann? Wie oft? antworten, nennt man **Temporaladverbiale** (Zeitbestimmungen).
  Frederik hat nächsten Montag einen Zahnarzttermin.
  Wann hat Frederik einen Zahnarzttermin? – nächsten Montag
- Satzglieder, die auf die Fragen Wo? Wohin? Woher? Von wo? antworten, nennt man **Lokaladverbiale** (Orts- und Richtungsbestimmungen).
  In der Schule haben wir heute viel gelernt.
  Wo haben wir heute viel gelernt? – in der Schule (Ortsbestimmung)
  Die Austauschschüler kommen aus Kanada.
  Woher kommen die Austauschschüler? – aus Kanada (Richtungsbestimmung)

- Satzglieder, die auf die Fragen In welcher Art und Weise? Wie? Wodurch? Womit? Mit wem? antworten, nennt man **Modaladverbiale** (Bestimmungen der Art und Weise).
  Meine Tante fährt immer zu langsam Auto.
  Wie fährt meine Tante immer Auto? – zu langsam
- Satzglieder, die auf die Fragen Warum? Weshalb? Wieso? Weswegen? Wegen was/wem? antworten, nennt man **Kausaladverbiale** (Bestimmungen des Grundes).
  Der Hund döst wegen der großen Hitze den ganzen Tag im Schatten.
  Weswegen döst der Hund den ganzen Tag im Schatten? – wegen der großen Hitze
- Satzglieder, die auf die Frage Trotz welchen Umstandes? antworten, nennt man **Konzessivadverbiale** (Bestimmungen des Gegengrundes).
  Oliver geht trotz seiner Erkältung zum Fußballtraining.
  Trotz welchen Umstandes geht Oliver zum Fußballtraining? – trotz seiner Erkältung

- Satzglieder, die auf die Fragen Wozu? Wofür? Für was/wen? antworten, nennt man **Finaladverbiale** (Bestimmungen des Zwecks).
  Zu ihrem Schutz lernen die Kinder wichtige Verkehrsregeln.
  Wozu lernen die Kinder wichtige Verkehrsregeln? – zu ihrem Schutz
- Satzglieder, die auf die Frage Mit welcher Folge/Konsequenz? antworten, nennt man **Konsekutivadverbiale** (Bestimmungen der Folge).
  Zu ihrer Freude bekam Annika eine Einladung zu Monas Geburtstagsparty.
  Mit welcher Folge bekam Annika eine Einladung zu Monas Geburtstagsparty? – zu ihrer Freude
- Satzglieder, die auf die Frage Unter welcher Bedingung? antworten, nennt man **Konditionaladverbiale** (Bestimmungen der Bedingung).
  Bei schlechtem Wetter trage ich einen Schirm bei mir.
  Unter welcher Bedingung trage ich einen Schirm bei mir? – bei schlechtem Wetter

Adverbiale Bestimmungen können unterschiedliche **Formen** haben:
- **Wortgruppe mit** → *Präposition* am Anfang
  Trotz des Gewitters gingen die Kinder schwimmen.

- **Wortgruppe ohne Präposition** am Anfang
  Zwei Wochen lang wurde der Kater vermisst.
- **einzelnes Wort**
  Vorsichtig stellte sie das Tablett hin.

Adverbiale Bestimmungen und Präpositionalobjekte voneinander abgrenzen

Da adverbiale Bestimmungen, die mit einer
→ *Präposition* beginnen, und → *Präpositionalobjekte*
die gleiche Form haben (beide beginnen mit einer
Präposition und enthalten mindestens ein weiteres
Wort/eine weitere Wortgruppe), sind sie auf den ersten Blick nicht leicht voneinander zu unterscheiden.
Zur Unterscheidung kannst du zwei unterschiedliche
Proben nutzen:

1. Wird die Präposition vom → *Verb* bestimmt oder
   ist sie frei wählbar je nachdem, was man gerade
   ausdrücken möchte? Im ersten Fall handelt es
   sich grundsätzlich um ein Präpositionalobjekt,
   im zweiten Fall um ein Adverbial. Leider ist diese
   Frage nicht immer eindeutig zu beantworten.
   Sie telefonierte **mit** ihrer Mutter. (Die Präposition
   wird vom Verb bestimmt. → Präpositionalobjekt)
   Sie telefonierte auf/neben/vor ihrem Bett. (Die
   Präposition ist frei wählbar je nachdem, was ausgedrückt werden soll. → Adverbial)
   Die Bürgerinitiative kämpft **für/gegen** den Ausbau der Bundesstraße. (Die Präpositionen werden
   zwar einerseits vom Verb bestimmt, andererseits
   hängt die Entscheidung für eine der beiden
   Präpositionen davon ab, was ausgedrückt werden
   soll. Insofern ist nach dieser Probe nicht klar, um
   welches Satzglied es sich handelt.)
2. Kann man die Präposition und das dazugehörige
   Wort/die dazugehörige Wortgruppe nur mit oder
   auch ohne die Präposition erfragen? Im ersten Fall
   handelt es sich meistens um ein Präpositionalobjekt, im zweiten Fall meistens um ein Adverbial.
   Für/Gegen was bzw. Wo**für**/Wo**gegen** kämpft
   die Bürgerinitiative? – Für/Gegen den Ausbau der
   Bundesstraße. (Die Präposition und die dazugehörige Wortgruppe kann nur mit der Präposition
   erfragt werden. → Präpositionalobjekt)
   Wo telefonierte sie? – Auf/Neben/Vor ihrem Bett.
   (Die Präposition und die dazugehörige Wortgruppe kann auch ohne die Präposition erfragt
   werden. → Adverbial)

Manchmal führen die beiden Proben bei derselben
Wortgruppe zu unterschiedlichen Ergebnissen:
Es roch **nach** Pommes Frites in der Küche.
(Die Präposition wird vom Verb bestimmt, was für
ein Präpositionalobjekt spricht.)

Wie roch es in der Küche? – Nach Pommes Frites.
(Jedoch können die Präposition und die dazugehörige Wortgruppe auch ohne die Präposition
erfragt werden, was für ein Adverbial spricht.)
Insofern ist eine eindeutige Bestimmung nicht
immer möglich.

Adverbialsätze

→ *Adverbiale Bestimmungen* kann man nicht nur
in Form von Satzgliedern (Wörtern/Wortgruppen)
formulieren, sondern auch in Form von Gliedsätzen
(Nebensätzen). Solche Nebensätze nennt man Adverbialsätze. Adverbialsätze sind vor allem dann nützlich,

- wenn man Informationen logisch miteinander
  verbinden möchte:
  Er möchte nicht zu spät kommen. Er stellt sich
  den Wecker.
  → Um nicht zu spät zu kommen, stellt er sich den
  Wecker.
- wenn adverbiale Satzglieder zu lang und zu kompliziert erscheinen:
  Luisa möchte in den Sommerferien trotz der Einladung ihrer besten Freundin auf den Bauernhof
  ihrer Oma nach Helgoland fahren.
  → Luisa möchte in den Sommerferien nach Helgoland fahren, obwohl ihre beste Freundin sie auf
  den Bauernhof ihrer Oma eingeladen hat.
- wenn man eine adverbiale Bestimmung besonders hervorheben möchte:
  Sie möchte trotz dieser tollen Einladung nach
  Helgoland fahren.
  → Sie möchte, obwohl sie diese tolle Einladung
  erhalten hat, nach Helgoland fahren.

Adverbialsätze können genau dieselben **Funktionen** haben wie adverbiale Satzglieder und beantworten entsprechend dieselben Fragen. Je nach
Funktion beginnen die meisten Adverbialsätze mit
typischen Einleitewörtern (→ *Subjunktionen*). Diese
stellen einen Bedeutungszusammenhang zwischen
der Aussage des Hauptsatzes und den Informationen des Adverbialsatzes her.

- **Temporalsätze** dienen dazu, eine Aussage zeitlich einzuordnen (vorher, gleichzeitig, nachher), und können mit bevor, ehe, während, als, sobald, nachdem beginnen.
  Er spülte das Geschirr, **nachdem** er gegessen hatte.
- **Lokalsätze** dienen dazu, eine Aussage örtlich einzuordnen, und können mit wo, wohin, woher beginnen.
  Er ging zurück, **wo** er hergekommen war.
- **Modalsätze** dienen dazu, die Art und Weise, auf die etwas geschieht, darzustellen, und können mit indem, dadurch dass, ohne dass beginnen.
  Er pflegt sein Auto, **indem** er es mit Glanzwachs poliert.
- **Kausalsätze** dienen dazu, eine Aussage zu begründen, und können mit weil, da beginnen.
  Er kauft viele Getränke ein, **weil** er am Wochenende eine Party feiert.
- **Konzessivsätze** dienen dazu, einen sich nicht auswirkenden Gegengrund darzustellen, und können mit obgleich, obwohl, wenn auch beginnen.
  Er lebt äußerst sparsam, **obwohl** er im Lotto gewonnen hat.
- **Finalsätze** dienen dazu, einen Zweck darzustellen, und können mit damit, dass, auf dass, um beginnen.
  Er kauft neue Lautsprecher, **um** lauter Musik hören zu können.
- **Konsekutivsätze** dienen dazu, eine Folge darzustellen, und können mit sodass, dass, als dass beginnen.
  Er spielte so lang Tennis, **dass** ihm der Unterarm wehtat.
- **Konditionalsätze** dienen dazu, eine Bedingung darzustellen, und können mit wenn, falls, sofern, soweit beginnen.
  Er wird er eine Weltreise machen, **falls** er im Lotto gewinnt.

Adverbialsätze können unterschiedliche **Formen** haben.
- Am häufigsten treten sie als **Subjunktionalsatz mit finitem → Verb** auf:
  Er stellt sich den Wecker, **damit** er nicht zu spät kommt.
  Bei diesem Finalsatz handelt es sich um einen Subjunktionalsatz mit finitem Verb, da er mit der

Subjunktion damit eingeleitet wird und das Verb konjugiert ist.
- Bei Finalsätzen ist auch ein **Subjunktionalsatz mit zu-Infinitiv** gebräuchlich:
  Er stellt sich den Wecker, **um** nicht zu spät **zu kommen**.
  Bei diesem Finalsatz handelt es sich um einen Subjunktionalsatz mit zu-Infinitiv, da er mit der → Subjunktion um eingeleitet wird und das Verb als Infinitiv mit zu auftritt.
- Bei Konditionalsätzen ist auch ein **uneingeleiteter Nebensatz mit finitem Verb** gebräuchlich:
  Ertönt der Feueralarm, müssen wir das Schulgebäude verlassen.
  Bei diesem Konditionalsatz handelt es sich um einen uneingeleiteten Nebensatz mit finitem Verb, da keine einleitende Subjunktion vorhanden ist und das Verb konjugiert ist.

Adverbien

Adverbien (Sg. Adverb) bestimmen die näheren Umstände eines Geschehens, also genauer **wo, wann, wie** oder **warum** es stattfindet. Man unterscheidet daher Adverbien des Ortes (Lokaladverbien: hier, dort, oben, rechts, vorwärts ...), Adverbien der Zeit (Temporaladverbien: seither, immer, sofort, oft, abends ...), Adverbien der Art und Weise (Modaladverbien: gerne, sehr, leider, fast, genug ...) und Adverbien des Grundes (Kausaladverbien: deshalb, darum, folglich, trotzdem, dazu ...). Sie gehören zu den Wörtern, die im Satz unverändert bleiben.

Appositionen

Appositionen stehen rechts vom → Nomen und bestimmen dieses näher. Sie sind durch → Kommas abgetrennt. Nomen innerhalb der Apposition sowie das genauer bestimmte Nomen weisen in der Regel den gleichen Kasus auf:
Der Mann, der mit der Narbe an der rechten Wange, trägt eine Kappe.

Artikelwörter und Pronomen

Bestimmte und unbestimmte Artikel sind häufige Begleiter des → Nomens. Der unbestimmte Artikel (ein, eine) kann etwas Unbekanntes einführen. Der bestimmte → Artikel (der, die, das) verweist oft auf etwas schon Bekanntes, Eindeutiges:

Ein Mann und **eine** Frau gehen spazieren. **Der** Mann trägt **einen** Hut, **die** Frau **eine** Tasche.

Das Wort das kann jedoch nicht nur als **Begleiter zu einem Nomen** auftreten (Lina kommt es nicht so sehr auf das Aussehen einer Person an.), sondern auch als **Demonstrativpronomen** (Im Moment gibt es an Linas Schule keine Uniformen, das könnte sich bald ändern.) oder als **Relativpronomen** (Lina liest im Internet von einem Internat, das Schuluniformen vorschreibt.).

Pronomen treten häufig statt Nominalgruppen in Texten auf. Sie dienen dazu, Bezüge deutlich zu machen und Verweise herzustellen. Außerdem helfen sie dabei, einen Text abwechslungsreicher zu gestalten. Es gibt verschiedene Arten von Pronomen:
Personalpronomen können in der 3. Person Singular (er, sie, es) und Plural (sie) Nomen oder ganze Nominalgruppen ersetzen.
Possessivpronomen können auf einen Besitz verweisen oder eine Zugehörigkeit zum Ausdruck bringen (mein, dein, sein, ihr …).
Demonstrativpronomen (hinweisende Pronomen) verweisen deutlich auf Sachverhalte oder Lebewesen und stellen dadurch einen gedanklichen Zusammenhang her (dieser, diese, dieses, jener …).
Indefinitpronomen (unbestimmte Pronomen) verweisen in sehr allgemeiner Weise auf Personen oder Sachverhalte (man, irgendwer, alle, jemand, keine/r …).
Reflexivpronomen (rückbezügliche Pronomen) beziehen sich fast immer auf das → Subjekt des Satzes (zurück), in dem sie vorkommen (sich, mich, dich …).
Relativpronomen leiten einen Relativsatz (→ Attributsatz) ein (der, die, das, welcher, welche …).

Attribute

Attribute sind **Beifügungen zu → Nomen**. Mit ihnen kannst du ein Nomen genauer beschreiben und präzisieren, von wem oder was genau die Rede ist. Sie antworten auf die Frage „Was für ein/eine/einen …?" oder „Welcher/welches/welche/welchen …?". Ein Nomen kann mit mehreren Attributen gleichzeitig beschrieben werden. Dadurch können sehr viele inhaltliche **Informationen** in einen Satz integriert werden. Je mehr Attribute ein Nomen beschreiben, desto anspruchsvoller kann es für die Leserin bzw. den Leser werden, den Satz zu verstehen.

Ein bedeutender **Autor** der 1970er-Jahre, der in Köln geboren wurde, …
Attribute können nicht allein im Vorfeld eines Satzes stehen, sondern nur zusammen mit den anderen Teilen des Satzglieds, zu dem sie gehören. Attribute sind also keine Satzglieder, sondern **Satzgliedteile**. Je nach ihrer Position unterscheidet man **Linksattribute**, die vor bzw. links von dem Bezugsnomen stehen, und **Rechtsattribute**, die hinter bzw. rechts von dem Bezugsnomen stehen.

Es gibt unterschiedliche **Formen** von Attributen:
• **Wortgruppen:** Adjektivattribute (der bedeutende **Autor**), Genitivattribute (Klaus Manns **Roman**/der **Roman** Klaus Manns), Präpositionalattribute (der **Autor** aus Köln).
• **Nebensätze:** Relativsätze (der **Autor**, der aus Köln stammt, …), Subjunktionalsätze mit finitem → Verb (die **Tatsache**, dass er aus Köln stammt, …), uneingeleitete Nebensätze mit finitem Verb (die **Tatsache**, er komme aus Köln, …), uneingeleitete Nebensätze mit zu-Infinitiv (die **Tatsache**, aus Köln zu kommen, …)

Adjektivattribute sind Linksattribute und bestehen aus → Adjektiven, die sich ihrem Bezugsnomen in Genus und Kasus anpassen. Sie beziehen sich immer auf das Nomen, das hinter ihnen steht.
Der junge Mann trägt einen grünen Mantel und eine alte zerrissene Jeans.
Was für ein/Welcher Mann? – Der junge Mann.
Was für einen/Welchen Mantel? …

Genitivattribute können als Links- und Rechtsattribute auftreten und bestehen aus einem Wort oder einer Wortgruppe im Genitiv. In Form von Rechtsattributen beziehen sie sich immer auf das Nomen, das direkt vor ihnen steht.
Ich leihe mir Lisas Fahrrad.
Wessen Fahrrad leihe ich mir? – Lisas Fahrrad.
Der Ring des Zauberers wurde gestohlen.
Wessen/Was für ein Ring wurde gestohlen? – Der Ring des Zauberers.

Präpositionalattribute sind Rechtsattribute und bestehen aus einer → Präposition und einem dazugehörigen Wort bzw. einer dazugehörigen Wortgruppe, dessen/deren Kasus durch die Präposition bestimmt wird. Wenn mehrere Rechtsattribute hintereinander stehen, können sich Präpositionalattribute entweder auf das Nomen beziehen, das direkt vor ihnen steht, oder auf ein Nomen, das im Satzglied weiter vorne steht.

Ich wünsche mir ein Fahrrad **mit** einer rosa Klingel **am** Lenker.

Ich kaufe mir das Fahrrad **mit** rosa Klingel **im** Schaufenster.

Viele Attribute können weggelassen werden, ohne dass dabei der Sinn des Satzes verloren geht. Sie enthalten zusätzliche Informationen, die für das Gesamtverständnis zwar bereichernd, aber nicht unbedingt notwendig sind.

Die Hundetrainerin hält ein hartes Abrichten unter Zwang für grausam.

Die Hundetrainerin hält ein hartes Abrichten für grausam. *(Präpositionalattribut weglassbar)*

Es gibt aber auch Attribute, die nicht weggelassen werden können, ohne dass der Sinn des Satzes sich verändert oder verloren geht. Sie enthalten Informationen, die für das Gesamtverständnis notwendig sind.

Die Hundetrainerin hält das Festhalten an Ritualen für wichtig.

Die Hundetrainerin hält das Festhalten für wichtig. (Präpositionalattribut nicht ohne Sinnverlust weglassbar)

Präpositionalattribute und präpositionale Satzglieder unterscheiden

Da Präpositionalattribute und Satzglieder, die mit einer → *Präposition* beginnen (→ *Präpositionalobjekte* und → *Adverbiale* mit einer Präposition am Anfang), die gleiche Form haben (beide beginnen mit einer Präposition und enthalten mindestens ein weiteres Wort/eine weitere Wortgruppe), sind sie auf den ersten Blick nicht leicht voneinander zu unterscheiden. Um solche Wortgruppen sicher voneinander zu unterscheiden, kannst du folgendermaßen vorgehen:

1. Durch die Verschiebeprobe kannst du ermitteln, ob es sich um ein Satzglied oder ein Satzgliedteil handelt. Wenn es sich um ein Satzgliedteil handelt, ist es ein Präpositionalattribut. Wenn es sich um ein Satzglied handelt, ist es ein Präpositionalobjekt oder ein Adverbial.
   Ronja möchte immer die Erdnussbutter **mit** den großen Stückchen essen.
   *Mit den großen Stückchen möchte Ronja immer die Erdnussbutter essen. (Satzgliedteil, daher Präpositionalattribut)

Ronja hat ein ganzes Glas Erdnussbutter **mit** einem großen Löffel verputzt.
Mit einem großen Löffel hat Ronja ein ganzes Glas Erdnussbutter verputzt. (Satzglied, daher in diesem Fall: Modaladverbial)

2. Du kannst überprüfen, ob vor der Wortgruppe ein Nomen steht, auf das sich die Wortgruppe bezieht, oder ob sich die Wortgruppe auf das → *Prädikat* bezieht. Im ersten Fall handelt es sich um ein Präpositionalattribut, im zweiten Fall um ein Präpositionalobjekt oder ein Adverbial.
   Ronja möchte immer die Erdnussbutter **mit** den großen Stückchen essen. („Mit den großen Stückchen" bezieht sich auf das Nomen „Erdnussbutter". Es ist also ein Präpositionalattribut.)
   Ronja hat ein ganzes Glas Erdnussbutter **mit** einem großen Löffel verputzt. („Mit dem großen Löffel" bezieht sich nicht auf ein Nomen, das davor steht, sondern auf das Prädikat „hat ...verputzt". Es ist also ein Satzglied, in diesem Fall ein Modaladverbial.)

Attributsätze

Man kann → *Nomen* nicht nur mit Satzgliedern (→ *Prädikativen*) und Satzgliedteilen (→ *Attributen*) genauer beschreiben, sondern auch mit Nebensätzen. Solche Nebensätze werden Attributsätze genannt. Man benötigt sie,

- wenn man Informationen in einem Satzgefüge miteinander verknüpfen möchte,
  Das Schloss ist weltberühmt. Das Schloss besuchen wir morgen.
  → Das Schloss, das wir morgen besuchen, ist weltberühmt.

- wenn die Informationen, die einem Nomen beigefügt werden sollen, sehr umfangreich sind,
  Ein tagsüber an Höhlendecken hängendes Säugetier ist eine Fledermaus.
  → Ein Säugetier, das tagsüber an Höhlendecken hängt, ist eine Fledermaus.

- wenn die Informationen, die einem Nomen beigefügt werden sollen, nicht als Satzgliedteil (Attribut) oder dadurch, dass man das Nomen selbst mit anderen Wörtern zusammensetzt, formuliert werden können.
  Der Verdächtige machte die Keinesfallsalstäterinfragekommaussage.
  → Der Verdächtige machte die Aussage, keinesfalls als Täter in Frage zu kommen.

Es gibt verschiedene **Formen** von Attributsätzen:

- **Relativsätze**

  Ein Säugetier, **das** tagsüber an Höhlendecken hängt, ist eine Fledermaus.

  Bei diesem Attributsatz handelt es sich um einen Relativsatz, da er mit dem → *Relativpronomen* das eingeleitet wird und sich auf das vorausgehende → *Nomen* Säugetier bezieht. Der Relativsatz ist ein Attribut zu diesem Nomen und bildet mit ihm zusammen ein Satzglied. Relativsätze beschreiben als Attributsätze das Nomen, auf das sie sich beziehen, genauer. Sie vermitteln damit wichtige Informationen, können aber weggelassen werden, ohne dass der Satz grammatisch falsch wird. Die Form des Relativpronomens richtet sich auch nach der Form des Nomens, auf das es sich bezieht. Einfluss haben der Numerus des Bezugsnomens und das Genus des Bezugsnomens. Weitere Relativpronomen sind: der, die, den, dem, dessen, welcher …

- **Subjunktionalsätze mit finitem → *Verb***

  Der Verdächtige machte die Aussage, **dass** er keinesfalls als Täter in Frage **komme**.

  Bei diesem Attributsatz handelt es sich um einen Subjunktionalsatz mit finitem Verb, da er mit der → *Subjunktion* dass eingeleitet wird und das Verb konjugiert ist.

- **uneingeleitete Nebensätze mit finitem Verb**

  Der Verdächtige machte die Aussage, er **komme** keinesfalls als Täter in Frage.

  Bei diesem Attributsatz handelt es sich um einen uneingeleiteten Nebensatz mit finitem Verb, da keine einleitende Subjunktion vorhanden ist und das Verb konjugiert ist.

- **uneingeleitete Nebensätze mit zu-Infinitiv**

  Der Verdächtige machte die Aussage, keinesfalls als Täter in Frage **zu kommen**.

  Bei diesem Attributsatz handelt es sich um einen uneingeleiteten Nebensatz mit zu-Infinitiv, da keine einleitende Subjunktion vorhanden ist und das Verb als Infinitiv mit zu auftritt.

Dialekte

Dialekte sind **regional gebundene sprachliche Formen**, die abhängig vom Zusammenleben in einem bestimmten Landstrich auftreten. Sie werden vorwiegend gesprochen. Dialekt beeinflusst die Aussprache, den → *Wortschatz*, aber auch den Satzbau oder die Tempuswahl.

Formulierungsmuster in Texten
(→ Seite 269/270)

Es gibt in unserer Sprache typische Formulierungsmuster, mit denen wir wiederkehrende Handlungen in Texten durchführen (z. B. begründen, überleiten, beschreiben usw.).

Um diese Formulierungsmuster in einem Text oder Teilen eines Textes zu untersuchen, helfen zwei Fragen:
- **Was macht → *die Autorin/der Autor* inhaltlich?**
- **Wie macht die Autorin/der Autor das sprachlich?**

Was macht der Autor inhaltlich? (Teilhandlung)	z. B. Gründe/ Vorteile nennen	z.B. Gegengründe/ Probleme nennen
Wie macht der Autor das sprachlich?	Positiv hervorzuheben ist … Für … spricht … … ist als Vorteil festzustellen. …	Andererseits ist … zu berücksichtigen. Einerseits … andererseits … Es stimmt zwar, dass … aber … Auf der anderen Seite spricht … dagegen. …

In einem Text treten meist verschiedene inhaltliche Teilhandlungen auf, z. B. beim Argumentieren (in einer Stellungnahme, einer Erörterung oder einem Kommentar): einen Überblick geben, Gründe nennen, Gegengründe nennen, Inhalte zusammenfassen, Lösungsvorschläge nennen …

Frames
(→ Seite 292/293)

Als Frames werden **gedankliche Deutungsrahmen** bezeichnet, die unser Wissen in Kategorien einordnen (z. B. beim Frame Schule denken wir an alles, was wir zu diesem Thema kennen und damit assoziieren). Sie heben bestimmte Fakten und Realitäten hervor und bewerten und interpretieren unsere Wahrnehmung, das funktioniert auch über Sprache.

Fremdwörter
(→ Seite 261, 311/312, 319)

Fremdwörter sind aus anderen Sprachen übernommene Wörter. Sie behalten ihre fremde Gestalt und sind nicht vollständig an die deutsche Aussprache, Betonung und Schreibweise angeglichen, sodass häufig andere Buchstaben und Buchstabenkombinationen vorkommen als im einheimischen → *Wortschatz* (z. B. sh, y, c, ph, rh).
Auch gelten für Fremdwörter zum Teil andere **Laut-Buchstaben-Zuordnungen** als für einheimische Wörter. Das liegt daran, dass Fremdwörter oft wie in ihrer Herkunftssprache geschrieben werden (z. B. chatten). Die meisten Fremdwörter des Deutschen stammen aus dem Lateinischen, Griechischen, Italienischen, Französischen und Englischen, wobei viele ursprünglich griechische Wörter über das Lateinische und viele ursprünglich lateinische Wörter über das Französische ins Deutsche kamen.
Eine Untergruppe sind **Anglizismen**, sie sind sprachliche Ausdrücke, die aus dem Englischen entnommen sind. Sie werden in allen Sprachebenen gebraucht (z. B. in der Fachsprache, → *Jugendsprache*, → *Werbung*).
Die Sprache, aus der ein Fremdwort stammt, nennt man auch **Gebersprache**. Manchmal lässt sich bereits anhand der Schreibung oder Aussprache eines Fremdwortes erkennen, aus welcher Gebersprache es stammt. Ob dies möglich ist, hängt u. a. vom Grad seiner **Integration** ab. Ist ein Fremdwort gut in das Deutsche integriert, sieht man ihm seinen Fremdwortstatus mitunter gar nicht an. Ein Beispiel hierfür ist das Wort Marker (ursprünglich englisch). Weniger gut integrierten Wörtern hingegen lässt sich die Gebersprache oft ansehen. So ist anhand der spezifischen Schreibung von Physik mit ph und y ein griechischer Ursprung zu erkennen.

Besonderheiten bei der Schreibung:
- In Fremdwörtern wird für das lange i, anders als in einheimischen Wörtern, oft i geschrieben (z. B. Risiko). Wenn das lange i am Ende steht und die letzte Silbe betont ist, wird meistens ie geschrieben (z. B. Philosophie).
- Im einheimischen Wortschatz kann der Buchstabe c nicht alleine vorkommen (sondern nur als ch oder ck). Anders verhält es sich in Fremdwörtern. Hier kann c auch alleine stehen. Er wird dann je nach Wort wie k (Cousin), s (Cent), tsch (Cello) oder ts (circa) ausgesprochen.

- Bei vielen Wörtern, die im Deutschen häufig verwendet werden, kann man am Klang nicht erkennen, dass es sich um Fremdwörter handelt, denn die Buchstaben klingen wie r, t oder f. Tatsächlich besitzen diese Fremdwörter Buchstabenverbindungen, die rh, th und ph geschrieben werden.

Besonderheiten bei der Aussprache:
- Fremdwörter bestehen häufig aus mehr als zwei Silben und sind selten auf der ersten Silbe betont (z. B. Kon fi tü re).
- Auch für ch gibt es in Fremdwörtern mehr Aussprachevarianten (→ *Zweifelsfälle und Varianten*) als im heimischen Wortschatz.
- In Fremdwörtern werden sp und st oft als st wie in Steak und sp wie in Sport gesprochen. In einheimischen Wörtern wird das st jedoch meist als scht (z. B. Stock) und das sp als schp (z. B. Spatz) gesprochen.
- In manchen Wörtern wird der Buchstabe v als w ausgesprochen, in anderen als f. Als Grundregel gilt: Handelt es sich um ein Fremdwort, spricht man meist w (Klavier), handelt es sich um ein einheimisches Wort, spricht man meist f (Vater).

Häufig gebrauchte Fremdwörter können sich in ihrer Schreibung und Aussprache allmählich der deutschen Sprache anpassen. Bei einigen Fremdwörtern mit den Buchstabenverbindungen rh, th und ph ist es z. B. inzwischen möglich, mehrere Schreibvarianten (→ *Zweifelsfälle und Varianten*) zu verwenden. So können z. B. alle Wörter mit den → *Wortbausteinen* phon, phot oder graph auch mit f geschrieben werden, also fon, fot oder graf und werden dadurch langfristig zu Lehnwörtern. Man bezeichnet diese als **Lehnwörter**, da sie sozusagen aus einer anderen Sprache entlehnt sind. Ob und wie schnell diese Anpassung geschieht, lässt sich jedoch nicht voraussagen.

Funktionen von Fremdwörtern
Die Produktion von Texten ist anlass- und adressatenbezogen. Dies gilt auch für die Verwendung von Fremdwörtern in Texten. Sie können unterschiedliche Funktionen erfüllen, müssen jedoch zur Textsorte und zum Textinhalt passen:
- Sie werden verwendet, um sich durch den Sprachstil **von der Umgangssprache abzuheben**. Die Nutzer/-innen möchten als gebildet und kompetent wahrgenommen werden (z. B. Die Landschaft ist pittoresk statt malerisch.).

- Der gezielte Einsatz von Fremdwörtern kann dabei helfen, eine **bestimmte Wirkung** zu erreichen: So lassen sich mit Fremdwörtern Inhalte **sachlich** erläutern (z. B. Emissionen statt Ablassen von Gasen, Ruß usw.), man kann Inhalte **verniedlichen** oder als **harmlos** erscheinen lassen (anthropogene Klimaveränderung statt von Menschen verursachte Veränderung), man kann aber auch mit ihnen übertreiben, um eine hohe Aufmerksamkeit zu erzielen (z. B. technische Revolution statt grundlegende technische Änderung).
- Häufig lassen sich schwierige und auch umfangreiche Sachverhalte durch Fremdwörter **kurz und genau** auszudrücken (z. B. Pantomime, Intelligenz, Kredit).
- Fremdwörter können als → Synonyme verwendet werden. So lassen sich in Texten **Wiederholungen vermeiden** (z. B. adäquat für angemessen, diskret für vertraulich, infantil für kindisch).
- Die **internationale Verständigung** über Themen und Inhalte wird erleichtert, da gleiche Fachbegriffe verwendet werden (z. B. Internet, Emission).

Fremdwörter und fremd gebildete Wörter

Fremdwörter sind Wörter, die so oder mit veränderter Schreibung und/oder Aussprache aus einer anderen Sprache stammen. Hiervon muss man sogenannte **fremd gebildete Wörter** unterscheiden. Es handelt sich hierbei um Wörter, die → **Fremdwortbausteine enthalten** oder **fremd aussehende Schreibungen** aufweisen, aber **im Deutschen gebildet** wurden. Ein besonders populärer Fall ist das vermeintlich aus dem Englischen stammende Wort Handy. Dabei handelt es sich tatsächlich um ein fremd gebildetes deutsches Wort, denn handy bedeutet im Englischen nicht etwa Mobiltelefon, sondern handlich. Das englische Wort für ein Mobiltelefon lautet mobile.

Getrennt- und Zusammenschreiben
(→ Seite 302–304)

Wenn du dir unsicher bist, ob getrennt oder zusammengeschrieben wird, können dir die folgenden Rechtschreibstrategien helfen:
- **Umstellprobe:**
  Er streicht im ganzen **Haus Türen**.
  → **Türen** streicht er im ganzen **Haus**.
- **Ersatzprobe:**
  Er streicht im ganzen **Haus Türen**.
  → Er streicht im ganzen **Haus Fenster**.
- **Betonung:**
  Sie wollen die Belohnung **zusammen nehmen**. – Sie müssen den ganzen Mut **zusammennehmen**.
- **Bedeutungsprobe:** Die Gesamtbedeutung zusammengeschriebener Wörter ist oft mehr als die Summe ihrer Teilbedeutungen.
  krankschreiben = (als Arzt) schriftlich bestätigen, dass jemand aufgrund einer Krankheit vorübergehend arbeitsunfähig ist
- **Veränderungsprobe:** Zusammengeschriebene Wörter verändern sich nur am Ende, nicht in der Mitte: Haustüren – *Häusertüren.

Tipps zum Getrennt und Zusammenschreiben
- **Adjektiv und Verb:** Wenn ein → *Adjektiv* und ein → *Verb* ihre eigentliche Bedeutung behalten sollen, werden sie in der Regel getrennt geschrieben. Wenn sie zusammen eine neue, von der ursprünglichen abweichende Bedeutung erhalten, müssen sie jedoch zusammengeschrieben werden.
- **Adjektiv und Adjektiv:** Wer zwei nebeneinanderstehende → *Adjektive* getrennt schreibt, macht in der Regel nichts verkehrt. Es gibt jedoch eine Ausnahme: Zwei Adjektive werden zusammengeschrieben, wenn das erste die Bedeutung verstärkt oder abschwächt. Adjektive, die oft an der ersten Stelle stehen, sind zum Beispiel: bitter-, brand-, dunkel-, erz-, extra-, früh-, gemein-, grund-, hyper-, lau-, minder-, stock-, super-, tod-, ultra-, ur-, voll-.
- **Nomen und Verb:** → *Nomen* und → *Verben* können eine Wortgruppe bilden. Beide Wörter werden dann betont. Das Nomen behält seine Eigenständigkeit und Nomen und Verb werden getrennt geschrieben: Eis essen, Rasen mähen Hier werden Nomen und Verb zusammengesetzt: wertschätzen, heimgehen. Zwar sind beide Wortstämme noch erkennbar, doch die Nomen Wert und Heim sind stark verblasst. Sie werden gar nicht mehr als Nomen wahrgenommen, sondern sind zu Präfixen der Verben geworden. Daher werden diese Zusammensetzungen klein- und zusammengeschrieben. Das verblasste Nomen wird betont.

Es gibt Nomen und Verben, die kannst du sowohl getrennt als auch zusammenschreiben:
Acht haben – achthaben, Staub saugen – staubsaugen, Brust schwimmen – brustschwimmen, Halt machen – haltmachen.
In Verbindung mit → Artikelwörtern werden Wortgruppen und Wortzusammensetzungen aus Nomen und Verb jedoch immer groß- und zusammengeschrieben.

- **Verbindungen mit** sein**:** Verbindungen mit sein werden getrennt geschrieben, wenn sie als → Verb verwendet werden. Als Nomen werden sie jedoch zusammengeschrieben. Oft signalisieren Artikelwörter die → Großschreibung:
Morgen werde ich nicht **da sein**. Das **Dasein** vieler Menschen ist von Armut geprägt.
- **Nomen und Partizipien:** Nomen und Partizipien können eine Verbindung eingehen. Sie können dann sowohl zusammen- als auch getrennt geschrieben werden. Diese Verbindung wird wie ein → Adjektiv verwendet:
eine **aufsehenerregende** Premiere
eine **Aufsehen erregende** Premiere
Wird diese Verbindung erweitert, richtet sich die Getrennt- und Zusammenschreibung danach, ob sich die Erweiterung nur auf das Nomen vor dem Partizip bezieht oder auf die ganze Verbindung
eine große **Not leidende** Bevölkerung

eine äußerst **notleidende** Bevölkerung

Groß- und Kleinschreibung
(→ Seite 302–304)

Zur Prüfung, ob ein Wort groß- oder kleingeschrieben wird, kannst du die folgenden Proben anwenden:
- **Artikelprobe:** Manchmal treten → Nomen ohne → Artikel auf, welcher die Großschreibung signalisiert. Wenn du dir unsicher bist, überprüfe, ob sich ein bestimmter (definiter) oder ein unbestimmter (indefiniter) Artikel vor das Nomen setzen lässt.
Er repariert r/Räder. → Er repariert die Räder.
- **Erweiterungsprobe** (auch: **Attributprobe** oder **Adjektivprobe**): Überprüfe, ob sich ein flektiertes → Adjektiv vor das → Nomen setzen lässt. Achte dabei auf die Flexionsendungen der → Adjektivattribute (-e, -en, -er, -es oder -em). Großgeschrieben wird das Wort, das mit dem Adjektivattribut

erweitert wurde. Überprüfe das Wort dabei stets im ganzen Satzkontext und nicht als Einzelwort.
Er repariert die alten, klapprigen, rostigen Räder.
Das großzuschreibende Wort, auf das sich der → Artikel bezieht, „rutscht" durch die eingefügten Adjektive immer weiter nach rechts. Es wird durch die Adjektive näher beschrieben.
- **Umstellprobe:**
1. Ermittle mithilfe der Umstellprobe die Satzglieder.

| der mops | ist | ein begleiter |
| ein begleiter | ist | der mops |

2. Prüfe, ob du die Wörter erweitern kannst:
Der dicke mops ist ein treuer, lieber begleiter
3. Großgeschrieben werden alle Wörter, die am rechten Rand des Satzglieds stehen.

| Der Mops | ist | ein Begleiter. |

- **K-Verneinung:** Probiere die Verneinung mit kein aus: Der Mann hat keinen Kopf.
- **N-Verneinung:** Probiere die Verneinung mit nicht aus: Ich stehe nicht kopf.

Ausnahmen bei der Großschreibung
Die meisten Fälle, in denen man großschreibt, kann man durch die vorgestellten Strategien ermitteln. Doch es gibt auch einige Ausnahmen. So ist zum Beispiel die Schreibung von Redewendungen nicht einheitlich geregelt (durch dick und dünn; über kurz oder lang, aber: von Nahem/von nahem; bis auf Weiteres/weiteres). Die richtige Schreibung muss man sich merken (→ Merkwörter) oder im → Wörterbuch nachschlagen.

Gendergerechte Sprache
(→ Seite 289–291, 296)

Grundsätzlich wird zwischen dem **biologischen** Geschlecht (Sexus; körperliche Merkmale), dem **sozialen** Geschlecht (Gender; Geschlechtsidentität) sowie der **grammatischen** Kategorie Genus und dem **semantischen** Geschlecht (inhaltliche Bedeutung) unterschieden.
Die deutsche Sprache kennt für einige → Nomen und → Pronomen das **generische Maskulinum** (z. B. Lehrer, Schüler). Es wird durch grammatisch maskuline Personenbezeichnungen ausgedrückt, umfasst aber alle weiteren geschlechtlichen Wortformen, die nicht extra genannt werden.
Als gendergerechte Sprache (auch geschlechtergerechte, gendersensible oder geschlechtsneutrale

Sprache) wird eine Form der Sprache bezeichnet, die eine **Gleichstellung der Geschlechter** zum Ausdruck bringen will. Diese findet sich vor allem in der Veränderung des **Sprachsystems** innerhalb des → *Wortschatzes*, der **Rechtschreibung** oder sogar der **Grammatik**. Wenn ein Text entsprechend der Vorgaben geschlechtergerechter Formulierungen verfasst oder überarbeitet wurde, nennt man das „**gendern**". In diesem Rahmen werden z. B. auch **Indefinitpronomen** wie alle, andere, niemand verwendet. Sie werden allgemein gebraucht, wenn Lebewesen oder Dinge nicht näher bezeichnet werden, oder um unbegrentzte Mengen unbestimmt auszudrücken.

Homophone und Homographe

Homophone sind eine Sonderform der → *Homonymie*. Sie sind Wörter, die gleich lauten, aber unterschiedlich geschrieben werden: Lerche – Lärche **Homographe** sind dagegen Wörter, die gleich geschrieben werden, aber unterschiedlich ausgesprochen werden: Versendung (Versendung eines Päckchens vs. Ende eines Verses)

Interjektionen

Interjektionen sind eine eigene → *Wortart*, die meist Empfindungen, Emotionen oder Bewertungen ausdrücken. Sie sind nicht flektierbar und können allein für sich stehen. Sie sind keine Satzglieder oder Teil eines Satzes. Mit Interjektionen kannst du Empfindungen ausdrücken (z. B. Hurra!) oder jemanden auffordern etwas zu tun oder zu lassen (z. B. Psst!). In Graphic Novels und Comics beispielsweise werden Interjektionen als Hilfsmittel zur Darstellung von Geräuschen (z. B. Krach!, Wau!) oder zur Darstellung von Mimik (z. B. *grins*) verwendet.

Jugendsprache
(→ Seite 282)

Jugendsprache bezeichnet eine **Gruppensprache (Soziolekt)** mit bestimmten Merkmalen, die von unterschiedlichen Gruppen von Jugendlichen zu verschiedenen Zeiten und in verschiedenen Altersstufen verwendet wird. Sie verändert sich schnell und ist sehr vielfältig (z. B. regionale Einflüsse, Einflüsse der sozialen Gruppe, Einflüsse durch andere Sprachen).

Junktionen

Sätze oder Satzteile können mit Junktionen (Konjunktionen, Subjunktionen und → *Adverbien*) verknüpft werden, um Bedeutungszusammenhänge zwischen Einheiten eines Textes zu verdeutlichen. Durch Junktionen wird eindeutig, in welchem Verhältnis die einzelnen Geschehnisse zueinander stehen:
Anna schreibt gute Noten. Anna lernt Vokabeln.
- zeitlicher Zusammenhang:
  Anna schreibt gute Noten, **seit** sie Vokabeln lernt.
- begründender Zusammenhang:
  Anna schreibt gute Noten, **weil** sie Vokabeln lernt.
- Zusammenhang in Form einer Bedingung:
  Anna schreibt gute Noten, **falls** sie Vokabeln lernt.

Wörter (Junktionen), die Sätze miteinander verknüpfen, kann man danach unterscheiden und benennen, welchen Zusammenhang sie deutlich machen, z. B., dass eine Aussage begründet wird (kausal): denn, deswegen, deshalb, daher, weil, da.
Die verschiedenen Junktionen besetzen unterschiedliche Positionen im Satz und können unterschiedliche Arten von Sätzen miteinander verbinden. Die Verbindung von zwei Hauptsätzen bezeichnet man als **Satzreihe**. Die Verbindung von Hauptsatz und Nebensatz bezeichnet man als **Satzgefüge**.

→ *Adverbien* können zwei Hauptsätze verbinden. Sie stehen im Vorfeld des einen Satzes.
Konjunktionen verbinden Hauptsätze. Sie stehen im Verbindungsfeld zwischen den beiden Sätzen.
Subjunktionen (z. B. dass) leiten Nebensätze (Verbletztsätze) ein und verbinden diese mit dem Hauptsatz. Sie stehen vor dem Mittelfeld.

Häufig treten **dass-Sätze** mit → *Verben* des Sagens, Meinens, Hoffens und Wünschens auf. Der dass-Satz gibt an, was jemand sagt, meint, hofft oder wünscht.
Was denkt Lina? Sie denkt, **dass** sich manche in Uniformen unwohl fühlen würden.
Achtung: Die Subjunktion dass ist von dem Wort das zu unterscheiden (→ *Artikelwörter und Pronomen*).

Kommasetzung

(→ Seite 308/309, 317)

Satzzeichen gliedern Texte und unterstützen damit das Lesen und Verstehen. Mithilfe von Kommas grenzen wir **Teilsätze** oder **Satzgefüge** (= Verbindung von Hauptsatz und Nebensatz) voneinander ab. Jeder Teilsatz enthält als Kern ein finites → *Verb*. Zu diesem Verb gehören weitere Satzglieder. Sie bilden gemeinsam eine **verbhaltige Gruppe**. Das Komma zeigt an, was grammatisch zu welcher Gruppe gehört. Es zieht die Grenze zwischen verbhaltigen Gruppen. So erkennst du die Grenze zwischen Teilsätzen:

1. Suche die finiten Verben.
2. Überlege, was jeweils zu dem finiten Verb gehört. Unterstreiche es in der gleichen Farbe.
3. Setze das Komma zwischen den verbhaltigen Gruppen in unterschiedlicher Farbe.

Beispiel:
1. Lina mag Sport eigentlich nicht so sehr beim Sportfest hat sie aber trotzdem die meisten Punkte geholt.
2. + 3. Lina mag Sport eigentlich nicht so sehr, beim Sportfest hat sie aber trotzdem die meisten Punkte geholt.

Kommasetzung in komplexen Sätzen

Sätze können aus mehr als zwei verbhaltigen Gruppen bestehen. Alle Teilsätze müssen mit einem Komma voneinander abgegrenzt werden. Du kannst die gleichen Strategien nutzen wie bei der einfachen Verbindung aus Haupt- und Nebensatz:

1. Niko berichtet dass er und seine Freunde jedes Jahr ein Fest organisieren an dem alle Kinder aus der Nachbarschaft teilnehmen.
2. + 3. Niko berichtet, dass er und sein Freunde jedes Jahr ein Fest organisieren, an dem alle Kinder aus der Nachbarschaft teilnehmen.

Subjunktionen (→ *Junktionen*) sind wichtige Hinweise darauf, dass ein Nebensatz vorliegt, der mit einem Komma abgegrenzt werden muss. Wo ein Komma gesetzt werden muss, hängt davon ab, ob der Nebensatz dem Hauptsatz folgt, vorausgeht oder ob er eingeschoben ist. Wenn ein Nebensatz in einen anderen Satz eingeschoben ist, werden beide Satzgrenzen mit dem Komma markiert:

1. Milo hat obwohl er weit zurücklag nicht aufgegeben.
2. + 3. Milo hat, obwohl er weit zurücklag, nicht aufgegeben.

Als Sätze innerhalb von Sätzen treten häufig → *Attributsätze* wie der Relativsatz auf, deren → *Bezugsnomen* im Vorfeld oder im Mittelfeld steht:

1. Der Unfall der sich gestern ereignete war heute überall Thema.
2. + 3. Der **Unfall**, **der sich gestern** ereignete, war heute überall Thema.

Kommasetzung bei Parenthesen

Parenthesen unterbrechen als Einschübe eine Satzaussage, ohne in die syntaktische Struktur dieses Satzes integriert zu sein. Parenthesen können aus selbständigen Sätzen bestehen, sie können durch eine → *Konjunktion* eingeleitet werden, sie können aber auch aus einer Wortgruppe bestehen. Anstelle von Kommas können auch Klammern oder Gedankenstriche eine Parenthese anzeigen:

Am frühen Morgen **(die Sonne schien schon)** starteten sie ihre Wanderung.

Am frühen Morgen **– die Sonne schien schon –** starteten sie ihre Wanderung.

Kommasetzung bei Partizipgruppen

Partizipien werden von einem → *Verb* abgeleitet. Häufig enden sie mit -end wie lesend (von lesen; sogenanntes „Partizip Präsens") oder werden mit ge- wie gelesen eingeleitet (sogenanntes „Partizip Perfekt").

Bei **Partizipgruppen** handelt es sich um erweiterte Partizipien, die durch Komma(s) abgegrenzt werden. Steht die Partizipgruppe vor einem Hauptsatz oder folgt sie auf das konjugierte Verb des Hauptsatzes, kann auf das Komma verzichtet werden.

Kommasetzung bei Sätzen mit zu-Infinitiv

Der zu-Infinitiv ist eine → *Verb*form, die aus zu und einer Verbform im Infinitiv besteht (Sie lieben es, draußen **zu spielen**.). Auch mit dem zu-Infinitiv können verbhaltige Gruppen entstehen (Infinitivsatz). Sie werden mit einem Komma abgegrenzt. Du kannst dafür die gleiche Strategie wie bei den finiten Verben verwenden:

1. Suche das finite Verb und den zu-Infinitiv. Kreise sie in verschiedenen Farben ein.

2. Welche Satzglieder gehören zum finiten Verb, welche zum zu-Infinitiv? Markiere sie in der passenden Farbe.
3. Setze das Komma zwischen die Verbgruppen in unterschiedlicher Farbe.

1. Die Mannschaft (hofft) das Turnier zu gewinnen.
2. + 3. Die Mannschaft (hofft), das Turnier zu gewinnen.

Manchmal gibt es mehrere Möglichkeiten für ein Komma. Dann kommt es auf die Bedeutung an, die der Satz haben soll.

Ben verspricht, Patrick einen neuen Wecker zu kaufen.
In diesem Fall wissen wir nicht genau, wem Ben sein Versprechen gibt. Das Versprechen lautet, dass er Patrick einen neuen Wecker kauft.

Ben verspricht Patrick, einen neuen Wecker zu kaufen.
In diesem Fall wissen wir, dass Ben Patrick sein Versprechen gibt. Das Versprechen lautet, dass er einen neuen Wecker kauft, aber wir wissen nicht sicher, für wen er den Wecker kauft.

Kommentarglieder

Ausdrücke wie überraschenderweise, schlauerweise, zum Glück, offenbar, vielleicht, vergeblich, sicherlich, offensichtlich, doch ... nennt man „**Kommentarglieder**". Mit ihnen kann die Sprecherin bzw. der Sprecher kommentieren, wie sie oder er zu der Aussage des Satzes steht. Ein Kommentarglied kann in einem Satz zusätzlich zum → *Prädikat* und den → *Satzgliedern* auftreten.

Konjunktionen → *Junktionen*

Merkwörtertraining

Wörter mit Dehnungs-h wie fahren, mahlen, dehnen, mit Doppelvokal wie Boot, See, Meer oder mit ih wie ihm, ihr, ihnen sind **Merkwörter**.

Tipps zum Trainieren von Merkwörtern:
- Wörter, deren Schreibung du nicht mit einer Rechtschreibstrategie erklären kannst, im **Wörterbuch** nachschlagen, aufschreiben und Sätze bilden
- Wörter gegenseitig als **Partnerdiktat** diktieren
- **Wortfamilien** bilden: der Schnee, der Schneeball, schneeweiß ...; fahren, der Fahrer, die Fährte ...

- Merkwörter mit der gleichen schwierigen Stelle **alphabetisch geordnet** aufschreiben
- (lustige) **Sätze** mit Merkwörtern bilden
- eine kurze **Geschichte** mit Merkwörtern ausdenken

Nomen

Nomen werden **großgeschrieben** (→ *Groß- und Kleinschreibung*). In Texten können wir sie oft auch daran erkennen, dass sie von einem → *Artikelwort* (z. B. ein, eine, einem, der, die, das, den, dem, seine, ihre, mein, viele, keine, nichts, etwas, zum, beim) und/oder einem → *Adjektiv* begleitet werden: das Tier, der schnelle Läufer, alte Hosen.
Die bestimmten Artikel (der, die, das) zeigen das **grammatische Geschlecht** (**Genus**, Pl. Genera) des Nomens an: Maskulinum (der Löwe), Femininum (die Katze), Neutrum (das Pferd). Manchmal stimmen grammatisches und natürliches Geschlecht überein: der Mann, die Frau, der Junge.
Nomen haben einen **Numerus** (Zahl). Sie können im **Singular** (Einzahl) und im **Plural** (Mehrzahl) stehen. Die meisten Nomen verändern sich, wenn sie im Plural stehen. Der Plural kann durch verschiedene Formen angezeigt werden: -e, -(e)n, -er, -s, mit Umlaut.

Der **bestimmte Artikel** lautet im Plural immer die:
der Mann – die Männer, die Frau – die Frauen, das Kind – die Kinder.
Den **unbestimmten Artikel** gibt es nur im Singular:
ein Mann – Männer, eine Frau – Frauen, ein Kind – Kinder.

Nomen können in vier verschiedenen **Kasus** (Fällen, Sg. der Kasus, Pl. die Kasus – sprich „Kasuus") stehen: im **Nominativ**, im **Genitiv**, im **Dativ** oder im **Akkusativ**. Je nachdem, in welchem Kasus ein Nomen steht, verändert sich der Begleiter des Nomens und manchmal das Nomen selbst.

Singular	Maskulinum	Femininum	Neutrum
Nominativ	der Ball	die Gabel	das Messer
Genitiv	des Balls	der Gabel	des Messers
Dativ	dem Ball	der Gabel	dem Messer
Akkusativ	den Ball	die Gabel	das Messer

Mithilfe der vier Kasus kannst du erkennen, in welcher Beziehung Nomen oder Nominalgruppen zu anderen Elementen im Satz stehen. So steht zum Beispiel das → *Subjekt* eines Satzes im Nominativ, das → *Objekt* im Dativ oder Akkusativ und seltener auch im Genitiv.

Nominalisierungen
(→ Seite 262/263, 274/275)

Von einer Nominalisierung spricht man, wenn in einem Satz ein Wort als → *Nomen* verwendet wird, das in einem anderen Kontext einer anderen → *Wortart* (z. B. → *Verb*, → *Adjektiv* ...) angehört. Wird ein Wort im Satz als Nomen verwendet, schreibt man es groß. In Fachtexten oder informierenden Texten treten häufig Nominalisierungen auf, man spricht dann von **Nominalstil** im Text.
Für Nominalisierungen kann mehr als eine Wortart verwendet werden:
z. B. haltbar (Adjektiv) + machen (Verb) → Haltbarmachung (Nomen)
Durch Nominalsierungen können auch Nebensätze entfallen:
z. B. Wenn Milch konserviert wird, dann wird sie länger haltbar. → Durch die Konservierung der Milch wird sie länger haltbar.

Die Nominaliserungen lassen sich mit den dir bekannten Proben ermitteln:
Ich jogge gerne. Aber:
Beim Joggen bekomme ich den Kopf frei. → Beim **regelmäßigen** Joggen bekomme ich den Kopf frei.

Das Hemd ist neu. Aber:
Ich wünsche mir etwas Neues. → Ich wünsche mir etwas **interessantes, spannendes** Neues.

Bei **nominalisierten Adjektiven** ist es manchmal schwierig, ein passendes Erweiterungswort zu finden. nichts Kluges → nichts schlaues Kluges (?), im Tiefen → im kalten Tiefen (?).
In diesen Fällen dienen die → *Artikelwörter* als Signal für ein großzuschreibendes Adjektiv. Beachte aber auch hierbei stets den gesamten Satz, damit keine Fehler entstehen: Er springt ins tiefe Wasser. vs. Er springt ins Tiefe.

Numeralia

Numeralia (Zahlwörter) sind Ausdrücke, die eine Menge oder Zahl bezeichnen (z. B. eins, erste, erstens, viele, mehrfach, viertel, Hundertstel). Sie können unterschiedlichen → *Wortarten* zugeordnet werden, manchmal werden sie auch als eigene Wortart gesehen, meist können sie flektiert werden.

Objekte

Viele Sätze benötigen neben dem → *Subjekt* zusätzlich **Objekte** als „Mitspieler". Das → *Verb* bestimmt, welche Arten von Objekten in einem Satz auftreten können. Bevor du die Objekte näher bestimmen kannst, musst du mithilfe des Vorfeldtests die Satzgliedgrenzen ermitteln.
Du hast bereits **Akkusativ-, Dativ- und Genitivobjekte** kennengelernt und gelernt, wie du sie mit der **Frageprobe** und der **Ersatzprobe** bestimmen kannst:

Bestimmung mit der Frageprobe:
Um die Frageprobe durchzuführen, probierst du aus, auf welches der folgenden Fragewörter das jeweilige Objekt antwortet. Nach den Fragewörtern muss immer das Verb mit dem Subjekt folgen, dann fragst du richtig.
- Wen oder was? = Akkusativobjekt
- Wem? = Dativobjekt
- Wessen? = Genitivobjekt

Peter antwortet Laura.
Wen oder was antwortet Peter? Frage passt nicht!
Wem antwortet Peter? – Laura. Frage passt.
Das Objekt ist also ein Dativobjekt.
Wessen antwortet Peter? Frage passt nicht!

Bestimmung mit der Ersatzprobe:
Um die Ersatzprobe durchzuführen, ersetzt du das Satzglied, das du bestimmen möchtest, durch ein Fantasiewort, z. B. „Schnirp", und probierst aus, welcher der folgenden → *Artikel* vor dem Fantasiewort passend ist.
- den Schnirp = Akkusativobjekt
- dem Schnirp = Dativobjekt
- des Schnirps = Genitivobjekt

Peter antwortet Laura.
Peter antwortet den Schnirp. Artikel passt nicht!
Peter antwortet dem Schnirp. Artikel passt.
Das Objekt ist also ein Dativobjekt.
Peter antwortet des Schnirps. Artikel passt nicht!

Ein weiteres Objekt ist das **Präpositionalobjekt**. Manche Verben treten nämlich in Verbindung mit einer ganz bestimmten → *Präposition* oder einigen wenigen ganz bestimmten Präpositionen auf, die nicht beliebig austauschbar sind. Diese Präpositionen stehen im Satz nie allein, sondern bilden zusammen mit einem Wort bzw. einer Wortgruppe ein Satzglied: das Präpositionalobjekt. Wie alle anderen Satzglieder kannst du auch das Präpositionalobjekt in das Vorfeld des Satzes verschieben.

Meine Schwester telefoniert stundenlang **mit** ihrer Freundin.
Mein Vater beschwerte sich **bei** meinem Lehrer/ **über** meinen Lehrer.

Das Wort bzw. die Wortgruppe nach der Präposition steht entweder im Akkusativ oder im Dativ.
Erfragen kannst du Präpositionalobjekte immer mit der Präposition + „wen/was" oder „wem/was" und meistens auch mit einem einzelnen Fragewort, in dem die Präposition enthalten ist.

Mit wem/was telefoniert meine Schwester stundenlang? – Mit ihrer Freundin. → Dativ
Über wen/was (Wor**über**) beschwerte sich mein Vater? – Über meinen Lehrer. → Akkusativ

Parataxe und Hypotaxe
(→ *Seite 308/309*)

Reihungen von mehreren Hauptsätzen (Verbzweitsätzen) nennt man auch **Parataxen**. Parataxen können in manchen Fällen stilistisch genutzt werden: Achim wollte ein Brettspiel spielen. Ahmed wollte ein Bild malen.
Hypotaxen hingegen sind **Satzgefüge mit mindestens einem Nebensatz** (Verbletztsatz → *Satzstrukturen und -formen*), der einem Hauptsatz untergeordnet ist: Als Ahmed ein Bild malen wollte, wollte Achim ein Brettspiel spielen.

Polysemie und Homonymie

Polysemie (*griech.* polys = viel) liegt vor, wenn ein Wort mehrere Bedeutungen hat und mindestens ein Bedeutungsmerkmal identisch ist:
Glocke: a) Kirchenglocke, b) Klingel
→ gemeinsames Merkmal: beide machen ein Geräusch
Wenn zwei oder mehrere Wörter gleich geschrieben werden oder gleich klingen, aber eine unterschiedliche Bedeutung haben, spricht man von **Homony-**

mie (*griech.* homonymia = Gleichnamigkeit):
Ton: a) Lehm, b) Laut, Klang

Prädikat → *Subjekt und Prädikat*

Prädikativ

Das **Prädikativ** ist ein Satzglied, das die **Funktion** hat, das → *Subjekt* eines Satzes genauer zu beschreiben.
(1) Die Schildkröte ist langsam.
    (langsam ist ein Prädikativ)
(2) Die Schildkröte geht langsam.
    (langsam ist eine → *adverbiale Bestimmung*)

In Satz (1) wird durch das Wort „langsam" eine Eigenschaft der Schildkröte genannt, also das Subjekt des Satzes näher beschrieben. In Satz (2) wird durch das Wort langsam die Tätigkeit der Schildkröte, also das → *Prädikat* des Satzes, näher beschrieben.
Das Prädikativ ist eng an bestimmte → *Verben* bzw. das Prädikat gebunden, deshalb wird es auch Prädikativ genannt. Typische Verben, bei denen ein Prädikativ steht sind sein, werden und bleiben. Prädikative sind nicht weglassbar, ohne dass der jeweilige Satz seinen Sinn verliert oder verändert.
Mein Hund bleibt immer gelassen.
Mein Hund bleibt immer.
Das Prädikativ „gelassen" ist nicht weglassbar, ohne dass der Satz seinen Sinn verliert bzw. verändert.

Prädikative können unterschiedliche **Formen** haben. Neben Prädikativen, die aus einem → *Adjektiv* bestehen, gibt es auch Prädikative, die → *Nomen* enthalten und aus mehr als einem Wort bestehen. Sie erfüllen dieselbe Funktion wie adjektivische Prädikative, nämlich die genauere Beschreibung des jeweiligen Subjekts. Sie stehen, genau wie die Subjekte selbst, im Nominativ und können entsprechend mit „wer" oder „was" erfragt werden.
Mein Bruder war schon immer sehr **hilfsbereit**.
(Kern des Prädikativs ist ein Adjektiv.)
Er wird sicher einmal ein sehr guter **Polizist** werden.
(Kern des Prädikativs ist ein Nomen im Nominativ.)

Präpositionen

Präpositionen (Sg. Präposition) bezeichnen Beziehungen zwischen Dingen oder Personen. Sie sind deshalb meistens mit einer Nominalgruppe verbunden, deren Kasus sie bestimmen:

Der Genitiv folgt z. B. nach unterhalb, während, wegen:
Während des Einbruchs war niemand im Haus.
Der Dativ folgt z. B. nach aus, bei, mit:
Aus dem Haus hörte man Geräusche.
Der Akkusativ folgt z. B. nach durch, für, gegen:
Der Dieb kletterte durch das Fenster.
Einige Präpositionen (z. B. auf, über, neben, an und in) können mit Akkusativ und Dativ stehen. Die Präposition mit Akkusativ zeigt die Richtung an, die Präposition mit Dativ den Ort: Der Dieb flüchtet in das Versteck. (Wohin? → Akkusativ)
Der Dieb wartet in dem Versteck. (Wo? → Dativ)
In manchen Fällen kann sich die Präposition mit dem → Artikel verbinden: an + das → ans, zu + dem → zum, in + dem → im …
Es gibt → Verben, die in Verbindung mit mehr als einer Präposition auftreten. Bei manchen dieser Verben kann man die Präposition austauschen, ohne dass sich dadurch der Sinn des Satzes verändert. Bei anderen Verben verändert sich der Sinn des Satzes, wenn man die Präposition austauscht.

Relativsätze → Attributsätze

Satzglieder und Satzgliedteile

Satzglieder und Satzgliedteile ermitteln

Satzglieder wie → Subjekt, → Prädikat, → Objekte, → Adverbiale oder das → Prädikativ können aus einem einzelnen Wort oder einer zusammengehörigen Wortgruppe bestehen. Um zu erkennen, was ein Satzglied bildet, kannst du den **Vorfeldtest**/die **Verschiebeprobe** anwenden:
Prüfe, welche Wörter aus dem Mittelfeld du als Paket ins Vorfeld des Satzes verschieben kannst. Sie bilden gemeinsam ein Satzglied. Manchmal ist das nur ein einzelnes Wort. **Achtung**: Der Sinn des Satzes darf sich beim Verschieben nicht verändern, wohl aber die Betonung und Akzentuierung.
Alle Wörter bzw. Wortgruppen, die du nicht ins Vorfeld des Satzes verschieben kannst, ohne dass der Sinn des Satzes verloren geht oder sich verändert, sind Satzgliedteile.
Auch kannst du die **Weglassprobe** anwenden. Prüfe: Welche Wörter kannst du weglassen? Wörter, die nur gemeinsam weggelassen werden können, bilden ein Satzglied. Aber **Vorsicht**: Die Weglassprobe kann nicht für alle Satzglieder angewendet werden.

Vorfeld	linkes Verbfeld	Mittelfeld	rechtes Verbfeld
Ronja	möchte	immer die Erdnussbutter mit den großen Stückchen	essen.
Immer	möchte	Ronja die Erdnussbutter mit den großen Stückchen	essen.
*Mit den großen Stückchen	möchte	Ronja immer die Erdnussbutter	essen.
Die Erdnussbutter mit den großen Stückchen	möchte	Ronja immer	essen.

* „Mit den großen Stückchen" ist kein Satzglied, sondern ein Satzgliedteil, da es nicht ins Vorfeld des Satzes verschoben werden kann.

Vorfeld	linkes Verbfeld	Mittelfeld	rechtes Verbfeld
Eric	liest	der alten Frau im Rollstuhl manchmal die Zeitung	vor.
Manchmal	liest	Eric der alten Frau im Rollstuhl die Zeitung	vor.
Die Zeitung	liest	Eric der alten Frau im Rollstuhl manchmal	vor.
*Im Rollstuhl	liest	Eric der alten Frau manchmal die Zeitung	vor.
Der alten Frau im Rollstuhl	liest	Eric manchmal die Zeitung	vor.

* „Im Rollstuhl" ist kein Satzglied, sondern ein Satzgliedteil, da es nicht ins Vorfeld des Satzes verschoben werden kann, ohne dass sich dabei der Sinn des Satzes verändert.

Formen von Satzgliedern untersuchen

Satzglieder können unterschiedliche Formen haben.
Sie bestehen

- häufig aus einer **Wortgruppe**: **Ein Leser der Studie** kann Kinder unterstützen.
  (z. B. Wortgruppe mit → *Attributen* als → *Subjekt*)
- manchmal aus einem **einzelnen Wort**: **Leser** können Kinder unterstützen. (z. B. Wort als Subjekt)
- oder aus einem **Nebensatz**: **Wer die Studie liest,** kann Kinder unterstützen.
  (z. B. Nebensatz als Subjekt = Subjektsatz)

Wenn in einer **Wortgruppe** viele Attribute – also zusätzliche Informationen – auftreten, kann das beim Lesen schwieriger zu verstehen sein:
Die Forschenden vermuten ...
   eine Unterstützung durch Gesten für die Kinder beim Spracherwerb. (z. B. Wortgruppe mit Attributen als → *Akkusativobjekt*)

Häufig wird dann die Variante, bei der das Satzglied als **Nebensatz** auftritt, als leichter verständlich empfunden:
Die Forschenden vermuten, ...
   dass die Gesten die Kinder beim Spracherwerb unterstützen können. (z. B. Nebensatz als Akkusativobjekt = Akkusativobjektsatz)

Den Aufbau von Satzgliedern analysieren und darstellen

Alle Satzglieder, die aus mehreren Satzgliedteilen – also Wörtern oder Wortgruppen – bestehen, haben einen Kern, der in der Regel aus einem Wort besteht. Bei den meisten Satzgliedern ist dieses Wort ein → *Nomen*. Um diesen Kern herum befinden sich weitere Satzgliedteile.
Um den Aufbau eines Satzlieds zu analysieren und darzustellen, kannst du das Satzglied in eine **Satzglied-Feldertabelle** eintragen. Je nach Aufbau des Satzglieds können unterschiedliche Felder der Tabelle besetzt sein oder leer bleiben.

Auf die große Abschlussfeier der Abiturienten freue ich mich schon lange.
Ich musste gestern zum Zahnarzt.
Der Hund im Garten meines Nachbarn trägt ein blaues Halsband.

Prä-posi-tion	Arti-kel	Links-attri-but(e)	Kern des Satz-glieds	Rechts-attri-but(e)
Auf	die	große	**Ab-schluss-feier**	der Abituri-enten
zu	dem		**Zahn-arzt**	
	Der		**Hund**	im Garten meines Nach-barn
	ein	blaues	**Hals-band**	

Satzstrukturen und -formen

Die typische Struktur des deutschen Satzes

Das → ***Prädikat*** besteht in deutschen Sätzen oft aus zwei → *Verben* oder Verbteilen. Diese beiden Verben bzw. Verbteile bilden zusammen die **Verbklammer**.

Vorfeld	linkes Verb-feld	Mittel-feld	rech-tes Verb-feld	Nach-feld
Elsa	geht	am Samstag ins Kino.		
Frida	darf	ihre Schwes-ter	be-glei-ten.	
In der Deutsch-arbeit	schnitt	Mathilda sehr gut	ab.	
Auf Gleis 3	fährt	in Kürze	ein	der ICE 874 nach Berlin Hbf.

1. Im **linken** und **rechten Verbfeld** ist Platz für Verben und Verbteile. Sie bleiben auch beim Verschieben der Satzglieder immer an derselben Stelle. Das Verb mit der Personalform steht im linken Verbfeld. Das rechte Verbfeld kann auch leer sein.
2. Vor dem linken Verbfeld befindet sich das **Vorfeld**. Es hat Platz für ein Satzglied.
3. Die beiden Verbfelder „umklammern" das **Mittelfeld**. Hier kann der Satz um weitere Satzglieder erweitert werden.
4. Hinter dem rechten Verbfeld befindet sich das **Nachfeld**. Es wird häufig nicht besetzt, kann aber in allen Satzformen auftreten.

Im Deutschen ist die Stellung der Satzglieder recht flexibel. Im Gesprochenen kann man durch Betonung einzelne Informationen hervorheben. Im Geschriebenen kann man das durch die Position im Satz tun: z. B. im Nachfeld (der ICE 874 nach Berlin Hbf), aber auch im Vorfeld (auf Gleis 3).

Satzformen/Stellungstypen im Deutschen

Sätze lassen sich nach der Stellung des konjugierten → *Verbs* im Satz unterscheiden.
Beim **Verbzweitsatz** (V2) steht das konjugierte Verb an zweiter Satzgliedposition. Verbzweitsätze sind typisch für Aussagen und Ergänzungsfragen („W-Fragen").

Vorfeld	linkes Verbfeld	Mittelfeld	rechtes Verbfeld
Ina	muss	zum Zahnarzt	gehen.
Wann	muss	Ina zum Zahnarzt	gehen?

Beim **Verberstsatz** (V1) beginnt der Satz mit dem konjugierten Verb. Das Vorfeld des Satzes bleibt unbesetzt. Mit Verberstsätzen werden Entscheidungsfragen („Ja/Nein-Fragen") und oft Aufforderungen formuliert.

Vorfeld	linkes Verbfeld	Mittelfeld	rechtes Verbfeld
	Muss	Ina zum Zahnarzt	gehen?
	Geh	zum Zahnarzt!	

Beim **Verbletztsatz** (VEnd) steht das konjugierte Verb am Ende des Satzes. Das linke Verbfeld bleibt somit unbesetzt. Im Vorfeld steht ein einleitendes Wort (z. B. → *Subjunktion* oder → *Relativpronomen*). Verbletztsätze sind in ihrer Bedeutung in der Regel an andere Sätze gebunden. Deshalb treten sie vor allem in **Satzgefügen** auf.

Vorfeld	linkes Verbfeld	Mittelfeld	rechtes Verbfeld
Wenn		Ina zum Zahnarzt	gehen muss,
	wird	ihr angst und bange.	
Ina	geht	zu dem Zahnarzt,	
der		ihre ganze Familie	behandelt.

Wenn ein Verbzweit- oder Verberstsatz inhaltlich an einen vorangehenden Satz anschließt, können vor dem Vorfeld Konjunktionen stehen (z. B. und, oder, aber, denn, doch ...). Dadurch entsteht eine **Satzverbindung**.

	Vorfeld	linkes Verbfeld	Mittelfeld	rechtes Verbfeld
	Ina	muss	zum Zahnarzt	
und	ihre Mutter	fährt	sie	hin.

Sprachinseln und Sprachminderheiten
(→ *Seite 283*)

Sprachinseln sind **regional begrenzte geschlossene Sprachgemeinschaften**, die von einem größeren fremden Sprachgebiet umgeben werden (z. B. Texasdeutsch). Sie entstehen meist durch Migrationsbewegungen. In Sprachinseln wird eine vom → *Dialekt* des ursprünglichen Herkunftsgebietes beeinflusste → *Sprachvarietät* gesprochen. Für Sprachforscherinnen und -forscher sind sie wertvolle Quellen, die die Sprache einer bestimmten Zeit konserviert haben.

Minderheitensprachen werden ebenfalls von einer geschlossenen Sprachgemeinschaft in einem abgegrenzten Gebiet **von einer Minderheit der Bevölkerung gesprochen**. Sie unterscheiden sich von der jeweiligen Amtssprache, aber stellen weder einen Dialekt noch eine Sprache von Zugewanderten dar (z. B. Ober-/Niedersorbisch, Saterfriesisch).

Sprachvarietäten
(→ Seite 260/261, 266–268, 283)

Jeder von uns spricht nicht nur eine Sprache, sondern mehrere Formen von dieser (**innere Mehrsprachigkeit**). Je nach Situation und Gesprächspartner/-in ist eine andere **Sprachvarietät** (Teilsprache) angemessen. Das Wechseln zwischen Sprachvarietäten oder verschiedenen Sprachen nennt man **Code-Switching**. Im Zentrum steht dabei die allgemeine und verbindliche Sprachform der **Standardsprache**, häufig wird sie auch Hochdeutsch genannt. Sie wird in formellen Situationen verwendet. Wenn man sie verwendet, bleibt man eher in höflicher Distanz zu anderen Personen.
Eine informellere Form ist die sogenannte **Umgangssprache**, die Menschen überregional im täglichen Umgang miteinander verwenden. Wenn man sie verwendet, baut man sprachlich Nähe zu anderen Personen auf.
Daneben gibt es viele Sprachvarietäten, die nur in bestimmten Gruppen gesprochen werden (**Gruppensprachen/Soziolekte**) oder in bestimmten Regionen (→ *Dialekte*). Darüber hinaus hat jedes Fachgebiet eine eigene Spezialsprache (**Fachsprache**). Fachsprachen dienen der präzisen Kommunikation in bestimmten Tätigkeitsfeldern wie z. B. der Technik oder der Wissenschaft. Typische Kennzeichen von Fachsprachen sind ihr → **Fach*wortschatz*** und → ***Fremdwörter***. Diese ermöglichen eine exakte und eindeutige Kommunikation unter den Experten des Faches. Wenn man sich in einem Fachbereich aber nicht auskennt, kann man die Fachtexte – auch wegen des Fachwortschatzes – oft nicht verstehen.

Sprachwandel
(→ Seite 284/285)

Die Entwicklungen und Veränderungen einer Sprache werden als Sprachwandel bezeichnet. Sprachwandel hat viele Gründe und ist meist zweckmäßig. Dabei verändert sich Sprache aus **ökonomischen Grün-**den, weil damit Zeit gespart wird oder es bequemer ist. Weitere Gründe sind die Innovationen (z. B. Denglisch) oder **Variationen** (z. B. Soziolekte), weil Sprecherinnen und Sprecher flexibel auf die jeweilige kommunikative Situation reagieren wollen. Auch **gesellschaftliche Veränderungen** können die Sprache verändern (z. B. Erfindung des Buchdrucks). Sprachwandel vollzieht sich aus der Gruppe der Sprachanwendenden und durch den Gebrauch der Sprache selbst. Er ist ein **ständiger Prozess**. Aktiv gebrauchte Sprachen können sich **auf all ihren Sprachebenen** (z. B. Laute, → *Wortschatz*, Satzbau) verändern.

Stammprinzip

Wortstämme werden in allen Ableitungen gleich oder zumindest so ähnlich wie möglich geschrieben. Die Rechtschreibstrategien Verlängern und Ableiten helfen dir bei der Schreibung weiter, z. B. leiht wegen leihen; häuten wegen Haut.

Subjekt und Prädikat

Der inhaltliche Zusammenhang und die Endung des → *Verbs* zeigen an, wer in einem Satz etwas tut:
XY berichte aus dem Stadion. **XY** = ich
XY passt zu Meyer. **XY** = er, der Spieler …
Dieses Satzglied nennt man **Subjekt**. Das Subjekt bestimmt die Endung (Personalform) des Verbs:
Ich berichte aus dem Stadion.
Du berichtest aus dem Stadion.
Die beiden Reporter berichten aus dem Stadion.
Subjekt und Prädikat gehören eng zusammen. Sie passen sich einander immer in **Person** und **Numerus** (Zahl) an.

So gehst du vor, um das Subjekt zu ermitteln:
1. Trage den Satz in eine Feldertabelle ein. Dabei bestimmst du das **Prädikat**.
2. Ermittle die **Satzglieder** bzw. die **Satzgliedgrenzen** mithilfe des Vorfeldtests/der Verschiebeprobe.
3. Wende die **Frageprobe** („Wer oder was …?") an. Nach den Fragewörtern muss immer das Verb mit der Personalform folgen, dann fragst du richtig:
Das Kind spielt Fußball.
Wer oder was spielt Fußball? – Das Kind.
4. Das Satzglied, das die Antwort auf deine Frage gibt, ist das Subjekt.

Du kannst das Subjekt auch durch Umwandlung des Satzes in den **Notizzettelstil** (in eine **Infinitivkette**) ermitteln:

- Setze das Verb in den Infinitiv. Dabei wandert es ans Ende des Satzes.
- Das Satzglied, das du nun nicht mehr vor das Verb im Infinitiv setzen kannst, ist das Subjekt. Beispiel:
  Lea wischt nach jeder Stunde die Tafel.
  → Lea nach jeder Stunde die Tafel wischen
  Lea ist also das Subjekt des Satzes.

Subjunktionen → *Junktionen*

Synonyme und Antonyme

Zwei Wörter werden als **Synonyme** bezeichnet, wenn sie dieselbe Bedeutung, aber eine unterschiedliche Lautgestalt haben: beginnen – anfangen
Antonyme drücken eine gegensätzliche Bedeutung aus: arm – reich

Verben
(→ *Seite 264/265, 276*)

Im Wörterbuch steht das Verb im **Infinitiv**: springen.
Verben können **Personalformen** bilden: Das Verb passt sich durch die Endung immer an die Person an. An den Verbstamm wird die passende Personalendung angehängt:

	Singular	**Plural**
1. Person	ich springe	wir springen
2. Person	du springst	ihr springt
3. Person	er/sie/es springt	sie springen

Die Verben dürfen, können, müssen, mögen, sollen, wollen werden als **Modalverben** bezeichnet.
Bei diesen handelt es sich um Verben, die mit einem Vollverb im Infinitiv das → *Prädikat* bilden:
Das Geschenk darfst du noch nicht öffnen.
Mit Modalverben kann man z. B. Wünsche, Möglichkeiten, Notwendigkeiten und Gebote ausdrücken, auch kann man seine Perspektive auf ein Geschehen verdeutlichen.

Verben können **Zeitliches** ausdrücken. Dafür verwenden wir verschiedene grammatische **Tempusformen:**
1. **Gegenwärtiges:** Das Ereignis ist gerade/jetzt; jemand berichtet/erzählt aktuell.

Präsens: ich spiele, er springt ...
2. **Vergangenes:** Das Ereignis ist vorüber; jemand berichtet/erzählt später darüber.
   Perfekt: ich habe gespielt, er ist gesprungen ...
   Präteritum: ich spielte, er sprang ...
   Im mündlichen Sprachgebrauch wird oft das Perfekt benutzt, im schriftlichen meistens das Präteritum.
   Wenn ein Ereignis weiter zurückliegt als das, was im Präteritum mitgeteilt wird, benötigt man das **Plusquamperfekt**: ich hatte gespielt, er war gesprungen.
3. **Zukünftiges:** Das Ereignis liegt noch vor uns; jemand berichtet/erzählt, was noch kommen wird, was man plant zu tun.
   Futur I: ich werde spielen, er wird springen ...
   Präsens + Zeitangabe: ich spiele morgen
   Wenn man vermutet, dass ein Ereignis oder eine Handlung in der Zukunft abgeschlossen sein wird, kann man das **Futur II** verwenden: ich werde gespielt haben, er wird gesprungen sein.

am-Progressiv

Der **am-Progressiv** wird häufig im informellen Sprachgebrauch verwendet, um zu beschreiben, dass eine Handlung in diesem Moment verläuft.
Er wird mit dem Hilfsverb sein + am + dem Infinitiv des Verbs gebildet, der in diesem Zusammenhang häufig nominalisiert (→ *Nominalisierungen*) ist.
Häufig wird zusätzlich eine Zeitangabe (Temporalangabe) verwendet. Im Gegensatz zum einfachen Präsens kann diese jedoch auch wegfallen, da die am-Formulierung bereits das Andauern der Handlung kennzeichnet.
Sie ist gerade am Jonglieren. (Sie jongliert jetzt gerade.)
Sie jongliert gerade. (Sie jongliert jetzt gerade.)
Sie jongliert. (Jonglieren ist ihr Hobby.)
Der am-Progressiv tritt in manchen deutschen Regionen häufiger auf. Er wird generell hauptsächlich im informellen Sprachgebrauch verwendet. Im formellen Sprachgebrauch ist er nicht üblich.

Aktiv und Passiv

Mit dem **Genus verbi** (wörtlich: dem Geschlecht des Verbs) kann man die Perspektive auf ein Geschehen verdeutlichen:
Im **Aktivsatz** erfährt man etwas über die Handelnden und auch die Handlung. In vielen Aktivsätzen ist das grammatische → *Subjekt* ein Handlungsträger,

also beispielsweise eine Person, die etwas tut. Man spricht auch von **Agens** (von *lat.* agere = handeln).

Emma hat die Kekse aufgegessen. (Emma = Subjekt/Agens)

Im **Passivsatz** tritt das Agens, also der Handelnde, meistens nicht auf. Dadurch wird die Handlung mehr hervorgehoben.

Die Kekse wurden von Emma aufgegessen.

Das Passiv wird mit einem Hilfsverb (werden, sein) und dem Partizip II des betreffenden Verbs gebildet. Wenn du einen Aktivsatz in einen Passivsatz **umwandelst**, wird das → *Akkusativobjekt* des Aktivsatzes zum Subjekt des Passivsatzes. Das ehemalige Subjekt des Aktivsatzes kann mit der → *Präposition* von angefügt oder auch weggelassen werden:

Vorfeld	linkes Verbfeld	Mittelfeld	rechtes Verbfeld
Emma	hat	die Schokoladenkekse	aufgegessen
Die Schokoladenkekse	wurden	(von Emma)	aufgegessen

Unterschiedliche Formen des Passivs:

Das **Passiv** kann verwendet werden, um eine Handlung oder ein Geschehen in den Mittelpunkt zu stellen. Man nennt diese eine Passivform daher auch **Vorgangspassiv**. Es wird gebildet mit dem Hilfsverb werden + Partizip II: Der Rasen **wird gemäht**.

Das Passiv kann jedoch auch verwendet werden, um einen Zustand zu beschreiben. Dieser Zustand ist dann das Ergebnis der Handlung oder des Geschehens. Daher nennt man diese andere Passivform dann **Zustandspassiv**. Dieses wird gebildet mit dem Hilfsverb sein + Partizip II: Der Rasen **ist gemäht**.

Sätze mit dem **bekommen-Passiv** dienen dazu, den Empfänger einer Handlung oder den Adressaten eines Geschehens besonders in den Vordergrund zu stellen. Daher können sie nur in Situationen verwendet werden, in denen Empfänger oder Adressat besonders hervorgehoben werden sollen. Es ist im informellen Sprachgebrauch häufig und üblich, im formellen Sprachgebrauch jedoch nicht akzeptiert. Das *bekommen*-Passiv wird mit einer Form von bekommen oder erhalten (informell auch kriegen) und dem Partizip II gebildet: Linda bekommt (von Daniel) das Wörterbuch geliehen.

Imperativ

Der Imperativ ist eine Verbform, mit der **Bitten, Befehle oder Aufforderungen** zum Ausdruck gebracht werden: Räum endlich auf! Hilf mir bitte!

Bei regelmäßigen Verben wird die Imperativform mit dem Präsensstamm gebildet, an den die Endung -e/-et angefügt wird: Acht-e! Acht-et!

Einige Verben bilden jedoch auch unregelmäßige Imperativformen mit i/ie:

Hilf mir! (nicht: helfe) Lies das Buch! (nicht lese)

Schlage im Wörterbuch nach, wenn du unsicher bist.

Konjunktiv I

Der Konjunktiv I wird verwendet, wenn die → **Rede** einer anderen Person wiedergegeben wird (indirekte Rede).

Leon: „Ich bin der beste Fußballer in meiner Mannschaft."

Pia: „Leon sagt, er **sei** der beste Fußballer in seiner Mannschaft."

Da mit dem Konjunktiv I meistens die Rede einer oder mehrerer Personen wiedergegeben wird, bewirkt er eine eigene Distanzierung von den wiedergegebenen Inhalten. Diese kann verschiedene Gründe haben: Sie kann dazu dienen,

* neutral zu bleiben,
* auszudrücken, dass man mit einer Aussage nicht übereinstimmt, oder
* die Verantwortung für den Inhalt einer Aussage nicht zu übernehmen.

Der Konjunktiv I ist besonders in formellen Kommunikationssituationen (z. B. in Zeitungsartikeln, Protokollen, Nachrichten …) üblich.

Er wird aus dem Wortstamm und der Konjunktivendung gebildet:

laufen → „Julius **läuft** die 800 m in unter drei Minuten." → Julius **laufe** die 800 m in unter drei Minuten.

sein → „Anton **ist** ein schrecklicher Angeber." → Anton **sei** ein schrecklicher Angeber.

Konjunktiv II

Der Konjunktiv II wird verwendet, um **Wünsche, Fiktives oder Aussagen über nicht Eingetretenes** zu beschreiben. Er wird mit der Präteritumsform des Verbs gebildet. Bei unregelmäßigen starken Verben ändert sich auch der Stammvokal.

heißen → hieß (Präteritum) → hieße (Konjunktiv II)

fliegen → flog (Präteritum) → flöge (Konjunktiv II)

Weil viele Konjunktivformen sehr selten im Sprachgebrauch auftreten, werden sie zum Teil als ungewohnt und sehr formell empfunden (z. B. heißen → hieße). In diesem Fall wird häufig die alternative Formulierung mit würde gewählt (würde heißen). Aber auch wenn die Form des Konjunktiv II mit der Form des Präteritums identisch ist, wie es bei den regelmäßigen, schwachen Verben der Fall ist, wird häufig der *würde*-Konjunktiv verwendet. Damit wird gekennzeichnet, dass es sich nicht um ein Präteritum, sondern um einen Konjunktiv handelt.

Wenn ich bei einer Fee einen Wunsch frei hätte, → **spielte** ich in der Fußballnationalmannschaft. (Präteritum und Konjunktiv II)
→ **würde** ich in der Fußballnationalmannschaft **spielen**. (*würde*-Konjunktiv)

Ersatzformen des Konjunktivs verwenden

Es gibt Fälle, in denen die Konjunktivform eines Verbs nicht eindeutig zu erkennen ist, weil sie mit einer Form des Indikativs identisch ist, aus der sie gebildet wird.

1. Wenn der Konjunktiv I mit dem Indikativ Präsens identisch ist, verwendet man stattdessen die Konjunktiv II Form des Verbs.
   Ich sagte, ich komme etwas später. (Konjunktiv I und Indikativ Präsens)
   Ich sagte, ich käme etwas später. (Konjunktiv II)
2. Wenn der Konjunktiv II mit dem Indikativ Präteritum identisch ist, verwendet man stattdessen die Umschreibung mit würde.
   Der Trainer sagte, …
   … alle hielten sich an seine Anweisungen. (Konjunktiv II und Indikativ Präteritum)
   … alle würden sich an seine Anweisungen halten. (*würde*-Konjunktiv)

Wortbausteine

Wörter setzen sich aus verschiedenen Bausteinen zusammen, z. B. **Präfix**, **Wortstamm**, **Suffix**.
Da gleiche Bausteine gleich geschrieben werden, kann dir dieses Wissen eine große Hilfe für die Rechtschreibung sein.
Wenn du dir beim Schreiben unsicher bist, zerlege die Wörter in Bausteine, um Fehler zu vermeiden.
Auf den Wortstamm lassen sich alle Wörter einer **Wortfamilie** zurückführen.
entführen abführen Führung verführbar
Manchmal verändert sich der Wortstamm allerdings:
Wort wörtlich, nehmen Entnahme
Verbinden sich Präfixe mit Wortstämmen oder Wort-

stämme mit Wortstämmen, treffen manchmal zwei oder sogar drei gleiche Konsonanten im Wortinnern aufeinander. Man hört beim Sprechen jedoch nur einen: an- + -nehmen → annehmen, Fahr- + -rad → Fahrrad, Schiff- + -fahrt → Schifffahrt.

Wortbedeutung
(→ *Seite 286/287, 288*)

Denotation und Konnotation

Eine **Denotation** (*lat.* denotare = bezeichnen) stellt die neutrale Bedeutung (= Grundbedeutung) eines Wortes dar und ist damit der kontextunabhängige, inhaltliche Kern eines Wortes (z. B. Pferd). Eine **Konnotation** (*lat.* connotare = mit bezeichnen) liegt vor, wenn bei der Bedeutung eines Wortes eine Nebenbedeutung zusätzlich mitschwingt. Diese ist immer subjektiv und kontextabhängig (z. B. Gaul → negative Konnotation, Ross → positive Konnotation.)

Bedeutungsveränderungen

Die Bedeutung von Wörtern kann sich im Laufe der Zeit verändern oder verschieben. Dabei können Teile der Bedeutung verloren gehen, sodass das Wort in einem größeren Anwendungsbereich verwendet werden kann. Diese Form wird **Bedeutungserweiterung** (Generalisierung) genannt (z. B. mhd. vrouwe = adelige Frau, heute: Frau).
Das Gegenteil dazu ist die Einschränkung der Wortbedeutung und die Verkleinerung des Anwendungsbereichs. In diesem Fall findet eine **Bedeutungsverengung** (Spezialisierung) statt (z. B. mhd. hochzît = Fest, heute: Fest der Eheschließung).
Bedeutungsveränderungen können zu einer Verbesserung oder Verschlechterung der Wortbedeutung führen. Bei einer **Bedeutungsverschlechterung** wird ein zuvor positiver oder neutraler Ausdruck verändert, sodass er negativ bewertet wird (z. B. gemein, früher: gewöhnlich, heute: böswillig), auch **Bedeutungsverbesserungen** sind möglich (z. B. ahd. Marahscalc = Pferdeknecht, heute: Marschall = höchster militärischer Rang).

Wortbildung

Neue Wörter entstehen häufig durch Zusammensetzung vorhandener Wörter oder durch Ableitung von vorhandenen Wörtern. Eine **Zusammensetzung** (Kompositum, Pl. Komposita) ist eine Verbindung aus zwei oder mehreren Wörtern.

Besonders häufig werden die Zusammensetzungen in diesen Formen gebildet:
- Das Erstglied (**Bestimmungswort**) bestimmt das Zweitglied (**Grundwort**) näher (z. B. hellgrün, Bargeld).
- Die Bedeutung der beiden Bestandteile ist gleichordnend, sie könnten vertauscht werden, ohne dass sich die Bedeutung verändert (z. B. Hosenrock).

Bestimmungswort und Grundwort können wiederum aus Wortzusammensetzungen bestehen (z. B. Rhabarbermarmeladenbrot). Das Genus des Kompositums richtet sich nach dem Grundwort.

Viele Komposita enthalten **Fugenelemente**, das sind Verbindungsstücke, wie das Fugenelement -s (z. B. Prüfungsangst) oder das Fugenelement -n (z. B. Sonnenschein).

Bei einer **Ableitung** (Derivation) wird der Wortstamm mithilfe von Suffixen und Präfixen ergänzt. Bei der **Suffixbildung** (Suffigierung) werden neue Wörter mit Suffixen wie -ung, -er, -heit, -isch, -lich, -bar gebildet (z. B. schön → Schön-heit). Häufig kommt es dabei zu einem → Wortartenwechsel. Bei der **Präfixbildung** (Präfigierung) werden neue Wörter mithilfe von Präfixen wie be-, ent-, er-, miss-, ver- oder zer- gebildet (z. B. arbeiten → erarbeiten, be-arbeiten). Durch diese Wortbildung findet eine Bedeutungsveränderung (→ Wortbedeutung) statt, aber meist folgt kein → Wortartwechsel.

In manchen Wörtern treffen zwei Konsonanten aufeinander. Man spricht aber nur einen Konsonanten, z. B. zerreißen, Verrenkung. Für die richtige Schreibung des Wortes kann es hilfreich sein, das Wort in seine Bausteine zu zerlegen.

Alle Wörter mit dem gleichen Wortstamm gehören zu einer **Wortfamilie**. Bei Ableitungen verändert sich bisweilen der Stammvokal, sodass sich mehrere Wortstämme ausbilden (z. B. verbindlich, Verbund, Bündnis, Verband).

Wörterbücher
(→ Seite 119, 303, 306, 317, 319)

Wie und welche Wörterbücher verwendet werden, hängt von der Nutzerin bzw. dem Nutzer, den zur Verfügung stehenden → Medien, aber besonders auch vom Zweck der Nutzung ab.
Einfache Fragen zur **Orthografie** können sowohl über das Internet als auch mit einem gedruckten **Rechtschreibwörterbuch** gelöst werden. Weitergehende Informationen erhält man durch **Online-Wörterbücher** sowie spezielle Wörterbücher wie → *Fremdwörter*bücher oder -lexika und → *Synonym*wörterbücher. Diese helfen z. B. nicht nur beim richtigen Schreiben, sondern geben auch Anregungen beim Schreiben von Texten, indem sie Wörter mit ähnlicher Bedeutung aufzeigen, um z. B. Wiederholungen zu vermeiden.
Bei der Arbeit mit einem Textverarbeitungsprogramm werden dir unter dem Button „**Thesaurus**" → *Synonyme und Antonyme* vorgeschlagen, die du dir anzeigen lassen und anschließend auswählen kannst.

Wörter und Wortarten

Wörter lassen sich in veränderbare und nicht veränderbare Wörter einteilen, diese unterscheiden sich wiederum nach bestimmten **Wortarten**:

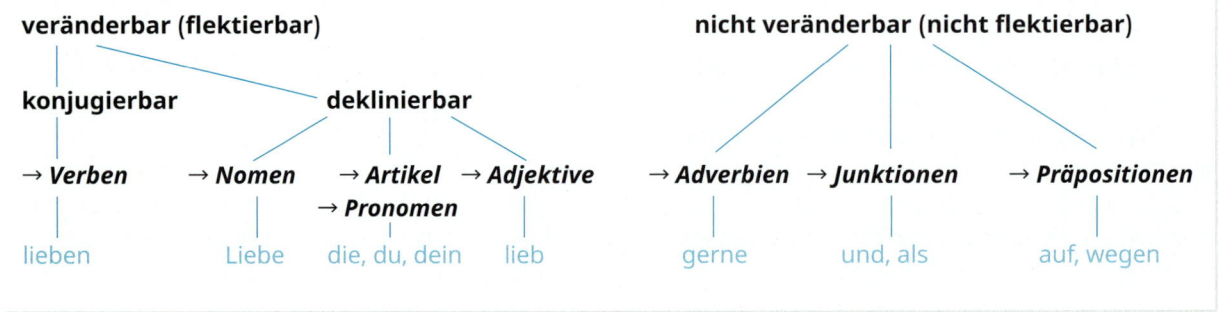

Es gibt Wortarten, die man **deklinieren** kann. Das bedeutet, dass man sie im Genus, Kasus und Numerus verändern kann:

ein netter Junge, ein nettes Mädchen, einem netten Mädchen, die netten Eltern.

Bei → *Nomen* ist das Genus festgelegt, die anderen Wortarten passen sich auch im Genus an das Bezugsnomen an.

Das → *Verb* verändert ebenfalls seine Form. Die Formveränderung beim Verb nennt man **Konjugation:** sie kommt, er kam, wir sind gekommen.

Satzzeichen bei der wörtlichen Rede

Wenn eine Person in einem Text etwas sagt, dann steht dies in Anführungszeichen. Die wörtliche → *Rede* wird meist durch einen Redebegleitsatz begleitet:

- **Vorangestellter Begleitsatz:** Nach einem vorangestellten Begleitsatz steht ein Doppelpunkt. Nina sagt: „Das Eis schmeckt nicht."
- Nachgestellter Begleitsatz: Beim nachgestellten Begleitsatz trennt ein Komma nach dem Anführungszeichen oben die wörtliche Rede vom Begleitsatz. Beachte: Enthält die wörtliche Rede einen Aussagesatz, wird kein Punkt gesetzt.
  „Wann beginnt das Training?"‚ fragt Antonio.
  „Es geht um 17.30 Uhr los"‚ antwortet Mia.
- **Eingeschobener Begleitsatz:**
  „Um den Ball zu bekommen"‚ erklärt der Trainer‚ „musst du sprinten."

Wortschatz

Der Wortschatz des Deutschen setzt sich aus Wörtern mit verschiedener Herkunft zusammen.
Er besteht aus einem nativen Wortschatz wie den **Erbwörtern**, die in der deutschen Sprache selbst geprägt worden sind. Sie sind ein Erbe des Germanischen oder Althochdeutschen (z. B. ahd. sunna – Sonne). Hinzu kommen Wörter aus anderen Sprachen, die sich angepasst haben sowie der → *Fremdwortschatz*).

Zeichensetzung (Interpunktion)
(→ *Seite 308/309, 317*)

Fakultativ bedeutet freigestellt. Fälle, in denen die Interpunktion freigestellt ist, werden entsprechend als Fälle **fakultativer Interpunktion** bezeichnet. Man kann hierbei grundsätzlich zwei Fälle unterscheiden:

- Ein Zeichen darf an einer Stelle gesetzt werden, es muss aber nicht, z. B.:
  Ich werde laufen(,) und du wirst schwimmen.
- Es muss ein Zeichen gesetzt werden, aber die Wahl des Zeichens ist freigestellt, z. B.:
  Ich werde nach Hause laufen, / – alleine übrigens.

Weitere Informationen zur Zeichensetzung findest du unter → *Kommasetzung* und → *Satzzeichen bei der wörtlichen Rede.*

Zweifelsfälle und Varianten
(→ *Seite 306/307, 308/309, 317*)

Sprachliche **Zweifelsfälle** sind jene Fälle, in denen auch geübte Nutzerinnen und Nutzer einer Sprache sich nicht einfach zwischen zwei **Varianten** entscheiden können. Die Varianten werden dann reflektiert und gegeneinander abgewogen, um begründet zu einer Entscheidung zu gelangen.

Varianten gibt es auf den verschiedensten Ebenen eines Sprachsystems, auch in der **Rechtschreibung**. In der Rechtschreibung ist es in einigen Fällen sogar so, dass beide Varianten zugelassen sind, in anderen Fällen ist die Entscheidung von einer normgebenden Instanz (dem Rat für deutsche Rechtschreibung) gefällt worden.

🚀 **Seite 13, Aufgabe 2d**

Folgende Kompetenzen könnten z. B. enthalten sein: Sprachlernkompetenz, Teamfähigkeit, Organisationstalent, Hilfsbereitschaft, Geduld, Ausdauer, Begeisterungsfähigkeit, Offenheit, Experimentierfreude, Ehrgeiz

🚀 **Seite 14, Aufgabe 3b**

So kannst du konstruktive Rückmeldungen geben: Anstelle von „Du trittst viel zu forsch auf und lässt andere nie zu Wort kommen." kannst du schreiben „Du kannst dich sehr gut durchsetzen. Versuche aber stärker, anderen in Ruhe zuzuhören und dich auf ihre Ideen einzulassen."

🚀 **Seite 15, Aufgabe 1b**

Diese Aspekte könnten die Besucherinnen und Besucher z. B. interessieren: Tätigkeiten in einem Beruf, Ausbildung, typischer Tagesablauf, Arbeitswerkzeuge, Arbeitskleidung, benötigte Fähigkeiten/Interessen, Situation auf dem Arbeitsmarkt, Gehalt ...

🚀 **Seite 20, Aufgabe 2**

Seht euch die Stärken an, die Sarah und Levin jeweils auszeichnen, und vergleicht diese mit den in den Berufen benötigten Kompetenzen. Achtet darauf, dass Eigenschaften, an denen noch gearbeitet werden sollte (z. B. fehlende Geduld), im Beruf nicht zu wichtig sind.

🚀 **Seite 21, Aufgabe 3**

Überlege dir, welche Stärken dich für diesen Betrieb besonders empfehlen würden: Engagierst du dich ehrenamtlich, z. B. im Sportverein? Kochst du gerne und kennst du dich mit Lebensmitteln aus? Bist du kommunikativ und aufgeschlossen anderen gegenüber?

🚀 **Seite 28, Aufgabe 2b**

Diese Oberbegriffe könnten beispielsweise sein: Lebenslauf, meine drei größten Stärken, Gründe für die Bewerbung ...

🚀 **Seite 39, Aufgabe 5b**

Zum Einstieg könnt ihr z. B. die Hektik frühmorgens schildern und dann beschreiben, wie entspannt ein Schultag wäre, wenn der Unterricht erst um 9 Uhr beginnen würde, oder darstellen, was ihr alles noch vor der Schule machen würdet. Mögliche Formulierungen:
- Das Problem besteht darin ...
- Die aktuelle Regelung ist problematisch, weil ...
- Und deshalb stellen wir uns heute die Frage: ...
- Wir von der Pro-Seite haben uns deshalb überlegt, dass ...

🚀 **Seite 44, Aufgabe 2c**

Mögliche Formulierungen für die Rückmeldung:
- Das Argument der Gegenseite war, dass ...
- Du hast darauf geantwortet, dass ...

🚀 **Seite 54, Aufgabe 1b**

Überlegt vor allem, wie die Präsentierenden zu ihren Inhalten kommen, wie die User möglicherweise auf diese Inhalte reagieren und welche Auswirkungen die Reaktionen der User auf die weitere Auswahl von Inhalten haben.

🚀 **Seite 57, Aufgabe 4**

Stelle dir eine Gesprächssituation vor, in der du jemandem in drei bis vier Sätzen mitteilen möchtest, wer du bist und was der Inhalt und die Absicht deines Blogs ist.

🚀 **Seite 59, Aufgabe 1a**

Zur grafischen Gestaltung deiner Blog-Seite bietet dir ein gutes Textverarbeitungsprogramm verschiedene Möglichkeiten und Werkzeuge, z.B.:
- Formatvorlagen
- Einstellung der Schriftart, -größe, -farbe
- Einstellung der Zeilen- und Randabstände
- randlose Tabellen zur Gestaltung von Textblöcken
- Formen und Rahmen für Bilder

🚀 **Seite 80, Aufgabe 2b**

Überlegt, warum manchmal auch die zuhörende Person gezeigt wird.

Seite 83, Aufgabe 2

Beachtet dazu auch die zweite Szene.

Seite 84, Aufgabe 7

Achtet auf den Einsatz von Medien im Film (Ton und Bild).

Seite 87, Aufgabe 6

Wenn die Kamera Eyads Mitschüler/-innen oder die Lehrerin zeigt, sieht man, wie sie auf Eyad reagieren. Diese Reaktionen verändern sich im Laufe der Szene. Beachte genau, wessen Reaktion gezeigt wird, wie sich die Reaktionen in der Szene verändern, und frage dich, welchen Einfluss die Reaktionen auf die Zuschauer/-innen haben. Folgende Adverbien können dir helfen: skeptisch, unsicher, fragend, ablehnend, zustimmend

Seite 88, Aufgabe 2a

Am Ende sieht man Jerusalem mit der al-Aqsa-Moschee.

Seite 88, Aufgabe 2c

Achtet darauf, wie die Tonspur sich zu den Schnitten verhält.

Seite 97, Aufgabe 2b

Überlegt euch z. B., welche zusätzlichen Materialien, Quellen oder Studien euch diese Informationen liefern könnten.

Seite 98, Aufgabe 3b

Zu klärende Begriffe können z. B. missverständlich beziehungsweise nicht klar verständlich sein, mehrere Bedeutungen haben oder es sollte geklärt werden, was unter einem bestimmten Begriff in diesem Fall konkret zu verstehen ist.

Seite 104, Aufgabe 3

Als Ausgangspunkt kannst du dir z. B. überlegen, welche Vor- und Nachteile das jeweilige Prinzip für Lesende beziehungsweise Schreibende hat hinsichtlich Übersichtlichkeit, Verständlichkeit, Möglichkeiten der sprachlichen Gestaltung usw.

Seite 106, Aufgabe 3

Ordne die Textbausteine zunächst dem Pro- bzw. Kontra-Argument zu, bevor du sie dann in die richtige Reihenfolge bringst.

Seite 106, Aufgabe 4a

Achte z. B. auf die Vollständigkeit des Arguments und ob das Argument inhaltlich zur Problemstellung passt.

Seite 116, Aufgabe A 4b

Nutze vor allem M 3.

Seite 121, Aufgabe 4

Überprüfe dazu: Wie ist der Text aufgebaut? Wie beginnt er, wie endet er? Wie ist die Überschrift gestaltet?

Seite 121, Aufgabe 5

Überlege: Welche Wirkung hätte es, wenn in einem Informationstext statt Eigennamen, Zahlen und Fachbegriffen Modalverben, Adverbien und Adjektive gehäuft vorkämen?

Seite 129, Aufgabe 1b

Weitere Themenblöcke sind z. B.: deutsche Freunde, Kontakte mit Einheimischen, Auseinandersetzung mit deutscher Kultur, Literatur, Gesetzen usw., Kennen des regionalen Umfelds, ähnlicher Lebensstil und ihre Lebensverhältnisse wie Einheimische, Berufstätigkeit und wirtschaftlicher Erfolg

Seite 130, Aufgabe 3b

So könntest du beginnen:
1 Migration – was versteht man darunter?
2 Was versteht man unter gelungener Integration?
2.1 Die Migranten können sich in der neuen Heimat sprachlich verständigen – sie können Deutsch
2.2 Die Neuangekommenen finden Freunde …

✈ **Seite 131, Aufgabe 5**

Suche zuerst die entsprechende Textstelle in M 1 und lies diese ganz genau. Achte z. B. auf die Groß- und Kleinschreibung und den genauen Wortlaut.

✈ **Seite 131, Aufgabe 6**

Überprüfe, ob in einer Überschrift ein Appell, eine Aussage mit einer bestimmten inhaltlichen Tendenz oder eine Wertung enthalten ist – diese Überschriften wären unpassend.

✈ **Seite 132, Aufgabe 1a**

Achte auf sprachliche Fehler wie z. B. Wortwiederholungen, umgangssprachliche Wendungen, Pauschalisierungen, unpassende Leseranrede.

✈ **Seite 133, Aufgabe 3**

Im Wissen-und-Können-Kasten auf S. 121 sind die Kennzeichen eines informierenden Textes erläutert. Dort heißt es, dass ein informierender Text „sachlich und neutral geschrieben" ist, dass man „passende Fachbegriffe" und „wichtige Fakten (z. B. Eigennamen, Jahreszahlen)" verwendet sowie Spannung vermeidet.
Prüfe die Textauszüge im Hinblick auf diese Kriterien.

✈ **Seite 134, Aufgabe 6a**

Schluss B ist weniger gut gelungen. Argumentiere, indem du folgende Textstellen auswertest:
• „Wie sie lesen konnten ..." (Z. 1)
• „... verschiedene Dinge ..." (Z. 1/2)
• „Helft ihnen deshalb, ..." (Z. 7)

✈ **Seite 135, Aufgabe 1a**

Hört genau zu und achtet zuerst auf den Inhalt: Ist alles richtig? Ist der Text vollständig? Wenn nein: Welche Information fehlt?
Die sprachliche Überarbeitung hat Zeit, bis ihr euch auf einen der Texte geeinigt habt.

✈ **Seite 139, Aufgabe 1**

Wenn du dir nicht mehr ganz sicher bist, wie du am besten vorgehst, blättere zurück zum Methodenkasten auf S. 122/123. Dort findest du vor allem in den Schritten 2 bis 5 die genaue Anleitung.

✈ **Seite 139, Aufgabe 4**

Im Textausschnitt gibt es zwei Zitate. Beide stehen in Anführungszeichen. Überprüfe nun, ob diese Zitate wirklich so, wie sie hier stehen, im Text zu finden sind.

✈ **Seite 148, Aufgabe 4**

Es handelt sich um einen entscheidenden Wendepunkt, da Kalaf bis zu diesem Zeitpunkt zwar entschlossen war, sein Schicksal aktiv zum Besseren zu wenden, von der Geschichte bzw. dem Verhalten der Prinzessin Turandot jedoch absolut abgestoßen war. Als er nun ihr Bild sieht ...

✈ **Seite 150, Aufgabe 5a**

Vorschläge für das Auftreten des Hofstaates: die Höflinge bewegen sich feierlich, voller Ehrerbietung gegenüber Turandot und dem Kaiser; sie bewegen sich als Gruppe, also möglichst synchron. Der Kaiser tritt hoheitsvoll und beherrscht auf, seine Miene ist unbewegt, eventuell angespannt und sorgenvoll ...
Kalaf beobachtet Turandot angespannt, aber auch fasziniert, er lässt sie nicht aus den Augen ...

✈ **Seite 151, Aufgabe 10**

Hinweise zur Lösung des Rätsels:
das gesuchte Phänomen ist eng verbunden mit dem Lauf der Zeit; mit dem „Licht" sind die Tage gemeint, die dunkle Seite bezieht sich auf die Nächte; der Baum setzt immer neue Ringe (also Tage und Nächte) an ...

✈ **Seite 159, Aufgabe 7**

Denkt dabei besonders an den Schluss und wie er zum Rest des Dramas passt.

Seite 167, Aufgabe 2d

- Untersuche den Klang der Gedichtstrophe: Welche Vokale werden hauptsächlich verwendet und welche Wirkung haben sie?
- Parallelismus und Alliteration
- Als Hilfe zur Analyse kannst du dir die Strophe einmal laut selbst vorlesen.

Seite 167, Aufgabe 3b

Suche besonders in: Zeile 1, 9, 10–11, 18–19

Seite 168, Aufgabe 3c

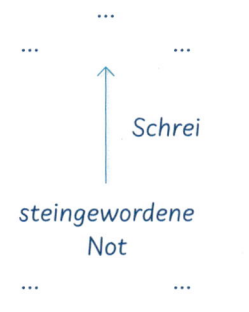

Seite 168, Aufgabe 5

Beschreibe zunächst das Bild:
- Motiv im Vordergrund, Gestaltung des Bildhintergrunds
- Farbgestaltung
- Bewegung im Bild

Welche Gefühle ruft das Bild beim Betrachter hervor? An welchen Gestaltungselementen kann man dies festmachen? Vergleiche die durch das Bild dargestellten Emotionen mit denen des Gedichts.

Seite 172, Aufgabe 4a

Untersucht die nachfolgenden Zeilen und vergleicht jeweils die Inhalte, die hier gegeben werden:
- Z. 25 und 26
- Z. 19/20 und 21/22
- Z. 3 und 4

Untersucht besonders auch die 3. Strophe: Auf welche Weise wird die Stadt Berlin dargestellt?

Seite 172, Aufgabe 5

- Kontaktaufbau des Ichs zum Du: Berücksichtige die Verwendung der Satzzeichen.
- Position des Ich zum Leben in Berlin: Beachte die Verse 2, 12, 22 und die darin geäußerten Bewertungen.

Seite 173, Aufgabe 8c

- Zu den Stilmitteln: Betrachtet besonders die Zeilen 5–6 und 13–14.
- Zum Satzbau: Sind die Sätze immer vollständig? Schaut besonders auf Z. 10–12. Herrschen im Gedicht Hauptsätze oder Hauptsätze in Kombination mit Nebensätzen vor? Welche Wirkung hat das?

Seite 178, „Augen in der Großstadt"

- Die Form des Gedichts: Beschreibe die Besonderheiten des Aufbaus der einzelnen Strophen. Welche Bedeutung hat der Refrain?
- Den Titel: Wofür stehen die Augen?
- Das lyrische Du: Wer wird im Gedicht von wem angesprochen? Wie treten die Menschen und wie tritt die Stadt dem Du gegenüber? Beachte die Veränderungen des Refrains in den verschiedenen Strophen.
- Die Bedeutung der Zeit: Erkläre die letzte Zeile jeder Strophe. Wie hängen Zeit und Glück zusammen?

Seite 179, „Abende im Vorfrühling I"

- Die Gliederung des Gedichts: Welche Themen werden wann angesprochen?
- Die Beschreibung der Menschen: Was erfahren wir über die Menschen? Was tun sie? Welche Aussage wird damit über die Menschen in der Großstadt gemacht?
- Die Darstellung der Natur: Wie wirkt sie? Was bedeutet der letzte Vers – ist er positiv oder negativ zu verstehen?
- Die Zusammenhänge zwischen den Themen: Was wird über Abende in der Großstadt ausgesagt? Wie fühlt sich das lyrische Ich?

✈ **Seite 179, „Die Zeit fährt Auto"**

- Den Titel: Was bedeutet das Bild von der Zeit beim Autofahren? Wie wird das moderne Leben der 1920er Jahre gesehen?
- Die Form: Inwiefern unterstützt der Satzbau die Thematik des Gedichts?
- Die Handlungen: Wer oder was handelt im Gedicht? Welchen Anteil haben die Menschen und was geschieht mit ihnen? Welche Bedeutung hat der letzte Vers?

✈ **Seite 180, „Nebel"**

- Die Strophengliederung: Welche Themen werden in den drei Strophen angesprochen? Wie bauen die drei Strophen aufeinander auf?
- Die Bilder: Welche Eindrücke von der Natur und der Großstadt werden mit welchen Bildern geschildert? Welche Wirkung wird dadurch erzielt? Welche Stimmung wird vermittelt? In welchem Verhältnis stehen Natur und Stadt zueinander?
- Das lyrische Ich/Wir: Wie wird der Mensch in der Großstadt dargestellt? Welche Lebensumgebung bietet sich dem Menschen in der Großstadt? Welches Schicksal erwartet den Menschen in der Stadt?

✈ **Seite 182, „Auf der Straßenbahn"**

- Die besondere Form des Gedichts: Beschreibe die Form. Ziehe inhaltliche Schlussfolgerungen aus dieser formalen Gestaltung.
- Die klangliche Gestaltung: An welchen Stellen kann der Leser die Straßenbahn nahezu selbst hören? Welche sprachlichen Mittel werden dazu genutzt?
- Das Verhältnis des lyrischen Ichs zur Straßenbahn: Welche Wirkung hat die Bahn auf das Ich? Welche Emotionen löst sie beim Ich aus? Woran kann man dies sprachlich erkennen? Wie ist das Verhältnis von Mensch zu Maschine insgesamt? Geht es um Faszination oder Furcht vor der Technik?
- Die literaturgeschichtliche Einordnung: Welcher literarischen Strömung ist das Gedicht zuzurechnen? Begründe.

✈ **Seite 183, „Städter"**

- Die Darstellung der Häuser: In welcher Art werden die Häuser dargestellt? Was wird über die Häuser gesagt? Welche sprachlichen Mittel dominieren hier? Welche Wirkung wird dadurch erzielt?
- Das Verhältnis zwischen den Häusern und ihren Bewohnern: Wer ist lebendig, was ist leblos? Was soll damit über das Leben in der Stadt ausgedrückt werden?
- Das lyrische Ich in der Stadt: Was tut das lyrische Ich? Wie fühlt es sich? Spricht das Ich nur für sich? Welche Aussage macht es über die Qualität des Lebens der Menschen in der Stadt?
- Der Aufbau des Gedichts: Untersuche, wie die Inhalte im Gedicht auf die Strophen verteilt sind. Ist eine inhaltliche Struktur erkennbar?
- Die Bildlichkeit des Gedichts: Welche sprachlichen Bilder werden verwendet? Welche Wirkung wird damit erzielt?
- Die literaturgeschichtliche Einordnung: Welcher literarischen Strömung ist das Gedicht zuzurechnen? Begründe.

✈ **Seite 183, „Besuch vom Lande"**

- Die dargestellte Situation: Beschreibe die Situation genau. Welche Menschen werden beschrieben? Was tun diese Menschen genau? Warum sind die Menschen anonymisiert?
- Die Beschreibung der Stadt Berlin: Ist die Stadt nur die Umgebung der Menschen, ihr Lebensraum oder eigenständiges Lebewesen? Untersuche die sprachliche Gestaltung der Darstellung.
- Das lyrische Ich: Welche Position hat das lyrische Ich im Gedicht? Wie bewertet es die Menschen und ihr Verhalten? In welchem Verhältnis steht das lyrische Ich zu den Menschen? Beachte besonders die Bewertungen, die formuliert werden.
- Der letzte Vers: Erläutere die Bedeutung dieses Endes im Gedicht.
- Die literaturgeschichtliche Einordnung: Welcher literarischen Strömung ist das Gedicht zuzurechnen? Begründe.

Seite 184, „Zeitungsträgerin"

- Die Beschreibung der Frauen: Analysiere die Beschreibung der Frauen. Wie sehen sie aus?
- Das Leben der Frauen: Was tun die Frauen? Mit welchen Worten werden ihre Tätigkeiten benannt? Wie wirkt dieses Leben auf den Leser? Mit welchen Mitteln wird diese Wirkung erzielt?
- Das Verhältnis der Frauen zum Licht und zur Technik: An welchen Stellen wird die Beschreibung der Technik zur Darstellung der Frauen herangezogen? Welche Wirkung wird damit erzielt?
- Die letzten vier Zeilen: Welche Bedeutung haben diese letzten vier Zeilen? Ist das Leben dieser Frauen gut und erfüllt oder aber abzulehnen?
- Die literaturgeschichtliche Einordnung: Welcher literarischen Strömung ist das Gedicht zuzurechnen? Begründe.

Seite 192, Aufgabe 3c

Erinnert euch an das erzählerische Mittel des „szenischen Präsens", das den Eindruck vermittelt, dass das Erzählte unmittelbar geschieht. Bedenkt auch, welchen Effekt dieser Bruch auf die Leser/-innen hat.

Seite 193, Aufgabe 6a

Achtet dabei darauf, dass sich ihre Gefühle wandeln. Findet genau die Textstelle, mit der die Veränderung beginnt.

Seite 196, Aufgabe 4

Stellt euch immer die Frage, was direkt im Textauszug über Reid deutlich wird und was nur indirekt. Überlegt außerdem, welches Bild Reid Pierson von sich in der Öffentlichkeit präsentieren will und welche seiner Eigenschaften dieses Bild gefährden könnten.

Seite 200, Aufgabe 2

Überlegt, welche Beziehung die Mutter und der Vater haben (s. Seite 198 Aufgabe 1). Stellt Vermutungen an, warum Frankys Mutter einen Schal trägt. Was will sie verdecken und warum? Weshalb könnte sie Angst haben und wovor?

Seite 215, Aufgabe 3d

Prüfe die folgenden Kategorien, um herauszufinden, für welche Altersgruppe der Artikel geschrieben ist:

- Wörter: a. keine oder nur wenige schwierige Wörter, die aber erklärt werden; b. einige schwierige Wörter, z. T. mit Erklärung; c. Fachbegriffe und schwierige Wörter, meist ohne Erklärung
- Sprachebene: a. eher einfache, alltägliche, umgangssprachliche Wörter; b. häufiger saloppe, jugendsprachliche Wörter; c. eher standardsprachliche, hochsprachliche, gelegentlich auch saloppe Wörter
- Ausdrückliche Erklärungen: a. viele; b. einige; c. wenige
- Beispiele/Erklärungen: a. eher viele, einfach verständliche, oft allgemein gehaltene Beispiele/Erklärungen; b. einige, konkrete, auf Allgemeinwissen basierende Beispiele/Erklärungen; c. einige, konkrete, auf breitem politischen und allgemeinem Wissen basierende Beispiele/Erklärungen
- Stil: a. Verbalstil; b. eher Verbalstil mit Nominalstilanteilen; c. Tendenz zum Nominalstil
- Bewertungen: a. einfache Urteile (z. B. „Das ist gut.") und Ausrufe/Empfindungswörter (z. B. „Puh"); b. kurze Ausführungen, genauere Begründungen; c. ausführliche und vielschichtige Argumentation

Seite 222, Aufgabe 5

Lies noch einmal folgende Textstellen:
- die Einleitung in das Kapitel (S. 212)
- den letzten Satz des Abschnitts „Was ist überhaupt eine Verschwörungstheorie?" in M 2 (S. 216)
- den Abschnitt „Warum gibt es Verschwörungstheorien" in M 2 (S. 216)
- den letzten Abschnitt in M 3 (S. 219)

Prüfe, inwieweit die dort zu findenden Aussagen auf den Anrufer zutreffen und ihn als Verschwörungsgläubigen kennzeichnen. Ergänze mit eigenen Überlegungen.

⚡ **Seite 222, Aufgabe 6c**

Beachte: Die Telefon-Talk-Sendung Domian erreichte mehrere hunderttausend Menschen. Überlege, warum der Anrufer ein solch großes Publikum erreichen möchte. Schau dir dazu noch einmal besonders Anfang und Ende des Gesprächs an.

Du kannst auch auf Text M 2, S. 216/217, Abschnitt: „Wer verbreitet Verschwörungstheorien?" zurückgreifen.

⚡ **Seite 223, Aufgabe 8**

Der Anrufer will die Zuhörenden beeinflussen und für seine Überzeugung gewinnen. Dabei setzt er Argumente ein, die Gefühle auslösen und für seine Position vereinnahmen sollen. Solche Strategien können z. B. sein:

- Angstverbreitung
- Darstellung der geltenden Wirklichkeit als Lüge
- Behauptung der Belegbarkeit seiner Überzeugung
- Ratschläge/Ermutigung zum Nachforschen
- Aufbau von (ungenauen) Feindbildern

Suche dir drei dieser Strategien aus und versuche, sie an den Äußerungen des Anrufers nachzuweisen.

⚡ **Seite 230, Aufgabe 1a**

Schätzt z. B. ein:

- Könnten Sechstklässler/-innen schon mit Verschwörungserzählungen in Kontakt gekommen sein (überhaupt nicht – wenig – viel)?
- Welche Verschwörungserzählungen könnten sie eventuell kennen (Ufos, flache Erde, Reptiloiden, Chemtrails ...)?
- Welche Verschwörungserzählungen sollten bei Sechstklässlern überhaupt erwähnt werden?
- Worauf müsst ihr unbedingt eingehen, um ca. Zwölfjährigen zu erklären, wie Verschwörungserzählungen funktionieren?
- Welche Gefahren müssen gezeigt werden?
- Welche Merkmale von Verschwörungserzählungen könnten eure jüngeren Mitschülerinnen und Mitschüler ohne größeren Aufwand erkennen?

⚡ **Seite 237, Aufgabe 4a**

Die Aufgabe besteht aus zwei Teilen:
1. Erstelle eine Liste mit allen Angaben, die du zu den **Figuren** findest. – Wozu wird nichts ausgesagt? Z. B. erfährst du wenig über das Aussehen oder den Beruf der Figuren.
   Finde weitere Punkte, über die nichts ausgesagt wird.
2. Die **Handlung** beginnt unmittelbar, du erfährst z. B. nicht, wieso die Figuren gerade hier zusammentrafen.
   Finde weitere offene Fragen zur Handlung.

⚡ **Seite 238, Aufgabe 7**

Achte auf die Satzlänge und die Wiederholung einzelner Wörter. Betrachte die Anfänge der Sätze.

⚡ **Seite 239, Aufgabe 5**

Welcher Aufbau ist deiner Meinung nach typisch für eine Kurzgeschichte? Nenne die Kennzeichen, die zutreffen.

⚡ **Seite 243, Aufgabe 3**

Erkläre, wozu man „Nein!" sagen soll. Inwiefern ist dies entscheidend, um einen Krieg zu verhindern?

⚡ **Seite 243, Aufgabe 4**

Folgende Autoren können präsentiert werden: Wolfdietrich Schnurre, Alfred Andersch, Günter Eich, Wolfgang Koeppen, Hans Werner Richter und Wolfgang Weyrauch.

⚡ **Seite 245, Aufgabe 4**

Was denken die Personen übereinander? Notiere dir Stichpunkte dazu. Was finden sie an ihrem Verhalten/ihren Äußerungen unsinnig?

⚡ **Seite 249, Aufgabe 6**

Du kannst folgendermaßen beginnen:
Was soll ich ihr jetzt bloß sagen? Ist kalt hier. Und sie sieht alt aus. Was soll ich jetzt tun? Erklären? ...

Seite 254, Aufgabe A 3a

Synonyme für schwarzsehen sind verzweifeln, ohne Hoffnung sein oder melancholisch sein. Finde Synonyme für die beiden anderen Farben der Brillen.

Seite 254, Aufgabe B 3

„Aber wir wollen es so sehen, wie es ist ..." (Z. 73/74) – Erkläre, welche Sichtweisen Böll nicht gut findet. Warum ist es seiner Meinung nach schwierig, ein „gutes Auge" zu haben? Bedenke auch die Absicht, welche der Schriftsteller mit seiner Arbeit verfolgt.

Seite 261, Aufgabe 2b

Vergleiche z. B. die Wortwahl, die Länge der Sätze, Menge an Informationen, Verständlichkeit ...

Seite 261, Aufgabe 2c

- Text 1: apotheken-umschau.de
- Text 2: Grehn, Franz (2011): Augenheilkunde. Berlin/Heidelberg: Springer.
- Text 3: Prof. Dr. Schaeffel (Forschungsinstitut für Augenheilkunde, Universität Tübingen)/ Prof. Dr. Ziemssen (Universitäts-Augenklinik Tübingen): Patienteninformation Kurzsichtigkeit (Myopie)

Seite 261, Aufgabe 3c

Überlege, inwiefern die Texte sich nur an Expertinnen und Experten des Faches richten, oder Inhalte für Nicht-Fachleute beschreiben.

Seite 263, Aufgabe 3a

Sieh dir alle im Satz großgeschriebenen Wörter an. Überlege, welche aus anderen Wortarten stammen könnten.

Seite 265, Aufgabe 4

Benenne mithilfe des Wissen-und-Können-Kastens auf S. 264 die Modalverben. Probiere, die Sätze ohne die Modalverben zu formulieren.

Seite 270, Aufgabe 4a

Überlege, welche Aspekte zeigen, dass man sich für diese Agentur und ihre Arbeit interessiert.

Seite 271, Aufgabe 3a

Ergänze auch einen formellen Briefkopf. Denke dir dazu Adressen und Angaben aus.

Seite 273, Aufgabe 2a

Vergleiche z. B. die Wortwahl, die Länge der Sätze, Menge an Informationen, Verständlichkeit ...

Seite 274, Aufgabe 2

Überlege z. B. wie sich der Nominalstil auf die Länge und Anzahl von Informationen in den Überschriften auswirkt.

Seite 275, Aufgabe 2

Überlege, welche Versionen eine Leserin oder einen Leser direkt ansprechen und welche eher auf Tätigkeiten fokussieren.

Seite 277, Aufgabe 4 A

Denke dir einen Schulnamen aus.

Seite 284, Aufgabe 2

Zum Untersuchen der sprachlichen Besonderheiten des Chatgesprächs beachte die verschiedenen Ebenen der Sprache.
Achte auf den verwendeten Wortschatz und Satzbau.
Gibt es besondere sprachliche Auffälligkeiten, die du aus der Standardsprache nicht kennst?
Welche Form und Varietät der Sprache werden verwendet und was könnten diese über das Verhältnis der Sprecherinnen und Sprecher zueinander aussagen?
Wird eine konzeptionell mündliche oder schriftliche Sprache verwendet?

Seite 286, Aufgabe 1

Solltest du Probleme beim Lesen des Textes haben, findest du hier die Übersetzung des Textes:
Kinderfräulein,
das Französisch spricht und schneidern kann, zu 1 Kinde gesucht.
1678q Richardstraße 53, 2. Stock.

✈ **Seite 290, Aufgabe 5**

Achte auf sprachliche und inhaltliche Gemeinsamkeiten.

✈ **Seite 291, Aufgabe 6a**

Für eine **gendergerechte Sprache** …
- verwende Paarnennungen: Schülerinnen und Schüler,
- nutze Alternativbezeichnungen, die kein Geschlecht fordern: Lehrkraft statt Lehrer,
- gebrauche substantivierte Partizipien und Adjektive: die Jugendlichen, Mitarbeitende,
- verwende Umformulierungen, um Personenbezeichnungen zu vermeiden:
  Der Schüler muss die Hausaufgabe machen.
  → Die Hausaufgabe ist zu machen.,
- setze Sonderschreibformen ein:
  Schüler:innen, Schüler*innen, Lehrer_innen, Lehrkraft (m/w/d).

✈ **Seite 302, Aufgabe 1a**

Fehlerzahl:
- Wörter, bei denen falsch groß- oder kleingeschrieben wurde: 17
- Wörter, bei denen falsch getrennt- oder zusammengeschrieben wurde: 9
- Wörter, bei denen die Fehlschreibung sowohl die Groß-/Klein- als auch die Getrennt-/Zusammenschreibung betrifft: 5

✈ **Seite 307, Aufgabe 5**

Überlege u. a. anhand des folgenden Satzbeispielpaares: Er liefert Haustüren. – Er liefert an jedes Haus Türen.

✈ **Seite 308, Aufgabe 2**

Das Deutsche hat insgesamt zwölf Interpunktionszeichen, nicht alle davon passen für das gegebene Beispiel:
- den Punkt < . >
- den Doppelpunkt < : >
- das Semikolon < ; >
- das Komma < , >
- das Fragezeichen < ? >
- das Ausrufezeichen < ! >
- die Klammern < ( ) >
- die Anführungszeichen < „ " >

- die Auslassungspunkte: < … >
- den Gedankenstrich < – >
- das Divis < - > (Silbentrennstrich, Binde- und Ergänzungsstrich)
- den Apostroph < ' >

✈ **Seite 309, Aufgabe 5b**

Für die Suche nach besonderer Interpunktion denke z. B. an Werbung oder lyrische Texte. Dort lassen sich besonders häufig spannende Interpunktionsfälle finden.

✈ **Seite 310, Aufgabe 2d**

Wenn ihr keine Ideen zu der Schreibung habt, denkt an Fälle wie Hund – Hunde, gelb – gelbe oder Tag – Tage.

✈ **Seite 312, Aufgabe 4c**

Ein Beispiel für typische fremde Schreibungen, an dem ihr euch orientieren könnt, ist etwa das sh in englischen Fremdwörtern, wie Shop, bei denen wir im Deutschen ein sch erwarten würden.

✈ **Seite 318, Aufgabe B 1a**

Die folgenden noch unverbundenen Denkanstöße können dir bei der Lösung der Aufgabe helfen:
- Wozu dienen Doppelvokale wie <oo> in <Boot> oder <ee> in <Schnee> normalerweise?
- Das englische und das deutsche Schriftsystem sind verwandt.
- Die englische Bezeichnung für den Buchstaben <w> ist Double-u.
- Die englische Bezeichnung für den Buchstaben <v> ist we.
- In den historischen Schriften sieht <u> manchmal wie ein <v> aus.

✈ **Seite 321, Aufgabe 3b**

Ich zoch mir einen valken mere danne ein jar.
do ich in gezamete als ich in wolte han,
un ich im sîn gevidere mit golde wol bewant,
er huop sich uf vil hohe un fluog in anderiu lant.

Sit sach ich den valken schone vliege:
er vuorte an sînem fuosse sidine rieme,
undwas im sîn gevidere alrot guldîn.
Got sende si zesamene die gelieb welle gerne sîn.

Autoren- und Quellenverzeichnis

Umschlag: Borchert, Wolfgang: *Die Küchenuhr*. In: Töteberg, Michael (Hg.): Wolfgang Borchert. Das Gesamtwerk. Reinbek bei Hamburg: Rowolth Taschenbuch Verlag 2021, S. 201–204.

Seite 11: *Männer/Frauen* [Tabelle] (Originaltitel: *Auszubildende nach Ausbildungsberufen (TOP 20)*), >www.destatis. de/DE/Themen/Gesellschaft-Umwelt/ Bildung-Forschung-Kultur/Berufliche-Bildung/Tabellen/liste-azubi-rangliste. html<, Statistisches Bundesamt (Destatis), Wiesbaden, o. J. (letzter Aufruf: 01.10.2021).

Seite 35: *Du möchtest dir ...* (Originaltitel: *Körper + Sex. Du bestimmst, was mit deinem Körper passiert.*), >www.recht-relaxed.de/WebS/RechtRelaxed/DE/ KoerperSex/koerperSex_node.html<, Recht relaxed, Bundesministerium der Justiz und für Verbraucherschutz, Berlin, o. J. (letzter Aufruf: 01.10.2021).

Seite 41: Mai, Jochen: *Polizeivollzugsbeamtinnen und -beamte ...* (Originaltitel: *Tattoo und Piercing im Bewerbungsgespräch: Geht das?*), >karrierebibel. de/tattoos-piercings/<, Karrierebibel, Kerpen, 07.07.2021 (letzter Aufruf: 01.10.2021).

Seite 41: *Aus zivilrechtlicher Sicht ...* (Originaltitel: *Piercen und tätowieren lassen: ab wann dürfen Jugendliche das?*), >www.juraforum.de/ratgeber/ strafrecht/piercen-und-taetowieren-lassen-ab-wann-duerfen-jugendliche-das#<, Einbock GmbH, Hannover, 25.02.2021 (letzter Aufruf: 01.10.2021).

Seite 48: *Aus diesem Grund ...* [Transkript], >www.youtube.com/ watch?v=r0b_sSPGhLc<, Jugend debattiert Bundesfinale 2016 – Finaldebatten (letzter Aufruf: 01.10.2021).

Seite 51: *Fast monatlich eröffnet ...* [Transkript], >https://www.youtube. com/watch?v=XOYWEMayZqc<, Bundesfinale Jugend debattiert 2017 – Finaldebatte Altergruppe I (letzter Aufruf: 01.10.2021).

Seite 56: Birr, Simon: *Warum es sich lohnt einen Blog zu führen* (Originaltitel: *WARUM BLOGGEN? LOHNT SICH DAS ÜBERHAUPT NOCH?*), >www.sbirr.de/ wp/warum-bloggen-lohnt-sich-das-ueberhaupt-noch/#:~:text=Du%20 siehst%20also%20den%20ersten%20 gro%C3%9Fen%20Vorteil%2C%20 warum,Benutzern%20an.%20Aus%-20Datenschutzgr%C3%BCnden%20 ist%20das%20sicher%20gut<, Blog von Simon Birr, Dietzhölztal, 25.02.2019 (letzter Aufruf: 01.10.2021).

Seite 60: *Das Urheberrecht*, >klexikon. zum.de/wiki/Urheberrecht<, Klexikon, Zentrale für Unterrichtsmedien im Internet e.V., Merzhausen, 31.03.2021 (letzter Aufruf: 01.10.2021).

Seite 62: Lumetzberger, Christoph: *Woher wissen die, was ich will?* (Originaltitel: *Wie geht das? Personalisierte Werbung*), >androidmag.de/ tipps/wie-geht-das-personalisierte-werbung/amp/<, CDA Verlag GmbH, Arbing, Februar 2021 (letzter Aufruf: 01.10.2021).

Seite 63: *Die häufigsten Formen von Werbung im Internet* (Originaltitel: *Werbung*), >www.klicksafe.de/themen/ einkaufen-im-netz/werbung/<, Medienanstalt Rheinland-Pfalz, Ludwigshafen (letzter Aufruf: 01.10.2021).

Seite 64: Thunberg, Greta: *Traveling on overcrowded ...*, >www.instagram. com/p/B6EME0IJMXU/<, Instagram, Facebook Ireland Limited, Dublin, 14.12.2019 (letzter Aufruf: 01.10.2021).

Seite 64: machuisla [Instagram Nutzername]: *armes kleines reiches ...* (Originaltitel: *poor little rich girl*), >www. instagram.com/p/B6EME0IJMXU/<, Instagram, 18.01.2020, Facebook Ireland Limited, Dublin, übersetzt von Thomas Petri (letzter Aufruf: 01.10.2021).

Seite 64: onebridgetooclose [Instagram Nutzername]: *überfüllt ... ganz sicher ...* (Originaltitel: *overcrowded ... for sure ... with a display of virtue, playing the victim and attention-seeking*), >www.instagram.com/p/B6EME0IJM-XU/<, Instagram, 07.01.2020, Facebook Ireland Limited, Dublin, übersetzt von Thomas Petri (letzter Aufruf: 01.10.2021).

Seite 64: yg.ev.du6.5f [Instagram Nutzername]: *nerviges Kind* (Originaltitel: *annoying child*), >www.instagram. com/p/B6EME0IJMXU/<, Instagram, 28.09.2020, Facebook Ireland Limited, Dublin, übersetzt von Thomas Petri (letzter Aufruf: 01.10.2021).

Seite 64: robertbeliczayphoto [Instagram Nutzername]: *dann hattest du ...* (Originaltitel: *so you didn't have a first class reservation? ... it's called hypocrisy*), >www.instagram.com/p/B6-ME0IJMXU/<, Instagram, 19.12.2020, Facebook Ireland Limited, Dublin, übersetzt von Thomas Petri (letzter Aufruf: 01.10.2021).

Seite 64: stefanothereal2 [Instagram Nutzername]: *und wieso fährst du ...*, >www.instagram.com/p/B6EME0IJM-XU/<, Instagram, Facebook Ireland Limited, Dublin, 04.03.2020 (letzter Aufruf: 01.10.2021).

Seite 64: jungundgutgelaunt [Instagram Nutzername]: *Deutsch Bahn sagt ...*, >www.instagram.com/p/ B6EME0IJMXU/<, Instagram, Facebook Ireland Limited, Dublin, 15.01.2020 (letzter Aufruf: 01.10.2021).

Seite 64: barneywaterhouse [Instagram Nutzername]: *sieht gar nicht ...*, >www.instagram.com/p/B6EME0IJM-XU/<, Instagram, Facebook Ireland Limited, Dublin, 23.01.2020, übersetzt von Thomas Petri (letzter Aufruf: 01.10.2021).

Seite 64: sehrprivateszeug [Instagram Nutzername]: *ist das „Essen ...*, >www. instagram.com/p/B6EME0IJMXU/<, Instagram, Facebook Ireland Limited, Dublin, 12.01.2020, übersetzt von Thomas Petri (letzter Aufruf: 01.10.2021).

Seite 72/73: Ehrhardt, Linda: *Abiturientin im Homeschooling: „In der Schule war das Lernen leichter*, >www.wa.de/ lokales/bergkamen/bergkamenerin-abiturientin-im-homeschooling-in-der-schule-war-das-lernen-leichter-90170446.html<, Westfälischer Anzeiger, Hamm, 16.01.2021 (letzter Aufruf: 01.10.2021).

Seite 76: Peres, Schimon: *Nachdem ich diesen ...* (Originaltitel: *mein herz tanzt*), >www.meinherztanzt-derfilm.de/<, NFP marketing & distribution GmbH, Berlin (letzter Aufruf: 01.10.2021).

Seite 76: *Riklis' stärkster Film ...* (Originaltitel: *mein herz tanzt*), >www.meinherztanzt-derfilm.de/<, NFP marketing & distribution GmbH, Berlin (letzter Aufruf: 01.10.2021).

Seite 85: Riklis, Eran: *Es gibt eine ...* (Originaltitel: *mein herz tanzt*), >www.kinofenster.de/download/kf1505-mein-herz-tanzt-pdf/<, Kinofenster.de, Film des Monats 05/2015, Bundeszentrale für politische Bildung, Bonn, S. 5 (letzter Aufruf: 01.10.2021).

Seite 86: Oz, Amos: *Als Kind spielte ...*, *Später, als ich ...*, *Die Prinzessin sah ...*. In: Ders.: Mein Michael. Übersetzt von Gisela Podlech-Reisse. Berlin: Insel Verlag 2011, S. 20, 42/43, 224/225.

Seite 89: Wahrig, Gerhard: *Vermächtnis, Erbe, Erfindung, Gedächtnis*. In: Wahrig Deutsches Wörterbuch, Gütersloh: Bertelsmann-Lexikon-Verlag 1997, S. 1307, 431, 434, 526.

Seite 92/93: Kashua, Sayed: *Tanzende Araber (Kapitel 7)*. In: Ders.: Tanzende Araber. 4. Aufl. Übersetzt von Mirjam Pressler. Berliner Taschenbuch Verlag 2011, S. 137–140.

Seite 97: *Mein Essen, die Umwelt und das Klima*, >www.bmu.de/jugend/wissen/details/mein-essen-die-umwelt-und-das-klima<, Bundesministerium für Umwelt, Naturschutz und nukleare Sicherheit (BMU), Berlin, 08.06.2020 (letzter Aufruf: 01.10.2021).

Seite 101: *Vegane Ernährung*, >www.gesundheitswissen.de/ernaehrung/ernaehrungstipps/ernaehrungsirrtuemer/vegane-ernaehrung-wie-gesund-ist-der-trend-wirklich/<, Gesundheitswissen, maxLQFID Verlag, Bonn, 26.04.2021 (letzter Aufruf: 01.10.2021).

Seite 102: *Warum leben viele Menschen vegan?*, >www.augsburger-allgemeine.de/themenwelten/leben-freizeit/Warum-leben-viele-Menschen-vegan-id28676316.html<, Augsburger Allgemeine, Presse-Druck- und Verlags-GmbG, Augsburg, o. J. (letzter Aufruf: 01.10.2021).

Seite 102/103: *Ist eine vegane Ernährung gefährlich?* (Originaltitel: *Vegane Ernährung: Wie gesund ist der Trend wirklich?*), >www.gesundheitswissen.de/ernaehrung/ernaehrungstipps/ernaehrungsirrtuemer/vegane-ernaehrung-wie-gesund-ist-der-trend-wirklich/<, Gesundheitswissen, maxLQFID Verlag, Bonn, 26.04.2021 (letzter Aufruf: 01.10.2021).

Seite 112: Walker, Ella: *Ich weiß, ich sollte Fast Food hassen. Aber ich kann nicht!*, >www.vice.com/de/article/53ja9z/ich-weis-ich-sollte-fast-food-hassen-aber-ich-kann-nicht-695<, VICE Media GmbH, Berlin, 19.05.2015 (letzter Aufruf: 01.10.2021).

Seite 113: Mathilda: *Fast Food*, >www.kindersache.de/bereiche/wissen/natur-und-mensch/fast-food<, kindersache.de, Deutsches Kinderhilfswerk e.V., Berlin, 16.03.2018 (letzter Aufruf: 01.10.2021).

Seite 114: Rehberg, Carina: *Fast Food macht süchtig*, >www.zentrum-der-gesundheit.de/ernaehrung/ernaehrungsformen/ungesunde-ernaehrung/fastfood-sucht-ia<, Neosmart Consulting AG, Luzern, 06.03.2021 (letzter Aufruf: 01.10.2021).

Seite 114: red/afp: *So viel Fast Food konsumieren Jugendliche am Tag*, >www.stuttgarter-zeitung.de/inhalt.studie-des-robert-koch-instituts-so-viel-fastfood-konsumieren-jugendliche-am-tag.7e6e1ce0-5d1b-44a5-b848-5915366e2665.html<, Stuttgarter Zeitung, Stuttgart, 04.03.2020 (letzter Aufruf: 01.10.2021).

Seite 119: *Mi·g·ra·ti·on*, >www.google.com/search?client=firefox-b-d&q=Migration+Erkl%C3%A4rung&sa=X&ved=2ahUKEwjlnJPPy6jyAhX1g_0HHRBqC3IQ1QIwE3oECBEQAQ&biw=1920&bih=937<, Oxford University Press (letzter Aufruf: 01.10.2021).

Seite 120/121: *Geflüchtete Menschen in Deutschland*, >www.hanisauland.de/node/113848<, Hanisauland, Bundeszentrale für politische Bildung, Bonn, o. J. (letzter Aufruf: 01.10.2021).

Seite 124: H., Aghiad: *Aghiad H., 27 aus Damaskus, Syrien*. In: Warning, Barbara: Heimisch und doch fremd. Ravensburg: Ravensburger Buchverlag 2016, S. 22.

Seite 124: Fuada: *Fuada, 22 aus Aleppo, Syrien*. In: Woischnik, Bernd (Hg.): Miteinander. Integration gestalten. München: Zeitbild Wissen Juni, Verlag Steinmeier GmbH & Co. KG, Juni 2020, S. 13, >integration-gestalten.de/assets/files/Zeitbild%20WISSEN_MITEINANDER.pdf< (letzter Aufruf: 01.10.2021).

Seite 124: B., Mario: *Mario B. aus Banja Luka, Bosnien*. In: Warning, Barbara: Heimisch und doch fremd. Ravensburg: Ravensburger Buchverlag 2016, S. 78.

Seite 125: Ergün, Mesut: *Mesut Ergün, geb. 1949 in Özkonak, Türkei* (Originaltitel: *Mesut Ergün*), >www.bpb.de/geschichte/deutsche-geschichte/anwerbeabkommen/43195/mesut-erguen<, Bundeszentrale für politische Bildung, Bonn, 25.10.2011 (letzter Aufruf: 01.10.2021).

Seite 125: Schneider, Isabel: *Kussay Chi Chakly, geboren in Syrien* (Originaltitel: *Wie aus Geflüchteten Unternehmer werden*), >www.fluter.de/fluechtlinge-gruenden-start-ups<, Fluter, Bundeszentrale für politische Bildung, Bonn, 27.09.2017 (letzter Aufruf: 01.10.2021).

Seite 126/127: Şenoca, Zafer: *Die andere Sprache leben*. In: Müller, Peter (Hg.): Migranten erzählen. Ditzingen: Philipp Reclam 2018, S. 140–142.

Seite 127/128: cw/qu (afp, dpa, epd, kna rtr): *Integration Geflüchteter in vielen Bereichen gelungen*, >www.dw.com/de/fl%C3%BCchtlinge-in-deutschland-integration-erwerbst%C3%A4tigkeit-arbeitsmarkt-erfolgreich-diw-studie/a-54622500<, Deutsche Welle, Bonn, 19.08.2020 (letzter Aufruf: 01.10.2021).

Seite 136: Schwerf, Martina: *Vom Flüchtlingskind zum Fitnesscoach*, >integration-gestalten.de/assets/files/Zeitbild%20WISSEN_MITEINANDER.pdf<, Woischnik, Bernd (Hg.): Miteinander. Integration gestalten. München: Zeitbild Wissen, Verlag Steinmeier GmbH & Co. KG, Juni 2020, S. 30 (letzter Aufruf: 11.08.2021).

Seite 138: Rieder, Maximiliane: *Die Qualifikation von Gastarbeitern* (Originaltitel: *Gastarbeiter*), >www.historisches-lexikon-bayerns.de/Lexikon/Gastarbeiter<, Historisches Lexikon Bayerns, Bayerische Staatsbibliothek, München, 26.06.2019 (letzter Aufruf: 01.10.2021).

Seite 140: Mattes, Monika: *Frauen als Gastarbeiter* (Originaltitel: *„Gastarbeiterinnen" in der Bundesrepublik Deutschland*), >www.bpb.de/gesellschaft/migration/kurzdossiers/289051/gastarbeiterinnen-in-der-bundesrepublik-deutschland<, Bundeszentrale für politische Bildung, Bonn, 08.04.2019 (letzter Aufruf: 01.10.2021).

Seite 140, 141: *Unterschätzt – die Gastarbeiterinnen, Gastarbeiterinnenmangel*, >www.freiburg.de/pb/564136.html<, Stadt Freiburg im Breisgau, Freiburg, 18.03.2014 (letzter Aufruf: 01.10.2021).

Seite 141: *Azize Şen, eine Gastarbeiterin aus der Türkei*, >www.freiburg.de/pb/585466.html<, Stadt Freiburg im Breisgau, Freiburg, 18.03.2014 (letzter Aufruf: 01.10.2021).

Seite 142, 144/145, 146/147, 147/148, 149/150, 151, 152, 153/154, 155, 156, 157, 158, 161, 162, 162/163, 163, 165: Schiller, Friedrich: *Kennst du das ..., Barak und Kalaf – die Warnung, Barak: Die einzige ..., Barak und Kalaf und die kopflosen Prinzen, Barak und Kalaf – ein Bild ändert alles, Turandot und Kalaf ..., Der Baum ..., Die verzweifelte Prinzessin, Turandot zwischen Zelima ..., Die „zwei Gesichter" der Prinzessin, Turandot erhält ein Angebot ..., Das Ende des Dramas, Das Ende des Dramas (Fortsetzung), Turandot und Altoum, Adelma erzählt Kalaf ..., Adelmas Geständnis, Adelmas Begnadigung, Turandot zwischen Adelma ....* In: Ders.: Turandot. Prinzessin von China. Ein tragikomisches Märchen nach Gozzi. Stuttgart: Philipp Reclam 2011, S. 32/33, 9/10, 10/11, 14/15, 28/29, 31/32, 37/38, 41–43, 57, 60, 63/64, 80–82, 82–85, 62/63, 73/74, 85/86, 87, 43/44.

Seite 143: Schoeler, Gregor/Mogtader, Youssef: *Das Märchen von den Rätseln der byzantinischen Prinzessin.* In: Turandot. Die persische Märchenerzählung. Edition, Übersetzung, Kommentar. Wiesbaden: Reichert 2017, S. 55 ff.

Seite 166: Engel, Fritz: *Symphonie Berlin.* In: Seitz, Robert/Zucker, Heinz (Hg.): Um uns die Stadt. Eine Anthologie neuer Großstadtdichtung. Berlin: Sieben-Stäbe-Verlag 1931, S. 42/43.

Seite 167: Pinthus, Kurt: *Die Überfülle des Erlebens.* In: Luft, Friedrich (Hg.): Facsimile Querschnitt durch die Berliner Illustrierte, Bern; München: Scherz-Verlag 1965, S. 130 ff.

Seite 168: Sack, Gustav: *Der Schrei.* In: Rothe, Wolfgang (Hg.): Deutsche Großstadtlyrik vom Naturalismus bis zur Gegenwart. Stuttgart: Reclam 1973, S. 145.

Seite 169: Wegner, Armin T.: *Gesang von den Straßen der Stadt.* In: Ders.: Das Antlitz der Städte. Berlin: Fleischel 1917, S. 81.

Seite 171: Kästner, Erich: *Berlin in Zahlen.* In: Ders.: Die Zeit fährt Auto: Gedichte. Stuttgart: Reclam 1971, S. 97.

Seite 172: Goldschlag, George A.: *City.* In: Seitz, Robert/Zucker, Heinz (Hg.): Um uns die Stadt. Eine Anthologie neuer Großstadtdichtung. Berlin: Sieben-Stäbe-Verlag 1931, S. 173/174.

Seite 174: Wolfenstein, Alfred: *Bestienhaus.* In: Pinthus, Kurt (Hg.): Menschheitsdämmerung. Ein Dokument des Expressionismus. Hamburg: Rowohlt 2006, S. 46/47.

Seite 178: Tucholsky, Kurt: *Augen in der Großstadt.* In: Riha, Karl: Deutsche Großstadtlyrik. Eine Einführung. München/Zürich: Artemis 1983, S. 96.

Seite 179: Heym, Georg: *Abende im Vorfrühling I.* In: Schneider, Karl Ludwig (Hg.): Georg Heym. Das lyrische Werk. Sämtliche Gedichte 1910–1912. München: dtv 1977, S. 8.

Seite 179: Kästner, Erich: *Die Zeit fährt Auto.* In: Ders.: Die Zeit fährt Auto: Gedichte. Stuttgart: Reclam 1971, S. 220.

Seite 180: Lichtenstein, Alfred: *Nebel.* In: Pinthus, Kurt (Hg.): Menschheitsdämmerung. Symphonie jüngster Dichtung. Hamburg: Rowohlt 2019, S. 27.

Seite 181: Lichtenstein, Alfred: *Sonntagnachmittag.* In: Wende, Waltraud (Hg.): Großstadtlyrik. Stuttgart: Reclam 1999, S. 84.

Seite 182: Engelke, Gerrit: *Auf der Straßenbahn.* In: Rothe, Wolfgang (Hg.): Deutsche Großstadtlyrik vom Naturalismus bis zur Gegenwart. Stuttgart: Reclam 1973, S. 186/187.

Seite 183: Wolfenstein, Alfred: *Städter.* In: Pinthus, Kurt (Hg.): Menschheitsdämmerung. Symphonie jüngster Dichtung. Hamburg: Rowohlt 2019, S. 12.

Seite 183: Kästner, Erich: *Besuch vom Lande.* In: Ders.: Die Zeit fährt Auto: Gedichte. Stuttgart: Reclam 1971, S. 100.

Seite 184: Mahlke, Franz: *Zeitungsträgerin.* In: Seitz, Robert/Zucker, Heinz (Hg.): Um uns die Stadt. Eine Anthologie neuer Großstadtdichtung. Berlin: Sieben-Stäbe-Verlag 1931, S. 91.

Seite 186: Kaléko, Mascha: *Großstadtliebe.* In: Dies.: Das lyrische Stenogrammheft: Gedichte aus der Welt der Großstadt. Reinbek bei Hamburg: Rowohlt-Taschenbuch-Verlag 2007, S. 20.

Seite 188: Seuss, Siggi: *Wir sehen, wie ...* (Originaltitel: *Mit offenen Augen*), >www.buecher.de/shop/familie/mit-offenen-augen-ebook-epub/oates-joyce-carol/products_products/detail/prod_id/59823416/<, Süddeutsche Zeitung, 30.06.2005 (letzter Aufruf: 01.10.2021).

Seite 188: *Eine spannende aufwühlende ...* (Originaltitel: *Mit offenen Augen*), >www.hanser-literaturverlage.de/buch/mit-offenen-augen/978-3-446-20605-2/?booktype=978-3-446-20605-2<, Carl Hanser Verlag GmbH & Co. KG, München, Buchbeschreibung (letzter Aufruf: 01.10.2021).

Seite 189, 190, 191/192, 192/193, 194/195, 197, 199, 200, 201, 202, 203, 204, 206, 207/208, 210/211: Oates, Joyce Carol: *Später kam es …, Wie Franky zu Freaky Green Eyes wurde. Teil 1: Der Party-Besuch, Teil 2: Franky kommt an, Teil 3: Freaky erwacht, Die spontane Familienfeier, Nächtlicher Streit, Die Familie bricht auseinander, „Ich musste daran …, Franky öffnet die Augen, Wenn etwas zum …, Franky bei der Polizei, 1. Aussage, 2. Aussage, Frankys Besuch …, Besuch bei Freunden, Das unerwartete Ende ….* In: Mit offenen Augen. Die Geschichte von Freaky Green Eyes. Übersetzt von Birgitt Kollmann. München: dtv Verlagsgesellschaft 2007, S. 9, 9–13, 14–16, 17–21, 22–24, 42–49, 65–72, 135 u.139, 140/141, 146/147, 155–160, 234–243, 125–128, 101–103, 129–132.

Seite 213: Brednich, Rolf Wilhelm: *In einem Dorf ….* In: Die Spinne in der Yucca-Palme. Die Maus im Jumbo-Jet. Sagenhafte Geschichten von heute. München: C. H. Beck'sche Velagsbuchhandlung 1990 und 1991, S. 45.

Seite 214/215: Horaczek, Nina/Wiese, Sebastian: *Über die Verbreitung von Fake News und Verschwörungstheorien.* In: Informiert euch! Wie du auf dem Laufenden bleibst, ohne manipuliert zu werden. Wien: Czernin Verlag 2018, S. 153–156.

Seite 216/217: Klaußner, Alexandra: *Wie man Verschwörungstheorien erkennt,* >www.spiegel.de/deinspiegel/wie-man-verschwoerungstheorien-erkennt-fuer-kinder-erklaert-a-00000000-0002-0001-0000-000172059700<, Dein SPIEGEL, Hamburg, 08/2020 (letzter Aufruf: 01.10.2021).

Seite 219: Butter, Michael: *„Nichts ist, wie es scheint" – Über Verschwörungstheorien.* In: „Nichts ist, wie es scheint". Über Verschwörungstheorien. Berlin: Suhrkamp 2018, S. 11, 21.

Seite 220–222: *Telefon-Talk-Sendung „Domian" (29.10.2016)* [Transkript], >www.youtube.com/watch?v=-7bcvYD-dXRw<, 1LIVE/Westdeutscher Rundfunk Köln, Anstalt des öffentlichen Rechts (letzter Aufruf: 01.10.2021).

Seite 224/225: *Meinungsbeitrag zum Thema „Chemtrails",* >www.pravda-tv.com/2017/01/weltluege-chemtrails-wir-sind-doch-nicht-bloed-videos/<, Pravda TV, Port–Louis Mauritius (letzter Aufruf: 01.10.2021).

Seite 229: *Fernseh-Dokumentation: Verschwörungstheorien – Leben im Wahn (11.12.2015)* [Transkript], >www.youtube.com/watch?v=Q7PMNiqCPB8<, Fernseh-Dokumentation von Marc Quambusch: Verschwörungstheorien – Leben im Wahn, gesendet: Freitag, 11. Dezember 2015, 18:45 Uhr, auf ZDF Info, Auszug: 9:20 – 11:37 (letzter Aufruf: 11.08.2021).

Seite 231: Grabowsky, Ingo: *Als Verschwörung gelten …* (Originaltitel: *Zwischen Fakt und Fiktion. Verschwörungstheorien – früher und heute.*). In: Stiftung Kloster Dahlheim (Hg.): Verschwörungstheorien – früher und heute. Stiftung Kloster Dahlheim 2019, S. 20.

Seite 231: Stangl, Werner: *Als Verschwörungserzählung bezeichnet …* (Originaltitel: *Verschwörungstheorie*), >lexikon.stangl.eu/23563/verschwoerungstheorie<, Stangl, Benjamin (Hg.): Online Lexikon für Psychologie und Pädagogik', Stichwort „Verschwörungstheorie", Wien-Linz-Freiburg 2021 (letzter Aufruf: 01.10.2021).

Seite 231: *Verschwörung bedeutet, dass …* (Originaltitel: *Verschwörungstheorien*), >www.bpb.de/nachschlagen/lexika/lexikon-in-einfacher-sprache/312781/verschwoerungstheorien<, Bundeszentrale für politische Bildung, Bonn (letzter Aufruf: 01.10.2021).

Seite 232/233: *Die Erde ist eine Scheibe – Interview mit einem Flat Earther (04.02.2020)* [Transkript], >www.youtube.com/watch?v=ht_782a2f1l<, Veto/Massengeschmack-TV – Folge 25 (04.02.2020), Min. 00:09 – 06:08). In: Alsterfilm, Hamburg (letzter Aufruf: 01.10.2021).

Seite 234: Eich, Günter: *Inventur.* In Ders.: Abgelegene Gehöfte. Frankfurt am Main: Schauer 1948, S. 38/39.

Seite 236/237, 240/241, 243, 247/248, 251/252, 255–257: Borchert, Wolfgang: *Die Küchenuhr, Lesebuchgeschichten, Du. Mann an …, Das Brot, Die drei dunklen Könige, Das Holz für morgen.* In: Töteberg, Michael (Hg.): Wolfgang Borchert. Das Gesamtwerk. Reinbek bei Hamburg: Rowohlt Taschenbuch Verlag 2021, S. 237–239, 372–375, 257, 320–322, 217–219, 344–348.

Seite 242: Borchert, Wolfgang: *Ich werde nach ….* In: Allein mit meinem Schatten und dem Mond. Hamburg: Rowohlt Verlag 1996, S. 172.

Seite 244/245: Böll, Heinrich: *Mein teures Bein.* In: Wanderer, kommst du nach Spa… Erzählungen. München: © dtv Verlagsgesellschaft 1987, S. 117–119.

Seite 253/254: Böll, Heinrich: *Bekenntnis zur Trümmerliteratur.* In: Balzer, Bernd (Hg.): Essayistische Schriften und Reden 1952–1963. Köln: Kiepenheuer & Witsch 1979, S. 31.

Seite 258: *Wie werden wir uns in Zukunft ernähren?,* >www.basf.com/global/de/media/magazine/archive/issue-5/how-will-we-feed-ourselves-in-the-future.html<, Ludwigshafen: BASF SE, 2021 (letzter Aufruf: 01.10.2021).

Seite 258: Rölle-Dahl, Leonie/Palme, Kerstin: *Ernährung der Zukunft* (Originaltitel: *Ernährung der Zukunft – Klimafreundliches Essen für alle*), >www.dw.com/de/ernährung-der-zukunft-klimafreundliches-essen-für-alle/a-55252219<, Bonn: Deutsche Welle, 11.12.2020 (letzter Aufruf: 01.10.2021).

Seite 258: *Das Ernährungsverhalten ändert sich.* In: Bundesministerium für Ernährung und Landwirtschaft (BMEL) (Hg.): Deutschland, wie es isst. Der BMEL-Ernährungsreport. Berlin 2020. S. 12, >www.bmel.de/SharedDocs/Downloads/DE/Broschueren/ernaehrungsreport-2020.pdf?__blob=publicationFile&v=26< (letzter Aufruf: 01.10.2021).

Seite 258: Nokel, Caroline: *Nachhaltiges aus dem Labor. Was wir in Zukunft essen werden*, >www.deutschlandfunkkultur.de/nachhaltiges-aus-dem-labor-was-wir-in-zukunft-essen-werden.976. de.html?dram:article_id=444626<, Deutschlandradio, Köln, 05.01.2021 (letzter Aufruf: 01.10.2021).

Seite 258: Sinschek, Gerald: *FOOD-DRUCKER, GRILLEN-SNACK & CO. Das Essen der Zukunft*, >www.bild.de/ lifestyle/essen-trinken/essen/essen-der-zukunft-40996028.bild.html<, Bild, Berlin, 19.05.2015 (letzter Aufruf: 01.10.2021).

Seite 260: *Einfache Myopie (Myopia simplex) oder benigne Myopie* (Originaltitel: *Kurzsichtigkeit: Ursachen und Therapie*), >www.apotheken-umschau. de/krankheiten-symptome/augen-krankheiten/kurzsichtigkeit-ursachen-und-therapie-733871.html<, Wort & Bild Verlag Konradshöhe, Baierbrunn bei München, 08.07.2019 (letzter Aufruf: 01.10.2021).

Seite 260: Grehn, Franz: *Einfache Myopie (Myopia simplex, „Schulmyopie")*. In: Augenheilkunde. 31., überarbeitete Aufl. Berlin/Heidelberg: Springer 2011, S. 360, >www.google.de/books/edition/Augenheilkunde/koMwXH6W_Bs C?hl=de&gbpv=1&dq=einfache+myopie&pg=PA360&printsec=frontcover< (letzter Aufruf: 01.10.2021).

Seite 261: Schaeffel, Frank/Ziemssen, Focke: *Welche Arten von Kurzsichtigkeit gibt es?*, >www2.medizin.uni-tuebingen.de/uktmedia/Patienten/PDF_Archiv/Patientenbrosch%C3%BCren/Augenklinik/Patienteninformation+Kurzsichtigkeit+Schaeffel+Ziemssenport-443.pdf<, Patienteninformation Kurzsichtigkeit (Myopie). Universitätsklinikum Tübingen (letzter Aufruf: 01.10.2021).

Seite 262, 263: *Konservierung von Lebensmitteln, Wie Lebensmittel konserviert werden* (verändert)*, Die Mikroorganismen ....* In: bioskop 9, Gymnasium Bayern. Braunschweig: Bildungshaus Schulbuchverlage, S. 26.

Seite 272: Barner, Andreas/Birckner, Ulf: *Im Jahr 2000 ...* (Originaltitel: *Bist du ein „Muggel"? Die Bundespolizei und das Geocaching*), >www.bundespolizei.de/Web/DE/Service/Mediathek/Downloads/geocaching_file.pdf?__blob=publicationFile&v=1<, Bundespolizei kompakt. Die Bundespolizei und das Geocaching. Potsdam: Bundespräsidium, S. 3/4 (letzter Aufruf: 01.10.2021).

Seite 273: *Einfache Myopie* (Originaltitel: *Kurzsichtigkeit*), >www.apotheken-umschau.de/einfache-sprache/kurzsichtigkeit-723523.html<, Wort & Bild Verlag Konradshöhe, Baierbrunn bei München, 02.09.2020 (letzter Aufruf: 01.10.2021).

Seite 275: *Florist/-in*. In: Bundesagentur für Arbeit (Hg.): BERUF AKTUELL Ausgabe 2021/2022. Lexikon der Ausbildungsberufe. Bielefeld: wbv Media 2021, S. 218, >www.arbeitsagentur. de/datei/dok_ba014834.pdf< (letzter Aufruf: 01.10.2021).

Seite 278: Thelen, Katharina/Dittrich, Kathi: *Food-Printer – Essen wie gedruckt*. In: UGBforum 5/16, S. 256/257. Wettenberg: Verband für Unabhängige Gesundheitsberatung, 2021, >www. ugb.de/lebensmittel-im-test/food-printer/< (letzter Aufruf: 01.10.2021).

Seite 282: *Ich spreche eine ..., Österreichisches, schweizerisches ...* (Originaltitel: *Wir sind vielsprachig*), >www.wir-sind-vielsprachig.de/#/ein-satz<, AWO Regionalverband Mitte-West-Thüringen, Fachstelle Interkulturelle Öffnung, Jena (letzter Aufruf: 01.10.2021).

Seite 283: Eller-Wildfeuer, Niole: *I dou de ....* In: Sprecherbiographien und Mehrsprachigkeit. Deutschbasierte Minderheitensprachen in Osteuropa und Übersee. Stauffenburg Linguistik 2017, Band 96.

Seite 285: Runkel, Jens/Schlobinski, Peter/Siever, Torstem: *Gesprächsauszug aus einem Chat der 1990er-Jahre*. In: Sprache und Kommunikation im Internet. Überblick und Analysen. Opladen/Wiesbaden: VS Verlag für Sozialwissenschaften, 1998, S.100/101, 105.

Seite 286: Goethe, J. W.: *Faust. Margarete vorübergehend ....* In: Ders.: Faust, 1808, V. 2605 f., >www.projekt-gutenberg.org/goethe/faust1/chap010. html< (letzter Aufruf: 01.10.2021).

Seite 286: Spyri, Johanna: *Ist es denn ....* In: Dies.: Heidi, 1880, >www.projekt-gutenberg.org/spyri/heidi1/heidi06. html< (letzter Aufruf: 01.10.2021).

Seite 287: *Warum sagen wir heute nicht mehr Fräulein?* (Originaltitel: *16. Februar 1971 - BRD schafft Anrede „Fräulein" im Amtsdeutsch ab*), >www1.wdr.de/stichtag/stichtag5184.html<, Westdeutscher Rundfunk Köln, 16.02.2011 (letzter Aufruf: 01.10.2021).

Seite 292: Friedl, Walter: *Flüchtlinge: Warum Menschen aus Afrika nach Europa strömen*, >kurier.at/politik/ausland/fluechtlinge-warum-menschen-aus-afrika-nach-europa-stroemen/254.711.047<, Telekurier Online Medien, Wien, 27.03.2017 (letzter Aufruf: 01.10.2021).

Seite 292: *Flüchtlings-Tsunami überrollt Europa: Jeden Tag kommen tausende Flüchtlinge aus Afrika* (Originaltitel: *Europa ist ihre letzte Hoffnung*), >www. bild.de/politik/ausland/fluechtling/fluechtlings-tsunami-ueberrollt-europa-36308786.bild.html<, Bild, Axel Springer SE, Berlin, 08.06.2014 (letzter Aufruf: 01.10.2021).

Seite 292: Lengsfeld, Vera: *Bundesregierung verschweigt neue Flüchtlingswelle. Deutschland ist am Rande der Destabilisierung*, >www.theeuropean. de/vera-lengsfeld/12526-bundesregierung-verschweigt-neue-fluechtlingswelle<, THE EUROPEAN MAGAZINE, WEIMER MEDIA GROUP GmbH, Tegernsee, 25.07.2017 (letzter Aufruf: 01.10.2021).

Seite 292: Eckert, Danie: *Diese Zahlen offenbaren das Ausmaß der Flüchtlingskrise*, >www.welt.de/wirtschaft/article163753103/Diese-Zahlen-offenbaren-das-Ausmass-der-Fluechtlingskrise.html<, Welt, Axel Springer SE, Berlin 18.04.2017 (letzter Aufruf: 01.10.2021).

Seite 292: Braun, Stefan: *Wie Deutschland die Flüchtlingskrise bewältigen will*, >www.sueddeutsche.de/politik/gipfel-im-kanzleramt-wie-deutschland-die-fluechtlingskrise-bewaeltigen-will-1.2662951<, Süddeutsche Zeitung, München, 25.09.2015 (letzter Aufruf: 01.10.2021).

Seite 294: Merz, Friedrich: *Grüne und Grüninnen ...* , >twitter.com/_FriedrichMerz/status/1383343760260567043<, Twitter, 17.04.2021 (letzter Aufruf: 01.10.2021).

Seite 296: Slater, Dashka: *Bus 57.* In: „Bus 57". Eine wahre Geschichte. Aus dem Englischen von Ann Lecker. Bindlach: Loewe Verlag 2019, S. 20–22.

Seite 297: Niehr, Thomas: *Rechtspopulistische Lexik und die Grenzen des Sagbaren*, >www.bpb.de/politik/extremismus/rechtspopulismus/240831/rechtspopulistische-lexik-und-die-grenzen-des-sagbaren<, Bundeszentrale für politische Bildung, Bonn, 16.01.2017 (letzter Aufruf: 01.10.2021).

Seite 297, 298: *Diese Behauptungen ..., Florian R ..., Es gibt in ...* (Originaltitel: *Lügenpresse*), >www.dwds.de/wb/L%C3%Bcgenpresse<, DWDS, Berlin-Brandenburgische Akademie der Wissenschaften, Berlin (letzter Aufruf: 01.10.2021).

Seite 298: Klemperer, Victor: *Hier gab es ...* (Originaltitel: *Tagebuch*). In: Leben sammeln, nicht fragen wozu und warum, Berlin: Aufbau-Taschenbuch-Verlag 2000 [1918], S. 30.

Seite 298: Girnth, Heiko/Röttgen, Norbert/Merkel, Angela: *Interview mit dem damaligen Bundesumweltminister Norbert Röttgen, Interview mit der Bundeskanzlerin Angela Merkel*, >www.bpb.de/politik/grundfragen/sprache-und-politik/42699/sprachvermittlung<, Bundeszentrale für politische Bildung, Bonn, 15.07.2010 (letzter Aufruf: 01.10.2021).

Seite 310: Reinmar der Alte: *Anti-Tagelied*. In: Schweikle, Günther (Hg.): Reinmar/Lieder. Stuttgart: Reclam 2002, >www.fabelnundanderes.at/reinmar_der_alte_1_15.htm< (letzter Aufruf: 01.10.2021).

Seite 314, 320: Böhl, Lukas: *Der Schattenmann, Der Geist der Zigarrenfabrik*, >sinnblock.de/der-schattenmann-kurzgeschichte<, >sinnblock.de/der-geist-der-zigarrenfabrik<, Lukas Böhl, Reutlingen (letzter Aufruf: 01.10.2021).

Seite 326/327: Polat, Jasmin: *Ausgezeichnetes Integrationsprojekt – Schüler kochen mit Flüchtlingen und gewinnen*, >www.tagesspiegel.de/berlin/schule/ausgezeichnetes-integrationsprojekt-schueler-kochen-mit-fluechtlingen-und-gewinnen/13463854.html<, Der Tagesspiegel, Berlin, 19.04.2016 (letzter Aufruf: 01.10.2021).

Bildquellenverzeichnis

|Ackermann, Klaus, St. Ingbert: 212.2, 212.5. |akg-images GmbH, Berlin: 166.1, 182.1, 187.1, 234.1, 286.1, 321.1; akg-images 170.1; akg-images / NASA 216.1; Estate of George Grosz, Princeton, N.J./VG Bild-Kunst, Bonn 2021 169.1; Franz Marc: Der Tiger, 1912 174.1; Hook, Jason 219.1; picture alliance / ZB / Richard Peter sen. 244.1; © VG Bild-Kunst, Bonn 2021 171.1, 173.1, 179.2. |Alamy Stock Photo, Abingdon/Oxfordshire: Artefact 175.1; Benny Marty 319.1; Colmer, Simon 274.1; Historisches Auge Ralf Feltz 247.1; hoch2wo 313.1; imageBROKER 276.1; kostyantyn manzhura 96.4; Kzenon 275.1; Lacheev, Roman 269.1; MIKA Images 269.2; Niday Picture Library 160.1; Panther Media GmbH 275.2, 303.1; PhotoAlto sas 271.1; photosublime 184.1; Pixel-shot 251.1; Staudt, Armin 315.1; Tig Photo 266.1; Tolmachev, Sergey 258.1. |Alamy Stock Photo (RMB), Abingdon/Oxfordshire: IanDagnall Computing 168.1; Zoonar GmbH 117.4. |Aufbau Verlage GmbH & Co. KG, Berlin: 228.1. |Berghahn, Matthias, Bielefeld: 37.1, 44.1, 80.2. |bpk-Bildagentur, Berlin: 242.1. |Brückner, Hannah, Hamburg: 15.1, 16.1, 17.1, 20.2, 31.1, 36.1, 40.1, 46.1, 55.2, 56.2, 58.1, 59.2, 61.2, 61.3, 63.1, 65.2, 67.2, 69.2, 82.2, 122.2, 122.3, 123.1, 123.2, 123.3, 137.1, 265.1, 265.2, 265.3, 265.4, 265.5, 265.6, 282.1, 282.2, 285.1, 293.2, 299.1, 300.1, 302.1, 322.1, 322.2, 322.3, 323.1, 325.1, 328.1. |Bundesamt für Familie und zivilgesellschaftliche Aufgaben, Köln: 205.2. |Carl Hanser Verlag GmbH & Co. KG, München: © 2005, Joyce Carol Oates, Mit offenen Augen. Aus dem Englischen von Birgitt Kollman 188.2. |Ediciones SM, Boadilla del Monte, Madrid: Joyce Carol Oates: Freaky Green Eyes 188.3. |fitness MANAGEMENT – c/o PIPG GmbH, Hamburg: 115.1. |fotolia. com, New York: Kzenon 43.1; rdnzl 117.2; Schwier, Christian 135.1. |Gemeinnützige Hertie-Stiftung, Frankfurt: 35.1, 37.2; © Jugend debattiert 34.3, 47.1. |Getty Images, München: AFP/HORVAT, BORIS 163.1; AFP/KHAN, SAEED 158.1; Bettmann 118.1; Gallup, Sean 127.1; Grabowsky, Ute 289.1; JGI/Grill, Jamie 301.1; SAEED KHAN / AFP 142.1; Schlesinger, Robert / for Insight TV 52.2; Yann Guichaoua-Photos 302.2. |Google Books Ngram Viewer: 281.1. |Göttert, Jens, Saarbrücken: 34.2. |iStockphoto.com, Calgary: alvarez 327.1; Boyrcr420 262.1; cokada 233.3; Delpixart 260.1; Eureka_89 272.1; fatihhoca 293.1; fcafotodigital 107.1; FooTToo 124.3; fotostorm 13.1; jacoblund 268.1; karandaev 263.1; leaf 273.1; littleny 125.1; LuckyBusiness 106.1; Madhourse 235.1; Mizina 109.1; robt99 236.1; Slongy 307.1; Stifter, Michael 264.1; Vakhterova, Margaryta 277.1; Valeriy_G Titel; Venturini Autieri, Marco Rosario 241.1; villagemoon 117.1; YinYang 315.2. |Jüdisches Museum der Stadt Frankfurt am Main, Frankfurt/M.: © Ludwig Meidner-Archiv 179.1. |Kussay Chi Chakly, BERLIN: 125.2. |Naumann, Andrea, Aachen: 360.1. |Öko-Institut e.V, Berlin: 103.1. |ÖVA zur IKW, Frankfurt: 118.3. |PantherMedia GmbH (panthermedia.net), München: Willypd 54.2. |Petri, Thomas, Freudenberg: 70.1. |Picture-Alliance GmbH, Frankfurt a.M.: 128.1, 188.1; akg-images 306.1; APA/Pfarrhofer, Herbert 286.2; Balk, Matthias 279.1; DN/TT/Palmqvist, Mickan 52.3; dpa 118.2; dpa / epa Seppo Sirkka 151.1; dpa / Kappeler, Michael / © VG Bild-Kunst, Bonn 2021 34.1; dpa-infografik GmbH 77.2; dpa/Dittrich, Hauke-Christian 52.4; dpa/dpaweb/epa Trezzini 85.2; Effigie/Leemage 92.1; Kaiser, Henning 52.1; Karmann, Daniel 10.2; KEYSTONE Bally, Gaetan 86.1; Mary Evans Picture Library 310.1; Pleul, Patrick 10.3; Rumpenhorst, Frank 120.1; Sueddeutsche Zeitung Photo/Simon, Johannes 140.1; Umstätter, Uwe 25.1; Wagner, Ingo 10.4; Wieseler, Heinz 253.1; Zoonar.com/Kneschke, Robert 24.1. |Renate und Friedrich Johenning Stiftung, Zürich: 181.1. |Riva Filmproduktion GmbH, Hamburg: Mein Herz tanzt, 2014 76.1, 76.2, 76.3, 76.4, 78.1, 78.2, 79.1, 80.1, 81.1, 82.1, 83.1, 83.2, 84.2, 85.1, 88.1, 88.2, 88.3, 89.1, 91.1, 95.1. |Schwarwel, Leipzig: 280.1. |Schwarzstein, Yaroslav, Hannover: 90.1, 124.1, 124.2, 131.1, 131.2, 145.1, 146.1, 152.1, 155.1, 157.1, 159.1, 159.2, 162.1, 163.2, 164.1, 165.1, 185.1, 190.1, 191.1, 193.1, 193.2, 194.1, 196.2, 197.1, 198.2, 200.1, 200.2, 201.1, 202.1, 203.1, 205.1, 206.1, 207.1, 208.1, 208.2, 209.2, 210.1, 211.1, 213.1, 214.1, 214.2, 217.1, 218.1, 218.2, 218.3, 221.1, 222.1, 222.2, 223.1, 223.2, 225.1, 226.1, 226.2, 227.1, 231.1, 255.1, 256.1. |Shutterstock.com, New York: Carboxylase 305.5; gkrphoto 117.3; Kucher Serhii 257.1; Robirensi 225.2; Ververidis Vasilis 118.4. |Sommer & Co. GmbH, Köln: 29.1, 29.2. |Sperling, Dörte, Hamburg: 243.1. |stock.adobe.com, Dublin: Alvaro 62.1; anaumenko 259.1; aratehortua 305.1, 305.7, 305.14, 305.15, 305.16; artem loskutov/EyeEm 84.1; Atstock Productions 65.1; augustos 32.1; Boston, Frank 196.1; cat027 32.2; Chabraszewski, Jacek 317.1; chagin 192.1; contrastwerkstatt 33.1, 209.1; Cookie Studio 309.1; Deedee 20.1; Dennis T. 198.1; DigiClack 64.10, 71.4, 71.11, 71.12, 71.13, 305.2, 305.4, 305.8, 305.10, 305.12, 305.13, 305.17, 305.18, 305.19; djdarkflower 19.1; Ettmer, Sina 318.1; ExQuisine 113.1; Farknot Architect 66.1; fefufoto 280.2; fizkes 28.1; Gelpi 35.2; Han, Ka 64.2, 64.3, 64.4, 64.5, 64.6, 64.7, 64.8, 64.9, 71.1, 71.2, 71.3, 71.5, 71.6, 71.7, 71.8, 71.9, 71.10, 71.14; HLPhoto 96.3; JackF 100.1; kebox 60.1; Kurhan 111.1; Kzenon 132.1; lassedesignen 303.2; Lund, Jacob 10.1; mallinka1 70.3, 70.4, 70.5, 70.11; mark_ka 314.1; matiasdelcarmine 316.1; monticellllo 61.1; olezzo 72.1; outchill 67.1; PixieMe 54.1; Popov, Andrey 57.1; Prostockstudio 45.1; pvl 311.1; REDPIXEL 59.1; Rido 69.1; runrun2 122.1; Schwier, Christian 74.1; SMS-Traveling 189.1; sp4764 56.1; stockpics 295.1; streptococcus 305.3, 305.6; Syda Productions 48.1, 312.1; Tana 19.2; Tanee 38.1; thodonal 75.1; thoenen, markus 55.1; Tierney 311.2; timolina 96.1; undrey 68.1; unpict 249.1; vaaseenaa 96.2; valentinavectors 305.11; viewwarit 70.2, 70.6, 70.7, 70.8, 70.9, 70.10; warmworld 305.9; Wayhome Studio 99.1, 283.1, 290.1; yanlev 129.1; Zach 320.1; Zerbor 60.2. |Thunberg, Greta: 64.1. |Töpfer GmbH, Dietmannsried: 288.1, 288.2. |twitter.com: 294.1. |ullstein bild, Berlin: 186.1; Heritage Images / Fine Art Images 172.1; Poklekowski 126.1. |UNHCR Germany, Berlin: © UNHCR 128.2. |United Nations: 233.1. |Verlag Zweitausendeins, Feldafing: Hans Traxler: Die Wahrheit über Hänsel und Gretel. Eine Dokumentation des Märchens der Gebrüder Grimm. Frankfurt am Main 1963/Neuauflage 1978 212.1, 212.3, 212.4. |VG BILD-KUNST, Bonn: © VG Bild-Kunst, Bonn 2021 178.1, 180.1. |WHO World Health Organization, Genf 27: 233.2. |www.sportsia.de, München: 136.1. |© Moira Risen, Budapest: 142.2. |© NFP, Berlin: 77.1.

Textsortenverzeichnis

Stellenanzeigen / Stellenbeschreibungen

Szenische Texte

Verschwörungserzählungen

Wörterbuch-Einträge / Worterklärungen

Stichwortverzeichnis